記紀神話と王権の祭り

新訂版

記紀神話と王権の祭り

新 訂 版

水 林 彪 著

岩 波 書 店

Pour SHO et JUN

qui me rappellent l'innocence première de SUSANOH(KOJIKI)

凡　例

一　第一部、補論一、補論二、結びにかえて、は書きおろし、第二部は、『思想』七八三号（一九八九年九月、岩波書店）所載の同名の論文に大幅な補正を施したものである。なお、本書の脱稿後、本書の主題に密接に関連する論文「大嘗祭の本義——八世紀の Verfassung または原天皇制についての一考察」（『法律時報』六三巻七号、日本評論社、一九九一年）の発表の機会を得た。

一　『古事記』、『日本書紀』などの引用底本、参考文献については、巻末の参考文献欄を参照されたい。

一　文献の引用は、本文中の〔　〕内に8ポイントの活字で示した。文献引用規則の詳細は巻末の参考文献欄を参照されたい。

一　文献引用の際、特に留意を求める箇所については、傍線、傍点を付した。これらは反対の記載のない限り、水林が付したものである。

一　引用文中に登場する（　）内の文章は、反対の記載のない限り、水林が補ったものである。

一　本文中に、8ポイントの活字で（　）内に指示した頁数は、その近辺の叙述に関連して参照を請いたい本書の頁数である。

一　第一部図14は、『古式に見る皇位継承「儀式」宝典』（新人物往来社、一九九〇年）に掲載された国学院大学所蔵絵画を、第二部図4は、『平城京展　再現された奈良の都』（朝日新聞大阪本社企画部、一九八九年）に掲載された奈良国立文化財研究所所蔵の発掘物写真を転載させていただいた。

目次

第二部　「神夜良比」と「神逐」——スサノヲ神話の記紀比較研究——

第一部　『古事記』と王権の祭り

はじめに

文学作品にあらざる政治的テクストとしての『古事記』とか〔吉井78〕、『古事記』の世界観ということが〔神野志86〕、古代文学の分野でいわれ始めている。このような言い方には、宣長の『古事記』研究、津田左右吉の記紀神話研究、古代文学の分野の『古事記』論、そして、戦後の神話学の記紀研究に対する方法的批判がこめられているように思われる。『古事記』の物語りをそのまま事実としてうけとっていた宣長の研究に対しては、それが創作物であること、『古事記』と『日本書紀』とを同列に論じ、記紀神話の原型を求めてその「結構」や「精神」を論じた津田の研究に対しては、『古事記』と『日本書紀』とは、それぞれに独自の政治思想を主張しようとした別個の作品であること、文学作品として『古事記』に接してきた古代文学分野の『古事記』研究に対しては、これが高度に政治的性格を帯びたテクストであること、記紀神話を諸部分に解体して、諸説話の起源を遡及的に求めていくような神話学的研究に対しては、『古事記』および『日本書紀』が、それぞれに、古代の日本という、特定の時代の特定の社会に生まれ、その社会の論理が強く刻みこまれたところの、歴史的性格をおびた体系を有する作品なのだということ、これらのことを主張しているように思われるのである。

このような新しい記紀研究の視点は、歴史学に対しても、重要な問題を提起しているといえよう。歴史学は、記紀神話を、全体としては歴史的事実を記した史料とは異なる創作物とみなしながらも、何らかの程度では歴史的事実を反映したものと捉え、それ故に、記紀神話のうちに、歴史的事実を知るための史料を求めていくことが少なくなかったのであるが(たとえば原始日本の罪と罰の研究、本書第二部参照)、新しい記紀研究は、歴史学に対して、記紀神話はまず何よりも、古代国家についての政治思想的作品として研究されねばならないことを訴えかけているからである。私は、記紀神話を思いうかべながら、こうした提言の正しさをしみじみと納得することができる。

記紀の性質を以上のように捉えるならば、その神代についてさえ、我々は神話という概念を用いるべきではないかもしれない。〈神話〉という概念をどのように定義するかによるけれども、かりに、神々の物語りであるということ以上に、「一部知識人の創作ではなく、広く民衆の間に信仰をもって語り伝えられた物語であること」が〈神話〉たることの条件だという立場にたつとするならば〔神田87〕、私は、『日本書紀』や『古事記』の神代は、〈神話〉ではないと考える。本稿が考察の対象とする『古事記』についていえば、その政治思想的作品としての完成度の高さなどから推して、民間伝承ないしその集成などではないことは明らかだからである。『古事記』は、太安萬侶という、律令国家を担った一人の知識人が、神々についての民間伝承という意味での諸〈神話〉を素材として、律令国家がどのような意味において正当的秩序であるのかを弁証するために創作した物語りにほかならない。素材としての諸〈神話〉は、自在に加工された上で、高度に体系的な『古事記』という作品の構成部分として位置づけられているのである。したがって、たとえば、『風土記』などに伝えられるスサノヲ神話がかりに真性の〈神話〉であるとして、この〈神話〉と、『古事記』の須佐之男命の〈物語り〉とを同列に論じて、スサノヲ〈神話〉なるものを論ずることは、スサノヲ〈神話〉論にとっても、『古事記』論にとっても、きわめて危険であるといわねばならない。『古事記』を構成する物語りの素材となった〈神話〉の起源やその史的展開を探求するような研究は、『古事記』を資料として利用する研究であっても、『古事記』そのものを対象とする研究ではありえず、『古事記』の本質に届くことはない。そのことが自覚されずに、素材としての〈神話〉と、『古事記』という作品の中の〈物語り〉とが同一線上に並べられて、そこから『古事記』論が展開されることになるならば、『古事記』の本質は覆い隠されるばかりか、根本から見誤られることにもなろう。

右のような事情を考慮するならば、本稿は、神話なる概念を狭く解して、『古事記』についてはこの言葉を使用しない方がよかったかもしれない。しかし、結果として、私は、右のことに劣らず重要と思われる点を考慮し、神話という言葉の意味を、広く、神々についての物語りというように定義して、『古事記』についても神話という言葉を使用することにした。その重要な事柄とは、律令国家は、『古事記』を物語り的基礎として、国家的祭祀の体系を整備したということである。『古事記』は、神祇令祭祀体系の祭儀神話なのである。〈神話〉は、多くの場合、民衆の祭祀の祭儀神話であろうが、これに対して、『古事記』は、民衆の祭祀とは次元がはっきりと異なるけれども、しかし、これまた一種の祭祀というほかはないところの、国家ないし宮廷の祭祀を意味づけるのである。

以上の事柄をふまえて、私は、〈民間神話—民間祭祀〉と〈宮廷神話—宮廷祭祀〉という対概念を設定したいと思う。そして本稿は、『古事記』について、〈宮廷神話〉という意味において神話という言葉を用い、神祇令祭祀について、〈宮廷祭祀〉という意味において祭祀という言葉を用いるのである。〈宮廷神話〉は〈民間神話〉を基礎として発生し、〈宮廷祭祀〉も〈民間祭祀〉と何らかの関連をもって誕生したものであろう。しかし、国家は社会の中から生まれながらも、社会からしだいに遠ざかっていき、ついには、社会の上に超然と聳立するように、〈宮廷神話—宮廷祭祀〉は〈民間神話—民間祭祀〉と関係しつつ発生しながらも、しだいにそこから遠ざかり、やがてその上に自立したものとして存在するようになるのではなかろうか。結論を先どりすることになるけれども、『古事記』における神々の物語りを考察し、これによって意味づけられた神祇令祭祀の体系の存在様式を考えるならば、そのことは明瞭であるように思われる。

誤解を生じやすいが故に、繰り返していわねばならない。『古事記』は〈民間神話〉などではありえず、また、それによって意味づけられた国家的祭祀も、民衆の中に生きる〈民間祭祀〉ではないということ、『古事記』は、律令国家が、太安萬侶という天才をえて創造した〈宮廷神話〉すなわち政治思想的作品であり、神祇令祭祀は、それによって整序された〈宮廷祭祀〉すなわち政治的演劇ないし政治的儀式であるということである。このことを踏まえた上で、しかし、神祇令祭祀は神々を祭るという形式の政治的儀式であり、『古事記』はそれを意味づける物語りであるという点に着目して、私は、『古事記』を神話とよび、神祇令祭祀を祭祀とよびたいと思うのである。

『古事記』は、太安萬侶が、律令国家とはどのような国家であるのかを語ろうとして、心血を注いで創作したところの政治思想的作品である。『古事記』は、まず何よりも、そのようなものとして読まれねばならない。しかし、このことによって、私は、『古事記』にそれ以外の仕方で接することが誤りだ、ということまでも主張しようとするのではない。それらは、『古事記』それ自体を考察の対象にしようとする研究なのではないということ、『古事記』をば、その本質たる政治思想の書として考察するのではなく、何らかの他の目的（たとえば民衆世界に生きていた〈神話〉の発掘）のための手段とするような研究を、『古事記』それ自体の研究であるかのように錯覚してはならないということを主張したいまでである。

テクストの研究には、テクストそれ自体を対象とする研究と、テクストを他の何者かを研究するための手段として利用する研究との二つのタイプがあり、前者こそがテクストの本質に即した研究であるけれども、しかし、後者も立派なテクスト研究たりうることは、たとえば、中田薫の名著『徳川時代の文学に見えたる私法』を想起することによって諒解されよう。それは、近松や西鶴の文学作品を素材として、徳川時代の私法を研究した法制史の分野の古典である。しかし、この名著といえども、文学的テクストを文学的テクストとして研究するものではないという意味で、テクストの本質に即した研究ということはできない。著者も読者も、そうした文学作品を法制史料として利用することが、文学作品それ自体を研究することだとはつゆも思ってはいない。近松や西鶴のテクストの本質に即した研究は、当然にそれを文学として研究する方法であることが当然の前提とされ、そういう研究がすでにどっしりと存在しているが故に、法制史家は、安んじて、近松や西鶴の文学を法制史料として利用する気持になりうるのである。

同じことが『古事記』研究にも妥当するのであって、『古事記』が一個の政治的テクストであるとすれば、『古事記』研究としてまずなされねばならないことは、そこに、古代国家についての政治思想を発見することでなければならない。『古事記』を資史料として利用して、民衆の中で語り伝えられた、真に〈神話〉といいうるものを発掘しようと試みたり、テクスト・クリティークをふまえて、そこから何らかの歴史的事実を発見しようとするような研究は、もちろん重要な意義を有するけれども、『古事記』それ自体を対象とする研究ではない。それらは、『徳川時代の文学に見えたる私法』でさえもが文学的テクストの研究としては周縁部分に位置するのと同様の意味で、周縁的な研究にすぎないように思われる。そして、そのような事情を十分に理解し、『徳川時代の文学に見えたる私法』をもって近松や西鶴の文学の研究とみなす類の誤りをおかさないようにすることが肝要なのである。

中田薫の古典的著作を想起したところで、私は、文学を対象とした歴史学のいま一つの古典的著作を思い出す。それは、石母田正の『平家物語』である。石母田は、平家物語論を展開するにあたって、次のようにのべ、自らの立場を定めた。

江戸時代から明治時代の学者は、平家物語の叙述が歴史の事実とちがうということを色々証明しようと努力したことがある。これは歴史の研究には意味のあることではあったが、創作された物語である平家にとっては、大した意味のないことであり、責任もないことである。平家の記事が歴史的事実とどれほど一致するか、しないかということだけが、平家にたいする歴史研究者としての問題意識だとすれば、それは謙虚というよりは自分を卑下するものである。また歴史研究者が平家の記事を歴史の資料として断片的に利用することだけを心がけていたら、これは文学というものをそれ自身の価値と独立性において尊敬しない態度ということになろう。平家物語を独立の物語＝文学として正しく理解する努力を自分でやってみてはじめて、歴史の研究者は平家のもつ力から解放され、平家物語を全体として歴史研究のなかに生かすことができよう〔石母田正『平家物語』「あとがき」〕。

『古事記』と『平家物語』とを同列に論じえない事情が存在することは、私も十分に承知しているつもりである。

江戸の学者が『平家物語』と歴史的事実とがいかに異なるかを論じていた時に、宣長は『古事記』の物語りを真実とうけとって、空前の註釈書を書き、近代になると、神話が天皇制国家によって臣民に注入され、それがあたかも史実であるかのように思いこまされたという悲しい歴史があるからである。それ故、現代の歴史家は、まずは、江戸の学者が『平家物語』に接したのと同様の態度で『古事記』に接することから始めなければならなかった。しかし、このことは、『古事記』の記事の非事実性の検証や、背後にひそむ史実の発掘が『古事記』の歴史研究の主要な課題だとすることを正当化するものではない。『古事記』は、一個の政治的テクストなのであって、石母田の右の文章は、『平家物語』を『古事記』に、「文学」を「政治思想」に置き換えれば、そのまま妥当するもの、いな妥当させなければならないもののように思われる。ロックやルソーの啓蒙思想の研究が西欧近代国家の研究の不可欠の前提となるのと同様の意味において、『古事記』の政治思想を正しく理解することは、古代律令国家研究にとって、不可欠の課題となる。そして、そのようなものとして『古事記』を研究することが、『古事記』研究の中心課題となるのである。

『古事記』が、素朴な民間伝承や古えの事実を伝えた文献などではなくして、政治思想として創作された作品なのだということを明瞭に意識したのは、津田左右吉であった。津田は、『古事記』のみならず、『日本書紀』も含めて、これらを皇室の権威の由来を語ったイデオロギー的作品とみなし、その「結構」や「精神」について論じたのである。宣長の『古事記』論や津田の同時代人たちの記紀神話論を想起するならば、津田の記紀研究が真に画期的な意義を有するものであったことは、どれほど強調しても強調しすぎることはない。しかし、津田の研究には、相関連する二つの問題が孕まれていた。第一に、それぞれに異なった政治思想を有する『古事記』と『日本書紀』という二つの作品を同列に論じたという問題である。この見地が、記紀神話の理解にいかに重大な混乱をもたらしたかは、本稿においても、また第二部のスサノヲ神話研究においても、詳しく触れることになろう。第二は、神話研究の主要な関心を、神代史の原型を遡及的に求めていくことに収斂させていったことである〔西郷66 a 三〇〇頁以下〕。神話の原型を探求することは、歴史学の一つの課題ではあるけれども、しかしそれは、作品としての『古事記』や『日本書紀』を研究することとは別個の事柄である。『古事記』や『日本書紀』は、まず何よりも、それが成立した時点での政治思想として理解されねばならない。

本稿は、以上のような見地にたって、『古事記』の政治思想の基本構造を明らかにすることを第一の課題としたいと思う。『古事記』の政治思想は、神々についての物語り、すなわち〈宮廷神話〉という形で展開され、その〈宮廷神話〉は〈宮廷祭祀〉と不可分であるが故に、政治的儀式としての〈宮廷祭祀〉にも注意を払いながら、〈宮廷神話〉の解明を試みたい。本稿は、この課題を、『古事記』序文から中巻の崇神天皇（註1）までの物語りについての考察を通じて、果すことにする。それは、たしかに、『古事記』の一部分にすぎない。それ故に、ここから『古事記』の政治思想の全容を抽出することはできないであろう。しかしながら、この部分は、天地の生成から天皇王権の確立までを説いた箇所であり、そこから『古事記』の全体を推し量ることがある程度可能となるような、きわめて重要な意義を有する部分であることもまた否定しがたいように思われる。『古事記』は、天皇王権とその支配下の社会からなるところの律令国家体制が、いかなる意味において正当な秩序であるのかを、その形成史を叙述することを通じて語ろうとした政治的テクストなのであるが、かかる秩序が、いかにして、どのようなものとして確立したのかは、基本的には、右の部分で語りつくされるのであり、それ故、『古事記』の政治思想の核心は、右の部分に凝縮されているように思われるからである。

現時点において、『古事記』をば、政治思想を語った作品として研究しようとするとき、まずは、神野志隆光氏の研究を批判的に吟味することから出発することが適切であるように思われる。『古事記』がそうした性格の作品であることを明らかにしたものとして、まずは津田左右吉の古典的研究が想起されるが、すでにのべたように、そこには、性格の全く異なる『日本書紀』と『古事記』の二書を混淆して政治思想を論ずるという重大な方法的誤謬があり、今日の研究水準をふまえて『古事記』研究を行なおうとする場合に、研究の出発点に据えるには、必ずしも適当ではない。これに対して、神野志氏の場合、『古事記』を一個の作品として研究しようとする方法は透徹している。氏は、『古事記』を『日本書紀』と混淆して論ずることを厳しく戒め、さらに、『古事記』を諸部分に解体してしまい、その諸部分を全体から切り離して論ずるような傾向をも厳しく排して、『古事記』の全体へ迫ろうとする〔83はじめに、86〕。本稿全体を通じて明らかにするように、結果として、神野志氏の『古事記』論には従えないと思うのであるが、氏の研究は、『古事記』の全体を論ずる視野の広さと、各部分の分析の鋭さの両面において傑出しており、後学の者がまずは依るべき『古事記』研究の出発点として、まことにふさわしいもののように思われるのである。そこで、まず、神野志氏の『古事記』論についての批判的検討を試みたい（序論）。このことを通じて問題の所在を明らかにし、しかる後に、『古事記』に直接につき、『古事記』の論理を辿りつつ、その政治思想を明らかにしたい（本論）。そして最後に、『古事記』をば、これを生み出した八世紀初頭の日本社会の中に位置づけ、そこにおいて『古事記』が担った歴史的意義について、考えてみたいと思う（結論）。

序論　神話的諸世界の構造論批判

第一章　倉野憲司「古代人の異郷観」と西郷信綱『古事記の世界』

神野志氏の『古事記』論を検討するためには、その前提として、倉野憲司氏や西郷信綱氏の『古事記』論にふれておかねばならない。神野志氏は、『古事記』の政治思想に、神話的諸世界の構造論とでもいうべき視角から切りこんでいくのであるが、そうした議論は、すでに倉野氏や西郷氏によって展開されており、神野志氏の研究は、そうした先行研究の批判の上に構築されたものだからである。

倉野氏は、『古事記』における神話的諸世界の構造論を、「葦原中国《あしはらのなかつくに》」という言葉を手掛かりとして論じた。すなわち、「この名称は『高天の原』若しくは『黄泉の国』（根の国）との相対関係に於いてのみ用ひられてゐて、『海神の国』や『常世の国』との関係が殆んど見られない」とし、「高天原―葦原中国―黄泉国」という三段階の世界関係を指摘した。しかし、それは普通の三層構造なのではない。「黄泉の国に対する葦原の中つ国と高天の原に対する葦原の中つ国とは、等しく葦原の中つ国と云つても、著しくその性質を異にし、唯両者に共通するところは、それが地上にある世界とする一点のみである」ような関係、「高天の原対根の国、高天の原対葦原の中つ国（出雲）、葦原の中つ国（顕国)対黄泉の国(幽国)といふ各二つの世界の対立せる三個の宗教的乃至政治的思想より生み出された世界観」が統合された結果としての三層構造である。従って、「葦原中国」の性格はいかなる神話的世界との関係で考えるのかで異なることになった。「葦原中国」は「黄泉国(死の国)からすれば『生の国』であるが、高天原からすれば、天孫の降臨を見るまでは、黄泉国(根国)と同一視されて、荒振神・残賊強暴横悪之神・蝿声邪神・邪鬼等の跳梁するところ」であり、「高天原」の「正」に対しては「邪」、「黄泉国」の「邪」に対しては「正」の面をもつ。「葦原中国」の「葦原」は、「葦が一面に生えてゐる意」であるが、「同時にその葦に現し国としての生命力を認めての命名」である。また、「中つ国」の意義は、「高天の原(上つ国)と黄泉の国(下つ国)との中間に在る国の意」である(倉野42九七頁、一〇七頁以下、記全二巻二五九頁以下)。

西郷信綱氏は、上中下の三層構造論をうけつぎつつも、やや異なったニュアンスの世界関係論を展開された。氏は、「葦原中国とは、もと天《あま》つ神代《かみ》に高天原よりいへる号《な》」という宣長の提言にまでたち戻り、かかる宣長の「葦原中国《あしはらのなかつくに》」の語義解説と、近代の諸研究、たとえば、「我が国の古名。海辺に葦が繁っていて、其の中に五穀の豊穣する沃土がある国の義」などとする次田潤の語義解説を比較し、後者のような解釈では、「『葦原中国』という語は方位を失い、死んだ、主体をもたぬものになってしま」っていると批判する(67b一八頁)。「言葉の方位」という表現がいま一つ明確でないが、私なりに咀嚼すれば、「葦原中国」という言葉を関係概念(他の神話的諸世界との関係において定立された概念)として捉えるということだろう。同じことは、すでに倉野氏によって主張されていたが、異なるのは、「葦原《あしはらの》中国《なかつくに》」は、「高天原《たかあまのはら》」との関係において、「高天原」の側から与えられた名称だとする点である。氏によれば、このことを正しく理解しえていたのは、一人、宣長であった。

もっとも、宣長にも誤りがなかったわけではないという。宣長は、「葦原中国」の「中国《なかつくに》」の意を、「上つ代には、四方の海べたは、ことごとく葦原にて、其中に国処は在て、上方より見下せば、葦原のめぐれる中に見えける故に、高天原よりかく名づけたるなり」というように解したのであるが、「中」の意義はそうではなく、近代のいくつかの研究が説くように、「中つ国は高天の原と黄泉の国とを結ぶ縦の秩序における中の国の意に外ならない」〔67b一六―一八頁〕。

宣長においても、また、近代の諸研究においても、「葦原中国」の「葦原」は古代日本の景観にひきつけられて理解されたが（たとえば前記の倉野説はその一面をもつ）、氏はこれについても否定した。氏は、「葦原とは葦の茂った未開野蛮の地という意」であるとする〔67b二〇頁、傍点原文〕。文明の「高天原」に対する未開野蛮の「葦原中国」という関係が表象されているとするのである。このような解釈を、氏は、いわゆる天孫降臨の物語りから引き出してくる。天孫降臨の段では、「高天原」の側から、「葦原中国」が「ちはやぶる荒ぶる国つ神ども多《さは》」なる地とされるのであるが、そこには、「葦原中国」とは「高天の原から見るならば、……デーモンどもの蟠居する混沌たる未開の世界」だとする観念が語られているというのである〔67b一九頁以下〕。

以上のような倉野氏や西郷氏の神話的諸世界の三層構造論や「葦原中国」論は、『古事記』の世界観の核心をつくものではなかった。神野志氏は、主として西郷氏の三層構造論に焦点をあてつつ、この点を指摘し、独自の世界関係論を構築された。

第二章　神野志隆光『古事記の世界観』の概要

神野志氏は、まず、「葦原中国」は「高天原よりいへる号」とする宣長および西郷氏の考え方に対して、疑義を呈した。「葦原中国」の初出例は、伊耶那岐《いざなき》命が「黄泉国《よもつくに》」から逃げ帰ってきた時に、追手を撃退するのに役立った桃

の子に対して、

> 汝《なれ》、吾《あ》を助けしがごとく、葦原中国にあらゆるうつしき青人草《あをひとくさ》の、苦しき瀬に落ちて患《うれ》へ惚《なや》む時に助くべし〔三九頁〕

と述べた件りにおいてであるが、ここでは、明らかに、「葦原中国」は「黄泉国」との関係において語られているというのである〔83一一二頁以下〕。氏は、『古事記』が「『葦原中国―黄泉国』という対立とともに、『葦原中国』をはじめて顕わす」〔83一一四頁〕ことの意味を、次の二つの点に求めた。

一つは、生命あるものの国たる「葦原」と死者の国たる「黄泉国」の対立である。「『葦原』に……、負でなく正の意味あいを認めるべきなのは、ウマシアシカビヒコヂを想起するだけで十分であろう」〔86九二頁〕という。ウマシアシカビヒコヂとは、「国稚《くにわか》く、浮ける脂《あぶら》のごとくして、くらげなすただよへる時に、葦牙《あしかび》のごとく萌《も》え騰《あが》る物《もの》によりて成りませる神の名は宇摩志阿斯訶備比古遅《うましあしかびひこぢ》神」〔記二六頁〕という形で『古事記』の冒頭にあらわれる別天《ことあま》つ神の一員であるが、ここにおける「葦」と「葦原」とが響きあっており、「葦原」は未開野蛮ではなく、生命力の隠喩だと考えるのである。この点では、結果として、倉野氏の「葦原」理解を継承する形になっている。

いま一つは、「国」の中心としての「中国」と周縁の国たる「黄泉国」の対立である。倉野説、西郷説に限らず、これまで「黄泉国」は地下の世界であると考えられ、「葦原中国」と「黄泉国」とが上下の縦の関係にあると理解されてきたが、氏は、『古事記』の表現を周到に分析して、「黄泉国」は「葦原中国」と水平的、平面的関係にあることを論証した〔86八〇頁以下〕。したがって、「中国」の「中」は「上中下」の「中」なのではありえない。様々の周縁の「国」〔「黄泉国」、「根之堅州国《ねのかたすくに》」、〈ワタツミノ神の国〉〕に対する国の中心という意味での「中」である〔86一四四頁以下〕。

神野志氏は、加えて、「上中下」説は、「黄泉国」以外の周縁の「国」〔「根之堅州国」、〈ワタツミノ神の国〉〕の位置づけができていないこと〔86一四一頁〕、さらに重大なことには、〈アメ〉―〈クニ〉〔「高天原―葦原中国」〕という異次元の二元的関係と、〈クニ〉内部の同一次元関係を無媒介に構造化してしまっていると批判する。〈アメ〉―〈クニ〉関係が〈クニ〉内部の関係と質的に異なる特別の関係であることを認識することは、『古事記』の世界観を正しく理解するためのキー・ポイントとされるのである。その関係は、二つの説話においておさえられた。第一は、『古事記』冒頭における「高天原」の成立および「国」の形成の件りである。

天地《あめつち》初めて発《おこ》りし時に、高天原《たかあまのはら》に成りませる神の名は、天之御中主神《あめのみなかぬし》。次に、高御産巣日神《たかみむすひ》。次に、神産巣日神《かむむすひ》。この三柱《みはしら》の神は、みな独神《ひとりがみ》と成りまして、身を隠したまひき。

次に、国稚《くにわか》く、浮ける脂のごとくして、くらげなすただよへる時に、葦牙《あしかび》のごとく萌《も》え騰《あが》る物によりて成りませる神の名は、宇摩志阿斯訶備比古遅神《うましあしかびひこぢ》。次に、天之常立神《あめのとこたち》。この二柱の神も、みな独神と成りまして、身を隠したまひき。

上の件の五柱の神は、別天《ことあま》つ神《かみ》ぞ。

次に、成りませる神の名は、国之常立神《くにのとこたち》。次に、豊雲野神《とよくもの》。この二柱の神も、独神と成りまして、身を隠したまひき。

次に、成りませる神の名は、宇比地邇神《うひぢに》。次に、妹須比智邇神《いもすひちに》。次に、角杙神《つのぐひ》。次に、妹活杙神《いくぐひ》。次に、意富斗能地神《おほとのぢ》。次に、妹大斗乃弁神《おほとのべ》。次に、於母陀流神《おもだる》。次に、妹阿夜訶志古泥神《あやかしこね》。次に、伊耶那岐神《いざなき》。次に、妹伊耶那美神《いざなみ》。

上の件の国之常立神より下、伊耶那美神より前を、并せて神世七代《かみよななよ》といふ。

ここに、天《あま》つ神《かみ》のもろもろの命《みこと》もちて、伊耶那岐命・伊耶那美命の二柱の神に、「このただよへる国を修理《をさ》め、固《かた》め、成《な》せ」と詔《の》らし、天沼矛《あめのぬぼこ》を賜ひて、言依《ことよ》さしたまひき〔二六―二七頁〕

この部分について、氏は、まず、次のように述べる。

『古事記』は「天地初めて発りし時に」とはじまるが、……天地がはじまった時に、というのであって、どのようにはじまったかをいうものではない。天地のはじまったこと、「高天原」という世界のあることは無条件の前提として『古事記』は始発する〔86一九―二〇頁〕。

『古事記』は「天地」の形成を語らないとし、そのことの意味を、「高天原」の存在の無条件性に求め、〈アメ〉がア・プリオリに〈クニ〉に優位しているところの〈アメ―クニ〉関係が、すでにここで説かれていると解するのである。「高天原」の先天的優位性は、次のようにも説かれた。

> 「天地初めて発りし時に」、「高天原」という「天」の世界はすでにある。一方、「地」の側に世界としての「国」はまだ確立していない。「国」という体をなしていないのである〔86二三頁〕。

「高天原」はすでに無条件に成立したのに対し、「国」はまだ確立していないのである。そして、その「国」を初めて形成していくのが、「高天原」の伊耶那岐《いざなき》命・伊耶那美《いざなみ》命である。天之《あめの》御《み》中主《なかぬし》神から伊耶那岐命・伊耶那美命まで、すべては「高天原」における展開にほかならない。『古事記』は、そういう仕方で、「高天原」の「葦原中国」に対する始原的優位性を語るとするのである。氏はこのことを、次のようにのべる。

> トコタチは土台の出現を意味する。アメとクニとにかかわる土台の出現なのであるが、いずれも「高天原」に属する。イザナキ・イザナミは「天降」のだから「神世七代」まで全体が「高天原」の展開なのである。そして、イザナキ・イザナミは「このただよへる国を修理め固め成せ」と命ぜられるのであって、クニノトコタチを大地の出現ととるわけにはいかない〔86二五―二六頁〕。

要するに、神野志氏は、『古事記』の劈頭の一節に、すでに、「高天原」の「葦原中国」に対する、〈アメ〉の〈クニ〉に対する始原的優位性が語られていると解した。そして、その意味は次のように要約された。

『古事記』においてその「高天原」の世界は、はじめから「天《アメ》」の側にあるものであった。どのようにして成り立ったか、その存立の根拠は問題とされない。無条件なのである。その世界に「成」った、アメノミナカヌシ・タカミムスヒ・カムムスヒ、就中、ムスヒのエネルギーを根源として、「地《ツチ》」の側―〈クニ〉は世界として成り立ちえた。……〈クニ〉は、「高天原」の神たるイザナキ・イザナミによって、「高天原」のムスヒのエネルギーのもとに世界としてつくりなされる。天上―地上という関係であり、〈アメ〉―〈クニ〉の二元的世界ではあるが、決して対等の対立関係ではない。〈クニ〉の存立の根拠の問題として、この〈アメ〉(「高天原」)―〈クニ〉の関係を確認してはじめねばなるまい〔86 六三頁〕。

氏のいう〈アメ〉―〈クニ〉関係は、第二に、天照大御神の天《あめ》の石屋《いはや》こもりの段の次のような文章に示されるという。

・天照大御神《あまてらすおほみかみ》、見畏み、天《あめ》の石屋戸《いはやと》を開きて、刺しこもりましき。しかして、高天原《たかあまのはら》みな暗く、葦原中国《あしはらのなかつくに》ことごと闇し〔五〇頁〕

・天照大御神、出でましし時に、高天原と葦原中国と、おのづからに照り明りき〔五二頁〕

この文章に対して、氏は次のような註釈を加えた。

私が注目したいのは、「高天原」と「葦原中国」とをならべることである。……「高天原」と「葦原中国」とをならべることは、二つの世界の関係の確認に外ならないと私は考える。アマテラスの秩序は、二つの世界を貫くものだと『古事記』は示すのである。「高天原」にあるアマテラスの秩序によって、「葦原中国」もおおわれる。換言すれば、二つの世界はひとつの秩序につつまれて成り立っている。アマテラスが秩序の原理たることをあらわし示しながら、そうした世界関係を確認することが、アメノイハヤトの話の本質だと捉えたい〔86 六九頁〕。

以上のように、〈アメ〉―〈クニ〉関係がおさえられた上で、『古事記』の描く世界関係は、全体として、次のように把握された。

第一に、〈アメ〉―〈クニ〉という二元的対立を、世界としての基本的な成りたちとしておさえ、具体的には、「高天原」―「葦原中国」において、それを「葦原中国」という世界の成りたちとして見届け、……第二には、〈クニ〉の次元の問題として、「黄泉国」―「葦原中国」、「根之堅州国」―「葦原中国」、〈ワタツミノ神の国〉―「葦原中国」という、個別のそれぞれについて見る(86六〇頁)。

第三章　神野志説の批判的検討

第一節　「海原」

神野志説は、西郷説批判としては、核心をついている。西郷説が、「葦原中国」の「葦」には負の意味があるとし、「黄泉国」の所在を地下と解した点などにおいて、『古事記』の世界観の本質把握に届きえぬものであったことは、疑問の余地なく証明されたように思われる。しかしながら、神野志説も、なお、『古事記』の世界観の核心を逸しているのではなかろうか。

一　「海原」という名称

このことは、〈ワタツミノ神の国〉という表現に端的に示されているように思われる。これは氏の造語で(それ故の〈　〉)、「海原《うなばら》」のことなのであるが、氏は、「海原」を一つの「国」と理解した上で、「海原」はその世界をさす称ではなくして、単に海神宮《わたのかみのみや》の所在地を示すだけの語だとし、この「国」は、「『高天原』『葦原中国』『黄泉国』『根之堅州国』のような称呼をもっては示されないが、神話的世界のひとつとして取り上げられるべきであろう」として、

「主宰神によって、〈ワタツミノ神の国〉と呼ぶこととする」とされたのである〔86四六頁以下〕。しかし、『古事記』は、いうところの〈ワタツミノ神の国〉に、神話的世界たることを表示するための名称を本当に与えなかったのだろうか。「海原」が、この神話的世界の名称なのではなかろうか。『古事記』は、海の世界をあえて「国」とはよばずに「海原」としたのであり、「海原」を「国」として理解することは誤りなのではなかろうか。

もっとも、氏が、「海原」を「国」の一つだとしたことに根拠がないわけではない。氏は、大綿津見《おほわたつみ》神の女の豊玉《とよたま》毗売《びめ》命と結婚し、「海原」に三年も住みついた日子穂々手見《ひこほほでみ》命について、

三年に至るまでに、その国に住みたまひき〔一〇〇頁〕

と語る文章などをあげ、『古事記』は「海原」を「国」として示すとされる。このような形でならば、「海原」を「国」と称した例は他にもあげることができる〔四四頁、一〇五頁など〕。

しかし、これらは、須佐之男命の昇天の件りで、「高天原」について、

速須佐之男《はやすさのを》命……天《あめ》に参上《まゐのぼ》る時に、山川ことごと動《とよ》み、国土《くにつち》みな震《ゆ》りき。しかして、天照大御神聞き驚きて詔らししく、「我《あ》がなせの命《みこと》の上《のぼ》り来ますゆゑは、必ず善き心にあらじ、わが国を奪はむとおもほすにこそ」〔四五頁〕

といわれる場合の「国」と同様の用法なのではなかろうか。「高天原」について「国」といわれた右の例は、神野志氏も指摘され、これについては、「だが、それはこの文脈に限定してのことであり、さきに示したごとく、基本的には一貫して『天』とよび、世界としての称はあくまで『高天原』であって、『国』という称とは明確に区別される」とのべられる〔86五八頁〕。「文脈に限定して」というよりも、漠然とある世界を示す意味での「国」であると思われるが、それはともかくとして、「高天原」について右のことが承認されるならば、「海原」についても同様のことが承認されるべきではないだろうか〔記伝九巻一二二頁参照〕。「高天原」が神話的自然界としての「天」を神話的社会として捉えた名称であるのに対応して、「海原」が神話的自然界としての「海」を神話的社会として捉えた名称であること

は、伊耶那岐命が三貴子を生んだ時に、天照大御神に対しては、

　汝命《ながみこと》は、高天原を知らせ〔四三頁〕

とのべ、須佐之男命に対しては、

　汝命は、海原を知らせ〔四三頁〕

と命じていることに示されているのではなかろうか。「海原」は、単なる海神宮の所在地の名称なのではなく、「高天原」と「海原」とは、まさに「原」であることにおいて、対をなす神話的世界なのではなかろうか。

二　「海原」の神の呪能

このことは、世界の名称によってばかりでなく、物語りにおいても確証されるように思われる。「葦原中国」に対して、「高天原」は〈光〉を恵む世界、「海原」は〈水〉を恵む世界として描かれているからである。「高天原」がそのような世界として描かれるのは、天の石屋戸の段であり、これについては、すでに神野志説の紹介の箇所で引用した。「海原」については、海佐知毘古《うみさちびこ》・山佐知毘古《やまさちびこ》の物語りと、須佐之男《すさのを》命の涕泣の件りにおいて語られる。後者については、第二部で詳論することとし、ここでは、前者について検討することにしたい。

海佐知毘古・山佐知毘古の物語りは、およそ以下のごとくであった。山佐知毘古（天照大御神のひ孫で初代天皇の祖父）は兄の海佐知毘古から借りた釣針を海でなくしてしまった。山佐知毘古がどんなに謝罪しても海佐知毘古は許そうとせず、どうしても釣針を返せという。そこで、山佐知毘古は釣針を求めて、「海原」の主宰神たる綿津《わたつ》見大神《みのおほかみ》のいる宮殿を訪れた。大神は、釣針を捜し出し、その上で、山佐知毘古に海佐知毘古を降伏させる策を授けた。山佐知毘古は大神の指示通りに行動して、海佐知毘古を降伏させることができた――。

以上の物語りについて、ここで注目したいと思うのは、大神が山佐知毘古に策を授けるにあたって、次のようにの

べたことである。

兄《いろえ》、高田を作らば、汝命《いましみこと》は下田を営《つく》りたまへ。その兄、下田を作らば、汝命は高田を営《つく》りたまへ。しかしたまはば、吾《あれ》、水を掌《し》れるゆゑに、三年の間、必ずその兄貧窮《まづ》しくあらむ。もし、それしかしたまふ事を悵怨《うら》みて、攻め戦はば、塩盈珠《しほみつたま》を出でて溺《おぼほ》らし、もし、それ愁へ請はば、塩乾珠《しほふるたま》を出でて活《い》け、かく惚《なや》まし苦しめたまへ〔一〇二頁〕

この件りを、倉野氏は、「人間生活を不幸に陥れる呪力が海神にあるとするものであるが、この意味よりすれば、同じく災禍を齎す悪霊邪鬼や罪穢の根源地なる根の国底の国と海神の国とが、その根本に於いて相通じる性質の世界であったことが知られる」〔倉野42 一一三頁〕と解されたが、疑問である。右の引用文は、大綿津見神が将来の天皇の血筋に連なる山佐知毗古を助け、これに敵対する海佐知毗古をこらしめようとする物語りであり、海神《わたのかみ》が「人間生活」一般を「不幸に陥れる」ことを語ろうとしているのではないからである。正しくは、海神は〈水〉支配を通じて「葦原中国」を支配していると言うべきであり、その一つの側面として、海神は「葦原中国」のある種の人々に「不幸」をもたらしうるにすぎない。海神の主要な側面は、むしろ、〈水〉を正しく制御して、「葦原中国」にその恵みを与えることに外ならない。「葦原中国」における稲穂の豊穣には、「高天原」からの〈光〉と「葦」の名が冠せられるところの「葦原中国」それ自身の〈生命力〉の外に、いま一つ、「海原」から供給される〈水〉が不可欠なのである。「海原」がそのような世界であるからこそ、後に詳論するように〔一八九頁以下〕、天皇の祖先たる山佐知毗古が「海原」を訪れ、水支配の呪能を獲得する物語りが語られるのではなかろうか。

このように考えてくると、『古事記』が、「高天原」、「海原」、「葦原（中国）」の三つの神話的世界を、意識的に「原」という共通の言葉で表現しようとしたらしいことが見えてこよう。『古事記』の世界観の核心は、①〈アメ―クニ〉の二元的対立関係と、②〈クニ〉内部における〈ワタツミノ神の国〉や「葦原中国」などの諸「国」の関係の統一などではなく、まずは「原」のトライアングル的関係にあるのではなかろうか。しかし、そう結論を下す前に、神野志氏の〈アメークニ〉関係論についての批判的検討を行なわねばならない。

第二節　「天」と「地」

神野志氏は、世界関係の基軸に、〈アメークニ〉の縦の関係、主と従の関係があるとした。その関係は、『古事記』劈頭の「高天原」の成立および「国」の形成の物語りと、天照大御神の天の石屋戸こもりの件りに示されるというのが、氏の主張であった。このうち、後者に示される〈高天原―葦原中国〉関係は、それだけが孤立的にあるのではなく、その関係は、海佐知毗古・山佐知毗古の物語りなどに示される〈海原―葦原中国〉関係と対をなしていること、それ故、天の石屋戸の物語りをもって、単純に「高天原」の「葦原中国」支配の正当性を語ったものとはみなしえないことを前節でのべた。それでは、いま一つの、「高天原」と「国」の形成の物語りはどうなのであろうか。

結論をいえば、『古事記』劈頭の物語りについての神野志氏の理解にも従えない。私は、氏の説に対して、次のような疑問を感じるのである。

①『古事記』は天地がどのように始まったかを語らないというけれども、『古事記』は、天地の始まりを語ったのではないか。

②氏は、「天」と「高天原」、「地」と「国」に対応関係があると考え、「天」「地」が神話的自然界であるのに対して、「高天原」「国」は、それらに対応する神話的社会と解しているらしく見えるが、かかる「地」と「国」の関係の理解は誤りではないか。

③「天」「地」の生成とともに「高天原」はすでにあるのに対して、「国」は確立していない（存在しない）とのべる

が、このような対比は正しくないのではないか。

④別天《ことあま》つ神《かみ》から神世七代《かみよななよ》まで、全ては「高天原」における展開であるとするが、別天つ神のうち、宇摩志阿斯訶備比古遅《うましあしかびひこぢ》神と天之常立《あめのとこたち》神の二神は、「国」に生成し「高天原」に昇ったところの「国」の物に成った神ではないか。また、神世七代も「国」に生成した神ではないか。

⑤別天つ神の「高天原」は、通常想起される天照大御神（天つ神）の「高天原」とは異なる世界であり、「高天原」は、区別さるべき二つの世界からなること、始原の「高天原」は、天照大御神の「高天原」ではなくして、別天つ神の「高天原」であることを認識すべきではないか。

以下、個々の論点について、具体的に述べてみたい。

一　「天地」の生成

『古事記』は天地がどのように始まったかを語らないと氏はいうけれども、真実は反対で、『古事記』は、それを語ったように思われる。『古事記』本文に先だつ序文の次の一節は、明確に、「天地初発」以前を語るものではなかろうか。

それ、混元《こんげん》すでに凝《こ》りて、気象いまだ效《あらは》れず。名もなく、為《わざ》もなし。誰かその形を知らむ。しかれども、乾坤《けんこん》初めて分かれて、参神造化の首《はじめ》となり、陰陽ここに開けて、二霊群品の祖《おや》となりき。……〔一七頁〕

「乾坤」（天と地のこと）の成立以前に、「混元」（宇宙の元気の混沌たる状態）の段階、やがてそれが「凝り」固まっていく段階があり、その「凝り」かたまったものが「初めて分かれて」「乾坤」が成立した。そのような映像を表象しつつ、作者は、本文では、「乾坤」が「初めて分かれ」終えたその時点からときおこしたのではなかろうか。序文の冒頭と本文の冒頭とは、相接続し、相補う関係にあるように思われる。

むろん、神野志氏が『古事記』序文の記述を見落としているわけではない。氏は当然にその存在を熟知し、その上で、本文は天地生成の状況を語らないのに、序文はこれを語るから、両者の思想は異質であると断定し、本文の理解の資料として序文を用いることを否定されたのである〔86二〇頁、三七頁〕。しかし、氏の論理は強引にすぎるのではなかろうか。序文にあって本文にはないからといって、序文と本文とが矛盾しているということにはならない。序文にあって本文にないということの根拠として、両者の間に矛盾があるということも論理的には想定しうるし、ありえないことではないが、しかし、序文に書かれているから、本文には記述されなかったということも十分にありうるのである。むしろ、そのように推論することが自然であろう。『古事記』は、さしあたっては、序文と上中下三巻とからなる作品として与えられているのであって、普通には、それぞれは、当然に相補って読まれねばならない性質のものだからである。序文が語り、本文が語らなかったという事実を、序文と本文との矛盾という結論に結びつけるためには、他に、序文と本文の思想の相違を示す明白かつ重大な証拠を提示しなければならない。しかし、氏の議論には、そのような学問的手続きが欠けているのではなかろうか。氏は、序文と本文の思想の異質さを示すものとして、序文が、伊耶那岐命・伊耶那美命の国生みについて、

陰陽ここに開けて、二霊群品の祖となりき〔一七頁〕

というように、「陰陽」の論理によって表現していることをあげ、これが、本文の「産巣日《むすひ》」のコスモロジーと異質であるというのであるが、これだけのことで、『古事記』序文に『日本書紀』的な陰陽思想を見出し、本文の神代史・人代史を適切に要約しているように見える序文を、『古事記』という作品の埒外に追放するのは、論理の飛躍のように思えてならない。

『古事記』全編を表象しつつ、序文と本文が相まって描いた天地の始まりの物語りの意味を問うならば、そのことの意義は、「天」と「地」の誕生を天上の絶対神の作為にかかわらしめなかったこと、それを一物の単なる分化に求

め、その限りで、二つの世界〔天と地〕の間に差別を設けないことにあったように思われる。「天」と「地」とは、元をただせば、一つの混沌であり、その凝固せるものであった。『古事記』の天地生成論を『古事記』全編の物語りの中に位置づけるならば、それは、神野志説とは反対に、かえって「天」と「地」との始原的対等性を主張しようとするものだったといいうるのではなかろうか。

二　「天」と「地」「国」と「海」

「天」と「高天原」の関係とパラレルに「地」と「国」の関係を設定すること、そして、「国」の内部に「黄泉国」「根之堅州国」〈ワタツミノ神の国〉などを設定されることなどから、神野志氏は、神話的自然界と神話的社会について、おおよそ、次のように理解されているように見うけられる〔86五七頁など〕。

神話的自然界	神話的社会	
天……………	高天原	
地……………	国	葦原中国
		〈ワタツミノ神の国〉
		黄泉国
		根之堅州国

「国」の内部編成を別とすれば、このような考え方はすでに倉野氏にみられるが〔記全二巻三六頁〕、こうした理解は誤りであるように思われる。「天」と「高天原」とを対置し、前者を神話的自然界を指示する概念、後者を神話的社会を指示する概念と理解することには同意できるが、「地」と「国」の関係の理解は誤りだと考えるのである。「国」はなお「地」の一部を示すところの神話的自然界についての概念であり、「国」と「海」とがあわさって、「地」を形

成しているのではなかろうか。『古事記』は、神話的自然界の概念と神話的社会の概念をはっきりと区別し、その上で、その対応関係を設定しているが、その全容は、ほぼ次のようであり、「天」「地」「国」という、『古事記』劈頭に登場する諸世界は、その一部として存在しているのではなかろうか。

神話的自然界			神話的社会
天《あめ》			高天原《たかあまのはら》
地《つち》	海《うみ》		海原《うなばら》
	国《くに》	大八嶋国《おほやしまのくに》	葦原中国《あしはらのなかつくに》
			黄泉国《よもつくに》＝根之堅州国《ねのかたすくに》
		淤能碁呂嶋《おのごろしま》	常世国《とこよのくに》

右のように解する根拠の全容は、おいおい明らかにしていくこととして、ここでは、「国」は「地」の一部を指示する神話的自然界の次元の概念であり、「海」と対をなしているという私見の根拠をのべておきたい。それは、次に掲げる三つの文章である。

①国稚く、浮ける脂のごとくして、くらげなすただよへる時に……〔二六頁〕

②伊耶那岐命・伊耶那美命の二柱の神、……天の浮橋《うきはし》に立たして、其の沼矛《ぬぼこ》を指し下して画《か》かせば、塩こをろこをろに画《か》き鳴《な》して、引き上げたまふ時に、その矛の末より垂り落つる塩の累《かさな》り積れる、嶋と成りき。これ淤能《おの》碁呂嶋《ごろしま》ぞ〔二七―二八頁〕

③くみどに興《おこ》して生みたまへる子は、水蛭子《ひるこ》。此の子は葦船に入れて流し去てき〔二九頁〕

①によれば「国」は水に浮く脂、海水にただようクラゲのごとき存在であるが、脂やクラゲは「国」の比喩ではあっても、それを浮かべる水ないし海水が比喩以上のものであることは、二神が淤能碁呂嶋を誕生させる場面を描いた

②の、「塩こをろこをろに画き鳴して……」という表現から明らかであろう。「塩」とは海水にほかならないからである。③は、二神が最初に生んだところの、手足の萎えた水蛭子についての記述であるが、「葦船に入れて流し去てき」という以上、そこには水が表象されているのであり、それが「海」であることは、②の「塩」という言葉から確実である。「海」という自然界を指示する言葉が登場するのは、伊耶那岐命・伊耶那美命が「国生み」を終えた後のことであるが〔三二頁〕、「地」の世界の一部を「国」とよんだ時に、「海」の存在それ自体はすでに表象されているといわねばならない。私は、以上のように考えて、「天地」が形成された時に、「地」の世界にはすでに「海」と「国」があり、「国」は水に浮かぶ脂のごとく、海水に漂うクラゲのごとくに浮遊していた状況を思いうかべるのである。

「天地」の「地」には「海」が含まれると解したのは宣長であった〔記伝九巻一二二頁〕。その宣長も、「国」については『日本書紀』の天地生成の論理を『古事記』にもちこんで、「浮き脂の如く漂蕩へりし物は……天地に成るべき物にして、其の天に成るべき物と、地に成るべき物と、未だ分かれず、一つに淆りて沌かれたるなり」〔記伝九巻一三五頁〕と解し、倉野氏や神野志氏の指摘したように、救いがたい混乱に陥ってしまった〔記全二巻三八頁以下、神野志86三九頁以下〕。しかし、その神野志氏の議論にも、右にのべたように混乱があるのであり、この点では、「天地の地がearthであるとすれば、クニはlandに相当する」〔記注一巻八一頁〕という西郷氏の見解、「くらげなす……」に註して「クラゲのように海水に漂っている時、の意」とした日本思想大系『古事記』の註釈の立場が正当なのである。

三　「高天原」と「国」

神野志氏は、「天」が発った時に、すでに「高天原」という世界があったことを強調した。原文は、「天地初めて発りし時に、高天原に成りませる神の名は……」であるから、たしかに、そのように読めるように見える。しかし、「天」と「高天原」を、右にのべたように、神話的自然界と神話的社会の名称として捉えることが正しいとするならば、「天」に神が誕生する以前に「高天原」という神話的社会の成立を認めることは、困難であるように思われる。『古事記』劈頭の文章は、「天」に天之《あめの》御《み》中主《なかぬし》神、高御《たかみ》産巣日《むすひ》神、神《かむ》産巣日《むすひ》神の造化三神が誕生することで、「高天原」という神話的社会が成立したという趣旨ではないだろうか。

氏は、さらに、「天地」が生じた際の状況について、「高天原」という「天」の世界はすでにあるのに対して、「地」の側に世界としての「国」はまだ確立していないというように理解されたわけであるが、先にのべた「国」概念の理解についてここでは問わないとしても、このような「高天原」と「国」の対比は問題であるように思われる。たしかに、「高天原」と「国」のそれぞれについて言われることは正しい。しかし、両世界の対比が、このような形でなされると、部分の正しさは、全体の正しさを保障しないのではなかろうか。なぜならば、「高天原」がすでにあるというならば、「国」もすでにあるからであり、「国」はまだ確立していないというのであれば、「高天原」も同様にまだ確立していないからである。「国稚《わか》く……」ということは、「稚」いながらも「国」はすでにあるということである。氏は、「国稚く……」を「生成されるはずの『国』の世界がまだない」(83一〇一頁、傍点水林)といわれるが、誤謬というほかはない。いまだ確立したとは言い難い「稚い」状態、「ただよへる」状態ではあるが、しかし、「国」はすでに存在しているからである。他方、天之《あめの》常立《とこたち》神の出現以前の「高天原」が、国之《くにの》常立《とこたち》神の出現以前の「国」と同様に、未確立であることは言うまでもない。氏自身、「『高天原』は無条件にはじめからある世界」(83九一頁)としつつ、「『高天原』の場が確立し(アメノトコタチ)」(83一〇一頁)ともいう。天之常立神で「高天原」が確立するならば、それ以前の「高天原」は未確立のはずであろう。要するに、正しくは、「天地」が初めて発った時、「天」はもちろん「国」もすでにあったが、ともに、いまだ確立しておらず、それぞれの体をなしていなかったのである。

四　宇摩志阿斯訶備比古遅神と天之常立神

神野志氏は、別天《ことあま》つ神《かみ》と神世《かみよ》七代《ななよ》を全て「高天原」における展開と理解し、そこに、「高天原」の「国」に対する始原的優位性を見出そうとしているけれども、これも疑問だといわなければならない。まず、別天つ神のうちの宇摩《うま》志阿斯訶備比古遅《しあしかびひこぢ》神と天之《あめの》常立《とこたち》神の二神は、「国」の物に誕生した神であるように思われるからである。『古事記』は、その劈頭で、

天地初めて発りし時に、高天原に成りませる神の名は、……

というように、天地初発を受けての最初の物語りの場面を「高天原」に設定し、天之御中主神・高御産巣日神・神産巣日神の造化三神の誕生を語った後に、

次に、国稚く、浮ける脂のごとくして、くらげなすただよへる時に、葦牙《あしかび》のごとく萌え騰る物によりて成りませる神の名は、宇摩志阿斯訶備《あしかび》比古遅神〔二六頁〕

というように、場面を「国」(「地」の世界の中の「国」)に転じて、宇摩志阿斯訶備比古遅神の誕生を語るのであるが、私には、この神が成ったところの「葦牙のごとく萌え騰る物」は「国」の物であったとしか理解できないように思われる。もしも、宇摩志阿斯訶備比古遅神も「高天原」の物に誕生したというように解釈するならば、「次に、国稚く……」という文章が、この場所に挿入されていることの意味が解しがたくなるのではなかろうか。少なくとも、神野志説には、この文章が、どのような意味を担ってまさにここに置かれているのかという問題の説得的な説明がないように思われる。

神野志氏と同様に伊耶那岐命・伊耶那美命の誕生までを全て「高天原」における展開と考える金井清一氏は、宇摩志阿斯訶備比古遅神が「高天原」の物に誕生したことを前提とした上で、「国稚く、浮ける脂のごとくして、くらげなすただよへる時に……」という、「この神にかかる限定句は何のためにあるのか」という問題を設定し、「それはこの神が国の出現に先行する存在であること、……国はその始源から高天原なくしては有り得ないことを示している」

〔金井88五五頁〕というように答えている。宇摩志阿斯訶備比古遅神が「高天原」に出現した時に「国」がどのような状況であったかを示し、「高天原」の先天的優位性を説く趣旨だと解するのである。しかし、宇摩志阿斯訶備比古遅神が「国の出現に先行する」とするのは『古事記』の誤読であろう。前にものべたように、「国稚く……」という表現は、明らかに、「国」が「稚」いながらもすでに出現していることを示しており、宇摩志阿斯訶備比古遅神は、その後に誕生した神だからである。また、金井説のように解するならば、「国稚く……」という「国」についての描写は、造化三神の誕生の時に、すなわち、『古事記』本文の劈頭で語られなければならないのではなかろうか。宇摩志阿斯訶備比古遅の誕生の箇所で、「国」の状態が突如として語られると解することは、あまりにも不自然ではなかろうか。「国稚く……」という句の意義は、金井説とは別のところにあると考えなければならない。テクストを素直に解すれば、それは、宇摩志阿斯訶備比古遅神が「国」に誕生する際の、「国」の状況を描写したものだとするほかはなかろう。そう解して、何の不都合もなく、『古事記』全編の趣旨に見事に適合するのである。

宇摩志阿斯訶備比古遅神は別天つ神なのであるから、その坐します世界は疑いもなく「高天原」なのであるが、それは「葦牙のごとく萌え騰る物」が、勢いよく「国」から「天」へと昇ったからであろう。まことに、生命力を象徴する神の誕生にふさわしい鮮烈な映像である。『古事記』においては、「国」は無前提にそのような力を有している。「葦原」という言葉が『古事記』に初めて登場するのは、「葦原中国」という言葉においてであり、この「葦原中国」概念は、「国」の一部である「大八嶋国」の神話的社会の名称として、伊耶那岐命が「黄泉国」から逃げ帰ったその時点ではじめて使用されるのであるが、しかし、「国」が、その中に「葦原」の語が冠せられる世界を出現させるような生命力あふれる世界であることは、すでに『古事記』冒頭で暗示されているのではなかろうか。

宇摩志阿斯訶備比古遅神に続く天之常立神が、どこで、どのように誕生したのか、明示的には語られない。しかし、宇摩志阿斯訶備比古遅神の誕生からの続き具合や、次の国之常立神以下の神世七代が「国」で成ったことを考えると、全体の流れから、天之常立神も昇天した「国」の「物」に成ったのであろう。宇摩志阿斯訶備比古遅神および天之常立神という別天つ神二神は「国」の出身であり、そういう仕方で、「高天原」は、その世界の形成を「国」に負っている。『古事記』は、まず、「高天原」による「国」の形成を語るのではなく、「高天原」の完成にむけての第一歩が、「国」の寄与によって踏み出されたと語るのである。

ちなみに、神野志説以前の学説は、神野志説とは反対に、宇摩志阿斯訶備比古遅神は「国」に成ったと理解してきた。原文に素直に接すれば、そうとしか読めないからであるが、そうであるが故に、ここではむしろ、この神が別天つ神とされていることに不審の眼差が向けられてきた。たとえば、西郷氏は、「地上の神の名としてこそふさわしいウマシアシカビヒコヂが別天つ神に列せられている」ことを「不自然」であるとする〔記注一巻八五頁〕。また、倉野氏は、「『国』から『天』となるべきものが萌え騰ったとするのは随分変な話である」から、「萌え騰る」の意は「芽を出す」の意にすぎず、この神は「本来地上的であった」のであるが、これは別天つ神であるから、「次第に天上的な神に止揚せられるに至った」のだろうとする〔記全二巻四二頁、五〇頁〕。しかしながら、宇摩志阿斯訶備比古遅神が「次第に天上的な神に止揚」されたなどという物語りは存在せず、この神は「国」から「高天原」に一挙に「萌え騰」ったと理解しなければならない。そしてこのことは、少しも「不自然」でなく、「変な話」でもない。もしもこれを「不自然」、「変な話」というならば、後に述べる、天照大御神の「葦原中国」における誕生と昇天の物語りも同様に「不自然」、「変な話」ということになるのではないか。

神野志説・金井説と西郷説・倉野説は、結論的には反対であるけれども、そこには、同様の発想が支配しているように思われる。それは、「高天原」と「国」との対立において、「高天原」が絶対的に優位の地位にあるという発想である。その発想の上に、神野志、金井両氏は、宇摩志阿斯訶備比古遅神が別天つ神であることなどをふまえ、この神の誕生には「高天原」だけがかかわるとし、西郷氏は、この神が「国」の物に成ったとしか読めない原文を尊重して、むしろ別天つ神であることに不審の目を向けたのである。しかし、『古事記』の世界像は全く別のところにあったのではなかろうか。すなわち、「天」と「国」との始原的対等性こそが『古事記』神代史の世界像なのではなかろうか。そのことを、『古事記』は、すでに冒頭において、明確に語っているのではないか。

五 「別天つ神」の「高天原」と「天つ神」の「高天原」

「高天原」の形成に「国」がかかわり、その意味で、「天」ないし「高天原」と「国」とは、決して、前者が後者にア・プリオリに優位する関係にあったわけではなかったとはいっても、結果として、最初の神話的社会が形成されたのは、「天」においてであった。始原の神話的社会は、「高天原」なのである。しかし、その「高天原」は、通常想起されるような、天照大御神が主宰神として君臨する「高天原」なのではなかったことに格別の注意をはらわねばならない。

『古事記』は、それぞれに固有名詞を与えて区別するわけではないけれども、「高天原」には、「高天原(裏)」と「高天原(表)」とでも称すべき、二つの世界があったように思われる。そう考える根拠は、別天つ神について、「独《ひとり》神《がみ》と成りまして、身を隠したまひき」とされていることである。別天つ神が身を隠した所、それが、私のいう「高天原(裏)」である。これに対して、別天つ神についで、やがて生まれてくる「高天原」の八百万の神々や、「国」で生まれ昇天して「高天原」の主宰神となった天照大御神が、別段身を隠すこともなく活躍するところの世界が「高天原(表)」である。天照大御神は「高天原(表)」の主宰神、天之御中主神は「高天原(裏)」の主宰神である。「高天原(裏)」や「高天原(表)」という言葉は、たしかに私の造語であるが、しかし、この言葉で指示される世界は、私の作為にかかるものではない。『古事記』の言葉に即していえば、「高天原(裏)」とは「別天つ神」の世界であり、「高天原(表)」は「天つ神」の世界である。

「高天原（裏）」と「高天原（表）」、「別天つ神」の世界と「天つ神」の世界とは、はっきりと区別さるべき二つの世界であった。この二つの世界がどのような関係にあり、この二つの世界が何故に区別されねばならないかについては、おいおい明らかにしていくが、ここでおさえておかなければならないのは、『古事記』が始原の世界として語るのは、「別天つ神」の「高天原（裏）」であり、「天つ神」の「高天原（表）」や、それを含みこんだ「高天原」一般ではないということである。

六　神世七代

神野志氏は、別天つ神に続く神世七代も「高天原」における展開であると解した。根拠はほぼ二つ、一つは、伊耶那岐命・伊耶那美命が別天つ神によって「国」の「修理固成」を命じられているのだから、それ以前には「国」には何もないはずであり、「クニノトコタチを大地の出現ととるわけにはいかない」ということ〔86二六頁〕、いま一つは、無前提に伊耶那岐命・伊耶那美命の「天降り」が語られるから、二神は「高天原」になった神だと考えられるということである〔86二五頁〕。神野志氏の筆の運びからは、後者の理由がより重視されているように見える〔83九八頁〕。

国之《くにの》常立《とこたち》神の出現を大地そのものの出現ととるわけにはいかないとすることは、その通りであろう。「国稚く、浮ける脂のごとき」状態を堅固な大地へと変化させるのは、伊耶那岐命・伊耶那美命の事業であるからである。しかし、だからといって、国之常立神が「国」の世界の存在ではないということにはならない。堅固なる大地の出現それ自身を支えるところの、一個の抽象物として表象された土台として理解されうるからである。かりに、国之常立神が「高天原」の神だとするならば、ほかに、「国」の土台の神が想定されねばならないのではなかろうか。「高天原」には、天之《あめの》常立《とこたち》神という土台の神が出現した。この土台を基礎に、以後、「高天原」の国土や社会が展開していくのであろう。「国」にも、そのような土台が必要である。国之常立神がそれではないとするならば、何が「国」の土台なのであろうか。国之常立神という、素直に解せば「国」の土台と解するほかはないこの神を、「高天原」の神とするならば、それは一体どのような性質の神だというのであろうか。神野志氏は、

アメノトコタチは「天」の側の土台であり、それによって「高天原」における展開の場が確立される。そのうえに、「国」の側への動きもありえたと見れば、クニノトコタチはその動きの土台であり、アメノトコタチとクニノトコタチとの関係が、「天」と「国」とに区分されねばならぬ所以がそこで理解しうるのではないか〔83一〇〇頁、傍点水林〕。

というように、国之常立神を、「高天原」の「国」の側への動きの土台などと規定されるが、私には、「動きの土台」なるものを表象することができない。天之常立神と国之常立神とが「天」と「国」とに区分されねばならなかった所以は、右のような説明では、少しも納得がゆかない。かりに、国之常立神が、「高天原」における「国」への動きの土台であるとして、それでは、「国」そのものの土台はどうなるのであろうか。「天」には天之常立神という土台が必要であったが、「国」にはそのような土台は不要なのであろうか。

無前提に伊耶那岐命・伊耶那美命の「天降り」が語られるから、二神は「高天原」に成った神だという推論は、それだけをとりだせば自然のようにも見えるが、物語りの全体の流れの中で考えるならば、成立しがたいといわねばならない。宣長は、伊耶那岐命・伊耶那美命を「国」に成った神と考える説で、「天降り」の前提には「高天原」への「参上」があるはずであるが、「其の事はさしも要なければ、省きて語り伝へたるなるべし」〔記伝九巻一六六頁〕という考え方である。宣長は、丁寧に、「若し初めに高天原に参上り賜へるが降りたまふならば、下文にも反降とある如く、此も反降と云べきにあらずや」という問題を設定し、「初めに参上り坐しし時は、いまだ淤能碁呂嶋は無き時なれば、於二其嶋一反《かへり》とは云べきにあらず」〔同上〕と答えている。こうした議論を、神野志氏は、「強引なつじつま合わせの感を免れない」〔86四四頁〕と評されているが、私にはそうは思われない。最初の「天降り」の文脈は、

二柱の神、天《あめ》の浮橋《うきはし》に立たして、その沼矛《ぬぼこ》を指し下して画かせば、塩こをろこをろに画き鳴して、引き上げたまふ時に、その矛の末より垂り落つる塩の累り積れる、嶋と成りき。これ淤能碁呂嶋《おのごろしま》ぞ。その嶋に天降りまして……〔二七―二八頁〕

というのであって、宣長のいう通り、初めてできた「淤能碁呂嶋」に降る時に、「返り降る」ではかえっておかしいのではなかろうか。後に出る「返り降り」は、「淤能碁呂嶋」から「高天原」へ「参上」った後の「淤能碁呂嶋」への帰還であるから、ここでは「返り降り」が自然なのである。さらに、「還《かへ》り降り」、「返《かへ》り降り」という場合、〃淤能碁呂嶋へ〃という表現が省かれていることにも注意を要する。目的地が省略されていることと、「還り」「返り」の挿入は不可分なのではなかろうか。「還り降り」「返り降り」が登場する文脈は次のごとくである。

二柱の神議《はか》りて云ひしく、「今、わが生める子良くあらず。なほ天つ神の御所《みもと》に白すべし」といひて、すなはち共に参上《まゐのぼ》り、天つ神の命を請ひたまひき。しかして、天つ神の命もちて、ふとまにに卜相《うらな》ひて詔らししく、「女《をみな》の言先《ことさきだ》ちしによりて良くあらず。また還《かへ》り降《くだ》り改め言へ」。かれしかして、返《かへ》り降《くだ》りまして、さらにその天の御《み》柱《はしら》を往き廻りたまふこと先のごとし〔三〇頁〕

加えて、「天降り」とあるから、初めて「国」へ行くことだという氏の推論を一貫させるならば、「返り降り」の直前にある「高天原」への「参上り」も、たとえば「還り上り」でなければならないということになるのではなかろうか。実際、天忍穂耳命に対する降臨命令の件りでは、次に示すように、そのように表現されているのである。

天照大御神の命もちて、「豊葦原《とよあしはら》の千秋《ちあき》の長五百秋《ながいほあき》の水穂の国は、我が御子《みこ》、正勝吾勝々速日天忍穂耳命《まさかつあかつかちはやひあめのおしほみみ》の知らす国ぞ」と言因《ことよ》さしたまひて、天降したまひき。ここに天忍穂耳命、天の浮橋にたたして詔らししく、「豊葦原の千秋の長五百秋の水穂の国は、いたくさやぎてありなり」と告《の》らして、さらに還り上りて天照大御神に請ひたまひき〔七七頁〕

ひるがえって、伊耶那岐命・伊耶那美命の「高天原」訪問の文面は、「還り上り」ではなく、「参上り」であるから、この限りでは、伊耶那岐命・伊耶那美命二神は、この時に初めて「高天原」を訪れる「国」の神だということになければ、氏の論理は一貫しないのではなかろうか。しかし、これは氏の議論の前提と抵触する。神野志説は、それ自身、矛盾を内包しているように思われる。

右の「参上」は、私には、本当に最初の「高天原」訪問であったように思われる。その前に「天降り」と出てくるのは、「天の浮橋」からの「天降り」の意ではなかろうか。「天の浮橋」は、右の引用文が示すように、文字通り「天」にあるけれども、しかし、神話的社会としての「高天原」の内部ではなく、「高天原」と「国」(「水穂の国」)との中間に所在していた。伊耶那岐命・伊耶那美命は「国」に生まれ、上方から「沼矛を指し下して」、「塩こをろこをろに画き鳴」して「淤能碁呂嶋」をつくる必要から「天の浮橋」にのぼり、「淤能碁呂嶋」の誕生の後に、「天の浮橋」から「淤能碁呂嶋」へ「天降」ったのではなかろうか。「高天原」へは、「参上」とされている時に、初めて訪れたのではなかろうか。

このように解すると、「天つ神のもろもろの命もちて、伊耶那岐命・伊耶那美命の二柱の神に『このただよへる国を修理め固め成せ』と詔らし……」〔二七頁〕と描写される別天つ神の神勅の場面は、必然的に、「国」で展開されたことになるが、このことも、決して不自然ではない。『古事記』神代史全編にわたる別天つ神の「国」へのかかわり方を想起するならば、ここでは、別天つ神全体の意思を代表して「国」に働きかけていくところの神産巣日神が、「高天原」から「国」の伊耶那岐命・伊耶那美命に別天つ神の命令を伝えたのではないかと考えられる。神産巣日神は、一旦は「高天原」の表舞台から退いて、身を隠したのであるが、大国主神の「国作り」などの「国」の重大時には、「国」に姿を現し、「国」の神に命令するのである〔七四頁〕。要するに、物語りは、

①神産巣日神が別天つ神を代表して、別天つ神全体の神勅を「国」の伊耶那岐命・伊耶那美命に伝える。

②二神は「天の浮橋」に昇り、そこから「国」を画きなして「淤能碁呂嶋」をつくる。
③「天の浮橋」から「淤能碁呂嶋」へ「天降る」。
④嶋生みがうまくいかないので嶋生みの仕方を別天つ神に問いに、初めて「高天原」に「参上る」。
⑤別天つ神の教えをうけて「淤能碁呂嶋」に「返り降る」。

というように展開するのではなかろうか。このような見通しのもとに、私は、伊耶那岐命・伊耶那美命二神を含む神世七代を、全て、「国」における展開と解したいと思う。

第三節　小　括

以上、神野志氏の『古事記』の世界観把握を検討してきたが、総じて、氏が理解しているような意味での、「高天原」の始原性ないし「高天原」の「国」に対する先天的・絶対的優位性は、『古事記』の思想には見出せないように思われる。むしろ、反対に、そこでは、「天」(「高天原」)と「国」(「葦原中国」)、「高天原」と「海原」とを対等の世界とみなそうとする志向が顕著であるように思われる。このような見方は、しかし、管見のかぎり、『古事記』研究史において全く孤立した見解である。議論の精度は別として、全ての『古事記』論は、多かれ少なかれ、神野志氏がのべるような「高天原」の始原性、先天的・絶対的優位性を認めているからである。しかしながら、結論を先どりすることになるけれども、『古事記』の政治思想の核心は、それとは別のところ、すなわち、「天」とともに「地」の力を語り、「高天原」とともに「葦原中国」や「海原」の権威を語ることを通じて、「高天原」の主宰神の後裔の天皇王権と「葦原中国」や「海原」の神々の後裔の在地首長層との〝共同的世界〟を語ることにあったように思われる。以下では、まさにこのことについて、今度は直接に『古事記』のテクストにつきながら、述べてみたいと思う。

本論　『古事記』と神祇令祭祀の政治思想

第一章　「天地」生成と始原の神々

「天地初発」から別天つ神の生成をへて、国之常立神と豊雲野神の誕生にいたるまでの『古事記』本文劈頭の物語りは、短いながらも、序文と相俟って、神代以前の歴史と神代の始原とを語るものであった（『古事記』原文は一五頁引用箇所を参照）。前章でのべたことをふまえて、神代以前と神代の始原の物語りを要約すれば、次のごとくである。

(1)　「天《あめ》」と「地《つち》」、「海《うみ》」と「国《くに》」の生成

①混元《こんげん》が発生する。

②混元が凝る。

③混元が分かれて「天」と「地」が発る。

④「地」にはすでに「海」と「国」があり、「国」はまだ凝固しきらずに「海」に漂う。

(2)　「高天原《たかあまのはら》（裏）」の形成

①「天」に造化三神（『古事記』序文に登場する概念で、天之御中主神《あめのみなかぬし》、高御産巣日神《たかみむすひ》、神産巣日神《かむむすひ》をさす）が成り、三神

はすぐに「身を隠」して、別天《ことあま》つ神《かみ》の世界たる「高天原(裏)」が形成される。

②「国」に「天」にまで萌えあがる葦牙のごとき物が発生し、そこに宇摩志阿斯訶備比古遅《うましあしかびひこぢ》神と天之常立《あめのとこたち》神が成って、別天つ神二神となり、別天つ神の世界たる「高天原(裏)」が完成する。

(3)「国(裏)」の形成

宇摩志阿斯訶備比古遅神と天之常立神の別天つ神二神を生みだした「国」は、今度は、国之常立《くにのとこたち》神と豊雲野《とよくもの》神の二柱の神を生みだす。この二神は「国」にとどまり、すぐに「身を隠」して、神話的社会としての「国(裏)」が形成される。

以上の要約部分のうち、いくつかの重要な問題については、すでにのべた通りであるが、神野志説の批判的検討という文脈に制約されて論じ残した点も少なくないので、以下では、主として神名の問題に即して、補足をしておかねばならない。

一　天之御中主神と産日神

天之御中主神の名称の意義は明瞭である。宣長が、「天の真中に坐々して、世の中の宇斯《うし》たる神と申す意の御名」(「宇斯」は「主」、「主」として「領居《しめを》る」の意の「宇斯波久」に通ずという)〔記伝九巻一二七頁〕とのべる通りであり、世界を究極において制御しているところの始原至高の神にほかならない。

これに対して、「産巣日」二神の意義については、研究史において少なからぬ混乱が認められる。すでに宣長の説がそうであった。

> 字は皆借字《かりもじ》にて、産巣は生《むす》なり、其は男子《むすこ》女子《むすめ》、又苔の牟須【万葉に草武佐受などもあり】など云ふ牟須にて、物の成り出づるを云ふ、【されば産の字は正字と見ても可し、書紀にも産霊と書かれ、又産日とも書かることあればなり……】日

は、書紀に産霊と書かれたる、霊の字よく当れり、凡て物の霊異《くしび》なるを比《ひ》と云、……産霊とは、凡て物を生成《な》すことの霊異なる神霊《みたま》を申すなり〔記伝九巻一二九頁〕

宣長は、「産巣日」は皆「借字」（訓仮名）といいつつ、「産」は「正字」（表意漢字）ともいい、ムスを「成り出づる」という自動詞として説明するかと思えば、「物を生成す」という他動詞であるかのようにもいうのである。倉野憲司氏は、宣長説の後者の矛盾をつき、ムスヒは「成す」「生む」「造る」などの意のムスフという他動詞連用形ではないかとされた〔記全二巻二五頁以下〕。これに対して、西宮一民氏は、いうところのムスフなる動詞は実在しないことを指摘し、ムスは自動詞で「万物自らが生成する」意、その表意漢字は「産」、「産巣日」の「巣」は送り仮名で、「日」には文字通りの太陽の意と「霊」の両義が存在するとされた。これによれば、「産巣日」は全体として、「生成してやまぬ太陽」ないし「万物自らが生成する、その霊力」の意となるのである〔西宮90三八一頁以下〕。

まず、正字・訓仮名論については、「産巣日」は「産す日」（産と日は正字、巣だけが訓仮名）であろうとする西宮説が妥当するように思われる（ゆえに、以下では、原文引用の場合を除いて、原則として「産巣日」の「巣」は省略して「産日」と記すことにする）。しかし、「産す」を自動詞といいきられた点はいかがであろうか。氏の説明は、「苔がムス・ムスコ・ムスメのムスを見た時、これは自然に出来てくるものだという意味は誰でも認めるはずである」〔90三八九頁〕というものであるが、本当にそういいきれるのであろうか。なぜならば、宣長や西宮氏はムスの用例として「苔むす」や「草むす」などの〈名詞＋動詞〉（名詞と動詞の間に助詞が介入しない）という形をあげられ、西宮氏はこれを「苔がムス」というように解されたわけであるが、このような場合、名詞は動詞の主語ではなくして目的語であることも少なくないように思われるからである。「神避り」はたしかに〈神が避る〉のであるが〔記三四頁〕、「神遣らひ」は〈神が遣らふ〉のではなく〈神を遣らふ〉のであり〔記四四頁、なお第二部参照〕、「神集へ」は〈神が集める〉ではなく〈神を集める〉であろう〔記七八頁〕。「言向け」「面向け」は〈言を向ける〉〈面を向ける〉である（一四六頁以下）。「天照大御神」は〈天を照らす大御神〉であり、〈天が照らす大御神〉では意味をなさない。頭の字が目的語ではないことを明示する必要がある時、『古事記』は頭の字の次に「之」を添える表記法を採用していたように思われる。たとえば「天之御中主神」。『古事記』の表記法の世界では、単に「天御中主神」とあれば、「天照大御神」の例にならって、〈天を御するところの中心にある主としての神〉というような意味になってしまうので、「天」の次に「之」を補って、〈天の中心にある主たる神〉の意味であることを明示したのだと思われる（なお、七七頁以下の「根之堅州国」論を参照）。

以上は『古事記』の用例であるが、『万葉集』における「天地の大御神たち、倭の大国霊、ひさかたの、天の御空ゆ、天翔り」〔八九四〕の「天翔り」は〈天が翔る〉のではなく〈大御神たち、特に大国霊が天を翔る〉意であることはいうまでもない。我々の日常語に取材しても、「蓼食う虫」「夢見る人」など、例は枚挙に遑がない。動詞の頭についている名詞を省略することも可能で、「見る人」「聞く人」などとなれば、これは目的語が省略された形である。

このように見てくると、〈名詞①＋ムス〉、〈名詞①＋ムス＋名詞②〉、さらには〈ムス＋名詞②〉という語構成の場合、名詞①が目的語、名詞②が主語、ムスは他動詞という場合もありうるのではないかと思われてくるのである。たとえば、次の「草むす屍」はどうであろうか。

海行かば　水浸く屍　山行かば　草むす屍　大君の　辺にこそ死なめ……〔万葉集四〇九四〕

問題の箇所は、一般には〈草のはえる屍〉というように解されているようであるが、〈肥料となって草をはやす屍〉という意味に解されないであろうか。「屍」を一貫して主語ととり、〈屍が、海では水に浸り、山では草をむす〉と解した方が通りもよく、歌全体の意味にも適合するのではなかろうか。

河上のゆつ岩群に草むさず　常にもがもな　常処女《とこをとめ》にて〔万葉集二二〕

は、一般には〈岩群に雑草がはえることのないように、永久に若き少女であってほしい〉というように解されているようであるが、むしろ「常処女」の能動性を強調して、〈岩群に雑草をはやさないように、永久に若き少女であってほしい〉というように解せないであろうか。

諸辞書は動詞のムスとして、「産す」と「蒸す」の二つをあげるのを常とするが、この二語の関連について、『字訓』が「産す」の項において「草や苔の類が生える。暖気や湿気によって生ずるので、蒸すと同系の語であろう」とのべていることにも注目したいと思う。西宮氏は、苔や草が自然に生じてくるものであるかのようにのべているが、古代人においては、暖気(日)や湿気(水)などが苔や草を生じさせる(ムス)というようにも観念されていたのではなかろうか。問題を物語りの面から攻めるならば、より積極的に、ムスは他動詞として理解しなければならないように思われる。関連する物語りは本稿の全般に及ぶので、これについての証明は、本稿全体を通じて行なうほかはないが、結論だけをあらかじめいえば、高御産日神・神産日神は、〈生成する神〉というよりも、〈生成する物に働きかけて生成を成就させる神〉なのであった。「高御産日」の「高御」は明らかに目的語ではなく美称で、これとパラレルに「神産日」の「神」も美称であるから、高御産日・神産日の語構成は〈ムス＋名詞②〉型である。

「産日」については、いま一つ「日」の問題が残っている。「日」に文字通りの「日」の意義を認めず、「霊」の意に解する宣長説は、今日でも広く支持されているが〔大野68五二九頁、神野志86二一頁〕、これも疑問であるように思われる。この説の根拠の一つは、『日本書紀』において、タカミムスヒが高皇産霊尊と書かれることであるが〔神野志86二一頁〕――『日本書紀』本文にはカムムスヒは存在しない――、しかし、『古事記』と『日本書紀』とを、決して混淆してはならない。『日本書紀』についていえば、後にのべるように、タカミムスヒのヒに「霊」をあて、そして、ミに「御」ではなく「皇」をあてたのは、深い理由のあることであった。「皇」についていえば、タカミムスヒを皇祖神とする趣旨であり、「霊」についていえば、この神は「日」の神ではないこと――「日」の神は皇祖高皇産霊尊に仕える女神天照大神――を神名において明示する趣旨であるように思われるのである〔三一八頁、三六一頁〕。

翻って、『古事記』においては、タカミムスヒのミは「御」、ヒは「日」であるが、これらも、物語りの内容や表記法を全体として考慮するならば、正字であったように思われる。まず「御」であるが、これが「皇」の借字でないことは、高御産日神が皇祖とは観念されていないことから明らかであり、皇祖ではないが、格別に尊貴な神であるが故に「御」が正字として働いていることも疑いない。「高」「御」「産」が正字で、「巣」だけが送り仮名の表音漢字という事情を考えると、「日」は正字と考えるのが自然であろう。これを「霊」の借字とする説をたてるためには、「日」を正字とすることが物語りの内容にてらすと不都合であること、「霊」と解すべき積極的根拠があること、正字「霊」をさけて借字「日」を用いる理由があったこと、の三点の証明が必要であるが、こうした証明はなしがたいように思われる。

一つだけ問題となるのは、日神といえば、誰しもがまずは想起するところの天照大御神と産日二神とがどのように関係するのかということであろう。「産日」と「天照」の重複は不自然ではないかという疑問である。しかし、天照大御神は、後にのべるように、神々の中で、月読命《つくよみ》と須佐之男命《すさのを》とともに、最後に誕生した神であることに注意しなければならない。天照大御神の誕生以前に、光の神が存在しなかったならば、この世界は闇であったということにならざるをえないのである。しかし、光は存在したのであった。後に、「黄泉国《よもつくに》」における伊耶那岐命と伊耶那美命の物語りにおいて、「黄泉国」の主宰神である「黄泉神《よもつかみ》」の殿は、「一つ火燭《とも》して入り見」なければならない暗い部屋であったことがのべられるが〔記三七頁〕、このことは、それ以外の場所は、「黄泉国」の世界でさえもが明りをとるための火などは必要のない、光の存在する世界であることを語っているからである。しからば、その光はどこから来るのか。『古事記』の世界では、産日神の発散する日の光しか存在しないように思われる。産日二神は、物語りの構成上、真正の日神でなければならないのである。

かくして、産日神なる神名は、万物を「産す」ところの「日神」を意味することが明らかとなったと考えるが、しかし、この神は〈日の光〉を放つだけの自然神なのではなかったことにも留意しておかねばならない。このことは、別天つ神の神勅に始まるところの、これからの物語りの展開が疑問の余地なく証明するところであるが、産日二神は、自然的次元においてばかりでなく、社会的、政治的次元においても、物事の生成を司っていくのであり、「産す」という動詞は、そうした次元での万物の生成の意義も担わされていたのである。そして、その意味において「産日」は「産霊」に通じていくのであった。

この二神に終始一貫するのは、むしろこの側面であった。というのも、この〈日の光〉の神としての側面は、天照大御神の誕生によって、大御神に止揚されていったからである。このことは、天照大御神の天の石屋こもりの件りで示された。

天照大御神、見畏《かしこ》み、天の石屋戸《いはやと》を開きて、刺しこもりましき。しかして、高天原みな暗く、葦原中国ことごと闇し。これによりて常夜《とこよ》往《ゆ》きき。ここに、万の神の声《おとなひ》は狭蠅《さばへ》なす満ち、万の妖《わざはひ》ことごと発《おこ》りき〔記五〇頁〕

天照大御神の退去が闇を惹起したとするならば、産日二神は、自然的次元においては、もはや日神としての機能は果していないと見なければならない。もっとも、右の一節を根拠として、産日神はそもそも日神ではなく、「日」はやはり「霊」の借字ではないのかという疑問が提出されるかもしれない。しかし、この一節もまた、産日神が真性の日神であったことを語るのではなかろうか。なぜならば、もしも天照大御神出現以前の世界が暗闇であったならば、その時にすでに、「万の神」（悪神）が活動して「万の妖」が生じたはずだからである。しかし、そのような事は、天照大御神の誕生以前には生じなかった。産日二神の光がそれを阻止したのである。しかし、かかる産日二神の自然神としてのモメントは天照大御神の誕生によって、そこに止揚されたのであった。そして、それ以後は、社会的秩序を生成させていくという政治的次元において働く神へと純化されたのである。

二　宇摩志阿斯訶備比古遅神と天之常立神　豊雲野神と国之常立神

宇摩志阿斯訶備比古遅神のウマシは美称、アシカビは「葦牙」、ヒコヂは男性の美称であった〔記伝、記潮神名釈義〕。いうまでもなく、この神の名称の中心はアシカビにあり、葦の芽のごとき旺盛なる〈生命力〉を象徴する。

天之常立神と国之常立神は「天」と「国」における「常立」の神であるが、その「常立」の意義については、議論がある。先にこの神について論じた際には、神野志説の根幹部分の検討に関心を集中するために、あえて言及しなかった問題であるが、この神名の理解として、a神野志氏が採用したところの、「常」を「床」の意にとって〈土台の神〉と解する説〔神野志86二五頁〕の他に、b「常」を「底」、「立」を「土」の借字と解する宣長説〔記伝〕、c「常」「立」を文字通り〈永久〉〈立つ〉の意とし、〈永久に立ち続ける神〉と解する説〔記全、記注、記潮神名釈義など〕などがあるのである。「常」や「立」を借字とする十分な根拠が認められないので、少なくとも宣長説は成立しがたいように思われ、「常」「立」を正字とすると、c説が最も素直であるようにも思われる。ただし、大野晋氏によれば、aとcとは排他的な関係にあるのではなかった。「常」は、「トコ(床)と同根。しっかりした土台、変化しないものの意、永遠・永久不変であるの意」〔古岩〕だからである。こうした見地から、「記紀の国之常立神…などのトコも、原義は土台の意」〔古岩〕というように説明される。しかし、ここでも〈トコ＝床〉は原義だとされていることに注意しなければならない。トコが「常」と書かれる以上、その基底に〈トコ＝床〉を保存しつつも、その意義は「永遠・永久不変」であるほかはなさそうなのである。とすれば、「常立」は〈永遠に立ちゆくこと〉、すなわち〈永続力〉ということになろう。土台という言葉を象徴的な意味にとって(たとえば、土台・上部構造という場合の土台)、〈永続力〉を土台と言い換えることはできよう。本稿でも、比喩的な意味においては、この神に関し、土台とか基礎という言葉も使用したいと思う。しかし、「常」がもはや具体的事物としての「床」ではなかったことは銘記されねばならない。

豊雲野神については、「豊」が文字通り〈豊か〉の意であることに異論はない。問題は「雲野」であるが、これについては、かつては、a「クモは混沌として形さだかならず、漂揺浮動するもの……ノは、それが広がっているさまをいう」〔大野68五三〇頁〕という混沌浮動説が支配的であった〔記注、記思など〕。しかしその後、b「豊かな実りを約束する地味の肥えた、そして慈雨をもたらす雲が覆う原野」〔記潮神名釈義〕という沃野説が唱えられるにいたった。結論として、b説に説得力があるように思われる。理由の一つは、神名の構造分析である。a説では、「豊雲野」のうち「雲」に力点がおかれて解釈されているわけであるが、b説は原文のアクセント註記から、「豊」と「野」の繋がりを基本と見なければならないことを証明した。すなわち、この神は原文で「豊雲上野神」(「上」がアクセントを示す原文註記)と記され、ここから、「豊雲野」は「豊雲の野」ではなく「豊の雲野」、〈豊かな雲のおおう野〉ではなくして、〈雲のおおう、豊かな野〉の意味になるというのである。

b説は、物語りの構造分析の観点からも、妥当するように思われる。『古事記』は、その劈頭で、①造化三神が「高天原」に成ったこと、②宇摩志阿斯訶備比古遅神と天之常立神とが昇天した「国」の物に成ったこと、③国之常立神と豊雲野神とが「国」に成ったことを語り——そして以上の神々は全て、「身を隠」したので、①②は「高天原(裏)」の神、③は「国(裏)」の神である——、以後の叙述で、造化三神のうちの高御産日神が「高天原(表)」に働きかけ、神産日神が「国(表)」に働きかける神であることをのべることになるのであるが、そうだとするならば、そこに、天之御中主神を別格の神として、「天」において働く〈高御産日神・宇摩志阿斯訶備比古遅神・天之常立神〉と、「国」において働く〈神産日神・豊雲野神・国之常立神〉の対応関係が存在したことになろう。そして、この対応関係を個々に見ると、高御産日神と神産日神、天之常立神と国之常立神との対応が明らかであるから、結果として、宇摩志阿斯訶備比古遅神と豊雲野神とが対応すること、豊雲野神の神性は、宇摩志阿斯訶備比古遅神との関係において決定されねばならないことが知られるのである。宇摩志阿斯訶備比古遅神の神性は「葦牙」に象徴される生命力であっ

【図1a】 始原の神々と世界の構造

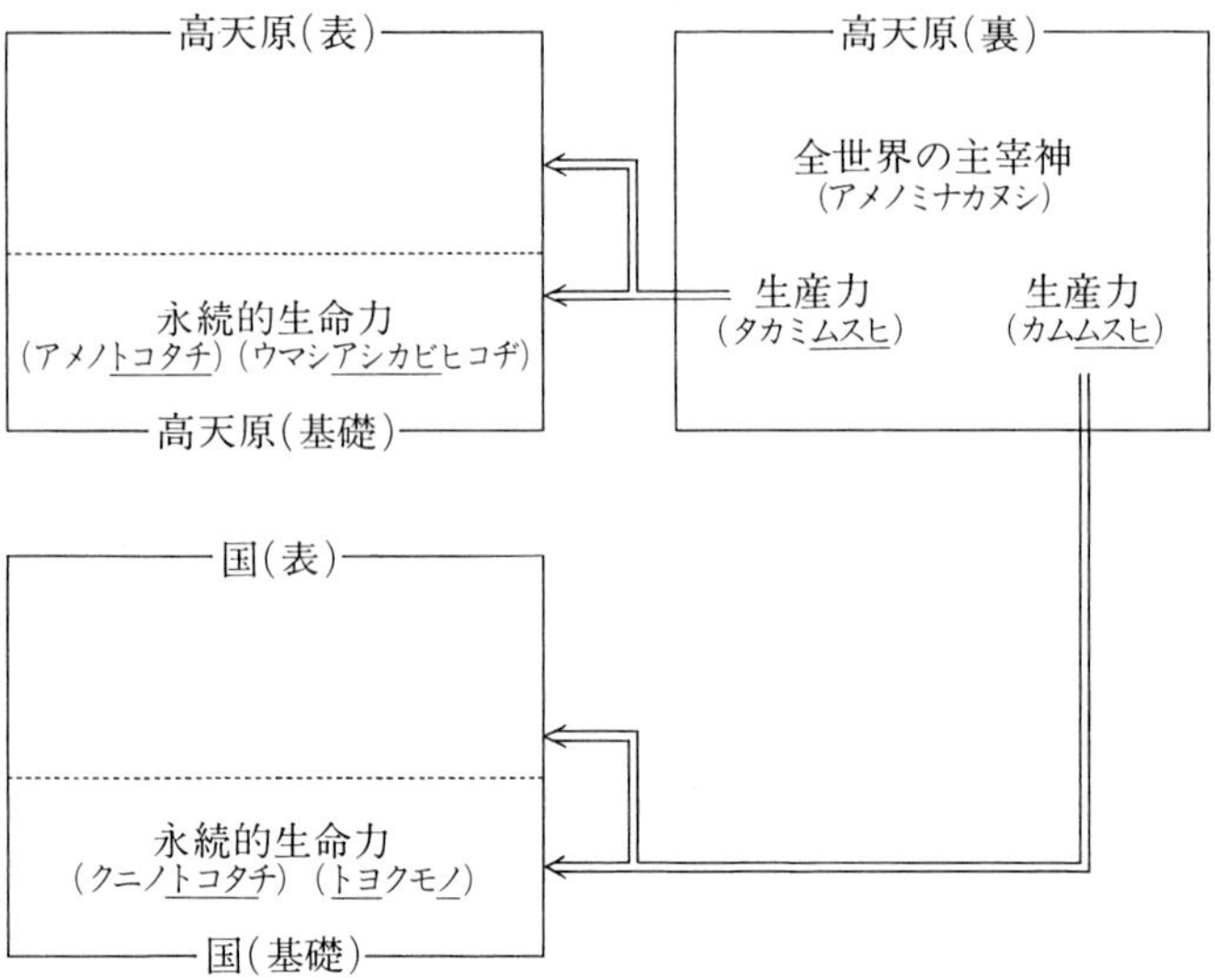

た。豊雲野神の神性がこれと相即的だとするならば、混沌浮動ではなくして、〈豊かな野〉の神であるほかはない。

『古事記』劈頭の、始原の神々の物語りの構造は、もはや明らかであるように思われる。「天」においても「国」においても、〈全世界の主宰神（天之御中主神）〉の究極的統括のもとに、〈生産力（産日）〉が〈永続（常立）的な生命力（葦牙・豊野）〉に働きかけ続け、「天」と「国」の両世界が形成されていくのである。そして、このように始原の神々の関係を整理してみることによって、天之御中主神と産日二神の造化三神が、とりわけて別格の神々であったことが諒解される。「国（裏）」の国之常立神と豊雲野神に直接に対応するのは、天之常立神と宇摩志阿斯訶備比古遅神の二神であった。この二神と造化三神とがともに別天つ神五神であるとはいっても、二神の方は「高天原」だけに関係する神、造化三神は、全体として全世界の生成に関与するところの、真に始原至高の神々とよばれるにふさわしい存在なのである。以下では、「高天原（裏）」を広狭二義に用いて、広義には別天つ神五神の世界を指すものとし、狭義には造化三神の世界だけを指示するものとしよう。「高天原（裏）」を狭義に用いれば、宇摩志阿斯訶備比古遅神と天之常立神の世界は、さしづめ、「高天原（表）」を下から支えるところの「高天原（基礎）」とでもなろうか。そして、それとの対応では、豊雲野神と国之常立神の世界は、「国（表）」を下支えするところの、「国（基礎）」ということになろう（図1a）。

第二章　神話的諸世界と葦原中国王権の形成
——自然・社会・国家の形成——

第一節　「高天原（表）」と「国（表）」の形成の始まり

国之常立神と豊雲野神の「国（基礎）」の世界の形成を語りおえると、『古事記』は、「国（表）」の形成を語りはじめる。すなわち、①宇比地邇《うひぢに》神・妹須比智邇《いもすひちに》神、②角杙《つのぐひ》神・妹活杙《いくぐひ》神、③意富斗能地《おほとのぢ》神・妹大斗乃弁《おほとのべ》神、④於母陀流《おもだる》神・妹阿夜訶志古泥《あやかしこね》神、⑤伊耶那岐《いざなき》神・妹伊耶那美《いざなみ》神の、男女二神一対で合計五対の神々の誕生である。これらの神々の神性については、様々に説明されている。たとえば、宣長は、①泥土の神、②神の最初の形の神格化、③地と成るべき物の凝固した状態の神格化、④不足なく備わりたる状態の神格化、⑤誘ぎあって性交し国土を生む神、というように理解し〔記伝九巻一四六頁以下〕、大野氏は、①泥、②生命の発現、③男女、④会話、⑤誘、の意とし〔大野68五二九頁〕、西宮氏は、①泥土の神、②村落や家屋の境界にいてこれらを守護する神、③門にいて門内部を守護する神、④性器の神格化、⑤誘ぎあって性交し、万物を出産していく神、とした〔記潮神名釈義〕。私が確信をもてるのは、神名の意義が明瞭で、かつ、そのことが物語りに即して実証できる⑤の伊耶那岐神・伊耶那美神の神性くらいであり、これについては諸説が基本的に一致している。問題は①から④までであるが、これらの神々が国の永続的生命力の神と国における万物を出産する神との間に位置づけられていることを考慮するならば、これらの神々は、国の永続的生命力に基礎づけられつつ、性交と出産の神々の国生みの条件を整える性質の存在なのであろう。これらは、「国」に生成して、「天」に昇ることも、「国（基礎）」に身を隠すこともなく、そのまま生成の場に留まって静かに働きつづけるところの、「国（表）」の最初の神々なのである。これらの神々の誕生は、「国（表）」の形成の運動の始まりにほかならない。

以下、物語りは、別天つ神の伊耶那岐命・伊耶那美命に対する「ただよへる国の修理固成」の命令を起点として、主として、「国（表）」の世界、特に、「葦原中国」の形成史として展開していくことになるのであるが、ここで一つ注意が必要なのは、そのような「国（表）」の形成史とパラレルに、安萬侶の脳裏には、「高天原（表）」の形成史が表象されていたであろうことである。宇摩志阿斯訶備比古遅神の生成の場面で、物語りの舞台が「高天原」から「国」へと移行してからしばらくの間、『古事記』は「高天原」について語らなくなる。再び「高天原」の話が出てくるのは、「国」における天照大御神《あまてらすおほみかみ》の生成と昇天、すなわち、「高天原（表）」の主宰神の誕生の物語りである。したがって、安萬侶は、「高天原（表）」の形成史を具体的には何も語らなかったのであるが、しかし、彼の脳裏にそれが表象されていたことは、須佐之男《すさのを》命の「高天原（表）」の訪問譚において、天《あめ》の安《やす》の河原などの国土、八百万の神々、稲作農耕社会などが描かれていることから明瞭である。その形成史がどのようなものとして表象されていたのかは、「国（表）」の形成史を通じて想像することができる。国之常立神・豊雲野神の生成による「国（基礎）」の成立（A）をうけての、「国（表）」の形成史（B）は、およそ、次のごとくであった。

①「国（表）」世界の基礎となる神々の誕生（神世七代のうちの後半の五代）
②国土の形成（伊耶那岐・伊耶那美神話）
③神々の誕生（同右）
④農耕社会の形成（須佐之男神話）
⑤王権ないし国家の形成（大国主神話）

「高天原（表）」についても、同様のことが言えるのであろう。『古事記』は、「国」の次元におけるAとB⑤に相当する物語りを、宇摩志阿斯訶備比古遅神・天之《あめの》常立《とこたち》神と天照大御神《あまてらすおほみかみ》の誕生の物語り（いずれも「国」における誕生と昇天の物語り）として語るだけであるが、作者の脳裏にはBの①から④までの物語りに対応する物語りが表象されつつ、捨象されたと考えられるのである。

ちなみに、「地」特に「国（表）」の中の「葦原中国《あしはらのなかつくに》」の歴史が詳細に語られ、「高天原《たかあまのはら》」の歴史が捨象されるという『古事記』の叙述上の特徴は、『古事記』という作品のもつ性質によって決定されたものであった。『古事記』は、律令国家の遠い起源をなす「葦原中国」がいかにして、いかなるものとして形成され、それが、どのようにして律令国家へと連なっていくのかを語ることを通じて、律令国家の意味を明らかにしようとした政治的テクストであるが、まさにそれ故に、神代史の関心の中心は「葦原中国」に注がれるのである。他の神話的諸世界は、「葦原中国」の歴史を語るために、それに必要な限りにおいて、語られるにすぎない（以下では特に断りのない限り、「国」といえば「国（表）」、「高天原」といえば「高天原（表）」のことを指すことにする）。

『古事記』劈頭の物語りの分析をおえ、これからの物語りの展開をある程度見通しえたところで、物語りの展開と構造をよりよく理解するために、一枚の図を描いてみよう。そこには、すでにのべたことと、これからのべることとの二つの内容が含まれているが、前者はまとめとして、後者はこれからの長い航海のための海図として役立つはずである（図1b）。

第二節　別天つ神の神勅――自然・社会・国家の形成の命令

『古事記』は、国之常立神から伊耶那岐神・伊耶那美神の誕生にいたるまでの神世七代について語りおえたところ

で、

ここに、天つ神のもろもろの命もちて、伊耶那岐命・伊耶那美命の二柱の神に、「このただよへる国を、修理《つくろ》ひ固《かた》め成《な》せ」と詔らし、天の沼矛を賜ひて、言依さしたまひき〔二七頁〕

とのべる。この「修理ひ固め成せ」の神勅は、表現の形式と物語りの内容の両面において、後述するところの、大国主神が「国を作《つく》り堅《かた》し成《な》し」たことと相呼応するものであった。このことを理解するためには、しばし、「修理」の訓と語義の研究史を跡づけてみなければならない。

一　「修理《つくろ》ふ」

1　「修理」

宣長は、「修理」を大国主神の「国作り」の「作」に対応していると考え、「修理」を「つくる」と訓み、「作る」と同じ意味で、「産」むことを含むと解した〔記伝九巻一五九頁、二〇三頁〕。しかし、倉野氏は、令、特に営繕令に頻出する「修理」の語義を検討し、宣長説を批判して、「修理といふのは新しく作(造)るのではなくして、をさめつくる、即ち既にあるものをつくろひととのへる意」であり、『古事記』の一文は、「漂つてゐる稚い国をつくろひととのへる意」であると主張した〔記全二巻七六頁〕。しかし、この説も、神野志氏によって批判されることになった。氏は、令文のほかに、『日本書紀』、『風土記』の用例も考察し、そこから、物を新しく造ることについても「修理」といわれることがあると主張する。「修理」の意義は、新たな創造か既にあるものの修繕かというところにあるのではなく、物ないし事柄について何らかのあるべき姿が表象されていて、その理念に従って物ないし事柄を「あるべきすがたにととのえただす」ことだというのである〔89二六頁以下〕。そう解した上で、氏も、「修理固成」の神勅は大国主神の「国作り」と呼応するのだとされた。

【図1b】 物語りの展開と神話的諸世界の構造連関

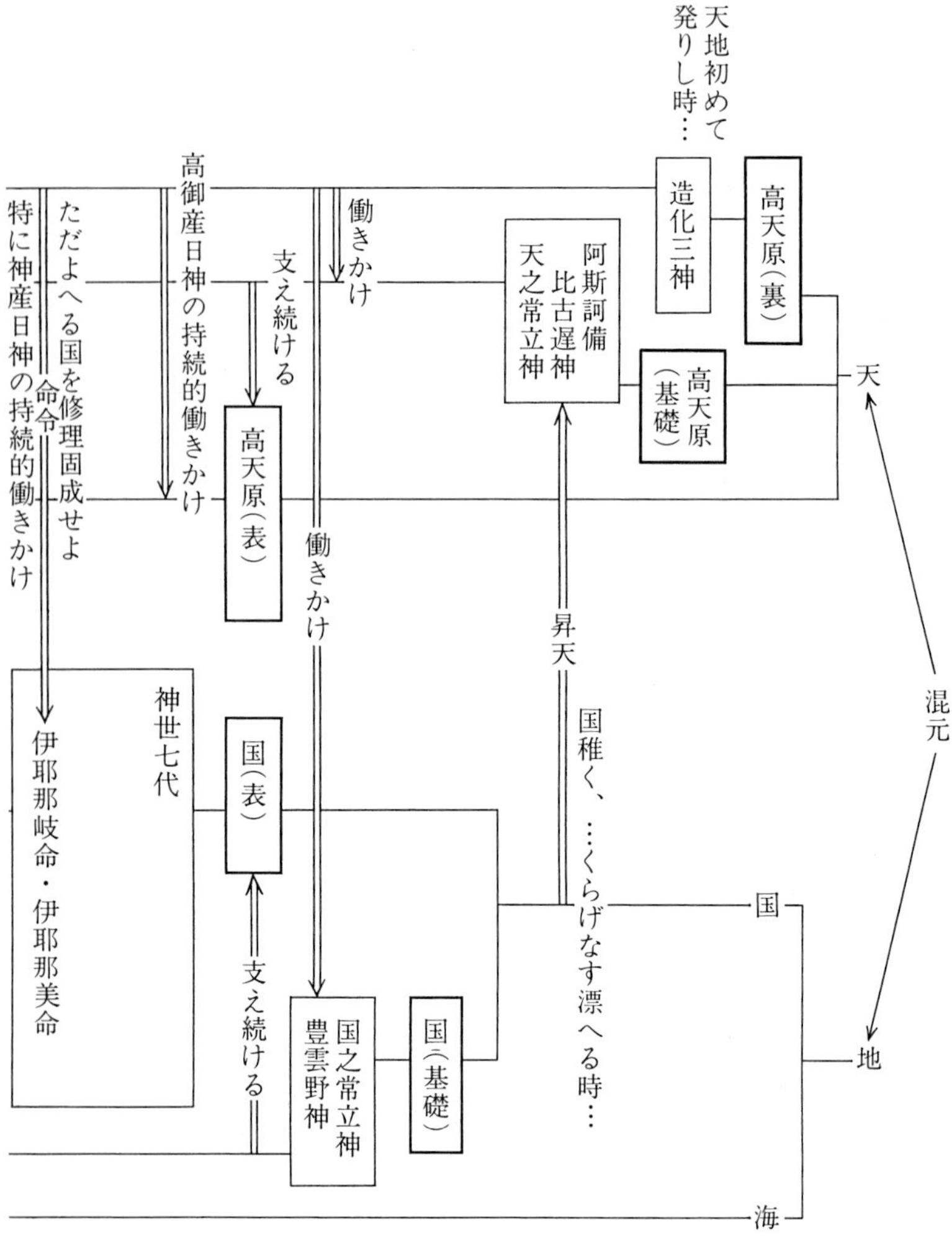

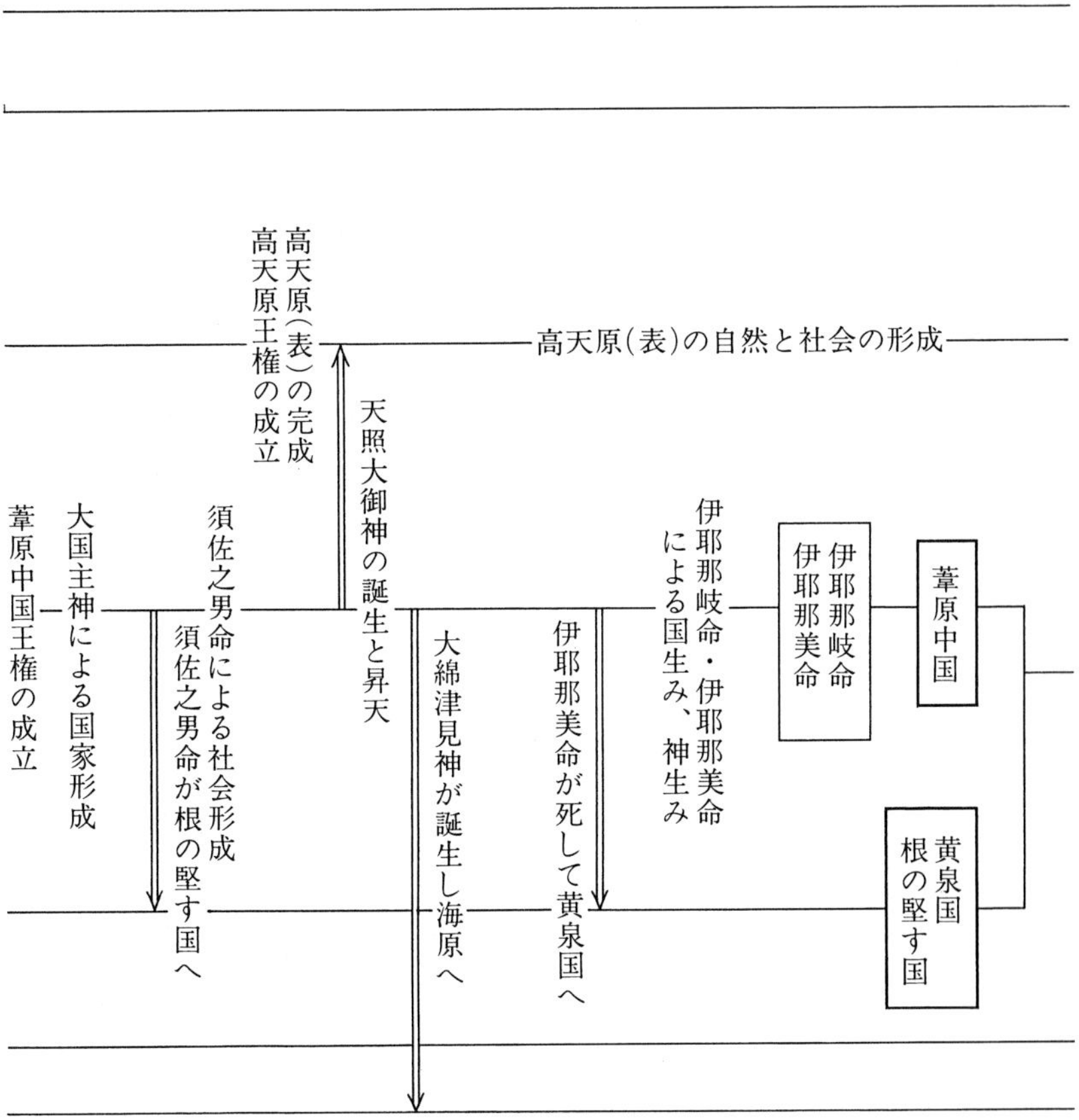

高天原(表)の自然と社会の形成
伊耶那岐命
伊耶那美命
葦原中国
黄泉国
根の堅す国
伊耶那岐命・伊耶那美命による国生み、神生み
伊耶那美命が死して黄泉国へ
大綿津見神が誕生し海原へ
天照大御神の誕生と昇天
高天原(表)の完成
高天原王権の成立
須佐之男命による社会形成
須佐之男命が根の堅す国へ
大国主神による国家形成
葦原中国王権の成立

神野志氏の議論は「修理」の語義の核心をついているように思われる。私なりに氏の説を咀嚼するならば、物ないし事柄のあるべき姿（Sollen）が表象されていると同時に、それには及びえない現状（Sein）が意識のうちに明瞭に表象されているという主体的条件のもとで、そのギャップを埋めるために、SeinからSollenへの作為がなされる場合、その作為が「修理」なのである。Seinが無であるならば、「修理」は新作となろう。Seinが不完全な状態にある物であるならば、「修理」は修繕である。問題の、「ただよへる国の修理」は後者の例であって、〈今は「ただよふ」という形でしか存在しない不完全なる「国」（Sein）を、「国」のあるべき姿（Sollen）に向けて、整備する〉という程の意味になろう。

2 「つくろふ」

問題の「修理」はこれまで、「つくる」〔記伝、記注〕、「をさむ」〔記文、記潮、記思、記小〕、「をさめつくる」〔記全〕、「しゅりす」〔記朝〕などと訓まれてきたのであるが、私は、神野志氏の引用する山口佳紀氏の学説に示唆を得て〔神野志89四四頁〕、「つくろふ」と訓んでみたいと思う。何故ならば、『古事記』に登場する「修理」の他の例を考慮すると、「つくろふ」という訓が最も適切であるように思われるからである。

『古事記』には、「修理」が全部で三例登場する。一例は当面問題の箇所で、残る二例のうち、一つは、垂仁天皇の段で、子供の唖に悩む天皇の夢に大国主神がでてきて、

　わが宮を天皇の御舎《みあらか》のごと修理ひたまはば、御子必ず真事とはむ〔一四九頁〕

という件り、いま一つは、仁徳天皇の段で、民衆が貧しかったので、天皇は、

　大殿破《や》れ壊《こほ》れて、ことごと雨漏れども、かつて修理ひたまはず〔二〇六頁〕

という件りである。いずれの「修理」も修繕の意味で、「つくろふ」という訓がピッタリの所であり、現に本稿の引用底本はこの訓を採用している〔記潮〕。安萬侶には、文字を有しなかった日本語を漢字で文書に固定するに際して、

日本語の音と中国の文字との対応に規則性をもたせようとする志向が強かったといわれるので〔小林82六五八頁〕、他の二例が「つくろふ」であるとするならば、問題の箇所を「つくろふ」と訓むと重大な支障が生じない限り、ここも「つくろふ」と訓ずるのが適切であるように思われるのである。

加えて、次のような事情も存在する。すなわち、第一に、「修理、固、成」を、後の「作、堅、成」と関連させて理解したいので、「修理」の訓には「つくる」の音を残したいという思いが基礎にあり、第二に、しかし、「修理」が完全には「つくる（作る、造る）」と同語義ではなく、「つくる」に独特のニュアンスの加わった言葉であるので、その独特のニュアンスをかもし出すところの、「つくる」の派生語があるのではないかという期待が生ずるのであるが、「つくろふ」は、まさにその思いと期待に応える訓のように思われるという事情である。

「つくろふ」は、一般には、〈つくる＋ふ（継続・反復を表す助動詞ないし接尾語）〉という語構成として理解されている。すなわち、「つくる」に「ふ」が加わって「つくらふ」となり、それが「つくろふ」に転じたとされるのである〔上代、古岩、古三、古小、大辞典〕。ただし、その「ふ」にも由来があり、本来は「合ふ（四段活用、自動詞）」であろうとされる〔古岩、古小、大辞典〕。すなわち、基幹動詞に「合ふ」が付加されると、基幹動詞に継続・反復の意が発生するという理解を基礎として、〈つくる＋合ふ〉は、「つくる」ことの継続・反復の意とされるのである。しかし、このような〈基幹動詞＋ふ〉ないし〈基幹動詞＋合ふ〉の語構成の言葉についての学説には、疑問を感じざるをえない。「つくろふ」の語構成が〈つくる＋合ふ〉であることは納得できるが、基幹動詞に「合ふ」が付加されることによって、何故に、基幹動詞に継続・反復の意が生ずることになるのか、理解できないからである。「合ふ」の意味は〈AがBに合ふ〉または〈AとBとが合ふ〉であり、そこには、動作の継続・反復の意味を生みだす要素は何も存在しないように思われる。

詳細は、第二部における「遣らふ」（〈遣る＋合ふ〉）の考察の箇所に委ね（四三〇頁以下）、ここでは結論だけをのべることにするが、基幹動詞に付加された「合ふ」は、基幹動詞に既に内在している動作の運動性を強調する働きをする言葉ではなかろうかと思われる。〈つくる―つくろふ〉に即していえば、「素材に人工を加えて有用なものにする」〔古小〕という意味の「つくる」に、「合ふ」が付加されることによって、「つくる」に内在する〈素材〉から〈有用なもの〉への変化ないし運動が特に強調され、その結果として、素材のおかれている現在の状態の不完全さが反射的に強調されることになるのではないかと考えるのである。

以上のように考えることができるとするならば、「修理」の訓にはまさに「つくろふ」がピッタリだということになろう。「修理」とは、すでにのべたように、〈不完全なる状態にある物（Sein）を、その物のあるべき姿（Sollen）に向けて、整え正す〉意味であるが、そのような意味を担う動詞で「つくる」の派生語は、「つくろふ」をおいて外には存在しないからである。

二 「固め成す」

別天つ神の神勅は、「修理ふ」という動詞に「固め成せ」という二つの動詞を添えており、そこから、三つの動詞を、構造的にどのような関係にあるものとして理解するかという問題が生じてくる。宣長の理解は次のごとくであった。

・修理は、ただ作と書くと同じことなり、……国を修理固《つくりかたむ》と云語は、神産巣日神の、少名毘古那神の事を、大穴牟遅神に、與汝《いまし》葦原色許男《しこを》命為兄弟《あにおととなりて》而、作堅其国、と詔《の》らししこと下に見え、又其二柱神相並作堅此国ともあり、修理固《つくりかため》と三字引つづけて訓べし、成とは成し竟へよと云ことなり〔記伝九巻一五九頁〕

・初の天神の大命は、漂蕩《ただよ》へる潮を固めて、先づ国土産むべき基を成すより始めて、国土を産生《うみ》て、うるはしく経営成固《おさめなしかた》むるまでをかけて詔へるにて、都久流《つくる》といふは広くして、産《うみ》たまふことも其中に存るなり〔記伝九巻二〇三頁〕

宣長は、「修理」と「作」、「固」と「堅」とを等しいものとして対応させ、〈修理・作〉に「産」を含ましめ、〈固・堅〉には自然的次元での「潮の固」から政治的次元での「国土の経営」までが包含されるとし、〈成〉はその全過程が成就することだと解しているのである。

西郷信綱氏の「修理固成」の解釈は、宣長とはかなり異なったものとなった。氏は、まず、「修理固成」を「修理《つく》り固《かた》成む」と訓んだ。「修理」の訓は宣長に倣い、「固成」は、「修理固成」を「作堅」に対応させて、〈固成＝堅〉とする趣旨である。そう訓読した上で、氏は、「固（堅）という語こそ、このくだりのかなめにあたる語と見なければなるまい。混沌にたいするのは、形であり秩序である」とする。「国作りには、自然的と政治的との二つの次元がある。……ここで問題になっているのは、いうまでもなく前者」だという文章から推察すれば、氏は、「ただよへる」状態から「固」の状態への、自然的レベルでの「修理固成」を主として表象されているのではなかろうか。それ故に「固」こそが中心概念だとされるのであろう。しかし、大国主神の「作堅」は、明らかに政治的次元での国作りであるから、「修理固成」を「作堅」と対応させる以上、「修理固成」を自然的次元の国作りにおしこめてしまうわけにはいかないはずである。このことは、氏も自覚され、他方では、「この段の国作りもたんに自然的なものとしてすますわけにはゆかない」とものべられているので、氏の説は明晰さを欠き、矛盾を内包しているといわざるをえない〔記注一巻一〇〇頁以下〕。

神野志氏の「修理固成」論は、基本的に宣長説を踏襲する。すなわち、「『固成』の『固』がタダヨヘルに相対し、『成』は『成し竟へよ』の意（『古事記伝』）というのは問題があるまい」とのべ、語の構造理解としては、「固（堅）」よりもむしろ、「『修理』の意味を重視する必要があるのではないか」とし、「修理」を前記のように解された上で、その射程を、伊耶那岐命・伊耶那美命が国を「生」むことから、大国主神が国を「作」ることまでを含むとするのである〔89二四頁以下〕。別天つ神の神勅から大国主神の国作りまでの物語りを想起しながら、私は、宣長・神野志説が基本的に正当であると考える。要するに、「修理固成」の神勅は、伊耶那岐命・伊耶那美命の「国生み」から大国主神の「国の作り堅し成し」に至るまでの「国作り」の総体と相呼応しているのであるのである。それ故、「修理固成」について、ここでこれ以上たちいって考察することはかならずしも適当ではない。その神勅が実現される大国主神の「国の作り堅し成し」の場面の考察において、「修理固成」と「作堅成」とを反省的に考察することが適切であるように思われる(一〇〇頁以下)。

第三節　伊耶那岐命・伊耶那美命——自然の形成

一　「淤能碁呂嶋」と「大八嶋国」

伊耶那岐命・伊耶那美命は、別天つ神の神勅をうけて、まず、漂うばかりの「国」を確固とした「嶋々」にする事業を始めた。

二神のこの事業は、しばしば「国生み」(嶋生み)といわれるけれども、正確ではない。嶋々は、二神の出産によってばかり誕生したわけではなかったからである。最初に出現した嶋は「淤能碁呂嶋《おのごろしま》」で、これは、別天つ神から二神に授けられた沼矛なる呪具の先についた海水が、したたり落ちる所に成ったものであった。それ故に、『古事記』自身が、

淤能碁呂嶋のみは、生みたまへるに非ず〔三四―三五頁〕

と特記するのである。「淤能碁呂嶋」は、所与のものとしての「浮ける脂」のごとき物に内在していた嶋の原質が、「沼矛」の作用でとりだされて凝固することによって形成されたものであった。

伊耶那岐命・伊耶那美命の「国生み」は、この「淤能碁呂嶋」を拠点として始まった。しかし、最初は、正しい性

交の仕方がわからず、手足の萎えた「水蛭子《ひるこ》」が生まれてしまい、葦船に入れて流し去った。次に、「淡嶋《あはしま》」が生まれたが、これも正常な嶋ではなかった。二神は、「水蛭子」と一括して「今吾が生める子良くあらず」とのべ、「是も子の例には入れず」とされている〔二九―三〇頁〕。

そこで二神は、どのようにすれば国生みが首尾よくゆくかを、別天つ神に問うことにし、「高天原」にのぼった。「国」の完成の命令に加えて、国生みの仕方の教示の主体として別天つ神を登場させ、いやがうえにも、別天つ神の存在、別天つ神の坐す「高天原（裏）」の重要性を強調する筋立てである。別天つ神の指導をえて、国生みは順調に始動し、まず、「淡道《あはぢ》之《の》穂《ほ》之《の》狭《さ》別《わけ》嶋」（淡路島）、「伊予《いよ》之《の》二名《ふたな》嶋」（四国）、「隠伎《おき》之《の》三子《みつご》嶋」（隠岐島）、「筑紫《つくし》嶋」（九州）、「伊岐《いき》嶋」、「津嶋《つしま》」（対馬）、「佐度《さど》嶋」、「大倭豊秋津《おほやまととよあきづ》嶋」（本州）の順に、八つの嶋が生まれた。「大八嶋国《おほやしまのくに》」である。そして、その後に、「吉備児嶋《きびのこしま》」「小豆嶋《あづきしま》」「大嶋《おほしま》」「女嶋《ひめしま》」（以上、瀬戸内の島）、「知訶《ちか》嶋」「両児《ふたご》嶋」（以上、九州西方の嶋）が生まれた。

嶋々の誕生の叙述に関して一つ注意しておきたいのは、「大八嶋国」の誕生をうけ、「吉備児嶋」以下の嶋々の出産を語るに、『古事記』が、

この八嶋を先づ生みたまへるによりて、大八嶋国といふ。しかる後に、還ります時に、吉備の児嶋を生みたまひき〔三一頁〕

とのべていることである。「還ります時に」は、文脈から、〝淤能碁呂嶋にかえる時に〟という意味だと考えられるが、そうだとすれば、「吉備児嶋」以下の嶋々の生み順は瀬戸内から西方にむかっているから、安萬侶は、「淤能碁呂嶋」の所在を、九州の西方のかなたに表象していたのではなかろうかと想像されるのである（一一八頁以下）。

二　神々の誕生

伊耶那岐命・伊耶那美命は、国を生みおえて、さらに、神々を生む事業に着手した。この物語りは、大事忍男神《おほことおしを》の誕生に始まり、三貴子の誕生で終わるが、それは、次のようないくつかの部分から構成されている。

A　「国」と「海」の神々の誕生
①大事忍男神《おほことおしを》から風木津別之忍男神《かざもつわけのおしを》までの七柱、主として、住居関係の神。
②大綿津見神《おほわたつみ》から国之久比奢母智神《くにのくひざもち》までの十二柱、水を支配する神。
③志那都比古神《しなつひこ》から戸山津見神《とやまつみ》までの四十柱、風・木・土地などの神、船の神、食物の神、火の神、鉱山の神、肥料の神、武の神など。

B　伊耶那美命が火の神のために焼死して「黄泉国《よもつくに》」に行き、伊耶那岐命が「黄泉国」を訪れる物語りが挿入される。

C　穢《けがれ》の神、害悪をなす神々の誕生
①「黄泉国」から逃げ帰った伊耶那岐命が、穢れた自分の持物を投げ棄て、そこに、衝立船戸《つきたつふなと》神から辺津甲斐弁羅《へつかひべら》神まで、穢の化身などの十二柱の神がなる。
②伊耶那岐命が「黄泉国」訪問で付着した穢を除くために禊《みそき》をした時に、命から剝離した穢そのものに、禍を発生させる八十禍津日《やそまがつひ》神、大禍津日《おほまがつひ》神がなる。

D　穢を除く浄化の神々の誕生
①禊の時に、禍津日神についで、禍をたつ神直毗《かむなほび》神、大直毗《おほなほび》神、伊豆能売《いづのめ》神がなる。
②ついで、同じく禊によって、底津綿津見《そこつわたつみ》神から上箇之男《うはつつのを》命までの六柱の水支配の神がなる。

E　「高天原」「夜の食国」「海原」の主宰神(三貴子)の誕生

禊の最後に、右の三つの神話的社会の主宰神たるべき、天照大御神《あまてらすおほみかみ》、月読命《つくよみ》、建速須佐之男命《たけはやすさのを》が誕生する。神々は、大づかみに四つの類型から成っていた。すなわち、一般の神々(A)、穢神ないし禍神(C)、浄化神(D)、そして最後に、伊耶那岐命によって、「高天原」「海原」「夜の食国」の支配者に任じられる主宰神(E)である。このような神々の諸類型について、次の点を指摘しておかねばならない。

第一に、こうした神々の誕生の物語りが、『古事記』の時代に挙行されていたいくつかの国家祭祀の祭儀神話をなしていたことである。伊耶那美命の死をもたらした火神誕生の物語りは(A③、B)、宮城を火災から守護することを祈願して挙行されていた鎮火祭《ほしづめのまつり》の祭儀神話であり、伊耶那岐命の「黄泉国」からの帰還の物語りは(C)、京城への穢神・禍神の侵入の防止を願って行なわれていた道饗祭《みちあへのまつり》の祭儀神話であった。鎮火祭祝詞は伊耶那美命が火神に焼き殺された故事にふれて、火災のなからんことを祈願し、道饗祭祝詞は、伊耶那岐命が「黄泉国」の神の「葦原中国」への侵入を防ぐべく置いた石の神のことにふれる(祝新三五四頁)。穢神・禍神誕生の物語りは、大祓に深い関係を有するものであったが、これについては第二部で詳論することにしたい(四七三頁以下)。第二に、後に『古事記』は、天照大御神の天の石屋戸こもりが「高天原」や「葦原中国」に闇の世界をもたらしたり、須佐之男命の号泣が水涸れの災害を惹起したことによって、「悪神」がうごめき始めて「万の妖」の生じたことを語ることになるのであるが、その「悪神」とは、伊耶那岐命が「黄泉国」から持ち帰り、禊によってその身体から剝離させたところの禍神であろうことである(四七三頁以下)。第三に、穢が伊耶那岐命の身体から剝離して禍神が誕生した後に、命から、禍の浄化の神が生まれたことである。直毗神がそうした神であることは、これが「禍を直さむとして成りませる神」とされていることから明瞭であるが、その後に誕生する海の神も浄化の神であると思われる。禊という浄化行為は、水によって身体を滌ぐことなのであるが、その水とは、『古事記』の世界にあっては海の世界に帰属し、海の神の制御のもとに服するものだからである（四〇八頁以下）。そして、浄化のための水が与えられて禊をすれば、浄化神そのものが化成するという伊耶那岐命の身体には、「国」の世界が生来所有していた生命力が漲っていたのであった。そして最後に、そうした浄化の神々の誕生をうけて、天照大御神、月読命、須佐之男命の三神の誕生となることである。この三神は「三はしらの貴子」で、「高天原」、「夜の食国」、「海原」の主宰神に命ぜられるような別格の神々であった。ここでは、研究史との関連で、特に、須佐之男命の誕生が右のように語られていることに留意しておかねばならない。須佐之男命が悪神であったかのような理解が広く流布しているのであるが、『古事記』にそうした観念が存在しないことは、物語りの構成からして明らかなのである（第二部）。

そして、神々の誕生の物語りは、その過程で様々の神話的諸世界が登場することに示されるように、神話的諸世界間の諸関係の形成と構造とを語る物語りなのでもあった。

三　神話的諸世界の諸関係の形成と構造

1　「黄泉国」と「葦原中国」

まず注目されるのは、「黄泉国《よもつくに》」という神話的世界が登場してくることである。『古事記』は、この世界がどのようにして形成されたのかを語らないが、その存在を、伊耶那美命が火の神を生み、これに焼き殺されて「黄泉国」に行くという物語りを通じて語った。

この世界は、「大八嶋国」にとって、第一に、この国の住人に「一日に必ず千人死」ぬという結果をもたらす世界であった。そのようになったのは、伊耶那岐命の責任であった。伊耶那岐命は亡き伊耶那美命に会いに「黄泉国」を訪れたが、自分の姿を見るなという伊耶那美命の言葉に背いて、「黄泉国」での醜い伊耶那美命の姿を見てしまい、二神は対立関係に入ってしまった。伊耶那美命は伊耶那岐命が「大八嶋国」に還ることを阻止しようとし、伊耶那岐命は何としても逃げ還ろうとする。その時、伊耶那美命は、「愛《うつく》しき我が那勢《なせ》命、かくせば、汝が国の人草、一日に千頭絞り殺さむ」と宣言する〔三九頁〕。以来、「黄泉国」は「大八嶋国」の神と人に死をもたらす世界となってしまった。しかし、「一日に千頭」が死んでも何故に「大八嶋国」は滅びないのか。それは、伊耶那岐命が伊耶那美命に対して、「愛《うつく》しき我が那迩《なに》妹命、汝しかせば、吾一日に千五百の産屋立てむ」と宣言し〔同上〕、以来、現実に「大八嶋国」はそのような世界となったからである。何故、一日に必ず千五百人生まれることになりえたのか。それは、「国」が初発から有していた、「葦牙《あしかび》のごとく萌《も》え騰《あが》る物」を生みだすあの強靭な生命力の故であろう。そのような力を秘めた世界として、「大八嶋国」は「葦原中国」なのである。

第二に、これはすでにのべたことであるが、「黄泉国」は、「大八嶋国」=「葦原中国」に対して、穢《けがれ》をもちこんだ世界であった。伊耶那岐命が「黄泉国」を訪問してきたために、「葦原中国」には「黄泉国」の穢がもちこまれ、その穢が禊によって命の身体から分離して、無数の禍の神が誕生したのである。

2　「黄泉国」「葦原中国」と「海原」

禊は、一方で、「黄泉国」から「葦原中国」にもちこまれた悪神《あしきかみ》を伊耶那岐命の身体から剝離させたけれども、他方では、神直毘《かむなほび》神などの禍を除去する神をも生みだし、さらには、六柱の海神《わたのかみ》と「三はしらの貴き子」(天照大御神・月読命・建速須佐之男命)を生ぜしめたこと、禊のための水は、総じて「海原」の世界に属していたこと、先にのべた通りである。伊耶那岐命が禊をしたのは、筑紫の日向の橘の小門の阿波岐原という所の河においてであったが、『古事記』においては、河も「海原」の支配下にあるものであり、それ故に、『古事記』序文が、

乾坤《けんこん》初めて分かれて、参神造化の首《はじめ》となり、陰陽ここに開けて、二霊群品の祖《おや》となりき。このゆゑに、幽顕《いうけん》に出入りして、日月目を洗ふに彰《あらは》れ、海水に浮沈して、神祇《じんぎ》身を滌《すす》くに呈《あらは》れき〔一七頁〕

というのは、『古事記』の世界の中では、少しも矛盾ではない。禊による神の生誕は、穢が除去されれば神が生まれ

るという「葦原中国」の生命力と、この生命力の発現を阻止している穢を除去するところの「海原」の浄化力との合作にほかならない。「海原」は、「葦原中国」をまさに「葦原中国」たらしめるところの世界なのであった。

3　「黄泉国」「葦原中国」「海原」と「高天原」

さらに重要なことには、かかる「葦原中国」の生命力と、「海原」の穢の浄化力の合作の結果として、「高天原（表）」の主宰神たる天照大御神が誕生したことである。それは、伊耶那岐命が「子生み生みて、生みの終《は》て」に、「左の御目を洗ひたまふ時に成りませる」貴き神であった。伊耶那岐命は、天照大御神に対して、「汝命《ながみこと》は、高天原を知らせ」と命じ、大御神は昇天したのである（四三頁）。天照大御神は、「高天原」にあって「地」に日の光を恵む存在であるから、それだけをとりだせば、「高天原」の「地」に対する支配が語られているようにも見えるが、その日の光の神は、「地」自身（「国」と「海」）が生み出したものにほかならない。

かつて、「高天原」は、別天つ神五神のうちの二神が「国」の物によって生成するということを通じて、その形成を「国」の力に負った。それは、広い意味での「高天原（裏）」ないし「高天原（基礎）」の完成であると同時に（四八頁参照）、「高天原（表）」の形成の始まりでもあった。そして、いま、「高天原」は、「高天原（表）」の完成に際しても、「葦原中国」、さらには「海原」に依存する。「高天原」は、総体として、「地」にその存立の根拠を有する世界であった。「高天原」は、「地」に依存することなしには、形成されえなかった世界なのである。『古事記』は、このことを、二度にわたって、明確に語るのである。「国」は、「高天原」に比して邪であり、未開野蛮の地であるとする倉野説や西郷説、「高天原」に始原的優位性を認めようとする神野志説は、『古事記』の世界観、その政治思想の根本を見誤っているといわざるをえない。

4　「根の堅す国」と「葦原中国」

伊耶那美命の死から天照大御神の誕生にいたるまでの一連の物語りには登場しないけれども、後のいわゆる出雲神話において重要な役割を演ずることになる神話的世界として、「根之堅州国《ねのかたすくに》」があった。少し先まわりをすることになるけれども、これまで述べた神話的諸世界の意義を十全に理解するためには、どうしても「根之堅州国」についての理解を欠くことができないので、ここで、多少の考察を行ないたいと思う。

まず、「根之堅州国」は、地理的には「黄泉国《よもつくに》」と同一の世界とされていたらしいことである。「根之堅州国」の初出は、須佐之男命の物語りにおいてであった。伊耶那岐命は須佐之男命に「海原」を統治するように命じたが、須佐之男命は父の命令を受けいれず、ただただ泣くばかりであった。そこで、伊耶那岐命は何故に命令に従わないで泣いてばかりいるのかを問うのであるが、これに対して、須佐之男命は、次のように答えた。

僕《あ》は、妣《はは》が国根之堅州国に罷らむと欲《おも》ふゆゑに哭《な》く〔四四頁〕

「妣の国」とは、亡き伊耶那美命のいる国のことであり、「黄泉国」のことにほかならない。その国のことを、須佐之男命は「根之堅州国」と表現するのである。素直に解せば、「根之堅州国」は「黄泉国」以外の何者でもない。宣長以来の通説はそう解してきた〔記伝九巻三〇三頁〕。

ただし、「黄泉国」と「根之堅州国」とを同一の実体をさすものと理解することに、問題がないわけではない。後に詳しく述べるように〔一〇〇頁以下〕、「根之堅州国」は「葦原中国」の王〔大国主神〕を創造する世界として登場するのであるが、かかる「根之堅州国」のイメージと、死者の国たる「黄泉国」のイメージが、はなはだしく異なるようにも思われるからである。「『黄泉国』はイザナミが『黄泉津大神』として主宰する世界、『根之堅州国』は『須佐能男の命の坐す根の堅州国』であってスサノヲの主宰する世界なのである。一緒にするわけにはいかない」〔神野志86八三頁〕とする見解の提起される所以である。

しかし、須佐之男命が亡き母に会いに「妣が国根之堅州国に罷らむ」と述べ、それを聞いた伊耶那岐命が、〝いや、おまえの母は根之堅州国ではなく、黄泉国にいるぞ〟というようなことは述べてはいないこと、母のいる国に行くとして、須佐之男命は、結局は「根之堅州国」に住むようになること、「黄泉国」も「根之堅州国」もともに、「葦原中国」から「黄泉比良坂《よもつひらさか》」を通って行く世界であること〔記三八頁、六五頁〕などから、やはり、「根之堅州国」と「黄泉国」とは、少なくとも地理的には、同一の世界を表象させるものであるように思われる。『古事記』において、同一の実体が複数の名称を有することは珍しくない。複数の名称をもつ神は、枚挙にいとまがないほどである。少なくとも、「異なる世界だから全く異なる呼称をもつのだ」〔神野志86八三頁〕というわけにはいかないのである。「葦原中国」に死や穢をもたらす世界と、王をもたらす世界とが同一の世界であることは、一見すると不調和のようにも思われるのであるが、「根之堅州国」の語義を考えれば、必ずしもそうとばかりはいえないこと、「根之堅州国」と「黄泉国」とが、同一世界の二つのモメントを示す名称であることが諒解されるように思われる。そこで、次に、「根之堅州国」という名称の意味を考えてみなければならない。

「根之堅州国」なる名称の意義についても、長い研究史が存在する。ここでも、その起点は宣長であった。宣長は、「根」を〈地下〉、「堅州」を〈片隅〉の意に解した。「根之堅州国」は、〈地下にある片隅の国〉の意だとするのである〔記伝九巻三〇三頁〕。以来、今日まで、通説は基本的に宣長の解釈によっている〔記全二巻三四一頁、記注一巻二四五頁など〕。このような解釈は、先に紹介したところの、〈高天原―葦原中国―黄泉国（根之堅州国）〉を〈上―中―下〉の垂直的三層構造の世界関係として理解しようとする考え方の一部をなしている（序論参照）。

これに対して、全面的な異論を唱えたのは、神野志氏であった。氏は、『古事記』において、「黄泉国」や「根之堅州国」が「葦原中国」とどのような位置関係にあるものとして描かれているかを仔細に検討し、「黄泉国」や「根之堅州国」は「葦原中国」の垂直的方向（地下）ではなく、水平的方向にある世界であることを論証された。したがって、「根」は〈地下〉の意味ではありえないというのである。『大祓詞』や『日本書紀』の「根国」などの語義検討をふまえるならば、「根」は〈遠いはて〉の意味にほかならない〔86八三頁、一〇九頁以下〕。「堅州」も、〈片隅〉とは解しがたい。

「『堅』は、『古事記』中の用例は、当面の『堅州国』二例を除けば十三例、すべて……字本来のカタイという意味をもって用いられる。カタの借訓の如き例はなく、ここでも正訓と見るのが、用字の傾向に叶った把握というべきであろう」というのが主たる理由である〔86一〇七頁以下〕。「州」については、字義通りに、「川や海の浅瀬の砂の現われたところ」〔上代〕という意味での「州」と解する最近の諸註釈の傾向〔記潮、記思など〕を妥当とした〔86一〇八頁〕。

しかし、私は、神野志説にも疑問が残り、全体として従いがたいと思う。まず、「堅州」について、氏自身が「『州』は当該の二例を除いて五例存する。……すべて音仮名のスとして用いられる」〔86一〇七頁〕とのべられているような問題があることとである。氏は、「しかし、だからといってここも音仮名だということにはならない。右の例は、すべて国語の仮名表記や人名・地名という音仮名の連続のなかで用いられるのである。『堅州』というような、訓字と見るべきものを上におく字のつながりは、これらとは異なるといわねばならぬ。……『堅』『州』ともに正訓字として、『堅州』というこの意味単位を見るのが穏かであろう」〔86一〇八頁〕というように議論を反転させた。しかし、『古事記』の「州」の用例が、当該事例の外は全て表音漢字であるとするならば、「根之堅州国」の「州」も表音漢字である可能性を考えてみるべきではなかろうか。具体的にいえば、「堅す」という動詞の可能性も考えてみるべきではなかろうか。『時代別国語大辞典 上代編』、『日本国語大辞典』、『字訓』などは、〈きたえる〉という意味の動詞「かたす」に「鍛」の漢字をあてているが、「堅」「固」「型」「鍛」などは相通ずる言葉であるから〔字訓「かた」「かたし」「かたむ」〕、言葉として、〈きたえる、しっかりしたものにする〉という意味の「堅す」という動詞はありうると考えられるからである。問題は、かかる論理的可能性を現実のものとするだけの意味上の必然性が存在するか否かであるが、これについての結論を得るためには、「根之堅州国」概念を構成するもう一つの要素である「根」の意義の検討を経なければならない。

神野志氏の「根」の解釈論は、根本的に疑問であるように思われる。まず、「根」の語義を確定するための方法が問題だといわねばならない。氏は、「堅州」については、『古事記』の用字を丹念に研究されながら、「根」についてはそれを怠り、氏の強調される『古事記』研究の方法からも逸脱されて、『大祓詞』や『日本書紀』という外部の文献における用字法の研究から結論を導出されているからである。「根之堅州国」の「根」の意義は、『古事記』研究の正道にたちかえって、『古事記』における「根」の用字法の検討から始めねばならない。

『古事記』には、二箇所の「根之堅州国」を含めて、「根」が四十八箇所登場する。多くは神名に用いられていて、一見しただけではどのような意味なのか判然としないが、文脈などから、「根」の意義を確定できる例も少なからず存在する。このうち、次の二例は、植物の「根」の意味であることが明らかである。

　天《あめ》の香山《かぐやま》の五百《いほ》つ真賢木《まさかき》を根こじにこじて（根こそぎ掘り取って）〔五一頁〕
　さな葛《かづら》の根を舂《つ》き、その汁滑《しるなめ》を取りて〔一九四頁〕

また、「底《そこ》つ石根《いはね》」なる慣用句が四例存するが、これは、右の植物の「根」のアナロジーで理解することができる。四例は、

　底つ石根に宮柱ふとしり、高天原に氷椽《ひぎ》たかしりて……〔六五頁、八七頁、九二頁の三例〕
　高天原には……、地の下は、底つ石根に焼き凝らして……〔八七頁一例〕

のごとくであるが、「底つ石根」は、「石」（巨大な岩石の意）を植物の地上の部分に見立てた上で、地の「底」にあると観念された「石」の「根」を表現するものであろう。今日では、「首根」「首根っこ」のような言葉に見られる用法である。「石根」の最初の三例は宮殿を形容するときの常套句で、宮殿をば、宮柱は巨大な岩石の「根」にしっかりとすえられ、氷椽は天高く伸びていくところの、堅固で壮大なものとして描いている。

一見すると、右の「根」とは異なるが、しかし、意味が明瞭であるものとして、いわゆる闕史八代の天皇の名称に集中的に登場するところの「根《ね》子《こ》日《ひ》子《こ》」（九例）があげられる。この天皇名称は闕史八代の物語りの本質にかかわり、

さらに、広く『古事記』の世界観の核心を語る概念の一つであるが故に、詳しい考察はその場所に譲らねばならないが〔二四六頁以下〕、結論をあらかじめ述べれば、「根子日子」の「根」は、「日子」の「日」に対応する言葉であり、〈天—日〉に対する〈国—根〉という対で理解されるべき語であった。「天」に「天」を「天」たらしむるところの「日」があるがごとくに、「国」には「国」を「国」たらしむるところの「根」があり、天皇は、「日の子」であると同時に「根の子」でなければならない、というのが、闕史八代で語られる『古事記』の政治思想なのであった。「日子」を欠き、頭に地名を冠した「倭根子《やまとねこ》」、「難波《なには》根《ね》子《こ》」などの名称が三例登場するが〔一五四頁、一七九頁、二五四頁〕、ここで用いられる「根子」も同様の意義であろう。また、「垂根《たりね》王」〔一三〇頁〕、「神大根《かむおほね》王」〔一三一頁〕などの天皇の親族が登場するが、ここの「根」も同様の系統の語であろう。本州を意味する大倭豊秋津嶋は別名「天御虚空《あめのみそら》豊秋津《とよあきつ》根《ね》別《わけ》」といわれるが、「刃別け」「穂別け」などの言葉から連想すれば〔川口88七六頁〕、これは、右のような意味での「根」を他の嶋々に「別」け与える中心の嶋というような意味であろうか。

それでは、植物の「根」や、「底つ石根」の「根」と「根子日子」などの「根」との間には、何か脈絡があるのであろうか、それとも無関係なのであろうか。私は、深い関連があると考える。「根子日子」などの「根」は、「底つ石根」の「根」の場合よりもさらに抽象化の進んだところの、植物の「根」の比喩であるように思われるのである。すなわち、地上に生える植物を支えるところの「根」から連想して、宮殿を支える「石根」を考え、さらに、地上の物全てを支えるところの、抽象物としての大地の中の「根」なるものを一般的に観念するにいたったのではなかろうか。

このように考えることができるならば、『古事記』に登場する「根」の大半は、本質的に一つのものとして理解することができる。それは、神野志氏のいわれるような〈遠いはて〉などという意味なのではない。『古事記』の「根」には、そのような解釈を支持する証拠が全く存在しない。そもそも、「根之堅州国」は「葦原中国」の〈遠いはて〉にあるような世界として描かれているとは思われない。「根之堅州国」は「葦原中国」からみて、出雲国の黄泉《よもつ》比良《ひら》坂《さか》

（伊賦夜坂《いふやさか》）を登りきってしばらくいった陸続きの所（したがって「大八嶋国」の内部）にあるように描かれており〔六五頁〕、「根之堅州国」と同一の国と考えられる「黄泉国」についても同様で〔三八頁以下〕、しかも、死して「黄泉国」へいったとされる伊耶那美命は出雲国と伯伎国との堺に葬られたとされているからである〔三五頁〕。安萬侶は、「根之堅州国」（「黄泉国」）を、出雲国からさほど遠くない「大八嶋国」のいずこかに存在する世界として表象している。

〈遠いはて〉説に比べれば、宣長以来の通説の〈地下・地底〉説の方が、「根」の語義の核心に近づいているといえるが、しかし、これとても的を射ぬいたものとは到底いいがたい。植物の「根」、宮殿の「石根」は、たしかに地上ではなく地下にあるが、しかし、〈根―根に支えられるもの〉関係における〈根に支えられるもの〉の象徴化が進行して、地上の物全般について観念されるにいたるならば、「根」の意義は、〈地下―地上〉関係においてではなくして、〈根源的なもの―派生的なもの〉というより抽象化された関係においておさえられるべきものであろう。現代の日常語の中にも「息の根」「心根」「性根」あるいは「精根」「根気」「根本」「根源」「根拠」などの形で生きている「根」である。〈地下―地上〉関係において観念された「根」は、『日本書紀』神代の「根の国」、『大祓詞』の「根の国・底の国」には見られても、『古事記』の世界観とは無縁であるように思われる。「根之堅州国」の位置についていえば、すでにのべたように、それは、「葦原中国」の地下ではなく、水平方向に存在していた。

『古事記』における「根」の用字法と、「根之堅州国」の所在とを総合して考えるならば、「根之堅州国」の「根」も、植物の「根」から抽象化されたところの、〈根源〉という意味での「根」であったと考えるほかはないように思われる。そして、その「根」は、「葦原中国」の「葦」と響き合っていたのではなかろうか。「葦原中国」の「葦」も、「葦牙のごとく萌え騰るもの」によって、「国」から昇って「高天原」に成った宇摩志阿斯訶備《あしかび》比古遅神に明らかなように、植物の「葦」から抽象化されたところの、生命力の旺盛なるものの象徴である。したがって、〈葦―根〉は二重に、かつ関連をもって響きあっているといえよう。植物としての「葦」とその「根」という語源に即した原イメージの響き合いの上に、生命力の旺盛なるものの象徴としての「葦」とその「根」源にあるものという派生的象徴的イメージの響き合いが重なるのである。

純粋に言葉の詮索から、「根之堅州国」と「葦原中国」とは、以上のような関係にあるものとして理解されるように思われるのであるが、はたしてそれは、物語りによって内容的に支持されうるものであろうか。まさしく、物語りそのものが、そうした関係を語っているように思われる。しばらく先の話であるが故に、詳論は後に譲らねばならないが(一〇〇頁以下)、いわゆる出雲神話において、「葦原中国」の王となる大国主神が、「根之堅州国」に赴いて、そこで、「葦原中国」の王となるための試練を受け、王たるにふさわしい呪能を獲得した物語りは、このことを端的に示すものである。物語りの次元においても、「国」には〈葦―根〉の構造があり、〈葦〉の世界で王たらんとするものは、一旦は〈根〉の世界に赴き、そこで〈葦〉を〈葦〉たらしむる力を獲得してこなければならなかったのである。この物語りの背後には、「根之堅州国」をば、「葦原中国」を「葦原中国」たらしむる根源の国として表象する観念が存在していたのではなかろうか。

「根之堅州国」における「根之国」なる契機《モメント》が以上のような意味を担っているとするならば、これとの関連において、先に留保したところの「根之堅州国」の「堅州」を、「堅す」という動詞と考えることが可能かつ必要となるように思われる。「根之堅州国」は「根の堅す国」であり、〈根なるものが葦原中国を堅すところの国〉ということではなかろうか。このように理解された「根之堅州国」なる名称は、この世界が担っている意味を見事に表現しているのではなかろうか。少なくとも〈片隅〉説や〈堅い州〉説によって理解された「根之堅州国」の意義よりも、『古事記』の世界観にはるかに適合的であること、明らかであろう。宣長以来の〈片隅〉説は、「葦原中国」の〈中〉に対する〈片隅〉という意味上の響き合いを作り出すことができるが、『古事記』の「堅」の他の用例は全て借文字ではないという問題があり、さらに、根本的な問題として、何故に、〈片隅〉を「堅州」という表記・表現にしなければならなかったのかが明らかでない。〈堅い州〉説には、『古事記』の「州」は全て音仮名という問題があるのに加えて、〈堅い州の国〉という意味が『古事記』の「根之堅州国」なる神話的世界の特徴づけとして、意味をなさないという致命的欠陥が存在する。「高天原」、「海原」、「葦原中国」、「黄泉国」などの神話的諸世界の名称、あるいは「産巣日神」、「宇摩志阿斯訶備比古遅神」、「天之常立神」、「伊耶那岐命・伊耶那美命」、「天照大御神」、「建速須佐之男命」などの神々の名称を想起するならば、『古事記』における固有名詞は、神話的世界や神の性質を端的に表現するものであることが知られるのであって、ここから推論するならば、「根之堅州国」の「堅州」は〈堅い州〉などではありえない。『古事記』の描写では、「根之堅州国」が〈堅い州〉であった様子は全くなく、「根之堅州国」の性質を〈堅い州〉が象徴するという関係も存在しない。「堅州」を「堅す」という動詞と解し、「根之堅州国」の意味を〈根なるものが葦原中国を堅すところの国〉と理解することだけが、「根之堅州国」という名称を生きたものにする。

しかしなお、次のような疑問が発せられるかもしれない。それは、「堅州」を「堅す」という動詞と解するならば、「堅州」は、表意文字で表記された語幹に送り仮名が付加された事例ということになるが、そうした例がほかにも見られるのか、見られるとしてもかなり稀なケースではないのか、という疑問である。神野志氏が「堅州」の「州」を表意漢字とみなした大きな理由は、「州」の音仮名例が「すべて国語の仮名表記や人名・地名という音仮名の連続のなかで用いられ」ていること、そして、「堅州」の「堅」はすべて表意漢字であることであった〔86一〇八頁〕。

たしかに、『古事記』においては、〈正字＋表音漢字による送り仮名〉という表記法は一般的ではない。動詞が正字で表記される場合には送り仮名がなく、送り仮名が記される場合には、言葉全体が音仮名で表記されるのが普通のように見うけられる。しかしながら、そのような例がないわけではない〔記桜六五頁、六八頁、九一頁など参照〕。なによりも、前記の、高御産巣日神・神産巣日神の「産す日」がその例になろう〔四一頁〕。これは〈正字＋送り音仮名の「州」〉の例ではないけれども、「堅州国」が「堅す国」である可能性を頭から否定してはならない根拠としては十分であろう。

「産巣日」「堅州国」が「産す日」「堅す国」であったとして、問題は、何故に、この二例において、他の多くの事例のごとくに、正字だけにとどめられなかったのかであるが（たとえば、アマテラスオホミカミは「天照巣大御神」などとは書かれない）、「産巣日神」についていえば、「巣」の送り仮名がない場合には、「産」をムスとは訓ませがたかったからであろう。「産」の字は『古事記』全編に三一例（序文一例を除く）、このうち「産巣日神」の例が一三例、残る一八例のうちの一二例は〈人を産む〉という意味の、ウムと訓ずるのが適当な他動詞（うち一例は「生」と連語）〔記思訓読補註五六〇頁〕、二例は〈産まれる〉の意で、ウマルないしアルの訓が適切な自動詞〔記桜一一九頁、一四四頁〕、四例は「産屋」「産殿」〔記桜三六頁、八五頁〕という、これまた〈産む〉系統の熟語である。このような「産」の用例を前提とするならば、そして、ムスという動詞がムスヒノカミのムス以外には『古事記』には存在しないという条件のもとでは、単に「産日神」と表記されていれば、ウミヒノカミあるいはウブヒノカミなどと訓まれてしまうのではなかろうか。ムスヒノカミと訓ませるためには、表記上、何らかの工夫が必要で、その結果、表音文字による送り仮名が付せられたと考えられるのである。

「堅州」についていえば、「州」の送り仮名なしには、「堅」が動詞ではなくして、形容詞として受け取られ、「堅国」は〈堅い国〉の意味に解されてしまうからだと思われる。このことは、『古事記』における、名詞に接続していく「堅」の用例を調べることによって知ることができる。

『古事記』全編を通じて、「堅」の用例は、「堅州国」二例を除いて一三例を数えるが、そのうち、名詞に接続していく「堅」の用例は四種七例で、次のごとくであった。

①堅魚《かつを》〔記桜一九三頁、二例〕

②堅庭《かたには》者、於二向股一踏那豆美〔記桜四一頁〕

③取二天安河之河上之天堅石《かたしは》一〔記桜四五頁〕
堅石、避二酔人一也〔記桜一五五頁〕
堅石王之子〔記桜一六三頁〕
④汝所レ堅《かたす》之美豆能小《を》佩《ひも》〔記桜一二〇頁〕

大半の三種六例（①②③）は形容詞で、一種一例（④）だけが動詞の連体形である。このような用字法を前提とするならば、「堅国」とあれば、人は「堅」を形容詞と受け取り、カタクニないしカタキクニと訓むであろう。そういう訓みを避けるためには、表記上、何らかの工夫が必要となる。その工夫には、大づかみに、二つのやり方があった。一つは、送り仮名を添えることによって、音の面から動詞連体形であることを示すやり方である。『古事記』がカタスクニについて採用した形態はこれであった。いま一つは、動詞連体形であることを示す約束上の文字を添えるやり方である。④はその一例で、動詞に「所」を冠し、動詞とそれが修飾する名詞との間に「之」を挿入するやり方である。しかし、この表記法は最も丁寧なやり方で、「所」か「之」か、どちらか一方だけですますやり方も少なくなかった。たとえば、「所レ成之神」は、「所レ成神」とも表記される〔記桜三三頁〕。逆に「所」が省略され、「之」だけで動詞が連体形であることを示す例は、『古事記』劈頭の「天地、初発之時」、「久羅下那州多陁用弊流之時」、「如二葦牙一因二萌騰之物一」〔記桜二六頁〕などである。動詞連体形であることが明瞭な場合には、「所」も「之」も、さらに送り仮名も省略されえた。「於二高天原一成神名、天之御中主神」〔記桜二六頁〕がその例である。

要するに、ネノカタスクニは、『古事記』の表記法の世界では、a根之堅州国、b根之所堅之国、c根之所堅国、d根之堅之国、e根之堅国、と様々に書き表わされえたのである。『古事記』はaの表記法を採用したわけであるが、この場合には、この手法が最も適切であったからであろう。dは「之」が二重になるという問題がありそうであり、bcは、固有名詞の内部には「所」を挿入したくないという心理が働いて、採用されなかったのではなかろうか。アマテラスオホミカミを、送り仮名方式によらずに丁寧に表記すれば「所天照之大御神」となろうが、いかにも煩瑣であるが故に、「所」も「之」も省略されたのであろう。ネノカタスクニの場合にも同じ心理が働いたと考えられるが、しかし、この場合には、表意漢字を連ねるだけの「堅国」すなわちeの表記法は避けねばならない。「天照大御神」の表記は誤解を生じさせないけれども、「堅国」は、前記のごとく、〈堅い国〉という、作者の意図とはかけ離れた意味を生じさせてしまうからである。残るは、表意漢字に表音漢字による送り仮名を付すaのやり方しか存在しない。先のムスヒノカミの例もあわせ考えるならば、固有名詞の場合には、「所」や「之」を添えるやり方ではなく、〈正字＋送り音仮名〉方式によるのが『古事記』の原則であったように思われる。

「根之堅州国」の表記は、実は、「根之」の部分も普通とはいいがたいものであった。というのも、神話的世界を指示する固有名詞においては、「之」は、表記されないことが『古事記』の原則のように見うけられるからである。「葦原中国」はアシハラノナカツクニであろうが、「葦原之中国」とは表記されない。トコヨノクニは「常世国」であった。しかし、ネノカタスクニは「根之堅州国」と表記されたのである。何故なのか。「根」と「堅」とを直接に接続させて「根堅州国」と表記するならば、前記の「草むす屍」や「天照大御神」の例にならって、〈根を堅すところの国〉という意味に受けとられてしまうからだと思われる。それを避けて、〈根が堅す国〉であることを明示するためには、「天之御中主神」の例にならって、「根」が「堅す」の目的語ではないことを明示するための「之」の挿入を必要としたのではなかろうか（四二頁）。それ故に、神話的世界の名称としては異例の「之」を挿入した「根之」という表記になったと考えられるのである。一度ネカタスクニではなく、ネノカタスクニであることが明示されれば、後は表記の原則に戻って、「之」は省略されることができよう。ネノカタスクニは、実は『古事記』全編を通じてわずか二箇所にしか登場せず、そのうちの初出例は「根之堅州国」とされるものの〔記桜四〇頁〕、第二例では「之」が省略されて「根堅州国」とされうる所以である〔記桜五四頁〕。

要するに、私は、「根之堅州国」を「根の堅す国」と解し、その意義を〈根なるものが葦原中国を堅すところの国〉、〈葦原中国にとっての根源の国〉というように理解したいと思う。このように解釈することによって、「根の堅す国」が他面では、「黄泉国」であったことも、納得されるように思われる。「根の堅す国」であり、「黄泉国」でもある世界は、「葦原中国」世界の万物の生と死を制御する世界ということになろう。この世界は、「葦原中国」世界の万物に生を保障する限りにおいては、「根の堅す国」であるが、しかし、その〈根〉の支えを失えば、「葦原中国」の生物は、まさに精と根とがつきはてて、死することになろう。その限りでは、この世界は「黄泉国」にほかならない。

5　神話的諸世界の構造連関

総じて、神話的諸世界は、次のような構造的連関を有しつつ、存在していた。まず、「天」と「地」との間に、二重の相互依存的関係が存在していた。一つは、「地」が「高天原(裏)」(別天つ神五神)の世界を完成させ、「高天原(裏)」は「地」の世界の完成を命令し指導するという関係、いま一つは、「地」が「高天原(表)」の主宰神を生み、「高天原(表)」の主宰神は「地」に〈光〉を恵むという関係である。「地」の世界の内部では、「国」と「海」との間に相互依存的関係が成立していた。「国」が「海」の主宰神を生み、「海」は「国」に〈水〉をもたらすという関係である。そして、「国」の内部においては、「葦原中国」と「根の堅す国」=「黄泉国」との間に、後者が前者における万物の生死を制御するという関係が存在する。「葦原中国」の成り立ちという点に焦点をあてれば、「根の堅す国」からは〈生命力〉が、「高天原」からは〈日の光〉が、「海原」からは〈水〉が供給される。「葦原中国」は、これをとりまく三つの世界によって等しく支えられることで、始めて「葦原中国」として存立する。研究史との関連では、「高天原」「海原」「根の堅す国」の三世界が、「葦原中国」に対して、等しい比重でかかわるのだという事に格別の注意をはらっておこう。「高天原」だけを特権化する思想は、『古事記』とは無縁なのである。

6　神話的諸世界の名称の体系

神話的諸世界の間には、内容の面ばかりではなく、名称の面においても、体系的統一性が存在した。そしてそれは、「葦原中国」なる概念を核として構築されていた。

「葦原中国」は「葦原」と「中国」との統一した概念であった。「葦原」が独立しうる言葉であることは、神倭伊《かむやまとい》波礼毗古《はれびこ》命の「葦原のしけしき小屋に菅畳《すがたたみ》、いやさや敷きて、わが二人寝し」（一二二頁）という歌や、大国主神が「葦《あし》原色許男《はらのしこを》神」（「葦原」という世界の勇猛なる男神の意〔神野志86一〇一頁〕）という別称を有していたことなどに明らかである（一一五頁）。

「葦原」の「葦」と「根の堅す国」の「根」、「黄泉国」の「黄泉」とが響きあっていたことは前記した。「葦原」については、さらに、「葦」の「原」であったことに注意しなければならない。「葦原」は「国」の世界に所属するが、「葦国」とはされずに、「葦原」とされたのである。「国」のモメントは、「葦原」に続く「中国」という言葉で示された。何故に、「葦原」であったのか。いうまでもなく、「高天原」および「海原」と呼応するものとしてである。安萬侶は、神話的自然界の名称体系として〈天―国―海〉を設定したが、神話的社会の構造としては、〈高天原―葦原―海原〉なる〈原〉の名称体系を構築したのである。三つの神話的社会が、内容的に相互依存的な対等の世界であることは、三世界が、等しく〈原〉であることに示されていた。

〈天―国―海〉と〈高天原―葦原―海原〉の対照は、「葦原」が何故に「国原」ではなく「葦原」であったのかという問題をも提起しよう。それは、「国」の中には、「葦原中国」とともに「黄泉国」もが含まれるからであろう。生命力あふれる世界とともに、死者の世界もまた、そこに含まれるからであろう。それ故、「高天原」や「海原」と同列に置かれる「国」の世界の名称として、「国原」は適切ではないのである。「高天原」や「海原」と同列におかれうる「国」の世界の名称は、何らかの限定の付された「国」であるほかはなく（中つ国）、それ故に、「原」に冠せられる言葉は、「国」以外の言葉であるほかはないのである（葦原）。

【表2】「黄泉」の訓

『古事記』表意漢字表現	『古事記』表音漢字表現	『日本書紀』表意漢字表現	『日本書紀』表音漢字表現
黄泉国	――	――	――
黄泉戸喫	――	湌泉之竈	誉《よ》母《も》都《つ》俳《へ》遇《ぐ》比《ひ》
黄泉神	――	――	――
黄泉軍	――	――	――
黄泉比良坂	――	泉津平坂	余《よ》母《も》都《つ》比《ひ》羅《ら》佐《さ》可《か》
黄泉津大神	――	――	――
黄泉戸	――	――	――
――	予《よ》母《も》都《つ》志《し》許《こ》売《め》	泉津醜女	――

「中つ」という限定の付された「国」世界は、言葉の上では、「黄泉国」と響きあっていた。このことを理解するためには、まずは、「黄泉国」はしばしばヨミノクニと訓まれるけれども〔記伝九巻二三七頁、記全二巻二三七頁〕、『古事記』における「黄泉国」の正訓はヨモツクニであったことを知らねばならない。もっとも、『古事記』には「黄泉」の文字をヨモと訓ずるように指示した箇所はなく、そう判断するのは、『日本書紀』とのつきあわせからの推論によっている。『日本書紀』の第五段第七の一書には、『古事記』の「黄泉」に相当する世界の名称の表意漢字表現とその訓読がヨモであることを指示した箇所が二つあり（ヨモツのツは今日の「の」に相当する連体助詞）、他方、『古事記』にも、「黄泉」の世界の神を表音漢字で記した「予《よ》母《も》都《つ》志《し》許《こ》売《め》」の例が一つあるのであるが〔三八頁〕、これらを総合的に判断することによって、『古事記』の「黄泉国」はヨモツクニと訓じられたと推測されるのである（表2）。第二部で詳論するように、『古事記』を理解するに、『日本書紀』を資料として用いることには十分に慎重でなければならないが、ここでの『日本書紀』の利用目的は文字の訓読を知ることに限定されていること、利用する第五段第七の一書の内容は、『古事記』と近似したものであり、『古事記』の成立年からあまり遠く隔たっていない時点での文献と考えられること、などから、この種の『日本書紀』利用は許容されうるように思われる。

『古事記』の「黄泉国」の訓がヨモツクニであるとすれば、「黄泉」を「夜見」（暗い所の意）のこととする見解が〔記伝九巻二三八頁、記全二巻二四一頁など〕、こと『古事記』についていえば、成り立ちえようのないものであることは明らかである。加えて、「黄泉」の訓はyömö（上代特殊仮名遣い乙類のヨ）、「夜見」の訓はyomi（上代特殊仮名遣い甲類のヨ）であるから、音韻論のレベルでも、両者に親近関係を認めがたいのである〔記全二巻二四一頁、大野68五四五頁、紀上補註1五五〕。

それでは、ヨモツクニという名称はどのような意味を担っているのであろうか。私は、ヨモツクニは〈四方つ国〉であろうとする益田勝実氏の見解に従いたいと思う〔84一一五頁〕。〈四方〉の訓はyömö、「予母都志許売《よもつしこめ》」の冒頭の訓もyömöであるから、音韻論レベルのハードルはクリアーできる上に、「中国」と「黄泉国」との対立を〈中つ国〉と〈四方つ国〉との対立と解することは、意味論のレベルで、強い説得力があるからである。〈中つ国〉の〈中〉とは、いうまでもなく〈中心〉の意味であるが、これに対して、〈四方つ国〉の〈四方〉とは、「ある場所を中心にしての東西南北」〔古岩〕、「ある場所を中心にして、その前後左右に位するところ、まわり」〔上代〕の意にほかならない。ヨモツクニを〈四方つ国〉と解することによって、「葦原中国」がまさに「中つ国」とされたことの意義がはじめて明瞭になるといわねばならない。

要するに、太安萬侶が「黄泉国」と書いてヨモツクニと訓んだ時、彼の脳裏には、いま一つの〈四方国〉の文字が表象されていたと私は考えるのであるが、そうだとするならば、何故に、安萬侶は、端的にヨモツクニを〈四方国〉と書かなかったのであろうか。おそらく、〈黄泉国／ヨモツクニ〉概念によって、一挙に、〈葦原＋中国〉概念との二重の響き合いを獲得しようとしたからであろう。〈黄泉国／ヨモツクニ〉は、〈四方国〉の文字が表象されつつ〈ヨモツクニ〉と訓まれるその点において、〈ナカツクニ〉に対立的に関係し、〈黄泉国〉（中国語で死者の国の意）と書かれるその点において、〈葦原〉に対立的に関係するのである（図3）。

ちなみに、「葦原中国」の存立を支えるところの三世界（「高天原」「海原」「根の堅す国」）それぞれについては、神話的

【図 3】 神話的諸世界の名称の構造

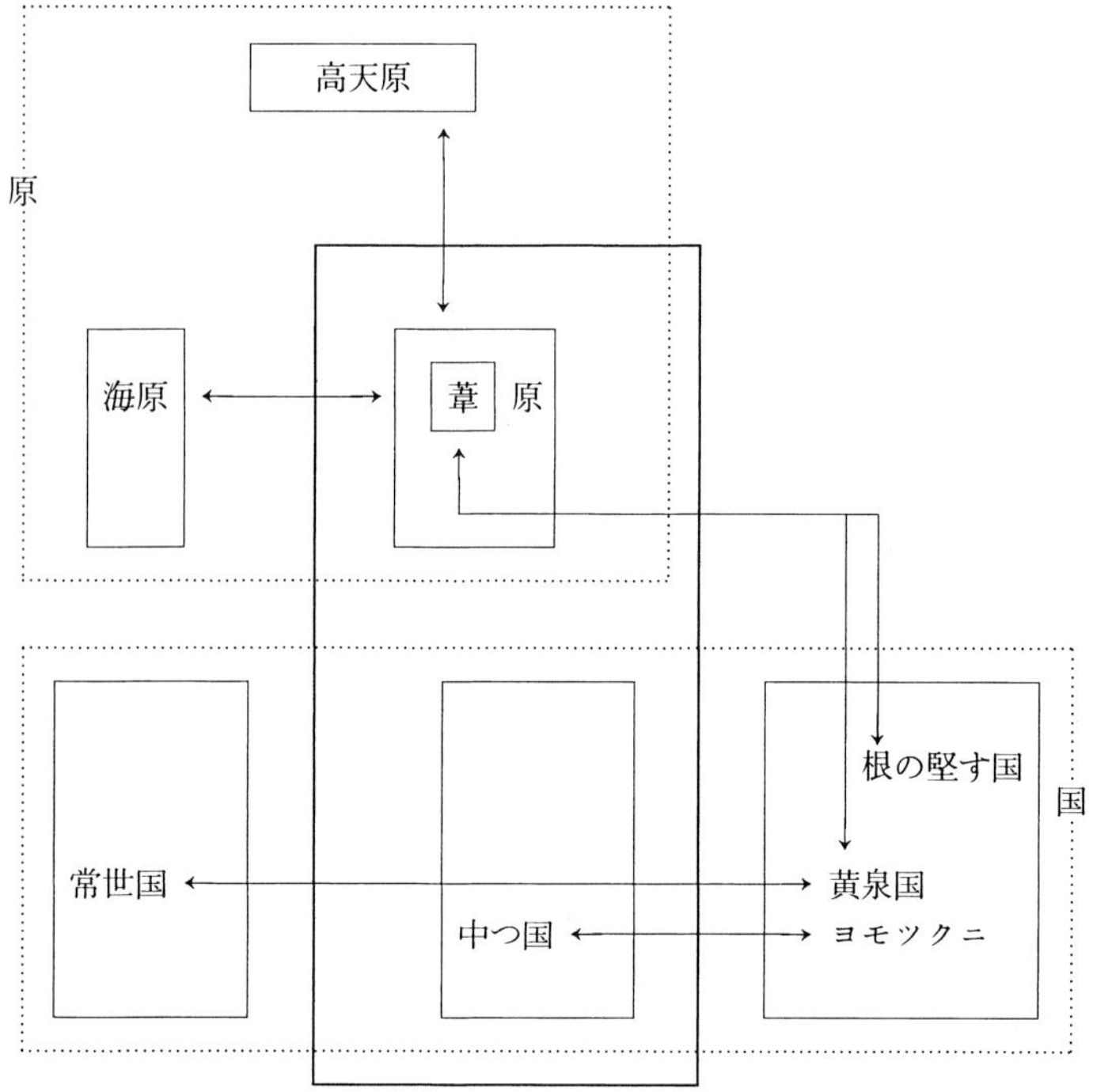

（註） 常世国については 116 頁以下参照

世界の名称、主宰神の名称、主宰神の神性などに関して、表現の次元で緊密な関連が存在した。「高天原」の働きは〈光〉で、それとの関連で、その主宰神は〈天照〉とされる。「海原」の機能は〈水〉であるが、その主宰神の綿津見神の神名は〈海《わた》つ霊《み》〉の意にほかならない〔上代、古岩〕。「根の堅す国」の働きは〈生命力〉の供給で、その主宰神の正式名称は建速須佐之男《たけはやすさのを》命であり〔記四二頁〕、この神名は、第二部で詳論するように、〈強さ（建）・速さ（速）・勢い（須佐）〉を意味していた（四五五頁）。これこそは、〈根〉が〈葦〉に供給するところの〈生命力〉の具体的内容であろう。

私は、「葦原中国」概念を中心とする神話的諸世界の名称体系について、およそ以上のように考えるので、この問題についてのこれまでの諸見解には従うことができない。宣長が、「葦原中国」を「高天原よりいへる号」であると解し、西郷氏が、この学説を受けついで、「葦原中国」は、地上の世界が「高天原」の側から、負の価値づけをこめて規定された名称であるとしたこと、これに対して、神野志氏が、「葦原中国」の初出が伊耶那岐命の「黄泉国」からの逃走の時点においてであることを指摘して、「葦原中国」をもっぱら「高天原よりいへる号」とする見解の成立しがたいことを証明したこと、「葦」に負の価値を与えるのは誤謬であることを論証したことは、すでに述べた（一三頁以下）。しかし、その神野志説も、「葦原中国」概念と神話的諸世界の名称体系を正当に理解したものとはいえないように思われる。氏は、

「黄泉国」に対して「葦原中国」というとき、〈クニ〉における世界としての意味づけをすでに含むことを見忘れてはなるまい。ある意味で命名が本質だとすれば、「葦原中国」の名義こそ「葦原中国」把握の核心であるに外ならないともいえる。いま見るべきなのは、「葦原」を冠して呼ぶことの意義と、「中」の意義とであるが、それは〈クニ〉において他の世界を意識しながらの意味づけなのである。〈クニ〉において、という条件は見忘れてはなるまい〔86九一頁、傍点水林〕。

とのべ、この見地からは、「葦原中国とは……高天原よりいへる号」とする宣長説は「基本条件を見外し」ていると論評し、「葦原中国」の「葦原」は「黄泉国」が死の国であることとの対照でそう呼ばれ、「中」は「端ならぬナカ」で、「『黄泉国』をそうでないものとしながら、価値づけをこめて」、「中」とするのだと主張された〔86九一頁以下〕。要約すれば、「葦原中国」概念は、「高天原」との関連ではなく、もっぱら〈クニ〉の内部世界の関係にかかわる概念であり、具体的には、「黄泉国」との関連で名づけられたとする見解である。ただし、いうところの〈クニ〉とは、〈アメ〉と対をなし、〈アメ〉に対して劣位にある世界なのであるから、「葦原中国」は直接的には〈クニ〉の内部関係において措定されているとはいっても、究極的には〈アメ〉に対する劣位の世界という意味がこめられているという理解になろう。西郷説と対立しつつも、なお、共有する部分は大きいということができる。

「葦原中国」の「葦原」は「黄泉国」が死の国であることとの対照において「中国」に冠せられたとするのはよい。しかし、その「中」は「端ならぬナカ」ではなくして〝四方ならぬナカ〟であろうことは先に詳論した。しかし、さらに疑問に思われるのは、「葦原中国」概念を「〈クニ〉における意味づけ」に限定したことである。

氏の議論の根拠の一つは、「葦原中国」の初出箇所が伊耶那岐命の「黄泉国」からの逃亡譚であることに求められているらしく見えるが(神野志83一一二頁以下)、しかし、「葦原中国」が「黄泉国」との関連で初めて登場するからといって、「葦原中国」が、当然に「黄泉国」との関連のみを意識した名称であるということにはならない。一般に、ある共時的構造が、図によってではなく、物語りによって表現される時には、それは、文章表現の本性に規定されて、物語りの通時的展開の中でしか明らかにされようがない。図は構造をまさに構造として一挙に空間図として描くことができるけれども、物語りによる構造描写は、空間を時間軸に変換した上での描写になるのである。このような事情をふまえるならば、共時的構造の中に位置づけられた言葉の意義を初出の文脈の中だけで確定することができないことは、明らかであろう。「葦原中国」の「中」が「黄泉国《よもつくに》」の「ヨモ(四方)」と響きあうことに加えて、「葦」が「根の堅す国」の「根」と、「原」が「高天原」や「海原」の「原」と相呼応するという形式上の特徴が、単なる偶然ではなくして、物語りの内容に裏づけられたものであることは、すでに縷々のべたように、否定しようのない事実であった。(註2)

しかし、神野志説がおかした最も重大な誤謬は、〈クニ〉概念の設定である。これについてはすでに序論でのべたけれども(一八頁以下)、『古事記』の政治思想の根本問題にかかわるので、ここであえて繰り返し指摘しておこう。氏は、『古事記』の世界観として、第一に〈アメ〉―〈クニ〉関係を設定し、第二に、〈クニ〉の内部に、「葦原中国」、「黄泉国」、「根之堅州国」、〈ワタツミノ神の国〉の四世界を位置づけたのであるが、このような理解の仕方が根本的に疑問なのである。こうした理解が『古事記』の世界観を見誤るものであることは、「海原」という神話的世界を捨てて、〈ワタツミノ神の国〉なる世界を私造したことに端的に示されている。それは、『古事記』の世界観の根底にある「原」のトライアングルを見てとることのできなかったことの表現にほかならず、神野志説は、最も基本的なところで、『古事記』の世界観を把握しそこねているといわねばならないのである。

それは一人神野志説だけの問題ではなく、これまでの『古事記』研究史が等しくおかしつづけた、最も重大な誤謬の一つであった。神野志氏の議論は、他にぬきんでて鋭いが故に、誤謬が最も先鋭な形で体系化されているにすぎない。そして、その誤謬の背後にあるものは、人々の意識のうちに頑強に潜在しつづけている皇国史観の残映ではなかろうか。この史観は、戦後の社会科学において、表面的には完膚なきまでに否定されたものではあるが、しかし、ある種の人々の意識のうちには無傷のまま保存されつづけ、また、皇国史観を意識の上では否定しさった人々のなかにも、古代天皇制デスポティズム論という、見ようによっては皇国史観の陰画として受けとれないこともない形に姿をかえて生きつづけたのではなかろうかと思われるのである。私には、律令国家体制をデスポティズムと規定することがそもそも疑問に思われるのであるが、少なくとも、『古事記』がデスポティズムの書でないことは、本書を通して、ほとんど断言することができる。しかしながら、『古事記』を政治思想的作品とみなしたところの、最も良質の『古事記』研究者たちでさえもが、律令国家＝デスポティズムという戦後歴史学の通念に意識的・無意識的に規定されて、『古事記』の政治思想の根本を見誤ってきたように思われるのである〔石母田57、吉井78 90、神野志83 86〕。

第四節　須佐之男命——社会の形成

一　別天つ神の構想の挫折と第二次構想

伊耶那岐命の禊の最後に、天照大御神と月読命と建速須佐之男命が誕生したことは、すでに述べた。これら三神は、伊耶那岐命・伊耶那美命の生んだ神々の中でもとりわけて重要な神で、伊耶那岐命自身、三神を特別に「三はしらの貴き子」とよんだ。そして、天照大御神には「高天原」、月読命には「夜《よる》の食国《をすくに》」、建速須佐之男命には「海原」を統治するように命じたのであった。

月読命の支配すべき世界とされた「夜の食国」とは、「食国」の意が天皇の支配すべき地というほどの意味であるから〔記伝九巻二九二頁〕、「葦原中国」の夜の世界のことである。それでは、昼の「葦原中国」は誰が支配するのか。『古事記』は何も語らない。肝腎の事柄が明示されないが故に、この問題は、古くから議論の的となってきた。

宣長は、この時からすでに、天照大御神の子孫が「葦原中国」の支配者となることが予定されているからだとした〔記伝九巻二九三頁〕。倉野氏などもこれを基本的に踏襲する〔記全二巻三三二頁〕。これに対して、矢嶋泉氏は、右の説を踏襲しつつも、この時点では「葦原中国」が完成されていないので、誰が支配者となるかが明示されないのだという別の考え方をも提案された〔86七四頁、七八頁〕。神野志氏はこの新しい考え方を支持されているようである〔89四六頁〕。

しかし、私は、以上のような考え方に疑問を感じざるをえない。伊耶那岐命・伊耶那美命は、別天つ神から「ただよへる国を修理《つくろ》ひ固め成せ」と命じられたこと、その意味するところは「国」の政治的統一・祭祀の実践による王権と国家の樹立であること、伊耶那美命は死して「黄泉国」へ行き、この事業から脱落したが、伊耶那岐命は、「黄泉国」を訪れ、伊耶那美命に対して、

愛《うつく》しき我が那迩《なに》妹の命、吾《あ》と汝《な》と作れる国、いまだ作り竟《を》へず、故《かれ》、還るべし〔三七頁〕

とのべているように、依然として「国」の完成への強い意思を有すること、これらのことなどから判断して、伊耶那岐命は、三貴子分治の命令の時点では、当然に自らが「葦原中国」の支配者になろうとしていた、と考えるのが自然のように思われるからである。

以上のように考えることができるとするならば、三柱の貴子が誕生したことで、〈葦原中国―伊耶那岐命〉、〈高天

原―天照大御神〉、〈海原―須佐之男命〉、〈夜の食国―月読命〉という統治の分掌体制が整うことになったといえよう。しかし、この構想は早々と崩れてしまった。なぜならば、須佐之男命が亡き母に会いに「根の堅す国」に行くことを希望し、「海原」の統治を拒んだからである。激しく涕泣し、水神の呪能が麻痺して旱魃や二次災害までもが発生してしまった。伊耶那岐命は、怒りつつも、泣く子には勝てず、仕方なく希望をいれて、須佐之男命を伊耶那美命のもとに派遣する（第二部参照）。そして、自分は淡海の多賀に退去してしまった。

伊耶那岐命の神話的諸世界の分掌体制構想が早々と崩壊してしまったことについては、そもそも、伊耶那岐命の構想に問題があったことに留意しておかねばならない。それは、伊耶那岐命が、かの「根の堅す国」の存在を考慮しなかったという問題である。「葦原中国」は、「高天原」、「海原」、「根の堅す国」に等しく支えられることによって存立しうるのであるから、十全なる分掌体制構想であるためには、「根の堅す国」の主宰神を誰とするのかを決定することは、欠かすことのできない課題であった。須佐之男命には水神としての資質が備わっていたのであるから（第二部四〇九頁以下）、伊耶那岐命が須佐之男命に「海原」の統治を命じたことには十分な根拠があるのであるが、「根の堅す国」の存在に留意しなかったことは、神話的諸世界の構造からみて、問題を含んでいたのである。このように考えると、須佐之男命の伊耶那岐命の命令に対する不服従には、物語りの流れの中で、客観的には、伊耶那岐命の構想の不備を正すという役割が与えられていると見ることができる。

『古事記』の神々は、別天つ神を除けば、様々の過誤をおかし、色々の事故に遭遇して、たとえば伊耶那美命や後の大穴牟遅《おほあなむち》神のように、死をさえ甘受しなければならないところの、きわめて人間的な存在であった。神々が別天つ神によって指導され、別天つ神が究極において神々を制御するとはいっても、神々の世界には相対的な自律性があり、別天つ神は、そうした神々が試行錯誤を繰り返しつつつくり広げる歴史過程の要所要所で指導するにすぎない。

それはともかくとして、別天つ神の当初の構想は最終的に実現不能となり、別天つ神は、再度、「国を修理ひ固め成す」ための新たな手立てを考案しなければならなくなった。第二次構想は、しかし、それとして明示的には語られない。けれども、その後の物語りの進行から、それは、およそ次のようなものであったと想像することができる。すなわち、須佐之男命とその子孫の大国主神《おほくにぬし》に、「国を修理ひ固め成す」事業を委ね、その後に、天照大御神の子孫をして「葦原中国」に降臨させて、「葦原中国」の支配を受け継がせるという構想である。何故に、そのように想像することができるのか。それは、これからの物語りの要所要所に、「葦原中国」には神産日神《かむむすひ》が、「高天原」には高御産《たかみむす》日《ひ》神が公然と姿を現して、神代史を、右にのべたような方向に展開させていくからである。

二　須佐之男神話の構成と位置づけ

別天つ神の第二次構想の初発に位置するところの、須佐之男命の物語りは、ほぼ次のようなものであった。

A「葦原中国」での伊耶那岐命と須佐之男命の物語り

①三貴子の一人として誕生する。

②伊耶那岐命に「海原」の支配を命ぜられる。

③しかし、母に会うために「根の堅す国」に行くことを希望し、泣きじゃくる。

④涕泣の結果、旱魃が発生し、様々の災が生ずる。

⑤伊耶那岐命はやむをえず須佐之男命の希望を受けいれ、命を母のもとへ派遣し、自分は多賀にひきこもる。

B「高天原」での天照大御神と須佐之男命の物語り

①須佐之男命は、「根の堅す国」に行くことになった事情を説明しに天照大御神に会いに行く。天照大御神は須佐之男命の「高天原」訪問の意図を邪推したので、須佐之男命は身の潔白を証明するために、女神が生まれれば自分の心は清いと誓約をして、子を生む。

②須佐之男命に女神が生まれ、清い心が証明され、誓約に勝つ。
③天照大御神には天神御子が誕生する。
④須佐之男命は勝ちほこって、様々の悪さをする。
⑤天照大御神はおそれて天の石屋戸にこもり、世界が暗闇になって災が生ずる。
⑥「高天原」の神々が苦心の計略をめぐらせて天照大御神を外へひきだす。
⑦「高天原」の神々は、須佐之男命に憑いた罪をはらうべく、祓《はら》への儀式を行ない、その上で、命を伊耶那美命のもとに派遣する。その際、「高天原」の神々は、命の長旅にそなえて、「国」の食物神に食事を所望してあげる。
⑧ところが、食物神が穢れた食物を差し出そうとしたので、須佐之男命は怒り、この食物神を殺すが、その時、その死体に五穀の種子がなり、神産日神が登場して、この種子を命にとらす。

C
「葦原中国」出雲国での物語り
①「根の堅す国」に赴く途中、その種子を携えて出雲国に立ちより、八俣のヲロチに悩む国つ神とその女の櫛名田比売に出会う。
②須佐之男命がヲロチを討つ。
③出雲に宮をかまえ、櫛名田比売と結ばれる。
④子孫をもうけ、その末裔に、大国主神が誕生する。

D
「根の堅す国」での物語り
①やがて「葦原中国」を去り、「根の堅す国」に赴いて、この世界の主宰神となる（この物語りは明示的には語られないが、物語りの流れから、そのように想定される）。

②神産日神の命令で派遣されてきた大穴牟遅神に試練を課し、「葦原中国」の王にふさわしい存在に鍛えあげる。

右の須佐之男命の物語りの要約は、特にA⑤とB⑦について、通念とは根本的に異なっている。私が〈派遣する〉というように表現したところを、通説は異論なく〈追放する、追放刑に処する〉というように理解しているからである。原文は「神夜良比」、表意漢字に直せば「神遣らひ」で、「遣る」「遣らふ」には〈追放する、追放刑に処する〉などの意味はありえないこと、通説の誤謬は、「神遣らひ」を、『日本書紀』において〈追放刑〉を意味する「神逐《はら》ひ」と同視したことから発生したものであること、総じて、通説は『日本書紀』の悪神素戔嗚《すさのを》尊のイメージを『古事記』の善神須佐之男命におしつけて、根本的に誤った須佐之男命像を作りあげていること、などの点については、別に第二部で詳細に論ずることにしたい。ここでは、前記の「根の堅す国」に関する考察をふまえて、「葦原中国」にとってあれほどまでに重要な意味をもつ世界の主宰神となるところの須佐之男命が、邪悪なる神であろうはずがないことだけを指摘しておこう。通説は、須佐之男命と素戔嗚尊の混同とパラレルに、「根の堅す国」をしばしば『日本書紀』の表現を借りて「根国」などと表現してきたが、しかし、二つの世界が本質的に異なるものであることも、すでに示唆した通りである。〈素戔嗚尊―根国〉物語りと〈須佐之男命―根の堅す国〉物語りとは、正反対の意義を有するものであった。結論をいえば、『日本書紀』のスサノヲ神話は、悪神素戔嗚尊が悪業の限りをつくして、〈地底の国〉たる「根国」に追放される物語り、『古事記』のそれは、善神須佐之男命が、罪の祓われた清らかな姿で、「葦原中国」に赴いてここに農耕社会を建設し、次に〈葦原を支える根源の国〉としての「根の堅す国」へと赴いて、そこでこの国の主宰神となる物語りなのである。

素戔嗚尊論および須佐之男命の物語りのAとBの部分の考察を第二部に譲るとすれば、本稿で論じなければならないのは、CとDの部分であるが、Dについては、「根の堅す国」論としてすでにある程度論じたところであり（六六頁以下）、大穴牟遅神の試練の物語りについては、後に大国主神について論ずる場で考察するのが適当であろう（一〇〇頁以下）。ここで考察すべきは、C、すなわち、須佐之男命の「葦原中国」における物語りである。

その物語りは、大きく二つの部分からなっていた。すなわち、⑴須佐之男命が、伊耶那岐命・伊耶那美命による自然形成を受けついで、「葦原中国」において農業、特に稲作を創始し、ここに社会を建設する物語りと、⑵須佐之男命の子孫に、須佐之男命とその妻の呪能が伝えられていく物語りである。⑴は、五穀種子採取譚（B⑧、C①）、ヲロチ退治譚（C②）、櫛名田比売との聖婚譚（C③）において、⑵は、水神としての誕生譚（A①②④）、櫛名田比売との聖婚譚（C③）を前提とする神統譜（C④）において語られた。⑴は、須佐之男命の子孫の大国主神による国家形成の物語りへ、⑵は、大国主神以下の神統譜へと連なっていく。

三　農耕社会の形成

1　五穀の種子の採取

『古事記』は、須佐之男命の「根の堅す国」への旅立ちと、食物の準備の件りを次のように語っている。

ここに、八百万の神、共に議《はか》りて、速須佐之男《はやすさのを》命に千《ち》位置戸《くらのおきと》を負《おほ》せ、また、鬚《ひげ》と手足の爪とを切り、祓《はら》へしめて、神やらひやらひき。また、食物を大気都比売《おほけつひめ》神に乞ひき。しかして、大気都比売、鼻・口また尻より種々《くさぐさ》の味物《ためつもの》を取り出でて、種々作り具《そな》へて進《たてまつ》る時に、速須佐之男命その態《わざ》を立ち伺ひて、穢汚《けが》して奉進《たてまつ》ると、すなはちその大宜津比売《おほげつひめ》神を殺しき。故《かれ》、殺さえし神の身に生《な》れる物は、頭に蚕《こ》生《な》り、二つの目に稲種《いなだね》生り、二つの耳に粟《あは》生り、鼻に小豆《あづき》生り、陰《ほと》に麦生り、尻に大豆生りき。故《かれ》ここに、神産巣日《かむむすひ》の御祖《みおや》の命、これを取らしめて種と成したまひき。

故、避《さ》り追ひて、降りませる出雲の国の肥《ひ》の河上、名は鳥髪《とりかみ》といふ地《ところ》なりき。この時に、箸その河より流れ下りき。……〔五三頁〕

右の引用文についてまず述べなければならないのは、段落の区切り方が、これまでの全ての『古事記』研究のそれと相違していること、第三段落の冒頭の文章の訓み方も著しく異なっていることである。この相違は、『古事記』全体の解釈の根本にかかわるものであるが、これについても第二部でのべることとし、ここでは立ち入らない。

注目すべきは、神産日神《かむむすひ》が登場することである。「身を隠」した別天つ神が、表舞台へ再びあらわれる最初の場面であるが、それが、伊耶那岐命の退去のすぐ後の「葦原中国」の物語りの冒頭（その間に「高天原」の物語りが挿入されている）であることに注意したいと思う。そして、ここからにわかに、神産日神は「葦原中国」に、高御産日神《たかみむすひ》は「高天原」にしきりに現われるようになるのである。それは、伊耶那岐命の退去によって、別天つ神の第一次構想が挫折したこと、須佐之男命の出雲国の物語りから、別天つ神の第二次構想の実現の物語りが始まることを暗示するものであろう。神産日神は、須佐之男命に五穀の種子などを「取らしめ」、須佐之男命はそれを持参して出雲に下ったのである。『古事記』はそう明言しないが、当然にそうであったはずである。

五穀の種子と蚕とを「葦原中国」にもたらした神が須佐之男命であったことは、『古事記』の政治思想の核心を表現するものであった。何故ならば、このことを通じて、「葦原中国」の諸種子は、「高天原」から天孫降臨によってもたらされたものではないこと、その点で、「葦原中国」は「高天原」に対して自立的であることを語ろうとしていると考えられるからである。『日本書紀』の天孫降臨の段の第二の一書には、天孫降臨の指令の際に、天照大神が「吾が高天原にきこしめす斎庭《ゆには》の穂を以て、亦吾が児にまかせまつるべし」（紀上一五二頁）と命令した説話があり、稲種が「高天原」から「葦原中国」にもたらされたかのように語るのであるが、『古事記』はそのような物語りの構想をはっきりと拒否したのである。『古事記』においても、須佐之男命が「高天原」において「天照大御神の営田《つくだ》のあを離ち、その溝を埋」める乱暴を働いた説話が示すように（四九頁）、すでに「高天原」に稲作は存在していて、論理的には稲種が天孫降臨によって「高天原」から「葦原中国」にもたらされるという物語りも創作しえたはずなのであるが、しかし、そのような物語りは、『古事記』においては採用されず、稲種をはじめとする五穀種子・蚕はみな「葦原中国」の側で主体的に準備されるという物語りが作られたのである。そこに、「葦原中国」の自立性を語ろうとする『古事記』の主張を聞き出さなければならない。

それにしても、何故に、「葦原中国」の五穀の種子の採取を語るに、須佐之男命の大気都比売殺害という激しい物語りが創作されたのであろうか。それは、自然状態（自然採取経済）を克服し、人為的に農耕社会（生産社会）を建設することの隠喩ではなかろうか〔吉井82九九頁〕。大気都比売は、自然採取的経済において、人々に食物を恵む神であろう。人々は、しかし、自然採取経済を捨て、自然に働きかけ、これを改造し、農耕社会を創造したのである。この歴史過程は、国の神の祖神が自然採取経済の食物神を殺害し、そこに種子が発生し、産日の神があらわれてこの種子をその祖神に授けるという物語り構成と見事に照応するのではなかろうか。

2　ヲロチ退治

須佐之男命が出雲に降ってから最初に出会ったのは、櫛名田比売《くしなだひめ》とその両親の国つ神であった。毎年、八俣のヲロチがやってきて次々とこの国つ神の女たちを食べてしまい、今年は櫛名田比売が食べられる番なのだという。そこで、著名な、須佐之男命のヲロチ退治の物語りとなるが、それは、水の神による水の悪霊の征伐の物語りであった。ヲロチは蛇行する河の氾濫からイメージされた水の悪霊であり、ヲロチが毎年女を食べにくる物語りは、河の氾濫が人々の生活に破壊的な災害をもたらしたことの隠喩であろう〔西郷67b七三頁以下、記全三巻一八〇頁など〕。そのヲロチに、水の神須佐之男命は勝利した〔記談八〇頁、一〇四頁〕。こうして、須佐之男命のもちきたった五穀の種子が成育し、「葦原中国」に豊かな実りがもたらされる条件の一つが整えられる。

3　櫛名田比売との聖婚

須佐之男命はヲロチを退治し、櫛名田比売と結ばれた。「櫛名田比売」とは「霊妙な、稲の田の女性」の意であり、

〈田〉の神である〔記潮神名釈義〕。須佐之男命は〈水〉神であり（A①②④）、「高天原」から「葦原中国」へ降る途中で五穀の〈種子〉を採取したのであるから（B⑧）、この結婚は、〈水＋種子〉と〈田〉との結合を意味していた（なお第二部四九四頁以下参照）。しかも、櫛名田比売の両親は足名椎・手名椎で、それぞれ「晩生稲の精霊」、「早稲の精霊」の意であるから〔同上〕、須佐之男命が〈水〉と〈稲種〉を「葦原中国」にもたらす以前に、「葦原中国」において、〈水〉と〈稲種〉をうけとめて、稲の実りをもたらすような力が蓄えられていたのである。その力は、『古事記』冒頭で述べられる「葦牙の如く萌え騰る物」を生みだしたところの、「国」に潜在する力の展開のなかで生まれてきたものであろう。「葦原中国」を「葦原」たらしむるところの「根の堅す国」の働きの結果であろう。そして、〈水＋種子＋田〉に、「高天原」からの〈光〉が降り注ぐ。こうして、「葦原中国」は「豊葦原《とよあしはら》の水穂《みずほ》の国」となるのである。櫛名田比売の父の国つ神は、須佐之男命から「稲田《いなだ》の宮主須《みやぬしす》賀《が》之八耳《やつみみ》神」〔記五七頁〕なる号を授けられた。「稲田の宮殿の首長」の意であり、稲作社会の成立を象徴する。そして、その社会の長の栄誉は、国つ神の得るところとなったのである。

以上のように、私は、須佐之男神話のうちの五穀起源神話と出雲神話の部分の核心を、「国」の神自身による農耕社会の建設の物語りにあると考え、しかも、須佐之男神話全体の核心もそこにあって、須佐之男命の物語りの基本線は、水神として誕生したこの神が、その呪能を保存しつつ、別の呪能を有する「葦原中国」の神の女との聖婚を通じて、「葦原中国」を、「豊葦原の千秋の長五百秋の水穂の国」にしていくことにあると考えるのであるが、これに対しては、すでに、次のような異論が提起されている。

『出雲風土記』や『播磨風土記』を見ますと、オホクニヌシとスクナヒコナが稲を持ち歩いたから、種（多禰）の郡とか稲種山とかという土地があるんだというような地名説話がありますね。だから、既に天孫が降臨する前に、地上にオホクニヌシとスクナヒコナが国つくりをすることによって、稲作を広めていたという神話が、風土記にあることはたしかだと思うのです。ただ、それからして『古事記』や『日本書紀』でも、一方で、天孫降臨のときに稲が天から下ってきたという話と、他方で、その前に既に地上に稲があったという話と、両方あるように普通には思われていると思うのですけれども、よく読んでみても、実際に稲をつくっていたという話は『古事記』『日本書紀』にはどこにもないんですね。……オホクニヌシとスクナヒコナが国つくりによって地上に広めていた農業は、明らかに焼畑の雑穀栽培であって、稲は、……神様の召し上がるものとして、皇室の祖先である神が地上に下るときに、地上に一緒にもたらされたものである。それが『古事記』『日本書紀』の神話の立場なんじゃないかと思うのです〔吉田89七―八頁〕。

しかし、この見解は、二重の誤りを含んでいるように思われる。一つは、『古事記』と『日本書紀』とを同じものとみなして論議している方法的誤謬である。吉田氏は、『風土記』と記紀とを区別する視点を持たれているだけに、『古事記』と『日本書紀』とをそれぞれ独自の作品とみなそうとする方法が提唱されている今日、記紀を区別せずに論ずる態度は疑問である。

いま一つの誤謬は、『古事記』に、天孫降臨以前に「葦原中国」で稲作が行なわれていた説話が存在しないとしていること、そして、天孫降臨の際に、稲種が「葦原中国」にもたらされたという説話があるかのような主張をされている点である。しかし、天孫降臨の際に、勾璁《まがたま》や剣や鏡などの呪具（いわゆる三種の神器）がもたらされた説話は存在するが、稲種がもたらされたとする説話は存在しない〔記九〇頁〕。たしかに、後にのべるように、天照大御神やその子孫たちが、稲作の呪能を有するというような事情は存在するが（一七七頁）、しかし、だからといって、天孫が稲種を「葦原中国」にもたらしたということにはならない。このような一連の稲の隠喩は、「高天原」における田の存在を象徴し、天孫も稲作の呪能を有していることの表現にすぎないのではなかろうか。櫛名田比売の両親が〈晩生稲の精霊〉、〈早稲の精霊〉であり、その女の櫛名田比売は〈田の女神〉であり、須佐之男命が稲種を地上にもたらして、櫛名田比売と結ばれ、比売の父が「稲田の宮主」となったという物語りは、ここで「葦原中国」の稲作が始まったという

【図4】 国つ神の神統譜―須佐之男命から大穴牟遅神まで（神性については、西宮一民「神名の釈義」〔記潮付録〕などによった）

大山津見神（偉大な山の神霊）

足名椎（晩生稲の精霊）＝手名椎（早稲の精霊）

櫛名田比売（霊妙な、稲田の女性）＝須佐之男＝神大市比売（神々しい立派な市）

大年神（立派な稲の実り）

宇迦之御魂神（稲に宿る神秘的な霊）

八嶋士奴美神（多くの島々を領有する主の神霊）＝木花知流比売（桜の花が散る）

淤迦美神（水を掌る龍神）

布波能母遅久奴須奴神（蕾の貴人の、国の居住地の主）＝日河比売（霊的な川）

深淵之水夜礼花神（深い淵の水が遣られ始めること）＝天之都度閇知泥神（天上界の、集められた水路）

布怒豆怒神（未詳）

淤美豆奴神（大水の主）＝布帝耳神（未詳）

刺国大神（国を占有する親）

天之冬衣神（天上界の、冬の着物）＝刺国若比売（国を占有する巫女）

大穴牟遅神

ようにしか解釈できないのではなかろうか。

四　神統の展開と呪能の相伝

須佐之男命と櫛名田比売とを始祖として、多くの神々が生まれた。神統譜〔五七頁〕と個々の神の神性を示せば、図4のごとくである。みられるように、〈大地〉と〈水〉と〈稲〉の結合が繰り返され、ついには、大穴牟遅《おほあなむち》神の誕生となる。大穴牟遅神は、須佐之男命以来の善神としての資質と、様々の呪能を体現したものとして、誕生した。須佐之男命は「根の堅す国」の大神となり、以後、「葦原中国」の物語りは、大穴牟遅神を軸に展開することになる。

五　自然との闘い

「葦原中国」における須佐之男命の物語りのモチーフは、「葦原中国」を社会として完成させることであった。それは、一面では、自然のポジティブな諸側面を結合して文化へと昇華させることであったが、しかし他面では、人々が自然のネガティブな側面と闘争し、自然の力を鎮撫したり、人々に有意味なものへと転化させる過程を伴うもので

【表5】 自然との闘争

災害	原因	原因除去	物語り
旱魃	水神の機能不全	水神の機能回復	須佐之男の涕泣説話（A④⑤）
暗闇	日神の機能不全	太陽神の機能回復	天照の石屋戸説話（B④⑤⑥）
万の妖	旱魃や暗闇による悪神の活動	水神・太陽神の機能回復	同右
犯罪	罪の発生	罪の祓へ	須佐之男の罪の祓へ（B⑦）

ある。そして、須佐之男神話では、前者ばかりではなく、後者の物語りも語られたのである。すなわち、先の要約でのAとBにおける、旱魃、暗闇、その他の災害、犯罪などの発生と、こうした事態に対する人々の闘争の物語りである。それを整理するならば、表5のごとくになろう。

第一に注意されねばならないのは、旱魃や暗闇と同質のものとして、犯罪が語られていることである。近代社会に生きる我々の観念では、旱魃や暗闇は自然災害であるのに対し、犯罪は社会現象にほかならないが、第二部で詳論するように、『古事記』においては、犯罪も自然災害なのであった。須佐之男命の犯罪とこれに対する「祓《はら》へ」の物語りは、神祇令に規定された「大祓」の儀式の祭儀神話なのであるが、その大祓の儀式の祓詞のイデオロギーを検討するならば、人の犯罪は、自然現象や病気も同一範疇に属するところの、独特の「罪」観念によって理解されていたことを知ることができる。「罪」なる不可視の実体が自然界に宿って、害虫の災や雷災などが発生し、人に憑いて、犯罪や病気という自然災害を惹起せしめるのである（第二部四七六頁以下）。

第二に、旱魃は太陽神の問題ではなく、水神の問題とされていることである。水の供給欠如が旱魃の根本原因であり、光の供給過剰は、その現象にすぎない。太陽神にかかわる災害は、ただ、その供給する光が弱まること、欠如することだけである。したがって、太陽についていえば、問題は、光の供給が弱まった時に、いかにして、それを復活させるかということであった。

第三に、須佐之男命神話では直接に語られないが、水の供給過多たる水害も、水神の問題であった。しばらく先の話となるが、「海原」の主宰神となった大綿津見神は、「海原」を訪れた山佐知毘古に対して、次のようにのべたのである。

吾、水を掌《し》れるゆゑに、三年の間、必ずその兄貧窮しくあらむ。もし、それしかしたまふ事を悵怨《うら》みて、攻め戦はば、塩盈珠《しほみつたま》を出でて溺らし、もし、それ愁へ請はば、塩乾珠《しほふるたま》を出でて活け、かく惚《なや》まし苦しめたまへ〔一〇二頁〕

最後に、諸災害の間には因果関係があり、災害のヒエラルヒーとでもいうべきものが存在することである。基本的な災害は、水神の機能不全による旱魃と太陽神の機能不全による暗闇であった。それが原因となって、「悪神《あしきかみ》」が活動し、「万の物の妖《わざはひ》」が発生するのである。このことは、天照大御神の天の石屋戸こもりと、須佐之男命の涕泣の件りの二箇所で語られるが、ここでは後者のパッセージを引いておこう（前者について四一〇頁参照）。

速須佐之男命、命《よ》さしし国を治めずて、八拳須《やつかひげ》、心前に至るまでに啼きいさちき。その泣く状《かたち》は、青山は枯山《からやま》なす泣き枯らし、河海はことごと泣き乾しき。ここをもちて、悪しき神の音《おとなひ》、狭蠅《さばへ》なす皆満ち、万の物の妖ことごと発りき〔四四頁〕

自然災害が以上のような構造を有して存在しているとするならば、自然との闘いの基本は、①太陽の光が弱まれば、それを復活させること、②水を過不足のない状態に制御すること、③人につく罪を除去すること、の三つであった。『古事記』では、①は、「高天原」の神々が、天の石屋にこもった天照大御神を、石屋戸の前で呪的儀式を行なうことによって、再び外に引きだす物語り、②は、水を制御する水神須佐之男命をして、機能不全から回復させる物語り、および大綿津見神の物語り、③は、須佐之男命の罪の祓への物語りとして語られた。

重要なことは、こうした物語りが、神祇令祭祀の祭儀神話として語られたこと、律令国家においては、『古事記』に表明された自然観を基礎として、自然制御のための祭祀ないし呪的儀式が行なわれていたことである。①は、太陽の光の最も弱まる冬至のころに、天照大御神の子孫たる天皇の精力を強化するために行なう鎮魂祭《たまふりのまつり》、および毎年大《としごとのおほ》嘗祭《にへのまつり》②は、天皇が水支配の呪能を獲得するために行なう毎世大嘗祭《よごとのおほにへのまつり》、③は、天皇を含む全ての人々に憑くところの罪を除去するための大祓《おほはらへ》である。③については第二部で論じ（四五八頁以下）、①②については、後の章であらためて述べることにしたい（一八九頁以下、二七〇頁以下）。

第五節　大国主神――国家の形成

一　「国を作り堅し成す」

須佐之男命による社会の建設をうけて、「葦原中国」に国家を樹立するという偉業を成し遂げたのは、命の子孫の大穴牟《おほあなむ》遅《ち》神であった。そこで、『古事記』は、須佐之男神話に続けて、大穴牟遅神による国家建設の物語りを語ることになるが、それは、大きく、三つの段階から成っていた。すなわち、「国作り」、「国の作り堅し」、「国の作り成し」の三段階である。

1　「国を作る」

「国作り」は、大穴牟遅神が兄弟の八十神《やそのかみ》を打倒し、出雲近辺を支配下におさめるに至る物語りであるが、それは、さらに、次のような小説話から構成されていた。

a　大穴牟遅神が目上の兄弟の八十神をさしおいて、八上比売《やかみひめ》の心を捉え、これと結婚する物語り

b　このことに怒った八十神が大穴牟遅神を殺し、神産日神がこれを復活させる物語り

c　大穴牟遅神が「根の堅す国」で、須佐之男命から試練を受ける物語り

d　大穴牟遅神が「葦原中国」に帰還し、八十神を打倒して、「国作り」を行なう物語り

aは、著名な稲羽の素兎《しろうさぎ》の物語り――大穴牟遅神の兄弟の八十神に騙されて皮膚の病気をひどくしていた素兎が大穴牟遅神の助言で快癒する話――である。説話としての面白さから、この部分が全体から切り離されて独立に鑑賞されることも少なくないが、『古事記』という作品の中では、あくまでも「国作り」物語りの導入部分として存在するものであった。すなわち、物語りは、八十神を恨み、大穴牟遅神に感謝する素兎が、

この八十神は必ず八上比売を得じ、帒《ふくろ》を負せども、汝命《いましみこと》、獲たまはむ〔六〇頁〕

と予言し、実際に、八上比売が、八十神に対して、

吾《あ》は、汝等《いましたち》の言《こと》は聞かじ、大穴牟遅神に嫁《あ》はむ〔同右〕

と答えることになり、怒った八十神が大穴牟遅神の殺害を企てるbの物語りへと展開していくのである。

bの部分では、まず、八十神が策謀をめぐらして大穴牟遅神を殺害する物語りが語られる。しかし、大穴牟遅神は復活した。その次第を、『古事記』は次のように描いている。

御祖《みおや》の命《みこと》（大穴牟遅神の母のこと——水林註）、哭《な》き患《うれ》へて天《あめ》に参上り、神産巣日《かむむすひ》命を請はしし時に、すなはち蚶貝《きさがひ》比売《ひめ》と蛤貝比売《うむがひひめ》とを遣《や》りて作り活けたまひき。しかして、蚶貝比売きさげ集めて、蛤貝比売待ち承《う》けて、母の乳《ち》汁《しる》と塗りしかば、麗《うるは》しき壮夫《をとこ》に成りて、出で遊行《あそ》びき〔六一頁〕

大穴牟遅神を復活させたのは、神産日神であったことに注目しておきたい。この神が「葦原中国」の完成に公然とかかわること、須佐之男命に五穀の種子を採取せしめたことに続いて、これで二度目である。

しかし、大穴牟遅神はまたまた、八十神に殺害されてしまった。けれども、大穴牟遅神は、今度は母の力によって復活することができた。そして、母は、このままでは大穴牟遅神は八十神に滅ぼされるであろうと考え、遠い紀の国の大屋毗古《おほやびこ》神のもとへ遣わす。しかし、八十神の恨みは強く、攻撃は紀の国にまでも及んできた。その時、再び神産日神が現われ、大穴牟遅神に対して、

須佐能男命の坐《いま》す根の堅す国に参向ふべし、必ずその大神議《はか》りたまはむ〔六二頁〕

と命じた。こうして、物語りはcの部分へと接続していく。

右に、大穴牟遅神の「根の堅す国」行きを神産日神の命令であるとのべたが、『古事記』は、このことを、明示的に語っているわけではない。一見すると、紀の国の大屋毗古神の命令であるかのような書き方であり、それ故に、多

くの註釈書は、命令主体を大屋毗古神としているのである。しかし、神野志氏が鋭く指摘されたように、この説には重大な難点がある。というのは、この命令をうけて、大穴牟遅神が須佐之男命のもとに赴く件りを、『古事記』は、

故《かれ》、詔命《みことのり》のまにまに、須佐之男命の御所《みもと》に参到れば……〔六二頁〕

と述べているからである。「根の堅す国」行きは、「詔命《みことのり》」なのであった。「詔命」とは、『古事記』においては、「高天原」の世界の神々の外には、伊耶那岐命、須佐之男命についてのみ使用される言葉である。命令の主体は、大屋毗古神のごとき小さな神ではありえないのである。神野志氏は、以上のような考察をふまえて、命令の主体として「カムムスヒという可能性を考えうるかもしれない」とされた〔86九八頁〕。明確な結論の提示を留保した慎重な表現をされているが、私には、全体の文脈から、命令主体は、まさに神産日神そのものと断定してよいように思われる。神産日神の名前があげられるのは、これより少し前の、大穴牟遅神の母がこの神に息子の復活を請う前引の件りであるが、「詔命」の主体となりうる存在は、この近辺にはこの神しか見出されないという事情に加えて、神産日神が「葦原中国」の王の誕生のために一貫して働きつづけるという筋立ては、『古事記』の物語りにまことにふさわしいものだからである。

cの部分では、須佐之男命が大穴牟遅神に課した厳しい試練の物語りが語られた。神産日神は、「必ず大神、議《はか》りたまはむ」と述べたが、須佐之男命の「議り」は、大穴牟遅神を死の危険にさらすような厳しい試練であった。しかし、その試練は、その後の物語りの展開が示すように、それを克服するならば、大穴牟遅神に「葦原中国」の王たることが保障されるような性質のものである。

試練は、具体的には、①蛇の室での試練、②蜈蚣《むかで》と蜂の室での試練、③大野における火攻めの試練、④八田間《やたま》の大室における試練、の四つであった。このうち、①②④の試練は、大穴牟遅神が「根の堅す国」で妻とした須佐之男命の女の須世理毗売《すせりびめ》から得た呪具の力で切りぬけることができた。しかし、③の試練は、鼠の助力で困難を克服する物

語りであり、須世理毗売も須佐之男命も、一度は、大穴牟遅神が死んでしまったと思ったほどの、容赦のない試練であった。

試練の物語りについては、当時の未開的社会における成年式儀礼、部族首長の即位儀礼の反映が想定されている〔記全三巻二四一頁以下、記注二巻五五頁以下〕。おそらくそうなのであろう。しかし、『古事記』論として重要なのは、第一に、そうした現実の社会に存在した儀礼を、安萬侶が、何故に作品に反映したのか、第二に、それを作品にとりこむにあたって、どのような物語り的世界を創造したのか、を考えることであろう。第一の問題については、私は、本稿全体が論証するように、『古事記』の全編に、天皇制デスポティズムとは対蹠的な、天皇王権の支配の下にある在地首長層とその祖神たちの権威をも語ろうとする等族制的な政治思想が存在すると考えるので、部族の王の誕生儀礼の反映としての大穴牟遅神の試練の物語りも、そのようなものとして、『古事記』に布置されたのだと考えたいと思う。安萬侶は、おそらくは、在地首長層の祖神たちへの尊敬の念をこめて、一介の神が国の王としての神に成長する試練の物語りをヴィヴィッドに語ったのである。第二の問題については、〈試練―王の誕生〉の関係を、〈根―葦〉という神話的世界の関係、すなわち、「根の堅す国」と「葦原中国」という二つの神話的世界の関係の核心を表現するものとして、物語り化したことを見なければならない。これについては、すでに詳論した通りである〔六六頁以下〕。

dは、大穴牟遅神が試練を克服した後に、妻の須世理毗売とともに「葦原中国」へと脱出するところから始まった。その際、大穴牟遅神は、須佐之男命の所持していた「生大刀《いくたち》・生弓矢《いくゆみや》」と「天《あめ》の沼琴《ぬごと》」を奪取して帰還しようとした。須佐之男命は追いかけていくが、しかし、このころには、最後の試練の過程で見せた大穴牟遅神の行為に接して、「心に愛しく思ふ」〔六四頁〕気持が芽生え、厳しい試練を克服した大穴牟遅神の力に対する信頼も生まれたのであろう、大穴牟遅神を追いかけてやってきた「黄泉《よも》つひら坂」において、大穴牟遅神に対して、次のような優しい言葉を発するのであった。

その、汝が持てる生大刀《いくたち》・生弓矢《いくゆみや》もちて、汝が庶兄弟《ままあにおと》は、坂の御尾《みを》に追ひ伏せ、また河の瀬に追ひ撥《はら》ひて、おれ、大国主神となり、また宇都志国玉神《うつしくにたま》となりて、そのわが女、須世理毗売《すせりびめ》を適妻《むかひめ》として、宇迦《うか》の山の山本に、底《そこ》つ石根《いはね》に宮柱ふとしり、高天原に氷椽《ひぎ》たかしりて居れ、この奴《やっこ》や〔六五頁〕

「生大刀・生弓矢」は単なる武器ではなく、敵を倒す呪力を有する武器で、政治的君主たるものの象徴でもあり、「天の沼琴」は神託を伺うための呪器であるらしく、宗教的支配者たるための象徴であったと考えられる。前者が大国主神に、後者が宇都志国玉神に対応する。須佐之男命は、大穴牟遅神に対して、「葦原中国」の政治的君主（大国主神）および宗教的主宰神（宇都志国玉神）となりうる資質を承認し、かつ、そうなることを命じたのである〔記全三巻二三一頁、二四四頁〕。

大穴牟遅神は、早速に、「生大刀・生弓矢」で敵の八十神を追放した。

その大刀・弓を持ち、その八十神を追ひ避《さ》る時に、坂の御尾《みを》ごとに追ひ伏せ、河の瀬ごとに追ひ撥ひて、始めて国を作りたまひき〔六五頁〕

「国を作りたまひき」という表現に注目したい。それは、伊耶那岐命・伊耶那美命および須佐之男命によって達成された自然と社会の形成を受けての、「葦原中国」の政治的統一事業を意味するものであった。

2　「国を作り堅す」

しかし、この「国作り」は、まだ、大穴牟遅神《おほあなむち》が大国主神《おほくにぬし》となるような、「国」の完成＝王権の成立を意味するものではなかった。この説話の直後に、大穴牟遅神は、八千矛神《やちほこ》という名称で登場するが、その意義は、文字通り、「矛」の神、すなわち武神であった〔記潮神名釈義〕。この神が大国主神になるのは、神産日神の子の少名毗古那神《すくなびこな》の協力をえて「国を作り堅し」た段階であったらしい。『古事記』は、

大穴牟遅と少名毗古那と、二柱の神相並びて、この国を作り堅したまひき。しかる後は、その少名毗古那神は、

常世国《とこよのくに》に度《わた》りましき。……ここに、大国主神愁へて告らししく、……〔七四―七五頁〕

とのべているが、大穴牟遅神と少名毗古那神が協力して「国の作り堅し」を成就し、少名毗古那神が「常世国」に去って、大穴牟遅神が大国主神という名称で登場するという物語りの展開は、「国の作り堅し」の段階に大穴牟遅神が大国主神に昇格することを示しているのではなかろうか。「大」と「少」の対称、「少名毗古那神」の退去と「大穴牟遅神」という名称の消滅は、そのことを暗示しているように思われる。

それでは、単なる「国作り」と「国の作り堅し」とは、どこが異なるのか。「国作り」が、八十神追放という具体的イメージをともなっているのに対して、「国の作り堅し」には具体的描写が欠けているために一見すると判然としないけれども、『古事記』全編の物語りの構造から、八十神追放による「国作り」は大穴牟遅神の兄弟の追放で、出雲国近辺の統一にすぎなかったのに対して、「国の作り堅し」は、「葦原中国」全体の政治的統一であったと考えることができる〔石母田59一八二頁以下〕。しからば、「葦原中国」全体の政治的統一は、何故に「作り堅し」と表現されたのであろうか。この問題を考えるためには、まず、原文「作二堅国一」が「国を作り堅す」と訓まれるべきことをのべておかねばならない。というのも、ここは、長い研究史において、例外なしに「国を作り堅む」と訓まれてきたからである。

『古事記』において、「堅」は、問題の「作堅国」(二例)を含めて、全部で十五箇所に登場する。これら十五例は、①訓読と意味の両面でほとんど問題のないもの、②訓みは明瞭であるが意味を確定する上で問題のあるもの、③意味はほぼ明らかであるが訓みに問題があるもの、の三つに分けることができる。

①は九例で、このうち二例は「堅魚《かつを》」〔二四〇頁〕、五例が「堅庭《かたには》」「堅石《かたしは》」などの名詞を修飾する形容詞〔四五頁、五〇頁など〕、二例が「堅く奏す」〔二二六頁〕、「堅く譲る」〔二五九頁〕という動詞を修飾する形容詞連用形である。なお、歌謡に表音漢字で「加多久」「賀多久」と表現されたところの、動詞「取る」を修飾する形容詞「かたし」の連用形

が三例登場するが〔記桜二〇三頁〕、表意漢字をあてれば全て「堅く」であろう。②は、かの「根の堅す国」の二例で、訓みが「かたす」であることに問題はないが、意味について、様々の見解があることについてはすでに述べた。繰り返せば、宣長以来の通説は〈片隅〉説、最近の有力説は〈堅い州〉説であるが、私は両説に反対で、〈堅す（しっかりしたものにする、という意味の動詞）〉説である（七三頁）。③は当面問題の二箇所を含めて、明

【図6】「固む」と「堅す」

前	動詞	後
脂や海月などの液状ないし軟体のもの	固む →	固体
緩いもの、粗いもの、未完成のもの	堅す →	緊密に構成されたもの、完成されたもの

らかに動詞として使用されている四例である。残り二例を原文のまま引用すれば、「汝所ㇾ堅之美《み》豆《づ》能《の》小《を》佩《ひも》」〔記桜一二〇頁〕、「宜ㇾ堅二御身一」〔記桜一九二頁〕である。前者が〈しっかり結ぶ〉、後者が〈しっかり武装する〉という程の意味であることに問題はない。「作二堅国一」の場合も、原義を生かしながら表現すれば、〈国をしっかりしたものにする〉ということになろう。

当面の問題は、③の「堅」をどのように訓読するかであるが、これまでの研究は例外なしに、「堅む」と訓んできた。『万葉集』などに類似の意味を感じさせる動詞として「可多米」（「かたむ」の連用形）が登場したりするので、その影響であろうと察せられるが、私は、②との関連で、ここも全て「堅す」と訓んでみたいと思う。②で、〈しっかりしたものにする〉という意味の動詞「堅す」が提示されていると考えるので、他の動詞「堅」は、これに倣って訓まれるべきで、「堅む」という別の訓をあてる必要を感じないからである。

一歩すすめて、「かたむ」と訓まれる漢字は「固」で、「堅」はこれと異なるものと考えねばならないのではなかろうか。「固」は、かの「ただよへる国を、修理《つくろ》ひ固《かた》め成《な》せ」の「固む」である。『古事記』における「固」の用例はこの一例だけであるが、安萬侶には用字法に法則性をあたえる志向（本来文字をもたない日本語を漢字で表現するに際しての、

日本語と漢字との関係を厳密に規則化しようとする志向〕が顕著であったこと〔小林82六五八頁〕、『万葉集』などから「かたむ」という動詞の存在が明らかであること、「根之堅州国」に「堅す」という動詞の存在を見たいこと、「かたす」という動詞の存在は『日本書紀』などにも確認されること〔上代、大辞典、字訓〕、以上の事柄を全体として考慮するならば、〈固―かたむ〉、〈堅―かたす〉という二つの動詞とその漢字表現の使いわけを想定することが、自然のように感じられるのである。そして、「固」一例と動詞の「堅」四例を比較検討すれば、『古事記』においては、「固」と「堅」との間には、意味の次元で、図6に示したような差異が存在したことが知られるように思われる。

「作堅国」の「堅」は、「根の堅す国」における「堅す」との緊密な連関のもとに使用され、同一の意味を担わされて登場した言葉であった。「根の堅す国」において、大穴牟遅神は須佐之男命の試練を受け、これを克服したが、その結果として得たのは、「大国主神《おほくにぬし》となり、また宇都志国玉神《うつしくにたま》となりて、そのわが女、須世理毗売《すせりびめ》を適妻《むかひめ》として、宇迦《うか》の山の山本に、底つ石根《いはね》に宮柱ふとしり、高天原に氷椽《ひぎ》たかしりて居れ」〔六五頁〕という須佐之男命の最後の言葉に明らかなように、「葦原中国」全体の王としての大国主神となりうる資質であった。まさにそうであるが故に、「葦原中国」全体の政治的統一、すなわち大穴牟遅神の大国主神の昇格の時点こそが、「根の堅す国」が「葦原中国」を「堅す」ことを完成したという意味において、「国を作り堅す」と表現されるにふさわしいのである。

3　「国を作り成す」

「国を作り堅す」ことも、しかし、なお「国」の完成ではなく、大国主神はまだ宇都志国玉神とはなっていなかった。『古事記』は、前引の一節に続けて、次のように述べる。

ここに、大国主神、愁へて告らししく、「吾、独りして、いかにかよくこの国を作らむ、いづれの神か、吾とよくこの国を相作らむ」。この時に、海を光《て》らして依り来る神あり。その神の言《の》らししく、「よく我が前を治めば、吾、よくともに相作り成さむ。もししからずは、国成りがたけむ」。しかして、大国主神、「しからば、治めまつる状《かたち》はいかに」と曰《まを》したまひしかば、「吾は、倭《やまと》の青垣の東の山の上にいつきまつれ」と答へ言らしき。此《こ》は、御諸山《みもろやま》の上に坐す神ぞ〔七五頁〕

「国」の完成、すなわち「葦原中国」を「作り成す」ことが、大国主神による「御諸山の上に坐す神」に対する祭祀によって成就するものであったこと、明らかである。『古事記』は明示しないが、その段階こそ、大国主神が宇都志国玉神ともなった時であろう。

すでに別天つ神の神勅について考察した箇所で示唆したことであるが〔六〇頁〕、私は、大穴牟遅神・大国主神・宇都志国玉神が「国を作り堅し成」したことと、かの、別天つ神による「ただよへる国を修理ひ固め成せ」という神勅とが相呼応しているのだと考える。言葉の響き合いということに加えて、「修理《つくろ》ふ」という言葉の意義の広がりを思うと、「国」が国家として完成する時点こそが「国を修理ふ」ことの成就した時点と考えるのが至当のように思われるからである。

ただし、問題がないわけではない。「ただよへる」という表現やそれと呼応させて「固」という語を重視すれば、伊耶那岐命・伊耶那美命による「大八嶋国」の完成は、物理的には、もはや「ただよふ」ことのない堅固な国土の成立であることは明らかであるから、「修理固成」の神勅は二神の国生みによって成就されるとも考えられるからである。しかし、私はこの考え方を採らない。こうした考え方に対して、神野志氏が、「イザナキが『未作竟』という点に留意すべきであろう」とのべ、「タダヨヘル国についてのイザナキの『未作竟』→大国主神の『作』という文脈的展開」は、「イザナキ・イザナミが『修理固成』の命をうけたのではあるが、イザナキ・イザナミではそれがはたされずに大国主神に及ぶととるのが自然ではないだろうか」〔89四六頁〕と指摘されたことが、事柄の核心をついていると考える。〈修理ふ―作る〉、〈固む―堅す〉、〈成す―成す〉という言葉の対応関係は、二つの事柄を意識的に関連させる意図に出たものではなかろうか。

言葉の響き合いは、しかし、響き合いであって、同一の言葉の繰り返しではなかったことにも、十分に留意しなければならない。言葉として一致するのは、最後の「成す」だけであり、〈修理ふ―作る〉と〈固む―堅す〉には、同一性とともに差異をも強調する安萬侶の意思が感じられるのである。前者についていえば、同一性はいうまでもなく〈ツクル〉ことである。その〈ツクル〉が、別天つ神の神勅においては「修理ふ」という発展した形をとったのは、始原の神としての別天つ神には、「葦原中国」の完成された姿が特に明瞭に表象されているからであろう。伊耶那岐命・伊耶那美命、須佐之男命、大国主神の側は、別天つ神の掌中での、試行錯誤を伴いながらの「国作り」なのであった。後者の同一性は、〈カタ(ゆるぎのない一定の形をもつ平面または立体(古岩))〉である。その〈カタ〉が、別天つ神の神勅で「固」とされたのは、やはり、「ただよへる国」という表現と相呼応しているのだと考えられる。「漂《ただよ》ふ」液状のものの反対語としての「固」である。他方、大国主神の〈カタ〉は、「根の堅す国」の「堅」に呼応するものであったことは疑う余地がない。「粗」の反対語としての、緊密に完成されたものの意である。そのような同一性と差異性との統一として、「修理ひ固め成す」ことと「作り堅し成す」こととは、相呼応し、響き合っていた。

かくして、前記の「修理固成」についての考察と、右の「作堅成」の考察を総合して、図7に示したような語の構造図が得られる地点に達した。「修理固成」は〈修理(固、成を契機として含む)〉であり、「作堅成」は〈作(生、堅、成を契機として含む)〉であった。「修理」と「作」とが全体として対応し、「修理」における「固」というモメントが、「作」における「生」というモメントに対応し(「生」の結果としての「固」)、そして、「修理」を「成」しおえることと「作」を「成」しおえることが対応するのである。

右の問題に関連して、ここで、丸山真男氏の『古事記』の歴史意識論に言及しておきたい。氏は、『古事記』における自然・社会・国家の形成の物語りを、諸外国の創世神話との関連で特徴づけるという研究を通じて、日本の歴史思想の特質を明らかにしようとされ、『古事記』における「成」「生」「作」などのカテゴリーについて興味深い考察

【図7】「修理固成」と「作堅成」の対応関係

⑴ 別天つ神の命令
⑵ 実際の国作り

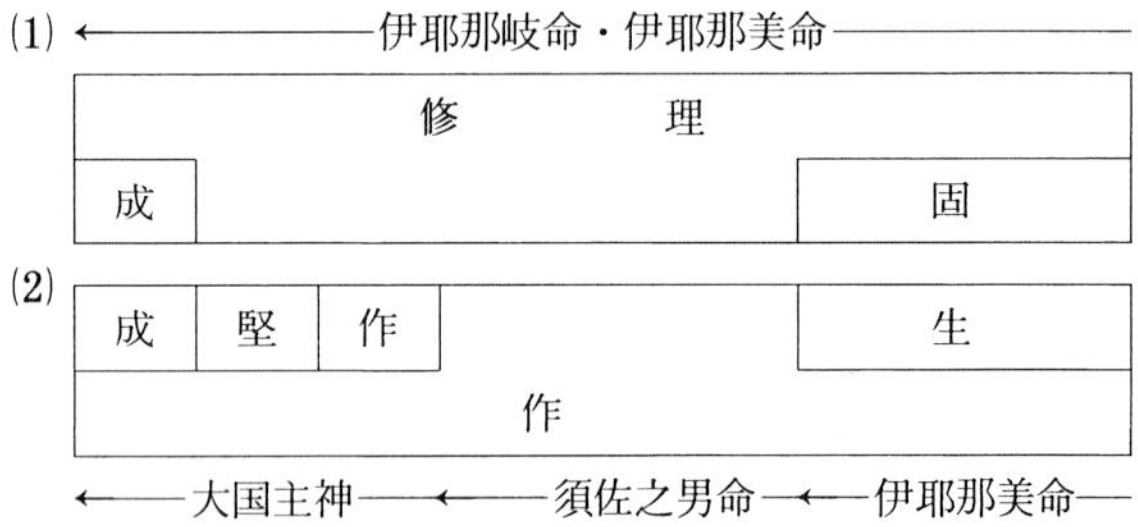

をされた。

氏は、広く世界の創成神話を見渡すと、そこには、「つくる」「うむ」「なる」の三つの基本動詞が見出されるとし、そこから創成神話の二つの理念型として「つくる」型と「なる」型を設定できるとされた（「うむ」は、どちらかに引き付けられて機能するとされる）。そして、『古事記』のそれは「なる」型であるとされた。たしかに、伊耶那岐命の「吾と汝と作れる国、いまだ作り竟へず」など、「作る」という観念が皆無ではないが、「その意味はcreationでなくて」、「経営・整備・建設・修理を意味して」おり、「それにしても使用頻度数は少い」〔72八―九頁〕。他方、「生む」に注目すると、「イザナギの言葉として『うみうみて』という表現を用いている場合も、実質はみそぎの過程で『成』った神」というような事情があり、「せっかく二神の生殖行為という段階に一度入りながら、『うむ』論理はズルズルと『なる』発想にひきずられている」〔72一〇頁〕。要するに、氏によれば、『古事記』の歴史意識は、「生む」を自己の磁場にひきこみ、これを包摂するところの「なる」型である――。

丸山説は、たしかに真理の一面をついているといえよう。広く世界の創世神話の中に『古事記』を位置づければ、そのようになるのであろう。「つくる」型は、社会的分業の高度の発展にともなう文明社会の成熟――それは農業からの工業の分離・発展と商人を媒介とする市場経済の体制的成立、それを基礎とする機構としての国家の建設を伴う――に見合い（工人における作品製作の論理）、「なる」型は文明社会の成熟以前の社会に照応するものと考えられるから（農民における五穀生成の論理）、こういう見地からも、生産関係が著しく未開的であった古代日本人の観念が、二つの理念型からの選択ということであれば、「なる」型にひきつけられることは十分に首肯されるところである。しかし、『古事記』を、世界の創成神話との比較の中にではなく、日本思想史をいろどる諸作品との比較の中に置くとき、事情は異なってくるのではなかろうか。丸山氏が広く日本思想史を見渡しつつ、『古事記』を主要な素材として、「日本の歴史意識の古層」を表現するものとして案出された「つぎつぎになりゆくいきほひ」〔二九頁〕というフレーズに接すると、日本思想史全体の概括的特徴づけとしてはともかく、こと『古事記』の特徴づけとしては、違和感を禁じえない。

第一に、丸山氏も注意されたように、『古事記』には「作る」という観念が存在することである。氏は、creationにあらず、使用頻度も低いと言われるけれども、「国を作る」（政治社会を作る）という観念の存在する事実は重いと思う。『古事記』において、天地は「発《おこ》」るもの、始原の神々は「成《な》」るもの、自然は「生《う》」まれるものであるのに対し、社会と国家ないし王権は、明確に神々の作為によって「作」られるものであった。大気都比売《おほけつひめ》の殺害という作為を通じての須佐之男命の農耕社会の建設の物語り、大国主神による「作る」、「作り堅す」、「作り成す」の三階梯の作為を通じての宗教的モメントを含む王権の樹立・国家の建設の物語りは、そのことを雄弁に物語っている。

『古事記』は自然形成と社会形成の論理をはっきりと区別し、後者については、丸山氏の古典的研究において考察された、かの徂徠学にも相通ずるところの作為的歴史観の上に立っていた。徂徠は、自然については不可知として語らず、ただ、社会と国家について、「先王」（古代の偉大な君主）の作為の産物とする歴史観を展開したのであるが、これに対して、安萬侶は、それよりも千年も以前に、社会と国家とを偉大なる王（須佐之男命と大国主神）の作為にかかわらしめ、さらに、徂徠が論ずることのなかった自然の形成の物語りをも語る作品を創造していたのである。社会の建設とは、自然との闘いであり、特に古代の人々にとっては、それが最も重要なテーマであったが故に、安萬侶は自然そのものについても語らねばならなかったのであろう。自然との闘争を主題とした須佐之男神話は、『古事記』の中でも、生彩に富む最も魅力的な物語りの一つである。そして、大国主神話における国家の製作の物語り。その背後には、工人の作為の論理とは、性格も段階も異なるが、農民的世界は農民的世界なりに、自然と格闘し、自然を作りかえていくという作為的社会形成の民族的経験があり〔石母田59一八四頁以下〕、さらには、文明社会の成熟という内発的要因によってではなく、古代帝国主義世界の外圧によってではあったが、中国を範として計画的に官僚制国家を建設するという、安萬侶の時代にまさに進行しつつある作為的国家形成の歴史があったのではなかろうか〔石母田71〕。

第二に、自然形成の段階の「生む」「成る」も決して「作る」論理と無縁ではなかったことである。というのも、「生む」「成る」の背後に、常に、別天つ神の作為が働いていたからである。そもそも、嶋が「成り」、「生」まれることから「葦原中国」が「作り成」され終るまでの全行程は、別天つ神の伊耶那岐命・伊耶那美命に対する「ただよへる国を修理ひ固め成せ」という命令によって始まったのであった。「修理ふ」という動詞が、〈不完全なるSeinを、Sollenに合致するように作りととのえる〉というほどの意味であったことをここで想起しよう。嶋や神が「成」ったり「生」まれたりする場合にも、単に「成」ったり「生」まれたりするのではなく、背後の産日《むすひ》の神を中心とする別天《ことあま》つ神《かみ》が、完成した姿を表象しつつ、嶋や神を〝成らしめ〟、〝生ましめる〟のである。そのようなものとして、別天つ神の世界の誕生以後の全ての「成」「生」「作」は、別天つ神が計画し構想した「修理ふ」ことの作用なのであった。「修理ふ」は、『古事記』の物語りにおいて、「作る」よりも一層高次の作為を示す概念である。そして、それは「作る」と「修理ふ」という二つの言葉の一般的関係に見事に照応するものであった〔五三頁以下〕。

二　神名と語りの構造

私は、大穴牟遅神が大国主神＝宇都志国玉神となる物語りの構造を以上のように解し、①大穴牟遅《おほあなむぢ》神、②八千矛《やちほこ》神、③大国主《おほくにぬし》神、④宇都志国玉《うつしくにたま》神という同一実体をさす四つの神名は、「葦原中国」の①「未作」、②「作」、③「作堅」、

④「作成」に対応するところの、この神の段階的成長・発展を示すものと理解するのであるが、このように主張するためには、もう一つの問題を解決しておかなければならない。それは、大穴牟遅神が「国の作り堅し」を成就して大国主神となる以前に、「大国主神」なる名称が七回も登場すること〔五八頁三例、六五頁一例、七二頁二例、七三頁一例、七一頁に見える「神」の字のつかない普通名詞としての「大国主」は除外する〕をどう考えるかという問題である。このうち、最初の例は神名紹介文であるから問題ないが、その他六例は、どのような意味で使用されているのであろうか。

須佐之男命が大穴牟遅神に「大国主神となれ」と命ずる場合の用例〔六五頁〕を除く五例は、この神を抽象的一般的に示すための名称であり、それ故に、大穴牟遅神が大国主神に成長する以前にも、この意味で、「大国主神」なる名称が使用されえたように思われる（以下、本章ではこれを〈大国主神〉と表記する）。除外した須佐之男命の会話文に出る「大国主神」は、大穴牟遅神、八千矛神、宇都志国玉神などと並ぶところの、この神が政治的君主であることを示すための特殊的名称（以下、これを単に大国主神と表記する）であるが、かかる特殊的名称が、大穴牟遅神の大国主神への成長以前の須佐之男命の言葉の中に出てくるのは、それが「大国主神となれ」という命令文であるが故に、少しも不自然ではない。「国の作り堅し」の終了の後は、「大国主神」で一貫されるが、それは、特殊的名称としてのモメントを含んだところの一般的名称としてではなかろうか。ちなみに、一般的名称として、特殊的名称には存在しない名前が別に創造されず、ほかならぬ「大国主神」が選ばれたのは、やはり、「国」という社会的、政治的集団の偉「大」なる「主」であることがこの神の最も重要な属性とみなされていたからであろう。

「国の作り堅し」が成就する以前に、〈大国主神〉という一般的名称が使用されるということは、当然に、その場合には、使用されてしかるべきであるようにも思われる大穴牟遅神などの特殊的名称が排されるということであるが、何故に、そのような語り方がなされたのであろうか。〈大国主神〉と他の特殊的名称との使いわけには、何らかの法則性があったのであろうか。

それは、時制にかかわる語りの規則に関係していたように思われる。映画におけるナレーションと映像との関係を想起すれば、この問題は考えやすいのではなかろうか。すなわち、ナレーターの、継起する諸事件についての語りに相当する部分では〈大国主神〉が登場し、映像に相当する部分では、それぞれの段階に応ずる特殊的意味の名称が登場するのである。ナレーターの語りは、人々を、語りがなされている現在(発話点)から、ある過去の一点(語りの基準点)へとひきこみ、そこに身を置かせて、映像を過去における現在として展開させる機能を有するが、そのような語りの構造が、『古事記』にも存在したように私には思われるのである。まず、神名紹介に続く、八十神追放の物語りの冒頭を例にとって考えてみよう。

aこの大国主神の兄弟八十神坐しき。しかれども、みな、国は大国主神に避りまつりき。避りまつりしゆゑは、その八十神おのもおのも稲羽の八上比売《やかみひめ》を婚《よば》はむの心ありて、共に稲羽に行きし時に、b大穴牟遅神に帒《ふくろ》を負せ、従者《ともびと》として率《ゐ》往《ゆ》きき。……〔五八頁〕

a以下は、ナレーターの語りである。彼は、読者を、大穴牟遅神と八十神とが稲羽に行ったその時点(語りの基準点)にひきこみ、そこに身を置かせて、b以下の語り(基準点における現在、基準点からみた未来の物語り)を、現前する映像のごとくに鑑賞させるのである。大穴牟遅神と少名毗古那神との「国の作り堅し」の物語りの冒頭も、同様に理解できる。

a大国主神、出雲の御大《みほ》の御前《みさき》に坐《いま》す時に、b波の穂より天《あめ》の羅摩《かがみ》の船に乗りて、鵝《ひむし》の皮を内剝《うつは》ぎに剝ぎて衣服《きもの》にして、帰《よ》り来る神あり。しかして、その名を問ひたまへども答へず。……〔七三頁以下〕

a以下がナレーターの語りで、読者は、ある日、〈大国主神〉が「出雲の御大の御前に坐」したその時点にひきこまれ、そこからb以下の映像(基準点における現在、および基準点からみた未来)が展開される。映像においては、〈大国主神〉は大穴牟遅神の名称で登場するのである。(註3)

要するに、「大国主神」には、一般的意義〈大国主神〉と特殊的意義（大国主神）の二つがあり、〈大国主神〉は、大穴牟遅神、八千矛神、大国主神、宇都志国玉神という順序で、次々と新たな神性を獲得していったのである。特殊的名称としていま一つ、葦原色許《あしはらのしこ》男《を》神という名称があった。しかし、これだけは、以上のような時間軸にのらない。これは、全ての時点で、この神を、他の神話的世界の側から呼ぶ名称で、時間軸にではなく、空間軸にかかわるものだからである。それ故に、特に「葦原」なる神話的世界が個体名に冠せられるのである。この名称は、神名紹介の一個所を除けば、「根の堅す国」の須佐之男命と、「高天原」の神産日神の会話文の中に、呼びかけの言葉として登場するにすぎない〔六二頁、七四頁〕。

ちなみに、「葦原色許男神」の「色許男」という神名が何を意味するかについて、極端に対立する見解が提示されている。一つは、宣長以降、多くの研究が採用している尊称説で〔記伝、記朝、記談、記思、記小、神野志86一〇一頁〕、宣長は、「色許は醜と書て……多くは悪《にく》み詈《のり》て云ふ言なれども、此の御名は勇猛《たけき》を美《ほめ》て云り」〔記伝九巻四二一頁〕とした。いま一つは、文字通り「醜い男」の意とするものであるが〔記全三巻一七六頁、記潮神名釈義〕、西郷信綱氏の場合は極端で、単に醜いだけではなく、「鬼類、魔性」を意味する賤称だとし、「葦原中国」が「鬼」のすむ地であることと関係すると主張する〔記注一巻四〇〇頁、二巻三五頁〕。〈大国主神〉の物語りを全体として表象するならば、尊称説が正しく、西郷説が、『古事記』の本質から遠くはずれた見解であることは明らかであろう。

私は、この神が五つもの神名を有し、それらの使用法が複雑である所以を以上のように解したいと思う。それ故、そのことの理由を、『古事記』の諸素材（旧辞）が未整理のままに継承されたことに求めようとする見解〔石母田57二二二頁、記全三巻三二六頁など〕は、誤りであると考える。『古事記』は、素材を未消化のままに並べるような、仕上の粗雑なテクストではない。一語一語は厳しく選びぬかれ、言語秩序は、美しく、ゆるぎなく、見事なまでに論理的に構築されていた。

三　大国主神の誕生と神話的諸世界の全体構造

1　大国主神の誕生と神話的諸世界

〈大国主神〉の一名称たる葦原色許男神ばかりでなく、他の神名も、神話的諸世界と密接にかかわっていた。〈大国主神〉の本来の名称は大穴牟遅神で、それが「葦原中国」の神であることを他の神話的世界の側から言い表わす名称が葦原色許男神であるが、かかる大穴牟遅《おほあなむち》神＝葦原色許男《あしはらのしこを》神が八千矛《やちほこ》神・大国主《おほくにぬし》神・宇都志国玉《うつしくにたま》神となりえたのは、まず、「根の堅す国」（須佐之男命）との交渉を通じて、武と祭祀の呪具を獲得しえたからであった。また、兄弟を打倒して八千矛神となった大穴牟遅神が大国主神となりえたのは、「高天原（裏）」の神（神産日《かむむすひ》神）と「常世国《とこよのくに》」の神（少名毘古那《すくなびこな》神）との協力を得たからであった。先には、少名毘古那神が大穴牟遅神に協力して「国の作り堅し」を成し遂げたことだけを述べたが、その少名毘古那神に対して、大穴牟遅神に協力するように命じたのは、ほかならぬ神産日神であった。少名毘古那神は「神産日神の御子」であり、神産日神は少名毘古那神に対して、

汝、葦原色許男命と兄弟となりて、その国を作り堅せ〔七四頁〕

と命じたのである。またしても、神産日神が「葦原中国」に強く働きかけていることに注目しておきたい。この神が、「葦原中国」に公然と姿をあらわして、この世界の完成に働きかけるのは、須佐之男命による五穀の種子の採取、大穴牟遅神の再生についで、三度目である。そして最後に、大国主神が宇都志国玉神となりえたのも、「常世国」からきた「御諸山の上に坐す神」のおかげであった。

2　「常世国」

少名毘古那神を「常世国」の神とのべたが、このことは、この神の登場が、

大国主神、出雲の御大《みほ》の御前《みさき》に坐す時に、波の穂より天の羅摩《かがみ》の船に乗りて、鵝《ひむし》の皮を内剝《うつは》ぎに剝ぎて衣服《きもの》にし

て、帰《よ》り来る神あり〔七三—七四頁〕

というように描写され、その退場が、

大穴牟遅と少名毗古那と、二柱の神相並びて、この国を作り堅したまひき。しかる後は、その少名毗古那神は、常世国に度《わた》りましき〔七四—七五頁〕

と表現されていることから想像される。「常世国」は、神倭伊波礼毗古命《かむやまといはれびこ》の兄の御毛沼命《みけぬ》について、

御毛沼命《みけぬ》は、浪の穂を跳《ふ》みて、常世国に渡りましき〔一〇七頁〕

といわれるように、海の方向にあったのであるが、そうだとすれば、「葦原中国」に「波の穂より天の羅摩の船に乗りて」やって来たという少名毗古那神の出立してきた世界も、この神が帰っていった「常世国」そのものであろうと推測されるのである。少名毗古那神は、「常世国」からやって来て、「葦原中国」を「作り堅し」、しかる後に、再び、「常世国」に帰っていったのではなかろうか。

それでは、「常世国」とは、一体いかなる世界であったのか。他の神話的諸世界は、全て、伊耶那岐・伊耶那美神話において登場したが、「常世国」は少名毗古那神の物語りで初めて登場する世界であり、以後もほとんど登場しない。明示的には、右に引用した文章を除けば、『古事記』中巻の垂仁天皇の物語りに、

天皇、三宅《みやけ》の連等が祖《おや》、名は多遅摩毛理《たぢまもり》をもちて、常世国に遣《や》りて、ときじくのかくの木の実を求めしめたまひき……〔一五三頁〕

と見えるだけである。「常世国」といえば、一般には不老不死の理想郷の意であるが、右の引用文に見える「ときじくのかくの木の実」とは、四季を通して常に輝く木の実のことであるから、『古事記』においても、「常世国」は、一般の意味と同様に、不老不死の世界を意味していたのであろう。「常」は「永遠・永久不変」の意、「世」は「生涯」の意であるから〔古岩〕、「常世国」は字義からも永遠に生命のある国の意となろう。そうだとすれば、「常世国」は、

生死という問題を抱えこんだ〈葦原中国―根の堅す国・黄泉国〉なる世界と対立する世界にほかならない。

さらに想像をたくましくするならば、「常世国」は「淤能碁呂嶋」に築かれた神話的社会であったようにも思われる。そう想像してみたくなるのは、次に掲げる図が示すように、『古事記』においては、右以外の神話的世界は、全て、神話的自然界と神話的社会が対応する形で登場するのであるが、神話的自然界としての「淤能碁呂嶋」、神話的社会としての「常世国」には、明示的には、対応する神話的社会ないし神話的自然界が示されないからである。「淤能碁呂嶋」は、すでにのべたように、生殖ではなく、天の沼矛によって成った特別の嶋で、九州の西の彼方に存在していた（六一頁）。この点でも、「常世国」と「淤能碁呂嶋」とは符合するように思われる。

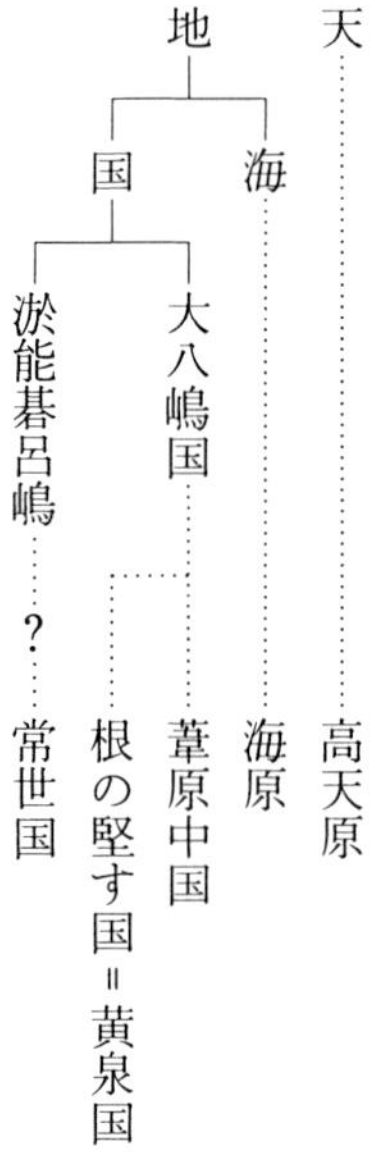

少名毗古那神と同様に、大物主神《おほものぬし》（御《み》諸山《もろやま》の上に坐す神）も「海を光《て》らして依《よ》り来る神」（七五頁）であった。そして、この神も、「常世国」からやってきたように思われる。『古事記』は明示的に語らないが、様々の状況証拠を総合すると、そう推測することが自然のように思われてくるのである。第一に、この神が「海原」の神であった形跡が全く見られないことである。大物主神はきわめて重要な意義を有する神であり、「大神」の尊称が付せられる数少ない存在なのであるから（記一三五頁）、かりに「海原」の神であるとするならば、大綿津《おほわたつ》見《み》神や底津《そこつ》綿津見神・中津《なかつ》綿津見神・上《うは》津《つ》綿津見神などの「海原」の神々の誕生が語られる場面（記三三頁、四二頁）で姿を見せるのが自然であろう。しかし、『古事記』にはそのような記述が全く存在しない。大物主神が「海を光らして依り来」たった神である以上、この神

は「常世国」か「海原」かのいずれかの世界から来たのであるが、もしも「海原」の神ではないとするならば、この神は「常世国」の神であったと考えるほかはないのである。

第二に、大物主神は、疫病から人々の生命を守る力を有する神であったことである。このことは、はるか先の『古事記』中巻崇神天皇の物語りにおいて、次のように語られている。

この天皇の御世に、役病《えやみ》多《さは》に起りて、人民《おほみたから》尽きなむとす。しかして、天皇、愁嘆《うれ》へたまひて、神牀《かむどこ》に坐しし夜に、大物主の大神、御夢に顕はれて曰らししく、「是は、我が御心ぞ。故、意富多々泥古《おほたたねこ》をもちて、我が前を祭らしめたまはば、神の気《け》起らず、国も安く平らかにあらむ」。ここをもちて、駅使《はゆまづかひ》を四方《よも》に班《あか》ちて、意富多々泥古といふ人を求むる時に、河内の美努《みの》の村に、その人を見得て貢進《たてまつ》りき。しかして、天皇、「汝は、誰が子ぞ」と問ひたまへば、答へ白ししく、「僕《あ》は、大物主の大神、陶津耳《すゑつみみ》命の女、活玉依毘売《いくたまよりびめ》を娶《めと》りて生みたまへる子、名は櫛御方《くしみかた》命の子、飯肩巣見《いひかたすみ》命の子、建甕槌《たけみかづち》命の子、僕、意富多々泥古ぞ」と白《まを》しき。ここに天皇いたく歓びて詔りたまひしく、「天の下平らぎ、人民栄えなむ」とのりたまひて、すなはち意富多々泥古命をもちて神主として、御諸山に意富美和《おほみわ》の大神の前を拝ひ祭りたまひき。……これよりて、役《え》の気ことごと息《や》みて、国家安く平らぎき

〔一三四―一三六頁〕

人々を疫病から救済し、生命を保障する神は、不老不死の国たる「常世国」の神にふさわしい。疫病は「万の物の妖」に相違なく、「万の物の妖」は「黄泉国」からもたらされた八十禍津日神・大禍津日神などの悪神《あしきかみ》の活動によってもたらされると考えられるが、そうだとすれば、「黄泉国」から「葦原中国」にもちこまれた穢は「海原」の水によって浄化され、「黄泉国」から「葦原中国」にもちこまれた疫病は「常世国」の神に対する祭祀によって克服されたということになろう。

第三に、大物主神が「常世国」の神だと考えることによって、「常世国」という神話的世界が『古事記』において

あえて設定されたことの意味が納得されることである。大国主神の「国の作り堅し」に協力した少名毗古那神は「常世国」の神だったのであるから、かりに大物主神が「常世国」の神ではなかったとしても、『古事記』の物語りに「常世国」が登場する意味はあるわけであるが、しかし、それだけでは、いかにもその存在感は薄いといわねばならない。しかし、大物主神が、少名毗古那神とともに「常世国」の神であるとするならば、「常世国」は『古事記』の物語りにおいて、語られることは少ないけれども、しかし、きわめて重要な存在として自己を主張してくる。『古事記』は、これまでの考察から諒解されるように、構成の緊密さ、論理の強靱さ、言語の響き合いの美しさなどにおいて、見事というほかはない作品であるが、そうだとすれば、『古事記』が、「常世国」という世界を登場させながら、これに十全なる存在意義を与えないままに放置することは考えがたい。

最後に、大物主神と少名毗古那神という二神の名称に、対称性があると考えられることである。「大」と「少」の対称は誰の目にも明らかであるが、さらに、「物」と「名」の二語にも深い関連が存在した。というのも、「物」とは、「形があって手に触れることのできる物体をはじめとして、広く出来事一般まで、人間が対象として感知・認識しうるものすべて」〔古岩〕の意であるが、これに対して、「名」とは、「物・人・観念を他と区別するために呼ぶ語」で、「古代社会では、名は実体と区別され難かった」〔古岩〕、「名は事物の単なる名称ではなく、実体そのものと意識されていた。いわゆる言霊《ことだま》の信仰である。人の名を知ることは、すなわちその人のすべてを知ることと考えられたので、男女の間で相手に名を告げるのは心を許すことであり、名を尋ねることは求婚を意味した。だから、名称と実体との間隙・矛盾は不当なこととして歌われる」〔上代〕というように説明される言葉だからである。よく、少名毗古那神と大穴牟遅神の「大」と「少」の対称性が意識され、そのこともあって、大穴牟遅神はオホナムチと訓まれるけれども〔記伝十巻六頁、津田48四八三頁など〕、大穴牟遅神はオホアナムチであるらしく〔記潮神名釈義〕、「穴」と「名」の対称性は困難なので、安萬侶がはたして本当にこの二神の名称の対称性を意識していたのか、必ずしも明らかではない。意

【図8】 大穴牟遅神・大物主神・少名毗古那神の神名の構造

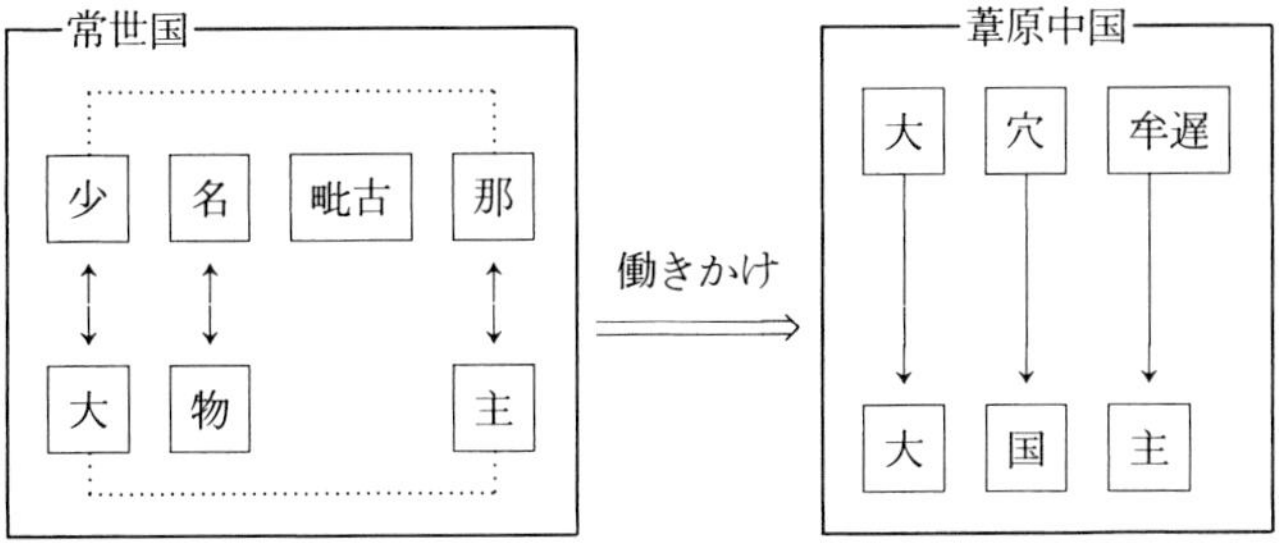

識していたとしても、「大」と「少」の対称にとどまろう。これに比べれば、大物主神と少名毗古那神の対称は、より明白であろう。これは、この二神を同じ「常世国」の神とする観念と結びついていたのではなかろうか。ちなみに、「毗古」は男神の称、「那」は「少」たるものの美称、「主《ぬし》」は文字通り主たる者で「大人《うし》」の転ともいわれ、「領《うしは》く」主体で、この場合には「常世国」の主宰神のことではなかろうか〔記伝九巻一二七頁、古岩、古小〕。また、大穴牟遅という神名は、むしろ、大国主という、この神の完成形態を示す名称との関連で考えらるべきものではなかろうか。偉「大」であることを継承しつつ、〈穴（小部分）→国（全体）〉、〈牟遅（貴人）→主（単なる貴人以上の長たる者）〉という運動が表象されているように思われる。この運動を媒介したもの、それが、「高天原（裏）」であり、「根の堅す国」であり、「常世国」であった（図8参照）。

3 「天下」

「葦原中国」の完成と神話的諸世界との関係についての考察の最後に、大国主神の「国作り」の件りに登場する、

少名毗古那神を顕《あら》はし白《まを》ししいはゆる久延毗古《くえびこ》は、今者《いま》に山田の曽富騰《そほど》といふ。この神は、足は行かねども、ことごと天下《あめのした》の事を知れる神ぞ〔七五頁〕

という文章について、註釈を加えておきたい。この文章は、次のような文脈で語られたものである。すなわち、少名毗古那神が海から出雲にやってきた時に、大国主神は、〝あなたは誰か〟と問うたのであるが、答がえられず、もろもろの神に問うてもみな〝知らない〟と答えるばかりであったのであるが、久延毗古だけは、この神が神産日神の御子の少名毗古那神であることを知っていたという物語りである。問題は、『古

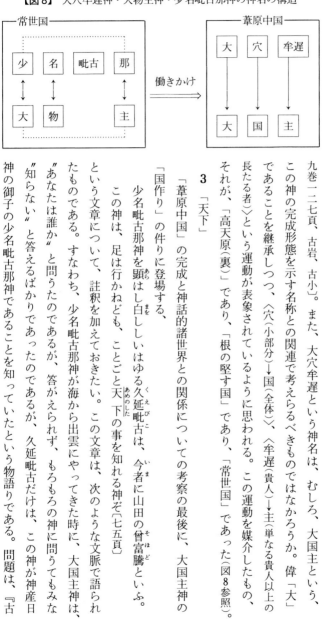

事記』が、かかる久延毗古をば、「天下《あめのした》」の事を知っている神と表現したことである。何故それが問題であるかといえば、『古事記』における「天下」は、後述のごとく、この一例を除いて、全て、「高天原(表)」の主宰神たる天照大御神の末裔の天皇の統治するところとなった「高天原」の「下」の世界という意味を担って、「葦原中国」なる概念の消滅とひきかえに、中巻以降に登場する概念だからである(二三四頁以下)。

長らく、問題として意識されることさえなかったこの問題に取り組まれたのは、遠山一郎氏であり、神野志氏であった。遠山氏は、「クエビコは、この大国主に服属しているのであるから、……大国主の支配領域」が「天下」なのだと考えられた。そして、この「天下」の用例は「大国主・大己貴のもとの伝承の用語が痕跡をとどめたもの」であろうとされた(遠山82)。これに対して、神野志氏は、「『もとの伝承の用語』などを想定すべきものではない」とされ、「『大国主の支配領域』などではなく、広く〈アメ〉=「高天原」の下の世界全体に及ぶものとしての『天の下』と見るべきだと私は考える。スクナビコナを知ることは『葦原中国』のことを知るのみでは不可能なのである。『天の下』に亘って知るところで答えうることをここに見るべきであり、この『天』は、神話的世界としての〈アメ〉として、それに対する世界を包括的に『天〈アメ〉の下』と呼んだのだとおさえるべきであろう」とされた(神野志86一一頁)。「スクナビコナを知ることは『葦原中国』のことを知るのみでは不可能」というのは、この神が、神産日神の子で、普段は「常世国」に居住するものであることを想定されているのであろうか。そう解した上で、かかる神野志氏の見解は、事柄の核心をついていると私は考える。

ただし、そう評価するに際して、氏の『古事記』論全体から推察して、おそらくは考慮のうちに入れられていない一つの限定を付加しておかねばならない。それは、ここでいう「天」とは、たしかに「高天原」ではあるが、「高天原(表)」ではなくして「高天原(裏)」、かの始原の神話的世界としての別天つ神の「高天原」であることである。このことは、「高天原(裏)」に属する別天つ神の一員たる神産日神が、「常世国」にいる息子の少名毗古那神に対して、大国主神と協力して「葦原中国」を完成するように命じたという場の構造が明示する。『古事記』中巻に、「葦原中国」にかわって登場するところの、「高天原(表)」の王権の領有するところとなった旧「葦原中国」としての「天下」とは、意義を異にするのである。

少名毗古那神の普段の居住の地は「常世国」で、働いた世界も「葦原中国」であったのであるから、この点だけを考えれば、久延毗古の知識の広がりを表現するに、「天下」は必ずしも必然的ではなく、単に「国」と表現してもさしつかえないようにも考えられる。しかし、それは、やはり「天下」でなければならないのであった。少名毗古那神の存在は神産日神に依り、その働きも全て、神産日神の制御するところであったからである。『古事記』は、「国作り」の最終局面において、「天下」概念を登場させることによって、「葦原中国」の完成が、究極において、「高天原(裏)」の別天つ神の指導のもとにあることを再び明示しようとした。「天下」概念は、かの、別天つ神の伊耶那岐命・伊耶那美命二神に対する、「ただよへる国を修理ひ固め成す」ことの神勅と、はるかに隔たりつつも、強く響き合っていた。

4　神話的諸世界の全体的構造

「常世国」という神話的世界を獲得したことで、我々は、『古事記』に登場する神話的諸世界の構造連関を全体として理解しうる地点に到達した。試みに、それを一枚の図に描いてみよう(図9)。

神話的諸世界の構造連関の第一の特徴として、すでにのべたことの繰り返しになるけれども、「高天原(表)」と「海原」と「葦原中国」の三つの「原」世界相互に、互酬的・相互依存的な関係が存在することである。

第二に、「国」内部の神話的諸世界の関係には相互依存的な関係が存在せず、「葦原中国」に対して、他の諸世界が、あるいは肯定的に(「根の堅す国」および「常世国」)、あるいは否定的に(「黄泉国」)関係することである。

第三に、以上の全ての諸世界およびその諸関係を究極において制御する神話的世界として、「高天原(裏)」が存在

【図 9】 神話的諸世界の全体的構造

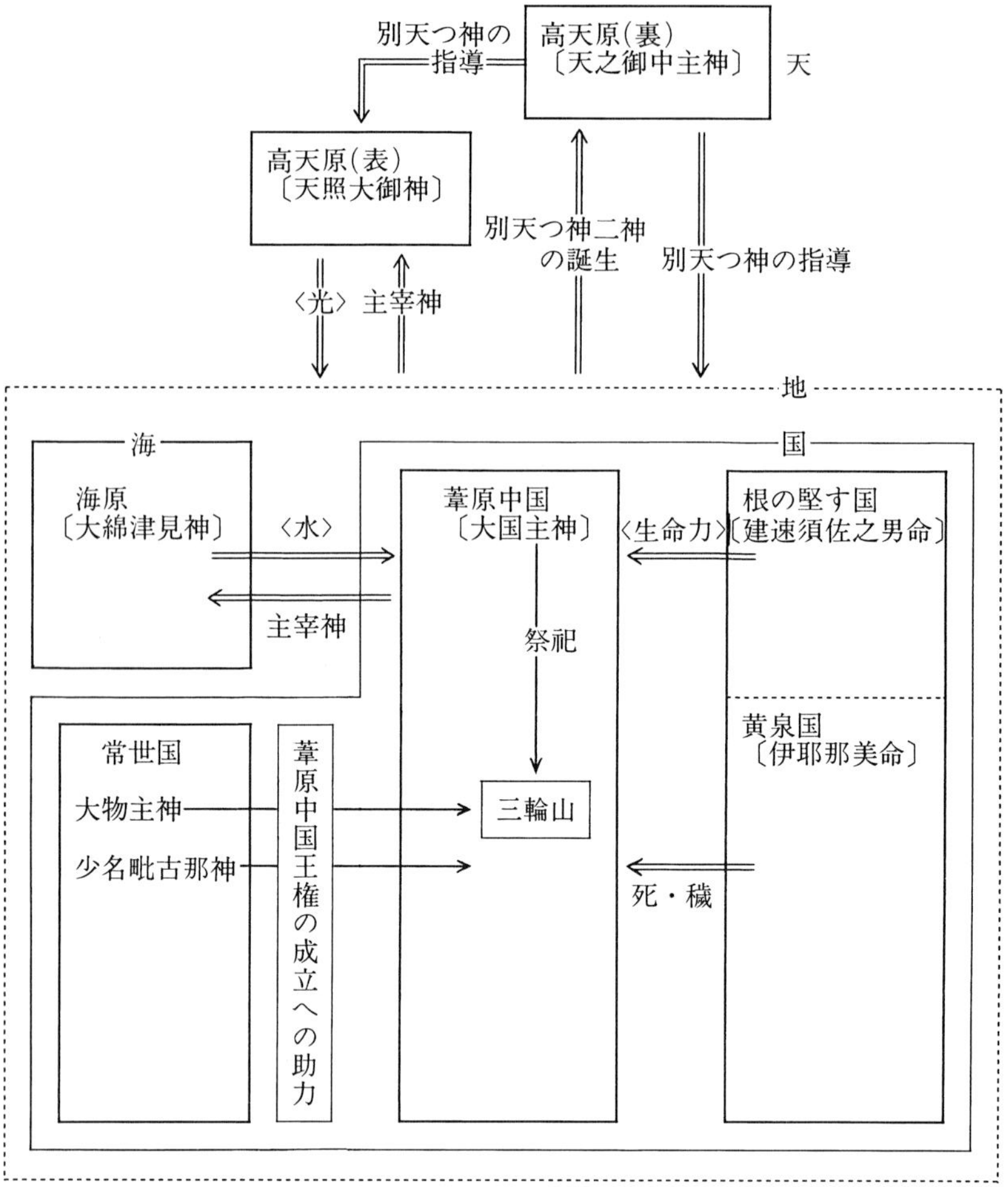

することである。「高天原（裏）」は、「高天原（表）」に対しては、高御産日神《たかみむすひ》が働きかけ、「国」には神産日神《かむむすひ》が働きかけていた。神産日神が「葦原中国」だけでなく、「国」全般に働きかける神であったらしいことは、その子供の少《すく》名毗古那《なびこな》神が「常世国」の神であったこと、大穴牟遅《おほあなむち》神に対して、須佐之男命の「根の堅す国」に赴くことを指令していること、などから明らかであろう。

第四に、「高天原（表）」と「海原」の「葦原中国」へのかかわり方は、もっぱら〈光〉や〈水〉の供給という自然的次元に限定され、「葦原中国」における社会と国家の形成とは、全て、「高天原（裏）」の神の指導のもとに、「国」の内部で成就されたことである。「葦原中国」において、農耕社会を築いたのは、神産日神の指導のもとでの須佐之男《すさのを》命であり、そこに王権が成立したのは、これまた神産日神の指導のもとでの大穴牟遅《おほあなむち》神（葦原色許男《あしはらのしこを》神）の働きと、「根の堅す国」や「常世国」の神々の助力であった。具体的には、「根の堅す国」の主宰神たる須佐之男命は王たる資質を有する神の誕生にかかわり、「常世国」の少名毗古那神と大物主《おほものぬし》神は、その神を助けて、現実に葦原中国王権を樹立することにかかわっていた。そして、以上のような物語りの内容は、物語りの形式と不可分であった。すなわち、『古事記』は、「高天原（表）」と「海原」と「葦原（中国）」の「原」のトライアングルについては、伊耶那岐《いざなき》命・伊《い》耶那美《ざなみ》命の自然形成の物語りにおいて語り、「根の堅す国」と「常世国」と「（葦原）中国」の「国」のトライアングルについては、須佐之男命と大国主神の社会・国家形成の物語りにおいて語ったのである。そこに、物語りの体系化への安萬侶の強靱な意思が感じられる。そして、あらためて、『古事記』の物語りの驚くばかりの構成の緊密さに感嘆せざるをえない。

研究史との関連で特に強調しておきたいのは、天照大御神が主宰する「高天原（表）」は、「葦原中国」に対して、ただ〈光〉供給という一点のみで参与したにすぎないということ、その光源たる天照大御神は「地」の世界で誕生したこと、「葦原中国」に全面的にかかわった「高天原」は、天照大御神の「高天原（表）」ではなくして、別天つ神の

「高天原（裏）」なのだということ、その別天つ神の世界は「天」ばかりでなく、「地」の力に依存して完成されたこと、「葦原中国」に社会と国家を築いたのは、「高天原（裏）」を除けば、「国」次元の神話的諸世界であり、その意味で「国」は自律的な世界を形成していたことである。

四　天神御子・天皇の「大八嶋国」平定神話との構造的照応

大国主神の「国作り」神話は、後の天神御子《あまつかみのみこ》・天皇による「大八嶋国」平定神話と、同一の構造を有していた。天神御子も天皇も天照大御神の子孫であるが、前者は神倭伊波礼毗古命《かむやまといはれびこ》が倭に宮を築いて「天下《あめのした》」支配を開始する以前の名称であり、後者はそれ以後の名称である。大国主神話の性格を考える上で重要な意義を有するので、先回りをすることになるけれども、天神御子・天皇の「大八嶋国」平定の物語りを垣間見、二つの物語りの比較分析を試みてみよう。

二つの物語りの間には、表10に示したように、物語りの構造という点で、はっきりとした照応関係が存在した。すなわち、①兄弟の不和、②弟の異界訪問、③異界から帰った弟と兄との闘争および弟の勝利、④その弟（物語りの主人公で将来の王）と妻との歌物語り、⑤主人公による「葦原中国」ないし「大八嶋国」の政治的統一、⑥主人公による祭祀の実践と王権の完成、という物語りの構造である。たしかに、二つの物語りには、精粗の差が存在する。著しいのは、天皇の政治的統一の物語りが長大で具体的なのに比し、大穴牟遅神《おほあなむち》が少名毗古那神《すくなびこな》とともに「国を作り堅し」た物語りが簡素なこと、反対に、八千矛神《やちほこ》の歌物語りが充実しているのに対して、山佐知毗古《やまさちびこ》のそれが簡略なことである。しかし、これは量の問題にすぎない。質の問題、すなわち、構造に眼をむければ、二つの物語りには、はっきりとした共通性が認められるのである。特に、大穴牟遅神と山佐知毗古の異界訪問譚には、文章上の類似性まで存在することが指摘されているのであって〔記全四巻二五〇頁〕、『古事記』の作者が、二つの物語りの照応関係を意識的に創造したことは疑う余地がないように思われる。しからば、その意図は何なのか。

一つには、王権一般が、

(1)王たらんとするものの呪能の充足（②の物語り）

(2)敵対する兄弟の打倒（③の物語り）

(3)政治的統一（⑤の物語り）

(4)祭祀の実践（⑥の物語り）

という四つの段階をふんで形成されるという観念が存在するからであろう。しかし、二つの物語りの構造的共通性には、さらにそれ以上の意図がこめられていたように思われる。結論を先どりすることになるけれども、それは、大国主神＝宇都志《うつし》国玉《くにたま》神による「国作り」の完成をうけて、それから国を譲りうけることになる天神御子およびその子孫の天皇が、「大八嶋国」の支配者となるためには、〈大国主神〉が成したことと同様のことを、繰り返し行なわねばならなかったことを強調することにあったのではなかろうか。〈大国主神〉が統一したのは、出雲国近辺という限られた地域ではなく（それは(2)の物語りの段階）、「葦原中国」全体で（(3)の物語り）、後に、崇神天皇が統一することになる「大八嶋国」の範囲にほぼ一致し（崇神天皇を「初国知らしめしし天皇」という場合の「初国」）、さらに、王権の完成（大国主神の「国を作り成す」と崇神天皇の「初国知らす」）がともに大物主命の祭祀によって成就する点も一致しているのであって、天神御子・天皇は、崇神天皇にいたるまでは、〈大国主神〉と同じことをしたにすぎないのである。裏を返せば、〈大国主神〉は、そのような偉大なる事業を、天神御子・天皇に先立って完遂した神なのであった。〈大国主神〉をそのような神として描くことによって、『古事記』は、「葦原中国」を、「高天原（表）」に対して対等の資格で存在するところの神話的世界として措定しようとしたのではなかろうか。

〈大国主神〉の「国作り」の物語りを以上のように理解するならば、今日まで大きな影響を与えている、次のような

【表10】 大国主神の「国作り」と天神御子・天皇の「大八嶋国」平定の物語りの比較

	大国主神の「国作り」	天神御子・天皇の「大八嶋国」平定
①	八十神・大穴牟遅神兄弟の不和	海佐知毘古・山佐知毘古（初代天皇の祖父）兄弟の不和
②	大穴牟遅神が異界（根の堅す国）に赴き、この世界の主宰神（須佐之男命）から、葦原中国を支配するための呪能を獲得する	山佐知毘古が異界（海原）に赴き、この世界の主宰神（大綿津見神）から、葦原中国を支配するための呪能を獲得する
	主宰神の女（須世理毘売）との結婚	主宰神の女（豊玉毘売）との結婚
③	大穴牟遅神が獲得した呪能を用いて八十神を倒す	山佐知毘古が獲得した呪能を用いて海佐知毘古を倒す
④	大穴牟遅神＝八千矛神と妻須世理毘売との不和と和解の歌物語り	山佐知毘古と妻豊玉毘売との不和と和解の歌物語り 〔以上、上巻〕
⑤	大穴牟遅神が少名毘古那神の協力を得て、葦原中国を政治的に統一し、大国主神となる	初代神武天皇が高御産日神の協力をうけつつ、東征し、倭を平定 七代孝霊天皇が吉備国を平定 十代崇神天皇が高志、東方十二道、丹波へ将軍を派遣し、平定して、一応の統一がなり、崇神天皇は、初国知らしめしし御真木の天皇とよばれる
⑥	大国主神が三輪山に大物主神を祭り、宇都志国玉神となる	崇神天皇、三輪山の神大物主を祭る 天神地祇を祭る 〔以上、中巻〕

津田左右吉の出雲神話（須佐之男・大国主神話）論が、いかに『古事記』の核心から遠くはずれていくものであったかが

諒解されよう。

・国つくりの話そのものに本来意味があるのではなく、それはただオホナムチの命がアシハラノナカツ国をもつてゐたといふことから派生したものに過ぎないのではないかとも、思はれる。オホナムチの命の神代史上の地位は、其の領有してゐたアシハラノナカツ国を皇孫に献上する、といふ役めをつとめるところにあるのであつて、これは神代史を通読すれば何人にも明白に知られることであるが、それがためには、此の神が国を有つてゐれば、それだけでよいのである。国つくりの話は、無くても少しも差支が無いのである〔48四八六頁〕。

・此の国は日の神及びその子孫の統治せらるべきものである、といふのが神代史の精神である以上、オホナムチの命に国作りといふ事業をさせるのは、それに背反するものである〔48四八七頁〕。

津田は、さらに、「無くても少しも差支が無」く、むしろ「神代史の精神に背反する」とさえいえるとした「国作り」の物語りの存在根拠を、「イヅモの勢力を宗教的に強め、……イヅモの国造の権威を立てよう」としたところの「イヅモ人のしわざ」「イヅモ人の付加」に求めていったのであるが〔48四八七頁以下〕、誤解もはなはだしいと言わねばならない。

かかる津田の出雲神話論を批判しつつ、議論を大きく前進させたのは石母田正であった〔57〕。石母田は、大国主神話を、大きく、国作り神話と国譲り神話の二つに区分し、さらに、国作り神話を、大穴牟遅神の登場から八十神の打倒まで（A）、八千矛神の物語り（B）、大穴牟遅神と少名毗古那神による国作りの完成（C）に分けた上で、主として、国作り神話のAとCの比較分析を行ない、大要、次のような議論を展開した。

①国作り神話を文学として見た場合、明らかに、Aは質が高く、Cは貧しい。Cが文学として貧しいのは、これと、これを前提に展開される国譲り神話にデスポティズムの国家理念が介入し、物語り的要素がそれに不細工に従属させられているからである。逆に、Aが文学として質が高いのは、民話的なものが民話的なものとして自立し、

デスポティズムの理念から解放されているからである。Cおよび国譲り神話は記紀の理念が支配している部分、Aは記紀の理念から解放されている部分である〔二二六頁以下〕。

②国作り神話には、このように、内容的に矛盾があるとともに、ABCそれぞれにおいて、大国主神が異なった名称で登場することなどから、ABCは、それぞれ、系統を異にする素材によったと考えられる〔二二二頁〕。

③『古事記』は、デスポティズムの理念から解放されている部分を含むことによって、「デスポティズムとしての本質をまぎらわしくさせる複雑さをもっている」。デスポティズムの書としての性格は、『日本書紀』に端的に見出される〔二四六頁〕。

④『古事記』がデスポティズムの本質をまぎらわしくさせる部分（A）を含むことの理由を、津田左右吉は、王権に対立する「イズモ人のしわざ」としたが、『古事記』が「邦家の経緯、王化の鴻基」（『古事記』序文）という明確な意識をもって編纂されたことを考えれば、そうした事は考えられない。この問題は、デスポティズムの矛盾として考えねばならない。すなわち、「族長層を、デスポティズムの側に組織編成することによって、その基盤を拡大せざるを得ないということであって、二百をこえる氏族の族長が皇室を頂点とする整然たる血族的ヒエラルヒーを形成する『古事記』の形態は、その結果としてつくりだされたのである。かかる形態でこの時代を支配しようとしたデスポティズムの一つの矛盾が、A、Bのような異質の物語りが『古事記』のなかにふくまれてくる根底にあるというべきである」〔二四九頁〕。

⑤右のデスポティズムの矛盾によって、「デスポットは自己を唯一絶対なものとしてあらわれることはできな」くなる。「天孫降臨または国譲りという物語りを、荘厳にし立派なものにしようとすればするほど、それに比例してその対抗者も強大なもの、威力あるものにしなければならず、たんなる悪神邪霊や国神一般以上の人格的独立性をそれにあたえねばならない。しかし、記紀の述作者にとっては、デスポティズムの理念を物語を通して貫徹

することが目的なのであるから、したがって対抗者を国譲りの物語におけるオホナムチの命……のように、しいて『命のまにまに』国土を献上する理念の道具にしてしまう……必要が生まれてくるのである」〔二五二頁〕。

ここには、国作り神話のAの部分は、デスポティズムの理念から解放されている物語りであるとする正当な物語り解釈があり(①)、『古事記』を単純にはデスポティズムの書とは見なしがたいとする、先入観を離れて対象に内在した者でなければなしがたい鋭い洞察があり(③)、さらには、『古事記』がそのような物語りを含むことを、『古事記』を生みだした体制それ自身に内在する問題として考えようとする正しい社会科学的見識がある(④)。これは、管見の限り、『古事記』という一個の政治的テクストを、その社会的基盤との関係で捉えようとした最も鋭い発言である。

しかし、石母田の正しさは、そこまでであった。物語りの解釈のレベルで言えば、国譲り神話およびこれに直接に接続する国作り神話のCの物語りをデスポティズムの理念の貫徹した物語りと解したこと(⑤)、その結果、大国主神話を、異質な小説話のモザイクとみなしたこと(②)には同意することができない。デスポティズムとは、これを思想的観点からみれば、王権が臣下を価値的にも卑しめて、王に従属するだけの存在にし、王は一切の制約から解放された権力者・権威者として超然として君臨する体制のことであろう。次章でのべるように、国譲り神話は、決して、そのような意味でのデスポティズムの理念を体現した物語りではなかった。譲られる側(王権)と譲る側(被支配者)との間に贈答関係が存在したことを語るところの、等族制的国制の理念を体現した物語りであった。国作り神話のABCにおいて、大国主神が異なった名称で登場することも、これらの物語りが、系統の異なる素材の寄せ集めであることを示すものではなかった。そこに秘められた安萬侶の戦略はすでにのべた通りである。日本の政治思想史を彩る諸作品の中で、これほどまでに論理的に構築され、言葉の美しい響き合いの秩序として彫琢された作品を、私は知らない。

第三章　世界関係の転回と天皇王権の形成

――高天原王権による「葦原中国」と「海原」の領有――

第一節　天照大御神の神勅と別天つ神の指導――「葦原中国」の領有命令

別天《ことあま》つ神《かみ》の当初の構想では、「葦原中国」は、伊耶那岐《いざなき》命・伊耶那美《いざなみ》命の統治すべき世界であった。しかし、それは、伊耶那美命の死など様々の事情が重なって、実現不可能になった（八七頁）。そこで、別天つ神は、「葦原中国」の統治について、第二次計画を構想しなければならなくなった。それは、神産日《かむむすひ》神の指導のもとに、須佐之男《すさのを》命と大《おほ》国主《くにぬし》神が「国作り」を完成し、ついで、高御《たかみ》産日《むすひ》神の指導のもとに、天神御子《あまつかみのみこ》（天照大御神《あまてらすおほみかみ》の子孫）が国を譲り受け、最終的には、天神御子ないし天皇（天神御子が「葦原中国」の王となった時の称）がこの世界の支配者になるという構想であった。『古事記』が明示的にそう語るわけではないが、物語りの進行から、そうした事情が想定されるのである。

このうち、神産日神の指導による須佐之男命の社会形成・大国主神の国家形成については、すでにのべた。大国主神の国家形成が成就すると、今度は、場面が「高天原」に転じ、天神御子の降臨の物語りが始まる。

天神御子の降臨神話（言むけ・国譲りを含む広義の天神御子の降臨の物語り）は、次の天照大御神の神勅によって口火が切られた。

天照大御神の命《みこと》もちて、「豊葦原《とよあしはら》の千《ち》秋《あき》の長《なが》五百《いほ》秋《あき》の水穂《みずほ》の国は、我が御子《みこ》、正勝吾《まさかつあ》勝々速日《かつかちはやひ》天忍穂耳《あめのおしほみみ》命の知らす国ぞ」と、言因《ことよ》さしたまひて、天降したまひき〔七七頁〕

私は、天忍穂耳命《あめのおしほみみ》に「葦原中国」を「知らす」ことを命じたこの神勅と、はるか後方の、中巻における崇神天皇による「初国知《はつくにし》らしめしし」ことの実現とが相呼応し、そして、この物語り全体が、別天つ神の「ただよへる国を修理《つくろ》ひ固め成せ」の神勅から大国主神が「国を作り堅し成す」までの物語りと対応しているのだと考えるのであるが、この点については、後に詳論することにしよう(二三二頁以下)。

ここで注意しておきたいのは、天照大御神の神勅の背後には、高御産日神があり、別天つ神の意思が存在したことである。それは、天照大御神の神勅に続いて、次のように物語りが展開するところから、明らかであろう。

ここに、天忍穂耳命、天の浮橋にたたして詔《の》らししく、「豊葦原の千秋の長五百秋の水穂の国は、いたくさやぎてありなり」と告《の》らして、さらに還り上りて天照大御神に請ひたまひき。しかして、高御産巣日神・天照大御神の命もちて、天《あめ》の安《やす》の河《か》の河原《はら》に、八《や》百万《ほよろづ》の神を神集《かむつど》へに集《つど》へて、思金神《おもひかね》に思はしめて、詔《の》らししく、「この葦原中国は、我が御子《みこ》の知らす国と、言依《ことよ》さしたまへる国ぞ。故《かれ》、この国に道速振《ちはやぶ》る荒振る国つ神等《ども》の多《さは》にあるとおもほす。これ、いずれの神を使はしてか言趣《ことむ》けむ」(七七―七八頁)

最初は天照大御神単独の神勅で始まるが、簡単には降臨ができない状況が現出すると、高御産日神が登場するのである。以後、天神御子降臨神話では、ほぼ一貫して、天照大御神とともに高御産日神(別名高木《たかぎ》神の名で登場する場合も含む)が登場する。それは、産日《むすひ》の神があえて表舞台に現われ出て、局面を積極的にリードしなければならないほどの、重要な性質の問題であったからであろう。「葦原中国」の形成史の諸局面に登場する神産日神の場合がそうであった。事態がさして緊迫していなければ、産日の神は、「高天原(裏)」にあり、そこから、静かに、それぞれの担当する世界を制御するのである。天照大御神の神勅が実現しようとする事態は、高天原王権一個の意思で事が平穏に進行するような簡単な事柄ではなかった。高天原王権が葦原中国王権の支配地を領有しようとするのであるから、高天原王権にとっても、また、葦原中国王権にとっても、これ以上に重大なことはないというほどの重大な事柄である。

天照大御神の神勅に始まる高天原王権と葦原中国王権との交渉史に、高御産日神と神産日神の二神が登場してくるのは自然であり、実際、事はそのように進行するのである。そういう次第であるから、さしあたって天照大御神の神勅についていえば、そこに明示的に高御産日神は登場しないけれども、その背後には、当然に、高御産日神の保障があり、別天つ神の意思があったとみなければならない。

しかし、神野志氏は、天神御子降臨神話の冒頭が、天照大御神のみの神勅になっていることの意味を私見とは正反対に解釈し、次のような議論を展開されている。

> このアマテラスの神勅が以下を統括するのである。ここからニニギの天降りまでは不可分の一段であり、この神勅の実現を語っていくものとなる。……かかる文脈として、ニニギへの司令神として、二神がならぶことは単なる並称というのではありえないであろう。……アマテラスの「言依さし」を承けその実現を語るものとして、全体としてはあくまでアマテラスをこそ究極の主神とするのである。……タカミムスヒに即していえば、冒頭にあらわれるあとは、この神自体として単独で登場することはない。アマテラスのなかに、いわば止揚されるというべきかたちになっている。……冒頭と相応じて、アマテラスのなかに止揚されたタカミムスヒを通じて、ムスヒのエネルギーが貫いていくという『古事記』「神代」の構造がそこに見届けらるべきなのである〔83八一頁、傍点水林〕。

すでにのべたように、〈日の光〉の神という自然的属性の限りにおいては、高御産日神が天照大御神に止揚されていったということは、承認しなければならない〔四五頁〕。しかし、神野志氏がここで語っているのは、そのような次元の話ではない。氏は、天照大御神が「『日神』性をその基盤にもつ」ことを承認しつつも、その神性を「実体の次元をこえて世界原理にまで上昇せしめる」ことが「より大事」だとされ〔83一二八頁〕、その次元で、天照大御神は高御産日神を止揚するとされているように思われるのである。私なりにいいかえるならば、天照大御神については、その自然的契機（日神）とともに、政治的契機（高天原の王）についても考えられねばならず、後者こそがむしろこの神の本質であり、その面でも天照大御神は高御産日神を止揚するにいたり、それ故に、天神御子降臨神話において、高御産日神はもはや単独ではあらわれ得なくなるということなのである。

しかし、私は、神野志説には従いえないと思う。政治的次元における事の本質は、高御産日神が単独ではあらわれえず、常に天照大御神とともに登場するということではなく、反対に、天照大御神が天神御子降臨神話においては単独ではあらわれえず、高御産日神が「高天原（表）」の前面に出てきて、天照大御神を補佐せざるをえないということにあるのではなかろうか。天照大御神が高御産日神を止揚していくのではなく、反対に、天照大御神は高御産日神を止揚しえない存在であるからこそ、高御産日神が登場するのではなかろうか。高御産日神が天照大御神にしだいに止揚されていく存在ならば、むしろ、天神御子降臨よりも以前の「高天原」の物語り（須佐之男命の「高天原」訪問など）に登場し、しだいに天照大御神に吸収されていってやがて姿を消していくことが自然であるが、事態はむしろ正反対なのである。高御産日神が誕生して「身を隠し」た後に、この神が公然と姿を現わすのは、天神御子降臨神話が最初である。この神が、背後にあって「高天原（表）」に働きかけていることは、天照大御神の天《あめ》の石屋《いはや》こもりの件りにおいて、高御産日神の子の思金《おもひかね》神が登場することに示唆されているが、高御産日神それ自身の登場はない。要するに、天神御子降臨の件りまで、高御産日神は終始「高天原（裏）」に退いていたのであるが、神野志説では、何故に、その高御産日神が、天神御子降臨の段におよんで突如として姿を現わすのかが説明できないのではなかろうか。

ただし、右の議論を成立させるためには、さらに、神野志氏が、先の引用文の中略箇所において、アメノホヒ、アメノワカヒコ派遣にあたって「高御産巣日の神・天照大御神」とならべ、ナキメをして問いにやるにあたっては「天照大御神・高御産巣日の神」と並称され、還り矢の件り以後「高木の神」（「高御産巣日の神の別の名なり」という）の名を以て司令神が「天照大御神・高木の神」とならんであらわれる（「神武記」でよびおこされる形もそれである）のも、やはり単なる並列というべきではない〔83八一頁〕。と指摘された問題を解決しておかねばならない。神野志氏がここで指摘されているように、高御産日神は、「別名《ことな》」として高木神という名称を有し、「高御産巣日神・天照大御神」の連称が順序逆転を経て、「天照大御神・高木神」へと変化していくことは、天照大御神が高御産日神を止揚していく面があることを語っているようにも思われるからである。二神登場の場面の表記の仕方を物語りと関連づけて示せば、次のごとくであった（これが、天神御子降臨の神勅以降の天照大御神と高御産日神ないし高木神の登場箇所の全てである）。

①天照大御神	天神御子降臨の神勅〔七七頁〕
②高御産巣日神・天照大御神	大国主神との交渉にあたる神の選定の命令（一度目）〔七七頁〕
③高御産巣日神・天照大御神	同右（二度目）〔七八頁〕
④天照大御神・高御産巣日神	二度目の使者（天若日子）の職務懈怠の調査のための神の派遣命令〔七九頁〕
⑤天照大御神・高木神	天若日子の反逆の矢をうける〔八〇頁〕
⑥高木神	天若日子との闘争〔八〇頁〕
⑦天照大御神	三度目の使者の選定の命令〔八三頁〕
⑧天照大御神・高木神	三度目の使者（建御雷之男神）への命令〔八四頁〕
⑨天照大御神・高木神	天神御子への降臨命令〔八八頁、八九頁〕
⑩天照大御神・高木神	天宇受売神への命令〔八九頁〕
⑪天照大神・高木神	神武天皇支援のための建御雷之男神降臨の命令〔一一二頁〕
⑫高木神	神武天皇への八咫烏派遣に関する命令〔一一二頁〕
⑬天照大神	神功皇后への神勅〔一七六頁〕

神野志氏は、高御産日神の高木神への神名表記変化の意味を積極的には説明していないが、この点について一つの考え方を提示されたのは、西宮氏であった。氏は、『古事記』校注書における、「高御産巣日神・天照大御神」から「天照大御神・高御産巣日神」への記載順序変化の箇所の頭註で、次のようにのべられた。

これまで、高御産巣日神・天照大御神の順序であったのに、ここでは並列の順序が変る。さらに次頁では、天照大御神・高木神と変る。これは、異なる原資料を無雑作に接合したことによる錯乱なのではなく、最初、高御産巣日神・天照大御神の順序であるのは、元来、使者派遣の司令者が高御産巣日神であって、天照大御神は穀霊としての機能で側に坐したためである。ここで、天照大御神・高御産巣日神と、順序が逆転するのは、天の若日子の反逆の予見において逆転せしめたものといえる。すなわち、反逆は最大の政治的事件であったので、その裁定は、政治的最高絶対神たる天照大御神によってなさるべきものとの考えから、天照大御神を前に位置せしめたのである〔記潮七九頁頭註〕。

西宮氏が批判の対象としている「異なる原資料の無雑作の接合による錯乱」説は論外であるが、西宮説も説得力に欠けるように思われる。第一に、「高御産巣日神・天照大御神」の段階では、天照大御神は穀霊として登場しているという説明であるが、この件りは、天照大御神が「高天原（表）」の主宰神となり、さらに、天の石屋戸の危機をのりこえて、天空に輝く太陽神として復活・君臨した後の物語りなのであるから、到底、そのようには考えられないことである。第二に、天若日子の反逆という政治的事件に問題が移行すると、政治的最高絶対神たる天照大御神が前面に出るという説明であるが、天若日子との闘争の前面にたつのはむしろ高木神であり⑹、また、神武東征という最も重要な政治的局面でも高木神が単独で指令することがあり⑿、この点でも、西宮説は妥当しないように思われる。

私は、この問題を、かの「高天原（裏）」「高天原（表）」という神話的世界の構造にかかわらせて考えてみたいと思う。高御産日神には、「高天原（裏）」の神としては〈高御産日神〉で、「高天原（表）」の神としては〈高木神〉であるという、二つの側面が存在するように思われるのである。高御産日神は、最初は、天照大御神とは次元を異にする「高天原（裏）」の神として、すなわち、天照大御神を高い見地から指導する〈高御産日神〉としてのみ登場するのであるが、やがてそれが、「高天原（表）」の内部の存在ともなり、そのような存在である限りにおいては天照大御神を補佐する〈高木神〉に転化していくのだ、と考えるのである。たとえば、野球チームの監督兼選手（捕手）のような存在をイメージすれば、問題を考えやすいのではなかろうか。そういう人物は、〈監督〉としては、チーム全体を高い次元で指揮し、〈選手（捕手）〉としては、選手団の柱に位置する投手の補佐役に徹する。さしずめ、高御産日神はそのような存在であった。監督に相当するのが〈高御産日神〉、選手（捕手）に相当するのが〈高木神〉、投手は天照大御神にほかならない。

そう考えることによって、何故に、天若日子の物語りにおいて、二神の順序逆転が生じ、高御産日神が〈高木神〉として活躍し始めるかも諒解されるように思われる。天若日子の物語りは、「高天原（表）」と「葦原中国」の交渉史において、「高天原（表）」の内部から反逆者が出るという、「高天原（表）」にとって最大の危機の局面であった。有能なる選手でもある監督は、チームが危機に直面した時、ベンチをとびだしてプレーヤーに身を変じ、危機克服のために自ら最前線において獅子奮迅の働きをするのである。

西宮氏は、『古事記』において、同一の神が複数の名を有することを説明する際の表現が、普通には「亦《また》の名」――たとえば、「大国主神、亦の名は大穴牟遅神、亦の名は葦原色許男神、亦の名は八千矛神、亦の名は宇都志国玉神、あはせて五つの名あり」〔記五八頁〕――であるのに対して、高木神については特に、「高木神は高御産巣日神の別《こと》の名」〔記八〇頁〕と表現されていることに注意を促し、「亦の名」については「もともと別種の資料中に現れる神・人名を結合したことを表す」〔記潮三一頁頭註〕、「別の名」については「同一のものに二つ以上の名のある場合にいう。『亦の名』とは異なる」〔記潮八〇頁頭註〕と説明された。二つの表現の差異への着眼はさすがであるが、しかし、「亦の名」がそうした性質のものでなかろうことは、すでにのべた（一一二頁以下）。この問題も右にのべた事柄に関連させて理解すべきものではなかろうか。「亦」は「岐」ないし「股」と同源の語で〔古岩、古小〕、「亦の名」はいわば同じ根から発生した複数の枝のごときものである。先に大国主神の神名について考えた際には、〈根〉に相当する名称を一般的名称としての〈大国主神〉とし、〈複数の枝〉に相当するものを特殊的名称としての大穴牟遅神以下の五つの名としたのであった。〈大国主神〉の「亦の名」は主として、時間的経過の中でのこの神の段階的成長〔止揚・発展〕にかかわっていた。これに対して、「別」とは「特殊、特別」の意であり〔古岩、古小の「こと」「べち」〕、「別の名」は「特別の場合の名」というほどの意味となる。高御産日神は原則として「高天原（裏）」の〈高御産日神〉なのであるが、それが特に「高天原（表）」に出現し、そこに帰属した者としては〈高木神〉となるのである。本籍は「高天原（裏）」の〈高御産日神〉であり、「高天原（表）」で〈高木神〉として活躍しても、その本籍は失われることがない。

以上のような次第であるから、高御産日神が「高天原（表）」において〈高木神〉として活動するようになることは、天照大御神が高御産日神を止揚していくことを意味するものではなかった。まず何よりも、①から⑬までの二神の関係の物語りは、天照大御神が、どこまでいっても高御産日神を吸収・止揚しえない存在であることを明示するという、前記の事実が確認されねばならないが、加えて、①から⑬までのプロセスにおいて、高御産日神はしだいに天照大御神の目下の存在に下降していくように見えるけれども、それは、〈高木神〉としての高御産日神の限りのことであって、高御産日神の〈高御産日神〉としてのモメントは消失しないと考えねばならない。『古事記』冒頭でのべられたところの、別天つ神の一員としての高御産日神、すなわち、「高天原（表）」「海原」「葦原中国」という表層の世界とは次元を異にするところの始原的かつ至高の神話的世界にあって、表層の神話的諸世界を究極において制御するというこの神の本来の性質は、高御産日神が〈高木神〉として活動しているときにも、保存されていると見なければならないのである〈高御産日神の神名の問題をおよそ以上のように考えて、高御産日神が高木神という名称で登場する天若日子の物語り以降についても、本稿では高御産日神の名で一貫させることにしたい。それ以降も、〈高御産日神〉であることに根拠を有しつつ、〈高木神〉として活躍するということが諒解されていさえすれば、高御産日神で一貫させる方が紛らわしさがないからである）。
天照大御神が高御産日神を止揚しえないのは、大御神が「高天原（表）」の主宰神でしかないからであった。天神御子降臨は、「高天原（表）」と「葦原中国」の二つの世界にかかわる問題であるから、「高天原（表）」だけの主宰神にすぎない天照大御神が、単独で事に対処しえないのは当然なのである。二つの神話的世界にかかわる問題に正当に対処しうるのは、神話的諸世界を究極において制御する「高天原（裏）」の別天つ神をおいて外にはないのである。そして、その別天つ神を、「高天原（表）」との関係で代表するのが高御産日神であり、「葦原中国」との関係で代表するのが神産日神なのであった。

「葦原中国」に対する神産日神の働きかけは、かつては、須佐之男命と大国主神をして「国の修理固成」を完遂させることであり、今は、大国主神に国譲りを決断させることであった。「高天原」からの使者が大国主神に国譲りを求めた時に、大国主神は、「僕《あ》は、え白さじ、我が子八《や》重《へ》言代主《ことしろぬし》神、これ白すべし」〔八四頁〕と答え、その八重言代主神が、「恐《かしこ》し、この国は天神御子に立て奉らむ」〔八五頁〕と決定したのであるが、その八重言代主神は、「神の言葉を受け、その神の代りに託宣する」神であった〔記潮神名釈義〕。大国主神が、高御産日神・天照大御神の使者の国譲りの申し出に対して、八重言代主神に答えさせるとしたのは、この神に神意を占わせる趣旨であり、この神が岬にいって「鳥の遊び・取魚《すなどり》」をしていたのは、神の意思を問うための行為であったらしい〔同上〕。しからば、八重言代主神が問うたのはいかなる神の意思なのか。全体の文脈からして、神産日神ないしこれに代表される別天つ神以外には考えられないであろう。国譲りは、別天つ神の意思であり、それを八重言代主神が聞きとり、それに従って大国主神は国譲りに同意したのである。

神野志氏の産日神論は、研究史的にみても、後退であるように思われる。すでに宣長が、産日神の本質をつく発言をしていたからである。宣長は、高御産日神・神産日神について、二神の具体的活動を列挙した後に、大かた是らを以て、世に諸の物類も事業も成るは、みな此の神の産霊《むすひ》の御徳なることを考へ知べし……あらゆる神たちを、皆此の神の御児なりと云はむも違はず、神も人もみな此の神の産霊より成り出ればなり〔記伝九巻一三〇頁〕

とのべ、天照大御神との対比で、産日二神を、

此の神を皇孫命《すめみまのみこと》の皇祖《みおや》と申すをも、ただに外祖父に坐す故とのみ思ふも、産霊の義を知らざるなり、万物も事も、此の産霊より成生《なれ》ば、此の神は、皇孫命の皇祖なるのみに非ず、凡て万姓万物万事の御祖《みおや》に坐ますなり、天照大御神は然らず、ただ皇孫命の顕《うつ》し皇祖に坐すなり、此のけじめをよく弁へ奉るべし〔記伝十巻四五頁〕

というように特徴づけた。産日二神が『古事記』全編に、天照大御神に比してさえ格別の重要性を有する神であることを指摘していることに注目したい。産日神が、天照大御神によって止揚されうるような存在ではないことは、宣長において、はっきりと認識されていたのである。

しかし、その後の研究史は、別天つ神論を発展させることができなかった。記紀神話の「結構」や「精神」を探求して、それが政治的イデオロギーの書にほかならないことを証明し、もって、神話研究史において、宣長の後を襲う第二の巨峰となった津田左右吉も、その例外ではなかった。津田は、これらの神々の登場する物語りを、「話の全体の筋から遊離してゐるもの」、「物語のくみたての上からいふと無くてもすむもの」であり、それにもかかわらず『古事記』に登場するのは、単に「シナの知識の影響」であって、「此の三神が本来名まへだけの神であり、また晩出の神であることには疑が無からう」という程度にしか『古事記』を読むことができなかった〔津田48三三〇頁以下、六三一頁〕。津田の別天つ神論は実に貧しいのである。

津田以後、神代史をば、これを構成する諸神話群に分解して、それらの比較神話学的、起源論的研究を行なおうとする立場が流行してきたのであるが、こうした傾向に抗して、「内的構造を有する一つの作品として古事記を扱い、

その意味を解明する」〔西郷66a三〇一頁〕という、それ自体全く正しい方法に立つことを表明された西郷氏によっても、別天つ神は正当な位置を与えられず、『古事記』の内的構造は明らかにされなかった。氏の『古事記』論の体系を要約する『古事記の世界』は、造化三神について何事も語らない。『古事記注釈』では、書物の性格がコメンタールであるということもあって、造化三神についての言及がある。しかし、それは、コメンタールの故に言及されたという域を出るものではなく、神話的諸世界を究極において制御するというこれらの神の本質を抉り出すようなものではなかった。

このような傾向が支配的な中で、別天つ神を正面からとりあげえたものとして、まず、太田善麿氏の論稿をあげることができる〔記朝解説〕。氏は、『古事記』の本質にせまるために、特に、いわゆる出雲神話〔須佐之男神話と大国主神話〕に注目し、それを通じて、神産日神、ひいては造化三神の意味に説き及んでいった。氏は、

古事記に編入されてゐる所謂出雲神話のあり方は、神話をもつて現実社会の原理を語る最終的な試みを示すもののやうに受けとられる〔二五頁〕。

とときおこし、

古事記における出雲神話には種々の疑問がかくされている。大国主神といふ英雄神を、高天原神話の筋書から言へば明らかに均衡を破つたやうな形で浮び上らせてゐるのは何故であらうかといふのが根本的な疑問であるが、その前提として置かれてゐる須佐之男命の物語にしても、さらにまたその前の伏線としてあらしめられてゐる伊耶那美神の黄泉国入りの物語にしても、またさらに遡れば所謂造化三神の中の神産巣日神の定立にしても、どうしてさうならなければならないのかといふところには何らかの不審が挿まれると言へる〔二五—二六頁〕。

というように問題を提起された。氏によれば、『古事記』には、「高天原」だけを特に重視する意図は見えず、むしろ、「高天原・日向」と「根国・出雲」とを、ともにポジティブな意義を有する一対の世界として設定する構想が存在す

る。それは、神々の体系に即していえば、次のようなものであった〔三〇頁〕。

〔高天原・日向〕	〔根国・出雲〕
高御産巣日神	神産巣日神
伊耶那岐神	伊耶那美神
天照大御神	須佐之男命
天孫	大国主神

「根国」という表現や伊耶那岐命・伊耶那美命二神の位置づけなどの点で疑問があり、産日神についてもこれ以上の展開はなく、必ずしも的確な議論とはいいがたいけれども、しかし、産日二神が、名前だけの神などではなく、『古事記』の体系に意味をもつ神であるらしいことが述べられたことの意味は、大きかったといわねばならない。

客観的には、太田説を受けつぐ形で別天つ神論を展開されたのは、上山春平氏であった。氏は、太田氏の神統譜の冒頭に天之御中主神、最後に神倭伊波礼毗古を加える形の、神統譜を作成し、造化三神について、次のように述べられた。

> 『古事記』冒頭の三神のうちに、神代の巻全体の構想が、いわば可能態として、濃縮された形ではらまれているのではないか、……そこでは、神統譜の到達点としての「天皇」（神武）、つまりナカツクニノヌシを特徴づけている中性の理念、つまり陽と陰、天と地、高天の原と根の国のどちらにもかたよらぬ中立の立場が、アメノミナカヌシにおいて先取りされ、高天の原系と根の国系が、それぞれタカミムスビとカミムスビにおいて先取りされた形になっている。その上で、三柱の神々は、「みな独神と成りまして、身を隠したまひき」といったぐあいに、カゲの存在となり、複雑多岐な神代史の展開を、舞台裏からじっと見守る形になっている〔二四―二五頁、傍点原文〕。

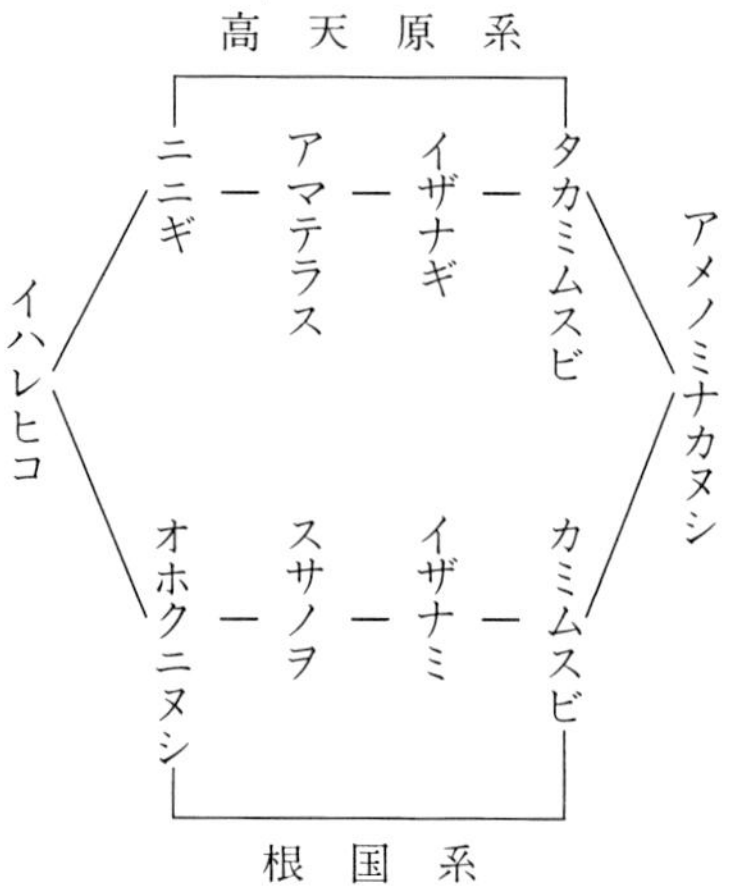

以上の、太田、上山両氏の別天つ神論が、高御産日神・神産日神の対向を重視し、神統譜を二元的に構想する議論であるのに対し、別天つ神としては天之《あめの》御《み》中主《なかぬし》神をとりあげ、それが天照大御神以下に連なっていくことを重視して、〈天之御中主神—天照大御神—神《かむ》倭《やまと》伊《い》波《は》礼《れ》毗《び》古《こ》〉という一筋の線を強調されたのは、吉井巌氏であった。氏の議論は次のごとくである。

・別天神五柱より神世七代までの神々の時代は、その全期間を通して、「高天原」の主者として「天御中主神」を主者、司令神としてもつ時代であったと考えられるのである。だが、委任を受けて「高天原」の新たな支配者となった天照大神の出現以後は、その様相を一変する。……天照大神を高天原の主神とする立場が、古事記において徹底して貫かれており、天御中主神から天照大神へという皇祖神の連続が、神統譜の根幹としていかに強固に主張されているかが理解される〔78九三—九四頁〕。

・「高天原」なる空間と「天御中主神」との組合せによる基点の設定、この基点を出発点として、「天神」（天照大御神のこと——水林註）より「天神御子」を通して「天皇」の出現となる古事記の構想は、主題としてその絶対王権の基盤の確定と、その主題に即した構想をゆるぎなく展開している〔78一〇九頁〕。

神野志氏の別天つ神論は、以上にのべた、太田、上山両氏の系統の議論と吉井氏の議論を統括するような位置をしめている。氏の別天つ神論は、具体的には産日神論という形で展開されるので、高御産日神と神産日神の二神の存在が注目されることになり、その点で、太田、上山両氏の議論をうけつぐ形となる。しかし、繰り返しのべてきたように、神野志氏は、『古事記』の世界観を、「高天原」の「葦原中国」に対する優位性のうちに見出そうとするので、吉井説をふまえて、太田、上山両氏の二元対向的神統譜の理解には疑義を呈することになった。すなわち、神野志氏は、直接には、上山説をとりあげつつ、①「根の国」系は「葦原中国」系とすべきではないか、②伊耶那岐命・伊耶那美命は「葦原中国」の始発に位置づけるべきであって、伊耶那岐命＝高天原、伊耶那美命＝根の国（葦原中国）という捉え方は疑問ではないか、という十分に首肯できる批判に加えて、③アメノミナカヌシの位置づけとして、〈天之御中主神—天照大御神—天神御子—天皇〉という軸線を明確にすべきではないか、とされたのである〔神野志83八五頁以下〕。

【図11】 神話的諸世界の構造と神々の体系

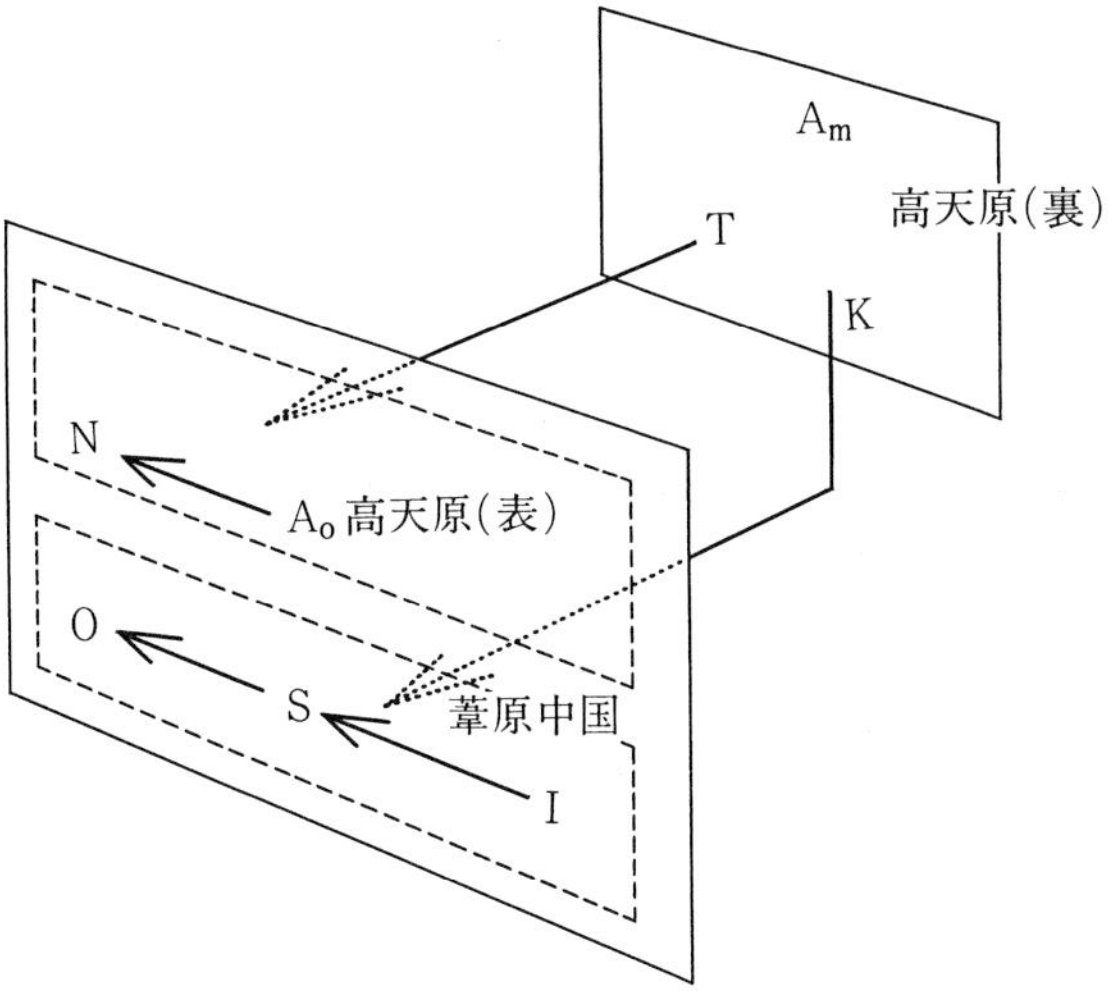

A_m　天之御中主神	A_o　天照大御神	I　伊耶那岐命・伊耶那美命
T　高御産日神	N　邇邇芸命	S　須佐之男命
K　神産日神		O　大国主神

しかし、〈天之御中主神—天照大御神—天神御子—天皇〉という一筋の線の強調と、産日二神の働きへの注目は矛盾するように思われ、神野志氏においてそれがどのように調和しているのか明らかではないが、結論として、天之御中主神から天照大御神を経由して天皇にいたる一筋の線のみの強調は正しくないように思われる。この点では、太田・上山説が正当だといわねばならない。しかし、太田・上山説の神統譜も『古事記』の構造を正当に捉えたものとはいいがたい。まず、前記のごとく、神野志氏の①と②の批判点が妥当するからである。しかし、この点を神野志説にしたがって修正しても、正確な神統譜になるとは思われない。たとえば、神産日神の位置づけである。この神は、たしかに、「葦原中国」に働きかけるという点では「葦原

中国」系の神といえるが、しかし、その所在するところは、「高天原」であり、「高天原」系の神でもあるからである。神々の体系を多少とも正確に図示しようとするならば、太田・上山説のような平面図には限界があり、宣長の、「天照大御神は表にして、高御産巣日神は裏」〔記伝十巻四四頁〕という指摘に学んで、基層の「高天原（裏）」と表層の「高天原（表）」・「葦原中国」という立面図を描かねばならないように思われる（図11）。そうすることで、「高天原（裏）」の神々が、「高天原（表）」や「葦原中国」の神々に決して止揚されることなく、不断に、全世界を背後から、時には表舞台に躍りでて、制御し続けていくという『古事記』の構想が、正確に図示されるように思われる。そして、そのような世界像は、高天原王権と葦原中国王権を、別天つ神の前に原理的に対等なものとみなそうとする『古事記』の政治思想と不可分の関係にあった。

第二節　天照大御神と大国主神――高天原王権と葦原中国王権の交渉

一　「言むけ」

天忍穂耳命《あめのおしほみみ》が、天照大御神の神勅をうけて天降ろうとしたとき、

豊葦原の千秋の長五百秋の水穂国は、いたくさやぎてありなり〔七七頁〕

という有様であった。天忍穂耳命は、すぐには降臨しがたいと考え、どのようにしたらよいものか天照大御神の指示を仰ぐことになるが、これに対して、高御産日神・天照大御神は、

この国に道速振《ちはやぶ》る荒ぶる国つ神等《ども》の多《さは》にあるとおもほす。これ、いづれの神を使はしてか言趣《ことむ》けむ〔七八頁〕

と、「高天原」の智恵の神に問うた。「葦原中国」は天忍穂耳命の統治すべき国であるが、「さやぎ」があるようであり、それは「荒ぶる神」が原因であるらしく、それ故、まずは、使者の神を派遣して「言むけ」ねばならないという

のである。この、「荒ぶる神」と「言むく」とは、『古事記』において、きわめて強い結合関係にある言葉であった〔神野志83一五二頁以下、一六八頁以下〕。「荒ぶる神を言むく」ないし、その後に「和《やわ》す」という動詞を加えた「荒ぶる神を言むけ和す」という表現、さらには、その下に「平ぐ」を付加した「言むけ和し平ぐ」という表現は、『古事記』に固有の、それ故、おそらくは『古事記』の政治思想の核心を語る表現の一つなのである。それは、どのような意味なのか。一見すると単純であるように見えながら、研究史をたどると、この表現が意外にも複雑な問題をかかえていることを知ることができる。

1　「言むく」

研究史の出発点にある宣長の見解は、「言は【借字】事にて、事依《ことよさす》、事避《ことさる》などの事と同じ、牟気《むけ》は牟加世《むかせ》にて、背ける者を、此方へ向か令むる意」〔記伝十巻四七頁〕というものであった。その後の研究史は、「言」を借字とする説を捨て、あくまで「言」を「言」と捉えた上で、しかし、「むく」の意については、宣長説を踏襲した。「言葉でこちらに向けさせる」意とする西宮説がその典型である〔記潮頭註七八頁〕。ここでは、「言」が〈言葉によって〉というように訳され、その結果「むく」という動詞は、〈相手がこちらに向く〉という意味に解されている。ということは、語の構造としては、「言ほぎ」などと同類と考えられているのであろう。「言ほぎ」は〈言葉によって祝うこと〉〔大辞典〕だからである。西宮説のように「むく」の意義を明示したものは多くないが、「言」を〈言葉によって〉というように訳すならば、「むく」は必然的に〈相手をこちらに向けさせる〉の意となるから、「言」の部分を〈言葉によって〉というように解釈する説はすべてここに含めてよいように思われる〔記全四巻一四頁、記小脚註六一頁〕。

このような解釈に異を唱えたのは神野志氏であった。氏は、まず、「言むけ」の「むけ」について、結果としては宣長説と同様の意義になることを認めつつも、その説明の仕方には疑義を呈した。氏は、「四段活用の動詞を下二段に活用させる時、使役的の心持を含むやうになる一類」があるという佐伯梅友氏の学説〔佐伯33二三一頁以下〕を踏まえて、「むけ」は「むく〔四段活用自動詞〕」に使役的意味が加わった時にとる形である「むく〔下二段活用〕」の連用形であると解した。氏によれば、四段活用動詞が下二段活用動詞に変化した時の使役的意味の文章の意味構造は、次のように図示される〔神野志83一三八頁〕。

甲ガ〔乙ガ――スル〔四段動詞〕〕ヨウニサセル

これを「向く」に応用するならば、

甲ガ〔乙ガある方向に向ク〔四段活用自動詞〕〕ヨウニサセル

となろう。普通の文章の形に直せば、

甲ガ、乙ヲシテ、ある方向に、向カシムル

甲ガ、乙ヲ、ある方向に、向ケル

ということになろう。

「言むけ」の「言」については、神野志氏は、「事」でもなく、また、〈言葉によって〉という意味の「言」でもないとした。氏によれば、「言むけ」は「…むけ」というタイプの語群の一つであり、「舳《へ》むけ」「鼻むけ」「面《おも》むけ」「手《た》むけ」などと同一の構造を有する言葉として考察されねばならない。これらの語の構造と意義を分析すると、「舳むけ」は「船ガ舳ヲソチラヘ向ケルヨウニサセル」意、「鼻むけ」は「馬ガ鼻ヲソチラヘ向ケルヨウニサセル」意、「面むけ」は「顔ヲ向ケルヨウニサセル」意、「手むけ」は「神の霊威を自分に向けさせる」意であるから、「言むけ」は、これらからの類推で「相手ガ言ヲコチラヘ向ケルヨウニサセル」意、すなわち、服属の言葉を語らせる意と解することができるとするのである〔神野志83一四五頁以下〕。

「言むけ」を「…むけ」語群の一つとして考察すること、「…むけ」を「向く〔四段活用〕」に使役的意味の加わった時の形である「向く〔下二段活用〕」の連用形と解することは、その通りであるように思われる。しかし、「…むけ」語群の具体的な構造分析それ自体については疑問を禁じえない。氏の説は、「向く（四段活用）」が「向く（下二段活用）」になった時の使役の意味の出し方をひねりすぎているように、私には思われるのである。

佐伯氏の論文や『時代別国語大辞典 上代編』などを参考にするならば、四段活用を下二段に活用させる時に使役的意味を含むようになる動詞には、四段活用の動詞についてみると、①自動詞、②相手、場所などを示す補語をとる自動詞、③他動詞、の三種類が存在したように思われる。問題の「向く」は②型であるが、各類型についていくつか例をあげれば、次のごとくである。

① 平らぐ

② 合ふ、座ます、浮く、潜づく、立つ、まつろふ、満つ、向く

③ 著く、知る

三つの類型から例を一つずつあげて、四段活用動詞として用いられる場合の文章と、下二段活用動詞として用いられる場合の文章の構造およびその意義を比較すれば、次のようになろう（以下、動詞の主語を示すための記号として、論旨の都合上、神野志氏の用いられた甲・乙ではなく、アルファベットを用いるが、対応関係を示せば、甲がA、乙がXである）。

①

四段活用	Xが平ぐ
下二段活用	AがXを平ぐ
使役的解釈	Aが（Xが平ぐ）ようにさせる AがXをして平ぐようにさせる
他動詞的解釈	AがXを平げる

②

四段活用	XがYに合ふ
下二段活用	AがXをYに合ふ
使役的解釈	Aが（XがYに合う）ようにさせる
	AがXをしてYに合わしむ
他動詞的解釈	AがXをYに合わせる

③

四段活用	XがZを知る
下二段活用	AがXにZを知る
使役的解釈 (1)	Aが（XがZを知る）ようにさせる
(2)	AがXをして、XがZを知るようにさせる
(3)	AがXにZを知らせる

下二段活用動詞の用例、特に②と③のそれは、今日の我々にはイメージしがたい面があるので、それぞれ一つだけ例をあげておこう。

②霍公鳥《ほととぎす》　いたくな鳴きそ　汝《な》が声を　五月《さつき》の玉に　合へ貫くまでに〔万葉集一四六五〕

A＝言外の私、X＝汝が声、Y＝五月の玉

③わが思ひを　人に　知るれや　玉くしげ　開き明けつと　夢にし見ゆる〔万葉集五九一〕

A＝言外の私、X＝人、Z＝わが思ひ

このように見てくると、どの型の動詞にも共通するのは、四段活用が下二段活用になると、下二段活用動詞の用いられる文章に、四段活用の場合の文章には登場していなかった新たな人格（A）が主語として登場し、それが、四段活用の時の文章の主語（X）に働きかけて、それに何らかの動作を行なわせるという構造が成立することである。この構造変化は、四段活用の動詞が自動詞の場合（①と②）には、その自動詞が他動詞へ変化するという現象をともなっている。自動詞が使役的意味を帯びるともとれるが、端的に、自動詞の他動詞化とも解釈できるのである。佐伯氏は、①②③ともに、動詞が使役的意味を含むようになる例として説明されているが、『時代別国語大辞典 上代編』は、①②については、主として自動詞の他動詞化として説明し、もともと他動詞の③についてのみ、もっぱら、使役的意味獲得として説明する。神野志氏によれば、古くは、本居春庭が、「詞の自他」の分れ――「物のおのづから然るをいふ」と「ものを然するをいふ」の区別――として、四段活用と下二段活用との対応を意味づけたのであるが〔神野志83 一三七頁〕、これなどは、『時代別国語大辞典 上代編』の説明の起源をなすのであろう。

問題の「向く」は、②型の動詞である。この動詞を含む文章構造と意味は次のごとくになろう。

四段活用	XがYに向く
下二段活用	AがXをYに向く
使役的解釈	Aが（XがYに向く）ようにさせる
	AがXをしてYに向かしむる
他動詞的解釈	AがXをYの方に向ける

以上のような「向く」の語の構造と意味とをふまえて、「舳むけ」「鼻むけ」「面むけ」「手むけ」などの語の構造について考えてみよう〔「馬の鼻むけ」について古岩、古角、古小、「面むけ」について、古岩、古小、大辞典、「手むけ」について大辞典など参照〕。

舳むけ

舳が向く（四段）	舳〔X〕がある方向〔Y〕に向く
舳を向く（下二段）	Aが（舳〔X〕がある方向〔Y〕に向く）ようにさせる
	Aが舳〔X〕をある方向〔Y〕に向ける
	Aが船〔B〕の舳〔X〕をある方向〔Y〕に向ける

鼻むけ

鼻が向く（四段） 鼻を向く（下二段）	鼻〔X〕がある方向〔Y〕に向く Aが（鼻〔X〕がある方向〔Y〕に向く）ようにさせる Aが鼻〔X〕をある方向〔Y〕に向ける Aが馬〔B〕の鼻〔X〕を旅の目的地〔Y〕の方向に向ける

面むけ

面が向く（四段） 面を向く（下二段）	面〔X〕がある方向〔Y〕に向く Aが（面〔X〕がある方向〔Y〕に向く）ようにさせる Aが面〔X〕をある方向〔Y〕に向ける Aがある人〔B〕の面〔X〕を自分の方〔Y〕に向ける（従わせる）

手むけ

手が向く（四段） 手を向く（下二段）	手〔X〕がある方向〔Y〕に向く Aが（手〔X〕がある方向〔Y〕に向く）ようにさせる Aが手〔X〕をある方向〔Y〕に向ける Aが自分〔B＝A〕の手〔X〕を神〔Y〕に向ける（幣帛を捧げる）

右のような「…むけ」語群の構造を念頭におきつつ、「言むけ」の構造について考えれば、次のようになろう。

言が向く（四段） 言を向く（下二段）	言〔X〕がある方向〔Y〕に向く Aが（言〔X〕がある方向〔Y〕に向く）ようにさせる Aが言〔X〕をある方向〔Y〕に向ける

ひるがえって、神野志氏の「…むけ」語群の解釈を想起するならば、私見とは異なったものになっていることがわ

かる。先に引用した氏の解釈を、語の構造を明示する形で書き直せば、次のようになろう。

Aが（船〔B〕がその舳〔X〕をある方向〔Y〕に向ける）ようにさせる

Aが（馬〔B〕がその鼻〔X〕をある方向〔Y〕に向ける）ようにさせる

Aが（相手〔B〕がその面〔X〕をある方向〔Y〕に向ける）ようにさせる

Aが（相手の神〔B〕がその霊威〔X〕を自分〔Y＝A〕に向ける）ようにさせる

Aが（相手〔B〕がその言〔X〕を自分〔Y＝A〕に向ける）ようにさせる

神野志氏は、出発点においては、

Aが（XがYの方向に向く）ようにさせる

という文章構造を想定していたはずなのであるが、右の解釈によれば、それが、いつのまにか、

Aが（BがそのXをYの方向に向ける）ようにさせる

という文章構造の理解に変化してしまっているのである。すなわち、右の一連の文章においては、文意の上から、主語の位置にたつ人格（A）の外に、「舳」「鼻」「面」「言」「手」（X）などを所有するところの、Aとは別の「船」「馬」「人」「神」などの主体（B）が想定されるとし、そのBがいつのまにか、X＝甲にかわって、括弧内の副文章の主語の地位にたつようになり、しかも、四段活用の自動詞のはずの「向く」が、他動詞の、したがって下二段活用の「向く」に変じられてしまっているのである。これは、「四段活用の動詞を下二段に活用させるとき、使役的の心持を含むやうになる」動詞、四段活用が下二段活用になると「物のおのづから然るをいふ」性質から「ものを然するをいふ」性質へと変化する動詞を含む文章構造を、誤解するものではなかろうか。

文法的にではなく、文章の意味の面からせめても、神野志説は成立しがたいように思われる。「面」など、その所有主体が人であればともかく、「舳」の場合には、無生物の船が意思を有する自由な主体であるかのような理解にな

ってしまい、いかにも苦しい。「手むく」についての氏の解釈は、「神の霊威を自分に向けさせ、自らの安全のために働かしめる」というものであるが、この解釈は、結果として、「手むく」の「手」を「霊威」と解するものである。しかし、これは無理ではなかろうか。氏もその点を自覚されているのか、『た』の意味及び働きについては、実際の用例ではすでに接頭語化していることもあって不明」〔83一四七頁〕とも述べ、説明が一貫しない。「手むく」は、

百不足《ももたらず》　八十《やそ》隅坂《くまさか》尒《に》　手《た》向《むけ》為《せ》者《ば》（八十隅坂の神に手向けするならば）〔万葉集四二七〕
近江《あふみ》道《ぢ》乃《の》　相坂山《あふさかやま》丹《に》　手《た》向為《むけして》（相坂山の神に手向けするならば）〔同右三二四〇〕

が示唆するように、〈Aが自分の手を神の方に向ける〉のではなかろうか。そうであるからこそ、「手むく」が、〈神に幣帛を捧げる〉の意味になるのではなかろうか。そうだとすれば、「手むく」の場合、主語（A）が神の方向（Y）へ向けるところの手（X）の所有者はA自身にほかならないから、物Xの所有主体はA自身でもありうるのである。そして、Aが働きかけるのは、物の所有者Bに対してではなく、直接に、物Xに対してである。

以上のように、神野志氏の「…むく」語群の構造分析は一般的には成立しがたいように思われるが、しかし、このことは、「言むく」の氏の解釈が、結果として成立する可能性を否定するものではない。「言むく」を含む文章構造についての神野志説と私見とを並べると、

甲が（相手〔乙〕がその言〔丙〕を自分〔丁〕に向ける）ようにさせる（神野志説）
Aが（ある人〔B〕の言〔X〕がある方向〔Y〕に向く）ようにさせる（私見）

というようになると思われるが、甲＝A、丙＝Xであるから、もしもこれに、乙＝B、丁＝Yという条件が加わるならば、文章の意味は結果として同じことになるからである。問題は、その条件が成立するか否かである。すなわち、「言」の所有主体が「相手」で、かつ、その「言」が向けられる方向は「自分」ということになるか否かである。

そこで、先の「…むけ」語群に目を転ずると、そのような構造の語として「面むけ」があることがわかる。「面む

け」は、

　Aが（相手の面が自分の方に向く）ようにさせる

という構造だからである。しかし、全てがこのような構造であるわけではなく、「手むけ」などは、方向が正反対となる。すなわち、

　Aが（自分の手が相手たる神に向く）ようにさせる

である。「言むけ」が「面むけ」型であるとすれば、

　Aが（相手の言が自分に向く）ようにさせる、相手が自発的に服属の言葉を語るようにさせる

ということになり、「手むけ」型とするならば、

　Aが（自分の言が相手に向く）ようにさせる、相手を言葉で説得する

ということになろう。「言むけ」は、はたして、どちらの型なのであろうか。

「面むけ」型と解する場合、問題となるのは、「荒ぶる神を言むけ和す」という文章の意味がやや通りにくくなるように思われることである。「言むく」を「面むく」型と解して〈服属の言葉を語らせる〉の意にとるならば、「和《やわ》して言むく」という順序である方が自然ではなかろうか。相手がすでに「荒」の状態を脱して「和」の状態になっているからこそ、反抗するのではなく服属の言葉を語るのではないかと思われるからである。

しかし、「言むけ」を「手むけ」型と解することは、一層大きな問題をかかえている。というのも、「言むく」という動詞とそれにかかわる名詞とを続ける訓み方が、「荒ぶる神に言むく」ではなく、「荒ぶる神を言むく」であったと推測されるからである。推測されると述べたのは、『古事記』でどのように訓まれたかが明らかでなく、『万葉集』の「知波夜夫流《ちはやぶる》　神乎許等牟気《をことむけ》」（四四六五）から類推したからなのであるが、「神に言むく」という訓みは見出しがたいようであるから、『古事記』の当該個所の訓みも「荒ぶる神を言むく」なのであろう。「言むく」は本来「言をむく」

〈目的語たる「言」＋「むく」〉であるが、「言むく」となって一語意識が生じ、「…を言むく」というように新しい目的語をとる一個の他動詞に転化しているわけである。そうだとするならば、「言むく」は「手むく」型とは解しがたくなる。なぜならば、前引の「百不足　八十隅坂尓《に》手向為者」などが明示するように、「手むく」は「…に手むく」という構造だからである。他方、「面むく」は、「この笛をば……仏の道におもむけん」〔源氏物語横笛〕というように「…を面むく」である。「面むく」も、本来「面をむく」であるが、「面むく」となって一個の他動詞に転化している。訓読からみる限り、「言むく」は「面むく」型というほかはない。

以上の考察を全体としてふまえるならば、「言むけ」は「面むけ」型と解するのが妥当であろう。〈服属の言葉を述べさせることによって和す〉としても、意味は通りうるが、「…に言むく」という訓読がみあたらないことは、「言むけ」＝「手むけ」型説の治癒しがたい欠陥のように思われるからである。そして、この「言むけ」が「面むけ」型であるという事実は、「言むけ」は『古事記』に特徴的な表現であるという事実と相まって、安萬侶が「言むけ」という言葉に託して語ろうとした重大な意味を暗示しているように思われる。「言むけ」は〈服属の言葉を語らせる〉ことであるから、つまるところは服属であり、「言むけ」の代りに「面むけ」が使用されても、十分に意味は通じえたはずである。いな、同じ服属の意ならば、「面むけ」の方がはるかに一般的な表現なのであるから〔上代、古岩、古小、字訓などの用例参照〕、むしろ「面むけ」を使用する方が自然だったと思われるのである。しかし、安萬侶はあえて「面むけ」を避け、「言むけ」を採ったのであった。それは、安萬侶が服属の質を問題としたかったからではなかろうか。「面むけ」と「言むけ」を比較するならば、言葉を発することの能動性から、「言むけ」に服属する者の主体性が感じられる。「面むけ」が〈不承不承の服属〉も含み、〈受動的服属〉の意味が濃厚なのに対して、「言むけ」には〈自発的服属〉ないし〈帰順〉のニュアンスが生じてくるのではなかろうか。安萬侶は、まさにその点に着目し、「言むけ」という表現を用いたのではないかと推測されるのである。「言むけ」が『古事記』に特徴的な言葉であることからすると、これは、安萬侶の造語だったのであろう。服属といえば「面むけ」だという言語環境の中で、「言むけ」なる言葉が創造された時の、その言葉の発散するエネルギーを想像してみなければならない。「面」の「言」への転換、そのことのうちに、安萬侶の言葉に対するセンス、文字一つのもつ力、そして『古事記』の政治思想が凝縮されていた。

2　「荒ぶる神」を「和す」

「荒ぶる神」とは、「言むけ和」されるべき存在であり、この点で、討滅さるべき「悪《あ》しき神」とは根本的に異なるものであった。「悪しき神」は、須佐之男命の涕泣の件りや天照大御神の天岩屋戸こもりのエピソードに登場するもので（後者には「万の神」とあるが「悪しき神」の意であることは文脈から明らかである）、「高天原」にも「葦原中国」にも潜伏しているところの、「万の物の妖」を惹起させる神である。

速須佐之男命、命《よ》さしし国を治めずて、八拳須《やつかひげ》、心前《こころさき》に至るまでに啼《な》きいさちき。その泣く状《かたち》は、青山は枯山《からやま》なす泣き枯らし、河海はことごと泣き乾しき。ここをもちて、悪しき神の音《おとなひ》、狭蠅《さばへ》なす皆満ち、万の物の妖《わざはひ》ことごと発《おこ》りき〔四四頁〕

中巻になると、「悪しき神」にかわって「悪しき人」が登場するが、「悪しき神」や「悪しき人」は、弓矢によって射られたり、武器によって撃たれるべきものであった。このことは、天神御子の降臨の準備のために使者として「葦原中国」に派遣した天若日子《あめのわかひこ》から、思いもかけず反逆の弓矢をうけた高御産日神が、

もし、天若日子、命《みこと》を誤たず、悪しき神を射つる矢の至りしならば、天若日子に中《あた》らざれ。もし、邪《きたな》き心あらば、天若日子、この矢にまがれ〔八〇—八一頁〕

とのべてその矢を逆に「葦原中国」に放ったという件りや、『古事記』中巻の倭建命の物語りにおける、

天皇、すでに吾を死ねと思ほすゆゑにか、何とかも西の方の悪しき人等を撃ちに遣《や》りて、返り参上り来し間、いまだいくだもあらねば、軍衆《いくさびとら》を賜はずて、今さらに東の方十あまり二つの道の悪しき人等を平らげに遣らむ〔一

六一―一六二頁〕という一節によって知ることができる。「悪しき神」「悪しき人」の用例は、前記の二例のほかにはこれだけであるから、「悪しき神」「悪しき人」が討滅さるべき存在として考えられていたことは確実であろう。

これに対して、「荒ぶる神」は、「万の妖」を惹起するような存在ではなかった。反対に、「葦原中国」の完成という偉大な事業を完遂した神々である。「荒ぶる神」は、また、「高天原」に敵対する神でもなかった。それは、「言むけ」から天神御子降臨にいたる物語りを想起すれば明らかである。国譲りは、「荒ぶる神」の武力抵抗など全くなしに、平和的交渉に応ずる自発的服従すなわち「言むけ」によって果された。反逆や武力行使の物語りも登場するが、それは、「荒ぶる神」ではなく、むしろ「高天原」の使者にかかわるものであった。しばらく物語りの展開をおってみよう。

天神御子の降臨の準備のために、最初に使者として「高天原」から「葦原中国」に派遣された天菩比神《あめのほひ》（天照大御神の第二子）は、素手で交渉にむかっていった。使者自身が大国主神に心服してそこにとどまったために最初の「言むけ」は失敗した。使者の二番手に天若日子《あめのわかひこ》が選ばれ、これには武器が授けられたが、この神はその武器で「高天原」に反逆するにいたり、二度目の「言むけ」の試みも失敗した。使者の三番手として選ばれ、国譲りの交渉に成功したのは、「葦原中国」で誕生し、おそらくは天照大御神とともに昇天して「高天原」の神となった建御雷之男神《たけみかづちのを》であった〔記三五頁〕。剣から生まれた勇猛な刀剣神・雷神を意味するこの神名には、敵対者があればこれを武力制圧しようとする「高天原」の意思が示されており、実際に、建御雷之男神は武器をかざして交渉にのぞむのであるが、大国主神側の態度は、武力反抗というような敵対的なものではなかった。すでにのべたように、大国主神は子の考えに従うといい、子の八重言代主神は別天つ神の神意をうかがってただちに服属、もう一人の子の建御名方神は「力競べ」を挑むものの、武力反抗ではなく、建御雷之男神の力を知って帰順した。

このように、当初は、使者が一切の武器をもたない、純粋の平和的交渉であった。最終的には、建御雷之男神という武神の武力を背景としての交渉となったが、そうなったのは、「葦原中国」の「荒ぶる神」のせいではなく、天若日子という「高天原」の神を原因としていた。「高天原」の神々と「葦原中国」の神々との間には、武力的反抗・武力的制圧の関係は存在しなかった。天神御子の降臨の時に、猿田毗古《さるたびこ》のようなきわめて従順な国つ神が、天神御子の道案内役として登場する説話もここで想起されるべきである〔記八九頁以下〕。天神御子降臨に際して、国つ神は何ら武力反抗を行なわなかったばかりか、建御雷之男神や猿田毗古などの行動に明らかなように、積極的に協力しさえしたのである。

天神御子降臨以外の場面においても、「国」や「海」の神々は、多くの場合、「高天原」に対して敵対的ではなかった。そもそも、天照大御神が「地」で生まれた神で、「高天原」にとっては外来の王であったことが想起されねばならない。そして、須佐之男命、大国主神、大山津見神、大綿津見神、建御雷之男神、猿田毗古、どの神々をとっても、「地」の神々は天照大御神に対して、時に献身的ともいえる忠誠的態度を示すのである。「荒ぶる神」といえば、私はまず、建速須佐之男命を想起するが、この神は、これまでの全ての研究の結論とは反対に、この上ない善神であり、根本において、天照大御神に深い忠誠心を示す神であった（第二部）。

従って、「荒ぶる神」とはいっても、「荒」という語にネガティブな意味だけがこめられているとは考えられない。「荒」という語が、一般的に、ネガティブな意味だけを有するわけではないことにも注意しておこう。「荒」は「和」と対をなし、両者は、あるものに内在する相対立する一対の有益な性質を示す言葉であった。たとえば、「荒御魂《あらみたま》」と「和御魂《にぎみたま》」、「荒たへ」と「和たへ」。「荒御魂」は「神霊の動的で勇猛な面を尊んでいう。ミタマについての信仰で、その強力な、創造的なはたらきを神格化したもの」〔上代〕といわれるようなもので、たとえば天照大御神の「荒御魂」は伊勢神宮の荒祭宮に祭られる。「荒たへ」は、「荒たへの布衣《ぬのきぬ》をだに着せがてに斯くや嘆かむ為《せ》むすべを無み」〔万葉集九〇二〕の歌が示すように、相対的に価値の低いものではあるが、神祇令祭祀における神々に対する幣帛のうちに「荒たへ」も数え上げられていることに見られるように〔祈年祭や大嘗祭の祝詞〕、決して、献上することが憚られる悪しき物なのではない。「荒」とは、端的に、「野性・自然のままで、洗練されず、柔和さなどの加わっていないさま」〔古小〕にすぎない。「荒ぶる神」とは、単に、単純素朴な野性的神ということなのではなかろうか。第二部で、「荒ぶる国つ神」の代表的存在である建速須佐之男命について、その神名は、〈強さ（建）・速さ（速）・勢い（須佐）〉を意味していることをのべるが（四五五頁）、この神性を一言で表現した言葉が、「荒」なのではなかろうか。それは決して捨てさられるべき悪性なのではなく、本質的には、「荒御魂」の「荒」と同様に創造的エネルギーに富み、「葦原」の「葦」とも通底するポジティブな性質としても語られているのではなかろうか。後に、降臨した天照大御神の子孫たちが、「国」や「海」の神の女たちと聖婚をくり返して、「地」の世界の呪能を獲得していく物語りを考察するが（二四六頁以下）、それは、端的に、「荒ぶる神」に固有の創造的エネルギーを、天神御子たちが獲得していく物語りに外ならなかった。

「荒ぶる神」は、研究史上、はなはだしい誤解をうけてきた。しばしば、「悪しき神」と同一視されてきたからである。それは、須佐之男命についての根本的誤解と通底するものであり（第二部）、『古事記』の本質にかかわる重大な誤謬である。

誤謬は、遠く、宣長に遡る。それは、端的に、「悪神」を「あらぶる神」と訓んだことに現われていた〔記伝九巻三〇〇頁〕。宣長がそう訓んだのは、『古事記』の須佐之男命の涕泣の件りの、

悪しき神の音、狭蠅《さばへ》なす皆満ち、万の物の妖《わざはひ》ことごと発りき（①）

と、同じく『古事記』の天神御子降臨の段の冒頭の、

葦原中国……此国に道速《ちはや》ぶる荒ぶる国つ神等の多《さは》にある（②）

と、『日本書紀』天孫降臨の段における、

・皇孫《すめみま》火瓊瓊杵尊《ほのににぎのみこと》を葦原中国に降し奉るに至るに及びて、……葦原中国は……昼は五月蠅《さばへ》なす沸《わ》き騰《あが》る（第六の一書）〔紀上一六〇頁〕

・彼の地《くに》に、多《さは》に蛍火《ほたるび》の光《かがや》く神、及び、蠅声《さばへな》す邪《あ》しき神有り（本文）〔紀上一三四頁〕

という文章（③）を関連づけて理解したためであった。『日本書紀』の文章（③）が、一見すると、『古事記』の①と②を合成したような内容であるために、これが媒介となって、①の「悪神《あしきかみ》」と②の「荒ぶる神」が等置され、さらにそれが、『日本書紀』の「邪神」と同じものとされたのである。西郷説も同様である。氏は、「悪神」の訓みについて、「あしき神」よりも「あらぶる神」の方が「勢があっていい」とされ、さらに『古事記』の「荒振神」と『日本書紀』の「蠅声す邪しき神」とを同一視して、「『荒ぶる国つ神等』がうじょうじょいるのは、葦原中国の本質と切りはなせない」（傍点原文）とのべる。「書紀一書に、葦原中国を『邪ぶる鬼』の棲む地としているが、つまり高天原から見るならば、それはデーモンどもの蟠居する混沌たる未開の世界であり、それ故にことむけらるべき地であった」とされるのである〔67b二〇頁以下、記注一巻二四一頁以下、二巻一六〇頁〕。倉野氏は、「悪神」を正しく「あしき神」と訓んだが〔記全二巻三三八頁〕、訂正されたのは訓みだけで、「葦原中国」像ないし「国つ神」像は全く改まっていない。すなわち、氏によれば、「葦原中国」は、「高天原からすれば、天孫の降臨を見るまでは、黄泉国（根国）と同一視されて、荒振神・残賊強暴横悪之神・蠅声邪神・邪鬼等の跳梁するところ」であった〔記全二巻二六〇頁〕。

第二部で検討する須佐之男命の場合と同様に、「荒ぶる神」は致命的な損傷を蒙っているといわねばならない。代表的な『古事記』註釈書がこぞってこのような理解を示していることは、驚くべきことであるが、その驚くべきことを実際に生じせしめた原因は、『日本書紀』と『古事記』との混同であった。右の三つの説は共通して、『古事記』の「荒ぶる神」を、『日本書紀』の「邪神」「邪鬼」を呼びこんで理解しようとするのである（倉野氏は、『日本書紀』の表現であることを明示していないが、「荒振神」の次に引用された「残賊強暴横悪之神・蠅声邪神・邪鬼」は全て『日本書紀』の表現である)。

しかし、『日本書紀』の「邪神」「邪鬼」と『古事記』の「荒ぶる神」とは、全く異なる性格の神であった。すでに引用した文章からも察せられるように、『日本書紀』の「邪神」は『古事記』の「悪神」に通ずるものである。それ故に、『日本書紀』本文の天孫降臨の段では、

皇祖《みおや》高皇産霊尊《たかみむすひ》、……皇孫《すめみま》天津《あまつ》彦彦火瓊瓊杵尊《ひこひこほのににぎのみこと》を立てて、葦原中国の主とせむと欲す。然も彼の地《くに》に、多《さは》に蛍火《ほたるび》の光《かかや》く神、および蠅声《さばへな》す邪《あ》しき神有り。復、草木、ことごとく能《よ》く言語《ものいふこと》あり。故《かれ》、高皇産霊尊、八十《やそ》諸神《もろかみ》を召し集へて、問ひて曰はく、「吾、葦原中国の邪しき鬼を撥ひ平げむと欲す」〔紀上一三四頁〕

というように、「邪神」「邪鬼」は、言むけ和されるべきものではなく、「撥《はら》」われるべきもの、すなわち追放さるべき存在であった。使者は大己貴神《おほあなむち》に対して、

高皇産霊尊……先づ我二の神を遣して、駈除《はら》ひ平《し》定《づ》めしむ〔紀上一三八頁〕

というように語りかけ、ここでも大己貴神は国譲りに同意するが、最後まで服従しない神々もあり、最後は、

二の神、諸の順《まつろ》はぬ鬼神等を誅《つみな》ひて、果《つひ》に復命す〔紀上一四〇頁〕

ということになった。『日本書紀』は一貫して、邪神・邪鬼・鬼神の「撥」「駈除」(追放)や「誅」、要するに、支配する側と支配される側との間に一切の共同的関係を認めない武力鎮圧を語るのであり、『古事記』の「言むけ和す」思想とは根本的に異なるといわねばならない。

神野志氏の「荒ぶる神」論は、表面上は、右のような議論とは異なるものである。氏は、『日本書紀』と『古事記』とが性質を異にする別個の作品だということを強く自覚されており、「荒ぶる神」と「邪神」「邪鬼」とを無造作に等置するような議論は行なわない。「荒ぶる神」が即「悪しき神」だというような議論も存在しない。けれども、氏の

「荒ぶる神」論は、実質的には、『古事記』研究の主流と同一の誤謬に陥ったように思われる。「荒ぶる神」を論ずるに、方法論上の過誤もあったように思われる。というのも、「荒ぶる」という表現の意味を確定するにあたって、氏は、「それは次に引く『日本書紀』崇神十年七月の詔などともに最もよく理解されよう」と述べられ、

> 民を導く本は、教化《をしへおもぶ》くるに在り。今、既に神祇を礼《ゐやま》ひて、災害皆耗《つ》きぬ。然れども、遠き荒人等、猶、正朔《のり》を受けず。是、未だ王化の習はざればか〔紀上二四二頁〕

を引用されて、

> 「王化」=「教化」は、天皇をその根源とする「礼」の秩序に外ならず、それこそ「正朔」であり、その及ばないものは「荒」ぶるもの、「災害」をなすものなのである〔83一七一頁、傍点水林〕。

と結論づけられるからである。表面上、「邪神」「邪鬼」と等置されることはないが、しかし、実質的には、それと同様のことが行なわれているのではなかろうか。少なくとも、『日本書紀』がよびこまれ、その結果、「荒ぶる神」は「災害」をなす神とされるのである。それは、「荒ぶる神」を、「万の物の妖」を惹起する「悪しき神」と同一視するに等しいのではないか。

しかし、「荒ぶる神」は「万の物の妖」や「災害」を、その神性の故に惹起するような神なのではない。そのようなことは、『古事記』のどこにも書かれていない。むしろ、すでに述べたように、反対の事が語られている。神野志氏が、右のような「荒」の解釈を、『古事記』からは導かず、氏自ら強調する大原則をおかして、『日本書紀』から導いたのは、『古事記』にはそのような解釈を許す要素が存在しないことの何よりの証左ではなかろうか。

本来ならば、『日本書紀』の政治思想と『古事記』のそれの全体的比較研究をふまえて主張すべきことであるが、第二部で試みるスサノヲ神話の記紀比較研究や、右の「荒ぶる神を言むけ和す」という『古事記』の思想と「邪神・邪鬼を撥ふ（駈除ふ）」「鬼神を誅ふ」という『日本書紀』の思想の比較から、次のような見通しをもつことは許され

よう。すなわち、『古事記』の天神御子降臨神話は、「高天原」の神が、「葦原中国」を「作り成し」た偉大な「荒ぶる国つ神」を「言むけ和し」、これから「葦原中国」を譲り受ける物語りであるのに対して、『日本書紀』本文のそれは、善なる「天」の神が、「邪神」「邪鬼」たる「国」の神々を鎮圧して、そこに正当なる支配をうちたてる物語りであるということ、これである。『日本書紀』は、あたかも植民地支配のためのイデオロギーのごとくであり、『古事記』は、支配服属関係を、それとは反対の共同的関係として意識させようとするイデオロギーなのである。二つの作品には、王権とその支配に服する者との支配従属関係をどのように意味づけるかという点で、対蹠的ともいえる思想が見られるのであり、それ故、「荒ぶる神」の理解のために、「邪神」「邪鬼」などをよびこんではならないのである。しかしながら、『古事記』研究の主流は、まさにその混同をおかし続けてきたのであった。『古事記』の本質は、深い霧に包まれて、正当に発見されることがなかったといわなければならない。

3　「葦原中国を、言むけ、和し、平ぐ」

「言むけ和す」は、さらに、「平《たいら》ぐ」という動詞と結合されて、「言むけ、和し、平ぐ」という表現が形成された。それを受けて、「平ぐ」という動詞も単独で用いられた。建御雷之男神《たけみかづちのをかみ》が「言むけ和す」事業を終えて「高天原」に帰還し、天照大御神に報告する件りにおいて、これらの表現が登場する。

故、建御雷男神、返参上《かへりまゐのぼりて》、復《かへりことまをしき》下奏a言二向、和、平、葦原中国一之状《さま》上。尓《しかして》、天照大御神・高木神之命《みこともちて》以、詔《のらししく》二太子《ひつぎのみこ》正勝吾勝々速日天忍穂耳命一、「今、b平二訖、葦原中国一之、白……」(記桜七三頁)。

ここでは、訓み下し文ではなく原文に返り点を付して引用したが、それは、「平」という語についての訓みそれ自体が、研究史上、問題とされてきたからである。右に、私が「言むけ、和し、平ぐ」と訓んだのは、一つの立場を選択したことを意味する。そこでまず、引用文中のaとbの部分がどのように訓まれてきたかを、表12にまとめてみよう(諸本の順番は発行年順)。

bについては、かつては、「平」をも「ことむく」と訓む宣長説〔記伝〕が支配的であったが、神田氏の「たいらぐ」〔記朝〕という訓みの登場以来、大勢は後者に傾いてきた。「平」を「ことむく」というように訓んだ例は、『日本書紀』の古訓などには見出せず、一般には「たいらぐ」と訓まれるとのことであるから〔神野志83一四三頁〕、この傾向は首肯できるところであり、「平」は「たいらぐ」と訓まれねばならないであろう。

これに対して、aについては、「平」を独自の動詞としては評価せずに「言向和」に吸収してしまって、四語あわせて「ことむけやわす」と訓む宣長説ないしこれを若干修正した倉野説〔記文〕が今日に至るまで支配的で、「平」をあくまで「たいらぐ」という独立の動詞として考える神田氏の訓みはほとんど孤立の状態である。しかし、ここも、

【表12】「言向和平」の訓み

	a	b
記伝	コトムケヤハシヌルサマ	コトムケヲヘヌ
記文	コトムケヤハシツルサマ	コトムケヲヘヌ
記朝	コトムケヤハセタヒラゲシサマ	タヒラゲヲハリヌ
記注	記文に同じ	記伝・記文に同じ
記談	記文に同じ	記伝・記文に同じ
記潮	コトムケヤハシツルカタチ	タイラゲツ
記思	記文に同じ	タイラゲヌ
記小	記文に同じ	タイラゲヲヘヌ
記角	コトムケヤハシシサマ	記伝・記文に同じ
記桜	コトムケヤハシツルサマ	タイラゲツ

神田氏の訓みに従うべきではなかろうか。bの「平」は、aの「言向和平」の最後の「平」を受けているのであろうから、bを「たいらぐ」と訓む以上、aも、「ことむけやわし、たいらぐ」と訓まねば一貫しない。逆に、aを「ことむけやわす」と訓むならば、bは「たいらぐ」とは訓み難いはずであり、そうだとすると、たとえば、宣長の訓に戻って「ことむく」とでも訓むことになろうが、これは、すでに述べたように適当でない。要するに、ここは、神田氏のさし示した方向で訓むべきだと考えるのである。

文脈からせめても、「言向和平、葦原中国」は、「葦原中国を言むけ和し平ぐ」と訓まねばならないように思われる。「平」のない「言むけ和す」の目的語は「荒ぶる神」で、

【図13】「さやぎ」「平らぎ」「荒」「和」の構造連関

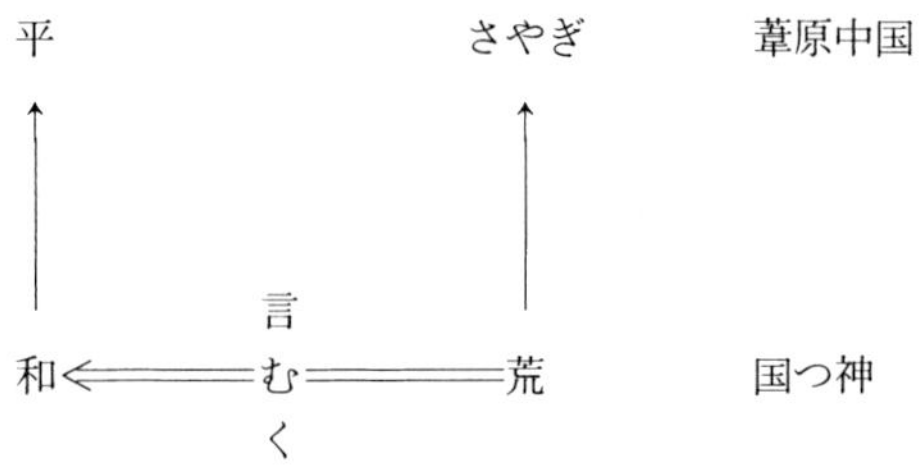

「荒ぶる神」の「荒」と「言むけ和す」の「和」が対応しているのであるが、「言向和平」の目的語は「葦原中国」で、「平ぐ」は、天忍穂耳命が初めて降臨を試みた時に「豊葦原千秋長五百秋之水穂国はいたくさやぎてありなり」と述べた際の「さやぐ」に対応しているのだと考えられるからである。「荒」が「さやぎ」を惹起しているのだから、「荒」を「和」にすれば、「さやぎ」は終り、「平らぎ」がもたらされるというのが「高天原」の神々の思考であろう（図13）。『古事記』は、諸部分が見事に響き合う語りの構造を有しているのであって、「平」を「言向和」に吸収してしまう通説は、『古事記』の作者が意識的に追求したのであろう美しい言語秩序の構造を、正当に評価していないように思われる。

「平」とは、「さやぎ（乱）」（上代）のない状態、すなわち平穏な状態、秩序のある状態のことである。「平ぐ」とは、そのような状態をもたらすことである。この状態は、『古事記』の当該部分では、平和的交渉によってもたらされ、『日本書紀』においては、武力鎮圧によって獲得されたのであるが、『古事記』における「平ぐ」の用例を、中巻を含めて広く検討してみると、「平ぐ」は一般に和戦両様の手段と結合しうる動詞であったようである。

斬《きり》二波《は》布《ふ》理《りき》、其軍士《いくさびと》一、故《かれ》、号《なづけて》二其地一、謂二波《は》布《ふ》理《り》曾《そ》能《の》一。如レ此平訖《たひらげをへ》、参上《まゐのぼりて》、覆　奏《かへりことまをしき》〔記桜一一四頁〕

というのは、武力による「平ぐ」の用例であり、

言《こと》二向《むけ》、和《やはし》、平《たひらぐ》、山河荒神《あらぶるかみ》、及、不レ伏人等《まつろはぬひとびと》一〔記桜一三一頁〕

は、平和的交渉による「平ぐ」の用例である。

『古事記』は、天忍穂耳命が最初に降臨を試みた際に、「葦原中国」が「さやぎ」の状態にあり、建御雷之男神が

「言むけ和」すことによって「平ぎ」の状態になったと述べるのであるが、しかし、「葦原中国」は、「言むけ和」される以前に、本当に無秩序であったのかといえば、決してそうなのではなかった。大国主神による「国作り」の完成（葦原中国王権の成立）とは、とりもなおさず、「葦原中国」に秩序をもたらす事業にほかならないからである。『古事記』中巻の崇神天皇の三輪山祭祀の件りに、疫病の流行に悩んでいた天皇に対して、大物主神が、

令レ祭二我前一者、神気不レ起、国亦安《やすく》平《たひらぐ》〔記桜一一〇頁〕

と述べ、これを受けて、天皇が、大物主神を祭れば、

天下《あめのした》平《たひらぎ》、人民栄《さかえなむ》〔記桜一一一頁〕

と述べたという説話があるが、これは、すでにのべたように、かの、大国主神が大物主神を祭ることによって「国作り」を完成させた物語りと響きあっているとみなければならない（一〇八頁）。「国作り」とは、「葦原中国」内部で、自律的に「平」なる状態（秩序）をもたらす事業だったのである。

そうだとすれば、建御雷之男神が「平」げたというのは、「葦原中国」内部の国つ神にとってはすでに「平」であったが、よそ者の「高天原」の神々にとっては、国譲りの同意を得るまで、なお「さやぎ」であったということにすぎないのではなかろうか。先に、「荒」をネガティブなニュアンスの言葉としてのみ解することは問題であることを述べたが、かりに、問題の文脈ではネガティブな意味に使用されているとしても、それは、「高天原」の神々の主観において「荒」であり、それ故の「さやぎ」である、ということにすぎないのではなかろうか。

このように考えてくると、「葦原中国」が「さやぎ」の状態にあるとか、国つ神は「荒ぶる神」であるという表現が、国譲りの交渉史が語られる上巻においては、「高天原」の神々の会話文の中に集中的にあらわれることが、重大な意味をもっているように思われてくる。

物語りを語る様式について、一般に、地の文は、作者が真理を語る場合の文章形式であり、会話文は、作者が登場

人物をして、その人物の主観的立場を表明させるための文章形式である、ということができよう。登場人物をして、作者が真理と思うものを語らしむるということもあるが、しかしそこで語られるのは、真理というよりも作者が真理と思うものであり、かかる表現形式は、そのような真理の相対性を明示する機能を有する。相対的真理は、もちろん、地の文によっても語られうるが、地の文は、それとは異質な、絶対者が語る真理を作者が絶対者にかわって語るという機能をも持つことができる。絶対者が語る真理といっても、それは作者が絶対的な真理だと思っているものにすぎないのであるが、作者が真理性を信ずるその度合に、質的な相違があるのである。要するに、作品の中で語られる主張のなかには、主張の真理性の観点から、①絶対者になりかわって作者が語るところの真理、②作者が真理と思うもの、③作者は真理とは思わないが、ある当事者にとっては真理とみなされているもの、の三種があり、①はもっぱら地の文で、③はもっぱら会話文で(間接話法を含む)、②は地の文と会話文の双方で表現されることになろう。

右の原則は『古事記』についても妥当するように思われる。「さやぎ」や「荒ぶる神」という言葉が「高天原」の神々の会話文の中に集中的にあらわれるということは、これらの言葉を用いて表現される事柄が、①の範疇に属するものではないことを暗示するものではなかろうか。②であるのか、それとも③であるのか、その結論は『古事記』を全体として読むことからしか導きえないが、私は、③であると理解する。すなわち、国つ神をもっぱら「荒ぶる神」としてうけとめる観念、「荒ぶる神」の旺盛なる活動を「さやぎ」としか評価しえないものの見方、「言むけ」によって初めて「さやぎ」が終息し「平ぎ」が実現したのだという観念、これらは、「高天原」の神々の主観においてのみ成立しており、国つ神の主観においては、「葦原中国」は大国主神の「国作り」の完成以来、すでに「平」であるのであり、そして、「国作り」の物語りを客観的に語った『古事記』の作者は、この国つ神の主観を真理とみなしていたに相違ないと考えるのである。

私は、このように言う時、「高天原」における天照大御神と建速須佐之男命の物語りを思い出している。すなわち、建速須佐之男命の昇天の時に、「山川ことごと動み、国土みな震《とよ》」れ動いたことによって、天照大御神は、「我が那勢命の上り来ますゆゑは、必ず善き心にあらじ。わが国を奪はむとおもほすにこそ」と考えたのであるが、それは全くの邪推であったという物語りである〔記四五頁以下〕（第二部四四四頁以下）。「高天原（表）」の神々には、建速須佐之男命の〈強さ・速さ・勢い〉に象徴的に示されるところの、「国」の神々の旺盛なる活動力を正当に評価しえない欠陥が存在するのであった。その誤りを、まずは天照大御神がおかし、そして、その子の天忍穂耳命がおかしたのである。

天神御子・天皇は、このままでは、到底、「葦原中国」の正当な王などにはなりえない。「国」の神々について、正しく認識できるようにならなければならず、さらに、自らが、「国」の神々の具有する旺盛なる活動力を持つようにならなければならない。それなしには、「葦原中国」に君臨することなど、思いもよらぬことである。実際、天神御子・天皇は、「葦原中国」の王たるべく、そうした力を獲得してゆかねばならなかった。それこそ、さきに「根の堅す国」について論じた際に言及し、後に詳論するところの、「日子《ひこ》」が「根子日子《ねこひこ》」に転成してゆく物語りなのであった（二四六頁以下）。

二　国譲りの対価

「高天原」の神々の努力が実って、「葦原中国」の王たる大国主神の「言むけ」が実現し、大国主神は天照大御神の子孫に「葦原中国」を「献」ずることになった。しかし、それがまさに高天原王権の申し出に対する自発的な国の献上（贈与）であったが故に、高天原王権は、国の献上に見あう相応の対価を負担（返済）しなければならなかった。具体的には、高天原王権が、天照大御神の子孫たちが住むであろう宮殿と同様に立派な宮殿を、大国主神のために造営することである。

このことは、国譲りの物語りの大詰め、天神御子降臨の直前の件りで語られるのであるが、私は、このような解釈を、宣長以来の通説に従って述べているのではない。宣長は、天照大御神が大国主神のために宮殿を造営するばかりか、「天之御饗《あめのみあへ》」を「献《たてまつ》」ったとさえ解釈しているのであるが、そのような解釈は誤謬であるとする加藤義成氏〔77〕や矢嶋泉氏〔88〕の研究をふまえた上で、なお、右のように主張したいと思うのである。問題の一節の原文は次のごとくであった。

①（建御雷之男神、）更且《さらにまた》還来《かへりきて》、問二其大国主神一、

「汝子等、事代主神《ことしろぬし》・建御名方神《たけみなかた》二神者、随《まにまに》二天神御子之命一、勿レ違白訖《たがはじとまをしつ》。故、汝心、奈何《いかに》」。

② 尓《しかして》、答白之《こたへまをししく》、

「僕子等《あがこ》二神随レ白《まをすまにまに》、僕之《あも》不レ違。此葦原中国者、随レ命《みことのまにまに》既献也。唯《ただ》、僕住所者《あがすみかのみは》、如二天神御子《あまつかみのみこ》之天津日継《あまつひつぎ》所レ知《しらしめす》之登陀流《とだる》天之御巣《あめのみす》一而、於二底津石根《そこついはねに》一宮柱布斗斯理《ふとしり》、於二高天原一氷木多迦斯理《ひぎたかしりて》而、治賜者、僕者於二百不レ足《ももたらず》八十坰手《くまで》一隠而侍。亦、僕子等百八十神者《ももやそのかみ》、即、八重事代主神《やへことしろぬし》、為二神之御尾前《みをさき》一而仕奉者《つかへまつらば》、違神《たがふかみ》者非也」。

③ a如レ此之《かくまをして》白而、於二出雲国之多芸志之小浜《たぎしのをばま》一、b造二天之御舎《みあらか》一而、水戸神《みなとのかみ》之孫櫛八玉神《くしやたま》、c為二膳夫《かしはてになり》一、d献二天御饗《あめのみあへ》一之時、e禱白而《ほきまをして》、櫛八玉神、化レ鵜《うになり》、入二海底一、咋二出《くひいで》底之波迩《はに》一、作二天八十毗良迦《あめのやそびらか》一而、鎌二海布之柄《かりてめのから》一、作二燧臼《ひきりうす》一、以二海蓴之柄《こものから》一、作二燧杵《ひきりぎね》一而、横二出《きりいだして》火一云、

「是我所レ燧火《きれるひ》者、於二高天原一者、神産巣日御祖命之、登陀流《とだる》天之新巣《あめのにひす》之凝烟《すすの》之、八拳《やつか》垂麻弖《たるまで》焼挙《たきあげ》、地下者、於二底津石根一焼凝《たきこらして》而、栲縄《たくなはの》之、千尋縄《ちひろなは》打莚《うちはへ》、為レ釣海人《つりせしあまの》之、口大《くちおほの》之、尾翼鱸《をはたすずき》、佐和佐和迩《さわさわに》、控依騰《ひきよせあげて》而、打竹《うつたけの》之、登遠々登遠々迩《とををとををに》、献《たてまつる》二天之真魚咋《まなぐひ》一也」〔記桜七二―七三頁〕

①および②の解釈については、諸研究が基本的に一致している。①は建御雷之男神が、大国主神に対し、〝あなたの子供たちは国の献上に同意したが、あなたの意思はどうか〟と尋ねる場面であり、②は、これに対して、大国主神

が、〃私も葦原中国を献ることに同意する。天神御子の宮殿と同様に立派な宮殿を造営してくださるならば、遠い辺境の地に隠れておりましょう〃などと答える場面である。問題は③の部分である。

③aの「如此之白」は、①の「問其大国主神」、②の「尓、答白之」を受けての表現であるから、「白《まを》」したのが大国主神であることは動かない。原文は、そのまま、主語の転換を示すことなく、bの「造天之御舎」へと繋がるのであるが、宣長は、この「天之御舎」は、②において大国主神が高天原王権に要求した大国主神の「住所」(宮殿)のことであり、「造」る主体は高天原王権で、明示はされないが、bでは主語が転換しているのだと解した。一見すると「住所」は「天之御舎」のごとくであるから、この推論は自然であるように感じられるが、実は、大きな無理がともなっていた。というのは、「如此之白而、……造天之御舎」というように、二つの動詞(「白」と「造」)が「而」によって結びつけられているのであるが、『古事記』では、主語の転換の表示の省略はいくらも存在するものの、「而」で結合された動詞間では主語の転換のないことが例外のない原則のようだからである。そこで、宣長は窮して、「如此之白而」と「於出雲国」との間に、「乃隠也、故、随白而(スナハチカクリマシキ、カレ、マヲシタマヒシマニマニ)」という文章を補うことになった。そうした処置を施した上で、宣長は、cdeの文章の主語を一貫して高天原王権とする。すなわち、高天原王権が櫛八玉神を膳夫として、大国主神に「天之御饗」を「献」り「禱白《ほきまを》」す、と理解したのである〔記伝十巻一二二頁以下〕。

このような解釈は、まず、倉野氏によって批判された。ここでも、「天之御舎」が②にいう「住所」であるとされるが、「造天之御舎」の主語を高天原王権と解することは、原文の構造からして無理で、「如此之白而」と同様に大国主神と解さなければならないとする。「造」の前に、〃天つ神の諒解を得て〃という意味の文章が言外に省かれているという見解であり、天照大御神の承諾のもとに大国主神がその「住所」を造営したというのである。c以降は、その延長線上に、「葦原中国」内部で完結する話として解釈されることになった。すなわち、櫛八玉神は自らの意思で膳夫と「為」り、大国主神に「天之御饗」を「献」り、「禱白」すのである〔記全四巻一一二頁以下〕。

以上のような諸解釈は、加藤氏や矢嶋氏によって根本的に批判されることになった。通説批判の功績はまず加藤義成氏に帰せらるべきことを明記しつつ、以下では、議論がより詳細な矢嶋氏の論文によって通説批判の論理を辿ってみよう。氏は、まず、宣長説が、原文にはない文章を補ってはじめて意味が通ずるような解釈になっていることを批判する。倉野説にも同様の問題があるが、これには、さらに、②で大国主神が高天原王権に「住所」の造営を要求しているにもかかわらず、③では、何の説明もされないままに、「住所」を自ら造営することになる文意上の不自然さが加わるとする。しかし、原文は、解釈者の補足がなければ意味が通らないような文章なのではない。物語りの展開に不自然さの残る文章なのでもない。宣長説や倉野説は、「天之御舎」を「住所」と思いこんでいるので、文章を補う無理をおかしたり、不自然な解釈を甘受せざるをえないことになるのであり、その前提を除去すれば、原文はそのままの形ですっきりと解釈できるとするのである。氏によれば、「於出雲国」以降の文章は、大国主神の高天原王権に対する服属の儀礼を語ったものにほかならない。すなわち、『古事記』中巻以降に散見されるところの、服属者が支配者に対して食事を献上する物語りと同様の物語りであり〔岡田62一八頁以下参照〕、〃大国主神は、多芸志《たぎし》の小浜に、食事献上のための天之御舎を造営し、櫛八玉神を膳夫《かしはて》として、食事を献上し、その時、櫛八玉神は、天照大御神に禱白《ほきまを》した〃というように解釈しなければならないものである。

矢嶋説は、原文に即したごく自然な解釈であって、その妥当性に疑問の余地はないように思われる。しかし、次のような結論はいかがなものであろうか。

・『古事記』〈国譲り神話〉では杵築大社の起源は語られていないといえる。……「ただ、僕が住所は、天つ神の御子の天つ日継知らしめす、とだる天の御巣の如くして……治めたまはば」という大国主神の要求の結末にはふれていないのである〔88一〇頁〕。

・『古事記』〈国譲り神話〉は、『日本書紀』九段一書第二の如く、天つ神側が大己貴神（『古事記』の大国主神に相当する）の住むべき宮を造ってやり、祭祀を確約して終わるのではない。「天御饗」を献上させることで大国主神の服属を決定的に確認するのである。大己貴神との融和をはかる『日本書紀』一書第二とは、その趣旨を異にするというべきなのである〔同上〕。

③の部分が、天照大御神による大国主神のための宮殿の造営の物語りではないということは、それでよい。また、『古事記』国譲り神話が、大国主神の要求の結末に「ふれていない」というのも、それでよい。しかし、『日本書紀』一書第二との相違を強調される氏の文章は、それ以上のこと、すなわち、大国主神が「住所」を要求した物語りは、結末なく終わる、さらには、要求が容れられずに終わるということまでも語っているようでもあるが、もしもそうであるとするならば、それは誤りではなかろうか。高天原王権が大国主神の要求を容れて「住所」を造営した物語りは、当然のこととして、捨象されているにすぎないのではなかろうか。結末がなく終わったり、要求が容れられなかったのでは、②の部分が宙に浮いてしまい、倉野説以上に、不自然なことになるのではなかろうか。この点では、簡略ながら、「大国主神の要求に対する大社の造営は、当然復奏の後要求どほり実現されたものとして、省筆されたものと理解するのが穏当であると考へられる」と推論された加藤説が妥当ではなかろうか〔加藤義成77四七頁〕。

右の想定は、『古事記』に即して証明することができるように思われる。まず、②の部分で、高天原王権が、大国主神のために、天照大御神の御子の宮殿と同様に立派な住まいを造営するならば、大国主神はそこに退去し、子供の神々も八重事代主神を先頭に服従するであろうことが、大国主神の言葉として語られている点である。大国主神がこのように言う以上、高天原王権が大国主神のために住まいを造営しなかったならば、大国主神の退去もなく、子供の神々の服従もないということになろう。しかし、『古事記』にはそのような物語りは存在しない。物語りがないということは、大国主神は退去したのであり、退去するための宮が造営されたのである。

『古事記』中巻にも、国譲りの際に、大国主神の造営がなされたことを示唆する証拠が存在する。『古事記』中巻の垂仁天皇の条に、子供の唖に悩む天皇の夢に大国主神が現われて、

わが宮を天皇の御舎《みあらか》のごと修理《つくろ》ひたまはば、御子《みこ》必ず真事《まごと》とはむ〔一四九頁〕

とのべる件りがそれである。「修理」の語義は、すでに述べたように〔五六頁〕、抽象的・一般的には、〈現にある物（Sein）があるべき状態（Sollen）にないので、あるべき状態に整え正す〉という程の意味であり、物の全く新たな創造の場合には使用されがたい言葉である。新たに造られる場合でも、それは、現にある物が修繕不能なほどに損壊しており、それ故に、「造り替へ」られるのであり、やはり、ある物が不完全な状態で眼前にあることに変わりはないのである。少なくとも、神社について「修理」といわれる時、その意味するところは、全て、既にある神社の修繕にほかならない。その意味で、

淡海《あふみ》の大津の朝《みよ》に、初めて使人《つかひ》を遣《や》りて、神の宮を造らしめき。それよりこのかた、修理ふこと絶えず〔風土記六九頁〕

なる文章は、「造」と「修理」の対立を典型的に示すものであった。天皇が神託に従って、「令レ造二神宮一」〔記桜一二三頁〕という場合の「造」は、おそらくは、「造り替へ」の「造」であろう。「令レ造二神宮一」という文章の少し前に登場する「葦原色許男の大神」が「坐す」「出雲の石硐《いはくま》の曾《そ》の宮《みや》」〔記潮一五一頁、記桜一二三頁〕は、すでにある大国主神の宮であろう。宣長は、大国主神が国を献上する際に、「出雲国の多芸志の小浜」に造営された「天の御舎」を大国主神の宮と解するので、「石硐の曾の宮」は大国主神の宮ではないとするが〔記伝十巻一二三頁、十一巻一二九頁〕、「天の御舎」は大国主神の宮ではないのであるから、「石硐の曾の宮」こそがまさしく大国主神の宮なのである。むしろ、「石硐の曾の宮」が「葦原色許男の大神をもちいつく祝が大庭」とされていることは、「天の御舎」は大国主神の宮ではなかったことを確証するものである。

要するに、あらゆる点から考えて、垂仁天皇の時に、大国主神を祭る神社は、すでに存在していたのである。しからば、その築造の時点はいつであったのか。国譲りに際してとしか考えられないであろう。大国主神の宮の話は、これ以前には国譲りの件りにしかあらわれないからである。

国譲りの段は明示的には語らないけれども、読者は、天照大御神が、大国主神のために、国譲りの代償として、その住まいを造営した物語りを表象しなければならない。『古事記』では、物語りが表象されつつも、叙述の捨象される例は、すでに折にふれてのべたように、枚挙にいとまがないのであり、ここはその一例である。国譲りの物語りは、「大国主神の服属を決定的に確認する」ことだけで終ったのではない。武力平定ではなく、「言むけ」と国の献上の物語りにふさわしく、支配者が服属者に礼をつくす物語りも、言外に語られたのである。それは、一種の贈答（贈与と返済）の物語りであった。贈答の関係は、原理的に、対等者の関係である。それ故に、国譲りと大国主神の宮殿の造営の物語りは、天皇およびその祖先の権威ばかりでなく、国つ神の権威をも語り、天つ神と国つ神の共同的世界を語ろうとした『古事記』の思想に、まことにふさわしいものであった。

第三節　天津日高日子番能邇邇芸命――「葦原中国」への降臨

一　天津日高日子番能邇邇芸命の降臨

1　降臨の命令と呪具の授与

「葦原中国を言むけ和し平ら」げたとする建御雷之男神の復奏をうけて、天照大御神と高御産日神は、大御神の子の天忍穂耳命に降臨を命じた。これに対して、命は、自分と高御産日神の女との間に子（天津日高日子番能邇邇芸命《あまつひこひこほのににぎのみこと》）が生まれたので、その子に降臨を命じられるのがよいと答えた。天照大御神と高御産日神は、この提言をうけいれて、邇邇芸命に降臨を命ずることになった。

①しかして、天児屋《あめのこやね》命・布刀玉《ふとだま》命・天宇受売《うずめ》命・伊斯許理度売《いしこりどめ》命・玉祖《たまのや》命、あはせて五つの伴《とも》の緒《を》を支《わか》ち加へて天降したまひき。ここに、そのをきし八尺《やさか》の勾璁《まがたま》・鏡また草なぎの剱《つるぎ》、また常世の思金《おもひかね》神・手力男《たぢからを》神・天石門《いはと》別《わけ》神を副へたまひて、詔《の》らししく、「これの鏡は、もはら我が御魂《みたま》として、吾が前を拝《いは》ふがごとくいつきまつれ」。次に、「思金神は、前の事を取り持ちて政《まつりごと》せよ」。この二柱の神は、さくくしろ伊須受《いすず》の宮を拝ひ祭りたまひき。次に、登由気《とゆけ》神、こは度相《わたらひ》に坐す神ぞ。次に、天石戸《いはと》別《わけ》神。亦の名は櫛石窓《くしいはまと》神といひ、亦の名は豊石窓《とよいはまと》神といふ。この神は御門《みかど》の神ぞ。次に、手力男《たぢからを》神は佐那々県《さなながた》に坐すぞ。かれ、その天児屋命は中臣の連等が祖《おや》ぞ。布刀玉命は忌部の首《おびと》等が祖ぞ。天受売命は猿女《さるめ》の君等が祖ぞ。伊斯許理度売命は作鏡《かがみつくり》の連等が祖ぞ。玉祖命は玉祖の連等が祖ぞ。

②故《かれ》、しかして、天津日子番能邇邇芸命に詔らして、天の石位《いはくら》離《はな》ち、天の八重たな雲を押し分けて、いつのちわきちわきて、天の浮橋に、うきじまり、そりたたして、竺紫《つくし》の日向《ひむか》の高千穂の久士布流多気《くじふるたけ》に天降りまさしめたまひき……

③ここに、詔《の》らししく、

「ここは韓国《からくに》に向ひ、笠沙《かささ》の御前《みさき》に真来《まぎ》通りて、朝日の直刺《たださ》す国、夕日の日照る国ぞ。故《かれ》、ここはいと吉《よ》き地《ところ》」

と詔らして、底つ石根に宮柱ふとしり、高天原に氷椽《ひぎ》たかしりて坐しき〔九〇―九二頁〕

邇邇芸命につき従った多くの神々は、天皇の時代にいたるまで代々、天神御子・天皇に仕えることになる人々の祖神である。天神御子の降臨に際して、天照大御神は、このような神々に供を命ずるとともに、邇邇芸命に三つの呪具（いわゆる三種の神器）を与えた。すなわち、八尺の勾璁、鏡、草なぎの剣である。鏡は、「これの鏡は、もはら我が御魂として、吾が前を拝ふがごといつきまつれ」と命ぜられたところの、天照大御神そのものを象徴する呪具であった。草なぎの剣は、いうまでもなく、武を象徴する呪具である。そして、八尺の勾璁は、「高天原」の防衛のために天照大御神がこれを着したり、これから天照大御神の子供たちが誕生した物語りなどから判断すれば〔四五頁、四七頁〕、「高天原」の世界そのものを象徴し、体現するような呪具であったと考えられる。

呪具の授与という形ではなく、血の相伝によって、稲作の呪能も、天照大御神から天神御子たちに伝えられていた。天照大御神が稲の呪能を獲得したのは、大御神が、「海原」の援助のもとに「葦原」で誕生した時に、伊耶那岐命が大御神に対して「御倉板挙《みくらたな》の神」（神聖な倉の中の棚に祭った稲霊）という名称の「御頸珠《みくびたま》」を授けたからであった〔記四三頁、記潮神名釈義〕。その呪能は、子孫に伝わった。子の天忍穂耳命の名は「稲穂の神霊」、その子の番能邇邇芸命は「稲穂の豊穣」、その子の穂々手見命は「多くの稲穂が出る神霊」を意味するのであり〔同上〕、呪能が血の線で継承されたことを暗示するのである。

2　践祚と即位儀

(1)　皇位就任儀式体系の概要

天神御子の降臨神話は、八世紀の律令国家時代におけるいくつかの皇位就任儀式のなかの践祚と即位儀の祭儀神話をなすものであった。これからおいおい証明していくことになるが、『古事記』は、皇位就任儀式体系の意味を語った物語りといっても言い過ぎではないような性質の作品であった。『古事記』は太安萬侶という一人の知識人が律令国家の意味について語った政治思想の書であるが、しかし、それは、決して、一私人の政治思想の書であったのではなく、律令という国家法が実定化した皇位就任儀式体系の意味を解きあかしたところの、現実政治を指導する公的性質の政治思想であった。それ故、『古事記』の政治思想は、それによって指導され、実践されたところの、皇位就任儀式を含む宮廷祭祀の研究によって、一層その意味が理解されるようになるのである。天神御子の降臨神話を皮切りに、『古事記』のこれからの物語りに、皇位就任儀式の祭儀神話が次々と登場してくることになるが、以上にのべたような事情から、『古事記』の政治思想の理解のために、その都度、個々の皇位就任儀式に立ち入っていくことにしよう。そして、そのための準備として、ここで、皇位就任儀式体系の概要をのべておかねばならない。

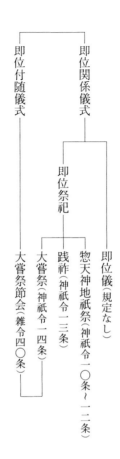

『古事記』の時代の皇位就任儀式体系は、次のようなものであった。

- 即位関係儀式
  - 即位儀（規定なし）
  - 即位祭祀
    - 惣天神地祇祭（神祇令一〇条～一二条）
    - 践祚（神祇令一三条）
    - 大嘗祭（神祇令一四条）
- 即位付随儀式
  - 大嘗祭節会（雑令四〇条）

皇位就任儀式体系は、大づかみに、天皇という地位の発生に直接にかかわる儀式（以下ではこれを、即位関係儀式とよぶ）と、それに付随して行なわれる儀式（即位付随儀式）の二つから構成されていた。そして、即位関係儀式は、さらに、即位儀と即位祭祀の二つから成っていた。

即位儀は、後にみるように、神話によって意味づけられた儀式だったのではあるが、祭祀そのものとは考えられず、それ故、神祇令には規定が存在しなかったものである。神祇令に規定がないばかりではなかった。即位儀は、令のどこにも規定されることがなかった。それは、律令という形態の法の特質に由来していた。律令は、天皇が臣民に対して、臣民の依るべき規範を示した法典であって、天皇自身の地位や権限などについては規定しないのが根本原則であった。天皇は法を与える存在であり、その意味で法を超越しているのである〔石母田85〕。ただし、これには例外があり、祭祀については、天皇それ自身の地位の発生にかかわる皇位就任諸儀式（惣天神地祇祭、践祚、大嘗祭）も神祇令に規定されていたのであるが、それは、天皇といえどもその前に跪かねばならないところの、神々という特殊な存在にかかわる儀式だからであったと考えられる。祭祀における天皇の行為を別とすれば、天皇の行為を規範づける条文は、律令には存在しない。むろん天皇に関係する規定は多々存在するが、それは、天皇に関する臣下の行為について規定したと解されるものであり、天皇は、その反射効としてかかわりを有するにすぎない（たとえば皇位就任儀式のうちの非祭祀としての大嘗祭節会）。この原則は、皇位就任儀式についても例外ではなかった〔溝口90〕。律令国家においては、右の図に見られるように、実に多くの皇位継承にかかわる儀式が存在したのであるが、即位儀についてだけは律令に規定されなかった。このことは、即位儀が非祭祀で、かつ、天皇の地位の発生にかかわる儀式であることを物語るものであった。

即位祭祀として、惣天神地祇祭《そうてんじんちぎさい》、践祚《せんそ》、大嘗祭《おほにへのまつり》の三祭が存在し、最後の大嘗祭には、非祭祀としての大嘗祭節会《せちえ》が付属していた。即位祭祀は、まさに祭祀であるという理由で、天皇の地位の発生に直接にかかわる事項にもかかわらず、神祇令に規定され、大嘗祭節会は、祭祀でもなく、また、天皇の地位・権限そのものについての規定でもないという理由で、雑令に規定されていた（七〇一年の大宝令は伝わらないので、七一八年の養老令を引くが、内容はほぼ同様であったと推測される〔砂川81〕。令の条文番号は日本思想大系『律令』による。以下同様）。

①凡そ天皇即位したまはむときは、惣《すべ》て天神地祇《てんじんちぎ》祭れ……（神祇令第一〇条）

②凡そ践祚《せんそ》の日には、中臣《なかとみ》、天神《あまつかみ》の寿詞《よごと》奏せよ、忌部《いむべ》、神璽《じんじ》の鏡剣《かがみたち》上《たてまつ》れ（神祇令第一三条）

③凡そ大嘗《おほにへ》は、世毎《よごと》に一年、国司《こくし》事行へ、以外《いぐゑ》は、年毎《としごと》に所司《しょし》事行へ（神祇令第一四条）

④凡そ正月一日、七日、十六日、三月三日、五月五日、七月七日、十一月大嘗《おほにへ》の日を、皆、節日《せちにち》と為《せ》よ……（雑令第四〇条）

①が惣天神地祇祭、②が践祚、③が大嘗祭、④が大嘗祭節会についての規定であるが、惣天神地祇祭と大嘗祭・大嘗祭節会については後に言及することとし、以下ではまず、践祚と即位儀についてのべることとしたい。この二つは別個の儀式であるが、皇位就任儀式体系のなかでは、特にこの二つが密接に関連し、後にのべるように、同じ日に挙行されることが多かったからである。

(2) 践祚と即位儀

践祚および即位儀は、持統天皇の即位の時に形を整えてきた。持統紀の持統四(六九〇)年の条には、次のような記事が見えている。

> 四年の春正月の戊寅《つちのえとら》の 朔《ついたちのひ》に、物部麻呂朝臣《もののべのまろのあそみ》、大盾《おほたて》を樹《た》つ。a 神祇伯《かむつかさのかみ》 中臣大嶋朝臣、天神 寿詞《あまつかみのよごと》読む。畢りて忌部宿禰《すくね》色夫知《しこぶち》、神璽の剣・鏡を皇后《きさき》に奉上る。皇后、即天皇位《あまつひつぎしろしめ》す。b 公卿《まへつきみ》 百寮《つかさつかさ》、羅列《つらな》りてあまねく拝みたてまつりて、手拍《う》つ〔紀下五〇〇頁〕

aが践祚であることは疑問の余地がない。神祇令践祚条によれば、践祚とは、中臣による天神寿詞奏上と忌部による神璽鏡剣の奉上の儀式だからである。このことをふまえて、問題は二つ存在する。

一つは、この践祚のことをうけて、『日本書紀』が「皇后、即天皇位す」と記していることである。このことは、ほかならぬ践祚の儀式こそが天皇の即位する儀式であり、践祚の時点で新天皇が誕生することを示すものであった。もっとも、右の持統即位の記事だけからは、右のことが一義的に明確というわけにはいかないのであるが、後述の文武の即位記事や、『令集解』におさめられた大宝令の註釈書「古記」が、「践祚之日、答、即位之日」とのべていることなどと総合して判断するならば、そのことは明らかであるように思われる。

いま一つは、持統の践祚の日の儀式は、践祚によって終了したのではなく、それにbの儀式、すなわち臣下たちが列立して新天皇に拝礼する儀式が連続したことである。『日本書紀』はこの儀式に特に固有名詞を与えていないが、私は、これこそは、新天皇即位のことを内外に公的に明らかにするところの、後年、「即位儀」とよばれるようになる儀式であると考える。

文武元(六九七)年に、持統天皇から位を譲りうけた文武天皇の即位関係記事は次のようなものであった。

a八月甲子の朔、禅《ゆづり》を受けて位《くらゐ》に即《つ》きたまふ。

b庚辰、詔《みことのり》して曰《のたま》はく、「現御神《あきつみかみ》と大八嶋国知らしめす天皇が大命《おほみこと》らまと詔《の》りたまふ大命を、集《うごなは》り侍る皇子《みこ》等・王《おほきみ》等・百官人《もものつかさのひと》等、天下公民《あめのしたのおほみたから》、諸聞きたまへと詔る。……(以下宣命は省略)」(続紀)

aが践祚である。ここには「受禅即位」という表現しか存在しないが、持統から文武へ譲位の意思が伝えられただけとは考えがたい。譲位の意思伝達は、以前に私的には行なわれているはずだからである。いなむしろ、「禅《ゆづり》」とは、八月甲子の日のことではなく、まさにそれ以前に行なわれたに相違ない譲位の意思伝達のことを指しているのではなかろうか。八月甲子の日の儀式は、それ以前の日に行なわれた先帝から新帝への譲位の意思伝達を受けて、即位の儀式としての践祚が行なわれたということではなかろうか。右引用文中の「即位」という表現や前記の「古記」の践祚についての註釈から、八月甲子の日の儀式は、中臣による天神寿詞奏上と忌部による神璽鏡剣奉上であったと推測されるのである。

b以下が、後年『貞観儀式』などにおいて「即位儀」とよばれる儀式であった。本稿では、この言葉を借用して、令制下における詔即位宣命の儀式を即位儀とよぶことにしよう。践祚が即位の儀式なのであるから、それ以外の儀式を、史料上の表現でもないのに即位儀とよぶことは、いたずらに混乱をもちこむことになりかねないけれども、他に適当な呼称も見当らないので、やむをえず、後年の呼称を借用するのである。このことに十分に留意すべきことを強調した上で、さらに、二つの事を指摘しておきたい。第一に、即位儀は、ここでは即位の宣命が詔られる儀式であったこと、第二に、践祚は八月甲子の日に行なわれ、即位儀はそれとは別の庚辰の日に行なわれたことである。第二の

【図 14】 朝賀図（大石真虎画）

この絵は即位儀ではなく，毎年元旦に挙行される朝賀の儀式を描いたものであるが，朝賀儀は即位儀と同一の構造を有していた〔井上 84 一三〇頁以下〕

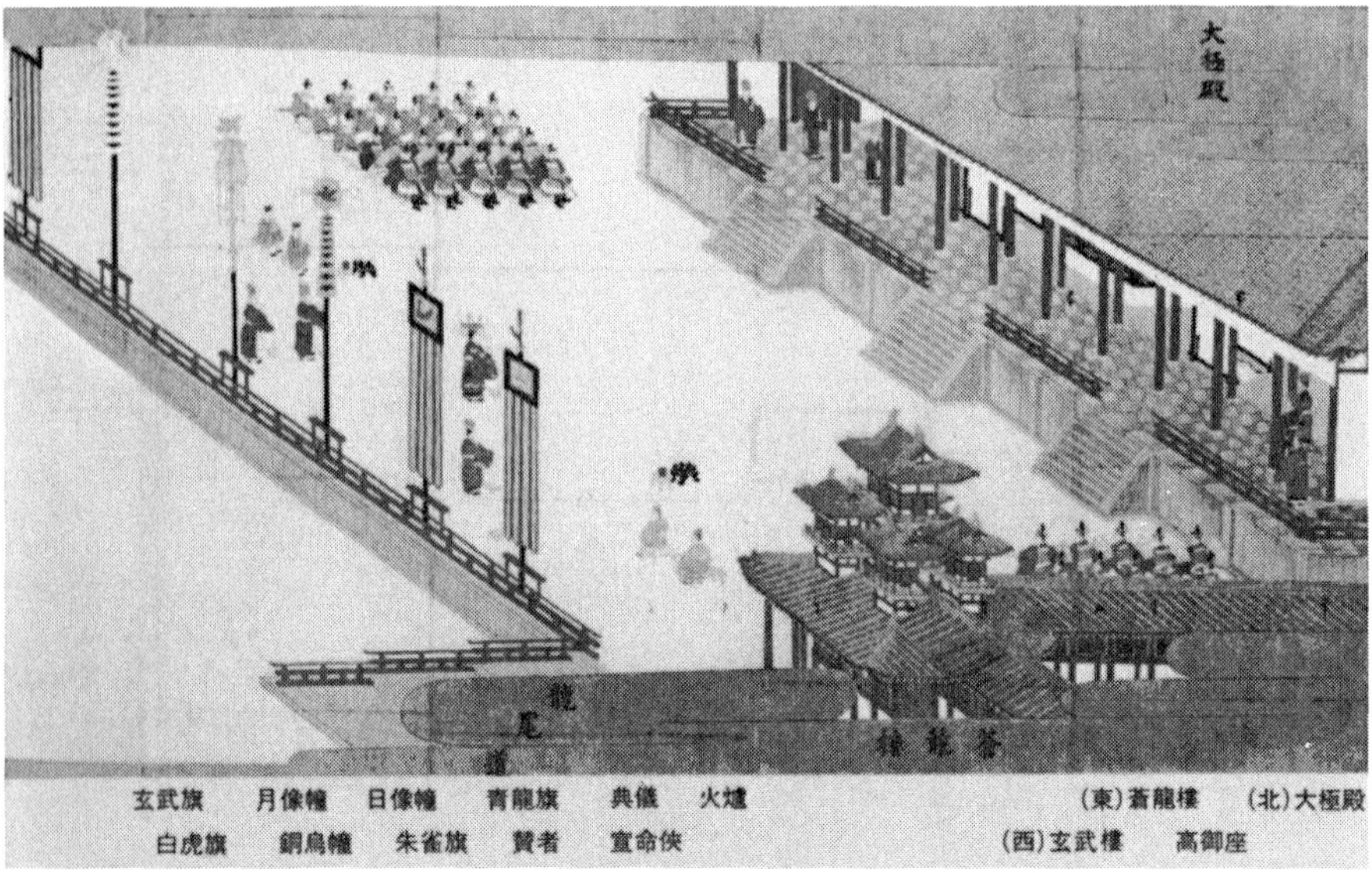

点は、即位の儀式としての践祚と即位のことを内外に公的に宣言する即位儀とは、分離されうる別個の儀式であったことを明示している。

文武の次の元明天皇の即位の場合は、践祚と即位儀が同日に行なわれた。慶雲四（七〇七）年の即位関係の記事は、次のごとくである。

秋七月壬子、天皇、大極殿《だいごくでん》に即位《くらゐにつ》きたまふ。詔して曰《のたま》はく、

「現神《あきつかみ》と八洲御宇《おほやしまぐにしらしめす》倭根子《やまとねこ》天皇が詔旨《おほみことらま》と勅《の》りたまふ命《おほみこと》を、親王《みこたち》・諸王《おほきみたち》・諸臣《おみたち》・百官人等《もものつかさのひとども》、天下公民《あめのしたのおほみたから》、衆《もろもろ》聞きたまへと宣《の》る。……（以下宣命は省略）」〔続紀〕

持統、文武の即位関係記事を念頭におきながら右の記事を読むならば、元明天皇の場合には、践祚と即位儀が同日に、一連の儀式として挙行されたことが推測されよう。すなわち、朝堂院正殿の大極殿において践祚が行なわれて即位し、しかる後に、大極殿前方の朝堂院朝庭に集められた臣下に対して、即位宣命が詔られたのである。『続日本紀』の代々天

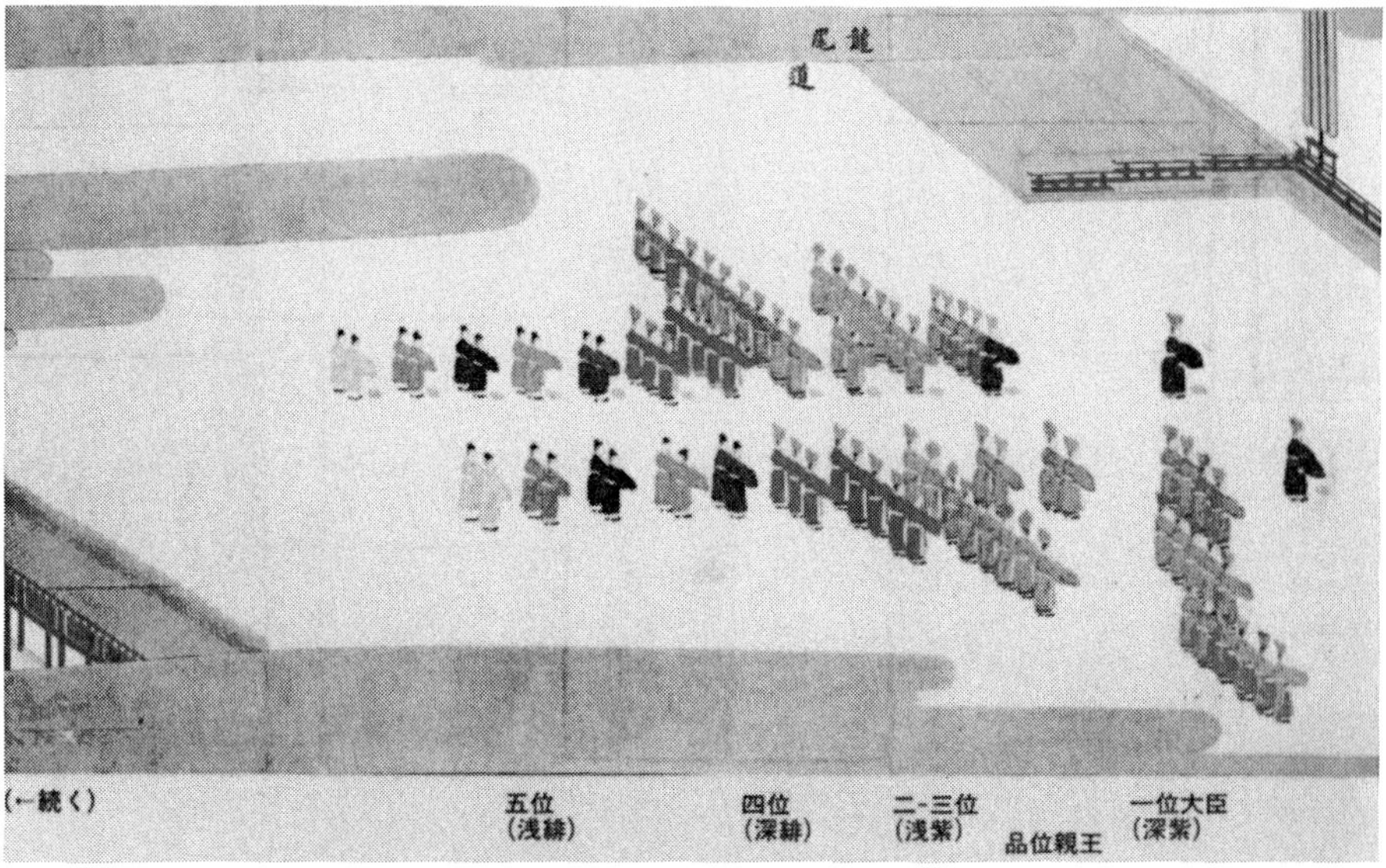

皇の即位関係記事によれば、かかる元明天皇の践祚・即位儀の様式は、以後の天皇に踏襲されていったのであった。

令制成立期の即位儀の実際は、同時代の史料からは、持統即位儀における臣下の列立拝礼とその他の天皇の即位儀における即位宣命のこと以上には知ることができないけれども、九世紀中葉の『貞観儀《じょうがんぎ》式《しき》』（当時の宮廷儀式次第を記述した書物）の即位儀の解説は、令制即位儀がどのようなものであったのかを知る手掛りを与えてくれる。『貞観儀式』が即位儀の式次第として記すところを要約すれば、次のごとくであった（式場における人々の配置については、図14参照）。

(1)　式場（朝堂院）への入場

①参議以上、五位以上、六位以上、親王、皇太子の順に、各々、式場の位置につく

②天皇が入場し、大極殿《だいごくでん》の高御座《たかみくら》につく

③群官の再拝

(2)　宣命を詔る

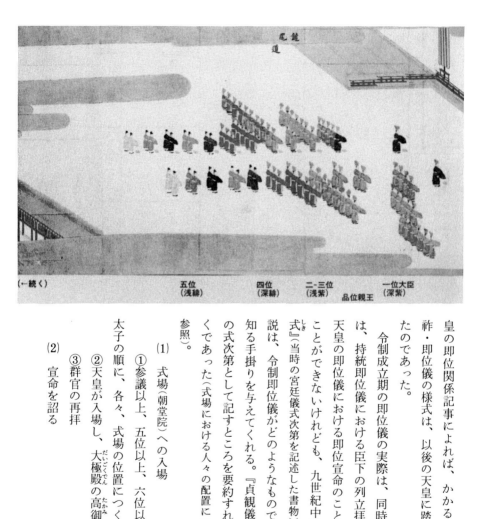

①宣命大夫が百官の前にあらわれ、宣命を詔る

その間、要所要所で、群官は称唯《いしょう》（オォーという発声で応えること）、再拝

②宣命がおわって、群官は万歳を称す

(3) 位記の授与

(4) 退場

①天皇が大極殿から内裏へ還御

②親王以下百官退場

持統以降光仁までの七世紀末から八世紀末にいたる時期の天皇は、神祇令一三条の規定した践祚を独立の儀式として挙行し、しかも、文武天皇の場合を除けば、践祚の儀式は即位儀と同日に、それに先立って挙行されたのであるが、天応元（七八一）年即位の桓武天皇からは、践祚は大嘗祭に吸収されて践祚大嘗祭が形成されてくるために〔加茂83、高森89b、続紀1補註1九など〕、『貞観儀式』は即位儀と関連づけて践祚の儀式を記しておらず、したがって、桓武以前の時期の常態であった践祚・即位儀という一連の儀式を復元するためには、『貞観儀式』の即位儀記述の前段に、『続日本紀』が伝えるところの、大極殿における即位の儀式すなわち践祚の儀式を補わなければならない。このような推論にたって令制下の即位の日の儀式（践祚・即位儀）の概略を描いてみるならば、およそ次のごとくであった。

A　践祚（即位の儀式）

(1) 百官人が大極殿前の朝庭に列立する

(2) 天皇が大極殿に出御する

(3) 中臣が天神寿詞を奏上する

(4) 忌部が神璽鏡剣を奉上する

(5)　天皇が高御座へのぼる(この時点で新天皇誕生、すなわち即位)

B　即位儀(即位のことを宣言する儀式)

(1)　宣命大夫が天皇の即位宣命を詔る

(2)　百官人の称唯、拝礼、万歳

以上のごとき践祚・即位儀は、『古事記』の天神御子降臨神話と次のごとく符合するものであった(①③は前引一七六頁の天神御子降臨神話に付した番号を示す)。

即位の日の儀式　　天神御子降臨神話

A　践祚　(3)(4)——①のうちの天照大御神の命令と神器授与

(5)　——①の言外にある、邇邇芸命の「天の石位」への着座

B　即位儀(1)　——③の邇邇芸命の詔

践祚における中臣の天神寿詞は、天神御子の降臨の際に天照大御神が邇邇芸命に与えた詞を表象しつつ、中臣が天照大御神にかわって奏した寿詞であり、忌部の奉上した神璽鏡剣は、天照大御神が邇邇芸命に与えた神器を表象しつつ、忌部が天照大御神にかわって授与したものであり、高御座とは、邇邇芸命が「高天原」において着した「天の石位」であり、即位の宣命は、邇邇芸命が降臨の直後に詔した詞が想起されつつ、臣下に下された詔なのであった(岡田精司83二九頁以下)。即位宣命、たとえば『続日本紀』の伝える最初のものである文武天皇のそれは、自分の皇位就任は、「天に坐す神」(『古事記』における高御産日神と天照大御神にあたる)が「天神御子」(天照大御神の子孫)に「大八嶋国」の統治を委ねたことに由来すること、皇位の継承は「天《あめ》の日《ひ》嗣《つぎ》」すなわち、日神の継承であること、かかる天皇たる自分の命にしたがって臣下は職務にはげまねばならないことを命ずるが(続紀文武元年八月条)、それは、『古事記』の天神御子の降臨神話が表象されながら詔せられた天皇の命令なのであった。

私は、践祚・即位儀とその祭儀神話を、およそ以上のように考えるのであるが、このような見地からみるとき、これまでの研究にはかなり重大な混乱が存在するといわねばならない。この分野の研究における今日の到達点を示す井上光貞氏や岡田精司氏の労作でさえもが、混乱を免れていないように思われる。

第一に、井上氏は、天神御子降臨神話を践祚・即位儀ではなく、大嘗祭の祭儀神話と解され〔84一八九頁〕、その結果、必然のこととして、践祚・即位儀の祭儀神話が何であるのかを見失ってしまったことである〔同上一九五頁以下〕。天神御子降臨神話を大嘗祭に結びつける考え方は、後にのべるように、古くからかなり一般的であり、井上説はそれを受容した結果なのであるが、こうした考え方が成立しがたいものであることは、岡田精司氏がのべられる通りである〔83〕〔一九二頁以下〕。

しかし第二に、その岡田氏も、践祚ないし即位儀とその法源の理解については、井上氏と同様の理解を示され、その結果、この分野での二人の指導的研究者によって誤謬が共有されたために、謬見がほとんど異論のない通説として定着してしまったように思われる。その誤謬とは、つい最近ようやくにして、溝口睦子氏によって指摘されたことであるが〔溝口90〕、践祚と即位儀とが区別されず、神祇令一三条の践祚条が即位儀について規定した条文として理解されていることである〔井上84六〇頁、岡田精司83八頁、90a一四頁〕。しかし、この条文では中臣の天神寿詞奏上と忌部による神璽鏡剣奉上のことだけがのべられ、その名称も「践祚」とされるのであり、『日本書紀』や『続日本紀』が記すところの、持統以降代々天皇の即位の日の儀式の全容をおおうものではないことは明らかなのである。それにもかかわらず、井上氏や岡田氏が践祚条を即位儀についての規定と解し、践祚と即位儀とを同一視してしまったのは、一つは、即位儀についての規定が律令のいずこかにあるはずであるとする一種の思い込みに原因があり、いま一つは、『令集解』古記の「践祚之日、答、即位之日」、『令義解』の「天皇即位、謂二之践祚一」とする註釈にあったように思われる。

しかし、前者についていえば、すでにのべたように、即位儀についての規定が律令に存在すると想定することが、律令という法の基本的性格を忘却した議論だといわねばならない。後者については、『令集解』古記説や『令義解』のいう「即位」の語義解釈に誤謬があるように思われる。その「即位」とは、皇位継承（新天皇の誕生）のことそれ自体を指し、古記・義解の解説は、その時点が、即位儀でもなく、大嘗祭でもなく、ほかならぬ践祚の儀式が行なわれる時であることをのべる趣旨なのであるが、通説は、その「即位」を、誤って即位儀なる儀式のことと解してしまっているように見うけられるのである。問題を一層明瞭に把握するには、たとえば現行の皇室典範を想起してみるのがよかろう。その四条は「天皇が崩じたときは、皇嗣が、直ちに即位する」と定め、二四条は「皇位の継承があったときは、即位の礼を行う」と規定するのであるが、四条の「即位」は新天皇の即位のことそれ自体（皇位継承）をさし、四条全体は、その時点が先帝の死の瞬間であることをのべ、二四条は、その「即位」のことを、おそらくは内外に宣言するために、「即位の礼」が行なわれることを規定するのである。かかる現行皇室典範の趣旨を『令集解』古記流に記せば、〝天皇崩御の日、新天皇即位の日〟ということになろう。この「即位」は「即位の礼」のことなのではない。逆に、現行皇室典範の表現に対応するものを令制に求めるならば、「即位の礼」に相当するものが即位儀であり、先帝の死の時に相当する時点が践祚なのであった。

通説の誤謬はともかくとして、令制の皇位継承法において、皇位継承（新天皇の誕生）の時点が、即位儀ではなく、大嘗祭でもなく、ほかならぬ践祚に求められたという事実は、深く心に留めておかねばならない。このことは、その祭儀神話が、天照大御神・高木神（高御産す日神）の邇邇芸命に対する降臨命令と神器の授与の物語りであることを思うならば、素直に納得しうる事柄なのであるが、これまでの研究は、これからの叙述全体が明らかにするように、践祚論、即位儀論、大嘗祭論、総じて皇位就任儀式とその祭儀神話論において、救いがたい混乱に陥り、右のことも正しく理解されることがなかったのである。

二　木花之佐久夜毗売と石長比売——永続する王権と死すべき王

降臨した邇邇芸命は、大山津見《おほやまつみ》神の女である木花之佐久夜毗売《このはなのさくやびめ》と結ばれた。大山津見神は文字通り「山の神」として、伊耶那岐《いざなき》命・伊耶那美《いざなみ》命から生まれた神であったが〔三三頁〕、すでに神統譜（図4）を掲げて示したように、稲の精霊の神、田の比売をはじめとする多くの大地の神々を生みだし、最後には大国主神が誕生するところの、「葦原中国」の神々の祖先神ともいえるような存在である。大山津見神が、木花之佐久夜毗売を邇邇芸命に献じたことには、「木花之佐久夜比売を使はさば、木の花の栄ゆるがごと栄へ坐さむ」〔九五頁〕というような意味がこめられていた。天神御子たちをして花のごとく栄えしむる力——それは、かの「根」によって支えられた「葦原」の呪能であろう。

そのような力を、天神御子は聖婚によって獲得し、子孫に伝えていくという観念を『古事記』は有していた。ここでは、そのことが、ネガティブな資質の遺伝という形で語られた。それは、神として永遠の生命を有していた天神御子が、有限の命の存在になったという物語りである。邇邇芸命の子孫がそのような存在になったのは、大山津見神が木花之佐久夜毗売とともに献上しようとした石長比売《いはながひめ》を、邇邇芸命が拒絶したからであった。大山津見神は、木花之佐久夜毗売に託して、天神御子に栄えをもたらそうとしたのであるが、「独り木花之佐久夜毗売のみを留めたまひつれば、天神御子の御寿《みいのち》は、木の花のあまひのみ坐さむ」とも述べたように、それだけでは、天神御子の命は木の花のごとくにはかないものになる定めであった。そこで、大山津見神は、もう一人の女である石長比売をも献上し、天神御子が「恒《つね》に石《いは》のごとく常《ときは》に堅《かちは》に動かず坐さむ」ように願ったのであるが、邇邇芸命は、石長比売が「いと凶醜《みにく》」かったために、大山津見神に返してしまったのである。そのために、「今に至るまでに、天皇命等の御命長くあらざるぞ」ということになった〔九五頁〕。「天皇命等」とは、邇邇芸命の子以下の二代の天神御子とこれに続く神武以降の天皇のことである。『古事記』は、邇邇芸命の子の穂々手見命の死を特記するが〔一〇六頁〕、それは、右の事情を強調するためであったと考えられる。

天神御子といえども、ひとたび「葦原中国」の世界にふみいるならば、無条件に「高天原」の神としての資質を保持し続けるわけではない、という観念がここで語られているのであろう。「根の堅す国」によって支えられた「葦原中国」の恩恵(木花之佐久夜毗売)を受けるとともに、「黄泉国」の規定をうけたものとしての「葦原中国」の掟がまちうけているのである。結果として、天神御子たちはこの掟から自由にはなれなかったのであるが、邇邇芸命の子孫は、大山津見神の配慮(石長比売献上)で、その掟から免れえたはずである。そういう仕方で、『古事記』は、天照大御神の子孫が聖婚によって妻の有する呪能を獲得し、これをその子孫に遺伝させていくという観念を語るのである。

要するに、邇邇芸命の子孫は、大山津見神との交渉を通じて、「根の堅す国」によって支えられた「葦原」の力と、「黄泉国」に規定されたものとしての「葦原中国」に生きる者の宿命とを打刻されたのであった。

第四節　天津日高日子穂々手見命――「海原」の領有と呪能の獲得

一　海神宮――「御饗」と「婚」

邇邇芸命と木花之佐久夜毗売との間に、火照《ほでり》命、火須勢理《ほすせり》命、火遠理《ほをり》命の三柱の神が誕生した。火遠理命が初代天皇の祖父であり、ほかに天津《あまつ》日高《ひこ》日子《ひこ》穂々手見《ほほでみ》命または山佐知毗古《やまさちびこ》の名を有する。以下、海佐知毗古・山佐知毗古の物語り、山佐知毗古の「海原」の訪問の物語りが語られるが、あらかじめ結論を述べるならば、これらの中心的モチーフは、「海原」の主宰神の天神御子に対する服属と、天神御子が「葦原中国」支配に不可欠の水支配の呪能を獲得することを語ることであった(以下の考察については、註3も参照されたい)。

山佐知毗古＝穂々手見命が、なぜ、海神宮《わたのかみのみや》を訪問することになったのかについては、すでに別の文脈で述べたが

〔二〇頁〕、その海神宮に命がたどりつき、「海原」の主宰神たる大綿津見神《おほわたつみ》の女の豊玉毗売命《とよたまびめ》と出会った時からの様子を、『古事記』は次のように描写している。

豊玉毗売命《とよたまびめ》、奇《あや》しと思ひて出で見るすなはち、見感《みめ》でて、目合《まぐは》ひして、その父に白《まを》して曰《い》ひしく、「わが門に麗しき人あり」。しかして、海《わた》の神みづから出で見て云《の》らししく、「この人は、天津日高《あまつひこ》の御子《みこ》、虚空津日高《そらつひこ》ぞ」とのらして、すなはち内に率《ゐ》入りて、みちの皮の畳八重を敷き、また絁《きぬ》畳八重をその上に敷き、その上に坐《いま》せて、百取《ももとり》の机代《つきえしろ》の物を具へ、御饗《みあへ》して、すなはちその女豊玉毗売を婚《あ》はしめき。故《かれ》、三年に至るまでに、その国に住みたまひき〔一〇〇頁〕

要するに、「海原」の主宰神は天神御子に「御饗」をささげ、女を「婚」わせたのである。「御饗」は、「海原」の主宰神が天神御子に服属したことを物語るものであろう。さきに、大国主神が天神御子に「葦原中国」を譲渡した際に、「高天原」の神に「天の御饗」を献じたこと、「御饗」の献上は、『古事記』の世界においては、服属の象徴的儀礼であったことを述べたが〔一七二頁〕、大綿津見神の穂々手見命に対する「御饗」の献上も同様の意義を有するものであることは疑いない。これによって、「高天原」の世界は、「葦原中国」に加えて「海原」をも手中にした。海神宮物語りにおいて、「地」の世界は、全体として、「天」の側に帰属することになったのである。

「御饗」に続く穂々手見命と豊玉毗売との「婚」は、穂々手見命の子孫が豊玉毗売の属する「海原」の世界の呪能を獲得することを意味するものであった。まず、邇邇芸命と大山津見神の女の子として、山の呪能は有していたけれども、海の呪能をもちあわせていなかったことを『古事記』の文章に即して確認しておこう。

火照命《ほでり》は、海佐知毗古として、鰭《はた》の広物・鰭の狭物《さもの》を取り、火遠理命《ほをり》は、山佐知毗古として、毛の麁物《あらもの》・毛の柔《にこ》物《もの》を取らしき。しかして、火遠理命、その兄火照命に、「おのもおのも、さちを相易へて用ゐむ」といひて、三度乞はししかども、許さず。しかれども、つひにわづかに相易ふること得たり。しかして、火遠理命、海さちを

もちて魚釣らすに、かつて一つの魚だにも得ず、また、その鉤《ち》を海に失ひたまひき〔九六―九七頁〕

火遠理命（山佐知毘古＝穂々手見命）は、失った鉤を求めて海神宮を訪れ、そこで、大綿津見神に鉤を見つけだしてもらうことになるが、それとともに、呪具を与えられ、呪文の術を教示されて、水支配の呪能を獲得したのであった。大綿津見神は穂々手見命にこうのべている。

この鉤《ち》もちて、その兄《いろえ》に給はむ時に言《の》らさむ状《かたち》は、「この鉤《ち》は、おぼ鉤、すす鉤、貧鉤《まぢち》、うる鉤」と云ひて、後《しり》手《へで》に賜へ。しかして、その兄、高田を作らば、汝命《いましみこと》は下田を営《つく》りたまへ。その兄、下田を作らば、汝命は高田を営りたまへ。しかしたまはば、吾、水を掌れるゆゑに、三年の間、必ずその兄貧窮《まづ》しくあらむ。もし、それしかしたまふ事を悵怨《うら》みて、攻め戦はば、塩盈珠《しほみつたま》を出でて溺《おぼほ》らし、もし、それ愁へ請はば、塩乾珠《しほふるたま》を出でて活《い》け、かく惚《なや》まし苦《くる》しめたまへ〔一〇二頁〕

呪文や呪具は、しかし、穂々手見命一代限りのものであった。その子孫には、穂々手見命と大綿津見神の女の聖婚を通じての、血の相伝によって、水支配の呪能が伝えられていくのである。

穂々手見命と豊玉毘売との間に、天津《あまつ》日高《ひこ》日子《ひこ》波限《なぎさ》建《たけ》鵜《う》葺草《かや》葺不合《ふきあへず》命が誕生した。そして、この神が再び「海原」の神の女と結ばれ、そこに神倭伊《かむやまとい》波《は》礼《れ》毘古《びこ》（初代天皇神武）が誕生することになる。

二　大嘗祭――その一

1　祭　式

以上のごとき内容と位置づけを有する穂々手見命の「御饗」と「婚」の物語りは、かの大嘗祭《おほにへのまつり》の儀式を髣髴とさせるものであった。私は、このことから、海神宮神話は大嘗祭の祭儀神話であると考えるのであるが、こうした考え方は、管見の限りでは、研究史上、ほとんど孤立した見解である。海神宮神話の情景が、大嘗祭の儀式に酷似していることについては、すでに松前健、西宮一民、川上順子、次田真幸、岡田精司などの各氏が指摘されているのであるが〔松前70七〇頁以下、記潮一〇〇頁頭註、川上73、次田75、岡田83一八頁以下〕、にもかかわらず、海神宮神話こそが大嘗祭の祭儀神話だといいきった研究は存在せず、大嘗祭の祭儀神話は天孫降臨神話であるとする考え方が、海神宮神話と大嘗祭との関連に留意した上記の人々の間でさえ、岡田精司氏の見解を別とすれば、なお支配的であるからである〔松前70七〇頁、記潮解説二九六頁、川上73四八頁〕。それ故、この点については、多少とも立ち入った考察をしなければならない。

(1) 践祚大嘗祭

『古事記』論という文脈において問題となる大嘗祭は、いうまでもなく『古事記』と同時代に制定された神祇令第一四条（前引一七九頁）の規定する大嘗祭であるが、しかし、今日においては、この令制大嘗祭がどのような儀式であったのかを直接に窺い知ることができない。我々が知りうるのは、『貞観儀式《じょうがんぎしき》』（九世紀中葉）や『延喜式《えんぎしき》』（一〇世紀前期）の記述する践祚大嘗祭《せんそだいじょうさい》（大嘗祭と前記の践祚とが統合された九世紀以降の新しい祭祀）なのである。しかし、令制大嘗祭がどのような儀式であったかは、践祚大嘗祭を手掛りとして、ある程度想像することができる。

践祚大嘗祭は、準備過程を含めて、およそ次のようなものであった（〔　〕内の記事は儀式が行なわれる場所を示す）。

(1)奉幣の儀式〔各神社〕（十一月下卯日以前）

①全国の官社（三一三二座）への大奉幣（八月下旬）

②伊勢、賀茂、石清水の三社への奉幣（十一月上旬）

(2)班幣の儀式〔神祇官〕（十一月下卯日、明け方）

織内中心の三〇四座の神々への班幣

(3)大嘗宮における儀式〔大嘗宮〕（十一月下卯日夜から翌辰日明け方まで）

【準備（辰日の儀式の準備も含む）】

①悠紀《ゆき》・主基《すき》の国郡の卜定（四月ころ）〔神祇官〕

②抜穂使《ぬいぼし》を悠紀・主基の国郡へ派遣し、大嘗宮儀式に奉仕する田と人とを卜定する（八月上旬）

　a 御田《みた》（神事用の稲を献上する田）の卜定

　b 造酒童女《さかつこ》を郡司の未婚の女から卜定

　c 稲実公《いなみのきみ》（男性）その他の卜定

←造酒童女・稲実公らによる大嘗宮儀式に用いる米と白酒《しろき》・黒酒《くろき》用の稲の抜穂（九月）

←造酒童女、郡司らが大行列をなして、稲や多米都物《ためつもの》（辰日儀式に献上する様々の食物）をもって入京（九月下旬）

←国司郡司らが斎場（稲その他を保管したり、酒を醸造したりする場所）を作る（最初の斎の鍬入れは造酒童女）

←造酒童女らが白酒・黒酒を作る

③神服《かむはとり》使を三河国へ派遣し、奉仕者を卜定し（九月上旬）、後に、これが調糸をもって入京（十月上旬）

④由《ゆ》加物《かのもの》（魚介類を中心とする贄）を監作するために、使を紀伊、淡路、阿波の国へ派遣し、後に、由加物使がこれらの贄をもって上京

⑤賀茂の河原における天皇の御禊《ごけい》（十月下旬）

⑥国司らが大嘗宮を造営、造酒童女がまず手を下した（十一月上旬）

⑦斎場より大嘗宮へ、稲、酒、由加物などが、大行列で運搬される（辰日儀式用の多米都物も一緒に運搬される）。そ

の際、造酒童女だけは輿《こし》に乗る（十一月下卯日、朝より）

⑧造酒童女らが大嘗宮内の臼屋に入り米を舂く。舂きあがった米は大嘗宮内の膳屋に運ばれ、安曇氏《あづみ》らによって炊かれる。調理がおわると安曇氏などが食事を悠紀殿に運ぶ

【大嘗宮の儀式】

①廻立殿《かいりゅうでん》における天皇の入浴、祭服の着（午後八時）

②悠紀殿における儀式

a天皇が悠紀殿の座につく

b大嘗宮が設営された朝堂院の南門が開かれ、吉野の国栖《くず》らが参入して、古風《ふるぶり》を奏上、続いて、国司にひきいられた悠紀地方の歌人が参入して、国風《くにぶり》を奏上、次に、伴・佐伯両氏にひきいられた諸国の語部が参入して、古詞《ふるごと》を奏上、隼人《はやと》司にひきいられた隼人が参入して、歌舞を行なう

c神と天皇との食事

③廻立殿における天皇の入浴、祭服の着（翌辰日午前二時）

④主基殿における儀式

悠紀殿の儀式と同様

【儀式翌辰日】

大嘗宮を悠紀・主基国民が壊却す

(4)天神寿詞奏上と神璽鏡剣献上の儀式〔豊楽院《ぶらくいん》〕（大嘗宮儀式の翌辰日朝）

中臣による天神寿詞の奏上、忌部による神璽の鏡剣の献上

(5)悠紀・主基国の供物の天皇への献上と五位以上の臣下への膳の下賜の儀式〔豊楽院〕（辰日午前は悠紀帳《ちょう》、辰日午後は

主基帳、巳日は辰日にほぼ同じ）

①弁官による悠紀・主基国の多米都物《ためつもの》の品目の奏上
②悠紀・主基国の別貢物《べちのみつぎもの》の搬入
③悠紀・主基国が天皇に御膳を奉る
④五位以上に饗を給する
⑤弁官が悠紀・主基国の多米都物を諸司に分配する
⑥悠紀・主基国が天皇に鮮味《せんみ》を奉る
⑦国司が歌人をひきいて入り、国風を奏上
⑧天皇の膳を撤収する

(6)豊明節会（豊楽院）（午日）

①高御座《たかみくら》と舞台を設ける
②悠紀・主基国司をはじめとする功労者に叙位
③天皇に御膳を奉り、群臣にも供す
④吉野の国栖の歌笛の奏上と御贄の奉上
⑤久米舞、悠紀・主基国の風俗楽、五節舞など

以上のような践祚大嘗祭の儀式は、令の規定する四つの皇位就任儀式を一つに総合したものであったように思われる。大宝令が定めた皇位就任儀式として、惣天神地祇祭、践祚、大嘗祭、大嘗祭節会、の四つがあることは前にのべたが、これらは、右の践祚大嘗祭を構成する諸儀式と、次のような対応関係にあるように思われるからである〔律令補註五三六頁〕。

神祇令　　　　　儀式・延喜式（践祚大嘗祭）
惣天神地祇祭――奉幣の儀式・班幣の儀式⑴と⑵
践祚――――――中臣による天神寿詞奏上、忌部による神璽鏡剣献上⑷
大嘗祭―――――大嘗宮の儀式⑶と豊楽院悠紀・主基の帳の儀式⑸
大嘗節会――――豊楽院における節会⑹

要するに、践祚大嘗祭は、令制即位祭祀と大嘗祭節会を一続きの儀式として総合したものであるらしく、神祇令の大嘗祭は、践祚大嘗祭における大嘗宮の儀式と豊楽院悠紀・主基帳の儀式に対応すると考えられるのである。とすれば、令制大嘗祭から践祚大嘗祭への変化にともなって、本来の大嘗祭が変形を蒙っているとしても、そして、実際、重要な変形があったと考えられるのであるが（補論一参照）、践祚大嘗祭における大嘗宮の儀式や豊楽院悠紀・主基帳の儀式の中に、本来の大嘗祭の儀式が何らかの形で保存されていることが十分に考えられるのであり、践祚大嘗祭の大嘗宮儀式と豊楽院悠紀・主基帳儀式の検討は、令制大嘗祭の復元の一つの手段となるのである。豊楽院悠紀・主基帳の儀式については、後にのべることとし（二四二頁）、以下では、大嘗宮の儀式について考えてみたい。

践祚大嘗祭における大嘗宮儀式は、廻立殿における入浴という準備的儀礼と儀式の中心をなす大嘗宮における天皇と神との共食の儀式の二つからなっていた（よく指摘される寝座の儀式は、践祚大嘗祭の段階では行なわれなかったと考えられる〔黒崎79、岡田荘司90〕）。そして、儀式の本体をなす天皇と神との共食の儀式は、これについて詳細に記した『江家次第』（一二世紀初頭）などによれば、およそ次のようであった。

①天皇が大嘗宮の中の天皇の座である「御座《ぎょざ》」に着す。

②造酒童女や安曇《あづみ》氏（大綿津見神の子孫とされている氏）の料理したものを、陪膳の釆女が、「神座」（「神食薦《かみのけこも》」）に供え、ついで、「御座」に供える。

③天皇は、食事を十度、菓子を十二度、酒を四度、「神食薦」の上におき、神に捧ぐ。
④天皇も拍手、称唯して、自分の膳を食す。

令制大嘗祭における神と天皇との共食儀式が具体的にどのようなものであったのかを語る同時代史料は伝わらず、『貞観儀式』や『延喜式』にも、儀式に参加する官人のための手引書ないし儀式に必要な調度を規定した法という書物の基本的性格のために、天皇の所作についての記述が欠けているので、私は、やむをえず、中世初期の史料によってその概要を示したのであるが、まさにそのことの故に、それよりも四百年も遡る令制の時代の神人共食の儀式の細部までもが、右と同一であったと信じてはならないということを強調しておかねばならない。四百年という時間は、万事について、その間に少なからぬ変化があったと想定することが自然なほどの長い年月である。そして現に、令制の儀式は、全般的に、その百年後には大きく再編されたのであり（補論一参照）、その後も絶えず変化をしつづけていたことが確認されるのである（榎村90）。令制の大嘗祭も当然に変化したのであった。大嘗祭について、何が変わり、何が変わらなかったのかについては、これをめぐる様々の事実を総合的に判断して推測するほかはないのである。結論をあらかじめのべることになるけれども、私は、右の式次第のうち、天皇が神に神饌を供えるという形態の神人共食儀式は、令制本来のものではなかったと考えている。むしろ反対に、神が天皇に食事をさしだすという形態が、本来のものであったように思われる。不変項は、おそらくは、神と天皇とが共食したということ、その料理に、造酒童《さかつ》女《こ》や安曇氏（その祖神は大綿津見神）が関与していたということなどの、若干の事柄にすぎなかった。

(2) 新嘗祭

令制大嘗祭がどのような儀式であったのかを推測する手がかりとして、第二に、『貞観儀式』や『延喜式』の規定する新嘗祭がある。令制の大嘗祭には、実は、天皇即位の際の毎世大嘗祭《よごとのおほにへのまつり》と、毎年挙行される毎年大嘗祭《としごとのおほにへのまつり》との、二つの大嘗祭が存在したのであるが（神祇令一四条）、前項でのべた践祚大嘗祭が毎世大嘗祭の後身であるのに対して、新嘗祭は毎年大嘗祭の後身であった。毎世大嘗祭は践祚大嘗祭へ、毎年大嘗祭は新嘗祭へと変化していったという事情がある上に、後に詳論するごとく（二六三頁以下）、毎世大嘗祭と毎年大嘗祭との間には重大な性質の相違があったのであるから、新嘗祭を、毎世大嘗祭の具体像を知るための史料として使用するに際しては、十分な慎重さが必要である。践祚大嘗祭を新嘗祭の大規模の儀式として理解し、さらには、令制（八世紀）の毎年大嘗祭・毎世大嘗祭から『弘仁式』（九世紀）以降の新嘗祭・践祚大嘗祭への変化を視野におさめてこなかった研究史を想起するならば、むしろ、毎世大嘗祭の理解のために、新嘗の祭式を無媒介にもちこんではならないことを強調すべきであろう。しかしながら、令制の二つの大嘗祭が大嘗祭としての共通の要素を有し、毎世大嘗祭が践祚大嘗祭、毎年大嘗祭が新嘗祭へと再編された段階においても、両者は大嘗祭の名のもとに一括して論じられることも少なくなかったことを考慮するならば〔高森86b二六九頁〕、新嘗祭の祭式の研究は、毎世大嘗祭の祭式を知るために避けて通ることのできない課題となるのである。

新嘗祭については、践祚大嘗祭については知りえなかった事柄として、『延喜式』の時代の祭式用料物の詳細を知ることができる（①から⑱までの番号は、後に引用する『江記』の『延喜式』解説との対照の便宜のために付したものである）。

六月神今食（十二月神今食、十一月新嘗祭亦同）御料。①黄帛端短帖一枚（方四尺）、②白布端帖二枚（各長一丈二尺五寸、広四尺）、③白布端帖二枚（各長九尺、広四尺五寸、一枚無裏布）、④白布端帖二枚（各長九尺、広四尺）、⑤白布端帖一枚（長八尺、広四尺）、⑥白布端帖四枚（各長六尺、広四尺二寸、一枚無裏布）、⑦折薦帖一枚（長八尺、広四尺）、⑧折薦帖八枚、⑨白布端坂枕一枚（長三尺、広四尺）、⑩褥席二枚、⑪葉薦八枚、⑫折薦八枚、⑬蔣食薦八枚、⑭山城食薦八枚、⑮簀八枚、⑯床一脚（湯殿料）、⑰打払布二条（各長一丈三尺）、⑱柳筥二合（納払布料）、但、中宮白布端帖四枚（各長八尺、広四尺）、折薦帖一枚、白布端坂枕一枚、褥席二枚（掃部寮八五四頁、丸括弧内は原文割註）

この史料について、まず次の三点に留意しておかねばならない。第一に、この規定は、新嘗祭ばかりでなく、六月と一二月の年二度にわたって挙行される神今食《かむいまけ》にも適用されるものだということである。神今食とは神祇令祭祀の一つである月次祭《つきなみのまつり》の際に行なわれる天皇の親祭であり、その月次祭は「如二庶人宅神祭一」（令義解）といわれる祭祀であった。とするならば、神今食は、天皇による祖神天照大御神の祭祀であることが想像されるのである。第二に、料物の中に寝具が含まれていることである。一見して明らかなのは「坂枕」⑨であるが、後にのべるように、「折薦帖八枚」⑧も今日の布団に相当する寝具であった。第三に、中宮すなわち皇后の寝具の記載があることである。とするならば、その直前に、特に誰のためとも指示されることなく記載されている①から⑱までの料物は、天皇のためのものか、あるいは天皇に関係するものであろう。

しからば、これらの料物はどのようにしつらえられていたのであろうか。残念ながら『延喜式』はこのことを明記しないが、後年、「延喜式の心に依」って、料物配置を解説した『江記』（一一〇八年）の記述が参考となる。それは次のようなものであった。

a 如二式並図一者、以二②河内国黒山莚帖長一丈二尺五寸二枚一、敷二神座中央一（東西妻）、南北相去九尺。次、官人四人一度以二③④帖四枚一敷二黒山莚帖中一（南北妻）、③中央二枚相重、用二寮織莚広四尺五寸一、其上⑧帖者莚一枚薦七枚（無レ裏、自余帖、薦一重、莚一重、並白布縁也）、其左右又敷二④四尺帖二枚一（用二黒山莚一）、相合三行帖、東西一丈二尺五寸也。神座、或行事弁申時以前令レ敷、或御二廻立殿一之間、小忌公卿参上、令レ敷、如二新嘗祭一。以二⑨坂枕一置二③中央帖二枚中一（東西妻）、以二⑱打払筥一置二一神座④東帖上一、神座東重二敷⑥六尺帖四枚一、其上、帖二⑫莚一枚薦七枚一（無レ裏）、為二御座一。次、以二⑤八尺帖一枚一敷二神座与御座一、以上（東西妻）各半分相懸、供二神座儀一……

b 官人等先取二⑤八尺帖一帖、⑥六尺帖四帖一（以上白布縁広四尺）、重二置於殿内東戸内一（東西妻）。次、以二③④九尺帖四枚一重二置於殿中央一（南北妻）。次、以二②一丈二尺五寸帖一枚一敷二③④九尺帖之南一。次、以二②同帖一敷二③④九尺帖之北一（並東西妻敷レ之、件等帖並白布縁）。次、官人四人（左右各二人）一度引二④九尺帖各一枚一、一枚於二東西一並、敷レ之、為二三行一（東西端與二一②丈二尺五寸帖一平頭）、件帖④二枚並②南北端二枚用二河内黒山莚一（以上並広四尺）。中③央九尺帖二帖（上下相重広四尺五寸與二一②丈二尺五寸帖一平頭、並用二寮織莚一、其上帖⑦一枚無レ裏、或説、件帖薦⑧七重莚一重）。次、引二東戸内八⑤尺帖一枚一、引二懸於東④九尺帖上一（各懸半分）。六⑥尺帖四枚為二御座一（最上帖無レ裏）。以二短①帖一（黄布縁）帖二於東戸前一……〔江記二四二頁、丸括弧内は原文割註〕

まず注意すべきは、『江記』の右の記述は天仁元（一一〇八）年の鳥羽天皇の即位の際の大嘗祭にかかわってなされたものだということ、しかし、参照されているのは、『延喜式』の新嘗祭および神今食に関する料物規定だということである。少なくともこの時代には、新嘗祭も大嘗祭も、料物のしつらえ方は同一であると観念されているのである。一連の文章として書かれているaとbの関係がいま一つ明瞭ではないけれども、この二つはほとんど同じことをのべており、相違といえば、aが料物の配置説明、bが料物の付設手順説明なのではないかと思われる。右の史料に基づいて式場の復元を試みた研究として、川出清彦氏のものと〔90五二頁〕、岡田莊司氏のものとがあるのであるが〔90九八頁〕、私は基本的には前者が正しいと考える。岡田氏は、右引用のaとbとが料物の異なったしつらえ方をのべているように解されているのであるが、私には、岡田氏がaとbとを全くの別物と解した根拠および、bから氏が描いたような図がどうして得られるのか、理解できなかった。川出氏の作図は図15aのごとくである。

東端には「短帖」がしつらえられ、その西側に「御座」（天皇の座）が鋪設されている。延喜掃部寮式は、神今食の式場のしつらえ方について、「鋪二御帖於殿中央一。神座西面、御座東面」〔延喜式八四五頁〕とのべているので、「御座」には天皇が東に面して座し、その対面の「短帖」は、西に面するところの「神座」であることが知られる。かかる「短帖」（神座）と「御座」は、神人共食儀式のためのものであった。『延喜式』とほぼ同時代の儀式書『新儀式』（一〇世紀後半）によれば、「短帖」（神座）の上に、曲尺状に、「神食薦《かみのすごも》」（神の食事を置く敷物）と「御食薦《みすごも》」（天皇の食事を置く敷物）がおかれ、そこに食事が供えられたのであった〔川出90五九頁以下〕。

しからば、「御座」の西に鋪設された寝座は何のためのものだったのであろうか。その意義を考えるに際して、一つ問題となるのは、『延喜式』には天皇と皇后の二人のための寝座用料物が記されているのであるが、『江記』の解説には、天皇用の寝座の配置説明しか存在せず、しかも、その寝座が「一神座」(第一の神座の意味であろう)と表現されていることである。このことは、『延喜式』(一〇世紀前半)から『江記』(一二世紀初頭)までの約二百年間に、寝座の意義づけに変化が生じたことを暗示するものではなかろうか。『延喜式』段階の寝座の意義については、『延喜式』ないしそれ以前の時期の史料によって考えてみなければならない。

すでにのべたように、延喜掃部寮式の新嘗祭料物規定は、神今食にも適用されるものであったので、これまでは新嘗祭と神今食とを区別することなく論じてきたのであるが、これからの考察は、この二つを分けて考えていかねばならない。祭式に関しては、新嘗祭と神今食とは別個に規定されているからである。

まず神今食の寝座の意義を考える関連史料は次のごとくである。

①戌一刻、乗輿、御二神今食院一。主殿寮、預設二浴湯一供レ之。……掃部寮允以上女孺等神殿鋪二御畳一。訖退出、閇レ門。主殿寮供二御寝具一。……亥一刻、薦二御膳一。……〔貞観儀式、神今食儀、七六頁〕

②内裏式曰、近伏陣二階下一。御畳、階下左右少将已上

【図15a】 10世紀ころの新嘗祭の式場
〔川出90五二頁より転載〕

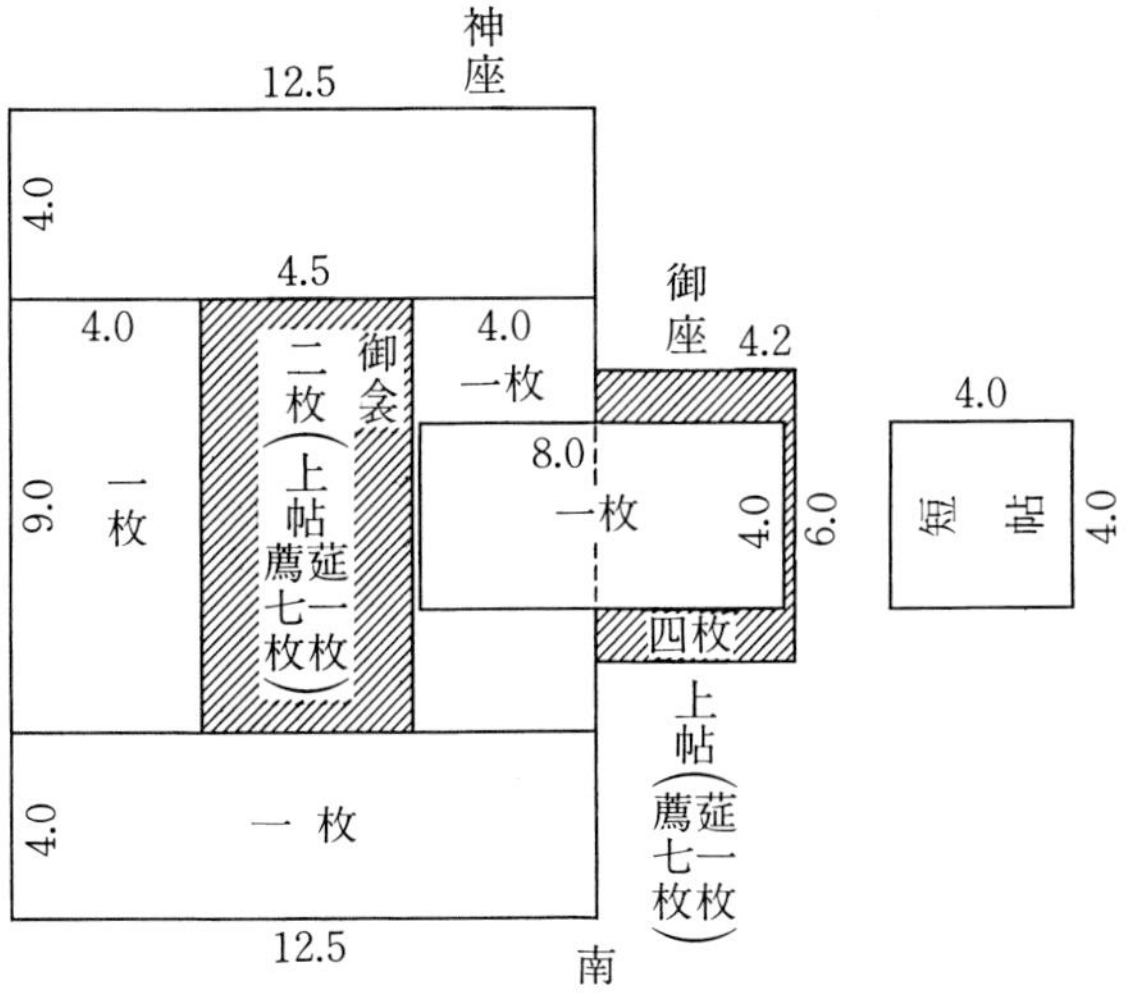

各一人共升監鋪二御畳一。訖退出、閇レ門。縫殿寮、供二寝具一、天皇御レ之。亥一刻、主水釆女就二内侍一、申二時至一也。寝内官女、引二出縫殿一、供二御衣一〔江次第鈔、七一四頁〕

③新儀式曰、近伏陣二階下一、小忌五位已上與二掃部寮官人一、執二御畳一、至レ階、左近衛少将已上共升監鋪二御畳一、訖退出、閇レ門、内侍率二縫司等一、供三寝具（内裏式云、縫殿寮供二寝具一、天皇御レ之、者、而今唯、與二内侍蔵人一縫殿司供レ之）於二神座上一、退出。亥一刻、釆女就二内侍一、申二時至一也。縫司供二御衣履等一、内蔵寮供レ幘、著御畢〔江次第鈔、七一四頁〕

④六月神今食。小斎亮若大夫一人、進属各一人、史生二人、舎人十人、向二宮内省一。卜食。昏時、入候二内裏一。戌刻、主殿引二御輿一入レ従二右腋庭門一、候二常寧殿西一。……御輿出レ自二陰明門一。……御輿御二神嘉殿一。……神事畢、御輿廻レ宮。明日辰時、小斎官人、向二宮内省一。解斎訖、帰二本司一〔延喜中宮職式、三七八頁〕

『貞観儀式』（八七〇年頃）より引用した①、『江次第鈔』に引用された『内裏式』（八二一年）逸文の②、および、同じく『江次第鈔』に引用された『新儀式』（一〇世紀後半）逸文の③（この中に『内裏式』の引用が見える）の史料は、相あわさって、戌一刻（夜七時）に、天皇が神今食院（神嘉殿）に出御すること、その後に役人が神嘉殿に畳を鋪設し閉門すること、その後に縫殿寮（または主殿寮）が天皇に寝具を供し、天皇が「之を御す」こと、その後の亥一刻に神今食の儀式の開始が告げられること、儀式が開始されると、天皇は「御衣」などを「著御」すること、などをのべている。そして④によれば、天皇が神嘉殿に出御するのと同じ戌刻に、皇后も神嘉殿に出御し、夜を徹して神事に参画するのである。

右のうち、「天皇御之」の箇所については様々の解釈が唱えられている。天皇の神殿への臨御の意だとする岡田荘司氏の説〔90一二九頁〕、天皇が神のために寝具を「御《おさ》む」意味にとる森田悌氏の説〔91二九一頁〕、天皇が寝具を「御《め》す」の意だとする岡田精司氏〔83一五頁〕や松前健氏の説〔90五一二頁〕などである。臨御説は、「御」の字は普通には〝出御〟の意味に使用されることなどを主な理由とし、ここも、〝天皇が神殿（神への寝具供進の場）に臨御する〟の意味に解そうとする見解であるが、「之」は文脈上「寝具」の代名詞と解するほかはなく、臨御説は成立しがたいように思われる。「御《おさ》む」説は、『新儀式』による『内裏式』引用態様に注目されたもので（史料③）、『新儀式』の段階（一〇世紀後半）では「内侍」らによって行なわれたところの、神の「寝具」を「神座上」に「供」す所作が、『内裏式』の段階（八二一年）では「天皇」が直接に「之」を「御《おさ》」めたのだと解するのである。一つの考え方ではあろうと思うが、「御」を「おさむ」とする訓みと解釈がやや唐突で、〝天皇が寝具を御《め》す〟という岡田精司氏や松前氏の解釈が素直のように思われる。ここの「御」は、③の史料の末尾に登場する「御衣履」や「幘《ずきん》」を「著御」するという場合の「著御」と同義なのではなかろうか。『新儀式』による『内裏式』引用箇所の趣旨は、〝『内裏式』の段階では天皇が寝具を着していたと伝えられるが、今は天皇が着することはなく、「神座上」に供されるだけである〟と解して、特に不都合はないように思われる。〝天皇が寝具を着す〟ことから、〝神座に寝具が供される〟ことへの転換は、寝具を着す主体の転換を伴っているように見えるので、森田氏は、あるいはこの点に疑義を感じられるのかもしれないが、これについては、『延喜式』においては、寝座が天皇の料物とされていたのに、『江記』では寝座が「一神座」とされるに至ったことを想起すべきだと考える。寝座の主の解釈に『延喜式』以降転換が生じたのであって、その画期が『新儀式』であったということも考えられるのではなかろうか。

以上の考察が正しいとするならば、神今食に天皇が寝具を着して臨んだこと、その神事に皇后が参与していたこと、神今食の料物の中には皇后の寝具も存在したこと、の三点が確認できるのであり、この三つを結びあわせると、一つの可能性として、天皇と皇后の聖婚儀式の存在が浮びあがってくる。

しかし、この聖婚儀式の可能性は神今食についてであって、新嘗祭については、逆に、聖婚儀式を想定しがたいことに注意しなければならない。神今食について、皇后の神嘉殿出御のことを記した延喜中宮職式は、新嘗祭については、次のようにのべるのである。

新嘗祭日、小斎官人、率二史生舎人等一、向二宮内省一。卜食。如二神今食儀一。訖著二青摺衣一、昏時、入候二閤内一。大斎人等、自二内裏一退出。小斎官人、倶入。辰日暮、向二宮内省一。解斎和舞〔延喜中宮職式〕

皇后が神嘉殿に出御したという記事はどこにも見出せない。神今食と同様の事なので、記載が省略されたのではないかという疑問も提出されようが、前引の料物規定のごとくに、神今食と新嘗祭とが同様であるならば、「六月神今食（十二月神今食、十一月新嘗祭亦同）」などとされて、新嘗祭に関する規定が神今食と別に記されることはないように思われる。延喜大膳式新嘗祭条に、

同宮（皇后宮）神態直相給食卌七人〔延喜式七六〇頁〕

とあるのは、新嘗祭においては、皇后宮において独自に皇后の「神態」が行なわれたことを明示するものであるが、皇后のための寝座は、この「神態」のためのものであったのではなかろうか。

以上のように考えると、神今食についても、寝座の鋪設は新嘗祭と同様で、皇后の神嘉殿出御は、聖婚儀式とは関係がなかったという可能性も考えられるように思われる。そして、私は、補論一でのべるような神祇令祭祀の歴史的変遷を想起しながら、実は、この可能性が一番高いと考えているのである。

この種の考察に困難がつきまとうのは、式場のしつらえ方が歴史的に大きく変化したこと、にもかかわらず、その変化の跡を示す十分な史料にめぐまれていないことにある。その一例として、『延喜式』段階では、天皇のための料物として規定されている寝座が、『江記』の段階では「一神座」とされたことを想起されたい。しかし、この二百年の間に、実は、料物のしつらえ方そのものにも根本的な変化が生じていたのであった。このことは、『江記』が、先に引用したbの部分に続けて、次のようにのべていることから、知ることができる。

近代所行二行敷レ之、無二上下之東西行帖一、以二六尺帖四帖一雙二敷東西二行一（毎行二行、北無レ裏、南北妻）、其上、

以二一丈二尺五寸帖二枚一相並敷レ之、其上重二敷九尺帖四枚一（第二帖一枚引二寄東方一）、其東以二短帖一為二御座一、以二八尺帖一引二懸神座并短帖上一、已違二式文一、又不レ似二八重帖一（二四三頁）

三行の寝座は二行となり、余分になった帖は行き所がなく、あるいは重ね敷にされたり（一丈二尺五寸帖と九尺帖）、あるいは用いられなくなって寝座が消滅し（八重帖）、神座の短帖は御座に変じられているのである。『江記』はこれを端的に、「式文に違」うもの、神嘉殿や大嘗宮を象徴する「八重畳」に似あわざるものと評した。「近代所行」の式場を図示すれば、川出氏が作図したごとく図15bのようになり、『延喜式』の時代の式場のしつらえを示した図15aとは明らかに異なるのである。このように、『江記』の時代（一二世紀初頭）には、新嘗祭の式場のしつらえ方までもが延喜式の規定するところとは異なるものとなっているのであるが、『江記』が、先の引用文aにおいて、寝座を「一神座」とよんでいるのも、右のような、本来「神座」であったところの「短帖」をば「御座」とし、天皇の寝座であった場所を「神座」とするようになった当時の観念を、『延喜式』にもちこんだ結果であろうと思われる。

【図15b】 12世紀ころの新嘗祭と大嘗祭の式場
〔川出90五二頁より転載〕

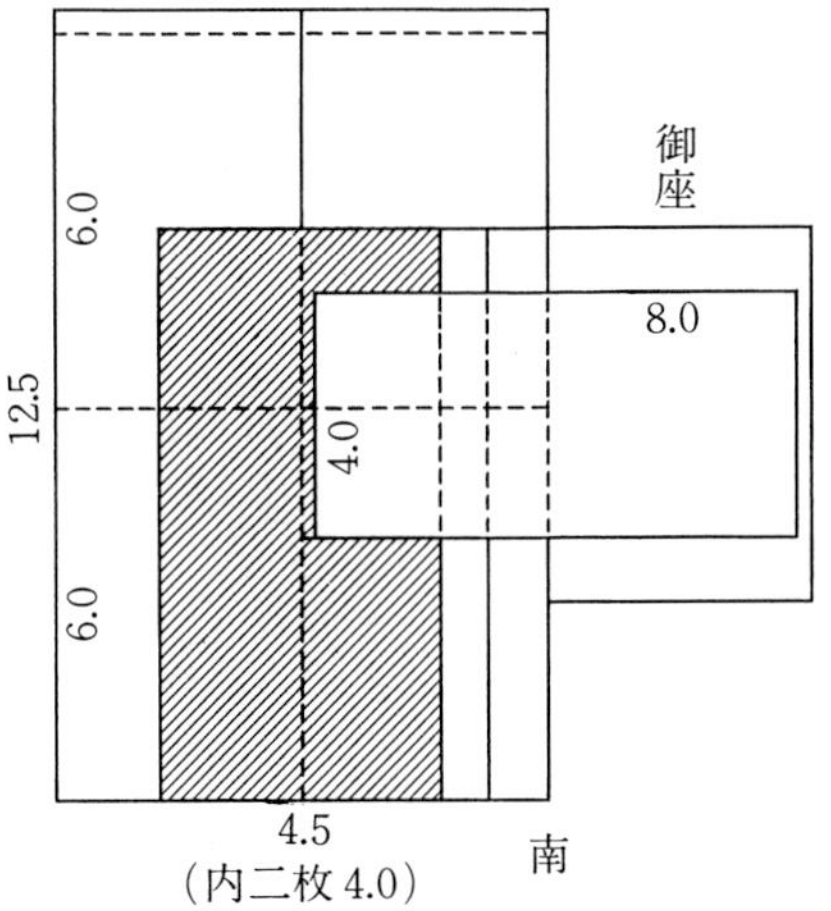

一〇世紀（延喜式）から一二世紀（江記）の二百年間に以上のような変化が生じたのであるが、おそらくは、それと同様の、あるいは、それ以上の変質が、八世紀（神祇令）から一〇世紀（延喜式）にかけても生じたのであった。「名は事物の単なる名称ではなく、実体そのものと意識されていた。いわゆる言霊の信仰である」〔上代「な」〕とされる古代世界にあって、大嘗祭（毎年）か

ら新嘗祭へ、大嘗祭(毎世)から践祚大嘗祭への名称の変化は、祭式そのものの変化、したがって、祭祀の意義の変化を伴うものであったと考えねばならないのである。

以上、新嘗祭と、それに付随して神今食に関し、煩瑣な考証を重ねてきたのであるが、『延喜式』段階の新嘗祭に即して要約すれば、次のごとくである。

①儀式の料物として、天皇と皇后の寝座が存在した。

②しかし、天皇と皇后の寝座は別々に鋪設され、天皇の新嘗祭と皇后の新嘗祭とは、別個の儀式として、異なった場所で行なわれた。天皇の新嘗祭の式場は神嘉殿、皇后の新嘗祭の式場は皇后宮である。

③天皇の新嘗祭の式場のしつらえは、図15aのごとくであった。「短帖」(神座)と「御座」では神人共食の儀式が行なわれた。寝座がどのように使用されたのかは、不明である。

そして、以上のような『延喜式』段階の新嘗祭は、令制の毎年大嘗祭の変質として、すなわち、毎年大嘗祭を構成していた諸要素を部分的に保存しつつも、全体としては、これを大きく改変したものとして存在していたのであった。結論をあらかじめのべることになるが、私は、本来の毎年大嘗祭の祭式は、神人共食(高天原の神々の天皇への御饗の献上)と天皇・皇后の聖婚儀式であったと考え、式場は、図15aに、皇后の寝座を付加したようなしつらえ方であったのではないかと想像している(二六五頁以下)。そして、毎世大嘗祭の式場のしつらえもそれと同様であり、ただ、天皇に添うた女性は、毎世大嘗祭の場合は皇后ではなくして、践祚大嘗祭の式次第に登場した造酒童女であったのではないかと考えているのである(二五七頁以下)。しかし、この問題の検討は、ここでは行なうことができない。論証は、祭儀神話の全体を見届けた上でなされねばならず、今は結論の提示だけにとどめられねばならない。

(3) 神祇令祭祀の祭儀神話としての『古事記』

『古事記』の時代の毎世大嘗祭がどのような祭祀であったのかを知るために、践祚大嘗祭の祭式と新嘗祭の式場・

祭式について検討をすすめてきたのであるが、これらは、必要な考察ではあるけれども、しかし、当面の目的のために直接には資することのない――正確に表現するならば、直接に資すると考えてはならない――性質のものであったことを、繰り返し強調しておかねばならない。践祚大嘗祭は毎世大嘗祭の後身であると一応はいうことができるけれども、名称が変化したということの背後には、祭式上の変化があったことを想定しなければならず、新嘗祭にいたっては、毎年大嘗祭の変質形態であるという問題に加えて、毎年大嘗祭と毎世大嘗祭がそもそも同じものとは見なしえないという問題が存在しているのである。

毎世大嘗祭の詳細を規定していたに相違ない大宝神祇式や養老神祇式が伝わっていないという事情の下では、『古事記』の時代の毎世大嘗祭の祭式がどのようなものであったかを直接に知りうる唯一無二の史料は、実は『古事記』そのものにほかならない。なぜならば、『古事記』こそは神祇令祭祀の祭儀神話の書にほかならず、先に考察した践祚を想起すれば明らかなように、『古事記』が、神祇令祭祀に照応すると思われる場面を具体的に描いているならば、それこそは、当時のその祭祀の実際の姿を反映したものであると考えることができるからである。践祚については、一方で、幸いにも、神祇令と『日本書紀』持統天皇条に中臣と忌部の所作を具体的にのべた文章があり、他方で、これに照応する場面が『古事記』に具体的に描かれていたのであるが、かりに践祚について、神祇令や『日本書紀』の文章が不分明であったとしても、『古事記』の天神御子降臨神話が践祚の祭儀神話であるらしいことが判明する程度の証拠が残されているならば、『古事記』の天神御子降臨神話から、践祚の祭式をある程度復元することが可能となるように思われる。同様のことが、毎世大嘗祭についても妥当する。『古事記』全編を通読すると、海神宮神話が毎世大嘗祭の祭儀神話の一つをなすことには、疑う余地がなく、そこから、毎世大嘗祭の本来の姿がどのようなものであったのかが推測されるのである。

一口に記紀神話というけれども、『日本書紀』ではなくして、まさしく『古事記』こそが神祇令祭祀の祭儀神話の書であったことを知るために、神祇令が規定するところの、毎年および毎世に挙行される全ての祭祀とその祭儀神話を、『古事記』と『日本書紀』本文について表示してみよう（表16）。見られるように、『日本書紀』本文は多くの神祇令祭祀の祭儀神話を欠くのに対して、『古事記』は、大忌祭《おほいみ》・風神祭《かざかみ》という実質的には一つの祭祀を除いて、全ての祭祀の祭儀神話を備えているのである。すでに検討をおえた『古事記』の物語りについていえば、火神による伊耶那美命の死を祭儀神話とするところの、火害防御を祈願する鎮火祭《ほしづめ》、伊耶那岐命の「黄泉国」からの帰還を祭儀神話とする、穢れや疫神を撃退するための道饗祭《みちあへ》、須佐之男命の犯罪を祭儀神話とする大祓《おほはらへ》、大国主神による大物主神祭祀を祭儀神話とする鎮花祭《はなしづめ》と三枝祭《さいぐさ》などである。大忌祭・風神祭の祭儀神話を『古事記』が欠くのは、この祭祀が、当時の人々の意識において、天武天皇に起源を有する祭祀とされ、『古事記』が天武以前の推古までの歴史を語る作品であったからにすぎない。このような次第であるから、当面問題の大嘗祭は括弧に包んでおくとして、『古事記』は、その他の全ての祭祀の祭儀神話を備えているということができるのである〔水林91六〇頁、表ｃも参照〕。

このような事実をふまえるならば、大嘗祭の祭儀神話は『古事記』のどこかで語られていると考えねばならないであろう。比較的重要度の低い祭祀ならばともかく、大嘗祭のように、皇位就任儀式の一つに採用される祭祀について、『古事記』が祭儀神話を有しないというようなことは、ありえぬことと考えねばならない。それならば、大嘗祭の祭儀神話は何なのか。すでにのべたように、少なからぬ人々が践祚大嘗祭における大嘗宮儀式の情景と酷似していると指摘した日子穂々手見命の海神宮の訪問譚をさしおいては考えられない。それは、すでに引用したように、「みちの皮の畳八重」の上に「絁畳八重」を敷きつめた宮殿における、大綿津見神の日子穂々手見命に対する「御饗」の献上と、大綿津見神の女と日子穂々手見命の「婚」の物語りであったが、「畳八重」といい、「御饗」といい、「婚」といい、『延喜式』の規定した新嘗祭の神嘉殿の式場を髣髴とさせる表現である。

以上、令制大嘗祭がどのような祭祀であったのかを知る手掛かりとして、後年の践祚大嘗祭の大嘗宮の儀式、後年

【表16】神祇令祭祀の祭儀神話

毎年の祭祀

	祭祀の性格	『古　事　記』	『日本書紀』本文
祈年祭	天神地祇に対する幸祈願	崇神天皇の天神地祇祭祀	神武、崇神天皇の天神地祇祭祀
鎮花祭	疫よけのための大物主祭祀	大国主神の大物主祭祀 崇神天皇の大物主祭祀	× 同上
三枝祭	同右	同右	同右
大忌祭	水害防御	×	天武天皇の祭祀
風神祭	風害防御	×	天武天皇の祭祀
神衣祭	天照大御神祭祀	天照大御神が高天原で神衣を織らせている物語	×
月次祭	各氏宅神祭祀	崇神天皇の天神地祇祭祀	同上
鎮火祭	火害防御	火神による伊耶那美の死	×
道饗祭	疫神撃退	伊耶那岐の黄泉国からの帰還	×
大祓	罪の祓へ	須佐之男命の犯罪 仲哀天皇の罪と死	×
神嘗祭	天照大御神祭祀	天照大御神の高天原における「大嘗」	×
相嘗祭	地祇祭祀	崇神天皇の天神地祇祭祀	神武、崇神天皇の天神地祇祭祀
鎮魂祭	天皇の魂ふり	天照大御神の天の石屋こもり	×
毎年大嘗祭	高天原の神々の末裔の天皇への服属と天皇の呪能獲得	天照大御神の高天原での「大嘗」 天忍穂耳命の聖婚	×

惣天神地祇祭	天神地祇祭祀	崇神天皇の天神地祇祭祀	神武、崇神天皇の天神地祇祭祀
践祚	天皇の高天原の呪能の獲得	天神御子降臨	×
毎世大嘗祭	海原と葦原の領有と呪能の獲得	大国主神の国譲り 穂々手見命の御饗と聖婚 代々天皇の御饗と聖婚	× × 代々天皇の御饗と聖婚

註　×印は、祭祀の由来を語る物語りがないことを示す。類似の物語りが存在しても祭儀神話とみなしえない場合には×とした。

の新嘗祭に際しての神嘉殿のしつらえ、『古事記』の物語りの三つをあげ、それぞれについて検討を重ねてきたが、これら三つを重ねあわせるならば、そこにおのずと、令制の大嘗祭の映像が浮かびあがってこよう。それは、日子穂々手見命の海神宮の訪問譚を表象しつつ挙行されるところの、大綿津見神の天皇に対する食事の献上の儀式であり、大綿津見神の女に仮託された女性と天皇との聖婚の儀式という映像である。繰り返して引用しよう。日子穂々手見命が海神宮を訪れた時の様子を描写した次の一節こそは、大嘗祭の祭儀神話なのであった。

　みちの皮の畳八重を敷き、また絁畳八重をその上に敷き、その上に坐せて、百取の机代の物を具へ、御饗《みあへ》して、すなはちその女豊玉毗売を婚《あ》はしめき〔一〇〇頁〕

そして、大嘗宮における調度や儀式と『古事記』における海神宮の調度や儀式との間には、次のような対応関係が存在するのであった。

大嘗宮――海神宮
白布短帖――みちの皮の畳
折薦帖八枚（帖七重筵一重）――絁畳八重

神と天皇との共食――――大綿津見神が穂々手見命にささげた御饗
聖婚儀式――――穂々手見命と豊玉毗売の聖婚

2　大嘗祭論批判

私は、『古事記』の問題の一節と大嘗祭の本質とを、以上のように考えるのであるが、すでに述べたように、これは、ほとんど孤立した見解である。通説は、大嘗祭の祭儀神話と本質を全く別の所に求め、大嘗祭と海神宮神話との関連を説いた学説も、通説を前提に議論を組み立て、通説を批判した岡田精司氏も、海神宮の物語りを大嘗祭の祭儀神話とすることには否定的な見解を述べられているからである。

(1)　折口信夫「大嘗祭の本義」

今日の通説的大嘗祭論の骨格を築いたのは、折口信夫であった。折口説を要約すれば、次のようになろう〔28〕。

①古い時代の「まつりごと」は、穀物をよく稔らせる事で、大嘗祭とは、一年の終りに行なわれるところの、神への報告祭であった。すなわち、神は、年の窮まった時にやってきて、その年の収穫を受け、報告をきいた。

②大嘗祭は「大新嘗」の意で、「新嘗」は「贄の忌み」すなわち、五穀が成熟した後の、贄として神に奉る時の、物忌み・精進の生活のことであった。

③大嘗祭は冬の祭りの一つであるが、この冬祭りは、年窮まった時に、外から来る魂（霊）を身体へ付着させる祭りという意義も有した。

④天皇は、元来の自分の魂に加えて、臣下の魂が外から付着することで、天皇となるのであった。天皇が倭を治めるためには、倭の魂を身体に付着させねばならないが、そのことが、各地方を支配してきた臣下たちの魂を外から付着することで、果されるのであった。天皇は、そうした種々の魂の容器である。天皇霊（魂）は一年間活動す

ると疲れて役にたたなくなるので、毎年、天皇霊の注入の儀式が必要であり、そのことによって、天皇は天皇として復活した。こうした、天皇に天皇霊を外から付着させる祭りが、大嘗祭であった。具体的には、大嘗祭における国風の歌の奏上などの際に、臣下の魂が天皇に付着された。臣下が天皇に自らの魂を献上するというこの儀式は、そのまま、服属の儀礼を意味した。大嘗宮の寝座は、天皇がそこにひきこもって、天皇霊が付着するまで物忌みをするための場所であった。

かかる大嘗祭論は、全体としては全く成立しがたい。まず③と④は、大嘗祭における寝座の意義や国風の奏上の儀式の意味を説こうとするものであるが、寝座論については聖婚儀式を想定しない議論となっていて、首肯しがたいものである。私は、大嘗祭の核心に、天皇が「葦原中国」を正当に支配するために必要な「海原」の神の呪能を獲得する象徴的儀礼を見出すので、臣下の魂の付着による天皇霊の充足という折口説は、それだけをとりだせば卓見であると思うが、学問として肝腎の論証の仕方には同意することができないのである。

②の語意論は、西宮氏が「上代特殊仮名遣いからみて、全然成立しない」とのべた通りである〔90二二三頁〕。氏によれば、「大嘗」の古訓として、オホニヘ（大贄）、オホムベ、オホヘの三種が確認されるが、オホヘはオホムベの縮約したもの、そのオホムベはオホミニヘ（大御贄）の縮約したもので、結局「大嘗」とは「大贄」に通ずる言葉であった〔90二二八頁以下〕。「贄」とは神や天皇に対する献上物のことであるが、「大嘗」「大贄」とはそのうち天皇に対する贄のことであったと思われる。というのも、「大嘗」の対語として「神嘗」なる言葉が存在し、これは文字通り神に対する贄献上を意味するからである。神祇令が国家的祭祀の一つとして定めた神嘗祭は、天照大御神に対して贄（初穂）を献上する伊勢神宮の祭祀であった。神に対する贄献上が「神嘗」だとすれば、「大嘗」は天皇に対する贄献上と解するほかはない。したがって、折口の①の議論も成立しないことになる。折口は、オホニヘとカムニヘ――ただし、カムニヘは、実際は神嘗祭についてのみいわれ、神一般に対する贄献上の祭祀は、単にニハナヒ、あるいは、ニヒナ

へといわれた〔90二一六頁以下〕。ニハナヒは〈ニヘ（贄）＋ナヒ（体言について体言を動詞化する働きを有するナフの連用形）〉〔西宮75三九頁、古岩〕、ニヒナヘは〈ニヒ（新穀）＋アヘ（饗）〉〔古岩〕――を取り違えてしまったのである。

このように、大嘗祭は、実にその名称のうちにすでに、天皇が神に対してではなく、誰か（神または人）が天皇に対して贄を献上し、そうすることで献上者が天皇に服属する儀式であることが示されているのであるが、まさにその点をめぐって一つの問題が生ずる。それは、大嘗祭の祭儀神話の海神宮の物語りにおいては、大綿津見神の穂々手見命に対する食事の献上は「為二御饗《みあへ》一」〔記桜八二頁〕と表現されていたことにかかわる問題である。「御饗」なる表現と、「大贄」ないし「大嘗」という表現がどのような関係にあるのかということが疑問に思われてくるのである。

『古事記』においては、この三つの表現について、かなりはっきりした使い分けの規則が存在したように思われる。まず「御饗」は人に食事をふるまい、もてなすことであった。そのためには食事の場所が必要であり、この目的のために宮が特に設営されることもあった。海神宮は「魚鱗《いろこ》なす造れる宮室」（沢山の小宮殿が、鱗のごとくに立ち並んでいる宮の意）であったから、その中の一つが「御饗」に供されたのであろうが、むしろそれは例外であった。

・出雲国の多芸志の小浜に、天の御舎を造りて、水戸の神の孫、櫛八玉神、膳夫になり、天の御饗を献る〔八七頁〕

・神倭伊波礼毗古命、……日向より発たして、筑紫に幸行《いでま》しき。故、豊国《とよくに》の宇沙《うさ》に到りましし時に、その土人《くにひと》、名は宇沙都比古・宇沙都比売の二人、足一騰宮《あしひとつあがりみや》を作りて、大御饗《おほみあへ》を献りき〔一〇八頁〕

以上の「御饗」に対して、「大贄」とは、天皇に献上された、料理される以前の穀物・鳥獣・海産物などであり、また酒であった。『古事記』には「大贄」が二箇所に登場するが、文脈から右のことが想定されるのである。次に掲げる最初の引用文は、大雀命《おほさざき》（後の仁徳天皇）と宇遅能和紀《うぢのわき》郎子《いらつこ》（大雀命の異母弟）の天下譲りの件りで、ここの「大贄」は海産物であろう。第二の引用文は吉野の国主の天皇への服属を語る件りであるが、ここの「大贄」は、まず何よりも酒である。

・大雀命と宇遅能和紀郎子との二柱、おのもおのも天下を譲りたまふ間に、海人《あま》、大贄を貢《たてまつ》りき。しかして、兄は辞《いな》びて弟に貢らしめ、弟は辞びて兄に貢らしめて、相譲りたまふ間に、すでに多《あまた》の日経たり。かく相譲りたまふこと、一たび二時にあらざりければ、海人すでに往還に疲れて泣きき〔一九六頁以下〕

・吉野の国主等、……吉野の白檮《かし》の上に、横臼《よくす》を作りて、その横臼に大御酒《おほみき》を醸《か》みて、その大御酒を献りし時に、口鼓を撃ちて、伎《わざ》をなして、歌ひしく、「白檮の上に、横臼を作り、横臼に、醸みし大御酒、うまらに、聞こしもち飲《を》せ、まろが父」。この歌は、国主等、大贄献る時々に、恒に今に至るまでに、詠ふ歌ぞ〔一九一頁〕

「御饗」も「大贄」も、ともに「御饗を献る」「大贄を献(貢)る」という献上する側からの行為の表現として登場したが、これに対して、「大嘗」は、献上される側からの行為を示すものであった。「大嘗」も、『古事記』には二箇所に登場する。第一例は「高天原」における天照大御神の「大嘗」である。「大嘗聞こしめす」すなわち、天照大御神は、〃オホニヘを召し上る〃のである。第二例は履中天皇の大嘗祭の描写で、天皇はこの時献上された酒をたらふく飲みほし、酩酊したのである。

・速須佐之男命、……勝ちさびに天照大御神の営田のあを離ち、その溝を埋み、また、その大嘗聞こしめす殿に屎まり散らしき〔四九頁〕

・難波宮に坐しし時に、大嘗に坐して豊の明りしたまひし時に、大御酒にうらげて大御寝ましき〔二一九頁以下〕

天照大御神や履中天皇が「聞こしめ」したところの「大嘗」の中には、酒ばかりでなく、料理された食事や海産物なども含まれていたに相違ないので、「大嘗」「大贄」「御饗」の三語は、およそ次のような関係にあるものと理解することができる。

献上される側　　　　　献上する側
大嘗聞こしめす ←┬ 大贄を献る（酒や食料の献上）
　　　　　　　　└ 御饗を献る（料理の献上）

このような言葉の構造は、大嘗祭の祭式と照応するものであった。「大贄を献る」ことは、悠紀・主基両国をはじめとする各国からの贄献上に照応し、「御饗を献る」ことは、大嘗宮における天皇の食事の儀式に照応するのである（一九三頁以下）。

人が人に贄・饗を献上することによって、献上される者と献上する者との間に王臣関係を形成する「大嘗」の儀式は、まさに令制の大嘗宮の儀式のごときものであるが、人がその斎き祭る神に贄・饗を献上するニハナヒないしニヒナへの儀式は、『日本書紀』神武天皇の段の次のような祭祀であったろうと私は想像している。

此より始めて厳瓮《いつへ》の置《おきもの》有り。時に道臣命《みちのおみのみこと》に勅《みことのり》すらく、「今、高皇産霊尊《たかみむすひのみこと》を以て、朕親《われみづか》ら顕斎《うつしいはひ》を作《な》さむ。汝を用て斎主《いはひのうし》として、授くるに厳媛《いつひめ》の号《な》を以てせむ。其の置ける埴瓮《はにへ》を名《なづ》けて、厳瓮《いつへ》とす。又火の名をば厳香来雷《いつのかぐつち》とす。水の名をば厳罔象女《いつのみつはのめ》とす。粮《くらひもの》の名をば厳稲魂女《いつのうかのめ》とす。薪《たきぎ》の名をば厳山雷《いつのやまつち》とす。草の名をば厳野椎《いつののづち》とす」とのたまふ。冬十月の癸巳《みづのとのみ》の朔《ついたちのひ》に、天皇、其の厳瓮《いつへ》の粮《おもの》を嘗《きこしめ》したまひ、兵《いくさ》を勒《ととの》へて出でたまふ。先づ八十《やそ》梟帥《たける》を国見丘に撃ちて、破り斬りつ〔紀上二〇二頁〕

人が、女性または女性を装った男性を斎主とし、これをして神に捧げる食事を作らしめ、神にこの食事を献上するのである。その効能は、神の食事をもらいうけて食した人に神の霊がのりうつり（顕斎）、異常な力をもつようになることにあったらしい。

神武天皇の神事はむろん神話であるが、記紀には史実と思われる神事の記述も見出される。『古事記』では、次に引く雄略天皇の皇居賛美の歌謡である。

纏向《まきむく》の日代の宮は　朝日の日照る宮　夕日の日翔《がけ》る宮　竹の根の根足《ねだ》る宮　木の根の根延《ねば》ふ宮　八百によし築《いきづ》きの宮　まきさく檜《ひ》の御門《みかど》　尒比那閇夜《にひなへや》に生《お》ひ立《だ》てる　百足《ももだ》る槻《つき》が枝《え》は　上つ枝は天を覆《お》へり　……〔記潮二五〇頁、記桜二〇一頁、原文は全文表音漢字表記であるが、傍線箇所を除き表意漢字に変換して引用した〕

傍線を付した「尒比那閇夜」は、宣長以来、「新嘗屋」の字があてられているけれども——そして、神事としてのニヒナヘと服属儀礼としてのオホニヘが混同されるのであるが〔記伝十二巻三一一頁、記注四巻三六二頁など〕——、もともとは「新《に》穀《ひ》饗屋《あへや》」〔古岩〕、すなわち天皇が神に新穀の御饗を献上する祭祀の屋形のことで、そこで、先に引用した『日本書紀』の記事が描くような神事が行なわれたのであろう。

また、『日本書紀』皇極天皇条には次のような記事が見えている。

十一月の…丁卯に、天皇新嘗御《にはなひきこしめ》す。是の日に、皇子・大臣各自ら新嘗《にはなひ》す〔紀下二四三頁〕

この「新嘗」は、天皇のみならず、皇子や大臣らがそれぞれに行なうのであるから、日本古典文学大系『日本書紀』の頭註が「これは代替りの新嘗祭の最初で大嘗祭に当るものであろう」と解説するような儀式であるはずはなかろうと思われる。天皇、皇子、大臣らが、それぞれに、それぞれが斎き祭る神に食事を捧げる祭りを行なったと考えることが自然ではなかろうか。この箇所の「新嘗」の古訓は、ニハナヒないしニハヒで〔西宮90二一六頁〕、同じく「新嘗」と記されながらも、意味的には「大嘗」のことと思われる天武紀の「新嘗」の古訓オホニヘとは区別されているのであるから〔西宮90二一七頁、二二九頁〕、この点からも、オホニヘならぬニハナヒとしての皇極紀の「新嘗」は、真性の祭祀としての贄献上であったことが知られる。

皇極紀の「新嘗」の古訓がニヒナヘ〔新穀饗〕ではなかったことも注目される。祭日は十一月で、今日の暦では十二月の神事であるから、これは収穫祭〔ニヒナヘ〕ではなく、一般の食物献上祭祀〔ニハナヒ〕であったと考えられるのである。「天皇新嘗御《きこしめ》す」という表現によれば、天皇をはじめとする祭祀執行者は、神に捧げた食事を、その後に自らも食したのであろう。その結果として、人々は神から異常な力を付与されることになったのではなかろうか。ニハナヒないしニヒナへは、そのような、人々を神がかり的状態にする神事であったように思われる。

大嘗祭がニハナヒではなかったとすれば、ニハナヒは、神祇令祭祀において、どのような形態で存在していたのであろうか。結論をいえば、ニハナヒは、神祇令には規定されず、神祇令に規定された国家的祭祀の水面下で、それにリンクする形で、各人によって個別的に営まれていたにすぎないと考えられる。そうした祭祀構造の存在が想定されるのは、月次祭である。

月次祭とは、神祇令九条が、

祈年《としごひ》・月次《つきなみ》祭には、百官神祇官に集れ。中臣、祝詞宣べ。忌部幣帛班て。

と規定した祭祀で、「季夏」と「季冬」の二度挙行される定めであった〔神祇令五条、九条〕。令制下の制度の詳細は伝わらないが、一〇世紀の『延喜式』の段階では、畿内三〇四坐の神々の神主・祝部らが神祇官に召集され、そこで、天皇から諸神へ捧げられる幣帛が班ぜられ、神主・祝部がこれを持ち帰ってそれぞれの斎き祭る神に天皇の幣帛を献ずるという祭祀であった。しかし、この祭祀は、他方で、「如㆓庶人宅神祭㆒」〔令義解〕といわれる性質を有していた。宅神祭とは、庶人の斎き祭る神への贄の献上の祭祀であったと考えられるので、庶人の宅神祭のごとき月次祭とは、畿内三〇四坐の神々を祭る豪族たちそれぞれのニハナヒの神事でもあったと推測されるのである。

しからば、神祇令の規定する神祇官班幣祭としての月次祭と、ニハナヒとしての月次祭とはどのように関係していたのか。このことは、天皇の月次祭からある程度想像することができるように思われる。天皇の月次祭は、①内裏における、伊勢神宮への朝使（奉幣使）の発遣の儀式、②伊勢神宮における、天照大御神に対する、a朝使の奉幣と、b伊勢神宮神官による神田等からの贄献上儀式、③内裏における神今食《かむいまけ》（天皇と祖神天照大御神との共食儀式）の諸要素から構成されていた〔古事類苑神祇部〕。右の記述は、令制時代の史料が欠けているために、九世紀以降の諸史料によって復元したものなのであるが、もしもこれが令制時代以来のものであったとするならば――そして、種々の事柄を勘案して、儀式のディテイルはともかく、その骨格は令制時代以来のものであったと考えられるのであるが――、月次祭に参加する諸豪族についても、右との対応で、①神祇官における班幣の儀式、②それぞれの神社における、それぞれが斎き祭る神への、a天皇幣帛の奉幣と、b神田からの贄の献上儀式、③神とこれを祭る豪族との共食儀式、の諸要素からなる祭祀の存在が想定されよう。そして、これら①、②a、②b、③の儀式のうち、①と②aとが神祇令の規定した月次祭、②bと③とが宅神祭すなわちニハナヒに相当すると考えられるのである。①と②aとは国家的ないし〈公〉的な月次祭、②bと③とは個別的ないし〈私〉的な月次祭であった。重要なことは、後者が古くからの祭祀で、前者は、本来個人的な祭祀であったニハナヒを束ねて一個の国家的祭祀に編成したものであろうこと、そして、神祇令には、もっぱら前者すなわち国家的祭祀としての月次祭の側面だけが規定されたという事実である。

要するに、大嘗祭がニハナヒないしニヒナへの神事ではなかったばかりでなく、神祇令一般が、ニハナヒないしニヒナへを正面から規定し、制度化することはなかったのである。それは確実に存在していたが、神祇令祭祀とは次元を異にする諸人の個人的祭祀としてであり、この限りで、皇極紀の記した諸人ごとのニハナヒの伝統は、令制のもとでも生き続けていたのであった。

(2) 西郷信綱「大嘗祭の構造」と真弓常忠『大嘗祭』

『古事記』論の視角から、折口の大嘗祭論を批判的に継承し展開したのは、西郷信綱氏であった。氏の議論を要約すれば、次のようになろう〔西郷66b67b〕。

①大嘗宮における天皇の「御座」に向きあう「神座」は天照大御神の座で、共食の儀式は、天皇と天照大御神の共食であった。共食の意義は、天皇が神に新穀を奉ることではなく、天皇自らが新穀を食べ、水穂の国の君主としての呪能を獲得することであった。

②寝座は天照大御神のもので、天皇はここに臥す所作を通じて天照大御神のじきじきの子となり、君主として再誕した。この祭儀神話が天孫降臨神話である。すなわち、寝座は天孫降臨神話にでてくる「真床覆衾《まどこおふすま》」で、これにくるまることは子宮の羊膜に包まれる胎児となることを象徴するものであり、天皇が寝座に臥す儀式は、ホノニニギノミコトが「真床覆衾」にくるまって降臨したという神話と呼応して、君主の再誕を象徴するものであった。

①は、共食の意義を、天皇から神への食事の献上に見出した折口説の批判である。これに対して、②は、折口説の批判的な継承であった。折口説の継承というのは、折口が萌芽的な形で提起した大嘗祭と天孫降臨神話との密接な関係という視点を、西郷氏が受けつぎ、これを全面的に展開したからである。しかし、議論の内容それ自体は、かなり異なるものであった。折口の「真床覆衾」の理解は、西郷説とは異なって、物忌みのための寝具という理解であり〔折口28一九六頁〕、天皇霊の付着といっても天照大御神の魂ではなく群臣の魂の寄り付きであり、そのことを通じての天皇の再生であった。西郷説は「真床覆衾」論を全く別の仕方で展開し、天照大御神の子としての天皇の再生論を構築したのである。

今日の神道教義学の大嘗祭論の一つの典型と目される真弓常忠氏の議論も、西郷説とほぼ同様の考え方にたっている。氏は、共食の儀式について、

> 天皇の聞こしめすときの御模様は『江家次第』には、「天皇頗る低頭、拍手、称唯してこれを執り、飯《いい》を羞《しう》すること常のごとし」とあり、すこぶる恭敬の御態度が拝される。このときがまさに「大嘗聞こしめし」て、皇祖天照大神とご一体となられる瞬間である〔88九五頁〕。

とのべ、寝座の意義については、次のように指摘されている。

> 大嘗宮の中央の第一の神座（寝座のこと——水林註）は皇御孫命の座であって、天皇が皇祖の霊の憑りつくのを待たれるべき真床追衾であり、これとひと続きの御座と相対して設けられた神座に坐すのは天照大神である。大嘗祭

の本縁を語る天孫降臨神話により解するならば、天皇は天照大神より大御神の霊威の籠った「斎庭の穂」を戴かれ、これを聞食す儀が大嘗祭の本旨である〔真弓78一一四頁〕。

以上のような西郷説、真弓説は、『古事記』論ないし令制大嘗祭論としては、折口説以上に、大きく的をはずした議論だといわねばならない。共食の儀の意義を、天皇の食事に力点を置いて理解しようとしている点は、折口説よりも前進した点であるが、その他の点では、むしろ後退しているからである。

まず第一に、両説ともに、大嘗祭の祭儀神話を天孫降臨の物語りに求めている点である。この観点は、折口説にも萌芽的に存在したのであるが、両説はそれを全面的に展開し、議論を根本的に誤った方向に導いたように思われる。両説の妥当しがたいことは、『古事記』の天神御子降臨の件りには、いうところの「真床覆衾《まどこおふすま》」も「斎庭《ゆには》の穂《いなのほ》」も一切登場しないということに明らかであろう。それらが見えるのは、『古事記』ではなく、『日本書紀』にほかならない。一般には、記紀神話の名のもとに、『古事記』と『日本書紀』とが同列に論じられるので、通説にとって、右の事実はさしたる問題ではないのかもしれないが、すでに本稿でもふれ、第二部においてスサノヲ神話に即して詳細に述べるように、『古事記』と『日本書紀』とは内容を全く異にする作品であり、『日本書紀』は『古事記』に代替することのできない性質のものであった。そして、神祇令祭祀の祭儀神話といえば、それは、まず何よりも『古事記』なのであった。たしかに、『古事記』の物語りと神祇令祭祀の祝詞の内容とは厳密には一致しない場合が少なからず存在し、そこに、神祇令祭祀の歴史的形成とその変質という見地からなお考えるべき問題があるのであるが（補論一参照）、しかし、このことは、大局的に見て、『古事記』を神祇令祭祀の祭儀神話として評価することを妨げるものではない。そして、念のために繰り返すならば、その『古事記』には、「真床覆衾」も「斎庭の穂」も登場しないのであった。「斎庭の穂」にいたっては、単に登場しないだけではない。すでに須佐之男命の物語りの考察の箇所で述べたように、『古事記』は、「葦原中国」における稲作が、天神御子の降臨の前に、須佐之男命によって創始されたことを明確に語っている(九二頁)。

第二に、百歩譲って、かりに『日本書紀』が神祇令祭祀の祭儀神話である可能性を認めるとしても、岡田精司氏がすでに的確に指摘されているように〔83一六頁以下〕、そして、最近では溝口睦子氏が岡田精司説を継承して通説を論破したように〔溝口89六六頁以下〕、『日本書紀』の天孫降臨神話が大嘗祭の祭儀神話であるとは考えがたいという問題が存在する。天孫降臨神話の中心は天孫の高千穂峰への降臨であるが、大嘗祭には、それに対応する儀式が見あたらない。逆に、大嘗祭の中心的儀礼に神人の共食があるが、天孫降臨神話にはそのような物語りが全く欠如している。『古事記』の天神御子降臨神話と大嘗祭とが無縁であることは、いうまでもない。西郷説、真弓説は、どのような角度からみても、祭儀神話の根拠を欠く空想的議論というほかはないように思われる。

それにしても、何故にこのような議論が行なわれ、そして流布してきたのであろうか。私は、ここにも、すでに別の文脈でのべたところの皇国史観の残映があるのだと思う(八五頁)。というのも、大嘗祭を明確に天孫降臨神話と結びつけたのは、明治の大嘗祭に際しての告諭であったからである。

大嘗会之儀ハ、天孫瓊々杵尊降臨ノ時、天祖天照大御神詔シテ、豊葦原瑞穂国ハ吾御子ノ所知国ト封シ玉ヒ、乃斎庭ノ穂ヲ授ケ玉ヒシヨリ、天孫日向高千穂宮ニ天降マシマシ、始テ其稲種ヲ播テ新穀ヲ聞食ス、是レ大嘗新嘗ノ起原也、是ヨリ御歴代年々ノ新嘗祭アリ、殊ニ御即位継体ノ初ニ於テ大嘗ノ大義ヲ行ヒ玉フコトハ新帝更ニ斯国ヲ所知食シ天祖ノ封ヲ受玉フ所以ノ御大礼ニシテ、国家第一ノ重事タリ……〔一八七一年一一月告諭『法令全書』明治四年、三頁〕。

そして、かかる大嘗祭観が国定教科書に記述され、「臣民」に注入された。

大嘗祭は、わが国でいちばん尊い、いちばん大切な御祭であります。御一代に御一度神代そのままに、からがうしいこの御祭をあそばされるのは、実にわが大日本が神の国であるからであります。皇祖天照大神は、高天原で五穀の種子を得られて、これを天の狭田、天の長田にお植ゑさせになり、やがてみのつてから、大嘗殿できこしめされました。皇孫瓊瓊杵尊の御降臨の時、「吾が高天原に御す斎庭の穂を以て、亦吾が兒に御せまつる」と仰せられ、この稲を以て御祖先をまつり、御みづからもきこしめし、万民にも与へるやうにとおさとしになりました。このやうなありがたい大御心にしたがつて、御代御代の天皇は、この御祭をおごそかに行はせられたのであります〔国定教科書国民学校六年生用『初等科修身巻四』十四、一九四三年〕。

大嘗祭の祭儀神話を天孫降臨に求める議論は、『古事記』の真実の内容とは無縁の、近代天皇制国家が国家神道の教説として創作した「神話」にすぎない。その「神話」が今日においても生きながらえているとすれば、これを皇国史観の残映といわずして、何と表現したらよいのであろうか。

(3) 岡田精司「大王就任儀礼の原形とその展開」など

天神御子降臨神話を祭儀神話とする儀式は、すでにのべたように、大嘗祭ではなくして、践祚であった。そして、そのことを初めて明確に疑問の余地なく論証したのは、岡田精司氏であった〔岡田83二九頁以下〕。しかし、岡田氏は、それと同時に、海神宮神話と大嘗祭との関連をも否定してしまった。氏は、松前健氏、川上順子氏などの研究を基礎としながら、「大嘗祭の聖婚の要素と海神宮神話における山幸彦と豊玉毘売の結婚の共通性」に着目されながらも、「海神宮訪問の神話……には、王位をめぐる要素も、大王就任にふさわしい要素も見当らない」とされ、結局、海神宮の物語りは「安曇氏奉仕の本縁譚」〔安曇氏は綿津見神の子孫である〔記四二頁〕〕にすぎないという結論を下してしまったのである〔岡田83一九頁以下〕。

他方、海神宮神話と大嘗祭との関連を指摘した松前氏や川上氏の議論は、天孫降臨神話と大嘗祭の関連を否定する趣旨ではなく、それを前提に、付加的に、海神宮神話に論及するか〔松前70七〇頁〕、「大嘗宮は地上に設営された高天原であり、代々の天子は高天原の大嘗宮で天照大神の御子として再誕する」とか、「真床覆衾が大嘗宮の神坐に臥して再誕する天子創造のための大切な道具であったことはいうまでもない」〔川上73四八頁〕というような考え方と結合しようとする議論であるから、管見の限りでは、海神宮神話こそ大嘗祭の祭儀神話であるといいきった研究は、存在しないのである。

以上のような研究史の状況の背景には、「海原」という神話的世界と「御饗」という行為について、正確な理解が欠けているという事情があるように思われる。「御饗」についていえば、『古事記伝』〔宣長〕、『古事記全註釈』〔倉野氏〕、『古事記注釈』〔西郷氏〕などの代表的註釈書が、これについて何事も語らないという驚くべき状況が存在する。二、三の刊本は、頭註で「御饗」に註して「ご馳走の意。饗ふの名詞形」〔記潮、記思〕などとのべているが、こうした註記の仕方は、かえって、「御饗」の重大な意義を看過していることを告白するものであろう。大国主神話の「天の御饗」の意義でさえ、正しく理解されるようになったのは、つい近年のことなのであるから〔一六九頁以下〕、大綿津見神の「御饗」の意義が正当に理解されていないことは、当然ともいえるが、このことは、大嘗祭の意義さえも見誤らせるにいたる重大な誤謬であった。

「海原」論が、研究史上、正当に論じられてこなかったことについてはすでに述べたが、このことは、必然的に、天神御子が「海原」の呪能を獲得することの意義の過小評価をもたらしてきた。たとえば、吉井巌氏が、天神御子の聖婚を、天神御子が「聖性を増幅」していく過程として把握されたことである〔77一四八頁〕。表現の細部にこだわるようであるが、穂々手見命の「海原」の呪能の獲得は、〃聖性の増幅〃ではなく、〃聖性の充足〃、より正確にいえば、〃聖性の充足への一階梯〃であろう。すでに充足した聖性に加うるプラス・アルファなのではなく、それによって、聖性が満たされていくのである。〃増幅〃と〃充足〃の表現の差は小さいように見える。かりにそうだとしても、しかし、毫釐は千里の差を生みうる。このことは、神野志氏が、吉井説を踏襲しつつ、次のようにのべたことに示されているように思われる。

〈ワタツミノ神の国〉については、降臨してきたアマツヒコたちの世界としての「葦原中国」にかかわることを再確認しつつ、これをどのようにあらしめるかを問わねばならないであろう。完成された「葦原中国」を正統に支配することとなった者をして、海の呪力をもつものとしてあらしめる——、結論的にいえば、こうした視点から見るべきではないか〔86一三六頁、傍点水林〕。

すでに「正統に支配することとなった者をして、海の呪力をも」持たしめると解するのは正確ではない。そうではなくて、海の呪力を獲得することによって、天神御子は、「葦原中国」を正当に支配しうる者に、一歩近づいたのである。「葦原中国」を正当に支配するものになったとはいわずに、なおも、一歩近づいたという表現に留めねばならないのは、天神御子は、さらに、「国」そのものの呪能を獲得しなければならないからである。その一部をなす「山」の呪能は、邇邇芸命の木花之佐久夜毗売との聖婚によって獲得されたが、それでは不十分なのであった。「国」全体の呪能の十全なる獲得は、後に考察する、神倭伊波礼毗古命といわゆる闕史八代の物語りの課題である。そういう次第であるから、「海」や「国」の呪能を獲得する以前の、「高天原」の「日子」にすぎない天神御子は、「葦原中国」の支配者たる資質に欠ける存在であり、「葦原中国」を支配する正当性をなお獲得できていない存在であった。「高天原」とは、そのような世界でしかなかった。そうであるからこそ、天神御子が「海原」の呪能を獲得する海神宮の物語りは、天皇王権の形成にとって決定的に重要なのであり、それを祭儀神話とする儀式が皇位就任儀式の一つともなりえたのである。

3　大嘗祭と践祚

海神宮神話や後述の闕史八代史は、しかし、天神御子が「葦原中国」の王となるための呪能を獲得する物語りの全てではなかった。さきにのべたところの天神御子降臨神話もまた、天神御子が「葦原中国」の王となるために必要な呪能を獲得し、そこに降臨する物語りであった。そうであるが故に、海神宮神話を祭儀神話とする大嘗祭に加えて、天神御子降臨神話を祭儀神話とする践祚が、皇位就任儀式の一つに加えられていた。

それでは、呪能獲得の二つの神話とこれを基礎とする二つの皇位就任儀式は、どのような関係にあり、それぞれは、どのような特徴を有していたのであろうか。表17ａは、この問題を考えてみるために、天神御子が、いかなる呪能を、どのようにして獲得したのかを整理してみたものであるが、この表について、次の三点を指摘しなければならない。第一に、呪能の獲得の仕方が、〈呪具〉の所持による呪能の獲得と、〈血〉の継受による呪能の獲得の二つに分類されるということ（後者は、さらに、〈祖神の血〉の相伝と、聖婚を通じての〈異界の神の血〉の獲得の二つに分類されるが、これについてはすぐ後にのべる）、第二は、〈血〉の継受によって獲得される呪能は〈自然〉との闘争のための呪能であるのに対して、〈呪具〉によって獲得される呪能は、社会に王権を樹立し、社会を政治社会として組織するためのものであるということ、第三に、大嘗祭は〈自然制御―血による呪能獲得〉にかかわり、践祚は〈政治的支配―呪具による呪能獲得〉にかかわるということ、これである。

要するに、ここには、〈自然―血〉、〈政治社会―道具〉という対応関係が存在し、これが儀式のあり方にも結びつけられているのである。この対

【表17ａ】 天神御子の呪能の獲得

呪能の性質		物語り	関連祭祀	呪能獲得手段	
自然制御	大地	地方豪族層の女との聖婚を通じて〔神武および闕史八代史など〕	大嘗祭	聖婚	血
自然制御	水	海原での大綿津見神（水神）の女との聖婚を通じて〔日子穂々手見命の物語り〕	大嘗祭	聖婚	血
自然制御	稲	伊耶那岐命によって稲作の呪能を授けられた天照大御神の子孫として	鎮魂祭	遺伝	血
政治的支配	武力	天孫降臨の際に，天照大御神から授けられた草薙の剣（三種の神器の一つ）〔天神御子降臨神話〕	践祚	呪具	
政治的支配	祭祀	天孫降臨の際に，天照大御神から授けられた鏡（三種の神器の一つ）〔天神御子降臨神話〕	践祚	呪具	

【表17b】　大国主神の呪能の獲得

自然制御	大地	大山津見神（山の神）以下，国つ神々の子孫として	血（遺伝）
	水	須佐之男命（水神）の子孫として	
	稲	足名椎・手名椎（稲の精霊）の女の櫛名田比売（田の神）の子孫として	
政治的支配	武力	根の堅す国の生大刀・生弓矢	呪具
	祭祀	根の堅す国の天の沼琴	

応関係が単なる偶然ではないことは、大国主神が、「葦原中国」の王となるために、いかなる呪能を、いかなる仕方で獲得したのかを想起するならば、明らかであるように思われる。大国主神も、自然制御の呪能を〈血〉によって、武力や祭祀という政治的支配の呪能を呪具によって獲得していたからである（表17b）。自然を統御する力は自然によって与えられるが、政治社会を統御する力は、それがまさに非自然的なものであるが故に、自然的にそれを備えた神は存在せず、したがって、その力は血によっては与えられず、神々の創作にかかる道具に依存するほかはないのであろう。それは、先にのべた、自然の自然的形成、政治社会の作為的形成という世界観とも通底するものであるが（一〇九頁以下）、まさにこのことが、大嘗祭と践祚という二つの皇位就任儀式が存在することの一つの根拠をなしていたのであった。

4　大嘗祭と鎮魂祭

呪能獲得のための〈血〉には、さらに、〈祖神の血（父系の血）〉と〈異界の神の血（母系の血）〉との二つが存在した。前者は、祖神に発する父系血族の血の相伝によって、後者は、聖婚の結果として誕生する子における母系の血の獲得と、その血の父系血族の線での相伝によって、子孫に伝えられた。これまで述べてきた海神宮神話を基礎とする大嘗祭は、いうまでもなく後者の祭祀であるが、これに対して、前者に対応する祭祀として、鎮魂祭《たまふりのまつり》が存在した。

この祭祀は、神祇令第八条が、「仲冬寅日、鎮魂祭、下卯大嘗祭」と規定するように、大嘗祭の前日に行なわれる定めであった。ここでいう大嘗祭は、これまで述べてきた、皇位就任儀式の一つとしての大嘗祭だけを示すものではなく、毎年行なわれる大嘗祭（後の新嘗祭）をも含むのであるが、鎮魂祭も、これと同様に、皇位就任の時ばかりでなく、毎年挙行されるものである。

それでは、鎮魂祭とはどのような性質の祭祀なのか。養老令の註釈としては最も古くに成立した「釈」は、これについて、次のように解説している。

鎮殿也。人陽気、曰レ魂。々運。人陰気、曰レ魄。々白也。然則召二復離遊之運白一。令レ鎮二身体之中府一。故曰二鎮魂一〔令集解三一頁〕

鎮魂祭は、遊離した天皇の魂を再び天皇の身体に召復することを目的とするのである。そのための儀式は、御巫が宇気槽《うけふね》（桶をさかさまにしたような形のもの）を伏せてその上にたち、桙をもって十度槽の底をつき、そのたびごとに、神祇伯が、木綿の糸を結んで葛筥の中におさめ、女蔵人が天皇の衣服の筥を開いてこれを振動させる所作を行ない、御巫・猿女などが舞をする、というようなものであった〔貞観儀式、北山抄〕。右のうち、木綿の糸を結ぶ行為は、『延喜式』が、鎮魂祭の日に祭場に迎える神として神魂《かむむすび》、高御魂《たかみむすび》、生魂《いくむすび》、足魂《たるむすび》などをあげているところから察せられるように、「魂結《たまむす》び」（魂をつなぎとめること）を象徴する儀式であり、天皇の衣服の振動は、天皇の魂をふりおこすための所作であろうと思われる。槽をふせてその上にたち、その底をつく所作は、衰えた生気に活力を与える呪術といわれる〔松前74一一七頁〕。以上の諸祭式は九世紀以降の儀式書によったものであるが、祭儀神話から推測すれば、令制本来のものは、宇気槽突きと舞の儀式であったと思われる。糸結びは、ムスヒ神をムスビ神とした後代の造作に相違なく、衣服の振動儀式も祭儀神話に対応するものを見出しえない。これに対して、宇気槽突きと舞の儀式は、天の石屋戸神話を祭儀神話とするものであった。

天宇受売命《あめのうずめ》、天の香山《かぐやま》の天の日影を手次《たすき》に繋けて、天の真折《まさき》を縵《かづら》として、天の香山の小竹葉《ささば》を手草に結ひて、天の石屋戸《いはやと》にうけ伏せて、踏みとどろこし、神懸りして、胸乳《むなち》を掛き出で、裳緒《もひも》をほとに忍《お》し垂《た》れき。しかして、高天原動《とよ》みて、八百万の神共に咲ひき〔五一頁〕

天宇受売命の行為が、鎮魂祭において、巫女が宇気槽の上で行なった仕草と酷似していることに注意されたい。『古事記』の物語りは、これ以後、天の石屋戸こもりによって、「高天原」は暗闇で、混乱が生じているはずなのに、「高天原」がとよみ、八百万の神々が笑ったことなどを不審に思って、外をのぞき見ようとした天照大御神が、天手《た》力男神《ぢからを》によって力づくで外に引き出される話へと展開していく。そして、その時、

高天原と葦原中国と、おのづからに照り明りき〔五二頁〕

と、『古事記』は語った。要するに、鎮魂祭の祭儀神話は、天照大御神の復活の物語りなのであった。そうした神話を表象しつつ、天照大御神の末裔たる天皇の魂の復活の儀式が、鎮魂祭として、毎年、十一月の寅の日、大嘗祭の前日にくり広げられたのである。折しも冬至のころで、太陽の光の最も弱くなる季節の祭祀であった。

以上のような鎮魂祭をとりまく諸状況から推して、この祭祀は、天照大御神の子孫としての天皇の血にすでに内在しているところの、代々相伝されてきた呪能（魂）の昂揚という意味がこめられた儀式であったと考えられる。毎年、十一月寅の日に、そのような神事が挙行され（鎮魂祭）、即位の際の鎮魂祭の翌日には、「海原」の女神との聖婚儀礼を通じて、「海原」の世界の呪能を獲得するための神事が行なわれたのである（毎世大嘗祭）。かつて折口信夫は、天皇霊には、本来天皇に具わっているものと、臣下によって外から付着させられるものの二つの種類のあることを指摘し、大嘗祭は後者の儀式であると述べていることを先に紹介した。折口はかかる議論を『古事記』論として展開したわけではなく、それ故に、論証の仕方には様々の問題が残るが、結論だけをとりだせば、『古事記』およびこれを祭儀神話とするところの神祇令祭祀の精神を、深い所で直感していた見解ということができるように思われる。

皇位就任儀式とその祭儀神話、特に大嘗祭のそれについて、謬見がほとんど異論のない通説として流布していることに鑑み、繰り返しになるけれども、大嘗祭は天照大御神と関係する収穫祭などではありえなかったことを、強調しておきたいと思う。これまでの大嘗祭研究を要約する、

古代から続く天皇即位の儀式。天子が年毎の稲の初穂を、皇祖神に供えて共食する祭りを新嘗祭といい、それとほぼ同じ内容を、天子一代に一度の大祭として行うのが大嘗祭である〔阪下85b〕。

というような見解は、明白に誤りなのである。天照大御神に対する贄(初穂)献上の祭祀は、別に神嘗祭《かむにへのまつり》として存在した。祭日も、収穫祭にふさわしく、「季《すゑ》の秋」(今日の暦では十月の祭祀)である。一方にそうした神嘗祭がある以上、大嘗祭は天照大御神と関係する収穫祭などではありえようはずがない。祭日も「仲の冬」の冬至の頃、収穫祭としては、あまりにも遅すぎる。その祭日は、おそらくは鎮魂祭の日取との関係で決定されたのである。

ただし、以上のように言いうるのは、『古事記』(七一二年成立)によって意味づけられたところの、令制の皇位就任儀式体系(七〇一年成立)についてであることを、強調しておかねばならない。本稿の主題は『古事記』の政治思想であり、それが意味づけた限りでの神祇令祭祀論であるから、詳細は別稿に譲らねばならないが、八世紀の政治史の展開の中で、令制皇位就任儀式体系は意識的に変質せしめられ、『古事記』も意図的に抹殺され、九世紀には、〈古事記―令制祭祀〉体系の否定の上に、〈古語拾遺―弘仁式制祭祀〉とでもいうべきシステムが成立してくると考えられるからである。それは、おそらくは〈古事記―令制祭祀〉に内在する非デスポティズムの思想の意図的な転覆の試みであった。そして、そこにおいて、大嘗祭は、収穫祭的外観を獲得し、祭神の一つとして、強く天照大御神が意識されるようになるのである(補論一参照)。このことは、しかし、通説の皇位就任儀式論を何ら正当化するものではない。通説の議論は、あくまで、『古事記』ないし『日本書紀』を祭儀神話と理解した上での、令制の皇位就任儀式体系論だからである。通説は、〈古事記―令制祭祀〉を見誤ったばかりでなく、それが〈古語拾遺―弘仁式制祭祀〉へと転換していく歴史の論理をも見届けることができないものであった。

5　大嘗祭の祭儀神話としての国譲り

海神宮神話が大嘗祭の祭儀神話であることに疑問の余地はないけれども、しかし、海神宮神話だけが大嘗祭の祭儀神話であったわけではなかった。それは、大嘗宮儀式の準備過程に、悠紀《ゆき》・主基《すき》の国郡斎田卜定と稲の献上の儀式があり、大嘗宮が悠紀殿・主基殿の二つの宮からなり、さらに、大嘗宮の儀式の後に悠紀・主基の帳の儀式が挙行されていたことに関係する事柄である。悠紀・主基両国からの稲の献上の儀式は後代の付加儀礼ではなく、令制にすでに存在していた儀式であった。いな、令制以前に遡る儀式であった。何故ならば、六七三年二月即位の天武天皇が、同年十二月に、

大嘗《おほにへ》に侍奉《つかへまつ》れる中臣・忌部および神官の人等、あはせて播磨・丹波二つの国の郡司、また以下の人夫等に、悉《ことごとく》に禄賜ふ〔紀下天武天皇二年十二月条〕

ことを記した初見記事以来、『日本書紀』、『続日本紀』は、代々天皇の即位の際の大嘗祭にかかわる悠紀・主基二国の記事を掲載しているからである。悠紀・主基両国の卜定とそこからの稲の献上の儀式は、明らかに、「海原」ではなくして、「葦原」(「国」)が天神御子・天皇の領有するところとなることを象徴する儀式であるが、海神宮神話は、「海原」が天神御子・天皇に帰属することになる物語りだけしか語らないのであって、大嘗祭の儀式の一部をなすところの悠紀・主基両国からの稲の献上に象徴される「国」の服属儀式の祭儀神話は、海神宮神話とは別のところに求められねばならないのである。

それでは、大嘗祭のこのような側面の祭儀神話は、どのような物語りなのか。まずは、大国主神による、天照大御神の使者に対するところの「御饗」の献上による国譲りの物語りである。すでに述べたように、大国主神による天照大御神の使者に対する「御饗」献上の物語りは、宣長以来久しく、「高天原」の側からの大国主神に対する「御饗」の献上の儀式と解されてきたのであるから、通説の大嘗祭論は、当然のことながら、国譲り神話を祭儀神話として評価しえていないけれども、『古事記』の物語りの構造と大嘗祭の儀式の構造とは、相響きあって、大国主神の国譲り神話が大嘗祭の祭儀神話の一つにほかならぬことを語るのである。先に、大嘗宮は海神宮だとのべた。しかし、それ

にとどまらない。悠紀殿と主基殿の二つからなる大嘗宮は、大国主神が高天原王権の使者に「御饗」を献上するために、「出雲国の多芸志の小浜」に築造したところの、かの「天の御舎」なのでもあった。

これまでの考察によれば、大嘗祭は、第一に、「葦原」と「海原」とが天神御子・天皇に服属することを象徴する儀式であり、第二に、天神御子・天皇が「海原」の呪能を獲得することを象徴する儀式であった。それでは、「葦原」の呪能はどうだったのであろうか。天神御子・天皇にとって、それは不要だったのであろうか。もちろん、否である。「葦原」の王たらんとする以上、天神御子・天皇が、「葦原」それ自身の呪能を獲得することなしには、王たりえないのは当然である。それは、『古事記』中巻の、神倭伊波礼毗古命といわゆる闕史八代の物語りの課題であった。そして、その物語りもまた大嘗祭の祭儀神話の一つであったと思われるのである。それ故、我々は、海神宮を後にして、先を急がねばならない。

第五節　天皇――「葦原中国」の領有と呪能の獲得

一　神々と天皇の物語りの構造

『古事記』上巻は、天津日高日子穂々手見《あまつひこひこほほでみ》命と大綿津見《おほわたつみ》神の女豊玉毗売《とよたまびめ》との間に生まれた天津日高日子《あまつひこひこ》波限建鵜葺《なぎさたけうか》草葺不合《やふきあへず》命の物語りをもって閉じられた。この神の子として、神倭伊波礼毗古《かむやまといはれびこ》（初代神武天皇）の誕生したことは、上巻末尾に記されるけれども、しかし、神倭伊波礼毗古の物語りは『古事記』中巻において展開されるのであり、上巻は、内容的には、日子波限建鵜葺草葺不合命の物語りをもって終わるのである。このことは、『古事記』序文が、

天之御中主《あめのみなかぬし》神より下、日子波限建鵜草葺不合命より前を上つ巻となし、神倭伊波礼毗古命の天皇より下、品陀《ほむだ》の御世より前を、中つ巻となし……〔二五頁〕

とのべているところからも明確である。

中巻は、神倭伊波礼毗古（神武天皇）から品陀和気（応神天皇）までの物語りである。具体的にいえば、神倭伊波礼毗古命が高千穂の宮から東征を始めて倭に入り、橿原《かしはら》の宮に即位して初代天皇となる物語りから、品陀和気天皇のもとで、朝鮮支配が完成するまでの物語りである。要するに、天皇王権の成立（その直前の前史を含む）から、朝鮮支配を含む東海の小帝国とその王権の完成までの歴史が、中巻の課題である（ちなみに、下巻は、完成された小帝国の内部での王位の継承の物語りである）。そのようなものとして、中巻は上巻から分離され、独立の巻とされた。

このように、上巻と中巻の区分が合理的根拠を有するものであることは疑いないが、しかし、それが、『古事記』の物語りの構造をあらわし示す唯一の区分なのだと考えるならば、それは誤りであると思う。たとえば、すでに述べたように、安萬侶が、穂々手見命の海神宮訪問譚から御《み》真《ま》木《き》入日《いりひ》子《こ》印恵《いにゑ》（崇神天皇）にいたるまでの、上巻・中巻を貫く諸説話を、一個の物語りとして、大国主神の「国作り」の物語りに対応させようと意図したことは、明らかだからである〔一二六頁以下〕。

ここでは視野をさらに拡大して、大国主神による「国の作り堅め成し」が、別天つ神の「ただよへる国を修理ひ固め成せ」なる神勅に対応していたのとパラレルに、崇神天皇の「初国知らしめしし」ことが〔一四〇頁〕、天神御子降臨の際の天照大御神の「豊葦原の千秋の長五百秋の水穂の国は、我が御子正勝吾《まさかつあ》勝々速日《かつかちはやひ》天忍穂耳《あめのおしほみみ》命の知らす国ぞ」〔七七頁〕なる神勅に対応するものであったことを指摘しておこう。右の大御神の神勅と同様の「知る」が、右に続いて四箇所登場するが〔七八頁、八四頁、八八頁、八九頁〕、これらは、全て、天神御子の降臨の実現がすぐには不可能で、国譲り交渉が行なわれねばならなかったことにかかわって登場した「知る」である。右の最後の「知る」は、国譲りが実現した後の天神御子降臨の勅命に登場するものであり、実質的には、最初の「知る」の繰り返しにほかならない。このような一塊りの「知る」が登場して以降、中巻に入ってもしばらくは、これに対応する「知る」が登場しない。

〝物事を知る〟の意味での「知る」は頻出するが、神勅における「知る」に対応するところの、統治の意味での「知る」が登場するのは、崇神天皇についての「初国知らしめし天皇」においてである。神勅と崇神天皇の名称は、遠くへだたりつつも、はっきりと響きあっていると見なければならないのである。

要するに、『古事記』の「初国知らしめし天皇」までの物語りは、「天地初発」から「神世七代」までをのぞけば、大きく、前半（別天つ神の神勅から大国主神の物語りまで）と後半（天照大御神の神勅から崇神天皇の物語りまで）の二つに区分され、その間に、二重の構造的照応関係が存在していた。第一は、前半全体と後半全体との照応関係、第二は、前半の中の大国主神の「国作り」の物語りと、後半の、海神宮から崇神天皇の物語りまでの、王権の物語りの照応関係である。上巻と中巻の区分は、後半の物語りのいずれをも分断する。上巻と中巻との区切りには、もちろん、重要な意味があるのであるが、しかし、ある観点から見れば、それは、神代史の構造を見えにくくする区分なのである。

上巻を中巻に対する一個の物語りとしてではなく、その中に、別天つ神と神世七代の誕生を語る第一幕、別天つ神の神勅に始まる第二幕、天照大御神の神勅に始まる第三幕の、大きく三つの部分を含む物語りとして理解するとき、中巻は、上巻と架橋しつつ、大きく三つの部分から構成された巻であることが諒解される。第一は、神武から崇神までの部分で、上巻の第三幕の部分とあわさって、全体として『古事記』の物語りの第三幕を構成する。第二は、垂仁、景行、成務の三代の物語り、第三は、仲哀から応神までの物語りで、第二、第三は、さしずめ、『古事記』全体の第四幕の第一場、第二場といったところである。第四幕第一場は、「国を知らす」ことを「大八嶋国」全体に拡大する物語り、第四幕第二場は、さらに、天皇王権の支配を朝鮮におし及ぼしていく物語りである。注目すべきは、第四幕第一場が、大国主神の神託とこれに対する祭祀によって（垂仁記）、第四幕第二場が、天照大御神の神託と祭祀によって始まることである（仲哀記）。第二幕と第三幕も、それぞれ、別天つ神、天照大御神の神勅によって始まったことを想起すれば、物語りの重要な区切りに、神の命令を設定することは、『古事記』の語りの重要な特徴の一つであったことが知られる。

二　神倭伊波礼毗古の東征

邇邇《にに》芸《ぎ》命が日向国高千穂に降臨して以来、穂々手見《ほほでみ》命、鵜葺草葺不合《うかやふきあへず》命、伊波礼毗古《いはれびこ》命の四代の天神御子たちは、「海原」の訪問を除けば、日向国にとどまっていた。しかし、ある日、伊波礼毗古命は、ふと、「葦原中国」を平穏に治めるためにはどこに宮を定めたらよいのか、東方に都の地を求めるべきではなかろうか、と思う〔記一〇八頁〕。いわゆる神武東征の始まりである。

1　別天つ神の指導

伊波礼毗古の物語りについて、まず注意しなければならないのは、高御産日神（高木神）が、東征を指導するという点である。神倭伊波礼毗古とその軍は、東征の途中の熊野で気を失ってしまい、そこを、一ふりの刀をもってあらわれた高倉下《たかくらじ》という人物に救助されるのであるが、その高倉下をして神倭伊波礼毗古を救助せしめ、刀を献上せしめたのは、高御産日神・天照大御神・建御雷《たけみかづち》神という、天神御子の降臨を命令し、指導し、準備した神々であった。この三神が高倉下の夢にあらわれ、そうさせたのである〔記一一一頁以下〕。熊野より先、倭にいたるまで、神倭伊波礼毗古は八《や》咫烏《たからす》の先導をうけるが、そのような措置も、高御産日神の命令であった〔記一一二頁以下〕。要するに、天皇王権の成立に、別天つ神の意思が働きつづけるのである。天皇王権の形成は、それなしには、正当化されえない。

2　「葦原中国」から「天下」へ

神倭伊波礼毗古命は、東征のすえに、倭の国の畝火《うねび》の白《か》檮《し》原《はら》の地に宮を営むことになるのであるが、注目すべきは、これ以降、「葦原中国」にかわって「天下《あめのした》」という言葉が用いられるようになることである。「天下」とは〈高天原の下の世界〉の意であろう。これこそは、「高天原」から「葦原中国」ないし「大八嶋国」を、「高天原」の下にある劣位の世界という価値づけをこめて、「高天原」の側から呼ぶ名称にほかならない。

もっとも、中巻の「天下」の初出例は、中巻冒頭の、

> 神倭伊波礼毗古命とそのいろ兄《え》五瀬《いつせ》命との二柱、高千穂の宮に坐《いま》して議《はか》りて、云《の》らししく、「いづくに坐さば、天下《あめのした》の政《まつりごと》を平らけく聞こしめさむ。なほ、東に行かむと思ふ」とのらして、すなはち日向《ひむか》より発たして、筑紫《つくし》に幸行《いでま》しき〔一〇八頁〕

という件りにおいてであり、一見すると、東征の結果として「葦原中国」概念が消滅し、「天下」概念が誕生するという右の命題と矛盾するかのようである。しかし、中巻における「葦原中国」と「天下」の用法の全体を考慮にいれて判断すれば、右の「天下」は、すでに成立した「天下」の意ではなく、「葦原中国」を「天下」とするには、どこに都を定めればよいであろうか、という可能態としての「天下」である。そうであるからこそ、高倉下の夢にあらわれた天照大御神・高御産日神（高木神）は、依然として、

> 葦原中国は、いたくさやぎてありなり。我が御子等、不平《やくさ》みますらし〔一一二頁〕

とのべるのであろう。「葦原中国」という言葉が消滅し、「天下」という言葉が現実に存在するものとして用いられるようになるのは、中巻の「天下」の第二例、

> 故《かれ》、かく荒ぶる神等を言むけ平らげ和し、伏はぬ人等を退《そ》け撥《はら》ひて、畝火《うねび》の白檮原《かしはら》の宮に坐して、天下を治めたまひき〔一一九頁〕

においてであるように思われる。

「葦原中国」概念が消滅し、かわって「天下」概念が誕生するとはいっても、この二つは、必ずしも、領域的に重なりあうものではなかった。「葦原中国」は、領域的には「大八嶋国」から「根の堅す国」＝「黄泉国」を除いた全域である。しかし、「天下」は必ずしもそうなのではなかった。たとえば、神倭伊波礼毗古は、倭を中心に、旧「葦原

中国」の一部を統治したにすぎないが、それでも、「天下を治めたまひき」とされるのである。いわゆる闕史八代についても同様であった。天皇王権は、崇神の段階で、ようやく、熊曾、出雲、東方などの周辺地帯を除く旧「葦原中国」の主要部を支配下におさめるのであるが（それ故の「初国知らしめしし天皇」）、それでも闕史八代の物語りでは、「天下を治めたまひき」と記される。「天下」とは、「葦原中国」の全域と領域的に重なる概念なのではなく、そのどんな一部であっても、天皇の支配に服した所は「天下」なのである。「天下」という言葉は、「高天原」を向いている。かつては「葦原中国」という名称で指示された世界の一部ないし全部を、「高天原」の側から、その下にある劣位の世界という価値づけをこめて呼ぶ名称である。このことは、逆に、「葦原中国」という名称が、そのような性質のものではなかったことを、あらためて証明するものである。「葦原中国」は、「高天原」と対等にわたりあう、自立的な世界にほかならない。そのような世界に、「天下」と呼ぶべき場が、たとえいかに狭小ではあっても、誕生したならば、「葦原中国」は、もはや「葦原中国」ではない。

かつて「葦原中国」という言葉で指示された世界と、「天下」とよばれはじめた世界とが、必ずしも領域的に重なりあわないならば、かつて「葦原中国」という言葉で指示された世界の広がりは、「天下」の誕生以後には、何と表現されたのであろうか。それは、「大八嶋国」であった。このことは、次の倭建《やまとたける》命の言葉に示されているように思われる。

吾は、纏向《まきむく》の日代《ひしろ》の宮に坐す大八嶋国知らしめす大帯日子淤斯呂和気《おほたらしひこおしろわけ》の天皇の御子、名は倭男具那《をぐな》の王《おほきみ》ぞ。おれ、熊曾建《くまそたける》二人、伏《まつろ》はず礼《ゐや》なしと聞こしめして、「おれを取《と》殺れ」と詔らして遣りたまへり〔一五九頁〕

これは、景行天皇のもとで、倭建命が熊曾平定に際して、熊曾建にのべた言葉であるが、そこで「大八嶋国」なる言葉が登場する（中巻はこの一個所、下巻はなし）。「大八嶋国」という言葉にこめられたニュアンスは、〝大八嶋国〟は全て天皇の統治する「天下」であるべきなのであるが、熊曾ら、まだ天皇に服属しない者があり、そこで、天皇は、伏わぬ人等を平定せよと私に命じられた〃というようなものであろう。

「大八嶋国」は、本来は、八つの嶋からなる国という自然の形状に着目して名づけられたところの、神話的自然界を指示するための名称であった。しかし、今や「大八嶋国」には神々と人々との社会が成立しているのであるから、ここでの「大八嶋国」はもはや単なる神話的自然界の名称なのではありえない。「大八嶋国」は、一個の社会概念として使用されているのである。「大八嶋国」概念は、意味転換を遂げているのである。そうしたことが生じたのは、神話的社会であることを指し示す「葦原中国」や「天下」がすでにのべたような理由で、天皇の統治下に入るべき世界を全体として指示する概念ではありえないからであろう。両概念は使用されがたく、それ故に、これまで関係概念として用いられたことがなく、かつ、「葦原中国」という名称で指示されてきた世界の全領域を指し示しうる社会概念として、「大八嶋国」が転用されたのであろう。もはや「葦原中国」ではなく、単に「大八嶋国」とよばれるほかはない社会を、歴代の天皇たちが「天下」と呼びうる世界にしていく過程、それを叙述することが、中巻の主題であった。

私は、『古事記』における「葦原中国」「大八嶋国」「天下」の関係を以上のように理解するので、この三概念をめぐる研究史には、疑問を感じざるをえない。宣長は、「天下」について、「天照大御神の所知看《しろしめ》すなる高天原に対《むか》へて、此国土を謂《いは》むこと、古意にも叶ひてはあれど、猶よく思ふに、本漢籍より出たる称にて、神代よりの古言にはあらじか、然れど甚々《いといと》古より普《あまね》く云ひなれぬることにてはあるなり」〔記伝十巻三二一頁〕とのべた。漢意論は別として、宣長にとっては、「葦原中国」も、「もと天つ神代に、高天原よりいへる号」、「高天原よりかく名づけたる」名称であったのであるから、「葦原中国」から「天下」への呼称の変化は、正当には把握されているとはいいがたいように思われる。

西郷氏の「天下」論は次のごとくであった。

漢語の「天下」にもとづく語で、国よりはいま一段と大きい領域をさしempireというに近い。……「吾が大君の、聞こしをす、天の下には、国はしも、さはにあれども」(万葉集三六)は、「天の下」と国との違いをよく示している。だからここに「天の下の政」と出てくるのは、カムヤマトイハレビコがたんなる「国」のレベルをこえ、「天の下」に君臨するであろうことをすでに予定する(記注三巻一一頁以下)。

『古事記』という作品における「天下」と「国」の語法に内在せず、『古事記』外の文献の語意を無媒介に『古事記』にもちこもうとする、方法的次元での基本的誤謬があるといわざるをえない。氏がここでのべる「国」は、『古事記』では「出雲国」とか「筑紫国」といわれる場合の「国」であるが(記三一頁)、かかる一地方としての「国」よりも広がりのある領域をも、『古事記』は、「葦原中国」や「大八嶋国」のごとくに「国」とよんだのである。『古事記』劈頭の「国稚く浮ける脂のごとくして……」における「国」はさらに広く、後に「葦原中国」、「根の堅す国」(「黄泉国」)、「常世国」に展開するところの広大な世界をその内に含んでいる。他方、「天下」は、先にのべたように、広くもありうるが、狭くもありえた。西郷氏とは反対に、「国」は広く「天下」は狭いということもありうるのである。『古事記』における「国」と「天下」との関係は、領域の広狭という、同一の質の量的差異によって定義されるものではありえない。「国」は「天」と並立し、これと関わりをもつ時には対等にわたりあう世界、「天下」は「天」の「下」に位置づけられたものとしての「国」であって、両者は次元を異にする範疇なのである。「天下」概念の正しい理解のためには、前提として、〈高天原―天下〉関係は〈高天原―葦原中国〉関係の変質として生じたものであること、〈高天原―葦原中国〉関係においては、二つの世界は原理的に対等の世界として措定されていたこと、が正当に把握されていなければならないが、こうした理解は、西郷氏にあっては、「葦原中国」をば、「高天原」の下にある未開野蛮の劣位の世界と理解したことによって、初めから閉されてしまったのであった(一二頁以下)。

神野志氏の「天下」論も、首肯しがたいものである。氏は、『古事記』の「天下」概念を理解するために、氏としては珍しく、『古事記』以外の文献の「天下」概念などをもちこみ、結果として、これを、東海の小帝国が対外的に自己を主張するための名称として理解するにいたった(86第一章)。しかし、『古事記』のテクストに即する限り、そのような形跡は認められない。氏の「大八嶋国」論や、「葦原中国」と「天下」との関係論にいたっては、率直にいって、レトリックのみが上すべりしている印象をぬぐいきれず、私には、氏の議論を理解することができなかった。議論の全体から確実にいえそうなのは、繰り返しのべてきたように、氏が、私の理解する「天下」像(「高天原」の下の劣位の世界という観念)を、「葦原中国」にもちこんでしまい(いわゆる〈アメ―クニ〉論)、その結果、「葦原中国」について、誤ったイメージが形成されていることである。「葦原中国」概念がそのように解されるならば、「葦原中国」から「天下」へ、「葦原中国」から「大八嶋国」への変化は、正当に把握されようがない(一五頁以下、八三頁以下)。

3　「天神御子」から「天皇」へ

「葦原中国」の「天下」への転化とともに、「天神御子《あまつかみのみこ》」は「天皇《ひこすめら》」となった。「天神御子」の最終例は、神倭伊波礼毗古命について「畝火の白檮宮に坐して、天下治めたまひき」と記された直前であり(一一九頁)、その直後に、今度は「天皇」という名前で登場するのである(一二〇頁)。文脈上、「天皇」とは「天下」と対をなす概念であり、「葦原中国」が「天下」となったその時点から、「天神御子」は特に「天皇」と呼ばれるようになったのである。「天神御子」は単に「天神」(天照大御神)の「御子」のことであったが、「天皇」にはさらに、高天原王権に帰属することとなった旧「葦原中国」=現「天下」の支配者という意味が加わっている。

「天皇」という文字表現は、そうした物語りの要請に応える内容を有していた。この漢字表現は中国産なのであるが、その中国において、かつては天の最高神を意味し、七世紀末唐代からは、地上の君主の意味に用いられ始めたといわれるのである(直木85)。

「天皇」の訓も同様に、『古事記』の物語りに照応するものであった。ヒコスメラという訓は、「天下」の支配者となった「天神御子」の名称として、まことにふさわしいのである。もっとも、『古事記』には「天皇」の仮名書き例がなく、『令集解』古記が葬送令服紀条の「服紀は、君、父母……のために一年」の「君」に註して、「君者、指二一人一。天皇是也。俗云二須売良美己止《すめらみこと》一也」とのべていることなどから、今日、「天皇」はスメラミコトと訓まれるのが普通である。しかし――考証は物語りの展開をなお見届けた上でなされるのが適当であるので、後に譲らねばならないが(三〇五頁以下)――、私は、本来は、「天皇」の「天」の部分がヒコ、「皇」の部分がスメラと訓まれていたのではないかと考えるのである。ヒコとは、いうまでもなく「日子」で、一つには、天照大御神の子孫であることを意味し、「天神御子」と重なりあう言葉である。スメラについては議論が多く、①「澄む」と関連づけて〈王〉の清澄・神聖たる性質を示すとする説(西郷75)、②山や森などの土地の領有支配を意味する言葉からの転化であるとする説(紀下五三八頁)、③蒙古語で最高の山を意味するsumelないし、梵語で至高を意味するsumeru(「須弥山」)はこれらに由来する)と同源で、最高の主権者を意味するとする説(古岩)、などが提出されているが、私は、意味の次元から推論して、③説に魅力を感じる(②説もこれに矛盾するものではなく、むしろ通い合うのではなかろうか)。この説と先の「天」をヒコと訓ずる私見とを結合するならば、「天皇」は、〈日子(天神御子)にして、地上(天下)の最高の主権者となった者〉という意味となろう。ヒコスメラと訓まれる「天皇」なる言葉は、アメノシタと訓まれる「天下」と響きあい、『古事記』の物語りを見事に表現するものであった。そして、かかる「天皇」を、『古事記』と同時代の歴代天皇の宣命は、好んで、「現御神と大八嶋国知らしめす天皇」(続紀1三頁など)と表現した。「天下」の最高の主権者となった「日子(天神御子)」は、「天下」という世界に姿を「現」したところの「高天原」の「神」にほかならなかったのである。

4　大嘗祭の祭儀神話としての神倭伊波礼毗古東征

神倭伊波礼毗古東征物語りには、大嘗祭の祭儀神話と思われる箇所がいくつか存在する。そのうちの一つは、次のような件りである(他に一〇八頁)。

故しかして、宇陀に兄宇迦斯《えうかし》・弟《おと》宇迦斯の二人あり。故《かれ》、先づ八咫烏《やたからす》を遣りて二人に問はしめて、「今、天神御《あまつかみのみ》子《こ》、幸行《いでま》しぬ。汝等、仕へまつらむや」と曰《い》ひき。ここに、兄宇迦斯、鳴鏑《なりかぶら》もちてその使を待ち射返しき。故《かれ》、その鳴鏑の落ち地を、訶夫羅前《かぶらさき》といふ。「待ち撃たむ」と云ひて軍を聚《あつ》めき。しかれども、軍をえ聚めざりしかば、仕へまつらむと欺陽《いつは》りて、大殿を作り、その殿の内に押機《おし》を作りて待ちし時に、弟宇迦斯先づ参向ひて、拝みて白ししく、「僕が兄、兄宇迦斯、天神御子の使を射返し、待ち攻めむとして軍を聚むれども、え聚めざりしかば、殿を作り、その内に押機を張りて待ち取らむとす。故《かれ》、参向ひて顕はし白しつ」。しかして、大伴連等が祖《おや》、道臣《みちおみ》命・久米直《くめのあたひ》等が祖、大久米命の二人、兄宇迦斯を召《よ》びて、罵詈《の》りて云ひしく、「いが作り仕へまつれる大殿の内には、おれ先づ入りて、その仕へまつらむとする状を明し白せ」といひて、すなはち横刀《たち》の手上《たかみ》を握りしばり、矛《ほこ》ゆけ矢刺して、追ひ入るる時に、すなはちおのが作れる押《おし》に打たえて死にき。しかしてすなはち、控《ひ》き出で斬り散《はふ》りき。故《かれ》、そこを宇陀《うだ》の血原《ちはら》といふ。しかして、その弟宇迦斯が献れる大饗《おほあへ》は、ことごとその御軍《みいくさ》に賜ひき。この時に歌ひしく、

宇陀《うだ》の　高城《たかき》に　鴫罠《しぎわな》張る
わが待つや　鴫はさやらず
……(以下、久米《くめ》歌《うた》は省略)

〔記一一四―一一六頁〕

この物語りにおいて、まず注目されるのは、弟宇迦斯が伊波礼毗古に服属するに際して、「大饗《おほあへ》」を献上していることである。『古事記』において、食事の献上は服属儀礼であることをあらためて確認しよう。そして、そのことを念頭において、兄宇迦斯について、「軍をえ聚めざりしかば、仕へまつらむと欺陽りて、大殿を作り、その殿の内に押機を作りて待ちし時に……」と描写されている文章を理解しなければならない。兄宇迦斯が作った「大殿」とは、「大饗」を献上すると見せかけるためのものであろう。食事の献上が服属の証しであるとする思想が根底にあるが故

に、かかる行為が欺罔手段たりうるのである。

第二に、神倭伊波礼毗古命は、弟宇迦斯から献上された「大饗」を、「ことごとその御軍に賜ひ」、その宴で久米歌が奏でられたことである。かかる弟宇迦斯の「大饗」献上から久米歌にいたるまでの一連の物語りは、すぐさま、践祚大嘗祭における辰日・巳日・午日の儀式(悠紀・主基の帳の儀式と節会)を想起させよう。前記のように、辰日・巳日には悠紀・主基国からの天皇に対する食物の献上と、その臣下への下賜の儀式があり、午日には宴会がもたれ、久米歌などが歌われたからである(一九五頁)。

神倭伊波礼毗古命の東征と人々の服属の物語りは、大嘗祭の祭儀神話の一つなのであった。その物語りの意味は、①「国」の豪族が高天原王権の末裔たる天皇王権に、食事の献上の儀式を行なうことによって服属し、②天皇は、高天原王権以来の従者たる臣下たちにその食事を下賜することによってさらに高天原王権=天皇王権の結束を固めるところにあろうが、践祚大嘗祭における辰日・巳日・午日の儀式の原型をなした令制の儀式は、右の物語りが表象されつつ挙行されたところの、①畿外の諸勢力が畿内王権としての天皇王権のもとに服属するための儀式であり、②天皇と、畿内王権としての天皇王権を支える臣下たちとが、畿内王権を担う〝共同体〟を形成するための儀式であったと考えられるのである。こうした推論は、①悠紀・主基の国が、一貫して畿外から選ばれたという事実や(続紀1補註1一〇〇)、②悠紀・主基国からの献上物の臣下への下賜とは、五位以上の臣下、すなわち中央官人たちへの下賜であったという事実を想起することによって(岡田精司87b七七〇頁)、おのずと導かれるのであるが、それとともに、私はここで、『古事記』の時代の国制についての早川庄八氏や大津透氏の研究を想起しているのである。早川氏は、神祇令祭祀などの研究にもとづいて、律令国家体制を次のように定式化された。

日本の律令国家は、嘗てのヤマトを中心とする地域的政治権力が全国に拡大されたという形態をとってあらわれたが、その内部には、旧来のヤマト政権のありかたと、そこにおける王権のありかたとが、ほとんど原理的に変更されないままに包摂されていた。……その意味では、日本律令国家の権力の中核をなしたものは、依然としてヤマトを中心とする地域的権力であったといわなければならず、したがって律令国家の王権＝天皇権力の主要な基盤も、その地域的権力にあったということができる。だが律令国家は、いうまでもなく日本国統治のための国家であった。したがってその国家は、旧来の地域的権力とそこにおける王権とを国家の内部にとりこみつつも、この地域的権力による日本国統治の正当性を新たに主張しなければならない。そのために設けられたものの一例が、神祇祭祀における祈年祭であった。……このようにして日本の律令国家における王権＝天皇権力は、旧来の地域的王権としての性格をほとんど変えぬままに、国家的王権へと昇格した〔早川86二〇頁以下、傍点原文〕。

また、大津透氏は、「調」や「贄」などの律令的負担体系などの研究を基礎として、早川氏とほぼ同様の結論に到達され、次のようにのべられた。

・天皇の支配権、或いは律令国家の権力は、全国均一に及んでいたわけではなく、実質的に強力に支配していたのは畿内のみであった。逆説的に言えば、天皇とは畿内のみを支配するウチックニの国造にすぎず、全国の国造のうちの最有力者であり、畿外はそれぞれの国造の領土であったと言うこともできる。畿外に対しては緩い服属関係にあり、それによって国家は維持されていたのである。

・畿外は服属すべきもので、繰り返し服属儀礼が要求されるということは、結局、畿外は在地首長が自立していて、彼らを通じてしか支配不可能な地、天皇支配の及んでいないまつろわぬ地であるということなのである〔85七一頁〕。

氏が、強力な支配が及ばぬが故に繰り返し服属儀礼が要求されるという場合に表象されているのは、たとえば大嘗祭である。氏はこれについて、

律令制下の大嘗祭はわずかに悠紀、主基の二郡が参加するだけではあるが、それは決して前代の遺制としてもは

や意義を失っているのではなく、畿外を代表するという象徴的だが現実的な意味をもっていた。とのべられ、養老年間における元正天皇の近江と美濃への行幸——近江には山陰、山陽、南海道の国司、美濃には東海、東山、北陸道の国司が参向し、風俗歌舞を奏した〝大嘗の旅〟——に言及されて、

ここで重要なことは、畿内国司が入っていないことであり、畿外は遠国はいないが近国、中国は殆ど全て集められて服属を示していることである。ここにはまさに、国造が国司へと変わったものの、畿外は服属すべきもので、その服属の上で初めて天皇は即位できるという考えが律令制下にも存在していたことが示されている〔85七〇頁〕。

という結論を下されたのである。

要するに、律令国家時代の国制は、畿内国家をその一つとして含むところの地域的小国家群（在地首長層）から構成される複合国家秩序として存在し、その盟主は畿内国家であったこと、天皇王権は、畿内国家の王権（畿内王権）という側面と全律令国家の王権（全国王権）という側面との二重の性格を有していたこと、大嘗祭とは、諸地域小国家の王権（主としてかつての国造、令制下での郡司が念頭におかれる）が天皇王権に服属することを示す儀式であったこと、これらが、律令国家の諸制度の分析から導き出された当時の国制についての、私の理解する早川説および大津説である。こうした考え方は、研究史上は関晃氏の学説にまで遡るのであるが〔関52 54 76〕、かかる律令国家論（論者たちがかかる名称を与えているわけではないが、本稿では、便宜上、これを複合国家的律令国家論とよぶことにする）は、『古事記』が語ろうとした政治思想と見事に符合する。複合国家的律令国家論に対しては異論も多いのであるが〔早川86 b の紹介する諸説〕、『古事記』は現実の国制に対して、次のような意味づけを与えていたように思われるのである。

高天原王権————畿内王権としての天皇王権の前身

諸地域の豪族————諸地域小国家の王権（畿外在地首長層）

葦原中国王権————諸地域小国家を統括していたと観念された想像上の全国王権

神武天皇の王権――――畿内王権としての天皇王権の成立
闕史八代の天皇王権――畿内王権の全国王権への成長
崇神天皇の王権――――全国王権としての天皇王権の成立

ちなみに、『古事記』の政治思想と律令国家の国制との対応関係は、複合国家的秩序の面においてばかりでなく、畿内国家の内部構成についても認められた。これについても様々の異論が提出されているのであるが、関氏や早川氏は、複合国家の盟主たる畿内国家の内部構造は、デスポティズムではなくして、畿内豪族層が天皇王権を強く拘束するところの、貴族制的国制であるとした。たとえば早川氏は、律令国家における法の定立の一形態として、限定された範囲のものではあるが、天皇の直裁を経ずに、太政官の議政官組織の審議を経るのみで法となるものさえ存在したことなどを指摘され、このことなどから、八世紀に議政官合議制が存在したことを想定された〔早川78 84 86 a 第一章など〕。これには有力な反論もあって〔吉川88〕、私には論争に立ち入る力がないのであるが、かかる畿内国家論（本稿ではかりに、等族制的畿内国家論とよぶことにする。念のために申しそえるが、これは王制に対立する概念ではなく、むしろその一形態であり、臣下の側に自律性と国政参与権限が広く承認されたタイプの王制を指称する概念であって、専制王権に対立する）は、八世紀前半期の正統思想たる『古事記』の描く「高天原」世界の国制――それは畿内王権の神話的映像である――に酷似していることは承認されねばならない。「高天原」の王はいうまでもなく天照大御神であるが、その天照大御神は、決して、「高天原」にデスポットとして君臨しているのではなかった。「葦原中国」の「言向け」の件りに、

高御産巣日神・天照大御神の命もちて、天の安の河の河原に、八百万の神を神集へに集へて、思金神に思はしめて詔らししく……〔記七七―七八頁〕

とか、

高御産巣日神・天照大御神、また、もろもろの神等に問ひたまひしく〔記七八頁〕

とあるように、天照大御神は、高御産日神の制御のもとにあるとともに、八百万の神々（畿内国家の諸豪族の祖神）の共同意思に拘束されているのである。かの須佐之男命の犯罪に対する措置については、天照大御神はその決定に関与せず、

ここに、八百万の神、共《とも》に議《はか》りて、速須佐之男命に千位置戸を負せ、また、鬚と手足の爪とを切り、祓へしめて、神やらひやらひき〔記五二頁〕

とあるように、八百万の神々の合議によって決せられたのであった。さらに、天の石屋戸にこもった天照大御神を、神々が計略をめぐらして再び外へと引きだしたところの、かの鎮魂祭の祭儀神話は、天照大御神の高天原王権が、八百万の神々が自らの王として自発的に天照大御神を共立したところに成立した王権であること、その意味において、「高天原」は、理念上の主権が八百万の神々の側にある世界であることを語っているように思われるのである。

三　天神御子・天皇たちの聖婚

1　「天津日高日子」から「倭根子日子」へ

神倭伊波礼毗古の物語りに続いて、綏靖《すいぜい》天皇から開化《かいか》天皇までの、いわゆる闕史八代の叙述が始まる。この八代の天皇について、「闕史」というように観念されるのは、宮のおかれた場所、妻、子、享年、陵墓などについての記述のほかには、物語りが存在しないことに由来するのであるが、しかし、このことを、綏靖から開化までは、系譜的記事ばかりで物語りを欠くというように理解するとすれば、それは誤りであろう。天皇が、いかなる女性を妻とし、それとの間で何人の子供をもうけ、誰が天皇の位を継いでいくことになるのかを語る系譜記事そのものが、天神御子・天皇は、婚姻を通じて、妻が所属していた世界の呪能を子孫のレベルで獲得していくのだという『古事記』的世界観の中では、それ自体、立派な物語りにほかならないからである。

【図18a】 神々と天皇の系譜①―伊耶那岐命・伊耶那美命を祖神とする血族

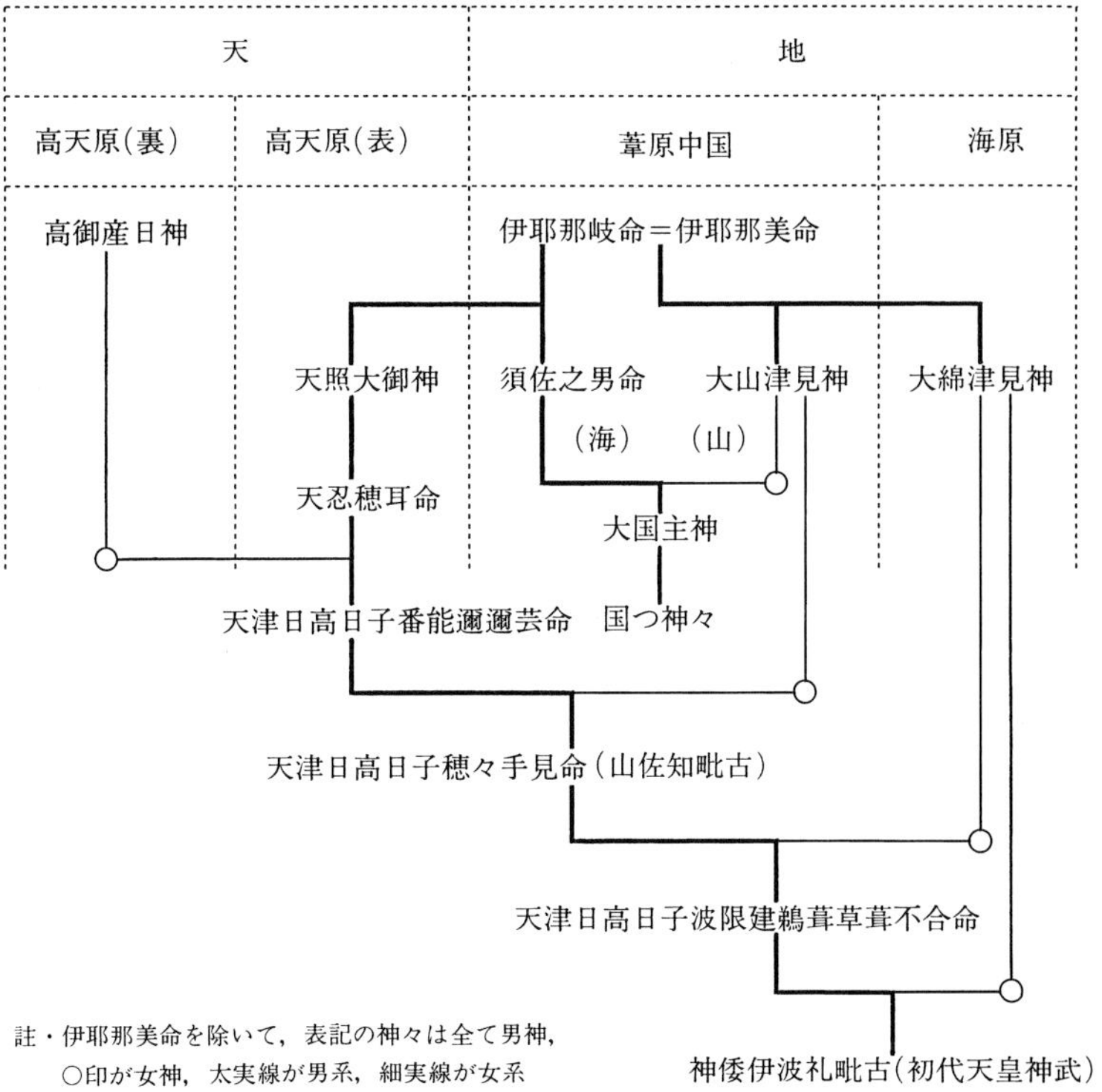

註・伊耶那美命を除いて，表記の神々は全て男神，
○印が女神，太実線が男系，細実線が女系

いわゆる闕史八代が、『古事記』の物語りにおいて、不可欠の部分であったことは、天照大御神以下の代々の天神御子・天皇の婚姻と名称の分析を試みることによって、理解されるように思われる。図18abはそのために作成したものであるが、この二つの図によって、闕史八代の物語りが、天照大御神の子の婚姻に始まる妻方の血の獲得の一連の物語りの一部をなすこと、代々の天神御子・天皇が、「天津《あまつ》日高《ひこ》日子《ひこ》」から「倭日子《やまとひこ》」をへて「倭根子《やまとねこ》日子《ひこ》」へ、「神」から「人」へとその性質をしだいに変化させていったことが知られよう。「天津日高日子」は〈天の日高き世界に帰属する日の子〉、「倭日子」は〈倭という地上の世界にやってきた日の子〉の意味であろう。そして、「倭根子日子」は、前記の「根の堅す国」論においてのべた「根」の意義をふまえるならば、〈倭という世界に帰属する、

【図18b】 神々と天皇の系譜②—天神御子・天皇の聖婚による名称変化

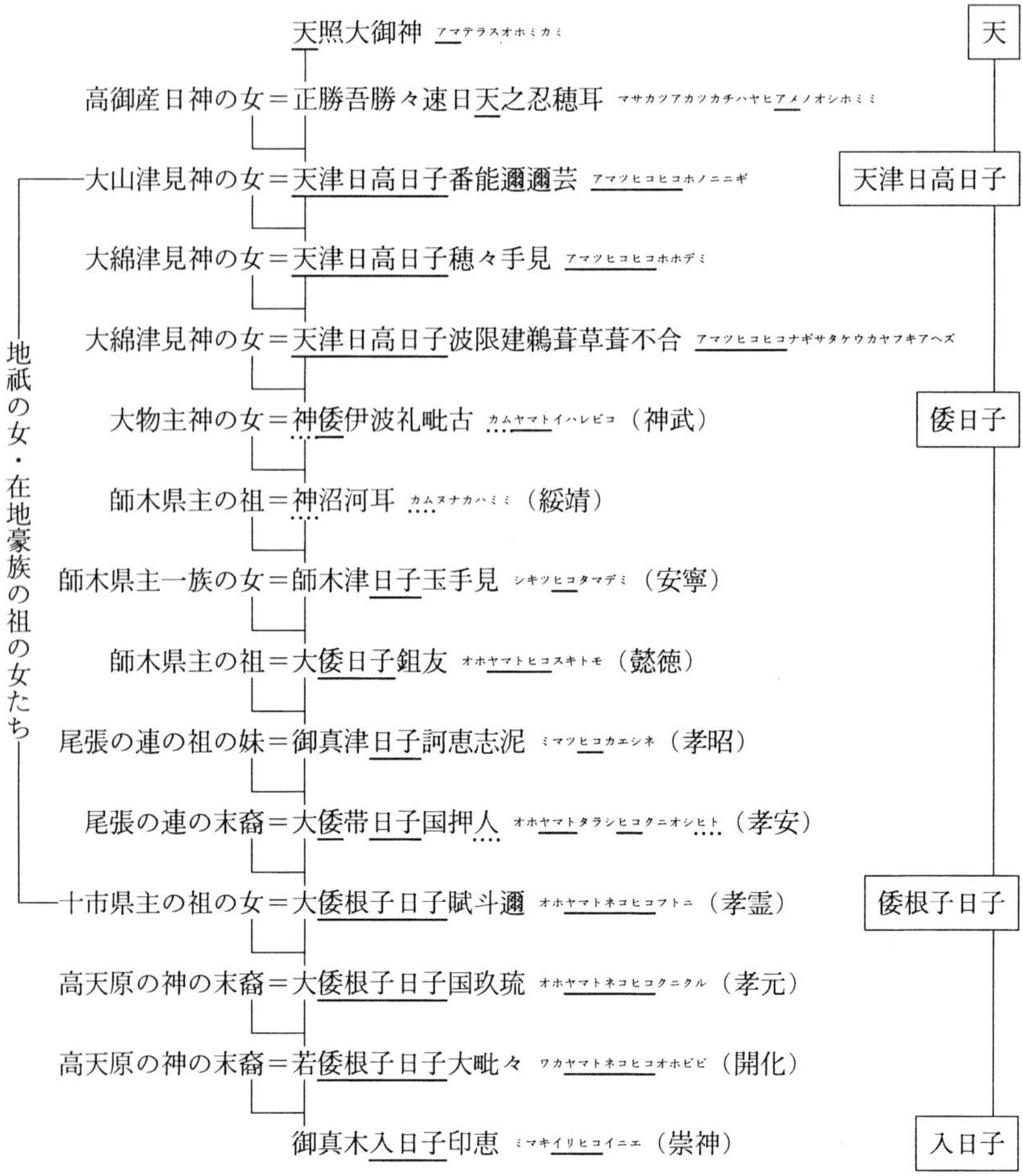

葦原の根源たる根なるものの子であるとともに日の子であるもの〉という意味にほかならない（七〇頁以下）。そして、かかる「根子日子」を誕生させていったもの、「天津日高日子」の「根子日子」への変化をもたらしたものは、図18bが明白に物語るように、代々の天皇の在地首長の女たちとの聖婚であった。天皇の子は、父たる天皇の血とともに母の血を受けつぎ、血と不可分の呪能を獲得するのである。

それにしても、何故に、在地首長やその女には「根」の呪能が獲得されているのであろうか。おそらくは、この物語りの背後に、在地首長そのものが、地域の王として、かの大穴牟遅《おほあなむち》神が経験したのと同様の、「根」を獲得するための試練をうけ、これを克服して地域の王として君臨するにいたった物語りが表象されているのであろう。そう考えることによって、「国」の世界で誕生した天照大御神の血をひき、その限りにおいて「国」の呪能を身につけているはずの天神御子・天皇たちが、何故に、天神御子降臨の後に、「国」の世界の女たちとの聖婚を繰り返して、「国」の世界の呪能を執拗に獲得しつづけねばならなかったのかも諒解されよう。天照大御神が「国」で誕生して昇天した時に、まだ「根の堅す国」は確立していなかったことを想起しなければならない。その確立は、天照大御神と同時に誕生した須佐之男命が、それからしばらく時間を経た後に「根の堅す国」に赴いて、この世界の主宰神となったときであった。「高天原（表）」が、天照大御神の昇天による〈太陽〉の獲得によって確立したように、「根の堅す国」は、建速《たけはや》須佐之男《すさのを》命の来訪による〈強さ・速さ・勢い〉――〈葦〉を〈葦〉たらしむる〈生命力〉――を獲得することで確立したはずだからである（八二頁、第二部四五四頁以下）。「根の堅す国」確立以前の「葦原中国」は、いまだ〈根〉に支えられた〈葦〉ではなかったが故に完成体とはいいがたく、したがって、この段階で「葦原中国」に誕生した天照大御神やその「高天原」での子孫の天神御子は、まだ〈根〉から供給される〈強さ・速さ・勢い〉を身につけた存在ではありえないのであった。それ故に、地上の支配者たらんとする天神御子・天皇たちは、そのために必須の〈強さ・速さ・勢い〉を、「根の堅す国」の試練を経ることでその国の呪能を獲得してきた在地首長たちの女を通じて獲得しなければならなかったのである。

『古事記』においては、天神御子・天皇は、地上の王たらんとする限り、どうしても、「天津日高日子」という単なる天上の世界の存在から、「倭根子日子」という、「日子」としての呪能に加えて「根子」としての呪能を備えた存在にならねばならないのであった。「地」の世界、「国」の世界の偉大さを語り続けてきた『古事記』にとって、それは当然のことであった。闕史八代史も、かかる思想を表現する物語りの一部であり、天照大御神の末裔が地上の王となるための呪能を最終的に獲得するに至る物語りを担っている。そうした役割を担うことによって、系譜記事しか存在しない闕史八代史も、『古事記』の物語りの不可欠の部分として、存在しているのである。『古事記』は、神武から数えて七代目の天皇にようやく「倭根子日子」が誕生することを見届ける。その上で、今度は、「高天原」の神と在地豪族の女との婚姻から生まれた女との聖婚を通じて、天皇に「高天原」の血を二代にわたって補給し、物語りを「初国知らしめしし天皇」としての崇神天皇の物語りに接続していった。

「倭根子日子」は、『古事記』の時代の歴代天皇の即位宣命においては、「倭根子天皇」と記された。『続日本紀』宣命において、「倭根子日子」という表記は存在せず、「倭根子」(「養徳根子」「和根子」を含む)とあれば、必ずその下に「天皇」が接続する(二二例)。とすれば、『古事記』における「倭根子日子」と宣命における「倭根子天皇」とは同義であったとみなければならない。そしてこのことが、「天皇」の部分にヒコの訓を残し、全体としてヤマトネコヒコスメラと訓読したくなる一つの理由なのであるが(二三九頁、三〇五頁以下)、ここでは訓読問題はさておいて、少なくとも「倭根子日子」と「倭根子天皇」との連関は明らかなのであるから、これまでの天照大御神の子孫の名称変化――「天津《あまつ》日高《ひこ》日子《ひこ》」から「倭根子《やまとねこ》日子《ひこ》」へのメタモルフォーゼと、「天神御子《あまつかみのみこ》」から「天皇《ひこすめら》」を経由しての「根子《ねこ》天皇《ひこすめら》」へのそれ――を総合して、天照大御神の子孫は図18cに示したような姿態転換をとげたと理解することができる。

【図18c】 神々と天皇の系譜③——天神御子・天皇の聖婚による名称変化

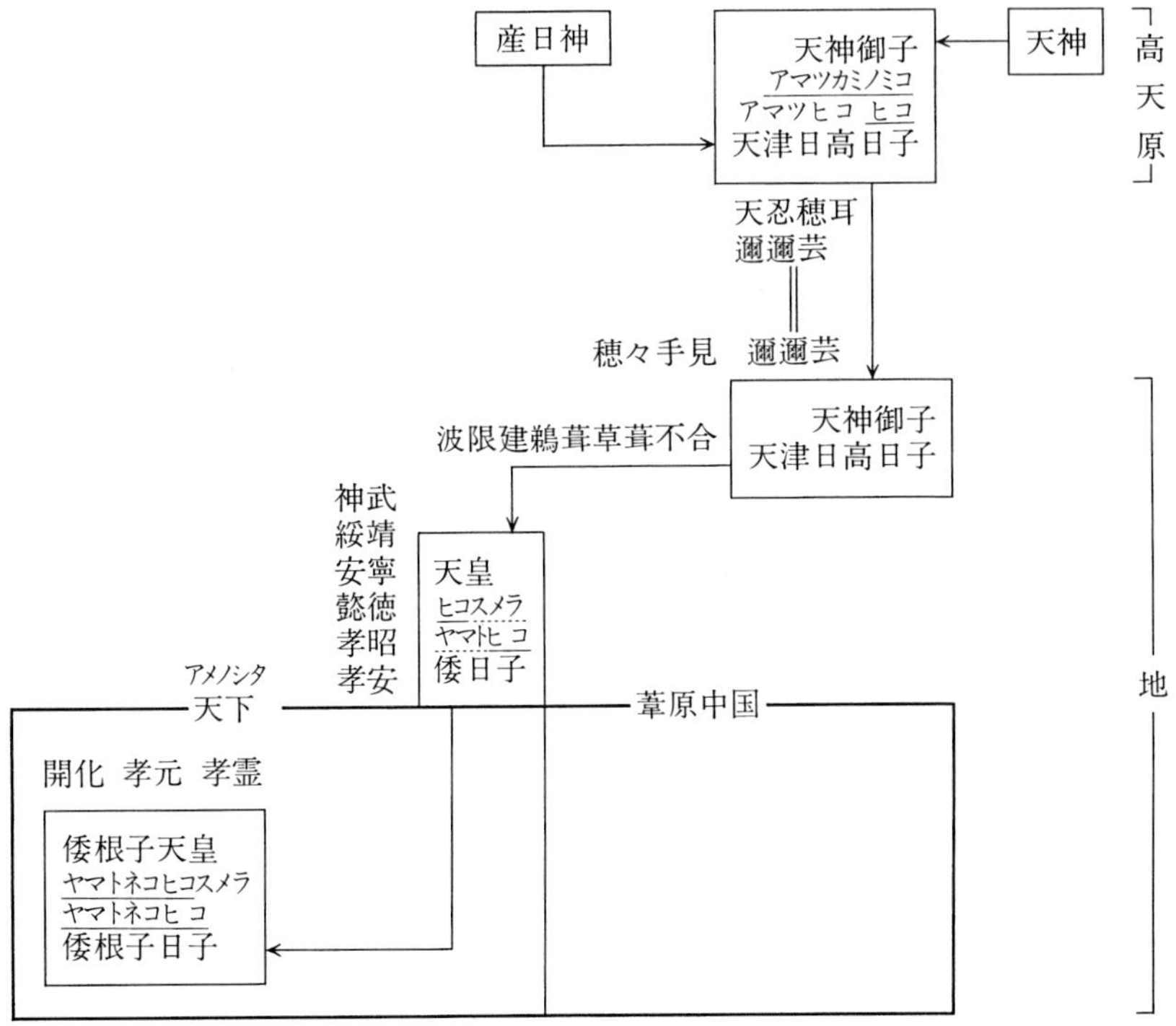

「根子」は、今日でこそ馴染みがないけれども、『古事記』や宣命には頻出する言葉であり、『古事記』的政治思想の核心を語る概念の一つであった。そのような第一級の重要度の言葉であるにもかかわらず、「根子」という言葉は、この国の国語辞典、古語辞典の項目として拾われていないという驚くべき事実が存在する。「日子(彦)」を拾わぬ辞書は存在しないが、「根子」を拾う辞書は、管見の限りでは皆無なのである。そして、このような事情と呼応して、諸研究の「根子」の解説はきわめて貧しいものであった。『古事記』などの註釈書でさえ、「根子」について言及しないものが少なからず存在し〔記文、記朝、記談、記思〕、解説するものでさえ、次のようなありさまである。

①根子は尊称、……天皇は大倭国所知看《しろしめす》を以て倭根子とは申奉る〔記伝十巻四八

三頁〕。

②倭根子は天皇を飾る語となつてゐる。「ね」は島根・岩根・屋根・羽根などの「ね」と同じく、単に語調を調へる接尾辞であらう。「こ」は親愛の意を表す接尾辞であらう。倭根子天皇とは倭の国の主であらせられる天皇といふやうな意であらうと思ふ〔宣命講五三頁〕。

③天皇の美称、オホヤマトは日本、ネは助詞、コは愛称〔祝文四五九頁〕。

④大地に伸びる樹木を支える意から、国の中心となって国を支えるものの意をこめたものと思われるが、この語は、持統・文武・元明・元正の国風謚号に共通にみられる。よって孝霊・孝元・開化の、少なくともヤマトネコの部分は、記紀編纂時代に加わったとみるのが自然であろう〔紀上五八五頁〕。

⑤根子は尊称で、ふつうの者にも大田田根子(崇神記)、難波根子(景行記)、山背根子(神功紀)などという名が見える。大倭根子はそれの肥大したものだが、持統・文武・元明・元正等の天皇もみなオホヤマトネコまたはヤマトネコを冠した和風謚号をもつ〔記注三巻一二九頁〕。

⑥孝霊・孝元の二天皇の名に共通して「大倭根子」と冠せられている。この名を冠した天皇は第四〇代持統天皇に見られる。……のち、文武・元明・元正の三天皇には「日本《やまと》根子」が謚《おくりな》されている。これを考えると、恐らく文武朝ごろに、上代の天皇名が顧みられ、「大倭根子」を称辞として冠したものであろう〔記潮一二七頁頭註〕。

⑦ヤマトネコのヤマトは大和の地、ネは親しみをあらわす〔続紀1補注1一一〕。

「根子」を「日子」との関係で意味づけ、「天津日高日子」から「倭根子日子」への運動の中で解説したものは一つも存在しない。これらの中では、日本古典文学大系『日本書紀』の補註に記された解説④が核心に一番近づいているけれども、これでさえ、到底、十全とはいいがたい。少なからぬ註釈は、的からはるかに遠くはずれた解説になってしまっているのである。このことのうちに、『古事記』という作品が正当に読まれることのなかったことが、象徴的に示されているといえよう。『古事記』は、作品の全局面において、「地」や「国」の世界の力を語り、「根」の思想を語りつづけるが、これまでの全ての研究は、ただひたすらに、「天」の論理、「日」の思想（皇国史観と天皇制デスポティズム論）で『古事記』を読み解こうとしたのである。

2　大嘗祭の祭儀神話としての天皇の聖婚物語

神武以下孝霊までの計七代の天皇が地祇（大物主神）や在地首長の女たちと結ばれ、このことを通じて「日子」が「根子日子」に転じていく物語りも、大嘗祭の祭儀神話の一つをなしていたように思われる。これまで、大嘗祭の祭儀神話として、海神宮神話、大国主神話、神武東征神話を考察してきたが、この三つの物語りを通じて果されたのは、天神御子・天皇が「海原」と「葦原中国」とを領有することと、「海原」の呪能を獲得することであった。以上の事柄が大嘗祭の意味に含まれるとするならば、天神御子・天皇が「葦原中国」の呪能を獲得する物語りも大嘗祭の祭儀神話の一つをなすと考えるのが自然であろう。安萬侶は、そうした物語りを担う神武から孝霊までの聖婚物語を、大嘗祭の祭儀神話として表象していたに相違ないのである。

神倭伊波礼毗古命は、大物主神と在地首長の女から生まれた多多良伊須気余理比売《たたらいすけよりひめ》を妻とし、第二代綏靖天皇を生むことになるのであるが、その比売と結ばれたことについて、命は、

葦原の　しけしき小屋に　菅畳《すがたたみ》　弥清《いやさや》敷きて　わが二人寝し〔記一二二頁〕

と歌った。これこそは、海神宮における日子穂々手見命の聖婚とともに、大嘗宮における天皇の聖婚儀式を神話として描いた場面ではなかろうか。「弥清《いやさや》に（いよいよ清らかに）敷」かれた「菅畳」は、かの大嘗宮における「折薦帖」ではなかろうか。大嘗宮とは「葦原のしけしき小屋」なのではなかろうか。

綏靖以降孝霊までの物語りは、いわゆる闕史八代の一部をなす部分であるから、聖婚や大贄献上の物語りは存在しない。宮が営まれた場所、妻の名、子供の名などが記されるだけである。しかし、我々は、妻と子の名を記す文章の

背後に、神倭伊波礼毗古命の場合と同様に、「葦原のしけしき小屋」における聖婚物語を表象しなければならない。何代にもわたって繰り返される在地首長の女たちとの、「葦原のしけしき小屋」における聖婚を通じて、天皇は「葦原」の呪能を獲得し、「日子」から「根子日子」へとメタモルフォーゼをとげていくのである。そして、その「葦原のしけしき小屋」では、おそらくは、女の父たる在地首長それ自身による御饗の献上もなされたのであった。

神武神話が大嘗祭の祭儀神話の一つであることは、すでに、西郷信綱氏によって主張されている。氏は、論文「神武天皇」において、「神武の物語の核心によこたわるものが大嘗祭であり、そこからさまざまの物語が放射されているという仮説に導かれることになる」〔67 a 一九九頁〕という見通しのもとに、神武神話を構成する諸説話と大嘗祭との関連を追究され、いくつかの重要な指摘をされた。たとえば、「弟ウカシを祖とする宇陀の水取《もいとり》」について、「大嘗祭のとき水取氏が大嘗殿に収める蝦鰭盥槽《えびのはたぶね》を執る役になっている事実を無視できない」〔二〇〇頁〕とする指摘がそれである。しかし、全体としてみるならば、西郷氏は、大嘗祭の祭儀神話としての神武神話の核心を見失っているといわざるをえない。弟ウカシの服属神話に注目されながらも、肝腎の、「御饗」献上の物語りと大嘗祭における悠紀・主基国の「多米都物《ためつもの》」献上儀式との関連に言及されないこと、神倭伊波礼毗古命と伊須気余理比売との聖婚神話にも全く言及されないこと、またぞろ記紀が同列に論じられ、神武神話が天孫降臨神話にひきつけられていって、そのようなものとしての神武神話・天孫降臨神話が大嘗祭の祭儀神話をなすというような議論が展開されること、等々。聖婚神話にいたっては、大嘗祭の祭儀神話として言及されないだけでなく、別の著作で、かなり的外れの文脈において登場する。それは、すでにのべたところの、「葦原中国」をば、悪神・邪鬼の類の蟠居する穢らわしき未開の世界であることを力説する文脈である。西郷氏は、神倭伊波礼毗古命の歌に登場する「しけし」という言葉に注目され、次のように論じられた。

「葦原の、しけしき小屋に、菅畳、いや清敷きて、我が二人寝し」という歌がある。シケシは穢いとか荒れたとかいう意だが、これはシコ（醜）の形容詞化した語で、つまりアシハラとシコとは互に呼びあう語であったらしいことがこれで分る。シコヲにたいするのがシコメで、……醜女がたんに醜い女ではなく、黄泉の国の鬼女という意であるとすれば醜男も当然、鬼類、魔性のものの意でなければならぬ。……それに、天孫降臨にさいしタカミムスヒが「吾、葦原中国の邪しき鬼を撥ひ平けしめむと欲ふ。云云」（神代紀下）といっているのによっても「葦原中国」が「鬼」たちの棲む地であったことを知りうる〔記注一巻四〇〇頁〕。

記紀を混淆し、言葉の自在な連想の帰結として、

葦原――シケシ――シコ
邪鬼・魔性――――醜

なる円環が完成し、「しけしき小屋」は邪鬼の棲み家のごとくに理解されてしまうのである。誤解もはなはだしいといわねばならない。葦原色許男神という名称が否定的意義を担うものではなかろうことはすでにのべたが（一一五頁）、「しけし」も、少なくともこの歌においては、〈質素な、粗末な〉というほどの意味で、格別に否定的な意義のこめられた語ではないのではなかろうか。〈穢れた〉と解して、「菅畳」を「弥清《いやさや》に敷く」こととどう調和させようというのであろうか。真実は、粗末な作りではあるけれども、小屋は清らかなのである。そこに畳を敷いて、ますます清らかにするのである。そもそも、天皇王権の正当性を語ろうとした『古事記』が、綏靖天皇を生むことになる神倭伊波礼毗古命の聖婚を、穢れた小屋での邪鬼の女との結婚として描くはずはないのであって、「葦原のしけしき小屋」を邪鬼の蟠居する未開野蛮の地の穢れた小屋とする誤解は、氏の『古事記』論と大嘗祭論が、『古事記』と大嘗祭の本質からいかに遠く隔たるものであるかを示すものにほかならない。

四　大嘗祭――その二

1　毎世大嘗祭の本質

先に第四節において、海神宮神話が大嘗祭の祭儀神話の一部をなすことをのべた。そして、本節の考察によれば、神武以下孝霊までの天皇の物語りもまた、大嘗祭の祭儀神話なのであった。総じて、大嘗祭とは、「海原」の王権と「葦原中国」の神々とが「高天原」の王権にそれぞれの世界を献上し、「海原」と「葦原中国」とを支配することになった高天原王権の王（天照大御神）の末裔たる天神御子・天皇たちが、両世界を支配するために必須の呪能を、両世界の女たちとの聖婚を通じて獲得するという物語りの儀式化にほかならない。

大嘗祭の本質をそう理解することによって、大嘗祭にまつわる大きな謎が解決されるように思われる。その謎とは、大嘗祭が、皇位就任儀式というきわめて重大な儀式であったにもかかわらず、その挙行主体は悠紀・主基国などの服属者で、内容も、盛大ではあったけれども、決して豪華絢爛とは評しがたいものであったことである。

少なくとも私にとっては、

凡そ大嘗は、世毎に一年、国司事行なへ

と規定する神祇令一四条は、久しく、容易には納得しがたい条文であった。何故ならば、神祇令の冒頭条文が「凡そ天神地祇は、神祇官、皆、常の典に依りて祭れ」と規定するように、神祇令祭祀は、中央官庁たる神祇官によって執行さるべきものだったのであるが、こと大嘗祭だけは、神祇官よりも格の低い国司の挙行すべきものとされているからである。皇位就任儀式の一つとしての大嘗祭というイメージと、格の低い国司の像が、不協和音を奏でるのである。

大嘗祭を実際に担った中心的主体は、国司よりもさらに下って郡司であった。前記の践祚大嘗祭の式次第をもう一度参照されたい（一九三頁）。悠紀・主基殿にかかわる諸儀式（抜穂、悠紀・主基国の人々の上京行列、斎場築造、白酒・黒酒醸造、大嘗宮築造、大嘗宮御饗儀式など）は、郡司の未婚の女から卜定される造酒童女《さかつこ》によって、主導的に行なわれた。律令国家の諸儀式には酒は欠かせぬもので、天皇はそこで最高品質の酒を飲むことを常としたのであるが、大嘗祭の場合は別であった。天皇は、ここでは、悠紀・主基国の献ずる質の悪い酒を飲んだのである〔伊藤87〕。式場についても同様のことがいえる。大嘗祭を除く全ての祭祀の式場は、大極殿（践祚）、神祇官（祈年祭などの班幣儀式）、宮内省（鎮魂祭）などの、壮麗なる宮殿内の諸施設であったが、大嘗祭だけは、郡司・造酒童女らによって、わずか数日間のうちに築造される実に質素な小屋で挙行された。

要するに、大嘗祭は最も重大な儀式の一つ（践祚大嘗祭は唯一の大祀）なのであるが、その挙行主体は地方の側（国司と郡司）にあり、儀式に供される調度や食事も粗末で、一見すると、そこに何かそぐわないものが感じられるのである。しかし、大嘗祭は、まさにそのような儀式でなければならないのであった。それは、「海原」と「葦原中国」の世界が、自ら進んで天神御子・天皇に帰順することを象徴的に示すところの、帰順者の側からの儀式であったからである。天皇王権は、『古事記』と神祇令祭祀の世界観においては、征服王権ではなくして、支配される側が支配者に自発的に服属（言向け）したところの、被帰順王権なのであった。

このように考察を進めてくると、祭儀神話から想定された大嘗宮の二つの寝座は、天皇と造酒童女《さかつこ》のためのものではなかったかという見通しが生まれてくる。造酒童女は、大嘗祭の準備儀式の全局面に常に最重要の人物として登場したのであるから、大嘗宮の寝座の聖婚儀礼において、天皇に添うたのは造酒童女だと想定することは、ごく自然な推論であろう。私は、特に、斎場から大嘗宮への行列において、造酒童女だけが輿に乗っていた事実に注目したいと思う（一九四頁）。造酒童女だけが輿にのって行進することは、この行列の主人公がまさに造酒童女であることを物語るものであろう。何故に造酒童女が主人公となるかを考えれば、答はおのずと明らかであるように思われるのである。

かかる推論を支持する材料は、他にも存在する。それは延暦一七（七九八）年の太政官符が語る当時の出雲大社や宗像社の風習である。

国造兼帯神主、新任之日、即棄二嫡妻一。仍多娶二百姓女子一、号為二神宮采女一。便娶為レ妾。莫レ知二限極一。此是妄託二神事一。遂扇二淫風一。神道益レ世豈其然乎。自レ今以後、不レ得二更然一。若娶レ妾供二神事一不レ得レ已者、宜レ令三国司注レ名、密封卜二定一女一。不レ得二多点一。……筑前国宗像神主准レ此(『類聚三代格』前編三一頁)。

このころの出雲や宗像には、神主(『古事記』神話では出雲大社のそれは天照大御神の次男の末裔、宗像社のそれは須佐之男命の末裔)が新任の日に、神事と称して、妻を捨てて、複数の百姓女子を娶ることが行なわれていたのである。かかる事実の存在したことがすでに注目に値するのであるが、さらに、この法が、右のような風習を「淫風」とみなしはしたものの、婚姻儀礼を全面的に禁圧しようとしたわけではなく、禁じたのは、みだりに多くの女子を妾とすることで、「一女」を「卜定」して新任の国造神主に「神事」として「供」すことはなお容認したことも注目される。右の法に窺われる出雲や宗像の神主の新任の日の出来事は、彼らが、八世紀の初頭に、『古事記』神話を背景として特別の存在とされるようになった頃には、おごそかな聖婚の神事として行なわれていたことが想像される。そうだとすれば、中央においても、天皇の新任の儀式として、妻以外の女との聖婚儀式が実際に行なわれていたことも、十分に考えられるのではなかろうか。

もっとも、多少の問題がないわけではない。悠紀・主基国の斎郡の郡司の女(国の女)は、「葦原のしけしき小屋」における地方豪族の女を表象させうることに問題はないが、はたして、豊玉毗売(海の女)を表象せしめうるのかという問題である。しかし、実際に海から女を連れてくることはできないのであるから、豊玉毗売の役を演ずる女は国の女であるほかはなく、海辺の国から、豊かな海産物とともに女が献じられるといった工夫がせいぜいのところであろう。こう考えてくると、私は、さらに、次のような想像をめぐらせたくなるのである。それは、大嘗祭の主役をなす悠紀と主基の二つの国は、あるいは、「海」(海辺の国)と「国」とを象徴するものであったのではないかという想像である。実際、毎世大嘗祭の本来の姿が保存されていたと思われる八世紀前半期の悠紀国は全て海辺の国であり、主基国には海をもたない国を含んでいる。私には、前々から、大嘗祭における天皇への奉仕の国が、何故に一つではなく二つであったのかが疑問で、右の想像は、その疑問と、この文脈において論じてきた事柄とを突き合わせることから生まれた、文字通りの想像にすぎない。しかし、それは、様々の状況証拠から、十分にありえた事態のようにも思われ、しばらくは、この構想を暖め続けて、首尾よく実を結ぶにいたる種子であるか否かを見届けてみたい気持にかられるのである。

要するに、細部にはなお問題が残るものの、大嘗祭の本質は、①「海原」と「葦原中国」とが「高天原」の王の末裔に服属し、②領土の譲渡を受けた天神御子・天皇が、両世界の女との聖婚を通じて、両世界を正当に支配しうる呪能を備えた王となるための儀式であることにあった。①のモメントは服属儀礼とよばれるにふさわしく、②のモメントは王誕生儀礼と命名されうるにふさわしいものである。

大嘗祭が、右の二つのモメントを含む儀式であることは、いくつかの先行研究によって主張されている。しかし、後者のモメントについては、諸研究が全体として、全く的はずれな議論を展開してきたことは、すでにのべた通りである。諸研究は、大嘗祭のうちに、天皇と天照大御神との交感儀式を見出し、天皇は天照大御神の霊威を獲得して王として誕生するなどという誤った議論を展開してきたのであった〔二一八頁以下〕（補論二参照）。これに対して、大嘗祭の服属儀礼としてのモメントは、比較的に正しく理解されてきた。古くは岡田精司氏の研究があり〔62〕、ごく最近では高森明勅氏によって論じられたところである〔90 a〕。本書の問題関心からは、特に高森氏の著作が注目される。というのも、岡田氏の研究が食物献上という形式の服属儀礼の歴史的起源の探求に力点をおいているのに対して、高森氏の研究は、大嘗祭の祭式の分析を正面にすえ、大嘗祭という皇位就任儀式をば、この儀式を成立させた八世紀の律令国家の構造的特質との関連で理解されようとしたものだからである。氏は、大嘗祭の本質を次のように語った。

・大嘗祭は、もっぱら地方在住の民の奉仕を主体とする祭儀であった。……大嘗祭では、天皇と民の関係性こそが、祭りの主軸である。……〝民の大嘗祭〟（書名の一部——水林註）とは、……大嘗祭を大嘗祭そのものたらしめる本質的な契機《モメント》の意味に他ならない。民の参画と奉仕を欠いては、皇位継承儀礼としての大嘗祭は、まったく成立し得ないのである〔90a一一二頁以下〕。

・大嘗祭は、個別的支配を撤廃した公的統治の下にある田地と、在地の公民の奉仕を成立の基盤とするところに、固有の意義をもつ。それは、古代国家における天皇統治が、大化前代的な一切の個別的支配を超越し規制する、普遍的・公的な、諸階層をこえた〝第三の〟（対立・相対諸関係の上位にある）権力＝権威としての意義をになったのに、対応するものだった〔90a一三〇頁〕。

・大嘗祭は、一切の個別的な支配をはなれ、もっぱら天皇の公的な統治のもとにある公民が、御世のはじめに稲を天皇にたてまつる祭りである〔90a一七〇頁、傍点原文〕。

・大嘗祭は古代国家の確立に対応して、天皇と公民の直接的な関係性を総括する皇位継承儀礼として成立した〔90a二一八頁〕。

高森氏の大嘗祭論は、管見の限りでは、この問題を論じたおびただしい数にのぼる著作・論文のなかで、群を抜いて優れたものである。たしかに、この著作には、全編に氏の天皇制への帰依の心情が漲っていて、歴史学という分野の学問的著作としては、守るべき最小限の価値禁欲の限界線を越えでているように思われ、「現代と大嘗祭」と題された終章は、歴史学とは無縁の神道教義学の立場からの法教義学（憲法解釈論）となっていて、この著作の学問的価値を著しく貶めている。けれども、大嘗宮の秘儀を空想たくましく論ずるのを常としてきた通説的手法とはっきりと訣別し、儀式の内容を確実な文書史料によって比較的によく知ることのできる大嘗宮儀式以外の祭式に着目されて、この祭式をば、古代社会全体の構造史的展開の中に位置づけることによって、大嘗祭の本質に迫ろうとした氏の方法は、まことに読みごたえのある大嘗祭論へと結実することができた。

しかしながら、さような大嘗祭論にして、なお、歴史学の次元においても、根本的な問題を抱えていることを指摘しなければならない。ここでは、次の二点を指摘しておこう。第一は、方法論の次元の問題として、氏の大嘗祭論には祭儀神話論がほとんど欠如していることである。氏の大嘗祭論は、大嘗祭の祭式を分析することにとどまっているのである。その祭式の考察は、律令国家論をふまえつつ行なわれたことによって、単なる制度記述の域をはるかに越えた充実したものとなっており、その限りにおいては、群を抜く水準の議論が展開されたけれども、大嘗祭の意義を知る上で不可欠と思われる祭儀神話（古事記）の読解という課題は、学問的関心の対象にさえならなかったように見うけられる。稀に記紀神話に言及されることもあるけれども、その神話論は通説的議論を無批判的に受容するだけのものであり、祭式分析において発揮された清新な視点は全く認められない。

第二に、大嘗祭論の意義づけとして、服属儀礼を「民の奉仕」という次元で捉えられたことである。私が大嘗祭を服属儀礼というとき、そこには民の天皇に対する服属ではなくして、すでにのべたように、畿外在地首長層（旧国造、令制郡司層）の畿内王権への服属が表象されており、それが、葦原中国王権ないしこの世界内部の地方神（地方豪族）の天皇王権への帰順という『古事記』の物語りと照応的だと考えているのであるが、氏の場合には、律令国家の国制は一君万民的秩序として理解され〔90ａ一二四頁以下〕、大嘗祭は、民（公民、百姓）の天皇に対する直接的服属を示すための儀式として理解されている。しかしながら、八世紀の律令国家の国制は、すでに関、早川、大津各氏の学説（私がかりに複合国家論ないし等族制的国家論と命名した学説）に即してのべたように、律令法典の一君万民制的外観にもかかわらず、その実体においては、大化前代的な畿内王権と地方王権（畿外在地首長層）という枠組を強く保存したものであった。複合国家論ないし等族制国家論とは一見対蹠的な天皇制デスポティズム論においても、天皇制権力は、郡司層を中心とする在地首長の権力に依存する第二次的権力であることは承認されているのであって〔石母田71〕、律令国家の国制が一君万民制的秩序（個別化された諸個人が直接に君主に服属する国制）ではなかったことは明らかであるように思われるのである（二四二頁以下）。

もっとも、高森氏は、大嘗祭における服属関係を天皇と民との直接的関係に単純化しきっているわけではない。郡司ないし造酒童女が民を率いて天皇に服属するという意味での、祭式における郡司の主導性を見逃しているわけではなく〔90a一四三頁以下、一七三頁以下〕、その郡司が地方の支配者の系譜を引く者であることを見落としているわけでもない。たとえば、郡司について、

　郡司は地元の豪族出身の者によつて構成される。……郡司は「在地の共同体的諸関係を総括する」機能をになふことによつて、律令国家の基礎をかたちづくるからだ。郡司の、在地の共同体秩序の「総括」者としての一面に着目すれば、その〝非律令的〟・〝守旧的〟な性格や、〝氏族制〟原理のあらはれを認めることができるだらう〔90a一二〇頁〕。

とのべているのがそれである。郡司は単なる地方の支配者ではもはやなく、律令国家の地方官として位置づけられた人々であって、この点も、

　郡司が律令国家の全国統治の基礎である点に注意すれば、「郡司の律令的特質」や、「国家機構の地方的末端組織の担ひ手」としての性格を指摘できるはずだ〔同上〕。

とされ、全体として、

　郡司は、まさにそのやうな二面性を統一したものだつた。そして、このやうな郡司の二面性を前提としてこそ、古代国家は確立し得たのである〔同上〕。

というように、郡司の性格が正確に規定されるのである。

しかし、このような郡司論は、大嘗祭論を終始主導しきるには至らなかったように思われる。というのも、もしも

こうした郡司論が堅持されるならば、大嘗祭の象徴する支配服属関係を、「天皇と公民との直接的関係性」というように定式化することはありえないからである。

大嘗祭を、公民の天皇王権に対する直接的帰順を象徴する儀式として理解すること、その論理的前提をなすところの、国司や郡司は地方支配を担当する官吏として儀式にかかわるとする理解は誤謬である。日本古代の国制は、本来の律令法典が前提としているところの、〝官と民〟(国家と社会)という二元制的秩序の形成以前の秩序であり、王権が個々の民を直接に掌握するなどということはありえない性質のものであった〔水林87四四一頁以下〕。王権とその服属者との関係は、王権と人々を直接に支配する地方の支配者との関係であるほかはなく、律令国家がなしえたのは、たかだか、地方の支配者を国家の地方官として擬制することであった。しかしながら、大嘗祭の祭式においては、その擬制さえも貫かれず、郡司は、王権に服属した地方の支配者のごとくに振舞ったのである。

2　毎年大嘗祭と毎世大嘗祭

(1)　二つの大嘗祭の祭式の共通性と差異

これまで、折にふれて大嘗祭についてのべてきたけれども、その大嘗祭とは、正確には毎世大嘗祭《よごとのおほにへのまつり》、すなわち、皇位就任儀式としての一世一代の大嘗祭のことであったことを銘記しておかねばならない。すでに引用した神祇令一四条に明らかなように、大嘗祭には、毎年挙行される毎年大嘗祭《としごとのおほにへのまつり》と一世一代の毎世大嘗祭の二つがあったのであるが(一九八頁)、この二つの大嘗祭は、一方で、大嘗祭という共通のモメントを含みつつも、他方では、対立的な性質を有する別個の祭祀であり、これまでのべてきた事柄は、毎年大嘗祭には、全面的には妥当しがたいのであった。一般には、両者は本質的に同一の祭祀で、毎世大嘗祭は毎年大嘗祭の大規模なものであると信じられているけれども、これも誤りなのである。

毎世大嘗祭と毎年大嘗祭との間に、「単に規模の大小とか鄭重さの度合といったことでは済まされない、顕著な相違が存する」ことは、近時、高森明勅氏が明快に指摘されたところである〔88ａ、88ｂ、90ａ〕。氏は、まず、二つの大嘗祭を、『延喜式』段階の践祚大嘗祭（毎世大嘗祭の後身）と新嘗祭（毎年大嘗祭の後身）に即して、①神事に供される稲・粟などの出所、②祭祀の遂行者、③式場設営の場所、の三点について、表19に整理したごとき対立が存在することに注目された。総じて、践祚大嘗祭が天皇王権（畿内王権）に服属した国々（諸地方王権）によって担われる儀式であったのに対して、新嘗祭は、天皇王権の内部で自己完結的に執り行なわれたのである。この区別は、令制の毎世大嘗祭と毎年大嘗祭にも及ぼしうる区別であった。氏は、前引の、

凡大嘗者、毎レ世一年、国司行レ事、以外、毎レ年、所司行レ事

と規定する神祇令一四条をひき、『令集解』や『令義解』によって、毎世大嘗祭の執行主体とされた「国司」が悠紀・主基国司を始めとする各国司であるのに対して、毎年大嘗祭の執行主体とされた「所司」は中央官庁であることを明らかにされた。

高森氏は、以上のごとき二つの大嘗祭の相違を、次のように特徴づけられた（新嘗祭は毎年大嘗祭に、大嘗祭は毎世大嘗祭に読みかえうる）。

以上を約言すれば、新嘗祭が神祇官中心の奉仕による、どちらかといへば内廷的性格の祭儀であるのに対し、大嘗祭は明らかに公的な統治権を前提とした、国家的性格のものと評し得るであらう。前者が、いはば前国家的な個別的支配―収取に対応する祭儀であるのに対し、後者は公的・国家的統治―収取に対応する。両祭のかかる相違のゆゑに、大嘗祭は正しく律令国家における皇位継承儀礼たるの意義を担ひ得たとすべきである〔88ａ二一頁〕。

このように把握された上で、「内廷的性格の祭儀」とされた新嘗祭（毎年大嘗祭）は、農耕儀礼とされる。氏は、『天皇と民の大嘗祭』において、まず、人が神に新穀を供えたニヒナヘ（ニフナミ）の神事を遺跡や『万葉集』などを史料として論じ〔90ａ二六頁以下〕、新嘗祭を、ニヒナヘから「直線的に展開した」祭祀として位置づけ〔90ａ一〇七頁〕、践

【表 19】 新嘗祭と践祚大嘗祭の祭式比較

	新嘗祭（毎年大嘗祭）	践祚大嘗祭（毎世大嘗祭）
①	ト定された官田（畿内におかれ，宮内省が支配するところの，天皇の食膳に供する供御米を出す田で，大化前代の屯倉の系譜をひく）	ト定された畿外の国の悠紀・主基田（公民たる百姓の営田）
②	中央諸官庁 • 大炊寮…稲・粟の舂備 • 造酒司…黒酒・白酒の醸造 • 内膳司…神饌類の調備 など	各国 • 悠紀・主基国…初穂献上 • 紀伊国・淡路国・阿波国…由加物貢納 • 三河国・阿波国…和妙服，麁妙服貢納 • 丹波国…神楯，戟貢納 • 美濃国・丹波国・丹後国・但馬国・因幡国・出雲国・淡路国…語部
③	内裏の西側に所在する中和院正殿の神嘉殿	朝堂院に特別に築造される大嘗宮

祚大嘗祭（毎世大嘗祭）についていわれる、「稲の初穂を食するとともにこの嘗殿の神座に臥し、天照大神の子として生誕することにより、天皇としての資格を身につける」というような西郷信綱氏の議論を、「毎年行はれる新嘗祭にもそのままあてはまる」説明として引用する〔90a一四〇頁以下〕。高森氏の議論は、このような新嘗祭にも妥当する説明では、大嘗祭の本質は一向に明らかにならないとすることに力点がおかれており、そこから、大嘗祭を大嘗祭たらしめる本質的モメントとしての「民の奉仕」、「民の大嘗祭」という前記の議論が導かれてくるのであるが、そうした論旨の展開の中で、おのずと氏の新嘗祭論も開陳されているのである。

毎年大嘗祭（新嘗祭）と毎世大嘗祭（践祚大嘗祭）とは、規模の大小という単なる量的差異には還元できない質的相違を含んでいるという氏の主張は、まさにその通りであるように思われる。両大嘗祭の相違を量的差異に還元する考え方がほぼ異論の余地なく支配してきた研究史を想起するならば、高森説は画期的な学説と評すことができよう。しかしながら、高森説の妥当性はそこまでであった。毎世大嘗祭を「民の大嘗祭」として特徴づけることの問題性についてはすでにのべたが、毎年大嘗祭の意味づけもまた、疑問だといわねばならない。高森氏の大嘗祭論が群をぬいて優れたものであるにもかかわらず、祭儀神話論の欠如という重大な方法的欠陥が存在することは前記したが、その方法上の問題は、毎年大嘗祭（新嘗祭）の意味づけ――それは、そのまま毎世大嘗祭の神事にも妥当するものと考えられている――の誤謬に露呈したように思われる。

(2) 毎年大嘗祭とその祭儀神話の意義 ――贄・饗献上

毎世大嘗祭の祭儀神話は、繰り返しのべてきたように、大国主神の国譲り、日子穂々手見命の海神宮訪問、神武東征、闕史八代の各物語りであると思われるが、これに対して、毎年大嘗祭の祭儀神話は、次の一節にあった。

> 速須佐之男命、天照大御神に白しく、「我が心清く明し。故《かれ》、我が生める子は手弱女《たわやめ》を得つ。これによりて言《まを》さば、おのづからに我勝ちぬ」と云ひて、勝ちさびに天照大御神の営田《つくだ》のあを離ち、その溝を埋み、また大嘗《おほにへ》聞こしめす殿に屎まり散らしき〔記四九頁〕

これは、「高天原」における須佐之男命の乱暴を描いた場面であるが、ここでの文脈では、須佐之男命の乱暴それ自体ではなく、乱暴が行なわれた場所として、「大嘗聞こしめす殿」、「天照大御神の営田」などに言及されていることに注目したい。前記のごとく、『古事記』は神祇令祭祀の祭儀神話を各所で語ろうとしているのであるから、諸四時祭のなかでもひときわ重要視されていたと思われる毎年大嘗祭の祭儀神話を欠くはずはなく、『古事記』全編を通じて、この箇所を除いて毎年大嘗祭の祭儀神話と思しき件りも見えないので、右の一節こそが、毎年大嘗祭の祭儀神話に外ならないと考えられるのであるが、そうだとすれば、毎年大嘗祭（新嘗祭）の儀式から類推して、「天照大御神の営田」とは天皇の毎年大嘗祭の稲を供給するところの官田に相当し、「大嘗聞こしめす殿」が神嘉殿（ないしその前身）に相当するものであろうことが推測される。そして、その「大嘗」は、毎世大嘗祭と『古事記』の語りにおいては、人々が天皇ないし天神御子に服属する証として贄・饗を献上することを意味したのであるから、毎年大嘗祭およびその祭儀神話としての天照大御神の「大嘗」も、同様の意義を有すると考えるのが自然であろう。とするならば、毎年大嘗祭も天照大御神の「大嘗」も、誰かが天皇ないし天照大御神に対して贄・饗を捧げることによって服属を誓う儀式なのである。

しからば、天照大御神の「大嘗」は、具体的には、誰が天照大御神に服属を誓約する儀式だったのであろうか。『古事記』の物語り全編の構造を想起するならば、それは、「高天原（表）」の八百万の神々が、「葦原中国」に誕生し、そこから昇天してきた外来王としての天照大御神に対して、服属を誓う儀式として理解されねばならない。繰り返しのべてきたように、天照大御神は「高天原」で誕生した神ではなく、本来は、「国」の神たる伊耶那岐命と「海原」の水の力によって誕生したところの「地」の世界の神であった。これに対して、伊斯許理度売《いしこりどめ》命、玉祖《たまのや》命、天児屋《あめのこやね》命、布刀玉《ふとだま》命、天手力男《あめのたぢからを》神、天宇受売《あめのうずめ》命などの、須佐之男命の「高天原（表）」訪問譚の際に続々と登場する八百万の神々は、明示的には語られないけれども、「高天原（裏）」の産日《むすひ》神と常立《とこたち》神・葦牙《あしかび》神（生産力と永続的生命力）の活動によって、「高天原（表）」に誕生した神々であり、天照大御神の昇天以前にすでに存在していたのであった（五一頁）。八百万の神々の一員である思金神は、かの高御産日神の子である〔記五〇頁〕。以上のごとき物語りの流れから、天照大御神は、異界から来訪して「高天原（表）」の王となったことは明瞭であるが、『古事記』全編を通じて繰り返し語られる王臣関係の形成の次第を想起するならば、ここでも、先住の「高天原（表）」の神々は、天照大御神に贄・饗を捧げて臣従したと考えねばならない。「天照大御神の営田」とは、八百万の神々が「高天原（表）」を全体として天照大御神に譲渡した際に、特に、天照大御神の供御田として奉上したところの、特に豊かな稔りをもたらす田なのであろう。天照大御神の大嘗祭に供せられる稲は、そのような特別の田に成育したものなのであろう。

毎年大嘗祭の祭儀神話としての天照大御神の大嘗祭の意味を以上のように理解するならば、毎世大嘗祭と毎年大嘗祭の比較的意義づけは、先に引用した高森氏のそれとはおのずと異なったものになる。氏は、〈毎年大嘗祭—前国家的な個別的支配に対応する祭祀〉、〈毎年大嘗祭―公的・国家的統治に対応する祭祀〉というように特徴づけられたけれども、先にのべたところの、律令国家の複合国家秩序的国制をふまえるならば(二四四頁)、祭祀と祭儀神話と国制との対応関係は、次のごとくであったと考えられる。

祭祀	祭儀神話	国制
毎年大嘗祭	――高天原王権の形成――	畿内王権としての天皇王権の更新
毎世大嘗祭	――天皇王権の形成――	全国王権としての天皇王権の更新

天照大御神の大嘗祭を神祇令祭祀の大嘗祭の祭儀神話と解する考え方は、何も目新しいものではない。すでに宣長がこのことを指摘し〔記伝九巻三四三頁以下〕、倉野氏や西郷氏の註釈書もこの見解を踏襲し〔記全三巻五七頁以下、記注一巻三〇四頁以下〕、高森氏自身も、『古事記』への言及はないものの、これと類似の話をのせる『日本書紀』本文を、毎年大嘗祭(新嘗祭)の祭儀神話と解されているからである〔90a三七頁〕。しかし、これらの見解は、天照大御神の大嘗祭が神祇令の大嘗祭の祭儀神話であるとする点だけにおいて正しく、その意味づけは、実際の大嘗祭とその祭儀神話の双方について、誤謬というほかはないものであった。これらの学説においては、大嘗祭が、ある者がある者に対して贄・饗を捧げることを通じて、服属の証とする儀式であることが理解されておらず、大嘗祭は、あたかも、人がその斎き祭る神に対して贄・饗を献上するニハナヒないしニヒナへの神事であるかのように説明されているのである。かりに百歩譲って、神祇令祭祀としての大嘗祭は、そうした性質の儀式であったとしよう。しかし、天照大御神の大嘗祭はどうなるのであろうか。たとえば、西郷氏は、天照大御神の大嘗祭の件りの註釈において、「大嘗祭の悠紀殿・主基殿の秘儀においても、天皇は祖神天照大神と新穀を共食する。古事記のこの段に〝大嘗きこしめす〟天照大神が出てくるのも、そのことと無縁ではあるまい」〔記注一巻三〇五頁〕と解説し、高森氏は、「皇祖天照大神が天上でニヒナへを行はれてゐたことは、上古の人々があまねく実感してゐたところで、格別の信仰ではなかつた」〔90a三七頁〕

などとのべているが、「高天原」における大嘗祭において、天照大御神は一体いかなる神と共食して神事を行なうというのであろうか。しかし、その点の説明はどこにも存在しない。ないのが当然で、『古事記』は、西郷氏や高森氏が念頭においているような意味での共食の儀式などは、全く想定していないからである。

日本思想大系『古事記』の校注者は、以上のごとき通説とは異なって、天照大御神の大嘗祭の件りに、「大嘗は神祇令では毎年の新嘗祭をさすが、ここでは天照大神についていうのであるから、伊勢神宮に新穀を供える神嘗祭のこと。殿は神嘗の大御饌を供える神宮正殿をさす」〔記思四九頁〕という頭註を付している。この指摘は、通説のもつ矛盾を正当に認識し、神嘗祭との関連を指摘した点において、卓見であると考える。神祇令祭祀の一つである神嘗祭は、伊勢神宮において、毎年、新穀を天照大御神に献上し、朝廷からは天皇の幣帛が奉上される祭祀であるが、たしかに、この祭祀の祭儀神話は、天照大御神の大嘗をおいて外には考えられないからである。神嘗祭は、「高天原」において、神々が天照大御神に贄・饗を献上した神話を想起しながら、挙行されたに相違ない。

しかしながら、右の卓見も、天照大御神の大嘗祭と神祇令の大嘗祭との関連を否定してしまった点においては、誤りをおかした。天照大御神の大嘗祭神話は、神嘗祭の祭儀神話であると同時に、先にのべたような理由から、毎年大嘗祭の祭儀神話でもあると考えられるからである。

『古事記』と神祇令祭祀の政治思想においては、天照大御神と天皇とは、異体であると同時に同体〔後者が前者の現し身〕なのであった。たとえば、鎮魂祭においては、天照大御神と天皇とが重ねあわされ、同一視された。〈鎮魂祭＝天の石屋戸神話〉においては、天皇の精力が冬至のころに衰弱していくことと、天照大御神の天の石屋戸こもりによって光が失われたことが重ねあわされ、その限りで、天皇と天照大御神が同体とみなされている。これに対して、〈践祚＝天神御子降臨神話〉においては、天皇と天照大御神とは異体であった。ここでは、天照大御神と邇邇芸命との関係が天照大御神と天皇との関係に引きうつされるのであって、邇邇芸命と天皇とは重ねあわされるものの、天照大御神と天皇とはあくまでも異体なのである。以上のごとき、天照大御神と天皇との異体・同体観念は、天照大御神の大嘗祭神話にも貫かれていたように思われる。天照大御神と天皇とを異体とする観点からみれば、天照大御神の大嘗祭は神嘗祭の祭儀神話ということになろう。天照大御神にかつて贄・饗が献上されたという神話的故事が想起されつつ、現実に、天照大御神への贄・饗献上が祭祀として挙行されるのである。これに対して、天照大御神と天皇とは同体であるという観点からみれば、天照大御神の大嘗祭は天皇の大嘗祭の祭儀神話にほかならない。ここでは、天照大御神への贄・饗献上という故事が、天照大御神と同体の天皇に即して再現されるのである。私には、『古事記』と神祇令祭祀の世界においては、そうした二つの見方が矛盾なく併存し、天照大御神の大嘗祭神話は、神嘗祭と大嘗祭(毎年)の二つの祭祀の祭儀神話を兼ねていたように思われてならないのである。

(3) 毎年大嘗祭とその祭儀神話の意義 二——聖婚

毎世大嘗祭においては、すでにのべたように、贄・饗献上儀式に加えて、外来王とこれに服属する世界の主宰神の女との聖婚儀式が存在したと考えられるのであるが(二五三頁以下)、毎年大嘗祭の場合はどうだったのであろうか。先に、毎年大嘗祭の後身としての新嘗祭の祭式を検討した祭に、祭祀の調度として、天皇と皇后との二つの寝座が準備されたこと、このことから、一見すると、天皇と皇后との聖婚儀式が行なわれたように見えるが、実際は、寝座は別々の場所に鋪設されたらしく、聖婚は行なわれなかったと考えられることをのべたが(一九八頁以下)、かかる新嘗祭の祭式は、そのまま、毎年大嘗祭の祭式にもおし及ぼしうるのであろうか。結論として、私は、毎年大嘗祭と新嘗祭との祭式は、この点では異なっていたと考える。毎年大嘗祭では、天皇とその妻の寝座が同一の式場に鋪設され、そこで聖婚儀式が行なわれたと推測するのであり、後年の新嘗祭において、二つの寝座が別々の場所に鋪設されたのは、本来の形態が変質した結果なのではないかと想像するのである。そして、天皇に添うたのが妻であったというまさにその点において、同じく大嘗祭の聖婚儀式とはいっても、毎年大嘗祭のそれは、天皇と造酒童女との聖婚儀式として存在したと思われる毎世大嘗祭とは異なるのであった。先に、毎年大嘗祭と毎世大嘗祭の祭式に関し、①神事に供される稲などの出所、②祭祀の遂行者、③式場設営の場所の三点について比較対象する表19を掲げたが（二六五頁）、これに④として、聖婚儀式の項目を付け加える必要があり、この点でも、二つの大嘗祭は対照的な姿を示すことになる。

毎年大嘗祭における天皇と天皇妻との聖婚儀式の想定の根拠は、ここでも、祭儀神話にほかならない。もっとも、天照大御神の「大嘗」の件りに大御神の聖婚神話が存在するわけではなく、毎年大嘗祭における聖婚儀式の祭儀神話は、外に存在するのであった。ただし、そのように考える前に、次のような事情は心に留めておかねばならない。それは、論理的に想定しうる事柄については、明示的には語らぬこともあるということが、『古事記』の語りの重要な特徴の一つであったという事実である。天照大御神の聖婚物語りは、そのような物語りの一つとして、あるいは安萬侶の脳裏に表象されていたのかもしれない。そういう可能性も一応は考えてみなければならないのである。

もっとも、こうした推論には、そもそも天照大御神は女神ではないのか、したがって、天照大御神と「高天原」の女との聖婚儀礼などはおよそ想定しがたいのではないか、という疑問がよせられよう。通念を前提とすれば、当然の疑問であるが、しかし、これに対しては、天照大御神が女神である確証は、『古事記』には認められないということをのべておかねばならない。一般には、何とはなしに、天照大御神は女神というイメージがあるのであるが、それは、『日本書紀』の天照大神のイメージが密輸入されて形成されたもののように思われる。『日本書紀』では、素戔嗚尊が天照大神のことを「姉」と呼んでいることから、天照大神が女神であることは疑問の余地がなく〔紀上一〇二頁〕、そこでは、皇祖神を男神高皇産霊尊に求め、天照大神は皇祖神に仕える巫女とされていたのではないかと思われるのであるが（三六二頁）、『古事記』の天照大御神は皇祖神そのものであって、少しも女神である必然性はなく、むしろ『古事記』の皇統譜から推して男神であることがふさわしく、天照大御神についての叙述もはっきりと男神を思わせるのである。（註４）たとえば、天照大御神が昇天する須佐之男命を迎える姿は次のごとくであった。

天照大御神、聞き驚きて詔らししく、「我がなせの命の上り来ますゆゑは、必ず善き心にあらじ。我が国を奪はむとおもほすにこそ」とのらして、すなはち御髪を解かし、御みづらに纏かして、すなはち左右の御みづらにも御縵《かづら》にも、左右の御手にも、おのもおのも八尺の勾璁《まがたま》の五百つのみすまるの珠を纏き持たして、そびらには千入の靫《ゆき》を負ひ、ひらには五百入の靫を付け、また、いつの竹鞆《たかとも》を取り佩《お》ばして、弓腹《ゆばら》振り立てて、堅庭《かたには》は向股《むかもも》に踏みなづみ、沫雪《あわゆき》なす蹶《く》ゑ散らかして、いつの男《を》建《たけ》び踏み建びて待ち問ひたまひしく、「何のゆゑにか上り来ませる」〔記四五頁〕

「みづら」とは、男性の髪型の角髪のことである。背に千本の矢が入る靫を負い、脇腹には五百本の矢が入る靫を付けて、堅い土を雪のごとくにたやすく蹴ちらし、「男建び」をあげる姿は、強壮なる男神以外ではありえないのではなかろうか〔津田48六一五頁以下〕。「御髪を解かし…」の箇所を〝女性の髪型に結っていたのを解いて男装し…〟というような意味に解して、天照大御神が女神であったことの一つの根拠とするのが、宣長以来のほとんど異論のない考え方のようであるが〔記伝九巻三〇八頁など〕、「御髪を解かし」の「解く」は、「御ぐし手づからけづり給ふ…、とき果てたれば、つやつやとけうらなり」〔源氏物語〕という場合の「とく」で、現代語でいえば、〝髪を解かす〟の意なのではなかろうか。

以上のような次第であるから、男神天照大御神が、「高天原」にやってきた外来王として、「高天原」の女神と聖婚を行なったという想定は、必ずしも奇想天外のことではない。けれども、天照大御神の大嘗祭に毎年大嘗祭における聖婚儀式の祭儀神話を求めることは、やはり、困難だと考えるべきであろう。何故ならば、天照大御神の聖婚から子供が誕生し、その血筋から天皇が誕生したというような物語りが、『古事記』には欠けているからである。天皇の系譜に繋がるところの、天照大御神の子である天忍穂耳命は、天照大御神と須佐之男命との誓約を契機に、天照大御神自身の所有物そのものに生まれ成った神であった〔第二部四四五頁〕。かりに天照大御神の聖婚を想定するとしても、

『古事記』においては、そのことは、物語りとして重要な意味を有していないのである。それは、毎年大嘗祭における聖婚儀式の祭儀神話は、むしろ、その天忍穂耳命の聖婚物語にあるのではなかろうか。「葦原中国」の「言向け」が成就した後に語られる、次のような件りである。

しかして、天照大御神・高木神（高御産日神の別名――水林註）の命もちて、太子《ひつぎのみこ》正勝吾《まさかつあ》勝々速日《かつかちはやひ》天忍穂耳《あめのおしほみみ》命に詔らししく、「今、葦原中国を平らげつと白す。故、言依さしたまひしまにまに降りまして知らしめせ」。しかして、その太子正勝吾勝々速日天忍穂耳命の答へ白したまひしく、「僕は降らむ装束《よそひ》しつる間に、子生れ出でぬ。名は、天邇岐志《あめにきし》国邇岐志《くににきし》天津日高日子番能邇邇芸《あまつひこひこほのににぎ》命、この子降すべし」。この御子は、高木神の女、万幡豊秋津師比売《よろづはたとよあきつしひめ》命に御合《みあ》ひまして、生みたまへる子、天火明《あめのほあかり》命。次に、日子番能邇邇芸命の二柱ぞ。ここをもちて、白したまひしまにまに、日子番能邇邇芸命に詔科《みことおほ》せて、「この豊葦原の水穂の国は、汝《いまし》知らさむ国ぞ、と言依さしたまふ。故《かれ》、命のまにまに天降るべし」〔記八八頁以下〕

天忍穂耳命は、高御産日神（高木神）の女と結婚し、ここから、「葦原中国」に降臨することになる天邇岐志国邇岐志天津日高日子番能邇邇芸命が誕生したのである。「邇岐志」は〈親和的である〉というほどの意味で〔記潮神名釈義〕、「天邇岐志」（天と親和的の意）は、この神が天照大御神や天忍穂耳命の血筋をひく「天」の神であることを示し、「国邇岐志」（国と親和的の意）は、「国」に誕生したところの、本質的に「国」の神である天照大御神に由来する属性であろう。「番能邇邇芸」は〈稲穂の豊穣〉で、これも天照大御神に由来する性質である（一七七頁）。そして、残る「天津日高日子」は、「天の日高き所の日子」の意味で、その核をなす「日子」は、何よりも、万幡豊秋津師比売を介して受け継がれた高御産日神に由来する神性を表現する名称であった。

「日子」は、普通には天照大御神に由来する神性を表現するもののように理解されており〔記潮神名釈義〕、そこには一面の真実が含まれているのであるが、しかし、高御産日神の神性を継受した神であることを示す名称としても理解しなければならない。このことは、天照大御神と高御産日神の子孫の神名が雄弁に物語っている。天照大御神の所有物に化成した嫡男で、邇邇芸命の父となる神は、天忍穂耳命といわれ、そこには「日子」という表現が存在しないが、天忍穂耳命が高御産日神の女と結婚してもうけた子から「日子」の名が冠せられるようになり、その後、日子穂々手見命、日子波限建鵜葺草葺不合命というように、「日子」が連続して登場することになるのである（二四八頁表18bを参照）。高御産日神は文字通り日神であったのであるから（四三頁以下）、「天神御子」が「天照」の子であることに対応して、「日子」が「産日」の子であることも明らかであった。

もっとも、「日子」は天照大御神の末裔であることも意味した。大御神は明らかに太陽神であり、天忍穂耳命の正式名称は正勝吾勝々速日天忍穂耳命、その弟のうちの二神は、天津日子根命、活津日子根命とされるのであるから（記四七頁）、邇邇芸命の「日子」にも天照大御神の太陽神としてのモメントが流れていると考えねばならないのである。しかし、この事とともに、天忍穂耳命の弟は単なる「日子」ではなく、「日子根」であったことにも注意しなければならない。ここには〈産日—日子根〉の対が想定されているのではなかろうか。「日子」とは、〈産す日〉の作用（高御産日神系）と、それを受けとめる〈日子の根〉の作用（天照大御神系）の合作だということが暗示されているのではなかろうか。そしてその背後には、かの〈葦かび神〉が坐しているのである（四六頁以下）。

天忍穂耳命の高御産日神の女との聖婚神話は、「国」に誕生した日子の根の神としての天照大御神の血筋の神が、「高天原（裏）」の日神の血を獲得して、そこに完成された「日子」が誕生する物語りなのであった。そして、これを祭儀神話とする毎年大嘗祭は、天皇が完成された「日子」として更新するための儀式だったのである。かかる神話と『古事記』の時代の朝廷の現実との間には照応関係が存在し、当時の天皇の第一の妻は藤原氏の女で、毎年大嘗祭における聖婚儀式は天皇と藤原の女に出自する妻とが演ずる儀式であったことなどについては、後にのべる通りである（三三二頁以下）。

以上のように考えてくるならば、毎年の神祇令祭祀において、鎮魂祭と毎年大嘗祭とが十一月の下の寅と卯の日に連続して挙行されることの意味も、納得されよう。鎮魂祭とは、天照大御神と同体としての天皇が、日の最も弱まる冬至のころに、天照大御神に由来する呪能を強化・復活するための儀式であり、毎年大嘗祭とは、天照大御神の子の天忍穂耳命と同体の天皇が、聖婚によって高御産日神の血を獲得して、完成された「日子」となるための儀式にほかならない。この二つの祭祀を通じて、天皇は、地上の「高天原」たる畿内国家の王として更新しつづけるのであった。

(4)　神々の親族構造

天皇は、『古事記』においては、諸地域国家の人々とともに、「地」の神に出自する存在であり、ともども同一血族を構成していたのであった。天皇をば数多の同一血族員から区別する相違点といえば、ただ次のことであった。すなわち、天皇の祖先たちに、①祖神である天照大御神が昇天して「高天原」を服属させ、②その子（天忍穂耳命）が「高天原」の神と聖婚することによって、「高天原」の血を獲得し、③その子（日子番能邇邇芸命）が、祖父と父の成果を携えて、「地」の世界へ帰還してきたという歴史があるということである。天皇王権が高天原王権に由来するという命題は間違いではない。しかし、その高天原王権は、「地」の神が「高天原」に築いた外来王権だということを付け加えなければ、その命題は、十分に正当とはいいがたいであろう。結果から見るならば、伊耶那岐命の子供たちは、二手に分かれて、「大八嶋国」の政治的完成をなしとげたのであった。一方は、天照大御神とその末裔たちであり、この神々は「高天原」にまで出かけ、その世界の神々の服属と呪能獲得という土産を携えて、「大八嶋国」に帰還した。他方は、須佐之男命とその末裔たちであり、これらの神々は「大八嶋国」を一個の国家にまで完成させる事業を成し遂げた。そして、かかる兄弟の分業体制は、後者が前者にその成果を譲り渡し、その代りに、前者が後者を祭るという互酬的契約（国譲りと出雲大社の造営）を媒介として統一されたのである。

その互酬的契約に際して、「大八嶋国」の統治を天照大御神の末裔が担うことになったのは、すでにのべたように、

【表20】 聖婚神話と神祇令祭祀

	神名・天皇名	祭儀神話	関連祭祀
①	天照大御神	天の石屋戸こもり 大嘗	鎮魂祭 毎年大嘗祭
②	天忍穂耳命	高天原の女との聖婚	毎年大嘗祭
③	天津日高日子番能邇邇芸命	降臨 葦原の女との聖婚	践祚 毎世大嘗祭
④	天津日高日子穂々手見命	海原の御饗と海原の女との聖婚	毎世大嘗祭
⑤	天津日高日子波限建鵜草葺不合命	海原の女との聖婚	同上
⑥	神倭伊波礼毗古命	葦原（天下）の女との聖婚	同上
⑦	神沼河耳命	葦原（天下）の女との聖婚	同上
⑧	師木津日子玉手見命	葦原（天下）の女との聖婚	同上
⑨	大倭日子鉏友命	葦原（天下）の女との聖婚	同上
⑩	御真津日子訶恵志泥命	葦原（天下）の女との聖婚	同上
⑪	大倭帯日子国押人命	葦原（天下）の女との聖婚	同上
⑫	大倭根子日子賦斗邇命	葦原（天下）の女との聖婚	同上
⑬	大倭根子日子国玖琉命	葦原（天下）の女との聖婚	同上
⑭	若倭根子日子大毗々命	葦原（天下）の女との聖婚	同上

別天つ神の意思であった（一三二頁以下）。

そして、その別天つ神のかかわり方の点において、全くの機能分担にすぎず、原理的に対等の存在であるように見える天照大御神の系列と須佐之男命の系列との間にも、やはり、差別が存在したのであった。それは、天照大御神の子の天忍穂耳命が獲得した「高天原」の神々の血とは、実は、「高天原（裏）」の別天つ神の血に連なるものであったということである。天忍穂耳命の聖婚の相手は、「高天原（表）」の万幡豊秋津師比売であったが、先の引用文が明示するように、この比売は、高御産日神の女にほかならない。天皇に、単なる「高天原（表）」の神々の血しか流れていないというならば、「高天原（表）」と「葦原中国」とは原理的に対等なのであるから、とりたてていうほどのこともないことである。しかし、天忍穂耳命が獲得し、その子孫へと伝えた「高天原」の血とは、「高天原（裏）」に連なるところの「高天原（表）」の血なのである。「高天原（裏）」は、「高天原（表）」、「葦原中国」、「海原」という神話的諸世界とは次元を異にして存在し、かつ、それらの世界を究極において制御している世界にほかならない。その世界の血を天照大御神の系列のみが獲得し、天皇だけがそれを保存しつづけるという意味において、天皇は数多の同一血族員の中にあって、特権的な地位をしめていたのである。その特権的地位を確認する場、それが毎年大嘗祭にほかならなかった。

以上のように『古事記』の物語りを理解するならば、天照大御神に始まり、初国知らしめしし天皇（崇神天皇）の誕生にいたるまでの物語りが総体として、天皇王権の誕生と更新のための諸祭祀の祭儀神話をなしていたことが諒解されよう。天照大御神以下各代の物語りを、これを祭儀神話とする諸祭祀と関連づけながら、整理するならば、表20のごとくであった。

『古事記』における親族構造、血の論理を以上のようにおさえたところで、上野千鶴子氏の「神話論理学」について検討したいと思う。氏の「神話論理学」は、神話の論理はすなわち親族の構造の論理であるという立場にたち、『古事記』における血の論理の解明を通じて『古事記』の思想を明らかにしようとされた研究である。氏の議論は、これまでにない全く新しい記紀神話論の相貌をそなえている。

しかし、氏の議論は、すでにその初発のところで、問題をかかえているといわざるをえない。『古事記』を親族構造論として読もうとする氏の戦略は、『古事記』の部分問題を論ずるというのではなく、そのことを通じて『古事記』の思想の全体に迫ろうとするものなのであるが、すでに述べてきたところから明らかなように、『古事記』において、神々の親族関係論は、重要ではあるけれども、しかし、その世界像を語るための部分問題にすぎないからである。安萬侶が律令国家の正当性を語ろうとしたその仕方は、親族構造論に限定されるものではなく、その政治思想は、親族構造論によって説きつくされるような単純なものではなかった。

親族構造論の考察それ自体についても、氏の議論は疑問であるといわなければならない。氏の議論を私なりに咀嚼して整理・要約するならば、次のごとくである。

①「葦原中国」の王（須佐之男命と天神御子）は〈外部〉の世界である「高天原」からやってきた外来王であり、かれらは土地の女との結婚を通じて〈内部〉化していく〔85二八三頁以下〕。

②しかし、「権力の言説にとって、正統性起源が〈内部〉（征服される土着勢力——水林註）にあることを認めるのは、具合いの悪いこと」〔85二九四頁〕であるから、外来王は〈内部〉への依存を否認し、〈外部〉そのものに権威の源泉を求めようとする。須佐之男命についていえば、「アマテラスの弟であることを通じて天上的な〈外部〉とつながる」〔85二八四頁〕。天神御子は、まさに天照大御神の子孫であることにおいて、〈外部〉へと繋がる。「アマテラスは……神話的な始源という時間軸でも、高天原の至高神という空間軸でも、絶対的な〈外部〉の位置を占める」〔85二八八頁〕存在である。

③このように、『古事記』神代の段階では、王は、〈外部〉性を一定度保持しつつも、土着の女との結婚を通じての〈内部〉への依存から脱却できないが、後に皇族内婚制が実現するようになると、〈外部〉は〈内部〉への依存をたちきって、〈外部〉が〈外部〉として自立し、かつ、〈中心〉となる〔85二九五頁以下〕。

この要約の限りでも、二つの問題点を指摘することができる。

第一に、須佐之男命は〈外部〉（外来王）ではなく、天照大御神も「絶対的な〈外部〉」ではなかったことである。須佐之男命は、「葦原中国」に「高天原」という〈外部〉からやってきた神なのではない。命は、「葦原中国」で誕生した神であり、「国」の神であって、「高天原」の神ではない。「高天原」には、天照大御神に会うために、一時的に訪問していたにすぎない。須佐之男命と出雲の神々とは、見知らぬ者同士ではあるが、ともに、伊耶那岐命・伊耶那美命を共通の祖とする〈内部〉の存在である。

天照大御神は「高天原」の神であるが、これも、もともとは、「国」において、伊耶那岐命から生まれた神であった。大御神は、むしろ、当初は、「高天原」にとって〈外部〉の神なのであった。大御神は、しかし、「高天原」の神となったのであるから、それ以降、大御神と天神御子たちは、須佐之男命とは異なって、「国」にとって〈外部〉の神となったと言うこともできよう。しかし、「絶対的〈外部〉」などではありえない。天照大御神と天神御子たちは、一見すると、「国」にとって〈外部〉の存在であるように見えるけれども、安萬侶は、本質的、究極的には、「国」の〈内部〉の存在なのだということを、親族論として語ろうとしたのである。「正統性起源が〈内部〉にあることを認めることは、具合いの悪いこと」だったのではなく、反対に、『古事記』は、意識的に、王権と被支配者との間に、親族論の次元においても共同的関係を設定し、もって、王権の正当性を〈内部〉性そのものに求めようとしたのであった。

第二に、〈外部〉〈内部〉という範疇が『古事記』について意味をもつとすれば、それは、別天つ神とその他の神々、「高天原（裏）」とその他の神話的諸世界との関係についてであろうが、氏の議論には、別天つ神論が全く欠如していることである。『古事記』は、天照大御神と天神御子たちを本源的に〈内部〉の存在とすることによって、支配従属関係に共同的関係の外皮、幻想的共同性を付与し、もって、支配従属関係そのものを正当化しようとしたのであるが、しかし、このことによって、〈内部〉の神々のうち、何故に、ほかならぬ天神御子が「葦原中国」の支配者となるのかという正当性問題に逢着した。そして、その点にかかわって、別天つ神という〈外部〉の神、「高天原（裏）」という〈外部〉の神話的世界が構想され、天神御子たちを、かれらに特権的に結びつけようとしたのである。もっとも、右の限りで〈外部〉のように見える別天つ神でさえ、実は、五神のうちの二神の誕生を「国」に負うているのであり、純然たる〈外部〉なのではない（二九頁）。『古事記』は、〈外部〉なるものを設定するようでいながら、常にそれを〈内部〉化しようとするのである。上野氏の概念を用いて、『古事記』の世界像を語ろうとすれば、右のごとくになろうが、そうした考察は、氏の『古事記』論には全く欠如している。欠如しているばかりか、〈外部〉性の自立とその〈中心〉化にらない。

『古事記』の主題を見ようとする理解は、『古事記』の思想の核心からむしろ遠ざかっていくものといわなければならない。

五　初国知らしめしし天皇

1　「初国知らす」

神武および闕史八代を通じて、『古事記』は、「天下を治む」とはのべても、決して、「国を知らす」とは表現しなかった。ところが、崇神天皇において、はじめて「国を知らす」と表現されるようになり、それがまさに初めてのことであったことが一つの理由となって、この天皇は、「初国《はつくにし》知らしめしし天皇《ひこすめら》」とよばれた〔記一四〇頁〕。それは、すでにのべたように、遠く、上巻の天照大御神の神勅と呼応するのであり、いま、ようやくにして、神勅は実現されるに至ったのである〔一三二頁〕。

それでは、「初国知らす」とは、具体的にはどういうことなのであろうか。まず注意すべきは、それは必ずしも「大八嶋国」全域の支配を意味しなかったということである。このことは、崇神の次の次の天皇である景行天皇の時代にはじめて、熊曾、出雲、東国が天皇の支配下に編入されることによって知られる。これら三地方は、「初国」の範囲外なのであった。「初国」の範囲は、神武天皇の時代に支配下に入った日向、筑紫、安芸や畿内、孝霊天皇の時代に支配下に入った吉備、崇神天皇の時代に支配下に入った越と東海道である。

「初国」の範囲外の熊曾、出雲、東国が、大きく二つに分類されうることは明らかである。一つは出雲であり、他は熊曾、東国である。後者は「大八嶋国」の辺境であろう。しかし、出雲はそうではない。それは、かつて「葦原中国」の首都であった。そして、そこに今は、「葦原中国」に国家を築き、その国家を高天原王権に譲渡したところの大国主神が、「天の日継知らしめすとだる天の御巣」〔記八七頁〕のごとき壮大・華麗なる宮殿にひきこもっているのである。出雲は、いわば聖地であった。この地は、そのような意味において、別格の土地として「初国」の埒外なのであった。「初国知らす」には、すぐ後にのべるように、〝初めて国を知らす〟という意味あいももちろんあろう。しかし、それは、同時に「初国」という一個の地理的限定を伴った空間をも指示しているように思われる。出雲国は、そこから、格別の意味を有する土地として、外れていたのである。

それでは、「初国知らす」とは、どのような事柄をいうのであろうか。その意味を確定するためには、「初国知らしめしし天皇」という表現が、どのような文脈で登場するのかを検討してみなければならない。それは、大毘《おほび》古《こ》命による高《こ》志《し》国の平定と建沼河別《たけぬなかはわけ》命による東海道の平定を語る文章をうける、次のような一節に登場する。

ここをもちて、おのもおのも遣られし国の政を和し平げて覆奏しき。しかして、天下いたく平らぎ、人民富み栄えき。ここに、初めて男の弓端《ゆはず》の調《みつき》・女の手末《たなすゑ》の調《みつき》を貢らしめたまひき。故、その御世を称へて、初国知らしめしし御真木の天皇とまをす〔一四〇頁〕

ここでは、諸国を平定しえたことに加えて、「天下《あめのした》いたく平ら」いだこと、人民が富み栄えたこと、そして、「初めて」税制が整ったことなどがあげられている。そのような統治の質を獲得できたことが、「初国知らす」といわれることの内容であった。

しかし、「初国知らす」ことの内容は、それにつきなかったように思われる。結論をいえば、右にのべられたような俗的性質の支配の問題に加えて、祭祀の実践ということが、「初国知らす」ことの重要な内容とされていたように思われるのである。そのような思想は、たとえば、『古事記』序文に示されている。序文は、神々と天皇の時代を回顧しつつ、とりわけて重要な事業を成就した神々や天皇のことに言及するのであるが、崇神天皇については、「夢に覚《さと》りて神祇を敬ひたまひき」と要約した〔記一九頁〕。実際、崇神天皇の祭祀は、きわめて広範囲に及んでいた。

第一に、天照大御神の祭祀のことが、崇神天皇の物語りにおいてはじめて語られることである。すなわち、この天皇（崇神天皇のこと――水林註）の御子等、并せて十あまり二柱ぞ。……妹豊鉏比売命《いろどとよすきひめ》は、伊勢の大神の宮を拝《いは》ひ祭りき〔一三四頁〕

という記事である。

第二に、崇神天皇は、御諸山の神（大物主神）の祭祀を行なった。崇神の時代に疫病が蔓延し、多くの人々が死亡するという不幸がおこったが、それが、大物主神の祟りであることがわかり、崇神天皇は、この神を鄭重に祭って、「天下」を「平」かにし、「人民」を「栄」えしめたのである〔記一三四頁以下、原文は別の連関ですでに一一九頁で引用した〕。大物主神祭祀は、かの大国主神の「国作り」が大物主神祭祀によって完成したことを想起させるものである。この照応関係は、天皇王権の確立（「初国知らす」）のためには、葦原中国王権の確立（「国作り」）をもたらした祭祀と同じことがなされねばならなかったことを示している。

第三に、天神地祇の祭祀である。

伊迦賀色許男命《いかがしこを》に仰せて、天の八十びらかを作らしめ、天神地祇の社《やしろ》を定めまつりたまひき。また、宇陀《うだ》の墨坂《すみさか》の神に、赤き色の楯矛《たてほこ》を祭り、また、大坂の神に墨《くろ》き色の楯矛を祭り、また、坂の御尾の神また河の瀬の神に、ことごと遺《わ》志《す》るることなく、幣帛を奉りたまひき。これによりて、役《え》の気《け》ことごと息《や》みて、国家安らぎ、平ぎき〔一三五―一三六頁〕

崇神天皇は、個々の神社の祭祀だけではなく、広く、「天神地祇」の祭祀を行なったのである。「天神」とは、『古事記』においては、別天つ神五神、天照大御神、八百万の神々のことである。他方、「地祇」とは、文字通り、「地」の世界の神々のことにほかならない。「地祇」は一般に「くにつかみ」と訓まれ、「国つ神」と同義のようにもうけとられているが、『古事記』の世界観に照らしていえば、「地祇」は、「国」の神と「海」の神を包括する。

天皇がその祖神たる天照大御神を祭るのは当然である。しかし、何故に地祇をも祭るのか。そして別天つ神をも祭るのは何故か。『古事記』の物語りを全体として想起するならば、答は明瞭であるといわねばならない。天皇王権がいま天皇王権として確立しえたのは、天照大御神ばかりではなく、地祇の御蔭でもあり（国譲り・海譲り、および国・海の呪能の獲得）、神話的諸世界を究極において制御する別天つ神の指導の賜物だったからである。恩恵を施された者は、当然に、恩恵を施した者に対して、相応の返済を行なわねばならない。この場合、恩恵とは政治権力の贈与であり、返済とは祭祀の実践なのであった。

要するに、崇神天皇は、別天つ神五神、天照大御神、大物主神および「地」の世界の神々全てに対する祭祀を挙行し、そうすることによって、崇神天皇は、「初国知らしめしし天皇」となることができたのである。「初国知らしめす」という表現とともに、先の引用文に「国家」という言葉が登場していることにも注目したい。それは、「国家」の初出であり、また最後の例である。崇神朝について、「天下いたく平らぐ」、「初国知らす」ともいわれるが、「国家が安らぎ、平ぐ」とも表現された。「初めて知らす」とよばれるにふさわしい段階に到達した「天下」、それが「国家」なのであろう。

以上の、「初国知らしめしし天皇」の諸祭祀は、神祇令に規定されたいくつかの祭祀の祭儀神話をなすものであった。すでに大嘗祭について考えた箇所でも間接的に述べたことであるが、ここで、あらためて、崇神天皇の祭祀と神祇令の祭祀の対応関係について整理すれば、表21のごとくであった。表示の七種九度におよぶ四時祭（毎年挙行される祭祀）は、神祇令の規定する一四種二一度の四時祭の約半数にのぼる〔水林89一六頁以下〕。加えて、崇神天皇の天神地祇祭祀は、即位祭祀の一つである惣天神地祇祭の祭儀神話をもなしていた。それほど、崇神天皇の祭祀の物語りは重要な意

【表21】 崇神天皇の祭祀と神祇令祭祀

祭祀	四時祭	即位祭
大物主神祭祀	鎮花祭　三枝祭	
天神祭祀	神衣祭　神嘗祭	
天神地祇祭祀	祈年祭　月次祭　相嘗祭	惣天神地祇祭

註　神衣祭と月次祭は年に二度

義を有していたのである。

2　惣天神地祇祭

それでは、神祇令が規定した三つの即位祭祀の中の一つである惣天神地祇祭とは、どのような祭祀であったのであろうか。これについては、しかし、遺憾ながら、その祭式を直接に窺いうる史料が残されていない。令制下の史料が伝わっていないのは他と同様であるが、『貞観儀式』や『延喜式』の時代には消滅した祭祀であるために〔補論一参照〕、後年の史料から令制のそれを復元する道も閉されているのである。ただし、手掛りが全くないわけではない。即位の惣天神地祇祭ではないけれども、四時祭の一つである祈年祭《としごひのまつり》という惣天神地祇祭についてならば、その祭祀の概要を知ることができるからである。〈毎年大嘗祭―毎世大嘗祭〉という対応関係とパラレルに、〈祈年祭〔毎年の惣天神地祇祭〕―即位惣天神地祇祭〔毎世の惣天神地祇祭〕〉という対応関係が成立するとする有力な見解が提出されているが〔矢野86六一頁〕、この学説が正しいとするならば、それだけ一層、祈年祭について検討することは、即位惣天神地祇祭の研究のための不可欠の課題となろう。ただし、あらかじめ次の点に留意しておかねばならない。それは、今日に祈年祭の姿を伝える最古の史料は、ここでも『貞観儀式』や『延喜式』であり、それ故に、令制の祈年祭が果してこれと厳密に一致するものであったか否かの確証が得られないということである。同様の事情が存在した践祚や大嘗祭については、その祭儀神話が比較的に具体的であるために、祭儀神話の方から令制の祭儀を復元していくことがある程度可能だったのであるが、惣天神地祇祭については、『古事記』の叙述が極度に簡潔であるために、このような方法にも限界があり、令制の即位惣天神地祇祭の復元には、非常に大きな困難が伴っているのである〔以下の叙述全般について、水林89a参照〕。

祈年祭とは文字通り「年」を「祈」る祭り、すなわち、その年に豊穣を始めとする幸の来たらんことを神々に祈願する祭祀であった。神祇令は、祈年祭の祭日を単に「仲春」と記すだけであるが、『貞観儀式』の時代には二月四日に定まっていた（『延喜式』も同じ）。式次第のあらましは、およそ次のごとくであった。

(1)全国の官社の神主・祝部《はふり》と百官人たちが神祇官へ召集される。

(2)神祇官で、全国の神々に豊穣その他の祈願が行なわれる（祝詞の奏上）。

(3)各神社の神々に後日奉献されることになる天皇の幣帛《みてぐら》が、各神社の神主に分配される（班幣《はんぺい》）。

式場は神祇官斎院である。そこに全国官社の神主・祝部らが召集されたのであるが、『延喜式』の時代には、その官社の数は三一三二座であった。その中に、村々の鎮守は含まれない。各地の在地首長層が斎き祭る神々の社がその対象である。惣天神地祇祭の「惣」とは、実質的には、そのような意味であった。ここにも、大嘗祭に即してのべたところの、律令国家時代の国制を垣間みることができる（二四二頁以下）。祭式の内容は大きく二つ、一つは、中臣による祈年祭の祝詞の奏上、いま一つは、天皇が惣天神地祇に捧げるところの幣帛を、忌部が神主・祝部らに班つことであった。

祈年祭の祝詞は長大なもので、序と一一の段落からなり、それぞれの部分で、様々の神々に様々のことが祈願された。以下、祝詞の冒頭部分だけを引用し、全体については、整理要約した形で表示することにしよう。

〔祝詞原文〕

集侍《うごな》はれる神主・祝部等、諸《もろもろ》聞《きこ》しめせ、と宣《の》る。

①高天原に神留《かむづま》ります、皇《すめら》が睦《む》つ、神漏伎《かむろき》・神漏彌《かむろみ》の命もちて、天つ社《やしろ》・国つ社と稱辭竟《たたへごとを》へまつる皇神《すめがみ》等の前に白《まを》さく、「今年二月《きさらぎ》に御年《みとし》初めたまはむとして、皇御孫命《すめみま》のうづの幣帛《みてぐら》を、朝日の豊逆登《とよさかのぼ》りに、稱辭竟へまつらく」

と宣る。

②（以下略）

〔祝詞の整理・要約〕

A
- ①天つ社・国つ社と称辞竟へまつる皇神等——その年の幸一般
- ②御年《みとし》の皇神等
- ③御年の皇神——豊穣

B
- ④大御巫《おほみかむなぎ》の辞竟《ことを》へまつる皇神等——天皇の御世の永遠の繁栄
- ⑤座摩《ゐかすり》の御巫の辞竟へまつる皇神等——宮殿の造営と治国
- ⑥御門《みかど》の御巫の辞竟へまつる皇神等——宮殿の守護
- ⑦生嶋《いくしま》の御巫の辞竟へまつる皇神等——国土の拡大・改良とその国土の天皇への寄進
- ⑧伊勢に坐す天照大御神——国土の拡大・改良とその国土の天皇への寄進、天皇の御世の永遠の繁栄
- ⑨御県《みあがた》に坐す皇神等——天皇の豊かな御食事
- ⑩山の口に坐す皇神等——宮殿の造営と治国
- ⑪水分《みまくり》に坐す皇神等——天皇家の領地での豊穣

祭祀の挙行を命じている神漏伎《かむろき》命・神漏彌《かむろみ》命は、『延喜式』祝詞には頻出するが、『古事記』には見えず、その初見は聖武天皇即位の際の宣命の第五詔（七二四年）で、以後、第一四詔（七四九年）、第一九詔（七五七年）、第二三詔（七五八年）に登場する神である。このことから、神漏伎命・神漏彌命は、『古事記』成立（七一二年）の後に成立した神名と推定され、それ故、これらに対応する神が『古事記』ではどのように表現されているのかが一つの問題となるのであるが、結論として、神漏伎命・神漏彌命は高御産日神・天照大御神に対応するものであったように思われる。なぜならば、祈年祭祝詞には「高天原に神留ります皇《すめら》が睦《む》つ神漏伎・神漏彌」とあるだけで、ここからは、「葦原中国」に降臨せずに「高天原」に留まっている神々ということしかわからないが、たとえば次のような大祓詞の表現から、そう

した推定が導かれるのである。

高天原に神留ります皇《すめら》が親《む》つ神漏伎・神漏彌の命もちて、八百万の神等を神集へ集へたまひ、神議り議りたまひて、「我が皇御孫《すめみま》の命は、豊葦原の水穂の国を、安国と平らけく知ろしめせ」と事依さしまつりき……

同様の表現は、右のほかに、鎮火祭、鎮御魂斎戸祭、遷却祟神の各祝詞や天神寿詞に見られるが、これらが『古事記』の次の件りに対応するものであることは明らかである。

高御産巣日神・天照大御神の命もちて、天の安の河の河原に八百万の神を神集へに集へて、思金神に思はしめて詔らししく、「この葦原中国は、あが御子の知らす国と、言依さしたまへる国ぞ。故、この国に道速振る荒振る国つ神等の多にあるとおもほす。これ、いづれの神を使はしてか言趣《ことむ》けむ」〔七七―七八頁〕

要するに、神漏伎は高御産日神、神漏彌は天照大御神にほかならない。[註5] 惣天神地祇祭の挙行の命令主体の一柱は天皇の祖神であるが、もう一柱の神は、かの「高天原(裏)」の神なのであった。

神漏伎・神漏彌の命令をうけて惣天神地祇祭を挙行する主体は、天皇を最高祭司とするところの、神祇官に参集した諸々の祭祀参加者であった。ただし神祇官に天皇それ自身の出御があったわけではない。しかし、この祭祀の最高祭司は天皇なのであった。祝詞(神々への祈願の言葉)は中臣によって奏上されたのであるが、それは天皇の神々に対する祈願を中臣が天皇にかわって奏上する内容であり、中臣がこれを「諸聞しめせ」と参集者に命ずる形式の、いわゆる宣命体祝詞であった。祭式のいま一つの中心は、神主たちが後日、自己の斎き祭る神々に対して献上する幣帛を班つところの班幣の儀式であるが、その幣帛も「皇御孫命のうづの幣帛」にほかならない。

祈願の内容は大きく二つからなっていた。一つはその年の繁栄(A)、他は王権の繁栄である(B)。このうち、惣天神地祇に祈願されたのは前者であった。①と②の「天つ社・国つ社と稱辞竟へまつる皇神等」、「御年の皇神等」が惣天神地祇であり、④から⑪までの神々は神祇官、伊勢、朝廷直轄地などに祭られた特殊な神々である。それ故、惣天神地祇祭としての祈年祭の祝詞の本領はAの部分にあったということができる。天皇王権の繁栄は、あたかもそれが祭祀参加者全員にとっての共通事項ではなくして、王権の個別的願望にすぎないかのごとくに、王権に直接にかかわる少数の神々に祈願されたにすぎず、惣天神地祇祭としての祈年祭の本質は、全社会的次元での幸招来の祈願祭であることにあった。

要するに、惣天神地祇祭としての祈年祭とは、天皇を最高祭司とし、中央官人と畿外在地首長層を成員とするところの祭祀共同体が、年の始めに、その年が幸多き良き年であることを惣天神地祇に祈願し、そのために、最高祭司者たる天皇の幣帛を神々に献上する祭りであった。神祇官での班幣の儀式の後に、神主・祝部たちは天皇の幣帛を携えて各地の神社に帰り、その幣帛を神々に奉上する祭祀を挙行したのである。すでにのべたように、神祇官の儀式に天皇それ自身の出御はなく、また、伊勢神宮を含めて、どの神社での幣帛献上の儀式にも天皇の出御はなかったのであるが、実質的には、天皇は惣天神地祇の前に跪いたのであった。

かかる惣天神地祇祭は、同じく百官人らの参加をともなったという意味では即位儀と同様の性質の儀式であったが、しかし、その構造は対蹠的といえるものであった。即位儀における人々の配置は、図14で示したように(一八二頁)、天皇と臣下とが向き合い、臣下はその位階に応じて前後に序列づけられて列立するというものであった。これに対して、祈年祭における人々の配置は図22のごとくであった。大臣・参議・諸王・百官人らと全国から召集された神主・祝部らは、ここではコの字型に着座ないし列立しているのである。それは、姿なき最高祭司としての天皇を中心に、神々の前で、人々が祭祀共同体を形成している構図にほかならない。

即位の惣天神地祇祭も、右のような祈年祭と同様の儀式であったと思われる。祈年祭では毎年、その「年」に豊穣と幸の来たらんことが祈願されたのであるが、即位の惣天神地祇祭では、その天皇の「世」に豊穣と幸の来たらんことが祈願されたのではなかろうか。そうした祭祀が、「初国知らしめしし天皇」の行なった惣天神地祇祭のことが想起されつつ、代々天皇の即位に際して、挙行されたと推測されるのである。

【図22】 祈年祭における人々の配置〔神祇官〕

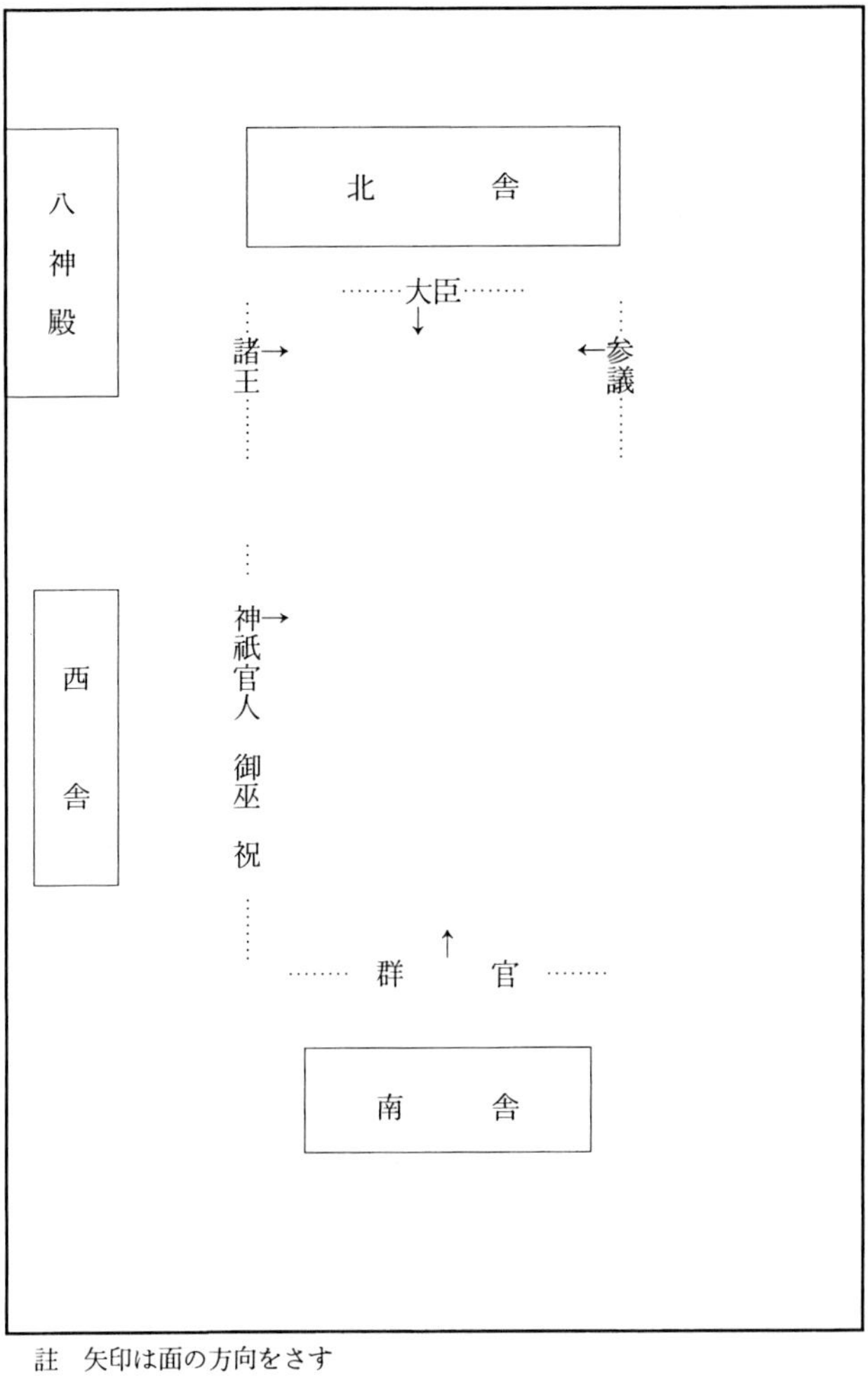

註 矢印は面の方向をさす

結論　祭祀演劇国家

一　神祇令祭祀の体系

1　皇位就任儀式体系

「初国知らしめしし天皇」の祭祀の物語りにまで『古事記』を読みすすめてきた我々は、ようやくにして、『古事記』によって意味づけられていたところの、令制の皇位就任儀式の全体像を描き、その全体的編成原理を問うことのできる地点に到達した。皇位就任儀式の体系は、まず、表23aのごとくに整序することができる（鎮魂祭も、実質上、毎世大嘗祭と一続きの儀式と解して、表に入れた）。

諸儀式は、大きく、二つの部分から構成されていた。すなわち、高天原王権に由来すると観念された畿内王権としての天皇王権が、「大八嶋国」の全域を領土とする全国王権となるための儀式（X）と、最高祭司としての天皇が、諸々の人々を代表して、諸々の神々（別天つ神と天照大御神と地祇）に対して、「大八嶋国」に幸の来たらんことを祈願するための儀式（Y）、の二つである。

Xは、さらに、⑴天皇が「大八嶋国」全域の統治者となるに必要な資質（呪能ないし天皇霊）を獲得するための儀式（践祚、鎮魂祭、毎世大嘗祭聖婚儀式）と、⑵天皇が「大八嶋国」と、これを支配するために必要な「海原」世界を譲り受けるための儀式（毎世大嘗祭御饗儀式、毎世大嘗祭悠紀・主基帳儀式）からなっていた。Xは、さらに別の観点から、①高

【表23a】 皇位就任儀式体系の構造①

	X			Y		
				別天つ神	惣天神地祇祭	神々への祈願の祭祀
(1) 天皇の呪能の獲得と更新	社会支配の呪能	武の呪能	践祚	① 天照大御神		
		祭祀呪能				
	自然制御の呪能	光の呪能	鎮魂祭			
		水の呪能	大嘗祭（大嘗宮聖婚）	② 地祇		
		根の呪能	大嘗祭（大嘗宮聖婚）			
(2) 領土の譲り受け	海原		大嘗祭（大嘗宮御饗）			
	葦原中国		大嘗祭（大嘗宮御饗）			

天原王権の側が天皇の誕生に寄与する儀式（践祚および鎮魂祭）と、②葦原中国王権ないし海原王権の側が天皇の誕生に寄与する儀式（毎世大嘗祭）との、二つに分類することができる。言葉をかえれば、①は天皇の君臨の儀式、②は臣下の帰順の儀式である。

X①と**X**②の区分については、しかし、①が高天原王権の天皇誕生への寄与であるとはいっても、それは、結局は「地」の力に由来するものであったということに注意しておかねばならない。神器の一つの草薙の剣は、須佐之男命が八俣のヲロチを討った際にヲロチから獲得し、これを天照大御神に献上したものであった〔記五六頁〕。残る鏡と八尺の勾璁《まがたま》とは「高天原」起源ではあるけれども、それをかつて邇邇芸命に授け、皇位就任儀式において代々天皇に授けるところの天照大御神は、「地」の世界で生まれた神である。

とはいえ、**X**は、全体としては、王臣関係ないし支配従属関係を形成するための諸儀式であった。これに対して、**Y**すなわち惣天神地祇祭は、人々の共同的関係を形成するための儀式であった。この祭祀は、文字通り、天神（天照大御神）および地祇（国と海の神）に対する祭祀であるから、そこには、地祇の子孫が天神の前に跪くという王臣の支配従属関係のモメントのほかに、天皇が地祇の前に跪くという、支配従属関係とは対蹠的なモメントが存在し、これらの相対

【図23b】 皇位就任儀式体系の構造②

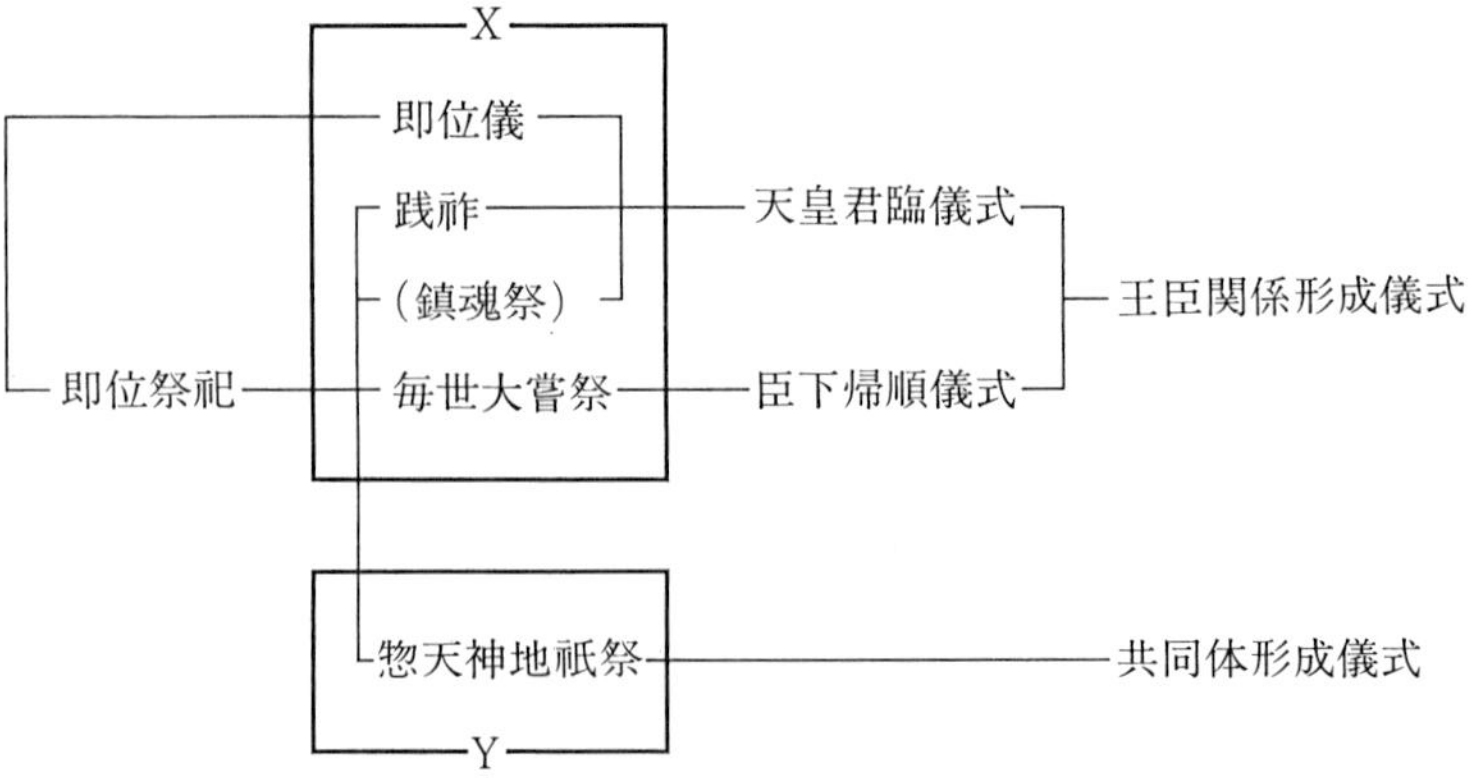

立する二つのモメントが統一され、止揚されて、全ての人々は惣ての神々の前で祭祀共同体を形成し、天皇は、ここでは最高祭司という形態のプリムス・インテル・パーレスとしてふるまうのである。

要するに、皇位就任儀式体系は、全体として図23bに示すような構造を有しているのであった。重要なことは、かかる皇位就任儀式体系において、惣天神地祇祭が、即位祭祀のなかでもとりわけて重要な祭祀とされていたことである。皇位就任儀式の祭祀といえば、大嘗祭だけが意識にのぼる今日の人々には、意外に思われるに相違ないが、神祇令はこのことを明確に規定していた。

・凡そ天皇即位したまはむときは、惣べて天神地祇祭れ。散斎《さんさい》一月、致斎《ちさい》三日、それ大幣《おほみてぐら》は三月のうちに修理ひおへしめよ（一〇条）

・凡そ散斎の内には、諸司の事理《をさ》めむこと旧《もと》の如し。喪を弔ひ、病を問ひ、完食《ししは》むことを得じ。また刑殺《ぎやうせち》判《ことわ》らず、罪人決罰《くゑちばち》せず、音楽作《おこ》さず、穢悪《えを》のことに預らず。致斎には、唯し祀《まつり》の事のために行ふことを得む。自余は悉く断《や》めよ。其れ致斎の前後をば、兼ねて散斎とせよ（一一条）

・凡そ一月の斎をば、大祀《だいし》とせよ。三日の斎をば中祀とせよ。一日の斎をば小祀とせよ（一二条）

第一〇条は、即位惣天神地祇祭を散斎一月とし、第一一条は、散斎とは、縁起が悪かったり、華美にわたる諸行為を慎むことであるとし、第一二条は、散斎一月の祭祀を大祀とする事を定めた。そして、この三つの条文に、第一三条の践祚、第一四条の大嘗祭の規定が続くのである。神祇令の趣旨は明らかであろう。即位惣天神地祇祭と大嘗祭とは明らかに別個の祭祀であり、かつ、即位惣天神地祇祭だけが特別に格式の高い大祀なのである〔矢野86、高森86a90b〕。即位惣天神地祇祭をば、おそらくはこれがまさに大祀とされていることを一つの理由として、大嘗祭に関する規定として理解する通説、たとえば、日本思想大系『律令』の註釈者の見解は、明らかに誤謬である。それは、令制の皇位就任儀式が変質をとげて、即位惣天神地祇祭と践祚と大嘗祭とが、践祚大嘗祭（大祀）として再編・統合されたところの、『貞観儀式』（八七〇年頃成立）の描く皇位就任儀式を表象しつつ、それを令制皇位就任儀式（七〇一年成立）の理解におよぼすところから生じた誤解にほかならない（補論一参照）。

惣天神地祇祭だけが別格の大祀とされたのは、皇位就任儀式体系の祭儀神話を想起するならば、当然のことであった。惣天神地祇祭の対極に、一方に天皇君臨儀式としての践祚・即位儀、他方に臣下帰順儀式としての毎世大嘗祭という二系統の儀式が存在したのは、元をただせば、伊耶那岐命・伊耶那美命が別天つ神の神勅の通りに地上に国家を樹立することができず、このことが、伊耶那岐命の子供たちによって、それらの共同の事業として成就されたことに由来していた。弟の須佐之男命とその子孫の大国主神は、この地上にはじめて国家を築くという役割を担い、兄の天照大御神の方は、昇天して「高天原（表）」を服属させ、その子孫に「高天原（表）」服属の土産を携えさせて、地上に帰還させるという役割を演じていた。かかる二系統の活動の統一として天皇王権が誕生することになったために、皇位就任儀式には、王君臨儀式と臣下帰順儀式の二つの系統の儀式が存在することになったのであるが、しかし、その二系統の活動の担い手は、祖神伊耶那岐命において統一されるところの同一血族であり、そのようなものとして、本来は共同的関係にある神々だったのである。始原は一つで、二への分化は、その展開された形態であり、かつ、やがては統一されるに至るという意味においては中間的形態にすぎなかった。始原と現在の一なるものを象徴し体現する儀式は、惣天神地祇祭をおいてほかには存在しない。その他の全ての儀式は、二が一に統一される運動の諸局面を表現するものにすぎないのである。

皇位就任儀式は、諸外国の王権の王位就任儀式に比して、異様であるといわれる。そういわれる場合、一方では、諸外国の王権の王位就任儀式が多くの場合即位儀一つであることが想起されているとともに、他方では、皇位就任儀式が即位儀と践祚大嘗祭の二つから構成されていたところの、平安期以降の変質した皇位就任儀式体系が念頭におかれているのであるが、この命題は、鎮魂祭も含めれば五つもの儀式から構成されていた令制の皇位就任儀式体系については、一層よく妥当するのである。かかる皇位就任儀式体系の異様さは、究極的には、天皇王権は、自らの力でこの国に社会と国家を創造した王権なのではないという『古事記』の政治思想に由来するものであった。もしも、高天原王権＝天皇王権が、国作りという偉大な事業を完遂した王権として観念されていたならば、皇位就任儀式は、おそらくは、偉大な事業を指導した絶対神の前で、自らが「国を作り堅し成し」たことを祝う全く別の性質の儀式となったはずである。大嘗祭という、まことに特異な儀式が皇位就任儀式の一つとして存在する理由は、高天原王権＝天皇王権が、「大八嶋国」に、自然と社会と国家とを創造した王権ではなく、かえって、そうした偉大な事業を完遂した葦原中国王権から、国家を完成した姿において譲り受けたにすぎない王権であるからであった。『古事記』と皇位就任儀式体系は、天皇王権が矮小なる王権であることを語ったのである。それは、とりもなおさず、葦原中国王権が偉大な王権であることを語ることであり、かかる神話的諸世界を全体として制御する別天つ神の世界の偉大さを語ることであった。

2　祭祀空間の構造

このような思想は、日本の全土を舞台とする祭祀空間の構成にもはっきりとあらわれていた。このことを理解するために、図24を用意しよう。まず、舞台の東方に天皇の祖神の天照大御神が鎮座する伊勢神宮が存在する。天照大御

【図24】 大宮令体制における祭祀演劇空間

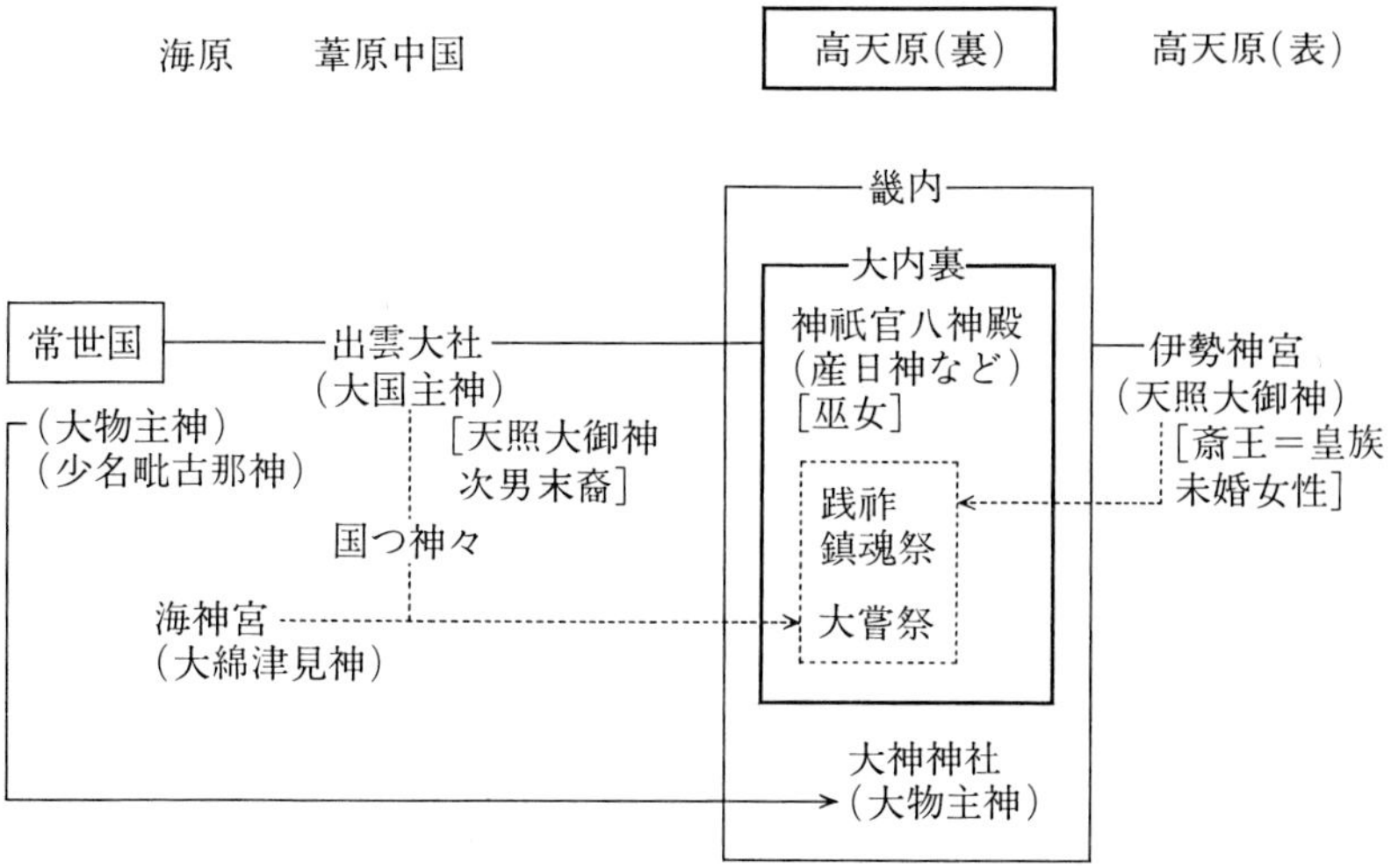

註 ( )内は祭られている神ないし主宰神, [ ]内は祭る人

神は、都に祭られる神ではなかった。この神を祭る国家的祭祀としての神嘗祭・神衣祭も京においてではなく、伊勢において挙行された。

『古事記』の時代に、京(神祇官)にどのような神々が祭られていたのかは、正確にはわからない。神祇官の神々の全容がはっきりと知られるのは、『延喜式』(九二七年完成)段階のものである。この段階で、神祇官に祭られる神々の筆頭は、御巫の祭る「神産日《かむむすひ》神、高御《たかみ》産日《むすひ》神、玉積《たまる》産日《むすひ》神、生産日《いくむすひ》神、足産日《たるむすひ》神、大宮売《おほみやめ》神、御食津《みけつ》神、事代主《ことしろぬし》神」の八神であった。すなわち、五柱の「産日《むすひ》」の神とその他の三柱の神である。これら八神が全て藤原京ないし平城京の時代からのものであったのか、それとも、平安京の時代に何らかの変化があったのか、明らかでないが、少なくとも、藤原京ないし平城京時代に祭られていた神々が平安京においても同様に祭られていたことは確実であろう。そう考えた上で、八神の冒頭に、「神産日神、高御産日神」二神が登場することに注目したい。京(神祇官)には、かの「高天原(裏)」の神々が祭られたのである。そして、その神祇官は、かの惣天神地祇祭の挙行される場でもあった。しかも、高御産日神は、後述のごとく、大内裏において格別の扱いをうけていたのである（三五二頁）。

京から東方へ向かえば伊勢神宮があるが、それとは丁度反対の西方に向かうと、大国主神が祭られる出雲大社が存在する。この神社およびその所在する出雲国については、特に、相関連する次の三つの事が銘記されねばならない。第一に、すでにのべたことであるが、出雲国は「大八嶋国」の中でも別格の地とされていたことである。崇神は「初国知らしめしし天皇」とよばれたにもかかわらず、その版図には、出雲国は入っていなかった。そこでは、すぐ後にのべるように、天照大御神の子孫によって大国主神祭祀が行なわれていたのであるが、まさに、出雲がそのような世界であるが故に、この世界へ天皇の俗的支配が及びえなくとも、「初国知らす」ことが達成されえたのである（二八〇頁）。

第二に、この聖地において、大国主神を祭っていた神主（出雲国造）は、『古事記』において、天照大御神の次男の天《あめの》菩比《ほひ》命の末裔とされていたことである（記四八頁）。天菩比命は、須佐之男命の「高天原」訪問の際に、天照大御神と須佐之男命の誓約を契機に生まれた神で、天照大御神の長男が天忍穂耳命《あめのおしほみみ》（この子が地上に降臨する邇邇芸命）、次男が天菩比命なのであった（記四七頁）。出雲国造の真実の出自は、出雲東部の意宇郡を本拠とし、熊野神社の神（スサノヲ）を斎き祭る氏族であったが（出雲国造の斎き祭っていた神がスサノヲとされていることが、記紀神話史を考える上で意味深長である）、律令国家のもとでは、政治的に編成がえされ、いうなれば、天皇家の分家的存在として意味づけられて、今日の出雲大社神主千家家に至っている（門脇84、上田79、村田87、福山83、西田83）。出雲国造の祭る神がスサノヲから天菩比命に変改された後も、出雲国造の継承の儀式は熊野神社における鑽火祭《きりびのまつり》であったということのうちに、出雲国造家の本来の姿が頑強に生きつづけているが、出雲国造が天菩比命の子孫であるとする観念もまた、現実に生きていた。出雲国造は、新任の際に、京に参向して「出雲国造《くにのみやつこ》神賀詞《かむのよごと》」を奏上するならわしであったが（『続日本紀』霊亀二年＝七一六年初見）、その賀詞は、出雲国造の祖神（「遠つ神」）が天菩比命であることをのべているからである（祝文四五三頁〕。出雲大社は、現実政治において、破格の扱いをうけていたのであった。天皇家の第一の分家を神主としている神社――これ以上の鄭重さは考えられないといってよいほどの遇され方だといわねばならない。

ちなみに、伊勢神宮にあって日々天照大御神を祭るのは、斎王《さいおう》（天皇即位の始めに未婚の内親王から卜定される）であった。その祭儀神話は、すでにのべたように崇神天皇の物語りである〔記一三四頁〕。伊勢神宮と出雲大社とは、地理（京をはさんでの東と西）や祭る人（天皇親族と天皇家第一分家）の点で対称性のあることが印象的であるが、さらに、斎王や出雲国造への着任の儀式についても、対応関係が存在したように思われる。八世紀の制度と比べると多少の変化があると思われるものの、残存史料の関係で『延喜式』を参照するしかないが、これによれば、出雲国造の新任の儀式は、〈上京―国造任命―神賀詞奏上―帰国後潔斎一年―上京―神賀詞再奏上〉、斎王の場合には、〈卜定―宮城内潔斎一年―宮城外潔斎一年―伊勢赴任〉であった〔門脇84、所85〕。伊勢神宮と出雲大社との以上のごとき対称性は、そこに、明確な政治的意図にもとづく計画性を想定しなければ、諒解しがたいものである。

第三に、出雲大社は、古代において最大規模の建築物であったことである。天禄元（九七〇）年の『口遊』の「大屋」の誦は、「雲太、和二、京三」とのべ、出雲大社が、東大寺大仏殿（和二）や京の大極殿（京三）よりも巨大な建築物であったことを伝える。出雲大社は高さ一五丈（四五メートル余）と伝えられる大仏殿よりも一層大きな建物なのである。最近の古代出雲大社の復元研究によれば、それは、高さ四八メートル余、床下四〇メートル前後、柱の直径三・六メートル、地上から床までのアプローチのための階段の長さ一〇九メートル、段数一七〇段という、まことに異様・巨大な、ほとんど想像を絶するものであった〔大林組89一七頁、一七四頁〕。そして、このことは、大国主神が国譲りに際して、その代りに自らの「住所」を造営すべきことを要求し、

この葦原中国は命のまにまにすでに献らむ。ただ、僕が住所のみは、天神御子の天つ日継知らしめすとだる天の御巣のごとくして、底つ石根に宮柱ふとしり、高天原に氷木たかしりて、治めたまはば、僕は百足らず八十坰に

隠りて侍らむ〔記八七頁〕

とのべていることと、さらに、垂仁天皇の段に、

この、河下に青葉の山のごときは、山と見えて山にあらず、もし、出雲の石硐《いはくま》の曾《そ》の宮に坐す、葦原色許男の大神をもちいつく祝が大庭か〔記一五一頁〕

とあるように、出雲大社が「山のごとき」大きさのものであったとされていることに符合するものであった。

さらにいま一つ、きわめて重要な意義を有する神社として、大物主神を祭る三輪の大神神社があった。それは藤原京（六九四―七一〇年）からみれば北方に、平城京（七一〇―七八七年）からみれば南方に位置する神社であるが、ここでは、毎年三月に鎮花祭が神祇令の規定する国家的祭祀として挙行された。『令集解』諸説によれば、祭祀の目的は、春に花の飛散するときに、疫神が四方に分散し、疫病を流行させることを防止することであり、神社の祝部が神祇官から天皇の幣帛をうけて、祭神大物主神を祭るのである〔古記、釈、義解〕。この祭祀において、大国主神および崇神天皇による大物主神祭祀が表象されていたことは、いうまでもない。この祭祀は、かつて、それによって葦原中国王権と天皇王権が最終的に確立するところの、きわめて重大な意義を有する祭祀であったが、かかる祭祀の祭神である大物主神は、すでにのべたように、海のかなたの「常世国」からやってきた神であるらしかった（一一八頁以下）。

『古事記』に登場する主要な神々についての祭祀の空間構成は以上のごとくであるが、以上の諸祭祀は、神々の帰属する世界の性質を基準として、大づかみに二つに分類することができる。第一は、別天つ神祭祀と大物主神祭祀である。別天つ神は、繰り返しのべてきたように、「高天原（表）」、「葦原中国」、「海原」などの表層の神話的諸世界とは次元を異にするところの、基層の始原的で至高の世界としての「高天原（裏）」の神々であり、表層の神話的諸世界を究極において制御する神々であった。大物主神は、「国」という次元においてではあるが、〈葦原中国―根の堅す国・黄泉国〉という生と死のドラマが演じられる諸世界とは次元を異にするところの、永遠不滅の「常世国」の主宰

神であった神であり、その異次元の世界から「葦原中国」にやって来て、この世界の生を保障する神であった。第二は、天照大御神祭祀と大国主神祭祀である。これらは、いうまでもなく、「高天原(表)」と「葦原中国」という表層の神話的世界の主宰神に対する祭祀である。

注目すべきは、第一類型の神々は京ないし畿内に祭られていたこと、第二類型の神々は、京にはもちろん、畿内にも祭られずに、一方は伊勢に、他方は出雲に、しかも、その地理的対称性の意図が明示される形で〈出雲―平城京―伊勢〉はほぼ一直線に並ぶ)、祭られていることである。このことは、京ないし畿内を居所として定めた天皇王権は、表層の神話的諸世界の中の一個別的存在としての高天原王権の末裔なのではなくして、基層の至高的世界に帰属する超越神の委託を受けたものとしての天皇王権であることを語ろうとしたのではなかろうか。伊勢に鎮座する天照大御神は、出雲に鎮座する大国主神と並立するにすぎないところの、一個別的存在にすぎないことを語っているのではなかろうか。天皇王権は、高天原王権に由来するものであるが、しかし、それはいわば「私」的次元の系譜の問題であり、全律令国家の王権という国家的「公」的存在としては、天照大御神ではなく、別天つ神や大物主神によって権威づけられた王権なのである。

何故に、天皇の祖神が、都ではなく畿内でもなくして、伊勢に祭られているのか、何故に、『古事記』において出雲があれほどまでに重要な位置をしめ、現実政治にも反映していたのか――こうした問題は、古くから論議の的となってきた。そして、その答は、ほぼ次のごとくであった。すなわち前者については、伊勢は、海上に昇る太陽を祭るにふさわしい土地柄であるとか、ヤマト王権の東国経営のためとする見解〔柴田84〕、後者については、「イヅモ人のしわざ」であるとか、単なる偶然であるとか、七世紀中葉の頃の政治情勢によるとするなどの考え方である〔石母田57二三三頁以下〕。しかし、私は、伊勢の問題と出雲の問題とは一つの問題として、右にのべたような見地から解決されねばならないと考える。『古事記』の政治思想が指導する律令国家においては、天皇祖神が天皇王権を正当づける究極の権威ではないがゆえに、まず、天照大御神は畿内の外に出なければならなかったのであろう。そのことがまず決定され、そこにこの神は太陽神であるという条件が重なって、昇る太陽を祭るにふさわしい伊勢の地──そこには古くから、太陽神を祭る社があったのではないかと想像される(三一六頁)──が選ばれたのであろう。しかる後に、天照大御神に対置される大国主神の鎮座の地が、平城京と伊勢とを結ぶ直線を反対方向にのばし、その直線が海に接する地点、すなわち出雲と決定されたのではなかろうか。大国主神の鎮座の場所が、その直線上ならばどこでもよいのではなく、海に接する地点でなければならなかったのは、大国主神による「国作り」の完成が、海の彼方の「常世国」の主宰神である大物主神を祭ることによって成就されたことによっていたと思われる。このことは、出雲大社の本殿の独特の内部構造にも反映されていた。本殿は南向きで参拝者は北に位置する大国主神に拝礼するのであるが、しかし、その大国主神の御座所は西の方角すなわち海に向いているのである〔大林組89一六七頁〕。

ちなみに、以上の祭祀空間構造論の中で、私は、践祚、鎮魂祭、大嘗祭などの即位祭祀には言及しなかったのであるが、それは、これらがこれまでのべてきた諸祭祀と性質を異にし、同じ平面で論ずることができないからであった。別天つ神や大物主神、天照大御神や大国主神の祭祀は、まさしく人々が神に幣帛を捧げてこれを斎き祭るところの〈神祭り〉なのであるが、践祚、鎮魂祭、大嘗祭などの即位祭祀は、そうではなくして、人々が、神代の故事を想起しつつ、自らが神々の現し身となって故事を儀式として演ずるところの〈現つ神儀式〉とでもいうべきものなのである。践祚においては、天神御子降臨神話が表象されつつ、天皇が邇邇芸命の現し身となり、鎮魂祭においては、天の石屋戸神話が想起されつつ、天皇が天照大御神の現し身となり、大嘗祭においては、その様々の祭儀神話がよびおこされつつ、天皇が穂々手見命や神武や闕史八代の天皇の現し身となり、造酒童女が豊玉毗売や地方豪族祖神の女の現し身となって、天皇が神代の出来事が儀式として再現されたのである。神祇令が等しく「祭」と表現しつつも、そこに性質の相違のあることは明らかであった。

二　持統朝の作品としての神祇令祭祀と『古事記』的政治思想

以上のごとき神祇令祭祀の体系は律令国家（浄御原令ないし大宝令体制）の成立とともに創出されたものであり、その祭儀神話としての『古事記』的政治思想も、七世紀末という時代に初めて成立することのできた新しいものであった。このことは、様々の点から証明することができる。

1　「根子日子」と「根子天皇」

まず、『古事記』の政治思想の核心を語る概念の一つであるかの「根子日子」ないし「根子天皇」が、七世紀末から八世紀初頭に登場する新しい言葉であったことである。このことは、歴代天皇の国風諡号を検討することによって知られる。表25が示すように、天武天皇までの歴代天皇の国風諡号には「根子」なる観念が見えないのに対して――清寧天皇の国風諡号には「根子」がみえるが、前後の事情から、これは後代の偽作と考えられる――、持統女帝の国風諡号に突如として「根子…日女尊」なる尊称が現れ、以下、文武、元明、元正の計四代の天皇の国風諡号に共通して「根子天皇」の観念が語られるのである。先代の天武天皇以前は四代続いて、単に「天」の存在であることが示されているにすぎない。

右の事実だけに注目するならば、天武が没する天武一五（六八六）年にはまだ「根子日子」イデオロギーが未成立であったということになるが、一つ問題が存在する。というのは、『日本書紀』天武一二（六八三）年春正月の記事が掲げる詔に、「明神御大八洲倭根子天皇」という表現が見えるからである。同様の表現は、実は大化二（六四六）年二月条にも見えるのであるが、これは問題の多い大化年間についての記事であり、当時の天皇の諡号にあらわれた世界観とも不調和であるために、真性のものとは思われないが、天武一二年の記事の「根子天皇」は、ただちに後世の偽作とは言い切れないように思われるのである。これを真性のものと考えると、天武の諡号に、持統以後の天皇について

【表25】 歴代天皇の国風諡号

死去年	漢風諡号	国風諡号（存在しない場合は括弧に実名等を記載）		備考
310	応神	〔誉田〕	ホムタ	
399	仁徳	〔大鷦鷯〕	オホサザキ	
405	履中	〔去来穂別〕	イザホワケ	
410	反正	〔瑞歯別〕	ミヅハワケ	
453	允恭	〔雄朝津間稚子宿禰〕	ヲアサツマワクゴノスクネ	
456	安康	〔穴穂〕	アナホ	
479	雄略	〔大泊瀬幼武〕	オホハツセワカタケ	
484	清寧	白髪武広国押稚日本根子	シラカノタケヒロクニオシワカヤマトネコ	後世の偽作
487	顕宗	〔弘計〕	ヲケ	
498	仁賢	〔億計〕	オケ	
506	武烈	〔小泊瀬稚鷦鷯〕	ヲハツセノワカサザキ	
531	継体	〔男大迹〕	ヲホド	
535	安閑	広国押武金日	ヒロクニオシタケカナヒ	広国押
539	宣化	武小広国押盾	タケヲヒロクニオシタテ	↓
571	欽明	天国排開広庭	アメクニオシハラキヒロニハ	天国排開
585	敏達	〔渟中倉太珠敷〕	ヌナクラフトタマシキ	
587	用明	〔橘豊日〕	タチバナトヨヒ	日
592	崇峻	〔泊瀬部〕	ハツセベ	↓
628	推古	豊御食炊屋姫	トヨミケカシキヤヒメ	↓
641	舒明	息長足日広額	オキナガタラシヒヒロヌカ	↓
654	孝徳	天万豊日	アメヨロヅトヨヒ	天 ↓
661	斉明	天豊財重日足姫	アメトヨタカライカシヒタラシヒメ	↓ •
671	天智	天命開別	アメミコトヒラカスワケ	↓
686	天武	天渟中原瀛真人	アマノヌナハラオキノマヒト	•
702	持統	大倭根子天之広野日女尊	オホヤマトネコアメノヒロノヒメ	根子＋日女
707	文武	倭根子豊祖父天皇	ヤマトネコトヨオホヂヒコ	天皇
721	元明	日本根子天津御代豊国成姫天皇	ヤマトネコアマツミシロトヨクニナリヒメ	姫天皇 ↓
748	元正	日本根子高瑞浄足姫天皇	ヤマトネコタカミヅキヨタラシヒメ	•
756	聖武	天璽国押開豊桜彦天皇	アメシルシクニオシハラキトヨサクラヒコ	天
		〔勝宝感神聖武皇帝〕	ショウホウカンジンショウム	
765	淳仁	〔淡路廃帝〕	アハジ	漢風諡号始まり
770	称徳	〔宝字称徳孝謙皇帝〕	ホウジショウトクコウケン	
781	光仁	天宗高紹天皇	アメムネタカツギ	天

806	桓武	日本根子皇統弥照尊	ヤマトネコアマツヒツギイヤテラス	根子 ↓ •
824	平城	日本根子天推国高彦尊	ヤマトネコアメオシクニタカヒコ	
840	淳和	日本根子天高譲弥遠尊	ヤマトネコアメタカユズルイヤトオ	
842	嵯峨	〔神野〕	カミノ	国風諡号慣習がなくなる
850	仁明	〔深草帝〕	フカクサ	
858	文徳	〔田邑帝〕	タムラ	
880	清和	〔水尾帝〕	ミズノオ	

註　①この表の天皇の順番は死去の年によっているので，重祚は省略され，嵯峨と淳和の順序は即位順とは反対になっている．
②実在の疑わしい応神以前は記載しなかった．

のように「根子」の文字が見えないのが不審となるが、「根子」の観念は生まれたばかりで、諡号については、それまでの伝統を踏襲したということも、ありうることであろう。かくして、「根子天皇」の観念の成立時点を天武期と持統期のいずれに求むべきか、今のところ、私には決することができないのであるが、しかし、「根子日子」観念の成立が天武朝よりも前に遡らないことは確実であろう。さしあたって、その成立は、七世紀末から八世紀の初頭ということができるのである。

右の事実との関連で、私は、「天皇」号の嚆矢が天武朝であるとする近年の学説に注目したいと思う〔直木85〕。かつては、天皇号の嚆矢を七世紀初頭の推古朝に求める学説が支配的であった。根拠は、その時代に作られた仏像の光背の銘に「天皇」の文字が見えること、推古一六（六〇八）年に日本から隋に送った国書に「東天皇敬白西皇帝」〔紀下一九二頁〕とあったと見えていることなどである。しかし、仏像の銘は後代に刻まれた可能性が高いこと、『日本書紀』の文面のディテイルは編纂者の潤色が多くて信用できないこと、そして何よりも、「天皇」という語が中国ではもともと天の最高神の意味に用いられ、それが地上の君主の意味に用いられるのは唐代の六七四年、日本の天武三年以後であることなどから、最近では、日本における「天皇」号の成立は、早くとも天武朝のこととされるのである。確実な初見は文武元（六九七）年の文武即位宣命における「現御神と大八嶋国知らしめす天皇」（第一詔）などまで下る。それ以前の王の称号は「大王」であった。

七世紀末における「大王」号から「天皇」号への転換の意義については、様々のことがいわれている。津田左右吉や福永光司氏は中国の神仙思想の影響をとき、石母田正は、「大王」が倭国内の称号であったのに対し、「天皇」は大国（被朝貢国）の王であることを対外的に示す号であったと理解した〔赤坂88一六三頁以下〕。しかし私は、「大王」の「天皇」への転換を、「大王」から「根子天皇」への転換として考えてみたいと思う。「根子」も「天皇」もともに天武朝ないし持統朝の誕生であり、すでにのべたように八世紀の宣命においては「倭根子天皇」の文字が頻出し（二五〇頁）、大宝令の施行期間における天皇についての最も鄭重な正式称号は、養老公式令の「明神御宇日本天皇」とは異なって、「現神御宇倭根子天皇」ないし「現神大八洲御宇倭根子天皇」であったという諸事実をふまえるならば〔律令補註六三八頁以下〕、王の称号の転換は、「大王」から「天皇」への転換としてではなく、「大王」から「根子天皇」への転換として考えねばならず、「天皇」号の成立は、単なる「天皇」号の成立としてではなく、「根子天皇」号の成立の一部として考えねばならないのである。そして、そのように考えることによってはじめて、何故に、王の称号が七世紀末の時点で変更されねばならなかったのか、「大王」という称号が捨てられねばならなかったのかが理解されるように思われる。「名」は「物」、「言」は「事」そのものといわれ、その「名」「言」は王に関するものなのであるから、名称変更の背後には、体制の転換の企図とこれを正当化する新しい政治思想の形成があったと考えねばならないが、それこそは、まさに、律令国家と『古事記』的政治思想の成立だったのではなかろうか。それは、〈王〉たるものは〈日の子〉であるとともに〈大地の子〉でもあらねばならないという思想であった。〈王〉が、まさにそのような存在であることを示すものとして、「根子天皇」なる称号が「大王」にかわって登場したのではないかと考えられるのである。「根子」は、『古事記』的政治思想において、かの「根の堅す国」における主宰神建速須佐之男命の試練をへた地上世界の王の名称としてふさわしいものであり、「天皇」なる文字表現は、前記のごとく、この言葉の誕生した中国において、「天」の語を冠したところの地上の王を意味したことによって、「高天原」から降臨した地上の王の称号にふさわしいものであった（二三九頁）。

「根子天皇」はネコヒコスメラと訓まれたように思われる。「根子」がネコ、「天」がヒコ、「皇」がスメラである。もっとも、管見の限り、全ての学説は、「天皇」を「根子」から切り離した上で、「天皇」の二文字をスメラミコトと訓んできた。ここでもまた、私見は通説と対立するのである。

通説のスメラミコトの訓みの根拠とされるのは、たとえば『令集解』古記（七三八年頃成立）である。『古事記』にはこの語の仮名書き例がなく、『万葉集』では〈王〉たる者は依然としてオホキミと呼ばれるので、この言葉は存在しないのであるが〔阪下85c〕、幸にも、同時代の文献である『令集解』古記は、喪葬令一七条の「服紀は、君、父母…のために一年」の「君」に註して、「君者、指㆓一人㆒。天皇是也。俗云㆓須売良美己止《すめらみこと》㆒也」とのべていた。スメラミコトは「スメ＋ラ＋ミコト」で、スメが〈至高〉の意〔古岩〕、ラは状態を表わす接尾語〔紀下補註五三八頁、上代、古岩〕、ミコトは通常「命」ないし「尊」の文字があてられる、ごく一般的な尊称である。このうちスメの意義については学説が対立しており、右の〈スメ＝至高〉説は、「梵語で、至高・妙高の意の蘇迷盧sumeruと音韻・意味が一致する。また、最高の山を意味する蒙古語sumelと同源であろう」とし、そこからスメラを、「最高の主権者。一地域、また、日本全土についていう。天皇」というように解説する『岩波古語辞典』の大野晋氏の学説に従ったものである。ほかに、山や森などの土地の領有支配を意味する言葉であるとする説〔紀下補註五三八頁〕、「澄む」との関連づけで〈王〉の清澄・神聖たる性質を示すとする説〔西郷75〕などがあるが、前者は大野説に通うものがあるように思われ、後者は『古事記』の文脈の中におかれた「天皇」なる文字表現の意味づけとして説得力がないので、私は大野説によりたいと思うのである。念のために申し添えれば、スメは「統べ」に由来するとしたかつての通説は、前者がsume（甲類メ）、後者がsubë（乙類べ）であることにより、成立しえないことが確かめられた。

かかるスメラミコトの文字表記について、次の諸点が注意されねばならない。まず第一に、ミコトについていえば、その文字表記である「命」「尊」が「天皇」には欠けていて、ミコトは一般には訓み添え語になっているのであるが、しかし、数は少ないけれども、「命」の字が付加された例があることである。『古事記』の「天皇」の初出はその一例で、表記は「天皇命」であった〔記九五頁〕。宣命には第一詔、第二詔、第九詔にそれぞれ一箇所、「天皇命」が見られる。かかる事情を反映して、宣長以来、宣命の「天皇」は、単にスメラと訓まれることが多い。たとえば即位宣命冒頭の定型句は、「現神大八洲所知倭根子《あきつかみとおほやしましらしめすやまとねこ》天皇《スメラ》詔《がおほみこと》」(第五詔)というように訓まれるのである。第二に、スメは、多くの場合、「皇」一字で表現されることである。『延喜式』所収のいくつかの祝詞には、「高天原爾神留坐、皇睦神漏伎命・神漏彌命」という常套句が登場するが〔祈年祭、月次祭、大祓など〕、この文章の訓みは、「高天原に神留ります、皇《スメラ》が睦《む》つ神漏伎命・神漏彌命」〔上代「すめら」〕で、「皇」一字で〈至高者〉すなわち〈王〉たるスメを表現している。祝詞には、関連語として、スメミマノミコト、スメガミが頻出するが、それぞれの表記は「皇御孫命」、「皇神」で——前者は、『令集解』古記が、儀制令一条の「天子」の語に註して「天子、…祭書将記字。…辞称　須売彌麻乃美己等《すめみまのみこと》」とのべ、『令集解』釈(七九〇年頃成立)が「天子、是告レ神之称。俗語云、皇御孫命」とのべているように、〈王〉の祭祀にかかわるモメントを示す名称、後者は、山や森などを支配する神のことであった〔紀下補註五三八頁〕——、これらにおいても、スメは「皇」一字に対応するのである。第三に、ラは、多くの場合「皇」の字に吸収されて表現されているが、稀には、「羅」ないし「良」の音仮名が添えられることである。著名な盧舎那仏前での宣命(第一二詔)の冒頭は、「三宝乃奴止仕奉流天皇羅我命《おほみこと》」であった。

以上のように考えてくると、スメラミコトという訓みを正確に漢字に対応させると、実は、「天皇」ではなくして「皇命」(ラの音仮名は省略)ではないかと思われてくる。すなわち、「皇神」、「皇御孫命」とパラレルに、「皇命《スメラミコト》」ではないかと思われるのである。そうだとするならば、「天皇命」ないしその省略形の「天皇」は、全体としてどのように訓まれるべきなのか。「天」は表記だけされ、訓まれることのない文字なのであろうか。

私はそうではないと考える。結論として、「天皇」の「天」は本来ヒコと訓まれ、「天皇」全体としては、ヒコスメラと訓じられたと考えるのである。このことは、持統以降の国風諡号を分析することによって知られるように思われる。持統の諡号は「大倭根子天之広野日女尊」、文武のそれは「倭根子豊祖父天皇」であったが（表25）、文武の「天皇」にあたる部分が持統の場合には「日女尊」となっていることに注目したい。持統の死は大宝二（七〇二）年、諡号がおくられたのはその翌年で、その時にはすでに大宝令が公布されていて、当然に「天皇」という概念は成立していたのであるが、持統の諡号にはこの言葉がおくられず、文武の諡号が「天皇」の語の付された最初のものとなったのである。それは、持統に対して「天皇」号がおくられることに不都合があったからであろう。その理由は、「天皇」号を代替している「日女尊」という言葉から察せられる。「天皇」には女帝を拒否する性質があり、そのために、持統女帝の場合には「天皇」の代りに「日女尊」がおくられねばならなかったのではなかろうか。そう考えれば、「日女尊」すなわちヒメノミコトとの対応で、「天皇」の訓みはおのずと決定されよう。すなわち、「日女」に「天」を対応させ、「尊」に「皇」を対応させて、ヒコ（ノ）スメラである。そして、この訓みは、「根子天皇」の訓として、まことにふさわしいものといわなければならない。「根子天皇」の背後にある祭儀神話は、地上の〈王〉たるものは、〈根の子〉であると同時に〈日の子〉でもなければならないことを語っていたからである。『古事記』の闕史八代において、神武以下の「天皇」が地方豪族の女との聖婚を繰り返した結果、七代、八代、九代の「天皇」は、大倭根子日子賦斗邇命（孝霊）、大倭根子日子国玖琉命（孝元）、若倭根子日子大毘々命（開化）となったこともここで想起したい（二四六頁以下、図18b参照）。これらの天皇の〈倭根子日子…命〉という名称の構造と、持統の〈倭根子…日女尊〉、文武の〈倭根子…天皇〉とは、響き合うのである。「日子」は、高御産日神と天照大御神の神性の統一として出現することを先にのべたが（二七三頁以下）、「日子」ではなく「天皇」と書いて「天」の部分をヒコと訓ませたことは、「天」と書くことにおいて天照大御神との関連を意識させ、ヒコと訓ませることにおいて高御産日神との関連を示唆する見事な表現なのであった。

しかし、「天皇《ヒコスメラ》」の生命は長くはなかった。すでにのべたように、天平一〇（七三八）年頃の作品である『令集解』古記が、早くも、単にスメラミコトと訓んだのはその一例証である。何故に訓みに変化が生じたのか。一つ考えられるのは、文武の後に二代も続けて女帝が続いたことである。当然に男帝が連続していくことが望ましかったのであるが、後にのべる事情によって、文武と聖武の間に元明、元正の二人の女帝が中継役として挿入されざるを得なかったのであった。そして今度は、諡号に「日女尊」ではなく「姫天皇」がおくられた。元明の諡号は日本根子天津御代豊国成姫天皇、元正の諡号は日本根子高瑞浄足姫天皇である。これらに共通する〈日本根子…姫天皇〉は、〈ヤマトネコ…ヒメスメラ（ミコト）〉と訓まれたと思われる。ヒメは女性、ヒコは男性の称であるから、「姫天皇」の一文字一文字に訓をつけてヒメヒコスメラなどと訓まれたはずはなく、ヒメの登場によってヒコは消去され、「天」の部分は訓まれることのない文字に転化したのではなかろうか。そして、やがて「天皇」が全体として、スメラないしスメラミコトと訓まれるようになったのではなかろうか。そう考えることによって、聖武の国風諡号が、天璽国押開豊桜彦天皇とされたことも納得されよう。「彦天皇」は、「姫天皇《ヒメスメラ》」に対応するところの、「彦天皇《ヒコスメラ》」であったに相違ないのである。そして、持統の「日女尊」、文武の「天皇」、元明・元正の「姫天皇」、聖武の「彦天皇」という一連の尊称の体系の中で、いま一度文武の「天皇」の訓みを考えるならば、それが「天皇《ヒコスメラ》」であったのではないかという確信がいよいよ強まるのである。

「天皇《ヒコスメラ》」だけが短命なのではなかった。「根子《ネ・コ》天皇《ヒコスメラ》」もそうなのであった。表25は、そのことを明瞭に語っている。早くも八世紀後半期に入ると諡号から「根子」は姿を消し、国風諡号における「天」のみの強調と漢風諡号（「勝宝感神聖武皇帝」など）の登場という二つの特徴が支配することになった。それまで実名ないし国風諡号しか有しなかった神倭伊波礼毗古以下の歴代の天皇に、漢風諡号（「神武天皇」、「綏靖天皇」……）がおくられるのも、この時代であった（紀上補註五七六頁）。九世紀に入ってもう一度「根子」が復権してくるけれども、当時の時代背景を考えるならば、これが昔日の「根子」と同様の意義を担っていたとは思われず、九世紀後期になると、国風諡号の時代に終りをつげることになる。今日において、律令国家成立期の〈王〉の称号を単に「天皇」とみなす今日の考え方は、実は、以上のような、八世紀後期から九世紀にかけて形成された観念を、そのまま七世紀末から八世紀初頭の時代にまで推し及ぼしたことの結果なのではなかろうかと思われるのである。

およそ以上のように考えて、以下において史実を問題にしようとするときには、〈王〉の称号として、「大王」と「根子天皇」と「天皇」とを書きわけたいと思う。厳密にいえば、「根子天皇」は「根《ネ》子《コ》天皇《ヒコスメラ》」と「根《ネ》子《コ》日《ヒ》女尊《メミコト》」「根《ネ》子《コ》姫天皇《ヒメスメラ》」の二つに区分しなければならないが、あまりに煩雑でもあるので、以下では、便宜上、「根子天皇」の表記に統一する。その上で、「根子天皇」の嚆矢が天武か持統かが問題となるが、本稿では持統とすることにしたい。「根子天皇」の観念がかりに天武朝期に始まったとしても、天武の国風諡号にそれが反映されていないことは、この観念が天武朝において確立していたとはいいがたいことを示しているからである。「根子天皇」の最後は聖武である。聖武の諡号には「根子天皇」の思想が見えないという疑問も出ようが、それは後にのべるように、聖武晩年に生じた聖武自身とその周辺の思想の変化によっていたように思われる。在位前半期の聖武は『古事記』的政治思想を現実のものとすべく奮闘した〈王〉であった。「天皇」は孝謙に始まるのである。

なお、こうした見地からは、「大王」および「根子天皇」に冠する名称として、天武や持統などの漢風諡号は明らかに不適切であるが、国風諡号や実名は一般に長く煩雑をきわめるので、もっぱら便宜の観点から、これを用いることを許していただきたいと思う。また、大王についても、記紀がこれを「天皇」として記述していることを問題とするときや、神話的な「天皇」についてのべるときには、そのまま「天皇」の語を、しかも煩雑さを避けるために一々鍵括弧を付さずに用いることにする。文脈上「根子天皇」であることが明瞭で、かつ、この語を連ねることが煩瑣である場合や、「根子天皇」のうちの「天皇」としてのモメントを問題とする場合には、単に「天皇」と記すことにする（反対に、「根子天皇」の「根子」としてのモメントが問題となるときには、単に「根子」と表記される）。また、「皇位」は根子天皇ないし天皇の位に限り、大王の位については「大王位」と表現しなければならない。「皇位」と「大王位」を包含する抽象概念は〈王位〉であり、また、これまでそのようにしてきたように、「大王」、「根子天皇」、「天皇」を包括する抽象概念は〈王〉である。

2　皇位就任儀式体系

皇位就任儀式体系も、七世紀末から八世紀初頭に整えられた新しいものであった（以下の叙述について、表26を参照）。

(1)　践祚

三つの儀式の中で、最も古くから存在したように見えるのは践祚である。『日本書紀』には、五世紀の允恭、清寧、顕宗、六世紀の継体、宣化、推古、七世紀の舒明について、大王即位の際に王位を象徴するレガリアの授受の儀式が行なわれたことが記されているからである。しかし、かかる大化前代のレガリアの授受と神祇令践祚条の規定したそれとは、その意義を根本的に異にするものであった〔高森89 c〕。

大化前代において、レガリアを新帝に奉上したのは群臣であった。新帝即位の記事の細部にいたるまで、史実を語っているのではないかと考えられる時期の大王から〔井上84 一三〇頁以下〕、二つ例をあげてみよう（括弧内の大王名は便宜のために水林が補ったものである）。

・二年の十二月に、勾大兄広国押武金日天皇《まがりのおほえひろくにおしたけかなひ》（安閑）崩《かむあが》りまして嗣《みつぎ》無し。群臣《まへつきみたち》、奏《まう》して剣鏡を武小《たけを》広国押盾《ひろくにおしたて》尊（宣化）に上りて、即天皇之位《あまつひつぎしろしめ》さしむ〔宣化紀、紀下五六頁〕

・泊瀬部《はつせべ》天皇（崇峻）の五年の十一月に当りて、天皇、大臣馬子《おほおみうまこ》宿禰《すくね》の為に殺《し》せられたまひぬ。嗣位《みつぎのくらゐ》既に空し。群臣、淳《ぬ》中倉太珠敷《なくらふとたましき》天皇（敏達）の皇后額田部皇女《きさきぬかたべひめみこ》（推古）に請《まう》して、令践祚《あまつひつぎしらせまつ》らむとす。皇后辞譲《いな》びたまふ。百寮《つかさつかさ》、表《まうしぶみ》を上りて勧進《すすめまつ》る。三《みたび》に至りて乃ち従ひたまふ。因りて天皇の璽印《みしるし》を奉る。冬十二月の壬申の朔己卯に、皇后、豊浦宮に即天皇《あまつひつぎ》

位《しろしめ》す〔推古紀、紀下一七二頁〕

右の二例では、先帝死去の際に誰が位を継ぐべきかが定まっておらず、群臣が協議して王位継承者を決定し、即位の儀式として、群臣がレガリアを新大王に奉上することが行なわれたのである。それは一種の選挙王制というべきものであった。宣化紀は、レガリア献上が即位の時点であるような書き方であり、これに対して、推古紀の場合には、レガリア献上は新大王の決定の時で、即位の時点は別の日の豊浦宮における即位の儀式挙行時であるような書き方となっていて、大化前代のレガリア献上儀式の性質がいま一つ明確ではないけれども——ちなみに、大宝令ではレガリアが献上される践祚が即位の時点で、即位儀はそれを内外に宣明する性質のものであった〔一八七頁〕——、いずれにしても、選挙王制たることの象徴として、群臣による新大王へのレガリアの奉上がなされたのである〔吉村89〕。

これに対して、神祇令践祚条の定める忌部による神璽鏡剣の奉上の儀式は、選挙王制の否定を意味していた。忌部による神璽鏡剣の奉上の意味は、天照大御神の天神御子に対するレガリアの授与にほかならなかったこと、まさにそのような儀式であるが故に、忌部による神璽鏡剣の奉上は、中臣による天神寿詞〔天照大御神の新根子天皇への詞〕の奏上と対をなし、この二つがあわさって践祚の儀式を構成していたことは前にのべたが〔一八五頁以下〕、その前提には、皇位継承者を決定する者は、天照大御神の現し身としての先帝ただ一人であるとする新しい思想と、これを基礎とするところの、譲位という新皇位継承方式が存在したのである。その嚆矢は、文武元〔六九七〕年の持統から文武への皇位継承であった〔『日本書紀』は大化改新時における皇極から孝徳への譲位の記事をのせるが〔紀下二六八頁〕、皇極大王の存在に疑いがあり〔河内86五五九頁以下〕、確実な初見といえない〕。そしてこれ以後、皇位継承は譲位が原則となり、先帝死去による皇位継承は先帝の不慮の死による例外的事態となったのである。〈譲位→践祚〉方式は、先帝が後継者を誰にするかを専決し、これを天照大御神によって権威づけるシステムであり、それまでの〈先帝死去・新帝群臣選挙→群臣によるレガリア献上〉の方式を意識的に否定すべく創出された制度であること、明らかであろう。

【表26】 祭祀関係年表

天皇	レガリア授受	天神地祇祭	大嘗祭	その他の祭祀	諸事件
20 允恭	410.01天皇(反正)崩…，群卿議…，即選吉日，跪，上天皇之璽…(允恭辞す)…群臣再拝…(允恭辞して空位長く続く) 412.12(允恭ついに同意)群臣大喜，即日，捧天皇之璽符，再拝上，…乃即帝位				
22 雄略				ニヒナヘ(古事記) 456〔皇女，侍伊勢大神祠〕	
23 清寧	479.08天皇(雄略)崩，…(星川皇子乱) 479.10大伴室屋大連，率臣連等，奉璽於皇太子 480.01設壇場…，陟天皇位				
24 顕宗	484.01天皇(清寧)崩…(顕宗と億計皇太子との間で皇位の譲り合い) 12皇太子億計，取天子之璽，置之天皇之坐…(しかし顕宗うけいれず) 485.01(大臣・大連等，顕宗に「践祚」を請う)…即天皇位				
27 継体	506.12天皇(武烈)崩，元無男女，可絶継嗣 507.02大伴金村大連，乃跪，上天子鏡剣璽符，再拝，…(継体辞す，しかし再三の願いについに同意)受璽符，是日即天皇位			507〔皇女，侍伊勢大神祠〕	
29 宣化	535.12天皇(安閑)崩，無継，群臣，奏上剣鏡於武小広国押盾尊，使即天皇之位				6世紀　東国支配進展 国風諡号嚆矢

31 敏達				577 日祀部の設置 578 皇女，侍伊勢祠	
32 用明				585.9 皇女，拝伊勢神宮，奉日神祀 587.4 御新嘗	589 隋帝国成立
34 推古	592.11天皇(崇峻)為大臣馬子宿禰見殺，嗣位既空，群臣，請…天皇之皇后額田部皇女(推古)以将令践祚，皇后辞譲，(しかし再三の願いに同意)因以奉天皇之璽印 592.12皇后，即天皇位，於豊浦宮				618 唐帝国成立
35 舒明	628.03天皇(推古)崩 09葬礼畢之，嗣位未定…(群臣協議) 629.01大臣及群卿，共以天皇之璽印，献於田村皇子，…(皇子一度は拒む)群臣伏固請，…即日即天皇位			639.1 春正月…新嘗，蓋因幸有間，以欠新嘗	620 天皇記・国記 629 舒明正月即位(正月即位の嚆矢，中国の影響)「足日子」
36 皇極				642.11天皇御新嘗，是日皇子・大臣各自新嘗	640～ 唐の対外膨張
37 孝徳	645.06〔天皇(皇極)授璽綬，禅位〕	646.3 改新詔〔幣諸神〕			645 大化改新 天皇記・国記焼かる 659 藤原不比等生まる
39 天智	668 皇太子，即天皇位	670.3 敷諸神座，而班幣帛，中臣…宣祝詞			663 白村江での敗北 664 甲子改革 668 近江令 670 庚午年籍 672 壬申の乱 飛鳥浄御原宮

40 天武	673.02 設壇場，即帝位	675.1 祭幣諸社 676.夏 遣使四方，以捧幣帛，祈諸神祇 678.春 祠天神地祇 681.1 班幣帛於諸神祇	673.12 侍奉大嘗中臣忌部及神官人等，播磨・丹波二国郡司 676.09 為新嘗，卜国郡 .11 以新嘗事不告朔 677.11 侍奉新嘗神官及国司等，賜禄	672 望拝天照太神 674 皇女，…向伊勢神宮 675 同上 676.08 四方為大解除 .10 相新嘗諸神祇 685.11 為天皇，招魂 686 遣皇女，於伊勢神宮	681 浄御原令と帝紀・上古諸事の編纂の開始 684 八色姓 685 位階制の充実 仏像礼拝命令 686 天武没
41 持統	690.01 神祇伯中臣…読天神寿詞，忌部…奉上神璽剣鏡於皇后，皇后即天皇位	690.01 班幣於畿内天神地祇 690.07 班幣於天神地祇 694 奉幣於諸社	691.11 大嘗，神祇伯中臣…読天神寿詞，…供奉播磨因幡国郡司…賜絹等	689.08 百官会集於神祇官而奉宣天神地祇之事 692 奉幣于四所，伊勢・大倭・住吉・紀伊大神	689 浄御原令班賜 庚寅年籍 690 持統正月即位式（正月即位の最後） 694 藤原宮

42 文武	697.08.01 受禅即位 .08.17 詔		698.11 大嘗, …尾張・美濃二国	698 皇女, 侍于伊勢斎宮	698 不比等, 藤原姓つぐ 朝儀の礼を定む 多気大神宮, 度会へ 700 大宝令編纂開始 701 大宝令 702.2 大宝律頒布 702 遣唐使(32年ぶり) 703 持統に「大倭根子天之広野日女尊」諡号
		701.11 始任造大幣司 702.02 為班大幣, 馳駅, 追諸国国造等, 入京 702.03 惣班幣帛於畿内及七道諸社			
43 元明	707.07 即位於大極殿	〈即位天神地祇祭〉	708.11 大嘗, 遠江・但馬二国		710 平城京 711『古事記』編纂命令 712『古事記』成立

註 ①天皇名に冠した数字は,『日本書紀』による代数を示す.
②(　)内は水林が補ったもの,〔　〕内は『日本書紀』に記事あるものの, 真実か否か疑問のあるもの,〈　〉は記事なきも, 存在が推定されるもの, 下線はその事項の信用しうる初見などの, 特に注目すべき記事である.
③孝徳のレガリア授受の欄に記載した皇極から孝徳への譲位の記事の疑わしいことについては, 本文311頁参照.
④雄略記の皇女による伊勢大神祭祀の記事が疑わしいのは, この皇女が「稚足姫皇女」, その兄が「白髪武広国押稚日本根子天皇」というように, 著しく後世風の名で示されていることによる. 皇女の伊勢大神祭祀の嚆矢は, 日神信仰の傍証が得られる敏達・用明時代にもとめるのが合理的である.
⑤天武の大嘗祭の欄の「新嘗」(676年など)の古訓はオホニヘであるので〔西宮90二一七頁〕, この欄に記載した.

践祚において、新根子天皇に神璽鏡剣を授与する真の主体である天照大御神という存在がまた、新しいのであった。

ここでいう天照大御神とは、伊勢度会郡の伊勢神宮内宮に鎮座する皇祖神としての天照大御神のことであるが、かかる存在としての天照大御神は、七世紀末にようやくにして誕生した神であったらしい。

伊勢神宮は、今日、内宮と外宮の二つの神社から構成されている。内宮は、『古事記』天神御子降臨の件りで、天照大御神の象徴である鏡が祭らるべしとされた「伊須受《いすず》宮」、外宮は「登由気《とゆけ》神、此は度相《わたらひ》に坐す神」を祭る神社である〔記九〇頁〕。いうまでもなく『古事記』の説明は神話で、内宮、外宮にはそれぞれに神話とは別の真実の歴史があったのであるが、このうち外宮は、神域内から古墳などが出土することなどから明らかなように、古くからこの地方に土着した豪族の神社なのであった。しかし、内宮にはそのような歴史の古さが認められない〔岡田精司60三一三頁以下〕。『続日本紀』文武二〔六九八〕年一二月条には、「多気《たけ》大神宮を度会郡に遷す」という記事が見えており、「大神宮」とは『続日本紀』では天照大御神を祭る神宮を意味することから、現内宮は、この時に伊勢国多気郡から度会郡に遷されたと考えられるのである〔続紀1補註1一〇一〕〔以下では、もと多気郡に所在した神社を原内宮とよぶことにする〕。

ほぼ史実を反映していると考えられる敏達紀以降の伊勢神宮の記事は〔その多くは、大王の親族の女が祭主として派遣される記事〕、右のうち、原内宮のことではないかと思われるのであるが、その原内宮は、六世紀末の敏達大王、用明大王のころには、ヤマト王権の大王の祖神である日神を祭る神社であったらしい。その根拠は、敏達六〔五七六〕年の日《ひの》祀部《まつりべ》の設置、敏達を継いだ用明大王の名である「橘豊日《たちばなのとよひ》」に「日」の文字が登場すること〔表25参照〕、用明即位前紀に、用明大王の「皇女」をして「伊勢神宮に拝《め》して、日神の祀に奉《つかへまつ》らしむ」という記事の見えること〔この「皇女」は日神の巫女を意味しよう〕、その後七世紀前期の大王の謚号に「日」の文字が継承されていくこと、などである。崇峻と推古の名に「日」の文字が見えないことが問題となるが、崇峻についていえば、これは即位後数年で暗殺された問題の人物で、「日」の文字のつく尊称がなくとも不自然ではない。推古の謚号には「日」の文字が見えないが、遣隋使はこの女帝を、アメノタラシヒコオホキミとのべたと伝えられる。タラシヒコは「足日子」で、推古も、「日の子」と観念されていたのである〔井上74二一二三頁〕。

しかし、日神を大王の祖神とする思想は、まだ大王位就任儀式のあり方と結びついてはいなかった（表26のレガリア授受の欄を参照）。そして、日神は日神であって、天照大御神なのではなかった。アマテラスという神名は、『日本書紀』に全部で二八箇所に登場するのであるが、そのうち二六箇所は「神功皇后」の物語り以前の神話的部分で、史実的部分における登場はわずか二箇所、しかもそれらは年代が下って、いずれもが天武年間の記事であった。

・旦《あした》に、朝明郡の迹太《とほ》川の辺《へ》にして、天照太神を望拝《たよせにをが》みたまふ〔天武元年六月丙戌条〕

・大来皇女《おほくのひめみこ》を天照太神宮に遣侍《たてまだ》さむとして、泊瀬《はつせ》斎宮《いつきのみや》に居らしむ。是は先づ身を潔めて、稍《やや》に神に近づく所なり〔天武二年四月己巳条〕

いずれの記事もアマテラスが伊勢に鎮座しているとはのべていないが、後者に関連して、後に次のような記事が見えることによって、「天照太神宮」とは「伊勢神宮」であったことが知られる。

大来皇女、泊瀬の斎宮より、伊勢神宮に向《まう》でたまふ〔天武三年十月乙酉条〕

しかし、伊勢神宮のアマテラスが、すでにこの段階で大王の祖神と観念されていたのかといえば、その確証は存在しない。むしろそれを疑わしむる証拠が多数存在する。まず、神話である。前記のごとく、六世紀末から七世紀前期にかけては、日神が大王の祖神であったらしく、アマテラスは、その神性から推して、日神から発展してきた神だとも思われるのであるが、しかし、七世紀中葉以降に、大王祖神を日神とする観念に動揺が生じた形跡が認められるのである。その証拠は、『日本書紀』神代第六段および第七段の諸一書（日神と素戔鳴尊との「誓約」の場面）に、次のような驚くべき「天皇」系譜を語るものが複数存在することである（第六段第一の一書、第三の一書、第七段第三の一書。丸括弧内が天孫降臨段本文によって補った部分。誓約段諸一書と天孫降臨段本文の成立は時代を異にすると思われるので、このように結合するのは正確ではないが、参考のため記す）。

日神――三柱の女神――降臨……筑紫水沼君など

素戔嗚尊――天忍穂耳尊
　　　　　　　　　＝――瓊瓊杵尊――降臨……天皇
（皇祖高皇産霊尊――女）

これらの諸一書によれば、「日神」と「天皇」（大王）との系譜的関係は全く否定され、「天皇」の祖神は素戔嗚尊《すさのを》とされている。これらの一書には、「天原」の観念や、そこからの「天皇」祖先の降臨という物語りが見えるので、私はこれを、七世紀中葉以降に成立した神話と考えるのであるが（三五七頁）、そうだとすれば、六世紀末から七世紀前半までの、日神を大王祖神とする観念は、大きく揺らいだということになろう。天孫降臨段本文において、「皇祖高皇産霊尊」（紀上一三四頁）とされていることは、正史『日本書紀』の神代本文の確定した養老四（七二〇）年という時点においてさえ、王権の中枢部において、天照大御神を皇祖神とする観念が確定していなかったことを示唆するのであるが、この重大な問題は後にあらためて触れるとして（三六一頁）、少なくとも、天照大御神が皇祖神であるという観念が古くから存在する安定した観念ではなかったことだけは、確実なのである。

このことは、『日本書紀』神代ではなく、史実を語った部分に即しても証明することができる。天武紀にいたるまでは、「天皇」自身が伊勢神宮に拝礼したというような記事が『日本書紀』には全く見えないこと、天武の伊勢拝礼も、前引の天武元（六七二）年六月丙戌条の一箇所だけで、これも、壬申の乱の最中に、遠くより伊勢の方向に「望拝」したという程度のものにすぎないこと、天武紀には、おびただしい数の祭祀関係記事があるのであるが、「天皇」が伊勢神宮の祖神に幣帛を捧げたというような記述が見られないこと、持統紀六（六九二）年五月庚寅条が「伊勢」の「大神」に対する幣帛献上の初見記事であること（同年一二月にも幣帛献上がなされる）、その場合にも、伊勢神宮だけが特別扱いされるのではなく、『日本書紀』の表現にしたがえば「使者を遣して、幣を四所の、伊勢・大倭・住吉・

紀伊の大神に奉らしむ」であり、「伊勢大神」は四柱の「大神」の一柱にすぎないように見えること〔直木64二五六頁〕、大宝神祇令および養老神祇令が天照大御神を祭神とする国家的祭祀として定め、以後、伊勢神宮の最重要の祭祀の一つとされた神嘗祭の記事が『日本書紀』には見えないこと、大宝神祇令および養老神祇令が規定したいま一つの天照大御神祭祀である神衣祭については、『日本書紀』に関係記事があるが、その初見は持統六（六九二）年閏五月丁未条であること、伊勢神宮が他の神社とは質的に区別される唯一無二の「神宮」ないし「大神宮」となり、他の神社は単に「神社」とされるに至るのは大宝年間（八世紀）以降であること〔直木64二八三頁以下〕、などがその根拠である。

要するに、伊勢神宮のアマテラスという観念は、たしかに天武紀に登場するのであるが、しかし、持統根子天皇の践祚・即位儀が行なわれた時点においてさえ、アマテラスが、根子天皇の祖神として、唯一無二の絶対的存在であるという位置づけを十全に獲得していたとは考えがたいのである。むろん、持統の践祚において忌部から神璽鏡剣が奉上された時、持統やこの儀式の執行に参与した中枢の官人たちの頭には、神璽鏡剣の授与の真の主体は、伊勢神宮（原内宮）に鎮座する皇祖神のアマテラス大神であるという意識があったに相違ない。しかし、それは、きわめて新しい観念であるが故に、なお中央貴族層の全体の共通観念としては、定着しえていなかったのではなかろうか。アマテラス大神の成立は早くて天武期、これを根子天皇の祖神とする観念は持統の即位の直前、これを祭神とする神衣祭・神嘗祭の嚆矢は持統即位後、これが現在の度会郡に鎮座するようになるのは文武即位の直後（それまでは多気郡）であったように思われる。天照大御神が中臣を通じて新根子天皇に寿詞を与え、忌部を通じて神璽鏡剣を授与する践祚は、持統の践祚において初めて成立したものであり、かつ、その思想的基盤はなお脆弱なのであった。

このように考えてくると、たとえば井上光貞氏の次のような践祚論は、かなり混乱した議論であることが理解されよう。氏は、令制の忌部による神璽鏡剣奉上と、令制前の群臣によるレガリア献上の問題の考察をふまえて、令制前と令制におけるレガリア授受の制度の全容がどのようであったのかを問題とされ、次のようにのべられた。

㈠〈令制前においては――水林補、ただし以下の括弧書は原文〉神器授受は、先帝の崩御または譲位の日、ないしはそれから時を経て事態が安定したときに、群臣によって新帝に奉上され、さらにその後におこなわれる「即位儀」において、こんどは儀式として忌部により奉られたのか、あるいは、㈡令前の即位儀では〈令後の即位儀とはちがって〉、神器授受は、先帝の崩御または譲位の日、ないしはそれから時を経た一定の時点で、群臣によってなされるだけであったのか〈つまり令の成立によって、即位儀の中に、忌部による神器の奉上という擬古的な儀式が成立したのか〉、ということが問題となろう。これはかなり重要な問題であるが、いまのところ私は、そのいずれとも決することができないでいる。…〈中略〉…。令後では、事実上の神器授与と即位儀における神器奉上とが並びおこなわれたとみるのが自然であろう。……ただし持統以後の『続日本紀』時代の歴代では、先帝崩御による即位はほとんどなく譲位による即位が圧倒的に多く、……事実上、神器授受が二度おこなわれることは、少なかったのである

〔井上84八一頁以下〕。

たしかにこれは「重要な問題」であるが、「いずれとも決することができない」ような不分明な問題なのではない。令制前の制度の理解としては、いうまでもなく㈡が正しいのである。井上氏も中略箇所で、後年の制度からの逆推によって「㈡の方が可能性が高い、とは言えるかもしれない」という想像をのべられているのであるが、そのような不確かな方法によってではなく、令制前と令制の制度を基礎づける思想の問題を検討することによって、結論は一義的に明確なのである。井上氏の皇位就任儀式論が、律令という法典の性質を看過したために、践祚と即位儀とを混同する誤謬をおかしたことは前記したが〈一八六頁〉、ここには、いま一つの重要な問題、すなわち、皇位就任儀式をその祭儀神話を基礎として理解するという方法を欠いたことの欠陥が露呈しているように思われる。それは、「令後では」二つの神器授受が並立していたと考えるのが「自然」だという、明白に誤った推論を生みだすことにもなった。譲位制が一般化したため、「事実上」神器授受が二度行なわれることは少なかったとする議論は、結論としては妥当する

ものの、〈譲位→践祚〉という令制の皇位継承法が、それ以前の〈先帝死去・新帝群臣選挙→群臣によるレガリア献上〉という旧王位継承法の意図的な転覆であったことの理解を欠いている点で、事柄の本質にはなお届きえぬものなのである。井上氏をしてさえ事柄の本質把握を妨げしめたもの、それは、譲位制の思想的背景を検討しようとする志向の欠如であり、皇位継承法の意味を祭儀神話によって理解しようとする方法の欠缺であったように思われる。

(2) 即位惣天神地祇祭

即位惣天神地祇祭も新しい儀式であった。そもそも、惣天神地祇を祭るという形式の祭祀が新しかった。諸神を祭るタイプの祭祀について、『日本書紀』の記述様式には注意すべきものがある。すなわち、このタイプの祭祀は、神武紀、崇神紀、垂仁紀、景行紀という実在の疑わしい神話的天皇の部分（四箇所）と大化二年の詔以降持統八年までの七世紀後半の部分（一一箇所）に集中し、その中間の長い時期については、記述が存在しないという特徴である〔岡田精司70一四七頁〕。時期の区分される時点について出入はあるものの、かの「根子日子」「根子天皇」と同様の分布を示すのである。かかる記載様式は、後にものべるように、『日本書紀』には他の事項についても少なからず存在するのであるが、このような場合、右の三つの時期をかりにⅠ期、Ⅱ期、Ⅲ期とよぶとするならば、Ⅰ期のこととして記述されている事柄は、Ⅲ期の現実を前提として、あたかもⅠ期にも存在したかのように『日本書紀』編纂の時点で偽作されたものであり、Ⅱ期における記載の欠如は、事実が存在したがたまたま記載がなされなかったのではなく、事実そのものが存在しなかったことの反映であり、したがって、当該事項の嚆矢はⅢ期にある（ただしⅢ期の記事が全て事実を伝えているとは限らない）というように推論するのが自然であろう。しばしば、特に後述の大嘗祭について――これも惣天神地祇祭と同様の記述様式を有している――Ⅱ期における記述の不存在は、三度の食事のことを日記に記すことがないのと同様で、それがあまりに当然のことであったが故に記されなかったにすぎず、起源は古いのだというような議論を見かけるのであるが、このような主張が説得力を有するためには、それでは何故にⅠ期とⅢ期には記述が存在するのかということが説明されねばならない。しかし、この種の議論には、そのような説明が欠けているのが常なのである。惣天神地祇祭についていえば、その嚆矢は、早くとも大化二年であった。しかし、周知のごとく、大化改新の記事については、真性のものか否か疑いがもたれるから、結局、惣天神地祇祭の信頼しうる初見記事は、天智九(六七〇)年三月の祭祀ということになるのである。

この祭祀も、しかし、即位の天神地祇祭ではなかったであろう。なぜならば、この祭祀は天智七(六六八)年一月の天智即位から二年の後のことだからである。天武紀には天神地祇祭とおぼしきものが四度登場するが(天武四、五、七、一〇年)、これらも、天武の即位が天武二(六七三)年二月であることを考えれば、即位の天神地祇祭ではなかったと思われる。

即位の際に天神地祇を祭るという形式の祭祀を行なった最初の天皇は、持統であった。この女帝は持統四(六九〇)年一月に即位するが、間髪いれず同じ月に「幣を畿内の天神地祇に班《あか》ちたまふ」ことが行なわれた。しかし、この天神地祇祭は畿内の神々に限定されていたことに注意しなければならない。令制の即位惣天神地祇祭は、文字通り全国の惣天神地祇――ただし、在地首長層の斎き祭る神々を対象とするいわゆる官社であって、村の鎮守などは含まれない――を祭るものである。その嚆矢は、同じ年の「秋七月」のこととして「戊寅に、幣を天神地祇に班ちたまふ」と記されている祭祀ではなかろうか。

もっとも、これまでの研究は、天神地祇祭の範囲は、畿内の天神地祇から全国の天神地祇へとしだいに拡大されてきたはずであるという想定のもとに、全国の惣天神地祇を対象とする祭祀の嚆矢は、明確に全国の班幣のことをのべる『続日本紀』大宝二(七〇二)年二月庚戌の祭祀だと想定している〔加藤優78六六頁など〕。しかし、私は、結論として、天武朝の天神地祇祭はすべて全国の天神地祇を対象とするものであったと考える。

まず、天武五(六七六)年の天神地祇祭であるが、これについての「是の夏に大きに旱《ひでり》す。使を四方に遣して、幣帛《みてぐら》を捧げて、諸の神祇に祈らしむ。……然れども雨ふらず。是に由りて、五穀登《みな》らず。百姓飢ゑす」という記事に見える「使を四方に遣して」という表現に注目しなければならない。当時の言葉で「四方」といえば、それは、畿内地方の外の世界を意味していた〔続紀1補註1二一、七〇、2五九〕。同じ年の八月の大祓の詔の「四方に大解除せむ。用ゐむ物は、国別に国造輸せ。……」における「四方」はその一例である。天武一〇（六八一）年春の天神地祇祭は、「十年の春正月の辛未の朔、壬申に、幣帛を諸の神祇に頒《あか》つ。……己丑に、畿内及び諸国に詔して、天社地社の神の宮を修理はしむ」とされているので、全国を対象とする祭祀であること、明らかであろう。天武七（六七八）年の天神地祇祭については、「七年、……是春に、天神地祇を祠らむとして、天下悉く祓禊す」と記されるが、ここに見える「天下」とは、畿内ではなく全国のことではなかろうか。このように見てくると、持統四（六九〇）年の天神地祇祭については「畿内」という限定がわざわざ付されていることとあわせ考えて、天武四（六七五）年の「春正月、……戊辰に、諸社に祭幣る」とする記事（天武朝における諸神祭祀の初見）も、確証はないけれども、全国の諸社を対象とする祭祀であった可能性が高いのではなかろうか。少なくとも、その翌年の「四方」に幣帛使が派遣された祭祀が、全国の神々を対象とする天神地祇祭の確実な初見であることには、疑問の余地がないように思われる。

以上四度の諸神祭祀は、その年の五穀豊穣祈願を目的としていたらしい。このことは、天武五（六七六）年夏のそれについては、『日本書紀』の記載内容から明白であるが、その他三度の祭祀については、いずれも春に挙行されていることが注目されるのである。かくして、私は、後年、神祇令が全国惣天神地祇祭として定めた祈年祭の嚆矢は、天武四（六七五）年正月の「祭幣諸社」であったと推測する。そして、かかる原祈年祭（以下、神祇令祭祀の起源をなす祭祀を、神祇令祭祀名に「原」を冠してよぶこととする）の成立をふまえて、「年」ならぬ根子天皇一代の「世」の繁栄を祈願してなされた即位の惣天神地祇祭の嚆矢は、持統四（六九〇）年七月の「奉幣於諸社」であったと考えるのである。

持統の即位惣天神地祇祭をうけて、大宝神祇令（七〇一年）はそのことを規定し、持統の後の文武の即位惣天神地祇祭は、それに則って挙行された。大宝元(七〇一)年一一月の「丙子、始めて造大幣司《ぞうたいへいし》を任《ま》く」、これを受けての翌年二月の「大幣《おほみてぐら》を班《わか》たむ為に、馳駅《ちやく》して諸国の国造等を追《め》して京に入らしむ」、三月の「惣《す》べて幣帛《みてぐら》を畿内と七道との諸社に頒《わか》つ」という一連の『続日本紀』の記事が、「天皇即位したまはむときは、惣べて天神地祇祭れ。……大幣は三月のうちに修理ひ訖へしめよ」という神祇令一〇条の規定した即位惣天神地祇祭の実施例であることは、その表現などから推測して、明らかであるように思われる。この儀式が、文武元(六九七)年八月の文武即位から約四年後のことであったことが気になるが、これは、即位惣天神地祇祭において、大宝律を頒布するための計画された遅延だったのではなかろうか。『続日本紀』は、大宝二(七〇二)年二月の朔日のこととして、「始めて新律を天下に頒つ」とのべ、これに、右に引用した「大幣を班たむために……」の記事が続くからである。

ちなみに、通説は、右の惣天神地祇祭を即位天神地祇祭としてではなく、毎年の惣天神地祇祭たる祈年祭の記事とみなしてきた。私は、矢野建一氏の説に示唆を得て、

毎年の祭祀　　即位関連祭祀
毎年大嘗祭――毎世大嘗祭
祈年祭―――即位惣天神地祇祭

というような対応関係があったと考えるので〔矢野86六一頁〕、通説を一概に謬見とすることはできないけれども、しかし、通説は基本的には誤りだといわねばならない。何故ならば、この学説は神祇令一〇条を大嘗祭についての条文として理解する誤謬と不可分のものとして提起されているからである〔加藤優78六六頁以下、続紀1五〇頁脚註四、三三一頁補註九九〕。神祇令一〇条を大嘗祭に関する規定とする理解が誤謬であることは前記したが〔二九三頁〕、通説はこの謬見を前提とするが故に、大嘗祭とは別個に即位惣天神地祇祭なるものが存在したと考えることができず、大宝元(七〇一)年の惣天神地祇祭は祈年祭についての記事だと解するほかはなくなってしまっているのである。

いま一つ、前にのべたところの、持統の即位天神地祇祭に先だって、同じ年の正月に挙行された「班幣於畿内天神地祇」は、神祇令の定める月次祭《つきなみのまつり》の前身だったのではないかということをのべておきたい。畿内の天神地祇を祭神とするところの班幣の祭祀は、神祇令では、月次祭をおいて他には存在しないからである。たしかに、延喜式の段階では、新嘗祭もこれに数えられるが〔延喜四時祭式四四頁〕、神祇令では、第九条が、「祈年・月次の祭には、百官神祇官に集まれ。中臣、祝詞宣べ。忌部、幣帛班て」とのべるように、天神地祇に対する班幣の祭祀は祈年祭と月次祭の二つに限定されていたのであった。祈年祭と月次祭の親近性は、これらの祝詞からも明らかであった。月次祭の祝詞は、祈年祭のそれから、「御年の皇神等」「御年の皇神」への祈願の部分〔二八六頁のAの②③〕を除き、「天つ社・国つ社」への祈願の文章〔A①〕を月次祭にあわせて多少修正したものにすぎないからである。

(3)　毎世大嘗祭

毎世大嘗祭も新しい儀式であった。記紀における大嘗祭の記載状況は〔溝口89五七頁〕、先の惣天神地祇祭のそれと類似する〔ここで問題とするのはオホニヘであって、ニハナヒないしニヒナへの祭りは考慮の外である〕。神話的世界〔Ⅰ期〕の「大嘗」は、『古事記』において、天照大御神と履中天皇についてのみあらわれ――『日本書紀』神代では「新嘗」で、古訓もニハナヒであり〔西宮90二一六頁〕、オホニヘとは区別されねばならない。アマテラスの「嘗」の物語りについて、『古事記』が「大嘗」とし、『日本書紀』が「新嘗」とすることの意味は、後に考える〔三六二頁〕――、それ以後、五世紀末の清寧大王についての『日本書紀』の記事まであらわれない。しかし、この清寧紀二年一一月の「大嘗」の記事は、すでに指摘されているように、大嘗祭の記事としては信用することができない〔岡田精司83一〇頁、加茂87七三頁など〕。清寧についてはその国風諡号にも後世の改竄の跡が顕著であり〔三〇一頁〕、この大王の記事全般について、それらが史実を知るための史料価値をどれほど有しているのか、疑問なのである。そうすると、毎世大嘗祭の起源となる祭祀〔原毎世大嘗祭〕の確実な初見は、天武二〔六七三〕年二月の天武即位をうけての、同年一二月における「大嘗に侍奉《つかへまつ》れる中臣・忌部及び神官の人等、あはせて播磨・丹波二国の郡司、亦以下の人夫等に、悉に禄賜ふ」という記事まで下ることになる。要するに、毎世大嘗祭についても、Ⅲ期は天武朝に始まるのである。

もっとも、大嘗祭を構成する部分部分についてであれば、その成立は歴史を遡ることができるかもしれない。大嘗祭は、根子天皇に対する食物献上儀式と聖婚儀式の二つからなり、前者はさらに、贄(食料)の献上と饗(料理された食事)の献上の二つの要素を含んでいたが、このうち、服属儀礼としての贄献上は六世紀初頭まで遡りうる可能性がある。和田行弘氏は、六世紀初頭の安閑・宣化朝のころに全国にミヤケ(御宅や屯倉の漢字があてられ、王権の直轄領を意味する)が一挙に大量に設置されたこと、そのミヤケ分布が後年の悠紀・主基国の分布と一致すること、などの事実に注目され、「大嘗祭の成立は、この六世紀初頭に想定すべきであろう」と結論された〔79二五一頁以下、二六四頁〕。大嘗祭は多様なモメントの統一であるから、贄献上の一事をもって大嘗祭の成立を論ずることはできないが、大嘗祭を構成する一つのモメントである服属儀礼としての贄献上は、全国へのミヤケ設置を契機に成立してきたとする推論は、首肯しうるように思われる。

和田氏は、さらに、ミヤケ設置の際に、贄献上とともに、女の献上がなされたのではないかという推論を、記紀の闕史八代における天皇の婚姻記事を根拠としてなされているが〔79二六七頁〕、しかし、これは疑問であろう。すでに闕史八代の非実在が説かれているが〔井上65二六八頁以下〕、私も、闕史八代史は、天皇が在地首長の女たちとの婚姻を通じて、「天津日高日子」から「倭根子日子」へとメタモルフォーゼをとげていったとする律令国家時代の思想を表現するために、七世紀末の段階で創作された物語りだと考えるので〔三〇一頁以下〕、闕史八代史を根拠に、六世紀における聖婚儀礼の実在を推論することはできないように思われるのである。吉村武彦氏は、闕史八代史に加えて、允恭紀の次の件りを、「古代王権の一定の段階に新嘗祭において外婚制をともなう聖婚」の存在したことを示す一つの証拠とされたが〔85四頁、九頁〕、これも疑問のように思われる。

七年の冬十二月の壬戌《みづのえいぬ》の朔に、新室《にひむろ》に讌《うたげ》す。天皇、親ら琴撫《ひ》きたまふ。皇后《きさき》、起ちて儛《ま》ひたまふ。儛ひたまふこと既に終りて、礼事言《まう》したまはず。当時の風俗、宴会たまふに、儛ふ者、儛ひ終りて、則ち自ら座長《くらかみ》に対《むか》ひて曰《まう》さく、「娘子《をみな》奉る」とまうす。時に天皇、皇后に謂りて曰はく、「何ぞ常の礼を失なへる」とのたまふ。皇后、惶《かしこま》りたまひて、復《また》起ちて儛《まひ》したまふ。儛したまふこと竟《をは》りて言したまはく、「娘子奉る」とまうしたまふ。天皇、即ち皇后に問ひて曰はく、「奉る娘子は誰ぞ。姓字《かばね》を知らむと欲《おも》ふ」とのたまふ。皇后、已むこと獲ずして奏して言したまはく、「妾が弟、名は弟姫」とまうしたまふ〔紀上四四〇頁〕

これは、ニハナヒ（新饗）の神事の記事でも、オホニヘ（大嘗）の儀式の記事でもない。「新室の讌」とは、文字通り新築祝の宴のことではなかろうか。一方に、「天皇」の琴の演奏といい、「皇后」の舞といい、他の史料によって知られるニハナヒの神事、オホニヘの儀式との共通点が存在しないという事情があり、他方で、清寧紀と顕宗紀における新築祝の事をのべる件りの中に、「新室」の宴の際に琴の演奏や舞が行なわれた記事が見えるからである〔紀上五〇六頁、五一〇頁以下〕。新築祝の儀式における女献上が何を意味するのか判然としないが、これが、八世紀の大嘗祭における聖婚儀礼とは性質を異にするものであったことだけは明らかであるように思われる。大嘗祭の聖婚儀式の基礎にある聖婚神話は、天神御子・天皇とその正妻となるべき女との聖婚であり、そこから生まれたところの、父と母の呪能を二つながらに備えた子に天皇位を継承させていくという内容なのであるから、単なる女の献上は、大嘗祭の聖婚儀礼の起源などにはなりえようがないからである。大嘗祭の聖婚儀式の起源を、古くから行なわれたと想定される地方豪族から大王への采女の献上に求める見解もあるが〔岡田精司62三一頁以下〕、右と同様の理由で従いがたい。大化前代の采女は「人質的賦役の提供にあった」とされ〔磯貝58〕、八世紀の大嘗祭においても、采女は、根子天皇の相手をする造酒童女のごとき主役的存在とはかけはなれた、儀式の進行を援助する裏方にすぎない。そのような采女と大王の交わりが、大王位継承者の出産を目的とするような聖婚であったはずはないのである。後にのべるように、大化前代における、大王位継承者を出産するための聖婚は、王族内部の近親婚であり、記紀の神話的部分に登場するところの、天皇と他氏の女との婚姻を聖婚とみなすような思想は、八世紀の新思想なのであった（三三二頁以下）。

服属儀式としての御饗の献上と共食の儀礼も、新しいものであった。岡田精司氏は、記紀の御饗献上の記述を根拠として、大化前代における「服属儀礼としての食物供献」の存在を想定し、その儀礼が「大嘗祭の儀式の中に面影を留めている」（62一八頁、三七頁、傍点水林）というように問題を捉えられたのであるが、しかし、氏自身が注意されているように、服属儀礼としての食物献上の物語りは、仁徳天皇以前の神話的部分に集中し、史実ないし記述の対象となっている時代の観念を伝えていると思われる『日本書紀』人代史の部分には、そうした物語りが欠けているのである（岡田精司62一八頁）。いな、大化前代の史実ないし、史実とはいえぬまでもその当時の観念を語っているとみられる食事の提供と共食儀礼の物語りは、むしろ服属儀礼とは正反対のことを語っていることに注目しなければならない（高嶋89）。たとえば、著名な筑紫国造磐井の反乱に際して、磐井は中央からの使者の毛野に、次のようにのべたのであった。

今こそ使者たれ、昔は吾が伴《とも》として、肩摩《かたす》り肘触《ひぢす》りつつ、共器《おなじけ》にして同食《ものくら》ひき（継体紀、紀下三四頁）

〝今でこそ毛野は中央の使者として自分の前に現れているが、昔は同じ釜の飯を食うた友の間柄ではないか〟と磐井は言うのである。ここでは、「共器同食」は服属儀礼とは対蹠的な性質を帯びている。「伴」がしだいに「大王」への服属者に変質していくにしたがって、「共器同食」の意義も徐々に変化していったことが考えられるが、しかし、「共器同食」の友人関係形成的、同盟儀礼的意味――そしてそれは、後年の「一味神水」に通ずる宗教的な意味を帯びていた――は、服属儀礼としての食事献上の記述は神話的部分に集中するという記紀の記述様式や、推古死去をうけての新帝の決定にあたって、蘇我蝦夷が「群臣を聚《つど》へて大臣の家に饗《あへ》」し協議したという記事などから判断するならば（紀下二一六頁）、長く頑強に持続していったのではないかと思われる。

先にのべたように、『日本書紀』は天武二（六七三）年のこととして、播磨・丹波二国からの大贄献上のことをのべているのであるが、これが、悠紀・主基二国からの贄献上儀式の初見であり、おそらくは嚆矢であった。しかし、この「大嘗」も大宝令の定めたような毎世大嘗祭そのものではなかった。なぜならば、天武朝においては、悠紀・主基国による大王への贄献上の儀式が、右の他に、少なくとも天武五（六七六）年と六（六七七）年の二度にわたって挙行されているからである〔紀下四二六頁、四三〇頁〕。この祭祀は「新嘗」と記されているが、古訓はオホニヘないしオホヘであり〔西宮90二一七頁〕、ニハナヒないしニヒナヘの神事などではないことが古くから意識されていた。天武朝の時代には、畿外の在地首長層が王権に服属することを示すためのオホニヘの祭りも、一世一度には限られていなかったのである。

右の諸記事には、悠紀・主基二国からの贄献上のことは見えるが、御饗献上の儀式が行なわれた確証はないという問題も存在する。さらに、聖婚儀式が行なわれた確証もない。むしろ、これについては疑いが存在する。というのは、大嘗祭の聖婚儀式は、根子天皇がまさに「根子」として存在する根拠をなしたところの、神話時代において「日子」が「葦原」と「海原」の女たちとくり広げた聖婚の儀式化であり、この点で、令制下では毎世大嘗祭の前日に挙行されたところの、天照大御神の末裔ないしその現し身としての「天皇」の呪能の昂揚を目的とする鎮魂祭とワン・セットだったのであるが〔二二六頁以下〕、その鎮魂祭の初見記事は天武一四（六八五）年一一月条だからである。鎮魂祭については、その祭儀神話が記紀神代におけるアマテラスのイハヤト神話でのべられて以降、右の記事までたえて記されることがない。惣天神地祇祭、大嘗祭の例にならって判断するならば、天武一四年の鎮魂祭初見がその嚆矢であろう。そうだとするならば、これ以後に、鎮魂祭と一つづきの儀式として、大嘗宮の聖婚儀式が整えられた可能性が高いように思われるのである。

天武の大嘗祭の次は持統のそれであるが、この根子天皇は女性であるから――この女帝は、天武の後を襲うはずであった草壁皇子が死去し、やがて皇位につくべき軽皇子（後の文武根子天皇）もまだ若年で即位ができないという事情によって、やむをえず中継役として登場した〔河内86六七頁以下〕——大嘗祭にあたって聖婚儀式があったとは到底考えられない。こう考えてくるならば、『古事記』が想定しているところの、大贄・御饗献上と聖婚の諸儀式を統一したところの毎世大嘗祭の確実な嚆矢は、文武根子天皇以降ということになろう。文武の即位儀は六九七年、大嘗祭は翌六九八年、大宝令七〇一年、『古事記』七一二年、文武の次の男帝の聖武の即位儀と大嘗祭は七二四年、というように関連事項を年表風に並べてみると、毎世大嘗祭の嚆矢は、早ければ文武、遅くとも聖武のそれであったことが知られる。『続日本紀』は大嘗祭の詳細を伝えないので、そのいずれであったかの確証は得られないが、大宝神祇令に直接に連なる践祚と即位惣天神地祇祭が持統四（六九〇）年には挙行されていたこと、天武一四（六八五）年には、聖婚儀式と対をなす鎮魂祭の挙行が確認されること、などの諸事実を総合するならば、すでに、『古事記』が想定しているような毎世大嘗祭のあり方は、思想としては、持統即位の段階で成立し、完成された毎世大嘗祭の嚆矢は文武のそれであったと考えるのが自然であろう。

(4) 皇位就任儀式体系の成立

総じて、律令国家の皇位就任儀式体系は、持統四（六九〇）年の持統即位の時に成立したのであった。そして、その前年の六月には浄御原令が成立・班賜されたのであるから、持統の行なった皇位就任諸儀式は浄御原令に規定されており、その実施として挙行されたのであろう。そして、その諸儀式は文武以降のそれと大差のないものであったらしいので（一八〇頁）、浄御原令の皇位就任祭祀体系の規定も、大宝神祇令ないし養老神祇令のそれとほぼ同様のものであったと想定されるのである。

私は、右の事実とともに、浄御原令は天武一〇（六八一）年二月の詔で編纂が開始されたこと、同年翌月には「帝紀および上古の諸事」（後年、記紀となって結実するもの）を「記し定む」ことを命ずる詔が発せられたこと、それを「大嶋・子首、親ら筆を執りて以て録」したと伝えられること、浄御原令の班賜から遅れることわずか二か月、持統三(六八九)年の八月に、「百官、神祇官に会集《まうごなは》りて、天神地祇の事を奉宣《のべたてまつ》る」ことが行なわれたこと、などの諸事実に注目したいと思う。最後の「天神地祇の事を奉宣る」ということについて、日本古典文学大系『日本書紀』の頭註は「何のための会集か未詳。あるいは新令施行の報告、または神祇官の改組に関係あるか」としているが、私は、歴史の全体の流れから、浄御原令の編纂とともに開始された「帝紀および上古の諸事を記し定める」事業、かの『古事記』序文が、天武天皇の命令として記す「帝紀を撰録し、旧辞を討覈し、偽を削り、実を定める」事業が――後年、『古事記』序文が、その事業について「しかれども、運《とき》移り世異《かは》りて、いまだその事を行ひたまはざりき」とのべてはいるけれども――、一応の実を結び、その神話的部分(「天神地祇の事」)が「神祇官」――これはこの言葉の初出で、それまでは「神官」と記されていた(紀下四九九頁頭註二八)。このことは、この時に、神話・祭儀とともに、そのことを司る機構そのものも一新されたことを示唆する――において、百官の前で宣られたことを示すものではないかと考える。そして、それは、二か月前に公にされたばかりの浄御原神祇令が規定し、翌年にそれを法源として挙行の予定されていたところの持統の即位関連諸祭祀の意義を、百官人に宣明することを目的としていたように思われるのである。その儀式体系は、後に大宝と養老の神祇令が規定した儀式と同様のものであったのであるから、その意義を語ろうとした神話は、当然に、後年の『古事記』神話に直接に連なるものであり、原『古事記』とよぶにふさわしいものであったはずである。原『古事記』は、「大嶋・子首」らによって書き記されたものとしてあり、六八九年の八月に、「奉宣」という形式で、百官人の前に姿をあらわしたのである。「帝紀および上古の諸事」の「記定」の勅命から七年後のことであった。前引の天武一二(六八三)年春正月の詔における「倭根子天皇」の文字の出現、天武一四(六八五)年の鎮魂祭の開始などは、かかる神話編纂の歩みの一里塚だったのではなかろうか。そして、『日本書紀』神代の各段落に見られるところの、かの、『古事記』にきわめて近似した内容の諸一書こそは、この原『古事記』だったのではなかろうか。

3　毎年大嘗祭

毎年大嘗祭も、思想としては原『古事記』編纂の過程で成立し、その完全な実施（大贄・御饗献上と聖婚儀式）は文武朝からであった。

この祭祀を、悠久の太古から伝えられたところの、人が神に贄・饗を献上し、その後に、それを人が食して精力を昂揚することを目的としていた神事としてのニハナヒないしニヒナへのごとくにのべる学説がほとんど異論のない通説として普及しているが、それが誤りであることはすでにのべた（二六五頁以下）。この祭祀は、①「地」の世界から「天」の世界へ外来王としてやってきた天照大御神に対して、「高天原」の神々が大贄・御饗を献上して服属した物語りと、②天照大御神の子の天忍穂耳命が高御産日神の女と聖婚して、「高天原（裏）」世界に連なる「日子」を生むことになる物語りを祭儀神話とするものであり、祭式としては、①天照大御神の「営田」の後身と観念されたところの、畿内豪族層の根子天皇への寄進田としての「御田」の稲などを根子天皇が食する儀式と、②根子天皇が高御産日神の女の姿が投影された妻と共寝する儀式の二つから構成され、かかる毎年大嘗祭の意義は、根子天皇が「天皇《ひこ》」としてのモメントを更新することにあったのであるが――これに対して、根子天皇の「根子」としてのモメントを更新するのが毎世大嘗祭であった――、ここでのべたいのは、②の聖婚の儀式とその祭儀神話が、文武に始まる根子天皇の新しい婚姻方式に照応するものであったことである。

天忍穂耳命の聖婚物語を祭儀神話とする毎年大嘗祭の聖婚儀式が成立するためには、どうしても、根子天皇と妻とは異なった血筋に属する存在でなければならない。なぜならば、根子天皇は「地」の神として誕生して昇天した天照大御神の所有物に化成したところの、「高天原」の血をもたない天忍穂耳命の現し身として、妻は天忍穂耳命と聖婚した「高天原」の女たる万幡豊秋津師比売の現し身として聖婚儀式を挙行するのだからである。しからば、根子天皇の婚姻とは、実際にはどのようなものであったのか。この問題を古代における王位継承法の問題の一部として究明された河内祥輔氏の研究〔80 86〕を参照するならば、右のごとき聖婚儀式に適合的な根子天皇の婚姻が始まるのは、男帝としては初代の根子天皇の文武（この前が女帝持統根子天皇）からなのであった。

河内氏の研究を私なりに咀嚼するならば、六世紀に典型的な形で見出され、七世紀末まで持続したところの、当時の人々によって理想型と観念されていた大王位継承は、次のごとくであった（図27参照）。大王（②a）は異母姉妹の王女を正妻として王子をもうけてこれに大王位を継承させ（③、正系継承）、臣下の氏の女を娶って王女をもうけて、これを大王（③）の正妻にさせる。王子（③）が幼少で即位できないうちに大王（②a）が死去するようなことがあれば、大王（②a）から大王（③）への正系継承実現までの中継ぎとして、氏女を母とする男子が大王位を継承する（②b、妾系継承）。子々孫々に大王位を継承させうるのは正系大王であり、この意味で、正系は直系継承を生みだす（①→②a→③→④）。

【図27】 大王の婚姻と大王位継承の理念型

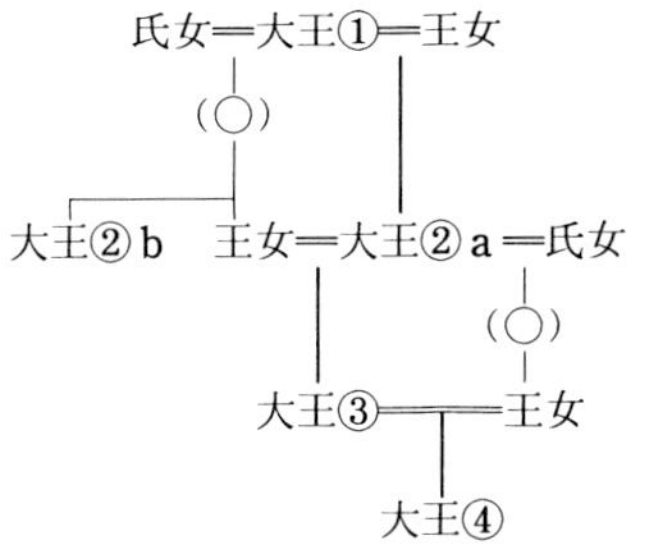

註 王女には，大王と氏女の女の場合（○を経由せず）と孫女の場合（○を経由）の二つがある．

妾系継承者は、以後、王統を形成しない（②bで止まる）。ただし、正系が絶えれば、新たに、いずこかの妾系から皇統を起さねばならない（正系、妾系は水林の造語である）。その時、氏の利害がからんで、壮絶な殺戮戦が展開する――。以上のような河内氏の研究が明らかにした事実をふまえて、私は、すでにのべたところの、群臣が王位継承者を決定し、レガリアを奉上したとする『日本書紀』の記述が、多く妾系の大王についてのものであることに注目したいと思うが、それはともかくとして、右のような大王の婚姻と大王位継承の規則は基本的に天武まで続いたのである（図28のA、a①）。

しかし、文武からは根本的な転換が生じたのであった（図28のB）。文武は藤原宮子以外にも二人の氏の女を妻としていたが、皇女を妻とすることがな

【図 28】 大王・天皇の親族関係(7世紀後期～8世紀前期)

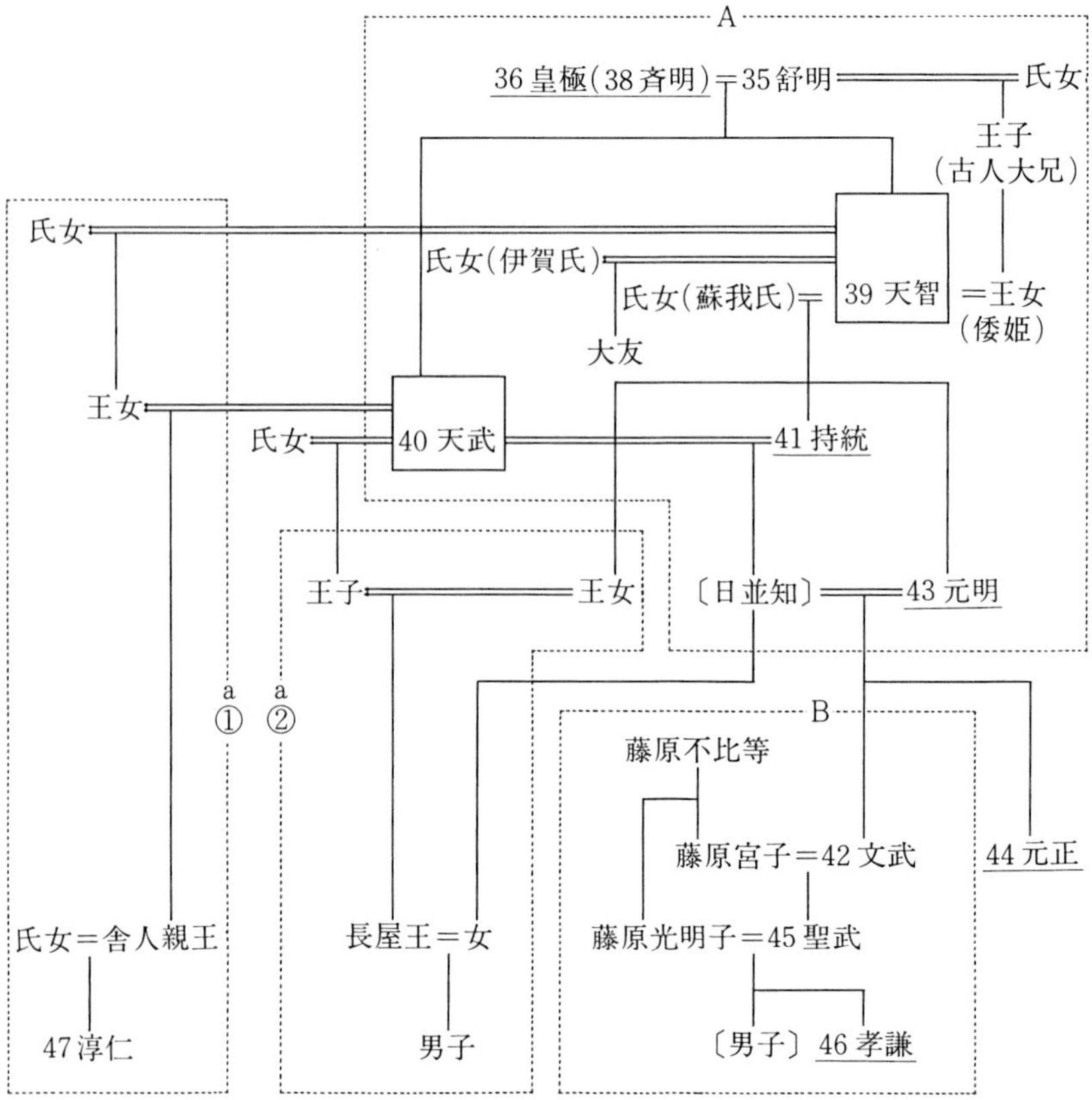

註 ①二桁数字を冠した人が歴代天皇で，数字は『日本書紀』にしたがって神武を初代とした時の番号.

②下線を付した天皇は女帝.

③〔 〕内は，本来ならば皇位につくはずであるが，早世したために天皇にはならなかった人物.

く、皇位はやがて宮子との間に生まれた聖武に伝えられた。元明、元正は聖武が若年のための中継ぎの根子天皇であったが、先帝（文武）の母（元明）や姉（元正）が中継ぎになることも、かつての大王位継承には存在しなかったことである。聖武についても、旧来の婚姻と大王位継承の規則の実現を意図するならば、たとえば元正との婚姻が考えられてよいのであるが、その道をあえて塞ぐかのように、聖武（首《おびと》）の立太子の年に未婚女性元正の異例の即位となり〔河内86七〇頁、一〇〇頁註25〕、その翌年に聖武（首皇子）と藤原光明子との結婚となった。さらに、かつての大王位継承法に従えば、聖武およびその系統よりも、天武と天智の王女から生まれた舎人親王や、天武の王子と天智の王女から生まれ、日並知《ひなみし》（草壁）の女（事実上の王女）を妻とした長屋王の方がはるかに文武の継承者として適格であることは明らかであるが（図28のa①とa②）、前者に対しては、養老三（七一九）年に首皇子の皇位継承に協力すべきことを命じた詔勅がだされ〔続紀養老三年十月条〕、後者は、周知のごとく、天平元（七二九）年の長屋王の変によって滅ぼされることになる。要するに、かつての大王婚姻と大王位継承の規則の転換が、文武根子天皇の時から、不抜の意思をもって、追求されているのである。

この転換をおしすすめる最初の主体となったのは、持統根子天皇であった。文武元（六九七）年、文武わずか一四歳の時の藤原宮子との婚姻は、同じ年に根子天皇の位を禅譲した持統の意思であったに相違なく〔続紀文武元年八月条〕、新秩序の構想は持統にまで遡ることができる。しかし天武にはおそらく遡りえない。天武・持統夫婦の男子で早世しなければ当然に天武の後を襲ったはずの日並知王子は、天武治下六八〇年代初頭のころに、旧来の婚姻規則に従って王女（天智の女、後の元明根子天皇）を妻としているからである。日並知は持統三（六八九）年四月に没し（享年二八歳）、やむをえずその翌年の持統即位となるわけであるが、もしも日並知が没することがなかったならば、当然にこの人物が皇位を継ぎ（持統は称制のままおわる）、新たに藤原の女を妻に迎え、完全な毎年大嘗祭も挙行されるというシナリオが、持統の頭には描かれていたのではなかろうか。しかし、それは日並知の死によって阻止され、根子天皇とその妻（藤原の女)とが演じた毎年大嘗祭の嚆矢は、文武根子天皇のそれとなったのである。

4　記紀神話六世紀成立説批判

記紀神話は、これまで、一括されてその骨格は六世紀に成立したとされてきた〔津田13一四九頁以下、19二二七頁以下、48六七一頁以下〕。むろん、「神代史の最初の形」の成立(六世紀)以降の様々の変化も当然に考慮されているのであるが、しかし、その骨格は六世紀における最初の旧辞において成立したとされ、その後の異本の派生、天武朝史局の整理、『古事記』の撰、『日本書紀』の完成という記紀神話の形成史は、原型の「潤色」過程にすぎないと考えられてきたのである〔井上72一三五頁〕。

しかし、本稿および第二部全体を通じて問題とする『古事記』と『日本書紀』の異質性と、右にのべた『古事記』の政治思想の新しさの検証をふまえるならば、津田以来の通説は成立しがたいように思われる。少なくとも、和銅五(七一二)年の『古事記』ないしその直接の前提をなすところの、持統三(六八九)年の原『古事記』は、それ以前の神話の「潤色」などというなまやさしいものではなかったと考えられるからである。

ここであらためて、『古事記』的政治思想の新しさという議論を導くための重要な論拠とした歴代の大王と天皇の国風諡号表(表25)を参照されたい。『古事記』の時代の国風諡号に、『古事記』の政治思想の核心を語る「根子」が含まれていることに注目し、かかる諡号と神話との関連を前代の大王にもおし及ぼして、歴代大王の国風諡号から、それぞれの時代の神話の理念を推測しうると仮定するならば、次の二点が注目されよう。

第一は、すでに折にふれてのべたことであるが、七世紀後半期の孝徳から天武までの計四代の大王の国風諡号に「天」の文字が見えること、少し遡って、六世紀末用明以降斉明にいたるまで、「日」の文字が見えること、そして、これらの大王には、八世紀前半期の国風諡号に付せられた「根子」のごとき、「地」の世界の権威を語る文字が見られないことである。この事実をふまえつつ、本稿において断片的にではあるが言及する機会をもった『日本書紀』の諸一書などを想起するならば、七世紀の神話は、『古事記』的政治思想とは対蹠的な、「天は尊く地は卑し」という思想に貫かれていたのではないかと想像される（三〇二頁表25参照）。

第二は、六世紀前期の安閑から国風謚号が始まることである。安閑とその次の宣化の大王在位は、ともに四年ほどできわめて短期であり、次の欽明が在位三〇年をこえる大王であったこと、〈安閑→宣化→欽明〉の国風謚号が〈国押→国押→天国排開〉という一つの物語りを想像させる展開を見せていることなどから、私は、国風謚号は欽明朝において、二代前の安閑に遡る形で成立したと考え〔川口77二八頁〕、それ故に、まとまった神話の成立もまさに欽明朝においてであろうと推測するのであり、この点に限っていえば、津田説以来の通説と結果として一致するのであるが、しかし、国風謚号の内容からは、最初の神話は、記紀とはかなり異なった、「国」の征服に始まって（国押）やがて「天」の征服（天国排開）にも及ぶところの、「国」の次元の物語りを中心としたものだったのではなかろうか。

以上のように考えることができるならば、六世紀欽明朝における最初の体系化に始まり、和銅五（七一二）年の『古事記』と養老四（七二〇）年の『日本書紀』に至る日本神話の歴史は、原型の成立とその潤色などという牧歌的な道程なのではなかった。世界観の転回を幾度も含む歴史であり、その基底には、国家のあり方をめぐる激しい矛盾と闘争の存在したことが想定されるのである。

『古事記』ないしその前提をなした原『古事記』は、七世紀の末に、それまでの神話を否定して成立した新しい時代の物語りであった。『古事記』は、断じて、古き事を記した書物なのではない〔梅沢62 76 88ａｂ〕。むしろ新しき事、いな、新しく実現さるべき事を記した書物なのである。七世紀末から八世紀初頭にかけての王権、すなわち律令国家成立期の王権にとってのSollenをはるかなる古におけるSeinとして擬古的に語った書物、それが『古事記』なのであった。

『古事記』独特の日本語も右のことと関係があるように思われる。『古事記』の日本語は、『日本書紀』の漢文体とは異質な、表意漢字（正訓字）と表音漢字（音仮名・訓仮名）とを混用するところの、一般に変体漢文とよばれる独特の和文表記法によっているのであるが、これは、宣長を始めとする後代の人々を見事に「欺く」ことに成功したように、新しい思想を擬古的に語るための計算された技法だったのではなかろうか。当時の官人たちが読み書きする公式の言葉は漢文体であった。律令という法形式は中国の産であり、藤原京・平城京は中国の都城に似せて作られた異国的世界であった。こうした中国文化の圧倒的流入の中で、物事を外国文化との交流のなかったはずの古のこととして語ろうとするならば、「上古の時は、言《ことば》と意《こころ》とみな朴《すなほ》にして、文を敷き句を構ふること、字におきてすなはち難し」（昔は言葉もその意味もみな素朴であったから、これを漢文で表現するのは困難である、の意）という自然な感覚を基礎として、中国語形式の日本語から脱却しようと志向するにいたることは、十分に諒解できることである。それは、カラー映像の支配的な世界にあって、物語りを古のこととして描こうとする映画監督が、好んで白黒の映像を作ろうとする試みに似ている。しかし、外見の古さから外見の古さを一つの技術としたことの新しさを看過してはならない。さらには、外見の古さから内容の古さを連想するようなことがあってはならない。古色蒼然はただ表層のことだけで、古色蒼然の趣をかもしだす技術と、それによって語られた思想とは、明らかに新時代のものであった。

三　神々の体系　人々の秩序

1　天照大御神と高御産日神　天智と藤原鎌足

文武と聖武という八世紀前半期の二人の男帝の妻がともに藤原不比等の女であったという前記の事実は、文武に始まったと推定される毎年大嘗祭における聖婚儀式の映像と相まって、藤原不比等こそは、かの高御産日神の子孫にしてその現し身として観念されていたのではないかという推論へ、我々を誘う。すなわち、文武や聖武は天忍穂耳命、これらの妻たちが万幡豊秋津師比売《よろづはたとよあきづしひめ》に擬せられているとすれば、妻の父の不比等は高御産日神ではないかという推論が、ごく自然に生じてくるのである。

そのように考えたのは、たとえば上山春平氏であった。氏は、記紀神話と八世紀初頭の現実との間には、次のような対応関係が存在するとされた（表中のタクハタチヂヒメは『日本書紀』に登場する姫で、『古事記』の万幡豊秋津師比売に相当する）〔上山72一七五頁、なお梅原80上五九頁参照〕。

アマテラス	元明
タカミムスビ	不比等
アメノオシホミミ	文武
タクハタチヂヒメ	宮子
ニニギ	首皇子（聖武）

しかし、この推論は誤りだと思う。藤原氏と高御産日神とを重ねあわせることを含めて、神話と現実とを二重映しにする観念は、たしかに八世紀の朝廷に存在したように思われ、その点を鋭く指摘された上山氏の一連の研究は記紀神話研究と八世紀政治史研究の両面で重要な意義を有したと思うけれども、しかし、右の対照表それ自体には疑問を感じざるをえないのである。

第一に、ここでも記紀が同一のものとして扱われ、アマテラスは女神とされた上で、女帝元明に対応するとされているわけであるが――記紀を同一物として扱う方法がそもそも疑問であるがそれはさておくとして――、『古事記』に即してみれば、天照大御神はおそらく男神であり（二七一頁以下）、この点で、この神と元明とを、女性であるということを理由に照応させることには問題があることである。第二に、聖武も不比等の女の光明子との間に生まれた皇子を後継者にしようとしていたのであるから、天忍穂耳命を聖武に、万幡豊秋津師比売を光明子に擬することも考えねばならないわけであるが、この場合に、上山氏の論理を適用すると、聖武の母の宮子が天照大御神という奇妙な結

【図29】 神々と人々の照応関係①

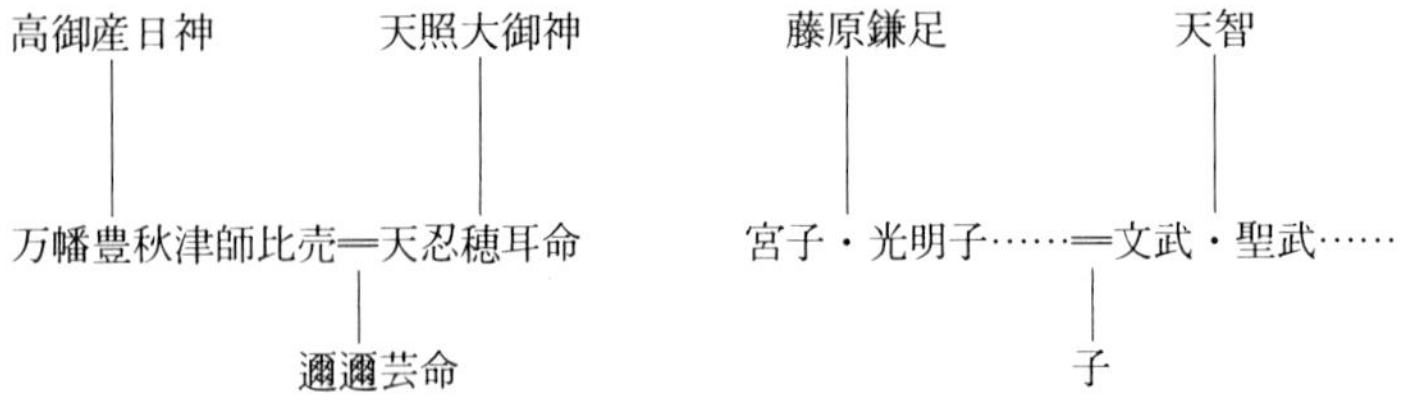

論が導かれてしまうことである。第三に、元明は明らかに首皇子が成人して皇位を継承しうるようになるまでの中継ぎの根子天皇であったのであるが、そのような天皇が特に天照大御神に擬せられていたとは考えがたいことである。

結論として、私は、『古事記』神話と八世紀の現実との対応関係を、図29のごときものとして考えている。まず、天照大御神と二重映しにされた天皇は、天智であったように思われることである。八世紀初頭の観念によれば、代々の根子天皇は、まさに「天皇」として、天照大御神の現し身としての性質を有していたのであるが、天智と天照大御神の二重映しには、さらに特別の意義が付加されていたのではなかろうか。持統から文武へ、文武から元明・元正をへて聖武へという皇位継承が、天智の定立した「不改常典《かはるまじきつねののり》」によると観念されていたことが、そうした推論を導くのである。「不改常典」のことは、まず慶雲四(七〇七)年七月の元明の即位宣命において語られた(括弧内は水林が補ったもの)。

関《かけま》くも威《かしこ》きa藤原宮に御宇《あめのしたしらしめ》しし倭根子天皇(持統)、丁酉の八月に、此の食国《をすくに》天下の業を、b日並所知《ひなみし》皇太子(草壁皇子)の嫡子、今御宇しつる天皇(文武)に授け賜ひて、並び坐して此の天下を治め賜ひ諧《ととの》へ賜ひき。是は関くも威きc近江大津宮に御宇しし大倭根子天皇(天智)の、天地と共に長く日月と共に遠く不改常典《かはるまじきつねののり》と立て賜ひ敷き賜へる法を、a受け賜り坐して行ひ賜ふ事と衆受け賜りて、恐み仕へ奉りつらくと詔りたまふ命を衆聞きたまへと宣る

〔続紀宣命第三詔〕

ここでは、持統から文武への皇位継承が、持統から日並知の嫡子としての文武への皇位継承にほかならぬことが強調され、そしてそのことが、天智の定立した「不改常典」に則

ったものだと主張されている。その後、皇位は〈文武→元明(文武の母)→元正(文武の姉)→聖武(文武と宮子の子)〉というように継承されたわけであるが、本来の継承の線は〈文武→聖武〉で、元明・元正は中継ぎにしかすぎなかった。そして、かかる皇位継承もまた、「不改常典」に依っているのだとされた。これについては、神亀元(七二四)年二月の聖武の即位宣命に引用された元正の詔(そこでまた元明の詔が引用されている)が次のように語っている(括弧内は水林が補ったもの)。

(元正根子天皇、詔りたまはく、)「(文武根子天皇は、)みまし親王《(聖武)》の齢の弱きに、荷重きは堪へじかと念し坐して、皇祖母《すめみおや》と坐し掛けまくも畏き我皇天皇《(元明)》に授け奉りき。此に依りて、(元明根子天皇は)是の平城大宮《ならのおほみや》に現御神と坐して、大八嶋国知らしめして、霊亀元年に、此の天日嗣高御座の業、食国天下の政を、朕《(元正)》に授け賜ひ譲り賜ひて、教へ賜ひ詔り賜ひつらく、『挂けまくも畏き淡海大津宮に御宇しし倭根子天皇の、万世に不改常典と立て賜ひ敷き賜へる法の随に、後遂には我子《(聖武)》にさだかにむくさかに、過つ事無く授け賜へ』と負《おほ》せ賜ひ詔り賜ひしに、……」〔続紀宣命第五詔〕

要するに、元明の代になってしきりと、天智の「不改常典」に従って、皇統は〈持統→文武(日並知嫡子)→聖武〉であるべきことが強調されるようになったのである。ただし、天智が真実、そのような法を定立していた可能性は低く、元明が天智の名をかりて語った偽作の可能性がきわめて濃厚である。しかし、まさにそうであるが故に、天智は、元明朝の人々にとって、歴代の「根子天皇」の中でも格別に重要な特殊な権威として意識されていたともいいうるのである。「不改常典」問題は、定まるところを知らず様々の学説が錯綜する難問中の難問の一つであり、本稿はもちろん深くは立入れないのであるが(研究史については、続紀1補註4二参照)、現在のコンテクストの要請と、後述の『古事記』編纂の歴史的意義の理解にとって欠くことができないので、ここで最小限のことだけはのべておかねばならない。

(1) 元明が「不改常典」によって正当化しようとした皇位継承は、元明即位や元正即位を含まず、〈持統→文武〉

〈第三詔〉と〈文武→〈元明・元正〉→聖武〉〈第五詔〉の二つだけであった。しかし、この二つは等しい重さを有していたのではなく、究極の目的は後者におかれ、前者はその前提としてもちだされたものにすぎなかった。〈持統→文武〉の皇位継承の正当性を語った第三詔は、文武即位時の宣命ではなく、文武の死去にともなう元明即位の宣命であることに注意しなければならない。元明即位は、第五詔が語るように、聖武〈文武の子、元明の孫〉がまだ幼少のために即位できなかったための非常措置であったから、元明即位の時にこの女帝の脳裏にあったのは——そのことが第三詔で明示的に語られているわけではないけれども——、元明即位を将来の聖武即位への布石として位置づけることであった。皇位は他の系統〈たとえば舎人親王や長屋王〉に移るのではなく、文武の系統〈端的に文武の子である聖武〉に受け継がれるべきことが内心で目論まれつつ、第三詔では、その前提として、〈持統→文武〉の皇位継承の正当性だけが語られているのである。したがって、〈持統→文武〉の皇位継承の正当性を語る第三詔の論理は、実は〈文武→聖武〉の皇位継承の正当性の論理を準備するものとして理解しなければならない。

(2) 第三詔においては、〈持統→文武〉の皇位継承の根拠は、文武が日並《ひなみし》知皇太子の「嫡子」であることに求められている〈b〉。すなわち、皇位継承の規範として嫡系継承の原理が自明の前提とされ、かかる原理は天智の「不改常典」の定立したものであり〈c〉、持統はこの法の適用として、文武へ譲位したこと〈a〉、がのべられているのである。しかし、この宣命の意図するところを理解するためには、さらに、この即位宣命の宣布の直前に、日並知皇太子は「国忌」に入れられ、天皇に準じた存在とされたことを知らねばならない〈続紀慶雲四年四月庚辰条、続紀1補註2一六一参照〉。それ故、文武への皇位継承は、〈持統→文武〉ではなく、〈日並知→文武〉の嫡系継承として観念されているということができる。

(3) 嫡系継承は、父から子への継承としての直系継承の一特殊形態で、父から「嫡子」という特別の子への継承を意味した。この原理は、臣下について、大宝令・養老令が明確に規定していた。これによれば、「嫡子」とは、①地位の継承者として定められた子、または、②「嫡妻長子」（「嫡妻」は今日の正妻の意味で一人に限られる）のことで〔律令、継嗣令2条頭註二八一頁〕、特別に支障のない限り、①は②たるべし（すなわち嫡妻長子が地位の継承者）とされていた。しかし、「嫡妻長子」に何らかの支障があれば、「嫡孫」（嫡妻長子の嫡妻長子）、「嫡妻長子」の「同母弟」、「庶子」（非嫡妻の子）…という順序で地位が継承さるべきものとされていた〔継嗣令2条〕。

令は、天皇が臣下に対して臣下の行為の準則を示したもので、天皇は令を超越した存在であるが、天皇家についても同様の考え方を適用すれば――そして、そのような観念が実際に存在したと思われるのであるが――、①は「皇太子」、②は天皇の嫡妻たる「皇后」〔公式令皇后条、釈および義解〕の長子ということになり、「皇太子」は原則として「皇后」の長子たるべしということになる。それが何らかの事情で成立しがたいとき、臣下の地位の継承順位にならって、皇位継承者が定まっていくということになろう。これは、明らかに大王位継承原理とは異なるものであった。大王位継承法では、被継承者の正系・妾系の兄弟継承が認められたが、嫡系継承法では兄弟継承一般が否定されている。また、大王位継承法では、原則として妾系は王統を子々孫々に伝えていくことができなかったが、嫡系継承では、正系（嫡妻子孫）の欠如という条件のもとにおいてではあるが、これが原理的に承認されている。

(4)　元明の即位宣命（第三詔）ののべる通り、〈日並知→文武〉は全く問題のない理想的な嫡系継承であったが（元明は実質上、皇后）、〈文武→聖武〉が嫡系継承たりうるか否かは、朝廷の人々の以後の努力にかかっていた。何故ならば、前記のごとく、聖武は文武と藤原宮子との間に生まれた子で、その宮子は「皇后《おほきさき》」（嫡妻、正妻）ではなく、「夫人《おほとじ》」という名称の妾妻（諸王・諸臣の出の公式の天皇妻であるが、位階三位以上の臣下で定員三人）〔後宮職員令〕であったからである〔続紀文武元年八月条〕。そのような聖武を嫡系継承者とすべく、様々の努力がなされた。第一に、文武は皇女を妻としなかったことである。皇女を妻としたからといって、直ちにこれが「皇后」になるのではない。皇女妻も、立后して「皇后」とならなければ、「妃《きさき》」という名称の妾妻（位階四品以上の臣下）にすぎない。しかし、「妃」は「夫人」よりも

【図30】　正系継承と嫡系継承の概念図

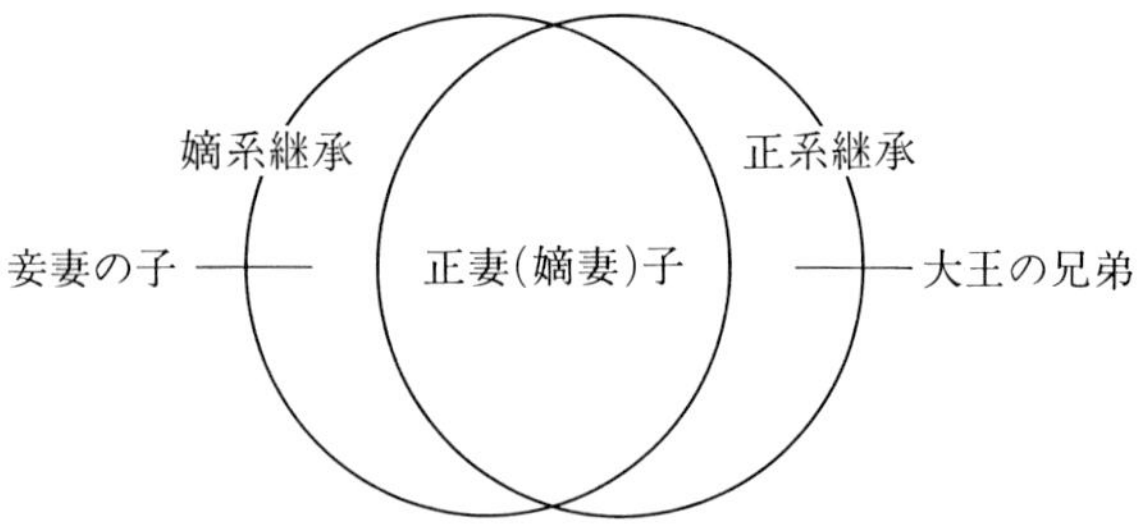

上位者であり、かつ、七世紀末まで妥当していた大王位継承法を想起するならば、聖武を嫡系継承者とするためには、皇女の妻をもたないことは、必須の措置であった。第二に、文武は宮子以外の妻をわずか二人（いずれも他氏の女）にとどめ、その地位も「嬪《みめ》」（諸王・諸臣の出の妻で、「夫人」の次順位に位置する四位、五位の臣下）〔後宮職員令〕にとどめたこと〔続紀文武元年八月条〕、そして、首《おびと》が健康に育って立太子を無事迎えられることのはっきりしてきた時に、その二人の妻から「嬪」の称号を剝奪したことである〔続紀和銅六年十一月条〕。この二人はもはや妾妻ですらなく、文武の妻といいうるものは、宮子「夫人」一人となったのである。「夫人」は「皇后」（嫡妻、正妻）ではなく、妾妻にすぎないが、文武の妻は宮子一人という条件のもとでは、宮子の長男子の首は当然に文武の嫡系継承者となるのである。

(5)　元明のいうところの「不改常典」とは、以上のごとき嫡系の皇位継承法のことであったが、かかる法を、元明のいうごとく、天智が定立していた可能性は存在するであろうか。かりに天智がこれを定めたとするならば、それは、先にのべたところの、六世紀以来の大王位の正系直系継承原理の廃棄を意味する。念のために、正系継承原理と嫡系継承原理の意義の相違を再確認するならば図30のごとくであるが、かかる正系継承原理から嫡系継承原理への転換を天智が行なった可能性はあるのであろうか。

可能性がないわけではない。周知のごとく、天智が晩年に、実弟の天武（大海人）を大王位継承者からはずし、伊賀氏出身の妾妻との間で生まれた大友に大王位を継承させようとしたからである。大王位継承法に従えば、当然に正系の天武（大海人）が位を継承しなければならないが（王女で天智の正妻であった倭姫には王子が得られなかった）、それをあえ

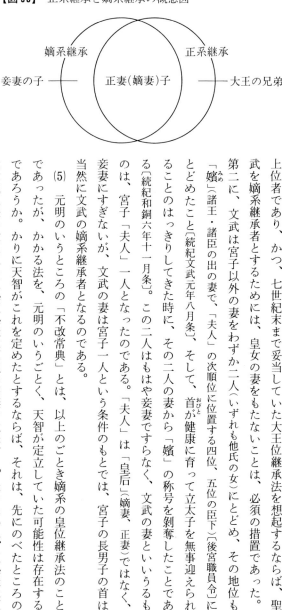

て否定して、大友を次期大王としようとしたことは、天智が、正系継承原理を否定して嫡系継承原理を創造したとも解釈できるからである。しかし、原理の転換ないし新しい法の定立は、王の一時限りの恣意的な命令とは区別されねばならない。天智の大友後継指名は、個人的愛情から発する恣意的なものとも考えうるのである。真実はそのいずれであったのか。私は、一時限りの、理念なき恣意的命令であった可能性が高いと考える。何故ならば、正系継承原理から嫡系継承原理への転換を意識的におしすすめたことの明らかな文武以降の朝廷が、そのために、すでに文武の婚姻に即してのべたような長期にわたる計画的な政策実践と、原理の転換を正当化する理念の創造（皇后は天皇とは異なる血筋の女でなければならないことを説いた『古事記』神話）を行なったところから見ると、王位継承という問題領域における法ないし原理の転換のためには、そうした大きな努力が必須であったと思われるのであるが、天智の大友後継指名には、そのような努力、特に理念（神話）の創造の形跡が認められないからである。むしろ天智がほとんど全生涯を通じて達成しようと努めていたのは、敏達大王における正系直系の断絶（敏達と妻推古の子の竹田王子の死）以来の正系直系王統の未確立の中で、いかにして自分自身が、所与の大王位継承原理の枠内で、正系直系の再興者たりうるかということであった〔河内86四六頁以下〕。天智は、原理の次元では、明らかに古い世界に帰属していた。

私は、「不改常典」について、およそ以上のように考えている。要するに、天智の定立にかかる「不改常典」などは存在しなかったと思われるのである。それは、端的に、文武から聖武への皇位継承を、元明が、天智の権威をかりて正当化しようとしたものであった。しかし、まさにそのこと、すなわち、新しい法が擬古的に天智の名において語られたということが、この文脈では重要なのである。元明朝の人々にとって、歴史の直接の起点は天智なのであった。

八世紀初頭の朝廷の人々の主観において、格別に重要な「天皇」は天武であったという見方が根強く存在している。たとえば神野志氏は、『古事記』成立史における持統朝の重要な客観的意義を強調しつつ、安萬侶をはじめとする中央貴族層の主観的意識においては、天武がその真実の姿以上に、巨大な者として存在し、圧倒的権威として存在していたことを語った〔83二五頁以下〕。しかしながら、これまでの考察は、文武朝以降の八世紀の朝廷人にとっての権威は天武ではなくして天智であったことを示している。神野志氏は、和銅五(七一二)年の安萬侶にとって、天武が格別の権威であったことの論拠として、『古事記』序文が天武の「帝紀の撰録」「旧辞の討覈」の勅命を語り、持統について何事も語らぬことをあげるが、これまでの考察から推論すれば、安萬侶の天武への言及は、『日本書紀』天武一〇(六八一)年三月条の記すところの、『古事記』編纂の起点としての「帝紀と上古諸事」の「記定」の勅命という事実に言及したものにすぎないのではなかろうか。天武の権威とは、神野志氏がそれを、持統朝の時代の宮廷歌人の歌に即してのべたように、持統朝に固有の事柄だったのではなかろうか。

しからば、八世紀初頭の根子天皇やその周辺の人々にとって、何故に天智が格別の権威たりえたのであろうか。その理由はいくつか考えられる。第一に、それ自体は嫡系継承原理の定立ではなかったであろうが、しかし、後年、そのような措置であったと強弁されかねない行為、すなわち天武(大海人)の排除と大友後継指名を天智が行なっていたということである。第二に、文武や元明がその正当化を課題としていたところの、〈文武→聖武〉の皇位継承そのものが、天智を権威として引き出すような性質を有していたことである。元明は、この皇位継承を正当化するにあたって、〈日並知→文武→聖武〉という直系(嫡系)継承に求めたのであるが、その直系の線を遡及させていくと、文武の即位を決定した持統と、持統の父の天智へと繋がっていくのである(図28参照)。第三に、天智(中大兄)には、律令国家形成の歴史的起点の一つをなしたところの、かの大化改新の指導者であったという重要な属性が付着していたことである(ただし、上記二つの理由による天智の権威化によって、大化改新が実際以上に大きく描かれるという逆の面も考えておかねばならない)。以上のような三つの理由が競合して、天智は、八世紀初頭の朝廷の人々にとって、根子天皇家の同時代的祖とでもいうべき存在となったのではなかろうか。

天智が「不改常典」なる新しい皇位継承規範の定立者とされたことは、神話と現実とを二重映しにする志向の強かった当時において、天智は歴代の大王・根子天皇の中でも別格の存在として、天照大御神に擬せられたものと思われる。そのような推測は、たとえば次の文武の即位宣命と前引の元明の即位宣命との対比から生まれてくるのである。

文武の即位宣命（第一詔）が、文武即位の正当性としてのべた論理はつぎのようなものであった（丸括弧内は、宣長にしたがい、意をとって補った〔詞解一九五頁、一九九頁〕）。

高天原に事始めて、遠天皇祖《とほきあめのすめろき》の御世、中、今に至るまでに、a天皇が御子のあれ坐さむいや継々《つぎつぎ》に、大八嶋国知らさむ次《つぎて》と、天神御子ながらも、b天に坐す神の依《よさ》し奉りし随《まにま》に（聞こしめしくる）、この天津日嗣高御座の業と、c現御神と大八嶋国知らしめす倭根子天皇命（持統）の、授け賜ひ負せ賜ふ貴き高き広き厚き大命を受け賜り恐み坐して、この食国天下を調へ賜ひ平げ賜ひ、天下の公民を恵び賜ひ撫で賜はむ……〔続紀宣命第一詔〕

すなわち、ここでは、文武即位の根拠をなす規範は、「天皇」から「天皇御子」へという皇統直系継承であり（a）、この規範の定立者は「天に坐す神」すなわち天照大御神であること（b）、その規範の適用として文武に皇位を譲り即位させたのは、先の「倭根子天皇命」すなわち持統であること（c）がのべられているのである。かかる第一詔における文武即位の正当性と前引第三詔における文武即位の正当性の論理とを突き合わせるならば、表31のようになろう。各項目の対応関係は明らかであり、天智は同時代において特別に天照大御神を体現する存在なのであった。

【表31】 第一詔と第三詔の文武即位の正当性の論理の比較

	第一詔	第三詔
規範の定立者	天照大御神	天智
規範の存在形式	神話・歴史	不改常典
規範の内容	父から「御子」へ	父から「嫡子」へ
規範の適用者	持統	持統

神話と同時代史の重ね合せにおいて、天智が天照大御神に擬せられるとするならば、高御産日神は誰に擬せられるのであろうか。それは宮子や光明子と同じ藤原氏の人間（男性）であるほかはないのであるが、はたして藤原不比等は、〈天照大御神―天智〉に対応しうるような

存在であろうか。私は否だと思う。不比等のほかに一層ふさわしい人物が存在するからである。不比等の父の藤原鎌足がそれにほかならない。周知のごとく、鎌足は天智（中大兄）の腹心でともに大化改新を担った関係にあり、加えて、中臣氏から別れ出た藤原氏の初代であった。八世紀の朝廷の人々にとっての天智に対応しうる人物を藤原氏について求めれば、鎌足をおいてほかには存在しないように思われるのである。上山説に対置して、図29を提出する所以である。

神話と現実との間には、しかし、別の照応関係も存在したように思われる。聖婚と血統関係という局面における神話と現実との照応関係は図29のごとくであるが、祭祀と政治という局面における神話と現実との照応関係は別にあり、そこには、不比等を始めとする八世紀の藤原一族男子も登場するのである。それは図32のごときものであった。根拠はかの天神御子降臨神話である。この件りは、すでに践祚・即位儀論の箇所で引用したけれども、古くから、様々に解釈されてきた問題の一節でもあるので、関係部分だけをもう一度引くことにする（括弧内は水林が補ったもの）。

しかして、a（天照大御神・高御産巣日神は）天児屋《あめのこやね》命・布刀玉《ふとだま》命・天宇受売《うずめ》命・伊斯許理度売《いしこりどめ》命・玉祖《たまのや》命、あはせて五つの伴《とも》の緒《を》を支《わか》ち加へてb（邇邇芸命を）天降したまひき。ここに、c（天照大御神は）そのをきし八尺《やさか》の勾《まが》璁《たま》・鏡また草なぎの釼《つるぎ》、また常世の思金《おもひかね》神・手力男《たぢからを》神・天石門別《いはとわけ》神を副へたまひて、d（邇邇芸命に）詔らししく、

①「これの鏡は、もはら我が御魂《みたま》として、吾が前を拝《いは》ふがごとくいつきまつれ」

次に、e（思金神に）詔らししく

②「思金神は、前の事を取り持ちて政《まつりごと》せよ」

fこの二柱の神（邇邇芸命と思金神）は、さくくしろ伊須受《いすず》の宮を拝ひ祭りたまひき〔記九〇頁〕

この件りは主語、目的語などの省略が多く、どのようにこれを補うかによって文章全体の意味も大きくかわってくるのであるが、私は、aからfに記したように解したいと考えている。このうち、aからdまでは宣長の説によって

【図32】 神々と人々の照応関係②

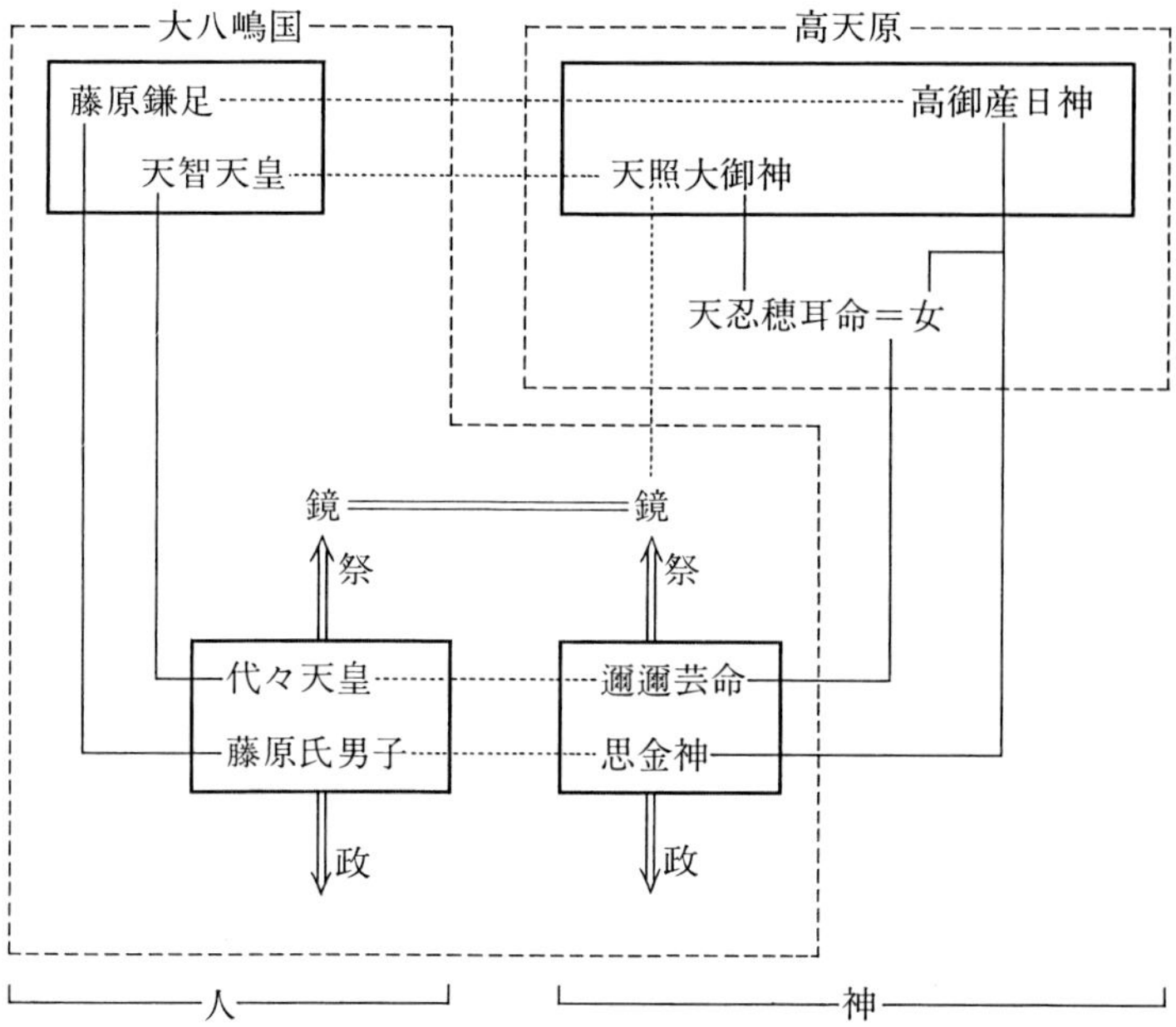

註 ―― 神々，人々の血統関係
…… 神々と人々との照応関係

いるが〔記伝十巻一五二頁以下〕、おそらくこれは異論のないところであろう。eについては、宣長はこのように考えていなかった。私は、天照大御神の詔を、邇邇芸命に対するもの（①）、思金神に対するもの（②）との二つに分けて考えたのであるが、宣長はこの二つを一続きの詔とし、全体が邇邇芸命に対する命令だと解したのである。宣長説は今日まで受けつがれているが〔記文、記朝、記注など〕、こうした理解を批判し、詔は二つに区切って、前半を邇邇芸命、後半を思金神に対する命令と解しなければならないことを疑問の余地なく論証したのは毛利正守氏であった〔68〕。論証は多岐にわたるが、決定的と思えるのは、宣長説のごとくに解すると、邇邇芸命に対する命令文の中に思金神に対する命令が含まれることになるが、そうした文章構造は『古事記』には他に例がないこと、邇邇芸命に対する命令と思金神に対する命令の文章を繋ぐために用いられている「次に」なる言葉は、『古事記』の全用例三六八箇所において、全て、会話文ではなくして地の文で用いられているので、ここの「次に」も地の文と解しなければならないこと、などである。詔は「次に」を境に二つに区切らねばならない。命じられた神は、文脈上、邇邇芸命と思金神である。

右の詔の文章構造の問題に連動して、fの「二柱の神」が具体的にいずれの神をさすのかが、様々に議論されてきた〔記注二巻二四九頁〕。たとえば宣長説は「大御神の御魂実《みたましろ》の御鏡と、思金神の御霊実《みたましろ》とを指して申せり」〔記伝十巻一六一頁〕というものであり、西郷氏は猿田毗古と天宇受売命の二神という説である〔記注二巻二五〇頁〕。しかし、こうした議論は、全て、先の天照大御神の詔の文章構造についての誤解から発してくる誤謬であり、大御神の詔が前記のように解されねばならないとするならば、この「二柱の神」は、文脈上、当然に、邇邇芸命と思金神でなければならない。前記の毛利説をふまえてこの点を明快に指摘されたのは、西宮一民氏であった〔記潮頭註、記桜頭註〕。

かくして、毛利・西宮説において、この件りの文章構造の正しい理解が獲得されたように思われるが、しかし、思金神に対する詔の文章の意味の理解については、まだ問題が残っているように思われる。西宮氏の解釈は次のごとくであった。

・思金神は、前の事を取り持ちて政せよ（原文訓読）

・思金神は、私（天照大御神）の祭事を取り行なって祭祀をせよ（解釈）〔記潮九〇頁〕

「前」を天照大御神、「事」を祭事、「政」を祭祀と解釈されているのであるが、まず「政」を祭祀とするのは問題ではなかろうか。当面問題の「政」を別として、『古事記』全編に「政」は全部で七回登場するが〔記一〇八頁、一四〇頁、一六三頁、一七八頁、一八六頁二箇所、二二四頁〕、これらは全て〈祭祀〉ではなくして広く〈統治〉の意味で使用されており、ここも〈統治〉の意味に解さなければならないように思われる。

「政」を〈統治〉の意味に解するとするならば、「前の事を取り持ちて」を「私（天照大御神）の祭事を取り行なって」

と解することも疑問となってこよう。まず、「前の事」の「事」を祭事と解することが問題であろう。「政」の語源が「祭」にあるとはいっても——神に仕え、神を祭ることが、すなわち国を治めることだとする観念〔西宮90一九頁〕——、たとえば「初国知らしめしし天皇」の「政」の内容が明示するように（二八一頁引用文参照）、『古事記』においては、「政」は「祭」につくされるようなものではなく、〝祭事を行なうことによって政治をする〟という文章は、『古事記』では考え難いように思われるからである。「事」は文字通り事柄とか行為全般を指し〔古岩〕、「前の事」は、「神や貴人そのものをさす語」〔古岩〕で、この場合には直前の詔（①）の名宛人とされている邇邇芸命を意味し、「前の事」とは〝邇邇芸命の行為（職務）〟の意ではなかろうか。そして、「取り持ちて」は「大切に世話をする」〔古岩〕あるいは「とりしきる」〔古小〕と解して、全体として、〝邇邇芸命をお世話し、命の職務をとりしきって、統治をせよ〟というほどの意味になるのではなかろうか。

総じて、①邇邇芸命に対する詔では、天照大御神祭祀（鏡祭祀）が、②思金神に対する詔では、邇邇芸命に対する助力と政治が命じられ、この二つを受けて、「二柱の神」（邇邇芸命と思金神）が「伊須受の宮」（伊勢神宮）を「拜ひ祭」ったことが述べられているのではないか、と私は考えるのであるが、そうだとすれば、この件りは、八世紀の朝廷のあり方と見事に符合する。邇邇芸命が天皇に擬せられることはいうまでもないが、思金神は藤原不比等やその男子たちに擬せられるからである。神話では、邇邇芸命を「取り持ちて政せよ」と命じられた思金神は高御産日神の子であり〔記五〇頁〕、現実では、後にのべるように、藤原一族男子が朝廷の枢要の地位を占める特権が与えられていたのであった。その藤原氏の祖である鎌足が、すでにのべたように、高御産日神に擬せられるとすれば、神話と現実との第二の照応関係として、図32が得られるのである。

現実をば、神話をモデルとして組織しようとする意思は、平城宮の構造にまで及んでいた。一九六五年の発掘で、それまで方形と考えられていた平城宮が、実はそうではなく、東側に張り出し部分を有する奇妙な形を有していたこ

【図33】 平城宮の構造――「高天原」の表と裏

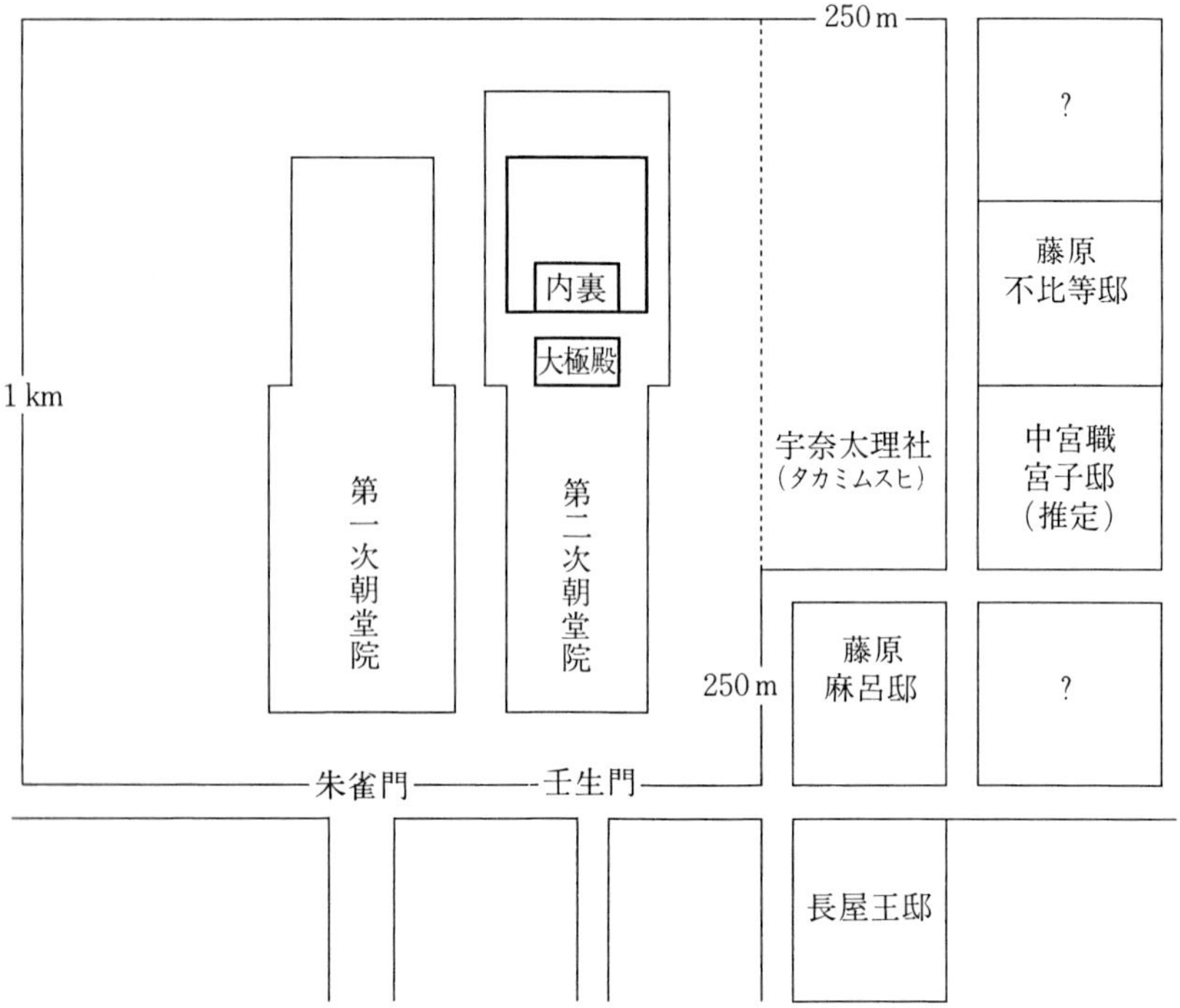

とが判明したのであるが、上山氏によれば、その東側張り出し部分の南端には高御産日神を祭る宇奈太理《うなたり》社があり、さらに、東側張り出し部分の対面には、大路をはさんで広大な不比等邸（後の法華寺）が存在したのであった。上山氏は、七世紀末から八世紀初頭にかけての政治史の全局面に不比等の影がつきまとうことを表象されつつ、そのような平城宮の世界を「不比等曼陀羅」と命名され、八世紀史を「藤原ディナスティの形成」史として理解する有力な根拠とされたのであるが、かかる不比等論ないし藤原王朝論の当否はさておくとして、平城宮のあり方にも『古事記』的世界観が色こく投影されていることが明らかにされたことは、画期的なことといわねばならない〔77Ⅲ〕。その後、一九八九年の発掘で、宇奈太理社南方の区画が不比等の四男の藤原麻呂邸跡地であるらしいこと、聖武根子天皇時代のこの近辺に皇太后宮子（不比等の女）の

在所の中宮職があったことが推測されるにいたっている〔奈良国立文化財研究所91一三一頁以下〕。平城宮の東張り出し部分と大路をはさんでのその向い側の部分は、全体として「高天原(裏)」に連なる「高天原(表)」世界を体現し、その西の内裏・大内裏の部分は「地」の世界の神が領有するにいたった「高天原(表)」世界を体現していたと考えられるのである(図33)。藤原京から平城京への遷都の詔が和銅元(七〇八)年、藤原京の始まる持統八(六九四)年から数えて、わずかに一四年目のことであった。平城遷都の理由として、藤原京は交通の便が悪いとか、藤原京の地勢が都にふさわしくないとか、将来の聖武の即位にそなえてとか、新しい律令体制の誇示のためというようなことがいわれているが〔早川74一三七頁、金子87一三四頁〕、藤原宮がまだ『古事記』的世界観を体現しきったような構造ではなく、それ故、遷都という形で、『古事記』をシナリオとする祭祀演劇を上演するに十分なる舞台装置を新たに創造することが求められた、というような事情もかなり大きく働いていたのではなかろうか。

2　八世紀政治史を主導する力

このように考察を進めてくると、八世紀初頭の政治・国制やそれを反映する『古事記』神話のなかに、藤原不比等の影が終始、色濃くつきまとっていることが知られるのであるが、こうした事態はこれまで、不比等の策略の結果として説明されるのが常であった。いわゆる藤原氏策謀史観である。上山氏の記紀論も基本的には同様の性格のものであった。氏の議論は津田説の継承と批判として提出されたものであるが、その津田説が、①記紀は六世紀に、②皇室の権威の由来をとくために創作された物語りであるとしていたのに対して、氏は、①記紀は八世紀に、②藤原不比等の主導で、「藤原ディナスティ」の形成を意図して編纂された、という見方を対置されたのである〔72 75 77〕。この二つの論点のうち、①については、記と紀、紀本文と紀諸一書を区別し、その上で、記および紀本文は八世紀初頭の作品であると氏が主張されるならば、私は、上山説に賛成である。しかし、②の論点については、従うことができない。上山説も、藤原氏策謀史観に共通する欠陥を有しているように思われるからである。このような史観が根本的な問題をはらんでいることを指摘されたのは、長山泰孝氏であり〔81〕、河内祥輔氏であった。たとえば、河内氏は次のようにのべられる。

この八世紀前半の時期において、藤原氏自身の族的勢力は果してどれ程のものがあったのであろうか。藤原氏は、周知の如く、不比等が唯一人その氏姓を受け継いだことに始まる。逆にいえば、不比等一人だけが旧中臣一族から離脱したのであるから、族的勢力の強弱如何という側面からみれば、藤原氏はむしろ族的勢力を全く喪失したといってもよいのではなかろうか。族的集団としては、生まれたばかりの、その体もなさないような微小な存在なのである。このような藤原氏が、何故他の多くの伝統ある貴族に対抗し、それらとの権力闘争に勝ち抜くことができたのであろうか。また、七三七年の四兄弟の死によって、その勢力が一時完全に壊滅したにもかかわらず、その後再び不死鳥のごとく甦ってくるのは何故であろうか。さらに、藤原氏だけはそのすべての族員に公卿への昇進の機会が与えられている点、他の伝統的貴族とは異なる特別の待遇を受けているが、これもまた何故であろうか。…… 〝藤原氏の権力闘争〟史観においては、政治における合意の形成という契機の重要性が軽視されているのではないか。そこにこの史観の欠点の一つがある。この合意の形成を促した要因は果して何なのか、という視角が必要ではないかと思うのである〔86七六頁以下〕。

まことに鋭い指摘であって、八世紀史における不比等の主導性を強調し、そこに不比等の政治的力量を見出す藤原氏策謀史観は、実は何事をも説明していないに等しいのである。そこで、藤原氏策謀史観に対置して、河内氏が提出されたのは、王権中心史観ないし天皇中心史観とでもいうべきものであった。氏は、「まず天皇制が先にあって、しかるのちに藤原氏があるのである」〔86八〇頁〕とされ、この観点を、特に聖武の時代の皇位継承をめぐる政治史に即して具体的に展開され、王位継承法と王位継承史についての見事な研究をまとめられたのである。

けれども、河内氏の研究にも問題が残っているように思われる。氏は、本来微小な存在にすぎなかった藤原氏を、八世紀政治史の主役の一人にまで仕立てあげたドラマの演出者として、天皇制、端的に天皇に注目されたのであるが、しかし、何故に、突如として持統ないし文武の時代から、代々天皇が旧大王位継承法にかえて、藤原氏に特別の待遇を与える新皇位継承法の実現に異常な執念を燃やすようになるのかが、説得力をもって説明されていないからである。氏の説明は揺れ動いているようにも見うけられる。たとえば、文武の妻に皇女がいなかったことの説明として、

確めることはできないが、やはり適格者がなかったのではないかと推測されよう。但し、文武の妻としては、諸親王の女子の存在も検出できない。皇女が無理であれば、親王の女子を以て代えることもできそうに思われるが、この場合も適格者を欠いたのであろうか。或いは、故意に親王の女子を排除したのであろうか〔86七〇頁〕。

といわれるとき、それは明らかであろう。「適格者を欠いた」という説明と「故意に」という説明との間で揺れが認められるのである。

もしも前者の説が妥当するならば、すなわち、文武の妻の候補として適当な女が、皇女にも親王女子にもたまたま存在せず、文武の段階で直系継承を貫こうとすれば、否応なしに藤原氏の女との間に生まれた首皇子（聖武）への皇位継承しかありえなかった、というような消極的説明が通りうるならば、氏のいう王権の論理だけでも一応の説得力を持ちえよう。しかし、現実はそうではなかった。氏自身が解明されたように、聖武の段階では皇女との婚姻がありえたにもかかわらず、あえてなされなかった節があり〔86一〇一頁〕、しかも、何としてでも藤原の女との間に生まれた男子に皇位を継承させたいとする不抜の意思が顕著なのである〔86七一頁以下〕。そして、この新しい皇位継承法は、抵抗を惹起しつつも、基本的に妥当していったのである。それは何故なのであろうか。不比等の野望とか、王権の意思だけでは説明にならない。当時の国制は、不比等の意思はもとより、天皇の恣意さえもそのまま妥当することを許容するようなデスポティズムではなかった。問題は、歴代天皇の意思とか不比等の利害といった個人的次元にあるのではなく、むしろ、これらの意思をそのようにあらしめ、彼らの利益の充足を結果として保障し、そのことを人々に

広く受けいれさせていくところの、当時の支配層の共同利害にもとづく共通理念にあるのではなかろうか。そして、その共通理念が『古事記』的政治思想だったのではなかろうか。この政治思想をもたらしたものは、この時代の支配層全体に生じた世界観の転換であった。『古事記』の政治思想とは、七世紀末に出現した律令国家という新しい体制の意味を語ろうとするものであったが、そのような政治思想が七世紀の末期から支配層の共同意思として形成されはじめ、この思想に指導され、規定されて、天皇や不比等は行動したにすぎないように思われるのである。

しかし、このような議論は、さらに、次のような問題を提出することになろう。それは、八世紀史を指導する正統思想が、何故に『古事記』の物語りのような形態をとることになったのかという問題である。この文脈に即して具体的にいうならば、律令国家の正統思想が、天皇のほかに藤原氏のような別格の存在を創造しなければならないような物語りに帰結したのは何故なのかという問題である。この問題をとくためには、律令国家と『古事記』神話の形成史を究明しなければならないように思われるので、本稿のよくなしうるところではないが、私は、様々の事柄を表象しつつ、次のような想像をめぐらせているのである。すなわち、八世紀初頭に完成する大宝令や『古事記』に帰結する律令国家の正統思想の性質から逆推するならば、七世紀後期から八世紀初頭にかけての中央・地方の支配層に共通する関心とそれに規定された政治史の中心課題は、中国を中心とする古代帝国主義世界への対応という国際的契機を主要因として、畿内王権が畿外在地首長層を以前よりも強い統制下において、比較的に緊密に統合された統一国家を形成するとともに、この統一国家をば、王権と畿外在地首長層との〈共同体〉として編成することにあったと想定されるのであるが、まさにこの〈共同体〉思想として、根子天皇の祖神を畿外在地首長の祖神とともに「地」に生まれた神だとする神話が必要となり、その結果、「天」の神を、根子天皇の祖神以外に求めることになったのではないかという想像である。

しかし、そうだとするならば、そこからさらに次のような疑問が生ずる。すなわち、王権と在地首長層との〈共同体〉の形成というモチーフを語るには、「天」の観念などは不要のように思われ、在地首長層も王権もともに「地」の存在として構成するような神話を創造すれば、それで事はすんでしまうようにも思われてくるのであるが、しかし、『古事記』は、何故そのような物語りにならなかったのか、という疑問である。おそらくは、それは、『古事記』の前提に、六世紀末から七世紀にかけての大王の国風謚号に象徴されるような、「日」によって畿内王権を権威づける神話、さらには七世紀中葉以降の代々の大王の国風謚号に象徴されるような、「天」によって畿内王権を権威づける神話——たとえば、「天」に生まれ、純粋に「天」の権威を代表するような神の末裔が未開野蛮の地上に降臨して、邪鬼の類を討滅し、そこに国家を建設して自らが大王として君臨するにいたる物語り——が形成されており、それを前提とし、その再編として、八世紀の正統思想が構築されたためだったのではなかろうか。そのような歴史的制約が一つの要因となって、律令国家の正統思想は『古事記』の物語りのような形態——「地」の神が一旦「天」にのぼり、「天」の権威をも獲得して万能の存在になり、その後にその神の子孫が「地」に帰還し、そこで「地」の世界の王となる物語り——をとることになったのではなかろうか。

かくして、八世紀史を演出するシナリオは、『古事記』のごとき物語りとして完成した。次は配役の決定である。天照大御神の系統の神々を演ずるのは、いうまでもなく歴代の根子天皇である。しからば、高御産日神とその女の万幡豊秋津師比売および男子の思金神という大役が、何故に弱小氏の藤原氏にわりあてられることになったのか。これも、不比等や代々天皇の恣意というような次元の問題ではなく、すでにのべたところの、八世紀の新秩序が直接には天智に発してくるものとして観念されたことと関係した問題として考察されねばならない。八世紀の朝廷において、特に天智が権威ある存在と観念される必然性が存在したことはすでにのべたが、その結果として、天智が天照大御神に擬せらるべき特別の天皇とされるに至るならば、天智朝の構成からして、高御産日神に擬せられる者は藤原鎌足をおいて外には存在しないのである。八世紀の政治史を主導したのは、個々の根子天皇や藤原不比等の個人的な利害や恣意などではなかった。中央・地方の支配層の共同利害から生まれた共通理念の具体化としての祭祀演劇シナリオが、俳優たちの行動を規定する究極の力をなしていたのである。

3　皇位継承の政治史と『古事記』の編纂

天智の名において語られた「不改常典」は、表面的には皇位の嫡系継承を語っただけであったが、それに事寄せて目論まれた皇位継承の内実は、単なる嫡系継承ではなく、藤原氏の女を妻とし、それとの間に生まれた皇子に皇位を継承させようとするものであった。かかる新皇位継承法は、前代の大王位継承法を根本的に否定するドラスティックなものであったが故に、その実施には、激しい抵抗も伴っていた。何よりも王権の中枢において、そうであった。新しい皇位継承法の最初の実施例となったところの、元明・元正の二女帝を中継ぎ的媒介としての文武から聖武への皇位継承の事情をみるならば――持統から文武への皇位継承は旧王位継承法でも正当化しうるので、問題は伝統を否定した文武の婚姻に発するところの、文武の子への皇位継承である――、そのことが諒解されるように思われる(以下の議論につき、表34の年表参照)。

和銅四(七一一)年に元明根子天皇は『古事記』の編纂を太安萬侶に命じ、安萬侶はその翌年に見事な作品を仕上げ、「高天原(表)」世界における天忍穂耳命の聖婚物語に託して、文武と宮子との間に生まれた首《おびと》が正統な皇位継承者であることを語ったわけであるが、しかし、このことが、すぐに首の即位に結びついたわけではなかった。和銅七(七一四)年に首は一三歳で皇太子となり、法的にはいつでも即位する態勢が整えられ、加えて父文武の即位は一四歳の時であったという先例も存在したにもかかわらず、首の一四歳の年に再び元正女帝の中継ぎ的即位となり、以後一〇年にわたって、首皇子は皇太子のままでいたのである。その一〇年間は、新しい皇位継承法に対する隠然公然の批判や抵抗を押し切って、その定着のために費やされた年月であったろう。この間、藤原一族に次々と特権的地位が与えられていった。元正の即位は未婚女性の根子天皇の誕生を意味し、これは、大王・根子天皇両時代を通じて初めてのことだったのであるが、すでにのべたように、これは、旧王位継承法に従えば十分にありえた首と元正との婚姻がありえぬことをあえて示そうとした措置であったようにも思われる。元正女帝のもとでは、当然のことながら、毎世大嘗祭や毎年大嘗祭における聖婚儀式はなされえなかった。前代の元明女帝の時から数えれば計一七年間、大嘗祭は、十全なる形では挙行されえなかったのである。それはとりもなおさず、令に定められたことが完全には実施されないこと、そして女性の根子天皇が正統な存在ではありえぬことを意味した。そのような重大な犠牲をはらってまでも、首皇子の即位には十分な時間がかけられねばならないのであった。

この頃に、皇位継承のあり方を軸に、天皇の位置づけをめぐって朝廷内部に激しい対立があったことは、記紀神話や神話の内容を反映する天皇の諡号問題などにも看取されるように思われる。

(1)　まず諡号問題についていえば、先にのべたように、持統から四代続けて「根子」の二文字を含む諡号がおくられたのであるが、しかし、持統と文武については、後に、別の諡号もおくられることになったことである。持統の「大倭根子天之広野日女尊」と文武の「倭根子豊祖父天皇」は、それぞれ、その死の直後の大宝三(七〇三)年と慶雲四(七〇七)年におくられた諡号であるが、持統については、養老四(七二〇)年の『日本書紀』では「高天原広野姫天皇」とされ、文武についても、おそらくは同じころに、「天之真宗豊祖父天皇」という諡号が新たにおくられたのである〔続紀1補註1三〕。持統、文武の諡号問題については様々な解釈が行なわれているが〔黛78、上山85一六八頁以下〕、私は、そこに、天皇をいかなるものとして観念するのかをめぐる思想上の対立、すなわち、天皇を「根《ね》子《こ》天皇《ひこすめら》」と観念するのか単なる「天皇《ひこすめら》」と観念するのかの対立、および、これと密接不可分の、元明の皇位継承者は誰であるべきかをめぐる政治的対立を想定したいと思う。持統、文武の死去の直後におくられた諡号は、天皇とは何よりも「根《ね》子《こ》」であるとしているのに対して、後の諡号は、天皇がもっぱら「天」に帰属する「天《ひこ》皇」であることを主張しようとするものであり、かかる天皇観の対立は、すぐさま、元明の後を襲う者として、「地」の神の子孫と観念された首

【表 34】 政治史年表(7 世紀末～ 8 世紀)

西暦	元号	事　件
681		天武，帝紀・上古諸事の記定，浄御原令の編纂を命ず．
689		浄御原令班賜．奉宣天神地祇事(原『古事記』)．
690		持統即位儀．藤原宮地の視察．
694		藤原京遷都．
697		文武即位儀．藤原宮子を妻(「夫人」)とす．時に 14 歳．
698		文武毎世大嘗祭．不比等家のみが藤原姓を名のる．
701	大宝 1	首(後の聖武天皇)の誕生(父文武，母藤原宮子)．大宝令施行．不比等，正三位大納言．
702	2	文武即位天神地祇祭．持統没(謚号「根子日女」)．
707	慶雲 4	文武没(謚号「根子天皇」)．時に首 6 歳．元明即位儀(前例のない子から母への皇位継承)．
708	和銅 1	平城京遷都の詔．不比等，右大臣．
710	3	平城京遷都．
711	4	元明天皇，『古事記』の編纂を命ず．
712	5	『古事記』成立．
713	6	宮子以外の文武の妻から，「嬪」の称号を剝奪．
714	7	首，皇太子となる(時に 13 歳)．
715	霊亀 1	元正即位儀(前例のない未婚女性の即位)．首皇子は 14 歳だが即位せず(皇太子を 10 年間続ける)．
716	2	首皇子，藤原光明子を妻とす． この頃，出雲大社完成．「出雲国造神賀詞」初見．
717	養老 1	不比等，正二位右大臣のまま首班(707 元明即位の際に任命された太政官議政官が没していき，補充の人事がなされなかったため)．藤原房前(不比等次男)参議(それまでの一氏一議政官の慣行を破るもの)．
718	2	長屋王，正三位大納言．聖武・光明子に後の孝謙女帝誕生． 養老令編纂．
719	3	藤原武智麻呂(不比等長男)，首皇太子の東宮傅となる．舎人親王などに，首の皇位継承に協力するよう命ずる詔勅．
720	4	『日本書紀』成立(『古事記』に対立する神代史像．持統，文武に「根子」のつかない謚号がおくられる)．藤原不比等没．
721	5	長屋王，従二位右大臣，首班．武智麻呂従三位中納言，房前従三位参議・内臣．元明没．
724	神亀 1	聖武即位儀，時に 23 歳．長屋王，正二位左大臣．宮子「大夫人」，しかし長屋王はこの称号が公式令に違背することを指摘，「皇太夫人」に改められる．武智麻呂，房前正三位．
727	4	聖武・光明子に男子誕生，皇太子となる(非成人皇太子は異例)．

728		5	皇太子死去，聖武・光明子の男子失われる． 聖武と他氏妻との間に安積親王誕生．皇太子とはならず．
729	天平	1	長屋王の変．武智麻呂，大納言． 光明子が皇后に立てられる（氏女が皇后となるのは仁徳朝以来）．
731		3	大納言武智麻呂，参議房前に加え，宇合（不比等三男）と麻呂（不比等四男）も参議となる．
734		6	武智麻呂，右大臣．
737		9	藤原四兄弟全員，流行の天然痘のため死亡．橘諸兄，大納言．
738		10	後の孝謙女帝が皇太子にたつ，時に20歳．橘諸兄，右大臣．藤原広嗣（宇合長男）の左遷．
740		12	藤原広嗣の乱．橘諸兄主導の恭仁京遷都．
741		13	国分寺建立の詔．
742		14	紫香楽離宮造営，行幸．
743		15	橘諸兄，左大臣．紫香楽への長期行幸，大仏発願の詔．藤原仲麻呂，参議．
744		16	難波宮を皇都とする勅．
745		17	都を平城京にもどす．
747		19	東大寺大仏殿鋳造開始．
749	天平勝宝	1	聖武，孝謙に譲位．聖武出家．仲麻呂，大納言，紫微中台長官．
756		8	聖武没．
758	天平宝字	2	孝謙，淳仁に譲位．仲麻呂，右大臣．
760		4	聖武皇后（光明）没．仲麻呂，太政大臣．

（聖武）が適当なのか、それとも、かつて「天」の神の子孫と観念された大王を父とし王女を母とする舎人親王、あるいはそれに準ずる長屋王のごとき存在がふさわしいのか（図29a①②）、という問題に連動していくからである。

(2) 先に、『古事記』においては、根子天皇の祖神は天照大御神とされたのに対して、『日本書紀』神代本文では、皇祖神は高皇産霊尊とされていたことを指摘し（紀上一三四頁）、このことは、『日本書紀』の成立した養老四（七二〇）年の段階においてさえ、天照大御神を皇祖神とする観念が定着しえていなかったことを示唆するとのべたのであるが（三一八頁）、かかる記紀の対立は、実は、天照大御神を皇祖神とする観念が定着しきれていなかったというような単純な性質の問題ではなく、『日本書紀』の皇祖高皇産霊尊説が、天照大御神を根子天皇の祖神とする『古事記』の説への意識的なアンチ・テーゼとして提出されたことを示すように思われる。タカミムスヒは、七世紀の後半期には、大王の祖神と考えられた可能性のある神であり、かつ、その誕生の場は「天」ないし「天原」と観念されていたのではないかと想像される。そのようなタカミムスヒの存在が一方にあり、他方に、『古事記』の描いたところの、本源的には畿外在地首長層の祖神と同質の「地」の存在としてのアマテラスがあって、そのような条件のもとで、天皇をば、畿外在地首長層と同様の卑しき「地」の存在ではなくして、それとは対蹠的な性質を有するところの尊き「天」の存在であることを主張しようとするならば、その人は、当然に、天皇祖神をタカミムスヒに求めていくであろうからである。

このように考えてくると、『日本書紀』神代本文が、アマテラスを女神としたことも納得されるのではなかろうか。『日本書紀』においては、「天」の主宰神は男神高皇産霊尊であり、女神天照大神は、「天照大神の、方《みざかり》に神衣を織り」〔紀上一一二頁〕などの表現から推して、高皇産霊尊に奉仕する巫女にすぎないのである――これに対して、『古事記』の天照大御神は、「高天原」の主宰神にふさわしく、「天服織女」をして、自分のために「令㆑織㆓神御衣㆒」ところの、支配者であった〔記桜四四頁〕（四五三頁以下）――。高皇産霊尊は、皇祖神にして「天」の主宰神なのであるから、同じくタカミムスヒとよばれながら、『古事記』の高御産日神とは本質的に異なる存在であり、『日本書紀』神代には、別天つ神の観念や「高天原（裏）」世界の構想などは存在しえようはずがないのである。

(3) 『古事記』においては、天照大御神の「大嘗」のことが語られたのに対して、『日本書紀』神代本文においては、天照大神の「新嘗」と記され〔紀上一一二頁〕、その古訓もニハナヒであったことも〔西宮90二一六頁〕、重要な意味を有するように思われる。『日本書紀』の「新嘗」の古訓は様々で、内容的にオホニヘのことと思われる天武紀の「新嘗」などはまさにオホニヘ（オニヘ）と訓まれたのであるが〔西宮90二一七頁〕、天照大神の「新嘗」はニハナヒとされているのである。それは、オホニヘでは都合が悪かったからではなかろうか。天照大神のオホニヘとあれば、それは、地上からやってきた天照大神──『日本書紀』神代本文においても、天照大神は地上から昇天した神である──に「天」の世界が服属することになってしまい、高皇産霊尊を「天」の主宰神とする『日本書紀』神代の世界観と抵触することになってしまうからである。『日本書紀』では、天照大神の「嘗」は、当時だれしもが個々に神事として行なっていたと思われるニハナヒであるほかはなかったのではなかろうか。

(4)　最後に、『日本書紀』が天智の王子の大友の即位を認めず、「皇統」を〈天智→天武〉としたことである。史実の経過を素直にたどるならば、天智が大友を後継に指名し、近江朝廷の群臣もこれに応じ、天智死後のわずかな期間ではあったが、近江大津宮で大友が大王としての政治を行なったことは疑う余地がない(直木86)。後年、大友即位の説が生じ、明治の時代に弘文天皇の諡号がおくられたことには根拠があるのである。そうだとするならば、『日本書紀』が大友即位を承認しなかったことは、意識的な行為であったとみなければならない。その大友即位の不承認は、〈天智→大友〉の王位継承が、それまでの大王位継承法の根本原則である正系継承原理を否定するものであったからではなかろうか(三四四頁)。そして、かかる歴史叙述は、同時代に進行しつつあったところの、正系継承原理の否定の上にたつ〈文武→聖武〉の皇位継承に対する批判と結びついていたように思われるのである。

要するに、原『古事記』によって基礎づけられつつ、七世紀末に律令国家が船出をし、和銅五(七一二)年には、成立期律令国家の正統思想を語った『古事記』が完成をみたのであるが、しかし、かかる新しい思想と秩序の実現には強烈な抵抗が存在しつづけていたのであった。新思想と旧思想の対立は、端的に、『古事記』と『日本書紀』神代の対立であり(スサノヲ神話についての記紀の対立につき、第二部参照)、前者の担い手は持統以下の代々の「根子天皇」や藤原氏や太安萬侶であったのに対して、後者の担い手は、かつての規範に従えば、誰の目にも「天皇」たるにふさわしい舎人親王や長屋王を中心とする人々であったのではなかろうか。

新思想の定着の歴史は、七二〇年代に入って、一つの画期をむかえた。養老五(七二一)年に元明が死去するが、この根子天皇におくられた諡号は「日本根子天津御代豊国成姫天皇」であった。そして神亀元（七二四）年の首《おびと》（聖武）の即位。これは新皇位継承法の最初の実施例にほかならない。そして、このことに連動して、聖武の母宮子は「皇太夫人《おほみおや》」とされた〔続紀神亀元年二月丙申条、三月辛巳条〕。「皇太夫人」は天皇の母たる者の称号で、公式令平出条において「皇后」の前に位置する高貴の人である。神亀四（七二七）年には、聖武と光明子との間に男子が生まれたが、この皇子は生後間もなく、はやばやと皇太子に決定された〔続紀神亀四年閏九月条、十一月己亥条〕。かつて、太子といえば、必ず成人であった。いつでも即位できる用意のある人でなければ太子とはなりえないというのが、不文の法であった〔河内86二九頁〕。しかしこの時は、誕生直後の赤子が皇太子となった。この子こそが必ず聖武の後を継ぐのだという宣言にほかならない。異例の赤子皇太子の誕生は、新皇位継承法の基盤の弱さを告白している面もあろうが、極端な異例措置も何とか通りうると判断されたところに、聖武即位にいたるまでの十年間の苦闘の成果が示されているように思われる。

しかし、新皇位継承法は、すぐさま存続の危機にみまわれることになった。皇太子が誕生の翌年に死亡してしまったからである。そしてその翌年の長屋王の変。天武の血をひく男子と天智の血をひく女子の子で、しかも、若年にして死することがなかったならば当然に皇位についたはずの日並知の女（実質上の皇女）を妻とした長屋王は、旧大王位継承法にしたがうならば、天皇の位についても不思議のない人物である（図28参照）。その人物が抹殺され、その直後に光明子が「夫人」（妾妻）から「皇后」（嫡妻、正妻）となった。

この光明子立后について、管見の限り、河内氏をのぞく全ての研究は、これを令に違背する措置であったかのようにのべている。たとえば米田雄介氏が、「令制によると、皇后は内親王から選定するとある」〔米田84、ほかに続紀2補註10五三など〕とのべているのはその一例である。しかし、これは明らかに誤りといわねばならない。米田氏は、別の文章では「大宝令制によると、天皇妻室には嫡妻の皇后のほか、妃二員・夫人三員・嬪四員を置くとし、妃以下の出自を定めたが、皇后の出自については特に規定していない」〔85a、傍点水林〕とのべているが、これが正しいのである〔河内86八六頁〕。令に皇后出自規定がないのは、天皇出自規定がないのと同じで、天皇・皇后は令を超越した存在であるからであろう。光明子立后の宣命（第七詔）に「天下の政におきて、独知るべき物に有らず。必ずもしりへの政有るべし。……天に日月在る如、地に山川在る如、並び坐して有るべし」〔続紀天平元年八月壬午条〕とあるごとく、皇后は天皇の臣下ではなく（妃、夫人、嬪は臣下）、天皇と「並び坐」すものである。皇后の出自がどのようであるべきかを語ったのは、令ではなく『古事記』であった。『古事記』は神々の物語りという形で、神々の現し身たちの行為がいかにあるべきかを語ったのであるが、これによれば、根子天皇の嫡妻はむしろ皇族であってはならなかったのであった。これに従って、文武に続いて聖武も皇女を嫡妻とすることはなく、そもそも、皇女を妻の一員に迎えることさえなかった〔天皇家系譜総覧、一七六頁以下〕。光明子立后は、七世紀末に始まる王権の革新の歴史の流れの中で、ごく自然な事柄であった。文武は、新皇位継承法に対する抵抗のために、宮子をついに嫡妻にすることができず、嫡妻をもたぬまま世を去ったのであるが、むしろこの方が、律令国家の王権の理念にはそぐわぬものであった。諸研究が異口同音に令の法意だとのべるところの皇女立后などは、明らかに、この時代の根本規範に対する違背であった。（註6）

以上のように八世紀前半期の歴史をたどってくるならば、和銅四（七一一）年から翌年にかけての『古事記』の編纂が、すぐれて政治的な行為であり、その直接の目的は、〈文武→聖武〉の皇位継承を正当化するための理念を神話という形で語ろうとしたところにあったことが理解されるように思われる。それ以前に、『古事記』的政治思想は確立していた。持統三（六八九）年の原『古事記』がそれであり（三三一頁）、それはすでに文字に固定された形で存在していたのであるから、中央の皇族・貴族たちはそれを学んでいたはずである。原『古事記』は、後年、安萬侶による『古事記』の編纂が必要となったことから推測するならば、十分に洗練されたものではなく、『古事記』序文の言葉をかりるならば、なお「旧辞之誤忤」「先紀之謬錯」が存在したのであるが、しかし、そうした原『古事記』でも、文武の即位を中心とする八世紀初頭の政治日程は首尾よくこなすことができた。七一一年からの『古事記』の編纂は、七〇七年の元明即位、その即位宣命における「不改常典」を受けての試みであったように思われる——その間に、七〇八年から七一〇年にかけての平城遷都の大事業が完遂された——。そこには、一方で、「不改常典」だけでは聖武即位の正当化の論理としてなお弱く、他方で、その頃に首が一〇歳となって立太子の時期を迎えるようになり、事態が切迫してきたという背景があったように思われる。

「不改常典」が聖武即位の論理として不十分であったのは、そこには嫡系継承という論理しか存在しないからであった。求められていたのは、天照大御神の子の天忍穂耳命に擬せられた天皇と高御産日神の女に擬せられた藤原氏女との婚姻から生まれた子への皇位継承という特定の内容の嫡系継承なのであるが、「不改常典」では、その内実は語られず、嫡系継承という形式だけが宣言されていたのである。「不改常典」において、内実が語られなかったことには、理由があった。一つは、それが天智の定立した古法とされ、〈持統・日並知→文武〉の皇位継承も、それに従ってなされたと説明されたことである。規範の根拠をかつて実際に存在したと思念された事実に求めることは、現代の法秩序(成文法と判例・先例)にも共通する一つの法則であるが、まさにそのことによって、「不改常典」の嫡系主義は、日並知から、日並知と皇女(元明)との婚姻から生まれた文武への皇位継承の正当性をも包含するものでなければならなくなったのである。これでは、「不改常典」に藤原の名が出る余地はない。二つは、「不改常典」もその一つとされたところの法は、一般に、その性質上、固有名詞を含む規範とはなりにくいということである。たとえば律令には、原則として固有名詞は登場しない。神祇令には、たとえば践祚条に、中臣の天神寿詞奏上、忌部の神璽鏡剣奉上というように、固有名詞が登場するのであるが(一七九頁)、それは例外であり、その例外は、神事という内容の特殊性に規定されて許容されているのである。しかし、まさにそのこと、すなわち、高度に抽象的な律令にさえもここでは固有名詞が顔を出しうるのだという神事に独特の性質が皇位継承についても利用され、深く内実に立入った皇位継承規範の定立が、神々の物語りという形態をとることになったのであった。そのような神話は、すでに原『古事記』によって、与えられていたものである。しかし、それは十分に洗練された作品としては存在していなかった。かくして、『古事記』という作品の完成が、和銅四(七一一)年という時点で、切迫した問題として浮上してきたと思われるのである。

4　律令国家の〈憲法〉としての『古事記』

とはいえ、『古事記』は、新皇位継承法の実現のためにだけ奉仕するような小さな物語りなのではなかった。天皇の新しい婚姻規則と新皇位継承法の祭儀神話は、性質上、律令国家全体の成り立ちについての神話の一部として構想されたに相違ないのであり、新しい皇位継承のあり方はその全体理念が部分として要請してきた一帰結なのであった。全体神話が皇位継承神話という部分を規定し、それが個々の天皇や藤原氏の意思と行動を規定したのであって、その逆なのではない。したがって、『古事記』は、必然的に、皇位継承法という天皇を拘束する規範と、律令という天皇が臣民に課した規範との双方に対応するスケールの神話となったのであった。その対応関係は、『古事記』が皇位継承法や律令に理念を付与し、そのような仕方で個別諸法を指導するという性質のものであった。そのような意味において、『古事記』は至高の法としての〈憲法〉であったということができよう。その具体化として、不文の皇位継承法があり、令(行政規則)が存在したのである。

思えば、令の編纂と神話の創作とは、常に同一歩調をとってきたのであった。天武朝のもとでの浄御原令の編纂と「帝紀と上古諸事」の「記定」とが、天武一〇(六八一)年に同時に開始されたこと、その結果として、浄御原令と原『古事記』とがほぼ時を同じくして成立したこと、すでにのべた通りである(三三一頁)。霊亀二(七一六)年以前に、聖武即位時に発布さるべき新たな律令として、養老律令の編纂が開始されたといわれるが(利光73九六頁以下、井上76七七三頁)、これは、和銅五(七一二)年における『古事記』の編纂と対をなすものと見ることができるのである。『古事記』

ないしその前提となった原『古事記』は、条文の集成という形をとった法典ではなく、一つの物語りであり、物語りという形式の政治思想の書であったけれども、しかし、私人が己の世界観を語った作品なのではなくして、当時の支配層の共同意思として形成されてきたところの、社会のあり方を指示した最高規範であったというその本質において、律令国家の〈憲法〉にほかならなかったのである。

四　神々の物語りと祭祀の非宗教的性格

1　政治的演劇としての神祇令祭祀

『古事記』が政治思想の書であり、律令国家の〈憲法〉にほかならなかったということは、これによって基礎づけられた神祇令祭祀が、真性の祭祀ではなくして、政治的演劇としての祭祀(擬似祭祀)にすぎないことを意味するものであった。

神祇令が祭祀とするものには、惣天神地祇祭祀、天照大御神祭祀、大物主神祭祀のように、人々が神に幣帛を捧げてこれを斎き祭る〈神祭り〉と、践祚、鎮魂祭、大嘗祭のような、人々が、神代の故事を想起しつつ、自らが神々の現し身となって故事を再現するところの〈現つ神儀式〉とが存在することを先にのべたが(三〇〇頁)、このうち後者が、真性の祭祀ではなくして、政治的演劇としての擬似祭祀であることは、明らかであろう。たとえば大嘗祭は、ある人が他の人に対して贄・饗を献上することによって王臣関係が形成されるという俗的な服属儀礼を、神話的に粉飾したものにすぎない。贄・饗献上による服属という現実政治の要請がまずあり、かかる服属形式が神代の物語りとして創作され、その故事の再現として服属儀式が演じられるのである。大嘗祭についての長い研究史において、この祭祀の祭神は何なのかが多くの人々によって探求されてきたが、その場合、神祇令祭祀には、〈神祭り〉のほかに〈現つ神儀式〉とでもいうべき擬似祭祀が存在することが理解されず、大嘗祭をば、通常の祭祀すなわち〈神祭り〉の一つとみなす思考が無前提に存在していたように思われる。しかし、そのような前提にそもそも問題があり、そこからは、正しい大嘗祭理解は生まれようはずがなかった。

しかし、〈現つ神儀式〉だけが擬似祭祀なのではなかった。〈神祭り〉でさえも、神祇令の規定したものは全て擬似祭祀なのであった。たしかに、惣天神地祇祭、神嘗祭（天照大御神祭祀）、鎮花祭（大物主神祭祀）などは、外見上は〈神祭り〉の体裁をとってはいる。けれども、その「神」は、我々が通常この言葉によって表象する〈神〉とは著しく性質を異にし、「祭」は〈宗教的行為〉からはほど遠く、「神」と「祭」のことを記した『古事記』は、およそ〈教典〉とはいいがたいものであった。

『古事記』の物語りにおいては、神々の世界は人々の世界と切れめなく連続している。「神」とはいうけれども、それは人の祖先にすぎない。無限の過去に存在するものとして思念された祖先、それが『古事記』や神祇令祭祀における「神」である。しかもそれは、古くから信じられてきた「神」への信仰なのではなく、七、八世紀の交わりに、「帝紀と上古諸事」の「記定」に携わった人々、最終的には太安萬侶という一人の知識人によって創作されたものであった。安萬侶自身は、『古事記』が古い伝承の整理にすぎなかったかのように語っているけれども（『古事記』序文）、実際は物語りの新たな創造にほかならなかったことは、これまでの『古事記』の物語りの考察が疑問の余地なく語っている。天照大御神、大国主神、大物主神、須佐之男命等々の、『古事記』において主要な働きをする神々は全て、机上の創作物なのである。そして、その創作の性質はといえば、安萬侶が突如として宗教的啓示をうけたことによって成就されたという性質のものではなかった。安萬侶は宗教カリスマではなく、人々も、宗教カリスマへの帰依人だったのではない。『古事記』は、たしかに、現実を変革しようとする規範の書ではあったけれども、しかし、宗教的天才による宗教的規範の書（教典）であったのではなく、むしろ、天才作家の手になる政治思想の物語り的叙述であり、そのような独特の形態での〈法典〉なのであった。

今日の法においては、そして、当時の律令においても、法規範は、抽象的な法人格を主語とする文章という形式で示されている。たとえば現行の皇室典範は「天皇が崩じたときは、皇嗣が、直ちに即位する」(四条)、「皇位は、左の順序により、皇族に、これを伝える。一 皇長子、二 皇長孫、三……」(二条)などと定めるが、ここに登場する「天皇」や「皇嗣」は、どの天皇、どの皇嗣についても妥当しうるような抽象的法人格であり、天皇や皇嗣は匿名化されている。たとえば昭和天皇の死去とこれに伴う皇位継承という具体的ケースにおいて、昭和天皇は皇室典範四条の「天皇」のいわば〈現し身〉として、昭和天皇長子の皇太子も同四条の「皇嗣」の〈現し身〉として存在していたのである。これに対して、『古事記』という〈法典〉では、規範が、抽象的人格の関係としてではなくして、悠久の太古に存在していたとされたところの、固有名詞を有する具体的な神々の関係として表現されている。安萬侶は、『古事記』において、天忍穂耳命と万幡豊秋津師比売とが結婚し、その間に邇邇芸命が完成された「日子」として誕生するという物語りを創作したが、彼は、このことを通じて、代々の根子天皇は天忍穂耳命の、藤原の女は万幡豊秋津師比売の〈現し身〉として行為すべきことを語ろうとしたのである。

神祇令には、真性の祭祀が存在しない。真性の祭祀とは、たとえばニハナヒでありニヒナヘであるが(二一五頁)、少なくともそれは、神祇令の表面にはあらわれていないのである。神祇令祭祀の一つとして、年二度の月次祭があり、それは「如二庶人宅神祭一」(令義解)といわれるものであったので、「庶人」の「宅神祭」(ニハナヒ)のごとき祭祀が、月次祭の班幣にあずかる畿内豪族の間で行なわれていたことが知られ、後年の史料によって月次祭の際に行なわれたことが知られる天皇の「神今食」(神人共食儀式)も真性の祭祀としてのニハナヒであったと考えられるが、そのようなニハナヒ神事は、いわば人々の〈私〉的な祭祀として神祇令の水面下に没し、神祇令という水面には、神祇官における班幣という儀式のみが見えているのである。かかる〈公〉的次元での神祇官祭は、諸ニハナヒを表面的に統合した政治的儀式にすぎなかった(二一八頁)。

要するに、『古事記』神話と神祇令祭祀の表層にあらわれた「神」は〈神〉ではなく、神話へ志向する態度は〈信仰〉などというものではなかった。基層には、『古事記』が具体的には何も語らず、神祇令祭祀も触れることがなかったところの、それぞれの人が『古事記』や神祇令祭祀とは無関係に斎き祭っていたところの神々の世界があったのではあるが、その基層的世界と表層の『古事記』的・神祇令祭祀的世界とは、まだ緩やかに接着されていたにすぎなかった。何よりも、天皇の祖神を天照大御神とするか高皇産霊尊とするかをめぐって、王権の中枢部に深刻な対立があったことが、『古事記』神話の脆弱さを示し、全社会的規模で、『古事記』神話が諸々の人々の斎き祭る神々を内的に統合しえていなかったことを示唆しているのである。

そうした状況が一方にあり、他方では、八世紀の中央貴族の〈信仰〉がしだいに仏教へと傾斜していったという事実が存在した。このことを端的に示すのは葬制であろう。この国への仏教の伝来は六世紀の中葉のことであったが、当初、これへの帰依は鎮護国家を目的とするもので、僧侶やわずかな例外をのぞけば、人の死の問題とは深くかかわることがなかった。しかし、天武の葬儀において、事態は一変しはじめた。この葬儀において、伝統的な殯《もがり》の儀式もなされたのであるが、その殯宮においては僧侶が発哭し、斎会が殯宮以外の仏教寺院でも設けられ、遺体は仏式の古墳に葬られたのである〔安井64〕。次の持統の場合には火葬とされ、以後、この方式が定着していった〔米田85b〕。天武以降、死の問題は仏教の問題であり、死後の世界は「黄泉国」ではなくして、「浄土」の世界にほかならなかった。聖武天皇が自らを「三宝の奴」と称し、仏教にのめりこんで、大王・天皇としては初めて出家したこと、大極殿を上回る大きさの東大寺大仏殿を創建したこと、周知のごとくである。事情は藤原一族についても同様であった。本来弱小氏族でありながら、政界の中央街道を晴れがましく歩むことになったこの一族は、それだけに敵も多く、繁栄を願う宗教的行事の必要も一層切実に感じられたと思われるのであるが、その宗教的行事は、神事ではなくして仏事であった。その中心は、維摩の像の前で維摩経を講じる維摩会で、これは、初代鎌足の時代に始まり、その死後しばらくの中断をへて不比等が再興し、以後、藤原氏の最も重要な儀式の一つとなったものであった〔上山77四五頁以下〕。八世紀中葉に、不比等の孫にあたる藤原仲麻呂は、この維摩会の目的が「皇宗を奉翼し、…尊霊を引導」することなどにあることをのべているが〔続紀天平宝字元年閏八月条〕——同じ文書で、当時の天皇家と藤原氏が天智と藤原鎌足に始まると意識されていることも注目される（三三八頁以下）——、そうした事業が、神事ではなく、仏事として挙行されたことが注目されるのである。

要するに、『古事記』の淵源をなす「帝紀と上古諸事」の「記定」が企図され、神祇令祭祀の体系が整えられてきたのとまさに平行して、人々の宗教は、仏教へと向っていったのである。この事実も、八世紀という時代にあっては、神祇令祭祀が真性の祭祀ではなく、『古事記』が宗教の書などではないことを雄弁に物語るものであった。

2　神祇令祭祀と民間祭祀

神祇令祭祀が真性の祭祀などではなかったことは、それらが、当時民衆世界の中に生きていた真性の祭祀と何の関連も有していなかったことにも明らかであった。このことは、神祇令における豊穣祈願祭としての祈年祭と、当時民衆の中で営まれていた春時祭田とよばれる豊穣祈願祭の関係を調べることによって知られるように思われる。

春時祭田のことは儀制令一九条にみえ、『令集解』におけるこの条文についての諸註釈は、この祭りの実際をある程度伝えているが、これらによれば、毎年春に村々では、豊穣祈願のために村人が鎮守に集い、神に稲と酒が捧げられるとともに、人々が共食する祭祀が行なわれていた。かかる春時祭田と祈年祭とが有機的に結びついていたのではないかと想定されたのは、義江彰夫氏であった〔72 78〕。先に、祈年祭においては、全国から神主たちが神祇官に召集され、そこで惣天神地祇に捧げるための天皇の幣帛が班たれていたことを述べたが、氏は、その幣帛の中に稲種が含まれており、その稲種が、在地首長を介して村落に下降し、村人たちが鎮守の神々に捧げた稲の中に混入していったのではないかと想定されたのである。もしもこの想定が成り立ち、こうした事柄が祈年祭を挙行した宮廷の人々によって目的意識的に追求されていたということになるならば、まさしく、律令天皇制は真性の祭祀王権として存在していたように思われてくる。

しかし、このような見通しは、実証されえないように思われる。何よりも、祈年祭の天皇幣帛の中に稲種が含まれていた形跡が全く存在しないからである。義江氏は、右の議論を構築するにあたって、天皇の幣帛の一つとされていた「四座置・八座置」が稲のことではないかと想定されたのであるが、それは、『延喜式』の規定するこの物の形状からして、稲でないことは明白であった（第二部四六五頁以下）。

義江氏の論文は、かえって、氏が導こうとした結論と反対の事柄を実証しているように思われる。氏は、職員令の摂津職条、太宰府条、大国条に、津国（難波宮所在地）、太宰府（筑前国）、大国（大和以下十三国）の長の第一の職掌として記されている「掌祠社」の文言に注目され、およそ次のように論じられた。すなわち、①「祠」とは、『令集解』穴説が「祭社之外別祠耳、仮、春時祭田等是也」などと記しているところから判断すると、春時祭田を行なう村々を含む、官社以外の社であろうこと、②「掌」の内容は、『令集解』跡説が摂津職条に註して「検校社並祠」、春時祭田条に註して「国郡加検校耳」とのべ、『令義解』が春時祭田条に註して「於国郡司者、唯知其監検」などとのべているところから判断すると、神社の「存在を確認し、チェックするという程度の行政的監督以上に出ない」行為であろうこと、これである。氏は、ここから、一旦は、「律令国家の国・郡衙の機構による全国内の神社統轄はもちろん、行政的に監督する、という形で行なわれていたし、それは、律令の地方行政にとって不可欠な要素ではあったが、しかし、決してそれは祭祀内容・方式に即し、直接に介入して支配するという性格のものではなかった」という結論を導かれたのである〔72一〇頁〕。氏は、しかし、ここで議論を反転させて、「では、律令国家は、行政監督を前提としてそのような支配（祭祀内容・方式に即した支配――水林註）をしようとはしなかったのだろうか。結論を先にいえば、私はそうではないと考える」とのべ、先に要約したような議論を展開されるのであるが、私には、採るべき義江説は、むしろ、氏自身が一旦は定立されながら、結局は否定してしまった方にあるのではないかと思われるのである。

律令国家による村落の神社に対する支配は、単なる行政的支配であり、祈年祭と春時祭田とを有機的に結合して、民衆を祭祀の論理によって支配しようとする意思などは、天皇王権には存在しないのであった。このことは、秋の収穫祭についてもいえることであった。儀制令一九条は単に「春時祭田」とはいうものの、実際は、『令集解』古記引用の「一云」説が「春秋二祭也」とするように、民間では春の収穫祈願祭と秋の収穫感謝祭との二祭が一対のものとして存在し、秋の収穫感謝祭は、鎮守の神への初穂や神酒の献上と直会(神への献上物を人々が共食すること)の祭祀であったと考えられるのであるが〔矢野89六九頁〕、かかる収穫感謝祭とリンクする祭祀は、神祇令の定めた国家祭祀には存在しなかった。毎年大嘗祭は天皇供御田という特別の田、毎世大嘗祭は、悠紀・主基の国における郡司を介して掌握された田とのかかわりしか有しなかった。そもそも大嘗祭は「仲の冬」の儀式であって、秋の収穫祭などではありえようはずがない。神祇令祭祀における収穫祭といえば、「季の秋」に挙行される神嘗祭であるが、これは天照大御神を祭神とする祭祀であり、これにかかわる田は伊勢神宮の支配する田にすぎない。要するに、民間の収穫祭を全体としてその下に編成するような国家の収穫祭などは存在しないのである。

村落祭祀が国家祭祀とは無関係に自律的世界を形成していたこと、国家の側にも村落祭祀を国家祭祀のもとに編成しようとする意思のなかったことは、祭祀に関する令の規定の仕方からも知ることができる。表35は、令における神社関連規定の態様を整理してみたものであるが、祭祀のあり方を規定する神祇令は官社(支配層の神社)だけを対象とし、非官社(民衆の神社)については、職員令のうち、俗的事項ないし俗的様式の支配を担当する官職について定めた部分と、俗的性格の儀式について定める儀制令が規定する。このことだけからも、宮廷祭祀と民間祭祀の間に有機的連関の欠如していたことが諒解されよう。再び春時祭田条を例にとるならば、註釈書は民間の豊穣祈願祭(春時祭田)に言及するものの、条文の規定それ自体は「凡そ、春の時の祭田の日には、郷の老者を集めて、一たび郷飲酒礼行へ、人をして長を尊び老を養ふ道を知らしめよ」とするもので、律令国家の関心は、春時祭田そのものにあるのではなく、春時祭田を利用して、「人をして長を尊び老を養ふ道を知らしめる」という俗的な倫理規範を教化することにあった。要するに、一見真性の祭祀のように見える祈年祭のような豊穣祈願の祭祀でさえ、実は、民衆の豊穣祈願祭とは何の連関も有せず、これも、祭祀に名をかりたところの、ただ支配層にのみ関心をむけ、支配層を国家へと結集させるための政治的演劇であったと考えられるのである。

神祇令祭祀は、これにかかわった当時の支配層の宗教的行為なのではなく、彼らにとっての宗教は、神祇令祭祀の水面下に、それには統合されきらずに存在していたところの、人々が個々に古くから斎き祭ってきた神々への信仰であり、しだいに影響力をもちはじめたところの仏教であった。一方、民衆の信仰は、まだ仏教ではなかったが、しかし、記紀神話を教典とする神道でもなく、民衆の生きる狭い地方的空間に密着した土着の信仰以外の何ものでもなかったと思われる。このような古代日本の宗教風景は、その後も頑強に持続していった。民衆世界にも、しだいに仏教が滲透していったけれども、しかし、村の鎮守もなお健在であり、しかも、その神々は、近世の末期にいたるまで、朝廷とは無縁であり続けた〔宮田83二七頁以下、高埜89八九頁以下〕。そして、その朝廷では、仏教が主流となっていった。戦国時代に大嘗祭を始めとする諸祭祀は途絶しても、即位儀はかろうじて存続し、しかもそこには、中世以来、真言密教の影響が及んでいた〔上川87〕。また、天武以後、幕末の孝明天皇にいたるまで、葬儀は仏式で挙行され続けたことが銘記されねばならない〔橋本78〕。天智以降歴代の天皇の位牌（遺骸の前にたてられたとされる第一の位牌）は「御寺」（皇室の寺院の意）としての泉涌寺に奉安されている。要するに、死後、「極楽浄土」にではなく「黄泉国」に行くことになった天皇は、明治天皇を嚆矢とし――「黄泉国」は、『古事記』および『古事記』の物語りに近似

【表35】 神社関係規定の態様

	官社	非官社
祭祀支配	神祇令	×
行政的監督	職員令	職員令摂津職条や儀制令

した『日本書紀』一書（おそらくは原『古事記』）にしか登場しないが故に、この神話的世界の誕生は、原『古事記』以前に遡ることができない——、今日まで、明治、大正、昭和のわずか三天皇を数えるにすぎないのである。記紀神話を教典とする宗教としての神道は、近代天皇制のもとではじめて確立した新興の宗教にすぎなかった。そして、教典の一つとされた『古事記』は、本来の『古事記』とは似ても似つかぬものであった。新興宗教の教典としての『古事記』は、国家神道という、原典のあずかり知らぬ新思想によって、自在に解釈がえされ、変造されたところに成立したものだったからである。

『古事記』の本然の姿を知ろうとするならば、我々は、二〇世紀の「神話」から徹底的に自由にならなければならない。そして、そのためには、『古事記』をば、その生まれ育った七世紀末から八世紀初頭の日本社会の中に置き返し、そこにおいて存在していたがままの姿において、これに向きあうことから始めなければならない。そのような『古事記』への眼差が獲得されてはじめて、この作品は、我々が真に誇るに値する古典として、現代に甦るのではなかろうか。我々の現在の生をば、遠くより動かしがたく決定している律令国家の誕生の時代を、見事な日本語によって今日に伝える輝かしいモニュメントとして。

註

（1）崇神天皇も含めて、神武、綏靖《すいぜい》、安寧《あんねい》以下、持統天皇のころまでの代々天皇の漢風諡号は八世紀中葉に追諡されたものと考えられ、『古事記』には見られないばかりでなく、『古事記』の成立した七一二年の時点ではそもそも存在しなかったものである〔山田英雄85、角田84〕。『古事記』における天皇の名称は実名、実名に尊称を付加したもの、国風諡号のいずれかで表現されており、『古事記』の時代には、こうした名称しか存在しなかったということ自体が重要な意味を有する。それ故、『古事記』を論ずる本稿では漢風諡号を用いないことが望ましいとも考えられるが、実名や国風諡号は一般に名前が長く、煩雑であるので、もっぱら便宜のために、本稿でも漢風諡号を必要に応じて用いることにした。ちなみに、『古事記』における神武から推古までの代々天皇のうち、①神武から仲哀まで、②清寧、③安閑から欽明まで、④推古の、計一九人の天皇は国風諡号によって、それ以外の天皇は実名ないし実名に尊称を付加した名前によって表現されている。この事実と国風諡号にこめられた意味とは、神話の歴史を考える上できわめて重要である（本文三〇一頁以下参照）。

（2）「葦原中国」なる名称が、神話的諸世界を全体として表象しつつ創造されたものであることを主張するためには、なお、もう一つの問題を解決しておかねばならない。それは、「海原」から「葦原中国」をさして、「葦原中国」とはよばずに「上つ国《うは》」とよんでいる例があることである（海佐知毗古《うみさちびこ》・山佐知毗古《やまさちびこ》の物語り）〔一〇三頁〕。「海原」から、「葦原中国」という言葉によって指示される世界をよぶ例はこの一個所だけであるから、「葦原中国」は「海原」との関連では使用しがたい言葉であり、「海原」にとって、「葦原中国」なる名称によって指示される世界は、「葦原中国」ではなくして「上つ国」でしかないという議論も成り立ちうるようにみえるのである。序論で紹介した倉野氏の論文は、まさにこのことに注目して、「葦原中国」を「高天原」と「黄泉国」との二つの世界とのかかわりで考えようとされたのであった。しかし、結論をいえば、特定の文脈に規制されての「上つ国」であり、これによって、〝「葦原中国」は「海原」とは関連をもたない〟、とは主張しがたいように思われる。このことを論証するためには、まず、この物語りの主人公の山佐知毗古(「葦原中国」に降臨した邇邇《にに》芸命《ぎのみこと》の子で、初代天皇の祖父)の名称について考えねばならない(海佐知毗古・山佐知毗古の物語りの分析は、本文では、『古事記』上巻の物語りの順序にしたがって、第三章第四節でなされる。以下の考察は、それを前提としている)。

山佐知毗古《やまさちびこ》にはいくつもの名前があり、これらは、シチュエイションによって厳密に使いわけられていた。この神の初出の名は「火遠理《ほをり》命」であるが、これは、この神が産屋で焚かれた火の勢いの弱まった時に誕生したことに由来するところの、いわば、この神の実体規定であった。海佐知毗古・山佐知毗古の物語りの部分に限っていえば、地の文ではもっぱら、この名称が使用される。その亦の名が「天津《あまつ》日高《ひこ》日子《ひこ》穂々手見《ほほでみ》命」とされるが、これは、この神が天照大御神の子孫であることに由来するところの、「高天原」との関係を意識した名称である。これは、海佐知毗古・山佐知毗古の物語りの部分では一切使用されず、その前後の地の文に登場する。海佐知毗古・山佐知毗古の物語りの冒頭で、火遠理命は「山佐知毗古」とされるが、これは、父の邇邇芸命が大山津見《おほやまつみ》神の女との間にもうけたところの、山の呪能を具えた子であることに由来する名前である。この名前は、海佐知毗古・山佐知毗古の物語りの冒頭に、「火遠理命は山佐知毗古として、毛の麁物・毛の柔物を取らしき」(九六頁)という形で登場するだけである。「海原」における火遠理命の物語りを始めるにあたって、それまでの「葦原中国」内存在としてのこの神を表象させる名称である。そして最後に「虚空津日高《そらつひこ》」。これは、海佐知毗古・山佐知毗古の物語りにおける会話の文章において、「海原」の神々からこの神を呼ぶ名称で、この神の「葦原中国」での住居が高い「山」の上にあり、それが、「海」からみて「空」と意識されたことによるらしい(神野志86 一三四頁以下)。

「海原」の神が火遠理命を、穂々手見命とも山佐知毗古ともよびがたかったのは、これらの名称の属性のためであったように思われる。すなわち、天津日高日子穂々手見命とは、火遠理命を「高天原」から、「高天原」内存在として規定した名称であり、山佐知毗古とは、火遠理命を「葦原中国」から、「葦原中国」内存在として規定した名称であるが故に、「海原」からの呼称としては、これらの名前は避けられねばならなかったのではなかろうか。加えて、問題の文脈では、この神の実体規定たる火遠理命の名称も避けられねばならない。求められたのは、すでに、天津日高日子穂々手見命であり、山佐知毗古であって、かつ、今は「海原」にかかわり、「海原」の規定をもうけた存在(子の天津日高日子波限建鵜葺草葺不合命)を生み出そうとしている神を、

「海原」の側から、「海原」との関係を表象させつつ呼ぶところの、固有の名称だったのではないか。そして、そのようなものとして、虚空津日高なる名称が創作されたように思われる。名称は「葦原中国」におけるこの神の住居の所在に由来するので、その限りでは、「葦原中国」と関係するが、しかし、これは、「葦原中国」との関係を表象させる名称として使用されているのではなく、あくまで「海原」との関係で使用されていることに注意しなければならない。虚空津日高という、「葦原中国」内部では単なる実体規定にすぎない名称をあえて選択し、これを「海原」という世界に関係づけられた場合の火遠理命の名称とするのである(図36)。そして、この虚空津日高という名称との関係で、この名称の磁力にひきつけられて、「葦原中国」は「上つ国」とよばれたように思われる。「上つ国」は、この神が「葦原中国」に帰ろうとするまさにその時に、大綿津見神の言葉の中に、

(大綿津見神、)ことごと、わに魚どもを召び集めて問ひて曰ひしく、「今、天津日高の御子、虚空津日高、上つ国に出幸さむとしたまふ。誰者か幾日に送りまつりて覆奏す」〔一〇三頁〕

という形で登場するのであるが、以上のような考察をふまえれば、ここでは、山佐知毘古という名称と不可分に結びつく「葦原中国」は避けられねばならず、虚空津日高の「空」との関連で「海原」の上方にある「上つ国」とされるほかはなかったのではないか。

ちなみに、天津日高日子穂々手見命＝山佐知毘古＝虚空津日高が大綿津見神の女との間にもうけた子の名称が、天津日高日子波限《なぎさ》建《たけ》鵜《う》葺草《かや》葺不合《ふきあへず》命であることにも、深い意味があるように思われる。「天津日高日子」は「高天原」にかかわり、「波限」は海と陸の境、「海原」と「葦原中国」の境界を意味するから、この名称の中に、三世界の統合が語られているのではなかろうか。そして、この神の子が初代天皇の神倭伊《かむやまとい》波礼毘古《はれびこ》なのであった。

【図36】 火遠理命とその子の神名の構造

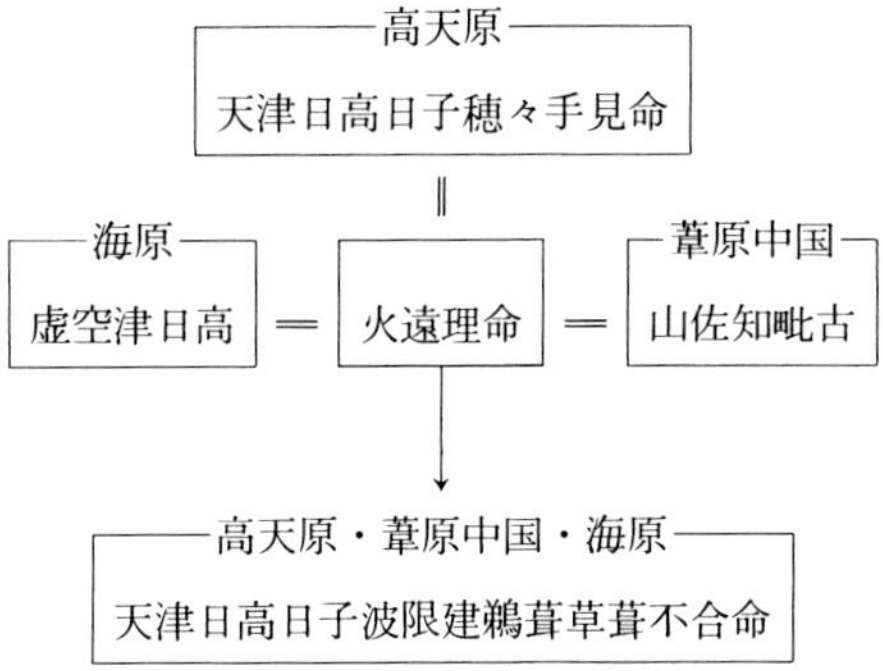

(3) 大国主神話部分の『古事記』の語りの構造は、さらに、フランス語の時制表現を想起することによって、理解しやすくなるように思われる。フランス語の過去表現は、

大きく、①単純過去ないし複合過去と、②半過去および条件法の、二つに区分される。①は、語り手が発話点たる現在に身をおいて、そこから、過去の事件を語る時制であるのに対して、②は、①による過去の一時点の設定を前提とし、これを語りの基準点として、語り手がそこに身をおいて、現在からみた過去の事情を、語りの基準点からみた現在（半過去）ないし未来（条件法）として語る時制である。①は〈現在過去〉であるのに対して、②は〈過去現在〉ないし〈過去未来〉である。①はナレーターの事件の語りであり、②は過去を現前させる映像に似る。

（4）　天照大神が素戔嗚尊の「姉」とされた『日本書紀』本文においても、大神が尊をむかえ討とうとする姿は、『古事記』の場合と同様に、ほとんど男神であった。これは、『日本書紀』本文の少なくともこの箇所が、『古事記』よりも後に、『古事記』を模倣しつつ成立したこと、しかし、物語りの根本理念においては正反対の意味がこめられて創作されたことに由来していると思われる。すなわち、『古事記』模倣によって天照大神はあたかも男神のごとく描かれ、本文三六一頁以下でのべたような『古事記』批判の観点から天照大神は女神とされたのではないかと推測されるのである。『日本書紀』神代本文に感じられるところの作品としての仕上りの杜撰さ——他方に『古事記』が存在するだけに、その印象は強烈である——の根拠の一つは、その成り立ちにあるのではなかろうか。

（5）　ただし、神漏伎命・神漏彌命を高御産日神・天照大御神に比定することに問題がないわけではない。先に本文においてのべたように、『古事記』において、高御産日神と天照大御神の記載順序は、「高御産巣日神・天照大御神」に定まっているわけではなく、「天照大御神・高御産巣日神」であることもあり（一三六頁）、この順序と照応させれば、神漏伎命が天照大御神、神漏彌命が高御産日神ということになるからである。さらに、カムロキのキ、カムロミのミは、それぞれイザナキのキ、イザナミのミと同じく、男女の別を示すのであろうから〔祝新六三頁〕、神漏彌命を天照大御神に比定する考え方は、天照大御神を男神と想定した本稿の考え方と矛盾するという問題もある（二七一頁）。しかし他方で、高御産日神も男神であるから〔記注一巻三六〇頁〕、神漏彌命を高御産日神とすることも問題である。要するに、『古事記』と宣命・祝詞とは、この点では厳密には対応しないように思われる。タカミムスヒは記紀ともに男神とするのに対して、アマテラスは紀では女神であるから、神漏伎命・神漏彌命には『日本書紀』的観念が流れこみ、神漏伎命がタカミムスヒ、神漏彌命がアマテラスに比定されていたとも考えられるが、かりにそうだとしても、そもそも、タカミムスヒやアマテラスという名称がさけられて神漏伎命・神漏彌命とされていること自体が不審である。『日本書紀』神代が本文と諸一書から成っていることが示唆するように、この時代には当代の人々が共有しうる神代史像が存在しなかったこと、というよりも、神代史像をめぐって鋭い対立が存在したと思われること（三六一頁以下）、神漏伎命・神漏彌命の初出は、神代史像の対立を本文と諸一書の並記という形で書き記さねばならなかった養老四（七二〇）年の正史『日本書紀』編纂の直後の、神亀元（七二四）年の聖武即位の宣命であることなどを総合して考えると、相対立する神代史像の折衷策として、あるいは物事を意図的に曖昧にする目的で、至高の神々が、記紀には一切登場しない神漏伎命・神漏彌命という名称でよばれたということなのかもしれない。

（6）『古事記』的政治思想による皇位継承は、しかし、結局は挫折を余儀なくされた。聖武と光明皇后との間についに男子が得られず、やむなく天平勝宝元（七四九）年の女子への譲位となり（孝謙女帝）、この女帝は天平宝字二（七五八）年に、〈天智―文武―聖武〉の系統からみれば傍系の淳仁（舎人親王の子）へ譲位することになったからである。皇位継承の点においてばかりでなく、『古事記』的世界観が、全体として、妥当しがたいものになっていったように思われる。その大きな画期は、かの思金神に擬せられた藤原四兄弟が、天平九（七三七）年に、天然痘によって一挙に死亡し、藤原政権が一旦崩壊して、橘諸兄政権が誕生したことであった。すぐさま、『古事記』の時代への訣別を宣言するかのように、諸兄の主導によって平城京から恭仁京への遷都が行なわれた。聖武はこの動きに反発するかのように、紫香楽離宮造営とそこへの長期行幸をくりかえすが、その聖武も、国分寺建立の詔（七四一年）、大仏発願の詔（七四三年）、東大寺大仏の鋳造（七四九年）というように仏教へ傾斜していき、天皇王権の正当性は、『古事記』の政治思想（「現神と大八洲知らしめす倭根子天皇」）から仏教思想（「三宝の奴と仕奉る天皇」第十二詔、七四九年）へと旋回していった。その後の宣命にも「現神と大八洲知らしめす倭根子天皇」という表現は登場するが、時代状況を考慮するならば、それは定型化された表現の反復の域を出なかったものと思われる。天平勝宝八（七五六）年に没した聖武への諡号には「日本根子天皇」の観念は存在しなかった。藤原氏は仲麻呂の代に蘇ってくるが、それは、〈光明皇后―紫微中台（皇后宮職）長官仲麻呂〉という、王権への直接的寄生の帰結で、『古事記』的世界観とは無縁のものであったように思われる。『古事記』的政治思想は、現実政治に意味をもつものとしては、藤原京と前期平城京時代の、わずかに四〇年ほどの命であった。

補論一　令制皇位就任儀式体系の変質について

本稿の主題は、『古事記』と、これに意味づけられた限りでの神祇令祭祀（特に皇位就任儀式）の政治思想の研究であるから、八世紀末ないし九世紀初頭以降における変質した皇位就任儀式の研究は、本来叙述の埒外にあり、本格的には別稿の課題としなければならないが、本文の叙述で、八、九世紀の交わりの頃における令制皇位就任儀式体系の変質が前提とされているところも少なくないので、この問題について、最小限のコメントを付しておくことが必要であろう。

一　貞観儀式における皇位就任儀式体系

令制皇位就任儀式体系は、八世紀中葉から変質過程が始まり、陽成天皇（八七六年即位）の時代、すなわち、『貞観儀式』が編纂されたまさにその頃に、全面的な再編が完了したと思われる。再編完了の段階の皇位就任儀式体系は、およそ次のようなものであった（即位儀と践祚大嘗祭の儀式の内容については、本文一八三頁および一九二頁参照）。

	儀式名	挙行時	儀式の内容
1	剣璽渡御・譲国儀	先帝死去直後ないし譲位時	神璽鏡剣が新帝に移される儀式

2	即位儀	剣璽渡御からしばらく時をおいて	高御座着座と詔宣命の儀式
3	践祚大嘗祭	七月以前の即位の場合にはその年の十一月 八月以降の即位の場合には翌年の十一月	①天神地祇奉幣・班幣〔神祇官〕 ②大嘗宮（悠紀殿・主基殿）儀式 ③天神寿詞奏上儀式〔豊楽院〕 ④悠紀帳・主基帳儀式〔豊楽院〕 ⑤大嘗祭節会〔豊楽院〕
4	八十嶋祭	践祚大嘗祭の翌年	難波津への勅使派遣、海辺の祭場に生島・足島の神、住吉の神を祭り、天皇乳母が天皇の衣服をおさめた箱をゆり動かして、天皇霊を活性化させる儀式

令制皇位就任儀式体系との関連を図示すれば、次のごとくである。

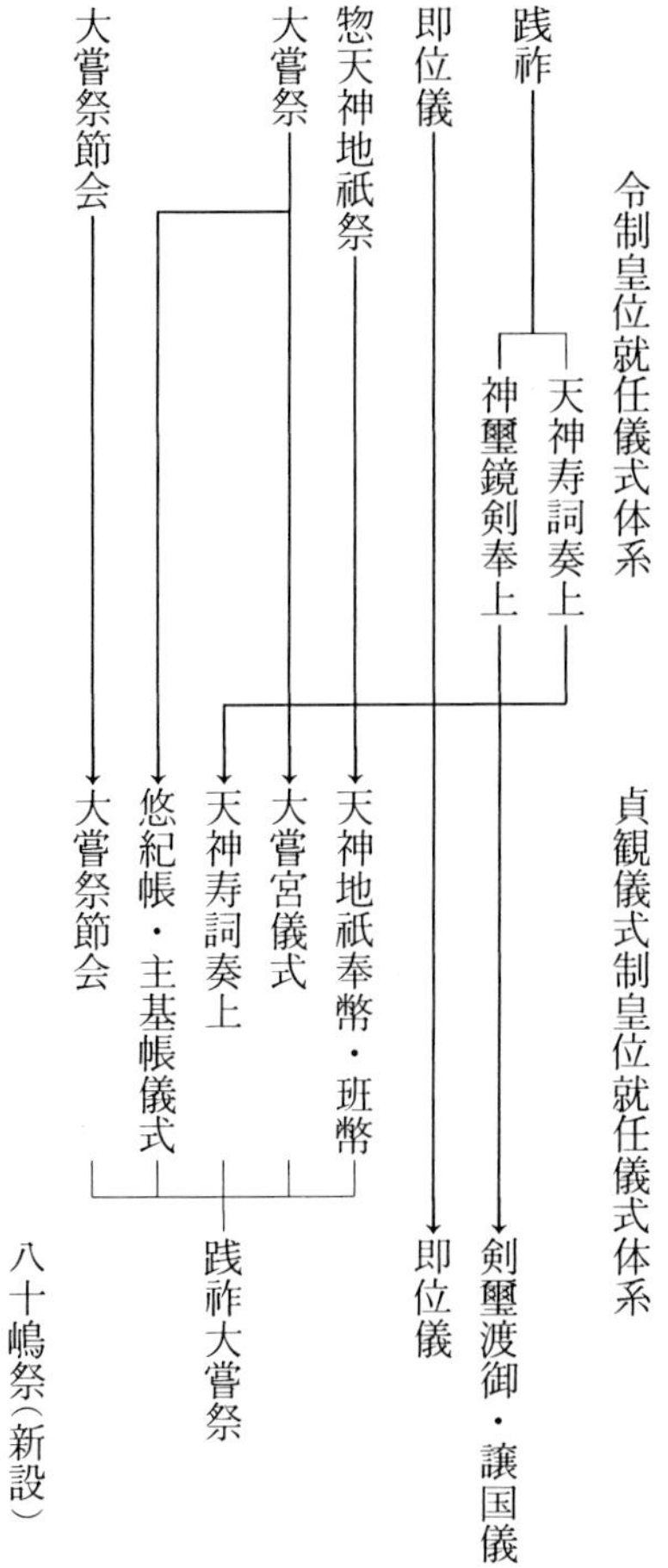

変化の要点を箇条書にすれば、次のごとくであった。

①践祚のうちの神璽鏡剣奉上儀式が独立し、先帝死去の直後、間髪いれずに挙行される儀式となった。
②践祚のうちの天神寿詞奏上が践祚大嘗祭の儀式に移された。
③以上の結果、即位の日の儀式（令制では践祚と即位儀、貞観儀式制では即位儀のみ）の神話的色彩がうすめられ、即位儀は中国風の儀式となった。
④惣天神地祇祭が践祚大嘗祭に、その前座の儀式（天神地祇奉幣・班幣）として吸収され、位置づけが大きく後退した。
⑤八十島祭が新設された。

二　古代における令制皇位就任儀式体系の変質の諸段階

それでは、令制から貞観儀式制への変質過程はどのようなものであったのか。令制の諸儀式と政治思想の変遷を跡づければ、ほぼ、次のようであった。

A　天皇謚号の変化

聖武天皇の国風謚号以降、「根子日子」思想が見られなくなり、天皇は「根子天皇」ではなくして「天皇」であり、「日子」ないし「天」の存在であることだけが強調されるようになった（表25参照、三〇八頁）。天平勝宝四（七五二）年の東大寺大仏開眼で絶頂に達する聖武の仏教へののめりこみ、七六〇年代における天皇の漢風謚号の始まり（註1参照）なども、政治思想の転換の徴表である。

B　大嘗祭の変質

(1)　大嘗祭については、以下の諸事実が注目される（図37参照）。
①孝謙女帝の時代の天平勝宝八（七五六）年十一月条に、「廃二新嘗会一。以二諒闇故一也」とあり（『続日本紀』における

【図 37】 ニへの儀式の変遷――祭祀と服属儀礼の交錯

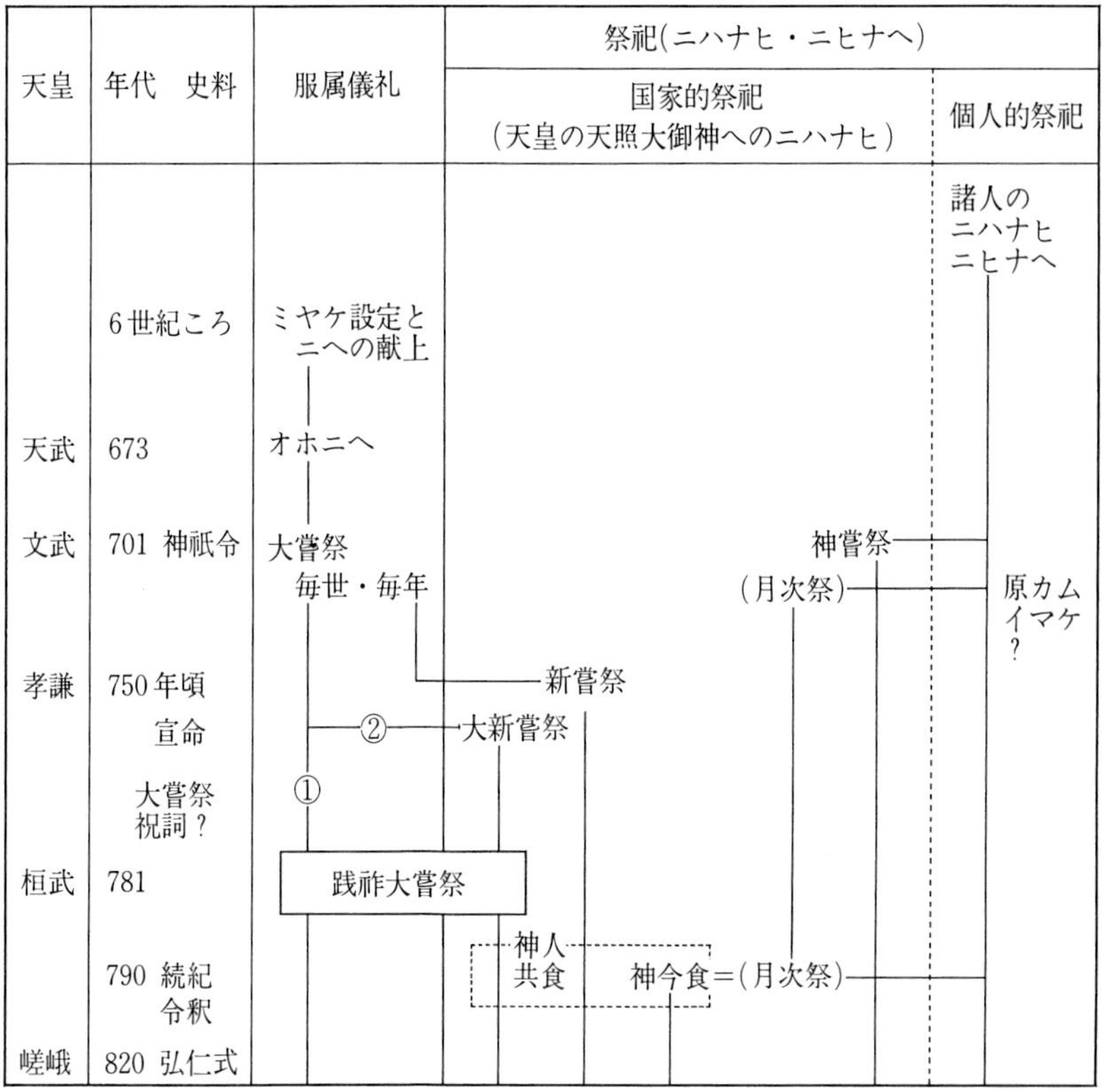

註1　①と②は，毎世大嘗祭の性質が，本来の服属儀礼(①)のほかに，祭祀(②)の要素が加わったことを示す．

2　月次祭が括弧付で記載されているのは，この祭が，ニハナヒを基礎とする祭祀ではあるけれども，ニハナヒそのものではないからである．臣下のニハナヒはもとより，天皇のニハナヒ(原神今食)でさえ，令制の下では国家的祭祀ではなかった．国家的祭祀としての月次祭は，畿内豪族層個々人のニハナヒの神事の機会に，天皇が畿内豪族層の斎き祭る諸神に幣帛を献上するというものであった．ニハナヒにおいて，本来，神々を斎き祭る立場にあった畿内豪族層諸個人が献上したところの贄と，天皇が神祇班幣祭を通じて捧げた幣帛とは異なるものである．これは，天照大御神に対するニハナヒにも妥当することであり，伊勢神宮神田からの贄と，天皇が奉幣使を派遣して献上する幣帛とは別物であった．この問題については，本文217頁以下参照．

「新嘗」の初見）、天平神護元（七六五）年の称徳即位（孝謙重祚）に際して挙行された大嘗祭における宣命で、大嘗祭のことが「大新嘗」と記され（第三八詔）、神護景雲三（七六九）年の十一月の毎年大嘗祭については、その際の宣命で「新嘗」と表現されている（第四六詔）。「大嘗」を「新嘗」と言い換えようとする志向が顕著であるように見える。訓みは、「新嘗」がニヒナヘ、「大新嘗」はオホニヒナヘまたはその縮約形として意識されたオホニヘであろう。「新嘗」は、『延喜式』段階（一〇世紀前半）ではニヒナヘであり、ニヒナメの訓は『類聚名義抄』（一二世紀）以降だからである（『古事類苑』神祇部2二一八頁、西宮90二一六頁）。ニヒナヘを表意漢字で表現すれば、「新穀饗」である。

②桓武朝の延暦九（七九〇）年頃の成立と推定される令の註釈「釈」が、大嘗祭に関して、「嘗、猶レ試也。言下試二嘗新穀之始一、以祭中神祇上」（令集解1三〇頁）とのべる。ここでいわれる「嘗」「試」は、中国で「膳夫、祭に授くるに品ごとに嘗食（試食）し、王乃ち食す」（周礼）といわれるものであるから（字統「嘗」）、「釈」は大嘗祭を、神に「新穀」を供え、後に王がこれを食する儀式として説明したことになる。「釈」は、別の箇所では、大嘗祭を「朝、諸神相嘗祭了。供二奉新物一」（令集解1一九七頁）と解説した。同じ趣旨である。大嘗祭御饗儀式は、天皇へのオホニヘから、神々へのニヒナヘに変質した。

③天長一〇（八三三）年成立の『令義解』は、大嘗祭について、「嘗二新穀一。以祭二神祇一也。朝、諸神之相嘗祭。夕者、供二新穀於至尊一也」（令義解二九頁）とのべる。第三文までは「釈」説と同様であるが、第四文の「至尊」は、次の『古語拾遺』の大嘗祭の祭儀神話を考慮すると、天照大御神およびこれと一体の天皇のことではないかと想像される。

④平城天皇の「造式」（令の規定する諸制度の細則の制定、そういう形式での令の実質的変改を含む）の意図に応えて、大同二（八〇七）年に、新しい神話の書『古語拾遺』が斎部（忌部）広成によって編纂された（西宮一民校注『古語拾

遺』解説）。これによれば、大嘗祭の祭儀神話は、神武天皇の大嘗祭である。「天照大神は、本、帝と殿を同じくしたまへり。故、供へ奉る儀も、君と神と一体なりき」（四八頁）。新穀が供されるのは、天照大神およびそれと一体の天皇に対してではないか。

⑤なお、大嘗祭の寝座の儀について、『古語拾遺』は、次のように解説する。「帝と神（神武と天照大神のこと——水林註）と、其の際未だ遠からず。殿を同じくし床を共にす」（三六頁）。大嘗祭寝座の儀式の変質も明らかである。

⑥宝亀二（七七一）年の光仁即位の大嘗祭において天神寿詞が奏上され、天応元（七八一）年の桓武即位の大嘗祭から、神璽鏡剣奉上の儀式が大嘗祭に移行した（高森89b）。要するに、践祚が大嘗祭と一体化し、践祚大嘗祭が成立したのであるが（ただし、この時にただちに践祚大嘗祭という祭祀の呼称が成立したかいなかはわからない）、このことも、大嘗祭が天照大神にかかわる祭祀へと変質したことの徴表ではないか。

(2)　以上の諸事実を総合するならば、令制の大嘗祭は、八世紀後期の孝謙朝の時代以降に大きく変質したことが想定される。令制大嘗祭の大嘗宮儀式は、a諸神（大綿津見神および国つ神々）から天皇への御饗献上儀式と、b聖婚儀式（聖婚の相手は造酒童女）の二つから成っていたが、このうち、bは、孝謙（称徳）天皇が女帝であったがために挙行されがたかったと思われ、aは、天皇が祖神天照大神に新穀を献上し、自らもこれを食す儀式としての「新嘗」「大新嘗」へと変質したと考えられる。令制の「大嘗」は、古来からの個人的祭祀としてのニハナヒないしニヒナヘに引きよせられて「大新嘗」へと変質したのではないか。かかる「大新嘗」としての大嘗祭御饗儀式はその後も持続し、途絶した聖婚儀式は、もはや光仁、桓武の時代にも復活せず、寝座は、聖婚儀式用調度から天照大神・天皇の同床儀式用調度へと意味を変化させた。寝座が二つから一つになるのも、この時ではなかろうか。大嘗祭の中で、令制以来の儀式として持続していったのは、悠紀・主基国からの天皇への贄献上儀式だけであったのではないか。

(3)　以上の事柄に関連して、さらに、次の二点に留意しておきたい。

①一つは、今日に伝えられる大嘗祭祝詞である。その文面から、この祝詞は、神祇官に召集された神主・祝部に対して読み聞かされたものであり、諸神に対する天皇の幣帛を神主・祝部らに班ずる儀式において唱えられたものであることが知られる。この大嘗祭神祇官班幣儀式は、神祇令の段階では存在しなかったものである（三二五頁）。この儀式がいつ成立したのかは必ずしも判然としないが、延暦九（七九〇）年頃の令の註釈書「釈」が、大嘗祭について「朝、諸神相嘗祭了、供二奉新物一也」とのべた、その「諸神相嘗祭」は、神祇官班幣儀式のことを指すのではなかろうか。そうだとすれば、大嘗祭祝詞は、八世紀の後半期に成立したことになる。この祝詞によれば、天皇が諸神に幣帛を捧げるのは、「皇御孫命の大嘗聞こしめさむための故に、皇神等」が「うづのひまつる」（賞美する）ことに対する返礼としてであった。

②いま一つは、『続日本紀』延暦九（七九〇）年六月条に月次祭神今食の初見記事が見えることである。月次祭神今食は、新穀ではなく旧穀を用いる点などの細部を除けば、新嘗祭と同様の儀式であったことが知られている。月次祭は「如二庶人宅神祭一」（令義解）といわれるもので、天皇についていえば、天照大御神を祭るニハナヒであろうことについては本文でのべた（二一七頁）。このニハナヒ（原カムイマケ）は、神祇令の段階から、諸臣のそれとともに、天皇の個人的祭祀として、あるいは月次祭の名称の通りに毎月の行事として存在していたのではないかと思われるが、これが、大嘗祭の新嘗祭への変質と呼応して、月次祭神今食として再編されたのではないか。すなわち、ニハナヒと大嘗祭との折衷として、新嘗祭や神今食が成立したのではないか。新嘗祭および神今食の式場のしつらえや祭式に関し、本文において若干のことをのべたが（一九八頁以下）、以上の考察から、神人共食儀式は天照大御神と天皇との儀式であり、寝座の儀式は、天皇と皇后の聖婚儀式ではなく、践祚大嘗祭の場合と同様に、天皇と天照大神の共寝儀式だったのではないかと考える。

C　践祚から剣璽渡御・譲国儀へ

(1)　すでに大嘗祭の項〔(1)⑥〕でのべたが、桓武天皇の即位の時に、践祚の儀式〔中臣の天神寿詞奏上、忌部の神璽鏡剣奉上〕が大嘗祭に合流し、践祚大嘗祭が成立した。これは、践祚大嘗祭のうちの大嘗祭のモメントが変質して、践祚と同様に、天照大神にかかわる儀式と観念されるに至ったことを意味していた。

(2)　大同元〔八〇六〕年の桓武死去、平城即位の時から、先帝死去直後の剣璽渡御の儀式〔神璽鏡剣を新天皇に即座に移す儀式〕が始まった。令制の皇位継承は譲位が原則であったが、しかし、譲位以前の先帝の突然の死去という事態を避けることはできない。〈文武→元明〉、〈称徳→光仁〉の皇位継承がそうであり、〈桓武→平城〉は令制下における先帝死去による皇位継承の三度目の例であった。そして、この三度目の先帝死去皇位継承の時から、先帝死去直後の剣璽渡御の儀式が、天皇空位や皇位継承の争いを避けるために、始まったと考えられる。しばらくは、この剣璽渡御の儀式と践祚大嘗祭における忌部による神璽鏡剣奉上の儀式――いずれもレガリアの移動の儀式――が並び行なわれた。

(3)　天長一〇〔八三三〕年の仁明天皇即位〔淳和からの譲位〕の時の践祚大嘗祭から、忌部による神璽鏡剣奉上の儀式が行なわれなくなった〔井上84 六三頁〕。

(4)　〈仁明→文徳〉、〈文徳→清和〉の皇位継承は先帝死去によるそれで、剣璽渡御の儀式が行なわれたが、その次の、譲位による皇位継承となった貞観一八〔八七六〕年の〈清和→陽成〉の時にも、剣璽渡御の儀式が行なわれた。この儀式は、その直前に編まれた『貞観儀式』における「譲国儀」の最初の実施例であった。譲国儀は、新帝がレガリアを獲得する儀式である点では、神祇令の定めた践祚と同一である。しかし、譲国儀においてレガリアを新帝に与えるのは、忌部ではなく、先帝の代理人としての役人だと思われる。レガリアの授受の儀式は神話的基礎〔天神御子降臨神話〕を失った。

D　惣天神地祇祭の意義の低下

令制の即位祭祀のなかで唯一の大祀とされた惣天神地祇祭について、延暦一二〔七九三〕年ころの成立の令註釈書

「跡」は、即位惣天神地祇祭を大嘗祭の儀式とは解していないが、天長元(八二四)年以降に成立する「穴」や『令義解』が、即位惣天神地祇祭を大嘗祭の祭式の一部として説明しているので、この約三〇年の間に、即位惣天神地祇祭の大嘗祭への吸収、すなわち大嘗祭の前座的儀式化が行なわれたと思われる。諸般の事情から、それは、大同三(八〇八)年の平城天皇の大嘗祭からだったと推測される。その準備は桓武天皇の時代になされたのであろう〔高森90a二二二頁以下〕。惣天神地祇祭が唯一の大祀とされていたことは、律令国家が等族制的国制であることを、祭祀の面で象徴するものであった。それが、天照大神の祭祀と化した大嘗祭(践祚大嘗祭)の前座的儀式となったことは、この時代の国制がデスポティズムに傾斜したことの象徴である。

E　八十嶋祭の成立

嘉祥三(八五〇)年に、八十嶋祭の初見記事があらわれる〔文徳天皇実録〕。令以前からの王位就任儀式とする説も主張されているが〔岡田精司57七七頁以下〕、神祇令に規定がなく、行なわれた記録もなく、『古事記』に祭儀神話が存在せず、疑問である。初見記事が最初の例か否かわからないが、新しい皇位就任儀式であることに疑いの余地はないように思われる。

F　『古事記』の否定と『古語拾遺』の成立

(1)　大同二(八〇七)年に、新しい神話の書『古語拾遺』が斎部(忌部)広成によって編纂されたこと、そこで、大嘗祭の新しい祭儀神話(神武天皇の大嘗祭)が創作されたことをのべたが(B(1)④)、『古語拾遺』は、大嘗祭の祭儀神話においてばかりでなく、神話全般において、『古事記』を徹底的に否定する内容を有し、『日本書紀』神代本文の内容を受け継ぐものであった。たとえば、

①スサノヲは、『日本書紀』にならって素戔嗚尊と表記され、徹底した悪神であり、「根国」へ追放される。「根国」は「根の堅す国」とは根本的に異なる。「葦原中国」を根本から支えるところの「根の堅す国」なる神話

的世界が、『古語拾遺』には存在しない〔一四頁以下〕。

②天孫降臨神話の前提として、天照大神の使者による「順はぬ鬼神等の誅伏」が語られ〔二六頁〕、「高天原」から「葦原中国」への「斎庭の穂（稲種）」の伝来が語られる〔二八頁〕。

③大己貴神《おほなむち》は天照大神から、「八十万の神をひきゐて永に皇孫の為に護り奉る」ことを命ぜられる神として描かれている〔二八頁〕。

④その大己貴神は大物主神と同一の神であり、ここには「常世国」なる世界は存在しない〔二四頁〕。

⑤「海原」という神話的世界も存在しない。

(2)　延暦一六（七九七）年に『続日本紀』が編纂されたが、この中に、『古事記』編纂の記事が全く見えないという事実は、以上の事柄と関係づけて理解されねばならないように思われる。右の事実を一つの根拠としてかつて『古事記』偽書説がとなえられたが、しかし、『古事記』における上代特殊仮名遣いなどからみて、『古事記』がまさに八世紀前半の作品であることが実証された。本稿における、『古事記』と神祇令祭祀の照応関係も、このことを確証する。公的性格の正史に記載されないことの理由として、『古事記』が内廷むけの私的な性質の書物であったからという理由も聞くが、「邦家の経緯、王化の鴻基」（『古事記』序文）として編纂され、神祇令の規定した国家的祭祀の意味をあれほどまでに見事に説明した『古事記』が、内廷むけだけの、私的性質の書物だったとは考え難い。ということは、『古事記』は、意図的に『続日本紀』によって無視されたのではないか。いな、デスポティズムに非適合的な思想として、抹殺されたのではないか。

〔まとめ〕

以上のべたことを、令制皇位就任儀式体系の変質および祭儀神話の変化の諸段階という観点から整理すれば、次のごとくになろう。すなわち、

1　孝謙(称徳)女帝の時代(八世紀後半期)に、大嘗祭が新嘗祭へと変質した。

2　光仁・桓武朝(八世紀末)において、皇位就任儀式体系が、全体として、天照大神の祭祀という性格を打刻されるようになった。後の弘仁式に結実する式編纂の事業も開始された。これらは、桓武天皇が、「中国的な、律令法のたてまえとする絶対的な権威と権力をあわせもつ皇帝を、自覚的に追及しようとした最初の天皇」〔早川87七五頁〕と評されることと、照応する事柄である。

3　光仁・桓武によって着手された皇位就任儀式体系と祭儀神話の全面的再編は、次の平城天皇に受け継がれ、『古事記』を否定する『古語拾遺』が成った。また、弘仁式編纂事業が続けられ、これは弘仁一一(八二〇)年、嵯峨天皇の時代に完成された。弘仁式には践祚大嘗会なる表現も見え、ここに、神祇令の皇位就任儀式体系の全面的再編が完遂されたことになる。式という、律令の補充・細則策定の形式をとっているが、内実は、神祇令の否定である。成立期律令国家時代の、複合国家的・等族制的国制に照応する〈古事記＝神祇令〉システムは、八世紀末から九世紀の初頭に、デスポティズムに照応する〈古語拾遺＝弘仁式〉システムに転換した。

4　その後、弘仁式の儀式体系は、若干の修正を施されて、貞観年間(八七〇年頃)の『貞観儀式』に結実した。

三　その後の展開

Ⅰ　中世後期における即位儀への仏教の影響

中世に入って、天皇即位には即位灌頂の儀式(即位儀に先立ち、天皇が真言と印を受け、即位の当日この真言を口に唱え、印を手に結んで高御座へ進む儀式)が行なわれるべきことが主張されるようになり、一四世紀末以降、定着していった〔上川87〕。

Ⅱ　戦国時代(一六世紀)における皇位就任儀式体系の崩壊

戦国時代になって、天皇制そのものが衰退し、皇位就任儀式体系は崩壊した。すなわち、剣璽渡御の儀式と践祚大嘗祭が行なわれなくなり、即位儀も、先帝死去からかなりの年月を経てようやくにして行なわれるという状態であった（後柏原天皇は二一年、後奈良天皇は一〇年、正親町天皇は三年）。そもそも、この時代の天皇は、令制の皇位継承原則である譲位を行なうことができなかった。新帝の皇位就任儀式を準備することができなかったために、譲位したくともできなかったのであろうと推測される。天皇制を支える社会的基盤が極度に微弱で、天皇家および公家は窮乏をきわめていた〔井上84八六頁〕。

Ⅲ　統一権力の形成（一六世紀末～一七世紀）と即位儀の正常化

織田・豊臣・徳川の統一権力の形成とともに、朝廷は、幕藩体制における一定の存在意義を認められて、復活してくるが〔水林87ｂ89ｂ〕、このことは、皇位就任儀式体系に即していえば、即位儀・即位灌頂の正常化という形をとってあらわれた。すなわち、譲位による皇位継承が統一権力の後盾で可能となり、譲位後、わずかの時をおいての即位儀の挙行が可能となった〔『古事類苑』帝王部、三七頁以下〕。ただし、大嘗祭は再興されなかった。これは幕府の意図による。幕藩体制時代の朝廷は、幕府の許可なしには、何事も行ないえなかった。

Ⅳ　一七世紀末における大嘗祭の復活

東山天皇の即位の時に、先帝の霊元天皇の強い要望で大嘗祭が復活した。幕府は大嘗祭の復活にきわめて冷淡で、最初は、朝廷の要望を受けつけなかったが、結局、①大嘗祭用に特別の予算措置をとらない（従来、即位儀用として支出してきた予算額の範囲内で、即位儀も大嘗祭もまかなう）、②内裏外での禊行幸を行なわない、③全て簡略に行なう、などの条件を付して、大嘗祭の挙行を許可した〔武部54〕。②の点にみられるように、幕藩体制時代の皇位就任儀式は、天皇家と公家身分内限りでの、非国家的儀式として行なわれたことが特徴である。幕府が、天皇の祭司王的側面を尊重したり、これを自らの支配に利用しようとした形跡は一切認められない。

Ⅴ　近代における皇位就任儀式体系の全面的再編

近代天皇制のもとで、明治四二（一九〇九）年に登極令《とうきょくれい》が公布され、皇位就任儀式体系の全面的再編が行なわれた。それは、令制皇位就任儀式体系から貞観儀式制への変質のヴェクトルを、徹底的におしすすめた性質の再編であった。すなわち、天照大御神や皇祖と天皇との関連が一方的に強調された神話曲解を基軸に、デスポティックな天皇制にふさわしい皇位就任儀式体系が整備された。

Ⅵ　一九八九〜九〇年の皇位就任儀式

戦後、新しい憲法によって、国制は根本的な転換を遂げるべきものとされた。かつての「臣民」は「国民」に、これに応じて、天皇は「君主」から「象徴」に変化しなければならないものとされた（「妻」のいない「夫」が存在しないのと同様に、「臣民」のいない「君主」も存在しえない）。そして、戦前の「君主」天皇の地位が、天照大御神からの「万世一系」であることによっていたのに対して、「象徴」天皇の地位は、「主権の存する日本国民の総意に基く」べきものとされた。しかし、一九八九年から九〇年にかけて挙行された一連の皇位就任儀式（「剣璽等承継の儀」、「即位後朝見の儀」、「即位礼」、「大嘗祭」など）は、明治の登極令――天皇制の全史を通じても他に類例がない、極端にデスポティックな君主天皇制の時代の皇位就任儀式体系――を下敷とするものであり、その結果、天皇は君主のごとくに振舞い、天皇の地位は「主権の存する日本国民の総意に基く」のではなく、天照大御神からの「万世一系」の存在であることに基くかのごとき印象を与えるものとなった。すでにのべたところから、各時代の皇位就任儀式は、その時代その時代の国制（憲法）の原理に支配されて行なわれてきたことが知られるのであるが、今回の皇位就任儀式だけは、今日の国制（憲法）に明白に抵触するものであった。

補論二　大嘗祭の研究史について

大嘗祭に関する研究はおびただしい数にのぼり、本文で言及したのは、そのごく一部にすぎない。そのような次第となったのは、本稿における大嘗祭についての私見が、祭儀神話との関連でのべられ、先行学説の検討は、そのような文脈の大嘗祭論に触れてくる限りにおいてなされたからである。祭儀神話という枠組をはずすならば、実に多様な大嘗祭論が展開されている。神祇令祭祀は大嘗祭を中心に研究されてきたという経緯があり、また、「平成」の「大嘗祭」の影響で、近年多くの人々の関心を集めたテーマでもあるので、私見の要約をかねつつ、これまでの大嘗祭に関する諸研究を整理し、簡単に論評を加えておきたいと思う。

一　大嘗祭は、天皇即位の際に挙行されるところの、新嘗祭の大規模なものであり、その新嘗祭とは収穫祭であるとする理解が広く流布している。しかし、かかる〈新嘗―大新嘗〉祭式構造は、八世紀後期の孝謙女帝の時代に、神祇令の〈毎年大嘗祭―毎世大嘗祭〉祭式構造の変質として形成されたものであり（補論一、三八七頁）、弘仁式（八二〇年）によって、〈新嘗祭―践祚大嘗祭（神祇令の規定していた践祚と孝謙女帝のもとで変質した大嘗祭とを結合した新しい儀式）〉制として確定したものであった。新嘗祭の『延喜式』段階（一〇世紀前半）での訓はニヒナヘ（西宮90二二六頁）、『類聚名義抄』段階（一二世紀）ではニヒナメである（『古事類苑』神祇部2二一八頁以下）。ニヒナヘの訓には神（天照大御神）へ新穀を献上する祭祀、ニヒナメの訓には天皇が新穀を嘗む祭祀のニュアンスが強いように思われるが、いずれにしても、そのような祭祀は、神祇令には存在しなかったものである。神祇令の表現は、毎年の「嘗」の祭りと即位の際の「嘗」の祭りいずれについても「大嘗祭」で、訓はオホニヘ、意義は神々ないし人々の天皇への贄・饗献上による服属であった(二五六頁以下)。一応、践祚大嘗祭が毎世大嘗祭の後身、新嘗祭が毎年大嘗祭の後身ということができるが、名称の変更は祭祀の実体と意義の根本的転換を表現するものであった。

毎世大嘗祭から践祚大嘗祭への転換には、大嘗祭の祭神の変化がともなっていた。すなわち、天皇王権のデスポティズムへの傾斜を背景として、大嘗祭が践祚に引きつけられて理解されるようになり、「地」の神を迎える神事から天照大御神を迎える神事へと祭式が再編されることになった。毎年大嘗祭から新嘗祭への転換は、「高天原」の「地」世界への服属という、デスポティズムの時代にはあるまじき儀礼が消滅し、天照大御神を祭神とするニハナヒないしニヒナヘの祭が国家的祭祀として成立したことを意味した(補論一参照)。こういう次第であるから、大嘗祭の原型たる神祇令の〈毎年大嘗祭―毎世大嘗祭〉祭式構造を理解するために、孝謙女帝時代の〈新嘗―大新嘗〉ないし弘仁式(八二〇年)以降の〈新嘗祭―践祚大嘗祭〉のイメージを無媒介にもちこんではならないのであるが、しかし、これまでのほとんどの研究は、その誤謬を等しく犯しつづけたように思われる。

二

大嘗祭には、毎世大嘗祭と毎年大嘗祭の二種類があり、そこには、大嘗祭という共通のモメントも存在したが、しかし重大な質の相違も存在していた。しかし、ほとんど全ての研究は、この二つに、単なる規模の大小という量的差異しか認めてこなかった。二つの大嘗祭に質の相違があることを指摘されたのは、岡田精司氏〔62〕、高森明勅氏〔90 a〕、近藤成一氏〔90〕など、ごく少数の人々である。ただし、その相違の把握の仕方それ自体には誤りがあった。これらは、ほぼ共通に、毎年大嘗祭をば、古くからのニヒナヘへの神事に由来し、後年の新嘗祭に連なっていくところの、収穫祭として把握し、その上で、大嘗祭を、単なる収穫祭とは異質の服属儀礼と捉えているからである。毎世大嘗祭を服属儀礼とすることは正しい。しかし、毎年大嘗祭も服属儀礼であり、これらはともども、収穫祭とは無関係であった。古くからの祭祀であるニハナヒは神への贄・饗の献上の神事、ニヒナへは新穀による饗を神に献上する収穫祭であるのに対して(二一六頁)、毎年・毎世の大嘗祭は、天皇へ贄・饗を献上する政治的服属儀式である。毎世大嘗祭は、畿外の在地首長層が全国王権としての天皇王権へ服属する儀礼であり、毎年大嘗祭は、畿内の在地首長層が畿内王権としての天皇王権へ服属する儀礼であった(二六三頁以下)。

三　大嘗祭(以下ではもっぱら毎世大嘗祭をさす)研究は、大づかみに区分すれば、二つの視点から行なわれてきた。一つは、大嘗祭の歴史(形成・展開・変質)、いま一つは、大嘗祭の意義である。

まず前者についていえば、最近では、その嚆矢が天武朝ないし持統朝にあるとする見解がほぼ定着してきている。しかし、そのように論ずる人々も、原型の成立は大化前代に遡ると考えている場合が少なくない。原型の意味の定義にもよるが、大嘗祭は、①悠紀・主基国などから天皇への贄の献上(臣下帰順儀式)、②大嘗宮における天皇への御饗の献上(臣下帰順儀式)、③聖婚儀式(王の資格獲得儀式)、の三つの要素の統一物なのであるから、原型の成立とは、かかる統一物が何らかの形で成立したことを表現する言葉と考えるのが適当であろう。そのような意味の大嘗祭の原型の成立は、大化前代には遡りえない。①の要素は大化前代に遡ると考えられるが、②および③は七世紀最末期ないし八世紀初頭に成立する儀式であった。三要素の統一物としての大嘗祭は、律令国家の成立期に、律令国家秩序の原理を語る儀式の一つとして、成立したと考えねばならない(三二五頁以下)。

四　大嘗祭の意義については、⑴祭神、⑵神と天皇との共食の意義、⑶寝座の意義、の三点を主要な論点として研究が積み重ねられてきた。大嘗祭の中の大嘗宮の儀式に関心を集中してきたのが特徴である。

⑴　祭神については、田中初夫氏の研究史整理に従えば、古くから、①天神地祇、②天神地祇と天皇、③天照大御神、④天照大御神と天神地祇、などの諸説が提起されてきた〔田中75一四五頁以下〕。近年では、⑤御膳八神(斎郡および京の斎場に祭られる八神)〔松前74〕、⑥天照大御神、天照大御神に習合されている宇宙神・太一、天皇霊の三位一体〔吉野

87〕などが主張されている。

(2)　神と天皇との共食の意義（その神がいかなる神かは、祭神論の問題である）については、①天皇が神に食事を献上する〔折口28〕、②神から天皇に稲が供され、天皇が瑞穂の国の王に必須の豊穣の呪力を獲得する〔西郷66bなど〕、③悠紀・主基国から天皇に稲が供され、天皇が国魂を獲得する〔平野86〕、④悠紀・主基国が稲を天皇に献上することを通じて、服属する〔岡田精司62〕、などの説に分かれる。

(3)　寝座の意義については、①天皇の忌場所（天皇霊付着）説〔折口28〕、②先帝遺骸との同衾説（先帝からの天皇霊の継承）〔折口32 34、洞84、山折90〕、③聖婚儀礼説〔岡田精司83〕、④天照大御神の休息所説〔岡田荘司90〕、などである。

本文においてのべた右の論点についての私見は、これまでの研究とは全く異なるものである。私見は、大嘗祭で迎えられる神を「海原」の主宰神たる大綿津見神や地方豪族の祖神とし、寝座については、それらの神々の末裔たる在地首長層の女である造酒童女と天皇との聖婚儀式の調度とするものであるが、かかる議論は先行学説の中には見出すことができない。聖婚儀礼説という点で、岡田精司説に近似しているかに見えるが、氏の説は、「いうまでもなく大嘗祭の前身は収穫儀礼であるが、農耕儀礼には模擬性交などの性的儀礼を伴うものが多いので、源流はそこにたどれるであろうが、さらに六世紀ごろの宮廷の新嘗祭におけるニヒナメ・ヲスクニ儀礼の采女と天皇の聖婚を経て大嘗宮の天皇・中宮の寝具に至ったものと考えられる」〔83一五頁以下〕とするものであり、私見とは本質的に異なるものである。

五　大嘗祭研究史を概観して、何よりも問題だと思われるのは、①大嘗祭と、即位儀・践祚・惣天神地祇祭などの他の皇位就任諸儀式との関連を問い、大嘗祭をば皇位就任儀式体系の中に位置づけて議論する観点（体系的視点）、②大嘗祭を歴史的形成物とみなし、大嘗祭も歴史的に変化しうると考える観点（歴史的視点）、③大嘗祭の意義を、祭儀神話を基礎として理解しようとする観点（祭儀神話的視点）、などが著しく希薄であったことである。

①と②の観点は、井上光貞氏が、一九七七年の東京大学における講義（後に講義ノートが『日本古代の王権と祭祀』と題されて出版された）において強調された事柄であった〔84三頁以下〕。それまで、この二つの観点を堅持した満足な大嘗祭論が存在しなかったのである。その後、「平成」の「大嘗祭」に刺激されたこともあって、実におびただしい数にのぼる大嘗祭論が公にされたが、そのほとんどは、依然として、①と②の観点を――そして③の観点も――見失っているものであった。

井上光貞氏の方法はまことに正当なものであったが、しかし結果としては、氏の場合にも、十分に満足な成果には結びつかなかった。①についていえば、即位儀と践祚とを混同し、即位惣天神地祇祭と大嘗祭とを混同するという、かなり重大な誤謬があり（一八六頁、二九三頁）、②についていえば、大嘗祭論を完成されることなく、世を去られたからである。即位惣天神地祇祭と大嘗祭との混同は、実は、氏自身にも歴史的視点がなお不足していたことに由来するように思われる。すなわち、氏においても、神祇令の祭祀体系と弘仁式以降の祭祀体系とが同質のものと見なされ、その結果、前者の理解に後者の像が投影されてしまったのである。

③の観点は、井上氏においても、そもそも希薄であった。むろん祭儀神話に断片的にはふれられるのであるが、『古事記』を祭儀神話として意識し、これを高度に体系的な作品として読むという態度は見られない。氏には記紀神話を独立に論じた著書があるが〔65〕、そこでの読み方は、記紀を同列に扱い、体系的作品を諸部分に分解し、その部分部分について比較神話学の成果を摂取して起源を論ずるというものであり、記紀神話の本質に即した読み方からは最も遠い性質のものであった。

大嘗祭の意味を祭儀神話を基礎として理解しようとされたのは、ほとんど唯一、西郷信綱氏であった。たしかに、祭儀神話への言及ということだけであれば、むしろ、言及のない大嘗祭論を捜し出すことの方が困難であり、その限りにおいては、大嘗祭をば祭儀神話との関連で理解しようとする傾向は普遍的だといいうる。しかし、その言及の仕方は、記紀神話から、関連箇所と思しき件りを断片的に引用してくるという域を出るものではなく、これでは、大嘗祭を祭儀神話を基礎として理解することにはならない。祭儀神話としての『古事記』は、一個の作品として読まれねばならないのである。西郷氏だけがそのような方法で大嘗祭の意味を解明されようとしたのであるが、しかし、氏の場合には、肝腎の祭儀神話の理解において根本的な誤りがあり、正しい大嘗祭論にはいたりえなかった。西郷氏以外の『古事記』研究も同様であって、『古事記』が神祇令祭祀の祭儀神話としての本質を有するものでありながら、『古事記』は、そのようなものとして、正当に読まれたことがないのである。

要するに、これまでの大嘗祭研究の基調は、大嘗祭を、皇位就任儀式体系から切り離し、歴史的文脈からも切り離し、さらに祭儀神話からも切り離した上で、地域も時代も異なるところの、諸民族の収穫祭や古代から現代にいたるまでの大嘗祭に関する断片的諸事実を、ほとんど空想によって「体系化」し、架空の大嘗祭像を描くことに終始してきたといっても過言ではないように思われる。そして、そうした研究方法が、王権の人類学的究明とか民俗の歴史貫通的持続性などの名のもとに、大嘗祭の本質に迫りうる方法であるかのように思われてきたふしさえ見うけられる。大嘗祭研究は――個々の論点について、重要な研究が存在したとはいえ――、全体としては、まことに低調であったといわねばならない。

第二部　「神夜良比」と「神逐」

――スサノヲ神話の記紀比較研究――

はじめに

記紀のスサノヲ神話は、その物語りの独特の性格の故に、様々の学問領域の強い関心を集めてきた。古代文学ないし記紀神話学からのスサノヲ神話に対する関心は、「スサノオの活躍する舞台は、天界（高天原）、地上界（葦原中国）、冥界（根の国）にわたっており、その性格を反逆児、悪の化身から知勇兼備の英雄神、そして若者としてのオオナムチに戒を授ける祖霊神と、変身・展開を示し、日本神話のなかでもっとも問題性に富む神格といえよう」とする阪下圭八氏の言葉に要約されている〔阪下85 a〕。管見の限り、全てのスサノヲ神話研究は、スサノヲに対して多かれ少なかれ、阪下氏の言うような意味において、複雑な性格、さらには矛盾した性格を認めており、それがまた、スサノヲ神話の魅力としても感じられているのである。

歴史学の分野では、古代、特に律令制以前固有法時代の「罪と罰」のあり方を知るための史料として、スサノヲ神話が学問の俎上にのせられてきた。イザナキによるスサノヲの「神夜良比」（記）ないし「神逐」（紀）、「高天原」におけるスサノヲの犯罪と「負千位置戸」「神夜良比」（記）ないし「天」におけるスサノヲの乱暴と「科千座置戸」「神逐」（紀）の物語り——阪下氏が「反逆児、悪の化身」として要約したスサノヲの物語り——が、『大祓詞』などと相まって、古い時代の「罪と罰」の観念・実体を何らかの程度において伝えるものだという前提にたち、様々に論じられてきたのである〔石井良助52、石尾59、井上64、森田77、石井紫郎86など〕。最近では、天皇制に対する関心と重ねあわせつつ、文化人類学の分野からの記紀神話分析も盛んになり〔山口76、上野84 85〕、スサノヲ神話研究は活況を呈しているか（註1、註2）に見える。

しかし、スサノヲ神話研究をふりかえって、私が根本的に疑問に思うのは、管見の限り、全ての議論が、『古事記』における須佐之男命の物語りと『日本書紀』における素戔嗚尊の物語りを、細部に相違を含みつつも、基本的には同一のモチーフの神話とみなして、スサノヲ神話研究を行なっていることである。近年、記紀の他の部分(天地生成神話や高天原神話)の研究を通じて、『古事記』と『日本書紀』とをそれぞれ独自の世界観を有する別個の作品として見ようとする考え方が主張されているが(神野志83 86)、成心なく『古事記』と『日本書紀』のスサノヲ神話を読むならば、そこにも両書の相違は明らかなように思われ、須佐之男命と素戔嗚尊とは正反対の性格を有するもののようにさえ、私には思われるのである。

たとえば、「神夜良比」(記)と「神逐」(紀)。これまでの研究は、これらがともにスサノヲの追放を意味するものと解してきた。追放に処せられるべき悪性が、須佐之男命にも素戔嗚尊にもあると考えてきた。しかし、私は、「神逐」は追放でも、「神夜良比」は追放ではなかったと考える。素戔嗚尊は追放に値する悪神でも、須佐之男命は決してそうではなかったと考えるのである。これまでの研究は、この部分の解釈については、『日本書紀』の素戔嗚尊像を『古事記』の須佐之男命に押しつけてきたのではないか。これまでのスサノヲ神話研究は、『古事記』を『日本書紀』によって補い、『日本書紀』を『古事記』によって補うことによって、架空のスサノヲ像を作りあげてきたのではないか。スサノヲについて決まって指摘される「複雑な性格」ないし「矛盾した性格」は、相容れないものを同視してきたことの結果であり、研究者の側の混乱にすぎないのではないか。

『古事記』と『日本書紀』とは、別個の作品として読まれねばならない。二つのものを二つのものとして扱った上で、結果として、それらは一つのものであったということならば、そこには、少なくとも方法的過誤は存在しないけれども、研究の始めに、両書が同一のイデーを有していると決めてかかるならば、初発において、根本的な誤謬を犯すことになる。

テクストというものに対するこのような配慮は、『日本書紀』それ自体についても求められるように思われる。周知のように、『日本書紀』神代は、本文と本文の段落ごとに註記されている幾つかの異伝（一書）とからなっており、一つの物語りとして読みうるのは本文だけで、諸異伝は部分部分の集積でしかないのであるが、そうだとすれば、我々は、本文についてしか、統一的な人物像や世界観を提示しようとした作品という評価を与えることができないのである。本文と矛盾する内容の諸異伝さえ本文に付加するという編纂方針を採用した『日本書紀』神代は、一個の世界観を主張しようとした作品ではない。それは、いうなれば、様々の神代史の構想を収拾した「史料集」である。

そういう次第であるから、素戔嗚尊像は、『日本書紀』神代本文によって獲得しなければならない。本文と一書とを初めから混ぜあわせては、古代人のあずかり知らぬ架空の物語り、架空の素戔嗚尊像しか生まれようがないのである。部分としてしか与えられていない諸異伝は、さしあたっては、漢字の訓読などの技術的問題の解決の目的などに資する史料として扱われるほかはないだろう。『日本書紀』本文と『古事記』という二つの全体が獲得されれば、全体との関連が明示されずに提示されている諸部分（諸異伝）が、どのような全体の部分であるのかを推し測れるようになる道も開かれてこようが、それまでは、素戔嗚尊像を形成するに、『日本書紀』本文につくという原則は堅持されねばならないように思われる。

以上のような見地にたって、本稿は、『古事記』の須佐之男命神話と『日本書紀』神代本文の素戔嗚尊神話との比較研究を試みることにしたい。この二つがいかに根本的に異なるものであったかを示し、誤れるスサノヲ神話論をもとに論じられてきた様々の事柄――古代の罪と罰、古代人の世界観、天皇制の「深層構造」、天皇制国家論等々――を論じ直すための足場を固めたいと思うのである。

第一章　神性

素戔嗚尊と須佐之男命とでは、そもそも、誕生の時から運命が全く異なっていた。素戔嗚尊は「無道」で「天下の主者」にはなりえぬ神、両親伊奘諾《いざなき》尊・伊奘冉《いざなみ》尊によって「根国」へ追放されねばならない悪神として誕生し〔紀上八八頁〕、須佐之男命は天照大御神および月読命とならぶ「貴子」として誕生したからである〔記四三頁〕。

第一節　素戔嗚尊――無道

素戔嗚尊は、伊奘諾尊・伊奘冉尊が大八洲国《おほやしまのくに》と山川草木を生みおえた後、天下（国）の主を得ようとして生んだ子であった。素戔嗚尊は実は第四子で、はじめに生まれた子は天照大神、次に生まれたのが月神であり、ともに「光うるはしい」子であったので国に留めおくことがためらわれ、天に送られた。しかし、第三子は、逆の意味で天下の主にはなりえない存在であった。不具の蛭児《ひるこ》だったからである。二神は、すぐにこの子をすてさった。

> 蛭児を生む。已に三歳になるまで、脚なほ立たず。故、天磐櫲樟船《あめのいはくすぶね》に載せて、風の順《まにま》に放ち棄つ〔紀上八七頁〕

そして第四子は「無道」「安忍」（残忍）の素戔嗚尊である。

> 此の神、勇悍《いさみたけ》くして安忍《いぶり》なること有り。且、常に哭き泣《いさ》つるを以て行とす。故《かれ》、国内の人民をして、多《さは》に以て天折《あからさまにし》なしむ。復使《また》、青山を枯《からやま》に変す〔紀上八八頁〕

天照大御神・月読命・須佐之男命を「三貴子」と表現する『古事記』にひきつけられて、『日本書紀』の校注者が天照大神・月神・素戔嗚尊の誕生の件りに「三貴子の誕生」などの表題を付することがあるが〔紀公八九頁〕、『日本書紀』本文には、どこにも「三貴子」などとは書かれていない。『日本書紀』では素戔嗚尊は「貴子」ではありえないのである。伊奘諾尊・伊奘冉尊は、蛭児と同様に、すぐさま、素戔嗚尊を追放しようとした。

故、其の父母の二の神、素戔嗚尊に勅したまはく、「汝、甚だ無道《あづきな》し。以て宇宙《あめのした》に君臨《きみ》たるべからず。固《まこと》に当《まさ》に遠く根国《ねのくに》に適《い》ね」とのたまひて、遂に逐《はら》ひき〔紀上八八頁〕

第二節　須佐之男命——貴子

一　三貴子

これに対して、須佐之男命は、天照大御神、月読命とともに、まさに「三はしらの貴き子」の一人として生まれた。父伊耶那岐命は「いたく歓喜び」、天照大御神には「高天原《たかあまのはら》」、月読命には「夜《よる》の食国《をすくに》」の統治を命ずるとともに、須佐之男命には「海原」の統治を命じたのである〔記四三頁〕。それぞれは、それぞれの仕方で、伊耶那岐命・伊耶那美命が形成してきた「葦原中国」に恵みを与える存在であった。天照大御神は、その天《あめ》の石屋戸《いはやと》こもりの時に、

高天原みな暗く、葦原中国ことごと闇し〔記五〇頁〕

そして石屋戸から出てきた時に、

高天原と葦原中国と、おのづからに照り明りき〔記五二頁〕

とあるように、「高天原」にあって、「高天原」とともに「葦原中国」をも照らしだす日の光の神である。「夜の食国」とは、「葦原中国」の夜の世界で〔記伝九巻二九二頁〕、月読命は「葦原中国」に月の光を恵むのであろう。そして、須佐之男命の支配すべき地とされた「海原」は、「葦原中国」に水の恵みをもたらす世界であった。

二　海原

須佐之男命は後に述べる事情で「海原」の支配者とはならず、「根《ね》の堅《かた》す国《くに》」(註3)の住人となってしまうが、須佐之男命にかわって「海原」の支配者として後に登場する大綿津見神《おほわたつみ》(綿津見大神)は、水の支配者(海水ばかりでなく、農業用水を含む水全般を支配する神)としてあらわれる。『古事記』上巻の末尾を飾る海佐知毗古《うみさちびこ》・山佐知毗古《やまさちびこ》の物語りにおいて、「海原」がそのような世界として措定されるのである。その物語りのあらましは次のようであった。

山佐知毗古は兄の海佐知毗古から借りた釣針を海でなくしてしまった。山佐知毗古がどんなに謝罪しても海佐知毗古は許そうとせず、どうしても釣針を返せという。そこで、山佐知毗古は釣針を求めて、「海原」の神のいる宮殿を訪れる。綿津見大神は、釣針を捜し出し、その上で、山佐知毗古に海佐知毗古を降伏させる策を授けた。大神はいう、

兄、高田を作らば、いまし命は下田を営りたまへ。その兄、下田を作らば、いまし命は高田を営りたまへ。しかしたまはば、吾、水を掌れるゆゑに、三年の間、必ずその兄貧窮《まづ》しくあらむ。もし、それしかしたまふ事を悵怨《うら》みて、攻め戦はば、塩盈珠《しほみつたま》を出でて溺らし、もし、それ愁へ請はば、塩乾珠《しほふるたま》を出でて活け、かく惚《なや》まし苦しめたまへ〔記一〇二頁〕

山佐知毗古はこうして水支配の呪力を与えられ、大神の指示通りに行動して、海佐知毗古を降伏させることができた。

要するに、「高天原」が「葦原中国」に〈光〉の恵みを与える世界であるのに対し、「海原」は〈水〉の恵みを与える世界なのである。『大祓詞《おほはらへのことば》』の文面などから、『古事記』の「海原」と『大祓詞』の「根の国・底の国」(罪がはらわれて送りこまれる所)を「ほぼ等しい」ものとし、須佐之男命が「海原」の統治者として命じられたことの意味を、須佐之男命が「罪の化身」であること、そういうものとして「根之堅州国」へ「追放」されることになる説話と関連させて

説く西郷氏の議論があるが〔記注一巻二三七頁、西郷67b六三頁〕、この見解はテクストの核心から遠くはずれているように思われる。『古事記』の「海原」は罪が吹きたまっていくような場所ではない。反対に、「魚鱗《いろこ》なす造れる宮室《みや》」〔記九八頁〕を中心に営まれる桃源郷的イメージが鮮烈である〔加藤周一75四九頁〕。そもそも、「海原」を負の世界と考えることは、「海原」は天神御子《あまつかみのみこ》が水支配の呪能を獲得する場だとする、氏自身が別の箇所で示した『古事記』理解と背反するのではないか〔67b一六三頁〕。『大祓詞』においても、「大海原」は、「根の国・底の国」へ至る中継点ではあるが、同じ場所ではない。加えて、『古事記』の「根の堅す国」は、後に、須佐之男命がその子孫大穴牟遅《おほあなむち》神に対して、「葦原中国」の王となるための様々の試練を課すことによって、大穴牟遅神を偉大なる大国主神に鍛え上げていく場であり、「罪」が吹きたまっていく陰惨な「根の国・底の国」の印象は全くないのである。

三　〈水〉の呪能

『古事記』は、須佐之男命の生来の能力を、天照大御神について語るほどには具体的に語らないけれども、伊耶那岐命が須佐之男命を「海原」の支配者に命じたということは、命が「海原」の支配者たるにふさわしい能力をもつ神として誕生したことを意味するのではないか。すなわち、〈日の光〉の神としての天照大御神、〈月の光〉の神としての月読命、〈水〉の神としての須佐之男命、である。

天照大御神の〈日の光〉の神としての資質を語る文章は先に引用したが、須佐之男命の〈水〉の神としての資質は、次の文章において語られているように思われる。

伊耶那岐命、……建速《たけはや》須佐之男命に詔《の》らししく、「汝命は海原を知らせ」と事依《ことよ》さしき。……速須佐之男命、命《よ》さしし国を治めずて、八《や》拳須《つかひげ》、心前《こころさき》に至るまでに啼《な》きいさちき。その泣く状《かたち》は、青山は枯山《からやま》なす泣き枯らし、河海はことごと泣き乾しき。ここをもちて、悪しき神の音《おとなひ》、狭《さ》蠅《ばへ》なす皆満ち、万の物の妖《わざはひ》ことごと発《おこ》りき。故、伊耶那岐の大御神、速須佐之男命に詔らししく、「何のゆゑにか、汝が事依さしし国を治めずて哭《な》きいさちる」。しかして答へ白ししく、「僕《あ》は妣《はは》が国根の堅す国に罷らむとおもふゆゑに哭く」……〔記四三―四四頁〕

表面的には、須佐之男命の行為は、素戔嗚尊のそれに似ている。ともに涕泣し、青山を枯らしてしまったからである。素戔嗚尊は「人民をして、多《さは》に夭折《あからさまにしな》」しめた。須佐之男命については、人々の死は語られないが、結果として、「万の物の妖」が起ったとされる。一見すると、須佐之男命も素戔嗚尊と同様に、悪神であったようにも見えるのである。

しかし、真実は反対であった。細心の注意を払いつつ、二つのテクストを読み比べるならば、おのずとそうした結論が導かれるのである。問題解決のヒントは、『古事記』の次の文章に与えられている。それは、『日本書紀』本文には存在しなかったものであった。

天照大御神、見畏み、天の石屋戸を開きて、刺しこもりましき。しかして、高天原みな暗く、葦原中国ことごと闇し。これによりて常夜往きき。ここに、万の神の声は狭蠅なす満ち、万の妖ことごと発りき〔記五〇頁〕

『古事記』が、先の須佐之男命の涕泣の件りと、右の天照大御神の天の石屋こもりの一節とを、相関連させて書いていることは、傍線部分の表現形式が酷似していることなどから明らかであろう。読む側は、その背後に潜む内容上の関連がどのようなものであるのかを考えねばならない。そして、私は、そこに、表1aのような関連が存在していると考えるのである。

【表1a】「万の妖」の発生の構造

神	機能	機能不全遠因	機能不全原因	機能不全結果	二次災害
天照大御神	光供給	須佐之男の乱暴	岩屋こもり	暗闇	悪神の活動
須佐之男命	水供給	母を思う気持	涕泣	旱魃	万の妖の発生

要するに、日神の天照大御神に対して、須佐之男命は水神として描かれているのではないか。須佐之男命が結果としてもたらした「万の物の妖」は、天照大御神の場合と同様に、この神の本性によるのではなくして、かえって、この神の善き本性が機能不全に陥ったことによって発生したのではないか。天照大御神と須佐之男命についての対照的叙述は、まさにそのことを表現しようとしているのではないか。

しかし、研究史は、ほとんど例外なしに、須佐之男命の涕泣を素戔鳴尊のそれと同一視し、須佐之男命を悪神、邪鬼の類とみなしてきた。すでに宣長がそうであった。宣長はこのパッセージに註して、須佐之男命の「性悪」を示すものとし、その原因を、この神の誕生の仕方に求めた。すなわち、須佐之男命は、「黄泉国」の穢《けが》れをおびて「葦原中国」に帰還した伊耶那岐命の禊《みそぎ》の際に、天照大御神および月読命とともに誕生したのであるが、日月二神が、伊耶那岐命の目という清き所から生まれた善神であるのに対し、須佐之男命は「悪臭のなごり消難き御鼻に成り坐」したが故に、「殊に御母の方に依れる悪神」だというのである。須佐之男命が泣いたことによって山海河が枯れたり乾しあがった理由は、「泣けば、涙の出る故に、其涙のかたへ吸ひ取られて、山海河の潤沢は、涸るにやあらむ」〔記伝九巻二九九頁以下、三〇三頁〕と説明された。倉野氏は、「須佐之男命は、残害を好むとか、国民を多く死なせるとか、残傷する所が多いとか、まさに悪霊邪鬼の性格を帯びてゐる」〔記全二巻三三一頁〕とのべ、西郷氏は、「万のモノたちの妖が起ったのは、スサノヲの所業によってであり、しかもそれが根の国と不可分である」とし、「スサノヲは宇宙の秩序を破り、不毛と旱魃をもたらす神」だと断定された〔記注一巻二四一頁、二四三頁〕。
　以上の諸説のなかで、涕泣説話と天の石屋戸説話との表現形式の類似を指摘し、そのことの意味を考えようとしているのは、宣長である。宣長は、天の石屋戸の件りの「万の神」に註して、「ここと同じ事の前にも有るには、悪神とあり、此も然あるべきことなり、万字は誤りにはあらじか、とまれかくまれ悪神をいふなり」〔記伝九巻三五二頁〕とまでのべて、表現形式の酷似を指摘した上で、「かかる妖の又しも発るは、黄泉の穢れのなごりに依る須佐之男命の荒び坐て、御禊して清明《あか》きに成り坐る天照大御神の隠り坐す故なり、此に就きても、世の明光の貴きのみならず、万の妖のひたぶるに発らぬも、全、此の大御神の照したまふ御徳なることを仰ぎ、また、穢れのつつしむべきことを思へ」〔同上〕としている。宣長の見解を図示すれば、図1bのようになろう。

【図1b】「万の妖」の発生の構造――宣長説

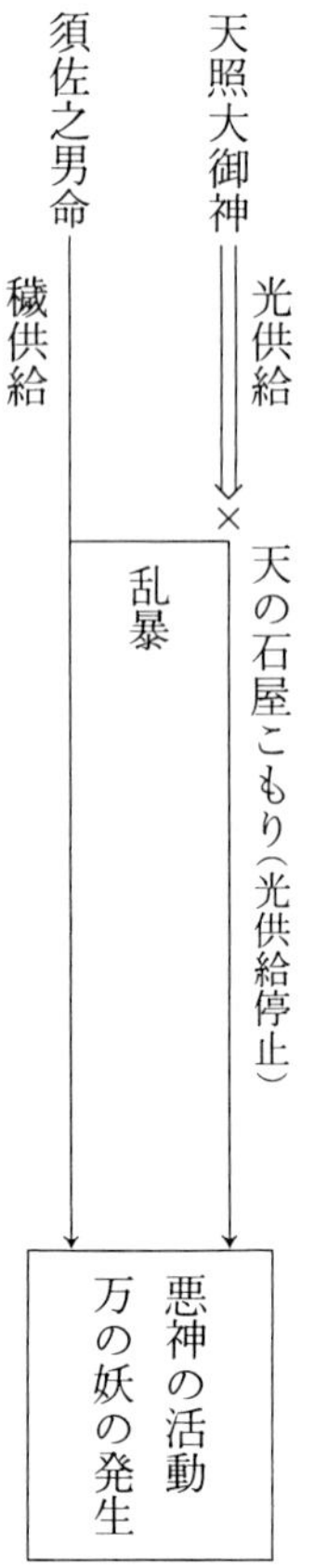

　しかし、こうした宣長の議論は成立しえない。それが成り立つためには、少なくとも、①伊耶那岐命の禊は「黄泉国」の穢れを完全には消去できなかったこと、②天照大御神や月読命が成った目は清い所であるが、須佐之男命が成った鼻は汚い所であること、の二点が証明されねばならないが、『古事記』に、そのような思想は存在しないように思われる。なぜならば、伊耶那岐命の禊の物語りにおいて、
　初めて中つ瀬に堕《お》ちかづきて滌《すす》きたまふ時に成りませる神の名は、八十《やそ》禍津日《まがつひ》神、次に大禍津日《おほまがつひ》神。この二はし

らの神は、その穢《けが》れ繁き国に到りましし時に、汙垢《けがれ》によりて成りましし神ぞ〔記四一－四二頁〕

というように、最初の禊で命の身体から穢れが剝離して多くの禍の神がなったとされ、その直後には、

その禍《まが》を直さむとして成りませる神の名は、神直毘《かむなほび》神……〔記四二頁〕

というように、穢れを除去する神の誕生が語られ始めること、そのような神の化成の物語りの最後に須佐之男命の誕生が語られ、かつ、須佐之男命は「三はしらの貴き子」の一人とされているからである〈第一部六二頁以下参照〉。須佐之男命は、伊耶那岐命から穢れが除去されきった後に生まれた神と考えねばならない。二つのパッセージを関連づけようとしたことは、慧眼であったけれども、その関連づけの仕方は、全く誤っているといわざるをえないのである。倉野氏は、表現形式の類似性は指摘するが、内容上の関連には特に言及しない。西郷氏の場合には、表現形式の類似性にさえ言及されなくなった。それぞれが、『古事記』においてどのような意味をもつのかが、孤立的に論じられるのである。その分、宣長が穢れの問題で犯したような誤りからは解放されてくるが、しかし、関連を明らかにしえないが故に、『古事記』の本質には依然として届かない。本質に届かないだけでなく、的を大きくはずした誤謬が再生産されるのである。西郷氏は、天の石屋戸説話の意義について、「スサノヲの荒ぶるわざのもたらした混沌と危機つまりカタスツロフィがすべての神々をまきこむ大がかりな祭りと計略とによってようやく乗りこえられ、ここに一つの宇宙的・社会的秩序が回復したことである。あるいは同じことだが、一つの試練を経て天照大神が再生するに至ったということである。……この再生を通して天照大神は始めて名義どおり天照大神に、つまり高天の原の至上神になり、さらにいえば天空に輝く太陽神として誕生したのである」〔記注一巻三四六頁以下〕と解する一方で、すでにのべたように、須佐之男命については、涕泣説話を根拠に、「宇宙の秩序を破り、不毛と旱魃をもたらす神」と断定された。もしも、須佐之男命が涕泣することによって宇宙の秩序を破ったというならば、天照大御神も天の石屋こもりによって宇宙の秩序を破ったのではないか。天照大御神について、神々の計略で天照大御神が太陽神と

して再生するというならば、須佐之男命は伊耶那岐命の計いで、水神として、あるいは「根の堅す国」(「葦原中国」を支える〈根源の国〉)の主宰神として再生するのではないか。

須佐之男命の涕泣の件りを、〝須佐之男命は鬚づらの大人に達してなお、幼児のごとくに泣きわめいた〟というニュアンスで理解したのは、阪下氏であった〔阪下87 一二頁〕。そこに、大人であることと幼児性との「はなはだしい身心の不均衡」を見出し、後に「高天原」において乱暴を働く須佐之男命を「自然と社会の調和を乱す元凶」として理解して、前者に後者の伏線を見出そうとするのである。大づかみには、これも一種の悪神説ということができよう。しかし、「八拳須、心前に至るまでに啼きいさちき」という表現を、〝鬚づらの大人に達してなお、幼児のごとくに〟というニュアンスで理解するのは、誤りではなかろうか。それは、〝大人になるまでの、少年の間中ずっと〟という、少年時代の長期間の涕泣を強調する意であって、ことさら、大人になって以降の心身の不均衡を強調するためではないのではないか。この解釈は、須佐之男命の涕泣を「高天原」における乱暴に引きつけすぎて、誤ったニュアンスをかもし出しているのではなかろうか。後述のごとく、そもそも、須佐之男命の乱暴から「自然と社会の調和を乱す元凶」というような「罪の化身」的姿をイメージすることが問題なのである。いずれにしても、須佐之男命が泣き始めた時、彼が少年であったことは動かない。純真無垢な少年が母を思うて、ずっと泣き続けたのである。

須佐之男命研究の主流は以上のごとくであるが、しかし、こうした見解に批判的な学説がなかったわけではない。まず、日本思想大系『古事記』の註釈者の説があげられる。これは、「青山は枯山……」に註して、「山野・樹木を掌る神が仕事を怠って泣き続けたので枯山になったとみることもでき……、河川海洋の管理を神が怠って水を涸らしたとみることができる」〔記思三二八頁〕とした。須佐之男命の本質は善神であり、それが職務を怠ったために災が惹起されたと解釈するのである。しかし、そう判断する根拠は示されず、主張も、「……とみることもできる」という留保つきのものである。

通説を明確に批判したのは、矢嶋泉氏であった。氏は、須佐之男命を邪神・悪神とする通説は、『日本書紀』などの、『古事記』にとっては外部の資料の諸断片がつなぎあわされて形成されたモンタージュにすぎず、そのような先入観を捨てて問題の一節に接するならば、全く違った読み方ができるとしたのである。氏によれば、「悪しき神」の活動や「万の物の妖」を惹起したのは、須佐之男命の涕泣それ自体なのではない。その原因は、命が「海原」の統治をしなかったことである。前引の須佐之男命の涕泣の件りは、「速須佐之男命、命さしし国を治めずて」が直接に「ここをもちて、悪しき神の音、狭蝿なす皆満ち……」へと繫がっていくと解さねばならない。氏は、このような解釈が、天照大御神の岩屋こもりの件りにも妥当するという。ここにも、天照大御神の不統治が「万の妖」などを惹起したとする観念がみられるのであり、『古事記』には、一貫して、〈統治→秩序〉、〈不統治→無秩序〉という思想が存在するというのである〔86〕。

かかる矢嶋氏の議論は、『古事記』須佐之男命論を構築するにあたって、外部の資料（特に『日本書紀』）を安易にもちこんではならないという方法論を明示したこと、須佐之男命の神性を論ずるにあたって好んで取り上げられてきた涕泣の件りは、天照大御神の天の石屋こもりの件りと関連づけて読まれねばならないとしたこと、かかる方法に基づいて、須佐之男命＝邪神説を批判したことなどの点において、画期的な須佐之男命論だといわねばならない。しかし、その矢嶋説にして、なお、問題の一節の正しい読みと、須佐之男命の本質は獲得されていないように思われる。

須佐之男命の涕泣物語りの文章構造は、やはり、命の涕泣が青山を枯らしたり河海を乾しあげたりする旱魃をもたらし、その旱魃が「悪しき神」の活動と「万の物の妖」をひきおこしたとしか読みえないように思われる。天照大御神については、不統治と言えなくもないが、しかし、端的にいえば、天の石屋に「刺しこも」ったという具体的行為が日の光の発散を妨げて暗闇をもたらし、その暗闇が、さらに、「万の神」（悪神）の活動と「万の妖」をひきおこしたというべきであろう。『古事記』において、災の生ずる因果関係の捉え方は、即物的、具体的であり、天の石屋こもりを不統治などという抽象物におきかえてはならないように思われる。須佐之男命の場合も同様である。「悪しき神」の活動や「万の物の妖」の惹起は、「海原」の不統治にではなく、涕泣という具体的行為にかかわらしめなければならない。

涕泣が災害をもたらしたと解する限りでは、私見は通説と同様であるが、通説が根本的な過ちをおかしていると思われるのは、すでにのべたように、「悪しき神」の活動や「万の物の妖」の惹起を、須佐之男命の涕泣の直接的結果とみなし、かつ、その涕泣や災の惹起は、須佐之男命が悪神であることの証左であると理解していることである。しかし、この論法でいけば、天照大御神も「悪神」ということになろう。天の石屋こもりという天照大御神の具体的行為が、災を惹起させたからである。もっとも、これに対しては、天照大御神の天の石屋こもりをひきおこしたのは須佐之男命の乱暴なのであるから、天照大御神が「悪神」ということにはならないという反論がなされるかもしれない。しかし、そういうならば、須佐之男命の涕泣の原因は、母を思うて泣くという、子としてはまことに自然な気持であったことを考えねばならないのではなかろうか。たしかに天照大御神は「悪神」ではない。同様に、母を思うて泣く少年の神が、「悪神」であろうはずはないのである。天照大御神の天の石屋こもりの原因となった須佐之男命の乱暴についていえば、そもそもこれは、天照大御神に起因するものなのであった。後に見るように、天照大御神は須佐之男命の気持を邪推し、このことが引き金になって、須佐之男命は乱暴におよぶことになったからである。

要するに、素戔嗚尊は「悪神」でも、須佐之男命は「悪神」ではなかった。『古事記』は「悪神」という範疇をもちながら、そして、涕泣の結果として「悪神」が蠢動したとしながら、須佐之男命については「悪神」とはいわない、そこに『古事記』の声を聞き出さねばならないように思われる。天照大御神と須佐之男命、日の神と水の神、高天原と海原、天の石屋戸こもりと涕泣、こうした美しい二項対応関係が存在することも読みとらねばならないように思われる。この二項対応関係は、『古事記』神代の全編を強靱に貫いていくことになろう。『古事記』の造形は確固として揺ぎがない（二七五頁、二九三頁）。

第二章　イザナキの命令

全ての研究は、記紀を一括りにして、素戔鳴尊も須佐之男命も、ともに「根国《ねのくに》」ないし「根之堅州国《ねのかたすくに》」へ追放されたのだとしてきたが、これもきわめて重大な誤謬であるように思われる。

第一節　伊奘諾尊の命令——神逐

たしかに『日本書紀』では、「『汝、甚だ無道《あづきな》し、以て宇宙《あめのした》に君臨《きみ》たるべからず、固《まこと》に当《まさ》に遠く根国に適《い》ね』とのたまひて、遂に逐《はら》ひき」〔紀上八八頁〕とされており、素戔鳴尊は伊奘諾尊・伊奘冉尊によって追放に処されている。悪神の悪業に対する制裁としての追放、これは物語りとしてまことに自然である。

ちなみに、「逐ひき」は「はらひき」と訓まねばならない。『日本書紀』の原文訓註が、

逐之、此をば波羅賦と云ふ〔紀上一一六頁、傍点水林〕

というように、訓みを明示しているからである。これまで、ほとんどの場合、「やらひき」と訓まれてきたが、それは、後にのべる『古事記』の「神夜良比《かむやらひ》」の訓みを密輸入したものであって、正しくない。宣長は「波羅賦」の「波」は「夜」の誤写だとのべているが、根拠は示されない〔記伝九巻三〇四頁〕。『古事記』を正とし、『日本書紀』にそのように書いてあるからということであろう。鈴木重胤はそう明言している〔紀伝四巻七一三頁〕。ここには、『日本書紀』と『古事記』とを初めから同一物とし、かつ『古事記』こそが原則的に正しいのだとする誤謬が存在する。しか

し「逐ふ」は「はらふ」である。「波羅賦」を「夜羅賦」とする伝本は一つも存在せず〔紀公五一五頁〕、訓みかえる理由が全くないからである。(註4、註5)

第二節　伊耶那岐命の命令――神夜良比

「逐ひき」を「やらひき」と訓み、そしてその「逐ふ」(紀)のイメージが「神夜良比《かむやらひ》」(記)に逆密輸入され、次に引用する一節は、はなはだしい誤解を受けてきたように思われる。そして、それは、須佐之男命像、ひいては『古事記』の世界観をも根本から見誤らせるものであった。

伊耶那岐の大御神《おほみかみ》、速《はや》須佐之男命に詔《の》らししく、「何のゆゑにか、なが事依《ことよ》さしし国を治めずて哭《な》きいさちる」、しかして答へ白ししく、「僕《あ》は妣《はは》が国根の堅す国に罷らむとおもふゆゑに哭く」、しかして、伊耶那岐の大御神、いたく忿怒《いか》りて詔《の》らししく、「しからば、汝はこの国に住むべからず」とのらして、すなはち神夜良比に夜良比たまひき〔記四四頁〕

「神夜良比」は、『古事記』原文に「夜より以下の七字は音を以《もち》ゐる」とする指示があり〔記桜四〇頁〕、平仮名を所有する今日においては、「神やらひ」と書くべき所である。「夜良比」を表意文字で表わせば、「遣らひ」であろう。「逐ひ」ではない。しかし、その「遣らひ」も、宣長が「今俗に云ふ追放なり」と解して以来〔記伝九巻三〇四頁〕、『日本書紀』の「神逐」と同様に、追放(刑)を意味するとするのが動かぬ定説となってきた。けれども、この定説こそ、文脈の上からも、また、語義の点からも、根本的に疑問なのである。

一　〈追放〉概念の意義

まず、〃「神やらひ」は追放である〃、といわれる場合の追放とは何なのかを考えてみよう。右の命題を主張したり、批判するためには、理の当然として、「神やらひ」の語義の検討とともに、追放概念の研究を欠かすことができない。両者が明確に規定されてはじめて、両者の関係を問うことができるからである。歴史学の分野では、この手続きがふまれるけれども〔井上64、石井紫郎86など〕、文学その他の領域の研究では、この問題の検討が等閑に付されたまま、「神やらひ」は追放だとされることが少なくないが、こうした行き方は、議論の手続きという初歩的次元において、問題だといわねばならない。

歴史学ないし法制史学において、〈追放〉概念は、古ゲルマン法から抽象されてきた「平和喪失」の意味で理解されてきた。たとえば、井上光貞氏の研究において参照されたのは、ミッタイスの古ゲルマン法研究であった。氏は、「ミッタイスは古ゲルマン法の社会における違反行為について、次の二つのものを区別している。一つは、アハト事件であり、他はフェーデ事件である」〔64二六八頁〕とのべ、次のようなミッタイスの文章を引用された。

> アハト事件は直接に国家団体または人民団体の利益を害する如き行為、または不名誉な心情の発露たるごとき行為である。かかる行為はジッペのきずなを絶ち、犯人は平和喪失に処せられ、一切の共同体から排除される〔ミッタイス五五頁〕。

意をつくすために、ミッタイスの文章をもう一つ引用しておこう。

> 平和喪失者のいっさいの法的関係は解消され、彼の妻は寡婦となり、彼の子は孤児となり、彼の財産は無主物となる。彼と人間的なつながりをもつことは一切許されなかった。……したがって、彼は森の浮浪者・人間狼になる。このように、平和喪失の第一の効果は放逐・追放である〔同上五九頁〕。

井上氏は、このような〈追放〉概念を念頭におきつつ、記紀のスサノヲの物語りを考察し、スサノヲの「神逐」と

「神やらひ」は〈追放〉であると結論したのであった。

後に石井紫郎氏は、今日のゲルマン法史研究においては、ミッタイスのいう〈追放〉は古ゲルマン社会には存在しなかったとされていること、記紀のスサノヲの物語りも〈追放〉物語りとして理解するのは疑問であること、の二点において、井上説を全面的に批判することになるが、ここでの文脈で重要なことは、石井氏においても、〈追放〉概念は、ミッタイスや井上光貞氏が規定したような意味において理解されていることである〔86〕。

法史学においては、〈追放〉概念は、一般に、以上のような意味において理解されていると考えてよい。たとえば、滋賀秀三氏は、中国上代（春秋時代以前）の文献に見える「放」「流」の文字に着目されて、次のようにのべられた。

書経などの古典に見える「放」「流」……「逐」などの文字からして、上代における追放刑の存在が推定せられることは、すでに先学の説かれたところであるが、上に見来ったような絶交的詛盟の機能を念頭においてこれを見なおすならば、「放」「流」等の文字で記される故事もまた、実態は、衆人の絶交的詛盟による国外追放であったのではないか、という推定が成立つ。……（「放」「流」）などの文字を見て、後世の流刑を連想してはならない。後世の流刑は、天下を支配する専制君主が、版図内の人民にして罪を犯した者を、同じく版図内の別地を指定してそこに強制的に送致し移住せしめるものであるが、上代の「放」「流」とは、害悪を為す者に対して、衆人一致して非難をあびせ絶交を盟うことによって、これを共同体の外に放逐することであったと見なければならない。周の厲王のごとく、王者自身が流謫のうき目にあったという事実があることも、衆意の発動によって追放が行われたことを前提として見るとき無理なく理解されるであろう〔滋賀76一三頁〕。

中国上代の史料から導き出された滋賀氏の〈追放〉概念が、古ゲルマン法から抽象されたそれと、基本的に同一の内容を有することは明らかであるが、さらに、滋賀氏の文章において注目されるのは、そのような〈追放〉概念が、〈流刑〉から厳密に区別されねばならないとされていることである。〈追放〉とは社会の外に放逐することであり、その社会からみれば、その者を死刑に処すことと同様の意味を有していた。それは、社会を敵対物から防衛するだけの、消極的な機能にとどまる刑罰であった。これに対して、〈流刑〉は、「国策遂行のための強制手段という、積極的な機能をもち始めた」時代の刑罰の一形態で、同一社会の内部の別の場所への罪人の送致と、そこにおける労役賦課を主目的とした徒刑だということである〔同上二五頁以下〕。かかる〈流刑〉との関係において、〈追放〉の意義は一層明瞭に把握されよう。問題は、このように規定される〈追放〉の意義を、「神やらひ」は、はたして有しているかということである。

二 「やらふ」「やらひ」の語義

私は結論として、「やらふ」は〈遣る＋合ふ〉という語構成の言葉で、〈追放〉の意義はなく、〈誰かの下に派遣する〉の意ではないかと考える。以下、順をおって語義の考察を行なうが、あらかじめ注意が必要なのは、問題の「やる」「やらふ」の語義の確定のための資料には、証拠能力という観点から、おのずと序列が存在することである。順にならべれば、

A『古事記』そのもの

B『古事記』と同時代の文献（『日本書紀』、『万葉集』、『律令』など）

C後代の文献

ということになろう。Aの内部で資料が十分に揃うならば、考察は『古事記』の内部で完結することができようが、実際には、そのようなわけにはいかない。したがって、我々の考察はどうしてもBCの資料に依拠せざるをえないが、しかし、特にCを利用するような場合には、それが資料としての価値が格段に低いことを念頭においておかねばならない。上代特殊仮名遣いという、『古事記』全編を支配する奈良時代の言語法則が、平安時代には崩壊すること、言

葉の意味体系と密接不可分な思想のあり方も奈良時代と平安時代とでは大きく異なること（第一部補論一参照）を考えれば、このことには格別の注意が必要なのである。

1 「やる」

「やらふ」が〈やる＋合ふ〉ないし〈やる＋ふ〉という語構成の言葉であることには、ほとんど異論がない。それ故、まず「やる」の意義を調べることが必要となる。

(1) 『古事記』における「やる」

問題の「神やらひ」における「やる」の意義の確定のために、『古事記』の他の箇所に「やる」の用例が豊富にあることが期待されるのであるが、残念ながら、用例数は、当面の課題である「神夜良比」を含めてわずか三例にすぎない。『古事記』諸刊本において、「やる」という訓があてられている箇所は少なからず存在するが、それらは、何がしかの表意文字（遣、退、去、避追など）を、編者が文脈等を考えて、「やる」と訓んでいるにすぎないのである。『古事記』それ自身が「やる」という訓みを指示したのは、全て「神夜良比」と表記された三例にすぎない（記四四頁、四六頁、五二頁、記桜四〇頁、四一頁、四七頁）。このうち、第一例と第二例は全く同じ事態を表現している言葉であり、第三例は前二例にもまして難解の箇所である。『古事記』に即して「やる」の意義は確定しがたい。

(2) 『万葉集』における「やる」

そこで、「やる」の素材を『万葉集』に求めて、その語義を検討することにしよう。諸辞書の説くところを参考としつつ、整理するならば、「やる」の語義体系は、次のような構造を有していた（順番は本来的なものから派生的なものへの展開を示す）。

① 〈人をある所に遣わす〉

『万葉集』に次の例がある。

・人言《ひとごと》に茂みと君に玉梓《たまづさ》の使《つかひ》も遣らず忘ると思ふな〔二五八六〕

これは原文に「遣」の字が用いられている例であるが、右の意味での「やる」に音を用いて別の漢字をあてている例がいくつか存在する。

・わが背子《せこ》を大和へ夜利てまつしだす足柄山の杉の木の間か〔三三六三〕

・……玉桙《たまほこ》の道をた遠《とほ》み　間使《まつかひ》も　夜流よしも無し……〔三九六二〕

②〈人に物を贈る〉

「遣る」対象は人に限られず、物についても用いられたが、その場合はその物をある人に贈るという意味になる。

・……海神《わたつみ》の　手纏《たまき》の玉を　家裹《いへづと》に　妹に也良むと　拾ひ捕り　袖には入れて　返し也流　使無ければ　持てれども　験《しるし》を無みと　また置きつるかも〔三六二七〕

・沖行くや赤ら小舟に裹《つと》遣らばけだし人見て披き見むかも〔三八六八〕

なお、三六二七番の歌には「返し也流　使無ければ」の所に、①の意義の「やる」もみえている。

③〈視線や言葉や時をある方へ放つ〉

・春されば百舌鳥《もず》の草潜《くさぐ》き見えずともわれは見遣らむ君が辺《あたり》をば〔一八九七〕

・……思ほしき　言伝《ことつ》て夜良ず　恋ふるにし　情《こころ》は燃えぬ……〔三九六二〕

・……少女《をとめ》らが　少女さびすと　唐玉《からたま》を　手本《たもと》に纏《ま》かし　同輩児《よちこ》らと　手携《てたづさは》りて　遊びけむ　時の盛りを　留みかね　過し野利つれ　蜷《みな》の腸《わた》　か黒き髪に　何時《いつ》の間《ま》か　霜の降りけむ……〔八〇四〕

④〈気をはらす〉

・夜光る玉といふとも酒飲みて情《こころ》を遣るにあに若《し》かめやも〔三四六〕

・思ひ八流たどきもわれは今は無し妹に逢はずて年の経ぬれば〔二九四一〕

・物部《もののふ》の　八十《やそ》伴《とも》の緒《を》の　思ふどち　心也良むと　馬並《な》めて……〔三九九一〕

〈追放〉の意味のものは皆無である。森田悌氏は、

誰そこの屋《や》の戸《と》押《お》そぶる新嘗《にふなみ》にわが背《せ》を夜里て斎《いは》ふこの戸を〔三四六〇〕

における「やる」を「追い出す」の意にとっているが〔90四〇頁〕、ニハナヒの神事における男女の役割などを想起するならば〔二一五頁〕、ここは、妻が夫を戸外の祭場に「遣り」、自分は戸内で潔斎している状況を想定すべきではなかろうか〔高森90ａ二八頁〕。そう考えれば、この「やる」は①の例にほかならない。

2　「遣」

(1)『古事記』の「遣」

「やらひ」の基幹動詞「やる」は、「遣る」以外に考えられない。『字訓』や『時代別国語大辞典　上代編』は「やる」「やらふ」に「逐」の字をあて、『古事記』刊本の中にも、「神夜良比」に「神逐」の字をあてているものがあるが〔記岩〕、すでにのべたように、これは誤謬である。また、『古事記』諸刊本のなかには、「退」「去」「避追」などに「やる」の訓を付しているものがあることを前にのべたが、「退」については「そく」ないし「まかる」の訓が適当であり〔記桜九七頁、二〇八頁、記思二九一頁、記思同類義字一覧五四三頁〕、「去」は、自動詞の場合には「さる」と訓まれるのであるから〔記桜六九頁、一九二頁〕、他動詞の「去」も「やる」ではなく「さく」ないし「さる」と訓むのがよいように思われる。「避追」は、後に須佐之男命の物語りに登場することになるので、考察はその場に譲るが、結論を先にのべれば、これに「やる」の訓を付するのは、誤りだと考える。しかし、いずれにしても、「神やらひ」の「やる」を表意文字で示せば、何よりも、「遣る」であろうことは、これに「逐」という語をあてた刊本を除けば、異論のないところであろう。

『古事記』全編に、「遣」は全部で五一例存在する。このうち二例だけが物（無生物）を「遣」る場合で〔記八二頁、二

一三頁〕、残る四九例は神・人などを誰かのもとに「遣」る場合であるが、この中に〈追放〉を意味するものは一つも存在しない。全てが、〈人を誰かのもとに遣わす〉の意味である。「遣」の訓は、宣長以来、「やる」と「つかはす」が混用されているが、まず、「やる」と訓みならわされているのは、たとえば、八十神による大穴牟遅《おほあなむち》神迫害の段の次の文章である。

御祖、……その子に告げて言《の》らししく、「汝は、ここにあらばつひに八十神の為に滅ぼさえむ」とのらして、すなはち木の国の大屋毘古《おほやびこ》神の御所に違へ遣りたまひき〔記六二頁〕

〝大穴牟遅の母が、息子の命を救うために、大屋毘古神のもとに人目をさけてお遣わしになった〟という程の意味であり、〈追放〉とは全く逆のニュアンスである。

「遣」が頻出するのは、天孫降臨の準備のために、高御産日《たかみむすひ》神と天照大御神が使者を大国主神のもとに派遣する件りであるが、ここは「つかはす」と訓みならわされてきた。しかし、ここも「やる」と訓むべきであるように思われる。「遣」と同様の意味で「使」が用いられることが少なからずあること、「使」の訓は「つかふ、つかはす」であろうこと、『古事記』には、漢字の用法と訓とに厳格な対応関係をもたらそうとする意識があったらしいこと〔小林82六五八頁以下〕などを総合して考えると、〈遣―やる〉、〈使―つかはす〉という訓で一貫させることが望ましいように思われるからである〔なお記思訓読補註五五〇頁参照〕。諸刊本は、それぞれに「遣」の訓として「やる」と「つかはす」を混用するが、私には、その必然性が理解できなかった。そこで以下では、試みに「遣」を「やる」と訓むこととし、「遣」と「使」の双方が登場する件りを一つだけ引用しておこう。

高御産巣日神・天照大御神の命もちて、天《あめ》の安《やす》の河の河原に八百万の神を神集《かむつど》へに集《つど》へて、思金《おもひかね》神に思はしめて詔《の》らししく、「この葦原中国は、我が御子の知らす国と、言依《ことよ》さしたまへる国ぞ。故《かれ》、この国に道速振《ちはやぶ》る荒振《あらぶ》る国つ神等の多《さは》にあるとおもほす。これ、いづれの神を使はしてか言趣《ことむ》けむ」。しかして、思金神また八百万の神

議りて白ししく、「天菩比《あめのほひ》神、これ遣るべし」〔記七七―七八頁〕

以上のような〈人を遣わす、派遣する〉という意味での「遣る」は、中国における「遣」の意義〔原義は〈軍を派遣する〉〔字統〕〕に、ある程度、照応するものであった。

(2) 同時代の文献における「遣」

a 『日本書紀』

『古事記』の「遣」の意義の確定のためには、以上で十分であると思われるが、念のために、同時代の文献の「遣」についても、多少の検討を試みよう。

まず『日本書紀』であるが、ここでも「遣」は〈人を遣わす〉の意であり、〈追放〉を意味する言葉は、別の語であった。一つだけ、天孫降臨の箇所を引用しよう。

高皇産霊《たかみむすひ》尊、八十《やそ》諸神《もろかみ》を召し集へて、問ひて曰はく、「吾、葦原中国の邪《あ》しき鬼を撥《はら》ひ平げしめむと欲ふ。当に誰を遣らば宜《よ》けむ……」とのたまふ〔紀上一三四頁〕

ここでは、〈追放〉を意味する言葉が「撥」であること、「遣」は〈ある人を誰かのもとへ派遣する〉意であることは明瞭である。

b 『律令』

『律令』においては、獄令に「遣」が頻出する。たとえば、次の流移人条〔一三条〕である。

凡そ流移《るい》の人は、太政官量《はか》つて配《はい》せよ。符《ふ》至《いた》らば季《き》別《ごと》に一たび遣れ。若し符、季の末に在つて至らば、後の季の人と同じく遣ることを聴《ゆる》せ。具《つぶさ》に随《したが》ふべき家口《けく》、及び発《た》て遣る日月を録して、便《たより》に配処《はいしょ》に下せ。……

森田悌氏は、右の「遣」は〈追放〉を意味するとされたが〔90四〇頁以下〕、これは無理であろう。まず、条文を現代語に直してみよう。

流移に処せられる人については、太政官が量って、これらの人を配所に配することにせよ。流移を決定した太政官符が流移人を裁判した機関に送付された後に、その機関は、四季別に一度にまとめて流移人を配所へ送致するようにせよ。四季の末月になって届いた符については、次の季の人と一緒に送致することを許せ。同行する家口、送致の日月を配所に知らせねばならない。……

私は、結論として、獄令の「遣」も、通常の意義と同様の、〈人をある所へ遣わす〉の意であると考える。右の条文は、流移人を裁判した機関は、太政官の指示をまち、それにしたがって、配所に遣わさねばならないということをのべているにすぎない。「遣」は〈追放刑に処す〉などという意味なのでは全くなく、また〈流刑に処す〉という意味なのでもなく、太政官によって配所が決定されて、最終的に流刑に処されることになった者を、最初の担当裁判機関が、行政事務の遂行として、太政官によって決定された配所に送致（発遣）する、という意味なのである。そして、その〈流刑に処す〉という意味の文言は、獄令では、「遣」ではなくして、「配」であった。そのことは、すでに右の条文に明らかであるが、念のために、もう一つ配三流条（一二条）を引用しておくことにする。

凡そ流《る》人《にん》配《はい》すべくは、罪の軽重に依りて、各三流に配せよ。謂はく、近中遠処をいふ。

ここで、さらに、〈追放〉と〈流刑〉とは、根本的に性質の異なる刑罰であることをのべた前引の滋賀秀三氏の文章を想起しよう（四二一頁）。森田氏が〈追放〉の意味を認めたいとされた「遣」のことが語られる条文は、〈追放〉ではなくして〈流刑〉について定めた条文なのである。かりに百歩譲って、「流人を配す」ではなく、「流人を遣る」ことが処刑を示す表現であったとしても、それは、〈追放〉に処することを意味しないのである。古代帝国主義世界の外圧のために、未開的社会の上に早熟的に国家が接木されたにすぎなかった当時の日本においては、高度に発達した官僚制国家を前提としてはじめて成立しうる〈流刑〉が、そのままの形では妥当しがたく、〈流刑〉は〈追放刑〉のごとき実態を示していたことはすでに指摘されている通りであるが〔利光81九二頁以下〕、当面問題の律令の文言の意味の次元では、「流」

は〈追放〉ではなくして〈流刑〉であった。名例律犯流応配条(二四条)は、

凡そ流犯して配すべくは、三流倶に役《やく》一年

と規定し、獄令徒流囚条(二〇条)は、

凡そ徒流《づる》の囚《しゅ》役に在らば、囚一人に両人防援せよ。在京は物部《もつぶ》及び衛士《ゑじ》を取りて充てよ。在外《ざいぐゑ》は、当処の兵士《ひやうじ》を取りて、分番して防き守らしめよ。

と規定している。「流犯して配」せられた者は、役人の管理の下で労役に服するのであって、国家の外に放逐されるのではない。

c　『風土記』

森田悌氏は、『常陸国風土記』(七二〇年頃成立)にも、〈追放〉の意味の「遣」の用例が存在するとされた〔90四一頁〕。次の引用文の最初の「遣」がそれである。

此より南十里に板来《いたく》の村あり。近く海辺に臨みて、駅家《うまや》を安置《お》けり。此を板来の駅《うまや》と謂ふ。其の西、榎木林を成せり。飛鳥の浄見原の天皇《すめらみこと》のみ世、麻績《をみ》の王を遣りて、居らしめし処なり。其の海に、塩を焼く藻《もは》・海松《みる》・白貝《ふ》・辛螺《にし》・蛤《うむぎ》、多《さは》に生《お》へり。古老のいへらく、斯貴《しき》の瑞垣《みづがき》の宮に大八洲《おほやしま》しろしめし天皇のみ世、東の垂の荒ぶる賊を平《たいら》げむとして、建借間命《たけかしま》を遣りき。即ち、此は那賀の国造が初祖なり〔風土記五九頁〕

『風土記』原文が、「飛鳥浄見原天皇之世、遣二麻績王一」と記しているのは、『日本書紀』天武四年条が、「辛卯《かのとのうのひ》に、三位麻績《をみ》王罪あり。因播に流す。一の子をば伊豆嶋に流す。一の子をば血鹿嶋に流す」〔紀下四一九頁〕と記している事件のことである。森田氏は、麻績王に科された罰は追放だとされているが(というよりも、氏は〈追放〉と〈流刑〉を範疇的に区別されていないのであるが)、『日本書紀』は、「流」と記していることに注意しなければならない。麻績王に科された罰が「流」であった以上、『風土記』の「遣二麻績王一」の「遣」も、獄令の「遣」と同様に、「流」される地への

「遣」の意味に解されねばならないのではなかろうか。引用文中に、〈派遣する〉の意味の「遣」が問題の箇所の直後に登場するが、「遣」は、〈遣わす、派遣する、送致する〉の意味で一貫しているのではなかろうか。

要するに、『古事記』と同時代の文献の「遣」は、全て、〈人をどこかに遣わす〉という意味なのであった。

3 「遣らふ」

それでは、「遣る」が「遣らふ」となると、意義はどのように変化するのであろうか。「『やる』に追いだす意味はない」としつつも、しかし、「『やらふ』になると、もう帰って来るな、ということになる。即ち、追放である」と神田秀夫氏はのべているが〔神田76二二頁〕、本当にそうなのであろうか。

(1) 『古事記』等における〈基幹動詞＋合ふ〉の語義

「遣らふ」は、一般に、〈動詞＋ふ（継続・反復を表す助動詞ないし接尾語）〉という語構成の語の一つで、〈遣る＋ふ〉、意味は「繰り返し追い払う」と解されている〔上代、古岩、古三、古小、大辞典〕。ただし、その「ふ」にも由来があり、一説によれば、本来は「合ふ（四段活用、自動詞）」であろうとされ〔古岩、古小、大辞典〕、他の説によれば「経（下二段活用、自動詞）」〔吉田63二一六頁以下〕であろうとされる。

しかし、このような議論には疑問を感じざるをえない。第一に、「合ふ」語源説についていえば、基幹動詞に「合ふ」が付加されることによって、何故に、基幹動詞の継続・反復の意が生ずるのかが理解できないからである。「合ふ」の意味は〈AがBに合ふ〉または〈AとBとが合ふ〉であり、そこには、動作の継続・反復の意味を直接に生みだす要素は何も存在しないように思われる。第二に、「経」語源説については、「経」は「場所とか月日とかを順次、欠かすことなく経過して行く」〔古岩〕という意味であるから、この語が付加されることによって、基幹動詞に継続・反復の意が生ずるとする説明には納得がいくけれども、「経」が下二段活用動詞であるのに、「遣らふ」を含めて、〈動詞＋ふ〉という語構成の言葉の多くが、四段活用であるという問題がある。「流らふ」「伝ふ」など、下二段に活用し、

かつ、

流る＋経――流らふ　継続的に流れていく、流れ続ける

伝つ＋経――伝ふ　蔦のように線条的に長く伸びているものを経て、ものごとを移動させる

というように、動作の継続・反復という説明が妥当する例があるだけに、四段活用動詞について、〈動詞＋経〉という語構成を想定することに、無理を感ずるのである。最後に、そもそも「遣らふ」という言葉には、動作の継続・反復性が感じられないという問題がある。「遣る」行為は、行為の性質上も、また文脈上も一回きりのはずだからである。「遣らふ」を「繰り返し追い払う」とするのは、「遣る」と「ふ」の双方の意義を誤解するものではないか。

結論をあらかじめのべれば、私は、「遣らふ」の語構成は〈遣る＋合ふ〉であろうと考える。しかし、その意義は、「遣る」の継続・反復ではない。基幹動詞に「合ふ」が付加されると、基幹動詞にすでに内在している動作の運動性が特に強調される一群の語があり、「遣る」と「遣らふ」の関係はその一例であると考える。すなわち、「遣る」とは〈XがAをBのもとに遣わす〉の意で、それが「遣らふ」となると、「遣る」に内在していたところの、AのXからBへの運動（AがBに合ふ）を特に強調することになるのではないかと考えるのである。このような考え方は、管見の限り、研究史の中に見出すことができず、私見は全くの素人談義であるかもしれないが、是非とも専門家の御教示を得たく、以下に、〈動詞＋ふ〉ないし〈動詞＋合ふ〉という語構成の言葉についての定説に対する疑問と私見の根拠をのべてみたいと思う。

まず、指摘しておきたいのは、「ふ」について、「古くはハ行延言と呼ばれ、単に調子をととのえるためのものと考えられたが、万葉古義以後継続または反覆の意を表わす動詞語尾であることが確かめられた」〔上代「ふ」などといわれるが、その『万葉集古義』の説明に、すでに問題が潜んでいることである。

すべてこの伸縮の説、世におこなはれて、識者等も此等を伸言なりと云ことは意得ためれど、その伸たるゆゑよ

しのさだを具くことわらざるは歌句の言の数のたらねば伸て云、又言の数のあまれば縮て云るにて、実は縮めたるも伸たるも同じことなるを、心にまかせて、ともかくもいふことと思へるにや、そは後世の俗意もて古人の雅意をうかがふわざにて、さらに、さやうのすぢにてはなかりしことぞかし、……ゆゑなくして伸縮は為ざりしことを思ふべし、故、流はその流るることを直にいひ、那我良布はその流るることの引つづきて絶ず長緩《のどのど》しき意味あるときに、いふことなりと知べし、……可多流は直語りにさしあてて人に物を告ることにいひ、可多良比は人に対ひて、彼方の言をも此方に聞入、此方の言をも彼方に告知せ（可多良布と訓べき処には相語とかきたること、古書に多きも此故なり）さまざま語ることの引つづきて、絶ず長緩しき意味あることなれば、可多良比と云るにてこそ物語することの数々ありて盡せぬさまにきこえて、げにふさはしく思はるることならずや〔万葉集古義総論〕

ここですでに、下二段活用の「流らふ」と四段活用の「語らふ」とが同列に論じられているのであるが、すでにのべたように、「流らふ」は「流る＋経」、「語らふ」は「語る＋合ふ」と解され、明確に区別しなければならないように思われる。ちなみに、〈動詞＋ふ〉という形の言葉として、いま一つ、〈動詞＋合ふ（下二段活用）ないし敢ふ（下二段活用）〉という語構成の言葉の存在を想定しなければならない。たとえば、「押さふ」「捕らふ」「摑まふ」「踏まふ」などであり、〈抵抗をおしきって……する、完全に……しおおせる〉の意をつくる〔古岩、上代、古小、大辞典〕。要するに、〈動詞＋ふ〉という外観上類似する動詞も、一律には論じえず、少なくとも、三つのタイプの存在を考慮しなければならないのである。当面問題なのは、四段に活用する〈動詞＋合ふ〉という語構成の言葉である。

『万葉集古義』の引用文において、積極的な意義を有するものとして注目すべきは、「語らふ」について、「可多良比は人に対《むか》ひて、彼方の言をも此方に聞入、此方の言をも彼方に告知せ」とのべられていることである。結果として「語る」ことの継続・反復と解されることになるが、それはあくまで結果であって、そうなることの根拠は、AB両当事者が互いに語りあうという、動作の相互的な運動に求められているのである。いうなれば、相互的な運動が原因であり本質であって、継続・反復はその結果ないし現象にすぎないという説明の仕方である。

山田孝雄氏は、後年、上代語についての古典的研究の中で、『万葉集古義』の右の一節に対して、次のようなコメントを付すことになるが、それは、動作の継続という結果ないし現象だけを孤立的に論じた点において、単純化を免れないものであった。

実にこの説はその意義の大要をつくせり。なみなみの延言論者と一にして論ずべからず。実にこの説の如く、其の意義は一の作用の長時継続せることをあらはせるものにして、決して本原の詞のそのままの意義にあらざるは明なり。この故に余はこれを以て継続的作用をあらはすものとせり〔山田12二四七頁〕。

私には、山田氏以降の〈動詞＋ふ〉ないし〈動詞＋合ふ〉の語構成の言葉についての研究史をたどる力がないが、諸辞書の解説を参照するならば、山田説がほとんど異論のない通説として定着したと判断して大過なかろうと思われる。そこに一つの大きな問題があるように思われるのである。

もっとも、「語らふ」という言葉については『万葉集古義』の解説が生きているためであろうか、それとも、「語らふ」の用法にはっきりと運動の意が感じられるためであろうか、諸辞書の中には、この語のニュアンスを「語る」という行為の継続・反復としてではなく、「語る」行為に内在する運動を強調するものとして説明しているものがある〔上代、古岩〕。一応は継続・反復の意とするが、語義の第一に「語りかける」をあげ、「語り合うの意にも用いられる。なお、中古には、継続・反復の意はないとする説〔北山谿太〕もある」という註釈を加える辞書も存在する〔古小〕。「中古には継続・反復の意はない」とする註釈は特に重大である。何故ならば、このことは、「ふ」ないし「合ふ」の働きの本質には継続・反復の意はなく、それが生じた場合にも、派生的意義として成立したことを示唆するからである。『万葉集古義』は「ふ」ないし「合ふ」の機能を、〈運動〔原因ないし本質〕―継続〔結果ないし現象〕〉と捉えたが、継続の意は実は、「流らふ」の事例に引きつけられた解釈で、「語らふ」については、端的に、運動を強調する趣旨として解すべきものであったのではなかろうか。なお、「語らふ」という場合、今日の語感で、〈AとBとが語り合う〉という相互的運動の意味に理解してはならない。「語らふ」は、何よりも、〈AがBに語りかける〉という一方向的運動の意味で使用されるからである。念のために、例をあげておこう。

・……わが子古日は　明星《あかほし》の　明くる朝《あした》は　敷栲《しきたへ》の　床の辺去らず　立てれども　居れども　共に戯れ　夕星《ゆふつづ》の
夕べになれば　いざ寝よと　手を携《たづさ》はり　父母も　上は勿下《なさが》り　三枝《さきくさ》の　中にを寝むと　愛《うつく》しく　其《し》が語らへば
……〔万葉集九〇四〕

・「いかがはせむ。かたちを変へて、世を思ひ離るやとこころみむ」とかたらへば、……〔蜻蛉日記、天禄元年六月条〕

前者では、〝子が父母に、自分は二人の真中に寝るのだ、と語りかける〟のである。後者は、夫との仲がうまくいかず苦悩する作者が、出家をして世を忘れてしまおうかと、子供に〝語りかける〟場面である。要するに、

語る――語り＋合ふ――語らふ　Xが言葉（A）をBに語りかける

（傍線部分は、基幹動詞にすでに内在している運動が、「合ふ」によって強調された所を示す。以下同様）

である。本来、単に「語らふ」といえば、何よりも一方的運動を意味し、それ故、相互的運動の場合には「相語らふ」とされたと考えられる。「相打ち」、「相懸り」などの例を想起するならば、行為の双方性を表現する場合には、動詞の頭に「あふ」の連用形が付加されるのが原則であったことが知られるからである。動詞の末尾に「合ふ」が付加されると何故に運動が強調されるかは、「合ふ」が〈AがBに合う（AがBの方におもむいていって合う）〉あるいは〈AとBとが合う〉という意味であることによって説明されよう。

以上の「語らふ」についての考察をふまえて、あらためて、〈動詞＋合ふ〉の語構成の様々の言葉の意味を考えてみると、これらは全体として、基幹動詞の継続・反復の意ではなく、基幹動詞に内在する運動を強調するための語とし

て考えることができるように思われる。

第一に、ほとんどの辞書が、継続・反復の意としてではなく、「合ふ」の原義を尊重して、基幹動詞に内在する運動が強調されたものとして理解している言葉が存在することである。「向かふ」がそれである。すなわち、

むく――むき+合ふ――むかふ　AがBの方に面する

第二に、基幹動詞の継続・反復の意と解する通説的見解（a）がある一方で、基幹動詞に内在する運動の強調の意として解する、ないし、解しているらしく見える見解（b）が存在する幾つかの動詞があることである。「移ろふ」「もらふ」「足らふ」「つがふ」などがそれである。私は、結論として、これらの言葉については、全て、b説に従うべきだと考えるのであるが、試みに、「向かふ」「語らふ」も含めて、諸辞書の説明の仕方を表2に整理して表示してみることにしたい（×は説明がないことを示す）。

【表2】〈…ふ〉型動詞についての諸辞書の説明

	上代	古岩	古三	古小	大辞典
向かふ	b	b	b	b	b
語らふ	b	b	b	a b	a
移ろふ	b	a	a	a b	a
（さ）もらふ	b	a	×	×	a
足らふ	×	b	×	a	a
つがふ	×	b	×	a	a b

「移ろふ」について、『時代別国語大辞典 上代編』は、「ものの状態が変わってゆくことをいうが、衰えてゆく・荒れさびれる・色あせるなど、望ましくない方への変化を意味することが多い」とし、『古語大辞典』は、「移るの未

然形に継続の助動詞『ふ』が付いた『うつらふ』の転」と説明しつつも、その第一義には、必ずしも継続とは言いがたい「〈空間的に〉位置が変わっていく。住居が変わる」の意をあげる。「もらふ」について、『時代別国語大辞典 上代編』は、「守る(うかがう、気にして待つなどの意——「もる」の項の説明)に動詞語尾フのついた語で、そちらに向かって様子をうかがい、また、何事かを期待して待つの意」とする。「足らふ」の基幹動詞「足る」は、『岩波古語辞典』によれば、「条件を十分に満たして、過ぎもせず、欠けもしない状態にある意」で、私なりに咀嚼すれば、〈物が過不足なくそろって、事態が理想状態に合致している〉の意であり、〈足る＋合ふ〉という語構成の「足らふ」では〔古岩〕、〈理想状態に合致する〉という運動が強調されるのではなかろうか。「つぐ」は「長くつづくものが絶えないように、その切れ目をつなぐ意、つづくものの順位が前のものの直後にある意」〔古岩〕、すなわち〈AがBに続き、つながっていく〉の意で、「合ふ」との合成語の「つがふ」は、〈Bに続く〉という運動が強調されたものではなかろうか(以上、傍点水林)。

以上のように、これらの言葉は、全て、基幹動詞に「合ふ」が加わることによって、基幹動詞に内在する方向性をもった運動が特に強調されている語と解することができるように思われる。「足らふ」を「足る」の継続・反復と説明されても、私にはその趣旨を理解することができない。「移ろふ」などは「移る」の継続と説明されても一応は納得がいくが、それは、「移る」が、その性質上、継続する時間の中での運動を示すからではなかろうか。これは「語らふ」を素材として試みられた『万葉集古義』の説明が妥当する例で、本質的には基幹動詞に内在する運動の強調であって、継続のニュアンスは、基幹動詞の運動が時間的継続のなかで行なわれるために、結果として生ずるにすぎないのではなかろうか。

第三に、諸辞書はきまって基幹動詞の継続・反復の意とするが、しかし、そう解することには無理があり、運動の強調の意としか解しがたい言葉があることである。たとえば「つくろふ」がそれである。「つくろふ」の意味を、諸辞書は、「作り整える、整頓する」〔上代〕、「手を加えて形を整える」〔古岩〕、「整える、とりつくろう」〔古三〕、「悪い所を直す、装いを正す」〔古小〕、「つくり直してもとの状態にもどす、不十分で整っていないものに取捨の手を加えてよりよい状態にする」〔大辞典〕などとするのであるが、どうして、このような意義が「つくる」に継続・反復の意が加わったものなのか、諸辞書は何も説明しない。「つくろふ」の語構成と意義は、

つくる――つくり＋合ふ――つくろふ　Xが現状（A）を理想（B）に合致するように改造する

ではなかろうか（第一部五三頁以下）。

第四に、基幹動詞にすでに継続・反復の意があり、したがって、継続・反復の意をだすために特に「ふ」ないし「合ふ」を付加する必要もないのに、それが付加された言葉があることである。「慣らふ」がそれである。その基幹動詞の「慣る」は、それ自体で、〈反復・継続することによって、ある事柄が平常と感じられるようになる〉の意であり〔古岩、古小、大辞典〕、そのためか、「慣らふ」の語構成や語義について、『時代別国語大辞典 上代編』が「馴るに語尾フが接してできた語か」とするのを別とすれば、全ての辞書は口をつぐんでいるけれども、語構成と意義は、

慣る――慣れ＋合ふ――慣らふ　Aがある事（B）に繰り返し向っていって習熟する

というように考えられないであろうか。

私は、以上の考察をふまえて、〈動詞＋ふ（四段活用）〉という形の言葉一般について、語構成を〈動詞＋合ふ〉と解し、その意義を、基幹動詞に内在する運動を強調するための言葉として理解してみたいと思う。さらに、幾つか例をあげてみよう。①は、通常は継続・反復の意とされ、また、語によってはそのようにも解しうるが、本質的にはやはり運動を強調する趣旨と思われる語、②は、〈AとBとが互いに……しあう〉（相互的運動）という意味で理解されているが、〈AがBの方向にむけて……する〉という意味（一方向的運動）が基本であると考えられるものである。

①

隠る——隠らふ　AがBの陰に隠れる

変る——変らふ　AがBの方向に変っていく

帰る——帰らふ　AがB（反対方向）にいく

住む——住まふ　AがB（ある一定の場所）に通う、定着する

散る——散らふ　AがB（四方八方）に散る

付く——付かふ　AがBの方に向かっていってそれと一体化する

嘆く——嘆かふ　AがBに嘆きかける

靡く——靡かふ　AがBの方になびき従う

ねぐ——願ふ　AがB（神）に向かって、その加護と自分の希望の実現を求める

ほぐ——ほがふ　AがB（神）に向かって祈り、幸の来ることを請う

まつる——まつろふ　AがBに対して物を献上する、服従する

よぶ——よばふ　Aが、B（相手）を求め、これに向かって声を発する、求婚する

渡る——渡らふ　AがBの方向に渡っていく

笑む——笑まふ　AがBに対しほほ笑みかける

②

靡く——靡かふ　AがBの方向になびき従う

計る——計らふ　XがA（現状）をB（理想）に合うように処置する

ほかにも例は少なからず存在するが、使用頻度の高い言葉は、右でほぼつくしている〔吉田63二一〇頁〕。そして、これらの事例は、〈基幹動詞＋合ふ〉の語構成の言葉が、基幹動詞に内在する方向性をもった運動を強調するか、基幹

動詞に運動の意義を付加する意義を有することを示しているように思われるのである。

以上の考察を全体としてふまえて、私は、「遣らふ」を、基幹動詞に「合ふ」が付加されることによって、基幹動詞に内在する運動が強調される一群の動詞の一例と解し、「遣る」に内在する〝人の移動〈AのB方向への運動〉〟を強調した言葉として理解したいと思う。すなわち、

遣る――遣り＋合ふ――遣らふ　XがAをBのもとに遣わす

である。

⑵　後代の文献における「やらふ」

以上のように、「やらふ」という言葉に、本来〈追放〉の意味があったとは考えがたいのであるが、九世紀以降の文献には、〈追放〉に近い意味の「やらふ」が登場する。たとえば『日本霊異記』の次の文章である。

吾を擯《やら》ヒて家より出し遣《や》るが故に悕《うらめ》シミ惻《ねた》ミ厭《いと》ひす〔日本霊異記一四三頁〕

この場合、家から「遣」られるのは、前引『万葉集』に歌われたような、他の場所へ行くことを目的としたものではない。まさに追い出されるのである。それ故に「悕《うらめ》シミ惻ミ厭」うているのである。刑事的制裁としての〈追放〉ではないけれども、これに準ずる事例といってよいだろう。しかし、『日本霊異記』の成立は『古事記』の約百年後であり、『古事記』の「やらふ」の意義確定の参考資料とすることには、極力慎重でなければならない。加えて、そもそも、「擯」は「やらふ」とは訓まれていなかったのではないかと思われる。右の訓は後世のもので、本来の訓を示すものではない。「擯」の字は、『日本霊異記』の他の箇所では全て、「おふ」と訓まれているのであり〔同上二一五頁、二七一頁、四二七頁〕、右に引用した箇所も、本来は「おふ」だったのではなかろうかと思われるのである。引用文の「擯」のすぐ後に「遣る」が来るので、「擯」を「やらふ」と訓むと、同一の言葉が重なって不自然だという問題もある。ここは、本来、「擯《おひ》て家より出し遣《や》る」と訓まれたのではなかろうか。

右の推論が妥当するならば、「擯」の訓は、後年「おふ」から「やらふ」へと変化したのであるが、このことと、これまでの「やらふ」の考察を総合するならば、「やらふ」という言葉の意味にも、時の流れとともに変化があったということになろう。すなわち、「やらふ」の意味は、〈遣わす〉から〈追放する〉に変化したのである。先に、『古事記』の「やらふ」の語義確定のために、後代の文献を使用することには慎重を要することをのべた。しかし、右のことは、さらにそれ以上のことを我々に要請することになろう。『古事記』の「やらふ」は、後代の文献の「やらふ」をもちこんで理解してはならないのである。

ちなみに、先の「おひ、いだし、やる」は、「遣る」に〈追放〉の意味が加わってくる一つの経路をも示しているのではなかろうか。すなわち、「遣る」の頭に「おひだす」という動詞が加えられて〈追放〉の意味が形成され、やがて、それが「遣る」という一語にも乗り移っていくという道筋である。

後代の文献で、「やらふ」に〈追放〉的意味をもたせて使用している事例として、いま一つ、九世紀後半期以降の「追儺」をあげることができる。これは十二月晦日に宮中において行なわれていた疫鬼追放の行事で、「おにやらひ」と訓まれていた〔森田90四一頁〕。この儀式の初見記事は『続日本紀』慶雲三（七〇六）年条であるから、儀式自体は、まさに『古事記』の時代から存在していたのであるが、しかしながら、それが初めから「おにやらひ」とよばれていた確証は全くない。『続日本紀』の記載は「追儺」ではなくして「大儺」とあるが、このことは、むしろ「大儺」が「おにやらひ」とは訓まれていなかったことを示すのではなかろうか。

4　『古事記』における〈追放〉——「撥ふ」

「やらふ」が、少なくとも『古事記』において、追放の意でなかったことは、『古事記』において、〈追放する〉という意味が別の言葉によって表現されていたことによっても知られる。『古事記』における〈追放する〉は、「撥」などの字によって表現され、その訓みは、おそらくは「はらふ」であった〔記思同訓異字一覧五七六頁〕。文脈上、明らかに

〈追放する〉の意味に解される動詞は、『古事記』上巻では大国主神による国作り（八十神の追放）の件りに登場するが、そこでは「追ふ」と結合されて「追ひ撥ふ」という動詞が用いられている（カッコ内は水林が補った。以下同様）。

故、しかして、（須佐之男命は）黄泉《よも》つひら坂に追ひ至りて、はろはろに望《みさ》けて呼ばひて、大穴牟遅神に謂《の》らして曰ひしく、「その、汝が持てる生太刀・生弓矢もちて、汝が庶兄弟は、坂の御尾《みを》に追ひ伏せ、また河の瀬に追ひ撥ひて、おれ、大国主神《おほくにぬし》となり、また宇都志国玉神《うつしくにたま》となりて、そのわが女、須世理毗売《すせりびめ》を嫡妻《むかひめ》として、宇迦《うか》の山の山本に、底《そこ》つ石根《いはね》に宮柱ふとしり、高天原に氷椽《ひぎ》たかしりて居れ、この奴《やつこ》」。故《かれ》、その太刀・弓を持ち、その八十神《やそのかみ》を追ひ避る時に、坂の御尾ごとに追ひ伏せ、河の瀬ごとに追ひ撥ひて、始めて国を作りたまひき〔記六五頁〕

「追ひ撥ふ」は、「追ひ至る」、「追ひ伏す」、「追ひ避る」などの、大国主神が敵と闘争する姿を示す諸動詞の一つとして用いられている。共通の「追ふ」は、文字通り、敵を〈追いかける〉のである。〈追いかけ〉て敵のいる所に「至り」、敵を「伏せ」、敵を「撥ふ」のである。「追」の語に特に〈追放〉のニュアンスはなく、〈追放〉の意は「撥ふ」が生みだしている。ちなみに、「撥ふ」は「追ふ」以外の動詞とも結びつき様々の態様の〈追放〉を表現した。たとえば次のごとくである。

・（神倭伊波礼毗古命、）荒ぶる神等を言向け平らげ和し、伏《まつろ》はぬ人等を退《そ》け撥ひて、畝火《うねび》の白檮原《かしはら》の宮に坐して、天の下治めたまひき〔記一一九頁〕

・その蛇咋《く》はむとせば、このひれもちて三たび挙《ふ》りて打ち撥ひたまへ〔記六三頁〕

要するに、『古事記』において、〈追放〉は「撥《はら》ひ」であり、「神やらひ」は追放ではなかった。「神逐《はら》ひ」または「神撥ひ」の語をさけて、あえて「神やらひ」としたところに、『古事記』の意図を読みとらねばならないのではないか。

三　「神やらひ」の文脈

語義からばかりでなく、文脈の上からも、伊耶那岐命が須佐之男命を追放したとは解釈できないように思われる。まず何よりも、すでに述べたように、須佐之男命は自ら「根の堅す国」に行くことを希望しているからである。自らそこへ行くことを希望している者を、あらためて追放に処する必要が何故あるのであろうか。須佐之男命が何か重大な犯罪をおかしたというならまだしも、ここでは、父親の言いつけを守らないということにすぎない。その理由も決して悪質なものではなく、母に会いたいという、それ自体子供としては当然の心情からなのである。

第二に、「根の堅す国」は「葦原中国」の〈追放〉の地とされるような世界ではなかったことである。詳細は第一部に譲るが、「根の堅す国」は「葦原中国」を真に〈葦原〉(生命力あふれる国)たらしむるところの、〈根源の国〉にほかならなかった(〈葦―根〉の言葉の響き合い)。〈追放〉の地などではあろうはずがない。そうではなくして、須佐之男命は、むしろ、〈葦原〉にとっての〈根源の国〉としての「根の堅す国」の主宰神となるべく、伊耶那岐命によってそこへと派遣されたのではなかろうか(第一部六八頁以下)。

すでに死してこの国にはいない母を慕う少年ないし青年。須佐之男命についてこのようにイメージすることが、問題のパッセージを正しく解釈するための前提となるように思われる。どうして追放などということになるのであろうか。先の語義分析と前後の文脈から、ごく自然に解釈すれば、次のようになろう。

伊耶那岐の大御神は、須佐之男命に仰せられた。「どうして、おまえは私の言いつけに従わないで、ただ泣きわめいているのだね」。そこで須佐之男命が答えて言った。「ぼくは、お母さんのいる根の堅す国に行きたいんです、それで泣いているんです」。それを聞いて、伊耶那岐の大御神は(どうして父親の言いつけが聞けないのだ、なぜ母の方がいいのだと思い)怒った。そしてこう言った。「それなら、(お母さんは黄泉つ国=根の堅す国にいてこの葦原中国にはいないのだから）おまえは、この国には住めないぞ」。伊耶那岐の大御神はそう言って、すぐに、須佐之男命を母のもとに遣わした〔（　）内は意によって補った〕。

第三章　スサノヲとアマテラスの誓約

第一節　須佐之男命——勝利

伊耶那岐命に「根の堅す国」へ行くことを許された須佐之男命ではあったが、命はすぐにはそこへと赴かなかった。父伊耶那岐命に「海原」を統治せよと命ぜられたにもかかわらず、「海原」には行かぬことになった次第を、兄の天照大御神に伝えておかねばならぬと考えたのである。須佐之男命は「葦原中国」から「高天原」にまいのぼった。その時の様子を『古事記』は、

山川ことごと動《とよ》み、国土みな震《ゆ》りき〔記四五頁〕

とのべている。それは、後述する須佐之男命の神性の故であったのであるが〔四五三頁以下〕、その音に、天照大御神は驚き、

我がなせの命の上《のぼ》り来ますゆゑは、必ず善き心にあらじ、我が国を奪はむとおもほすにこそ〔記四五頁〕

と思い、髪をとかして角髪に巻き、髪や髪飾りや左右の手に五百もの珠をまきつけ、身に完全武装をほどこして、「男建《をたけび》」をあげ、まいのぼってきた須佐之男命に、「何のゆゑにか上り来ませる」と問うた。この天照大御神の姿はほとんど男神である。我々は、何とはなしに、天照大御神は女神と思いこみがちであるが、『古事記』の天照大御神が女神である証拠はどこにもないように思われる。そのような意識は、おそらく、『日本書紀』の天照大神の投影であろう。そこでは、天照大神は素戔鳴尊の「姉」とされているから、女神であることは動かないが、『古事記』と

『日本書紀』とは別物であり、『古事記』の天照大御神は、少しも女神である必要はないのである。いな、むしろ、諸般の状況から推して、『古事記』の天照大御神は男神であった（第一部二七一頁以下）。

須佐之男命は、天照大御神の疑いを否定した。自分が「高天原」にやってきたのは、ほかでもない、自分が母の国へ行くことになった次第を天照大御神に申しあげておこうとしてのことだ、自分に「邪心」「異心」はないのだ、という。「しからば、汝が心の清く明きは、いかにしてか知らむ」と問われ、「うけひ」（誓）によって証明しようということになった〔記四六頁以下〕。

「うけひ」の内容は明示的には語られないが、物語りの展開から、須佐之男命の所有物である十拳剣《とつかつるぎ》に女神が生まれれば命の勝、男神が生まれれば命の負けというものであったことが知られる（①）。すぐに子生みが始まった。天照大御神は須佐之男命の十拳剣をとり、三段に打ち折って、これを天真名井《あめのまなゐ》でふりすすぎ、それを口にふくんで咀嚼し、嚙まれて液状になった剣をフッーと霧状にしてふきつけると、三柱の女神が生まれた（②）。次は天照大御神の子生みの番である。天照大御神がさきほどまで髪や手にまきつけていた五百もの珠を、今度は須佐之男命が同じようにしてカリカリと嚙み、それを大気中に噴霧すると、五柱の男神が誕生した（③）。二神の子生みが終って、天照大御神は、こういった。

この、後《のち》に生《うま》れませる五柱の男子《をのこご》は、物実《ものざね》我が物によりて成りませり。故、おのづからに吾が子ぞ。先に生れませる三柱の女子《をみなご》は、物実汝が物によりて成りませり。故、すなはち汝が子ぞ（④）〔記四八頁〕

他方、須佐之男命は、高らかに勝利の宣言を行なう。すなわち、

我が心清く明《あか》し。故、我が生める子は手弱女《たわやめ》を得つ。これによりて言《まを》さば、おのづからに我勝ちぬ（⑤）〔記四九頁〕

天照大御神の須佐之男命に対する疑いは邪推であった。命の心は清らかであった。命は、天照大御神に対して、自

分が「海原」ではなく「根の堅す国」に行くことになった事情を説明する、ただそのことのために、「高天原」を訪問したのである。

第二節　素戔嗚尊——敗北

素戔嗚尊は「根国」への追放命令をうけたが、その前にしばらく「高天原」を訪れ、「姉」と相見えた後に、永久に「根国《ねのくに》」へ退りたいと伊奘諾尊に願いでた。伊奘諾尊は許し、素戔嗚尊は「高天原」へむかった。その時、「神性たけき」が故に海は荒れ狂い、山も鳴りほえた。天照大神は素戔嗚尊の「暴《あら》く悪しきこと」を知っていたから、そうした状態を見て、当然に素戔嗚尊の「善意」を疑い、「国を奪はむとする志」があるのではないかと思った。素戔嗚尊はその疑いを否定する。自分には「黒《きたな》き心」はない、天にやってきたのは、姉に会わずしてはとても「根国」へは行けないからだ、という。それでは何によって「赤《きよ》き心」を証明するかと問われ、「誓約《うけひ》」によって証明しようということになった〔紀上一〇三頁以下〕。

①素戔嗚尊、対《こた》へて曰はく、「請ふ、姉と共に誓《うけ》はむ。夫れ誓約《うけひ》の中に、必ず当に子を生むべし。如し吾が生めらむ、これ女《たをやめ》ならば、濁《きたな》き心有りと以為《おもほ》せ、若し是男《ますらを》ならば、清き心有りと以為せ」とのたまふ。②是《ここ》に、天照大神、乃ち素戔嗚尊の十握剣《とつかのつるぎ》を索《こ》ひ取りて、打ち折りて三段《みきだ》に為して、天真名井《あまのまなゐ》に濯《すす》ぎて、齰然《さがみ》に咀嚼《か》みて、吹き棄つる気噴《いふき》の狭霧に生まるる神を号《なづ》けて田心姫《たこりひめ》と曰す。次に湍津《たぎつ》姫。次に市杵嶋《いつきしま》姫。凡《すべ》て三の女《ひめかみ》ます。③既にして素戔嗚尊、天照大神の髻鬘《みいなだき》および腕に纏《ま》かせる、八坂瓊《やさかに》の五百箇《いほつ》の御統《みすまる》を乞ひ取りて、天真名井に濯ぎて、齰然《さがみ》に咀嚼《か》みて、吹き棄つる気噴《いふき》の狭霧に生まるる神を、号《なづ》けまつりて正哉《まさか》吾《あ》勝勝速日《かつかちはやひ》天忍穂耳《あめのおしほみみ》尊と曰す。次に天穂日《あめのほひ》命。是、出雲臣・土師連等が祖なり。次に、天津彦根命。是、凡川内直・山代直等が祖なり。次に、活津《いくつ》彦根命。

次に熊野櫲樟日《くすひ》命。凡て五の男《ひこかみ》ます。④是の時に、天照大神、勅《みことのり》して曰はく、「其の物根《ものざね》を原《たづ》ぬれば、八坂瓊の五百箇の御統は、是吾が物なり。故、彼の五の男神は、悉に是吾が児なり」とのたまひて、乃ち取りて子養《ひだ》したまふ。また勅して曰はく、「其の十握剣は、是、素戔嗚尊の物なり。故、此の三の女神は、悉に是爾《いまし》が児なり」とのたまひて、便《すなは》ち素戔嗚尊に授けたまふ。此則ち、筑紫の胸肩君等が祭る神、是なり〔紀上一〇四頁以下〕

『古事記』と似たような物語りである。双方の物語りに番号を付したが、両者共通に、①が「うけひ」における規範の提示、②がスサノヲの子生み、③がアマテラスの子生み、④が事実（「うけひ」においてあらかじめ定立された規範を基準として、評価をうける事実）の確認である。『古事記』の場合には、④の次に、規範と事実をつきあわせた結果としての判定が宣言されている。具体的には須佐之男命の勝利という宣言である。『日本書紀』には、この部分はないが、しかし、これは大きな差異ではない。「うけひ」において、規範があらかじめ提示され、後に事実が与えられるならば、評価は一義的に確定するのであって、⑤の部分はあってもなくても、結局は同じだからである。

　このように、物語りの展開の枠組は、記紀ともに同一の構造を有しているのであるが、しかし、その内容は決定的に異なっていた。単に異なるという以上に、正反対の内容を有していた。というのは、『古事記』では須佐之男命が勝利したが、『日本書紀』では、素戔嗚尊は敗北したからである。記紀の物語りを比較しつつ、辿ってみよう。まず①の規範の提示の部分であるが、ここがすでに正反対の内容を有している。『古事記』では、須佐之男命は女神を生めば勝ちなのであったが、『日本書紀』では、素戔嗚尊は女神を生めば負けなのである。②③④の部分には変化はない。スサノヲには女神が生まれ（②）、アマテラスには男神が生まれ（③）、その後に、以上の事実が確認される（④）。とすれば、おのずと⑤の判定は正反対のものとなろう。『古事記』では須佐之男命が勝利した。これに対して、『日本書紀』では、素戔嗚尊は敗北したのである。素戔嗚尊が、ただ「姉」に会うために「高天原」にやってきたというのは、虚偽であった。素戔嗚尊には、「黒き心」が存在した。その「黒き心」とは、文脈上、「国を奪はむ」とする心である。生来「無道」の素戔嗚尊は、「高天原」を攻略しに来たのであるが、「うけひ」で、その邪心が天照大神に見ぬかれたのである。ここにおいて、貴子であり善神の須佐之男命と無道で悪神の素戔嗚尊との対立は決定的となる。

もっとも、『日本書紀』本文の右の件りを、ほとんどの研究は、『古事記』と同様に、素戔嗚尊は天照大神に誓約において勝利したのだと理解してきた〔記伝九巻三四二頁、紀伝三巻三九四頁、記新一〇四頁、記全三巻五一頁、記注一巻二七七頁、紀上一〇五頁頭註〕。しかし、これも、記と紀、紀本文と紀諸一書とを吟味なしに同視するところからくる誤謬である。『古事記』における須佐之男命の勝利と『日本書紀』の第一の一書および第三の一書における素戔嗚尊の勝利は、原文に須佐之男命・素戔嗚尊が勝利したことの明示的な表現があるから疑問の余地がないが、『日本書紀』本文には素戔嗚尊が勝利したという記述は存在しない。素戔嗚尊が敗北したという表現もないが、内容を検討すれば、明らかに素戔嗚尊は敗北したのであるが、これまでの研究のほとんどは、『古事記』や『日本書紀』の二つの一書の記載などの影響で、なかば無意識のうちに、『日本書紀』本文の素戔嗚尊も「うけひ」に勝ったのだと誤解してきたのではないかと思われるのである。

もしも『日本書紀』本文から素戔嗚尊の勝利という結論を引きだそうとするならば、子は「物根」から生まれたのではなく、この「物根」に対する、「天真名井に濯ぎて、さがみに咀嚼みて、吹き棄つる」という〃行為〃から生まれたと解するほかはない。そして、その後の「物根」を根拠とする子の帰属の判定は、子の交換であると解するほかはなくなる。実際、素戔嗚尊勝利論をつきつめて展開した学説は、そのような議論を行なっているのである〔津田48四一頁、井上84二一〇頁〕。

しかし、このような解釈を支持する内容は、『日本書紀』本文のどこを捜しても存在しないのではなかろうか。論者たちは、天照大神が「物根」基準として男神は自分の子、女神は素戔嗚尊の子であるとわざわざ明確にのべているのに、どこにものべられていない〃行為〃基準論を造作し、「物根」基準論を「子の交換」などとするのであるが、何故に、そのような、念のいったひねった解釈をする必要があるのであろうか。このような論法でいくならば、『古事記』については、須佐之男命は男神を生み、天照大御神は女神を生んだことになり、その後に子の交換が行なわれたことになろう。そこまで一貫させるならば、こうした見解にも論理を感じとることができるが、しかし、論者たちは、そこまでは主張しない。須佐之男命が「我が生める子は手弱女を得つ。これによりて言さば、おのづからに我勝ちぬ」という勝利宣言と矛盾してきてしまうからであろう。この学説は、要するに、記紀ともにスサノヲの勝ちという結論を吟味することなしに前提とし、その結論を導くために、辻褄を合わせているにすぎないように見うけられるのである。

記紀ともに、モノザネ基準論で読まねばならない。アマテラスがそう明言しているという事実に加えて、ここでは二つの点を指摘しておこう。第一に、それが、物語りの展開からいって自然だということである。両者ともに、〈スサノヲの「高天原」訪問→アマテラスの疑い→スサノヲの「うけひ」の提案→子生み〉と話が展開するのであるが、スサノヲの提案した「うけひ」の規範が、自らの生む子が男神か女神かということにある以上、規範の提示の後にまず行なわれる子生みは、スサノヲのそれと考えねばならない。「うけひ」の物語りの核心は、①と②の部分なのである。

第二に、記紀全体を通じて(紀一書を含む)、子は、男女の生殖以外に、神の所有物に成る、あるいは生まれるという思想が濃厚に見られるからである。たとえば、『古事記』や『日本書紀』第五段第六の一書に見られる、イザナキの子生みである。『古事記』冒頭の始原の神々の生成を除けば、神々は、まずは伊耶那岐命と伊耶那美命の生殖によって生まれたが、伊耶那美命の亡きあとは、伊耶那岐命の所有する様々の物に成ることになった。杖、帯、嚢《ふくろ》、衣、袴、冠、手纏《たまき》、そして、命の目と鼻(記四〇頁以下)。神々は、物に生成しうるのである。もう一度、「うけひ」の規範提示の後に、アマテラスがスサノヲの剣をとり、これを口に含んで咀嚼し、液状になった物を大気へフッーと噴霧したという情景を想像してみよう。神々が生成する母体となったその液状物は、情景からして、スサノヲの精根そのものなのではなかろうか。スサノヲの精根から生成した子は、スサノヲの子なのではなかろうか。

『日本書紀』本文においても素戔嗚尊が「うけひ」に勝利したとする見解が支配的ななかで、近年、『日本書紀』本文には、素戔嗚尊が勝利したという文言がないことに注目すべきだとする矢嶋泉氏の見解が登場してきた。当然の着眼であるが、しかし、矢嶋説もなお、問題をはらんでいるように思われる。氏は、『日本書紀』本文に勝敗の評価をのべる件りが欠けていることをもって、「『日本書紀』本文ではウケヒの結果に関する記述を欠くことによって、勝ち負けが極めて曖昧」だとし、さらにこの事を、「『日本書紀』本文は、ウケヒの勝ち負け（スサノヲの心の清濁）を意図的に曖昧化しているのではないか」という方向で考えようとされた。「ウケヒの勝ち負け（スサノヲの心の清濁）を意図的に曖昧化」したが故に、『日本書紀』は、『古事記』とは違ったやり方で、「うけひ」の物語りを、その後の物語り（スサノヲの「高天原」での犯罪）へと繋げていくことを可能としたのではないか、というのである〔矢嶋84一三頁以下〕。

しかし、矢嶋説には従いえないように思われる。第一に、矢嶋説とは反対に、『日本書紀』本文においては、素戔嗚尊が「うけひ」に敗北するという物語りがなければ、首尾一貫した神代史にはならないような構造が存在しているように思われるからである。詳細は後の議論に委ねなければならないが、結論だけをいえば、〈悪神としての誕生→「根国」への追放命令→略奪のための「高天原」訪問→うけひ→敗北→犯罪→「高天原」からの追放〉という一連の物語りの中で、素戔嗚尊の「うけひ」敗北による悪性露顕は、欠かすことのできない一齣なのではないか。

そもそも、矢嶋説の前提にあるところの、『日本書紀』本文では素戔嗚尊の勝ち負けが曖昧であるとする議論が問題ではなかろうか。勝ち負けは明瞭なのではなかろうか。天照大神の勝ち・素戔嗚尊の負けという宣言が文章として存在しないことと、勝ち負けが曖昧であることとは、全く別の事柄ではなかろうか。たとえば、〝コインを投げて、表がでればAの勝ち、裏がでればBの勝ちという約束をして、コインを投げたところ、コインは表がでた〟という文章があったとしよう。この文章にはAの勝ちという表現はないが、Aの勝ちということを当然に語っているのである。『日本書紀』本文の「うけひ」の段もこれと同様ではなかろうか。

第四章　スサノヲの犯罪

第一節　素戔嗚尊――「高天原」の略奪の意図

誓約《うけひ》敗北の後の素戔嗚尊の行為は、乱暴を極めた。

是の後に、素戔嗚尊の為行《しわざ》、甚だ無状《あづきな》し。何となれば、天照大神、天狭田《さなだ》・長田《ながた》を以て御田《みた》としたまふ。時に素戔嗚尊、春は重播種子《しきまき》し、且、畔毀《あはなち》す。秋は天斑駒《ふちごま》を放ちて、田の中に伏す。復、天照大神の新嘗《にひなへきこ》しめす時を見て、則ち陰に新宮《にひなへのみや》に放戻《くそま》る。又、天照大神の方《みざかり》に神衣《かむみそ》を織りつつ、斎服殿《いみはたどの》に居しますを見て、則ち天斑駒を剝ぎて、殿の甍《いらか》を穿《うが》ちて投げ納《い》る。是の時に、天照大神、驚動《おどろ》きたまひて、梭《かひ》を以て身を傷ましむ。此に由りて、發慍《いか》りまして、乃ち天石窟《あめのいはや》に入りまして、磐戸《いはと》を閉して幽り居しぬ〔紀上一一一頁以下〕

天照大神の田に対する侵害（種の二重蒔き、畦の破壊、収穫時に馬を田に放ち伏す）、新嘗祭の妨害（宮への屎まき）、天照大神の神衣織りに対する妨害などである。天照大神は最後に傷つき、怒って天石窟にこもってしまった。須佐之男命も同様の行為をし、結果として、天照大御神の天の石屋こもりという同様の事態を惹起することになるが、しかし、細かく注意するならば、その表現のニュアンスに重要な相違があることが知られる。いうまでもなく、素戔嗚尊の犯罪はその悪性により、誓約で証明されたところの、天を略奪しようとする意思に発している。『日本書紀』においても、『古事記』と同様にスサノヲは「うけひ」に勝ったとする誤解からは、素戔嗚尊の犯罪も、須佐之男命と同様に「勝さび」の故とされるが、これは、素戔嗚尊の乱暴の本質を見誤るものである。素戔嗚尊の犯罪について、これを

「勝さび」の故とする記述は、『日本書紀』本文のどこにも見えない。素戔嗚尊に天の略奪の意思ありや否やをめぐって「うけひ」がなされ、素戔嗚尊の敗北で天の略奪の意思が証明されたのであるから、その後の犯罪は、当然にその天略奪の意思に発していると解しなければならない。

第二節　須佐之男命——勝さび

これに対して、須佐之男命は「勝さび」で、数々の乱暴をはたらいたのであった。

> 速《はや》須佐之男命、天照大御神に白ししく、「我が心清く明し。故、我が生める子は手弱女《たわやめ》を得つ。これによりて言《まを》さば、おのづから我勝ちぬ」と云ひて、勝さびに天照大御神の営田《つくだ》のあを離ち、その溝を埋み、また、その大嘗《おほにへ》聞こしめす殿に屎まり散らしき。故、しかすれども、天照大御神はとがめずて告らししく、「屎なすは、酔ひて吐き散らすとこそ、我がなせの命、かくしつらめ。また、田のあを離ち、溝を埋みつるは、地をあたらしとこそ、我がなせの命、かくしつらめ」と詔り直したまひしかども、なほその悪しき態止まずて転《うたて》ありき。天照大御神、忌服屋に坐して神御衣《かむみそ》織らしめたまひし時に、その服屋の頂《むね》を穿《うが》ち、天の斑馬《ふちうま》を逆剝ぎに剝ぎて、堕《おと》し入るる時に、天の服織女《はとりめ》見驚きて、梭《ひ》に陰上《ほと》を衝きて死にき。故、ここに、天照大御神、見畏み、天の石屋戸を開きて、刺しこもりましき〔記四九頁以下〕

「勝さび」は〈勝ち＋さび〉、「さび」は「さぶ」の名詞形で、「さぶ」とは「ある状態が勢いの赴くままに、とめどもなくひたむきに進むこと」である〔上代〕。要するに、須佐之男命は、ただ勝ち誇って乱暴を働いたにすぎない。

もっとも、「さぶ」に右のような意義を与えた『時代別国語大辞典　上代編』自身は、「さぶ」の用例としてこの「勝さび」の文章をあげ、先の原義に負のニュアンスを付加して、「感情が荒れすさんでいく」という意味に解している。それはすでに宣長の採った解釈であった。宣長は、「さぶ」を「進み荒ぶる」意とし、さらに、「さぶ」は「すさぶ」だとして、スサノヲの「スサ」はここから取られた名であるとしたのである〔記伝九巻三四二頁〕。こうして、須佐之男命は、この神の名称にすでに荒れすさんだ属性が示されているということになった。

たしかに、須佐之男命の「須佐」は「すさぶ」から来ているのであろう。「須佐」は出雲国の「須佐之郷」に由来する名称だとする説もあるが〔松村58二巻六〇四頁など〕、これは、『古事記』自身が須佐之男命という名称に、「須佐の二字は音を以《もち》ゐる」〔記桜三九頁〕という註記を付していることから、成立しえないであろう。「須佐」が表音漢字だということは、「須佐」という漢字表記には特に意味のないことを指示している〔記潮神名釈義〕。「須佐」が表音漢字であることの原文註記は、むしろ、意識的に「須佐之郷」との関連を絶ち切るとともに、「須佐」は「すさぶ」の「すさ」であることを示すためのものであるように思われる。しかしながら、「須佐」が「すさぶ」の意であるからといって、必然的に、今日の語感でいう「荒れすさぶ」の意になるわけではない。「すさぶ」も「さぶ」と同様に、〈勢い盛んになる〉というニュートラルな意義の言葉であり、

朝露に咲きすさびたる鴨頭草《つきくさ》の日くるるなへに消《け》ぬべく思ほゆ〔万葉集二二八一〕

が示すように、文脈しだいで、肯定的意味をも帯びうるからである。

『古事記』の物語り全体を表象するならば、須佐之男命の「すさ」は、本質的に肯定的な意味を帯びていたように思われる。須佐之男命は、「葦原中国」を真に生命力豊かな〈葦原〉たらしむるところの、〈根源の国〉としての「根の堅す国」の主宰神となる神であるが〔第一部六七頁以下〕、まさにそのような神であることを表象しつつ、安萬侶は、この神に須佐之男命という名称を与えたのではなかろうか。須佐之男命とは〈スサの男の命〉で、〈勢いのある男の神〉というほどの意味ではなかろうか。

これまで、須佐之男命と記してきたけれども、『古事記』のスサノヲの正しい名称は、建速《たけはや》須佐之男命であったこ

とを知らねばならない。この神の初出がこの名称であった。すなわち、

御鼻を洗ひたまふ時に成りませる神の名は、建速須佐之男命〔記四二頁〕

「建」は「健」で、「雄雄しく勇ましいこと」〔上代、字訓〕、「速」は文字通り速度のあることである。建速須佐之男命は、〈強く、速く、勢いのある男神〉なのである。〈強さ〉と〈速さ〉と〈勢い〉がその神性として具有されている、見事な神なのである。『古事記』が、スサノヲを単に須佐之男命と記すことは、実は稀であった。スサノヲは、『古事記』に全部で二一回登場するが、そのうち、単に須佐之男命とよばれるのは、三回にすぎない。残り一八回のうち、三回は建速須佐之男命という正式名称、一五回は速須佐之男命という表記であった。

ちなみに、素戔嗚尊は単に素戔嗚尊であった。建速素戔嗚尊などという神は存在しない。そして、その素戔嗚尊という神名には、建速須佐之男命とは正反対の意味がこめられていた。「素」は、染色されていない本来の白い生地の部分の意で、素性・素養・素質など、生来のものを示す語となる。「戔」は『説文』に「賊なり」と説明され、「人をそこなう意」である。「嗚」は「死鳥の羽を農地に掲げて、鳥を追うときの声」からでてきた言葉であった〔字統〕。素戔嗚尊の神性は、神名にも明瞭であろう。〈人を攻撃し、害して叫び声をあげる神、それを本性としている神〉である。須佐之男命と素戔嗚尊とを混ぜあわせて、スサノヲなどという抽象物を決して作ってはならないのである。

素戔嗚尊および須佐之男命の神性と、それを根拠とするこれらの神の諸行為との関連は図3のように描くことができよう。素戔嗚尊の場合には、根底に人を害する〈悪性〉があり、これが、「天」略奪の邪心や、「うけひ」における敗北や、その後の犯罪の究極の根拠をなしていた。これに対して、建速須佐之男命は、生来、第一章でのべたところの〈水〉の呪能と、いま一つ、その神名に表現された〈強さ・速さ・勢い〉の呪能を有していた。それは、正常に機能すれば、「葦原中国」に恵みをもたらす〈善性〉である。後者の〈強さ・速さ・勢い〉は、須佐之男命が「根の堅す国」の主宰神となってからは、「根の堅す国」から「葦原中国」に供給される恵みそのものであろう〈葦↑根〉。その〈強さ・

【図3】スサノヲの神性と行動の構造

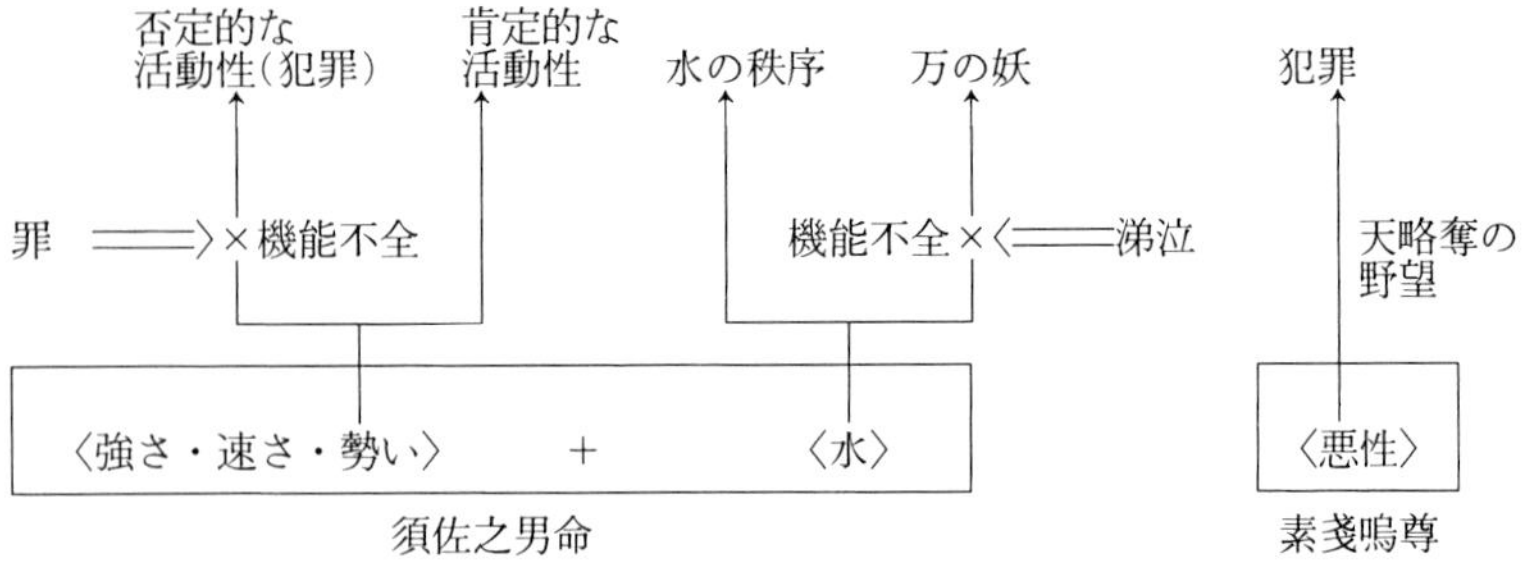

速さ・勢い〉が、たとえば、須佐之男命の「高天原」訪問の際には、「山川ことごと動み、国土みな震りき」〔記四五頁〕というような現象を生じさせたのである。かかる須佐之男命の二つの呪能は、正常に機能している時には、〈水〉の秩序をもたらし、社会に生命力あふれる神々の活動をもたらしたのであるが、ひとたび、何らかの事情で機能不全が生じると、〈水〉の呪能は麻痺して日照りが発生したり、〈強さ・速さ・勢い〉の呪能は望ましからざる方向へと展開して、様々の事件を発生させるのであった。そして、後者の一つの形態が、「勝さび」による様々の乱暴であったように思われる。〈強さ・速さ・勢い〉を異常な形で展開させる契機となったのは、この場合には、次章で考察するところの、独特の意味あいをもった「罪」の発生であった。それは、須佐之男命の性悪を少しも意味しなかった。「勝さび」は、須佐之男命の、〝心が荒れすさんでいく〟というような悪性から発生したものでは、断じてない。天照大御神に勝ったことによって、少年ないし青年の須佐之男命が無邪気に勝ちほこり、勢いが昂じて、様々の悪さに及んでいったにすぎない。

天照大御神の方にも、弟の心を疑ったことからくる弟に対する謝罪の気持があったはずである。そう想像することによって、天照大御神は須佐之男命の行為を酒によった結果、土地を惜しむ善意からでたものと考え、少しも咎めなかったという『古事記』の記述が納得される。須佐之男命の乱暴がひどくなっても、天照大御神は怒りもせず、ただ恐れて、天の石屋にこもったのである。素戔嗚尊の犯罪に対する天照大御神の対応はそのような優しいものではなかった。天照大御神は怒って天の石窟にこもった。素戔嗚尊の犯罪は、その悪性・悪心によるのであるから、それも当然であった。このような次第であるから、素戔嗚尊と須佐之男命の犯罪に対する処置には、根本的な相違が存在した。

第五章　神々の対応

第一節　須佐之男命――祓

天照大御神は、須佐之男命をかばいこそすれ、咎める意思はなく、乱暴が昂じてくると、恐れてただ石屋にこもるだけであったが、服織女の死という事態が起こると、「八百万の神」は「共議」をして、ある処置をとることになった。

ここに、八百万の神、共に議《はか》りて、速須佐之男命に千《ち》位置戸《くらのおきと》を負《おほ》せ、また、鬚《ひげ》と手足の爪とを切り、祓《はら》へしめて、神やらひやらひき〔記五二頁〕

結論をいえば、ここでは、「罪」の「祓《はらへ》」と、「罪」の問題とは全く無関係の「神やらひ」とが語られている。刑罰は一切語られない。「祓」も「神やらひ」も、刑罰とは全く異なるものである。そして、その「祓」は、「千位置戸を負す」ことと「鬚と手足の爪とを切る」ことの二つからなっていた。

一　祓

1　大祓

須佐之男命の祓の物語りは、古くから、神祇令の規定する儀式の一つである大祓《おほはらへ》と関連づけて理解されてきた。私も、『古事記』の右の場面は、大祓の祭儀神話をなすと考える。それ故、大祓の儀式の意味は、須佐之男命の祓《はらへ》の物語りを基礎として理解されねばならず、逆に、須佐之男命の祓の物語りは、大祓の儀式を参考としつつ、その意味が解明されねばならないということになろう。そこで以下では、しばらく大祓の儀式について考えてみることとしたい。

大祓の儀式には中央と地方との二種の儀式があり、神祇令は、それぞれについて次のように規定している。

・凡そ六月、十二月の晦日の大祓には、(1)a中臣、御祓麻上《たてまつ》れ。b東西文部《とうざいのぶんひとべ》、祓の刀《たち》上りて、祓詞《はらへごと》読め。(2)訖《をは》りなば百官の男女、祓の所に聚《あつま》り集まれ。c中臣、祓詞宣べ。d卜部、解へ除くこと、為よ（京大祓条、一八条）

・凡そ諸国に大祓すべくは、郡毎に刀一口、皮一張、鍬一口、及び雑の物等出せ。戸別に麻一条。其れ国造は馬一疋出せ（諸国大祓条、一九条）

順序は逆になるが、まず諸国大祓について、若干のコメントを付しておきたい。第一に、これについては、須佐之男神話とは別に、『古事記』中巻の仲哀天皇の物語りにその祭儀神話が存在することである。神託を信じなかったために、神罰をうけて仲哀は死去するのであるが、この異様な事件に接して、臣下らはすぐに「国の大祓」を挙行したのであった（括弧内は水林が補ったもの）。

（仲哀天皇）すでに崩りましぬ。しかして、（一同）驚き懼《お》ぢて、殯《あらき》の宮に坐せまつりて、さらに国の大ぬさを取りて、①生剝《いけ》ぎ・逆剝《さか》ぎ・あ離ち・溝埋み・屎戸《くそと》、②上通下婚《おやこたはけ》・馬婚・牛婚・鶏婚・犬婚の罪の類を種々求《ま》ぎて、国の大祓をして、また、建内の宿禰さ庭に居て、神の命を請ひき〔記一七五頁以下〕

「罪」には二つの類型が存在した。一つは、須佐之男命が「高天原」で犯したのと同様の罪（①）、いま一つは、インセスト・タブー（上通下婚）や獣婚の罪（②）である。①は他者への攻撃、②は神の怒りをかいそうな反倫理的行為、という性質の相違も存在するように見える。かかる二種の「罪」を祓うべく、諸国から「国の大ぬさ」が取られたのであった。

第二に、その「国の大ぬさ」とは、神祇令諸国大祓条の規定する諸物のことであろう。すなわち、刀、皮、鍬、麻、馬、および「雑の物等」である。「雑の物等」の具体的内容は判然としないが、諸国大祓の起源をなすと思われる『日本書紀』天武五年八月条の詔から、ある程度想像することができる。

四方《よも》に大解除《おほはらへ》せむ。用ゐむ物は、国別に国造輸《いた》せ。祓柱《はらへつもの》は馬一匹・布一常。以外は郡司。各刀《たち》一口・鹿皮一張・钁《くは》一口・刀子《かたな》一口・鎌一口・矢一具・稲一束。且戸毎に、麻一条。

この詔と神祇令諸国大祓条とをつきあわせるならば、「雑の物等」とは、布、鎌、矢、稲などであろう。そして、これらの物について、この詔は「祓柱」とのべていることに注目したい。「大ぬさ（幣帛）」と「祓柱」は互換可能の言葉であったように見える。

京の大祓は、大づかみに、二つの儀式からなっていた（京大祓条の(1)と(2)を参照）。(1)は、「御祓麻」や「祓の刀」が「上《たてまつ》」られるところからみて、天皇についての祓であり、(2)は百官人（臣下）についての祓の儀式のことであった〔律令補註〕。

令制の天皇の祓の儀式の内容については、右の条文が規定していること以上のことは知りえないが、九世紀中葉以降のそれについては、『貞観儀式』や『延喜式』などによって、その概略を知ることができる。第一部で大嘗祭に即して述べたように、八世紀の儀式と九世紀以降のそれとの間には、巨細様々の相違があったと思われ、大嘗祭については、その差異が本質的なものであったと考えられるので、後年の式次第から令制のそれを推論することは危険なのであるが、大祓については、これからのべる様々の事情を考慮して、細部には差異があったものの、骨格については変化がなかったと、私は考えている。『貞観儀式』成立のころには御贖《みあか》とよばれるようになった天皇の祓の式次第は、およそ次のごとくであった〔貞観儀式一四四頁、延喜式二七頁、三宅90三七頁以下〕。

①縫殿寮官人が荒世・和世の御服をもって内裏に参入し、天皇に奉り、天皇は息をふきかけて返す。

②中臣が御麻を捧げ、天皇はこれで体を撫でる。終ると、卜部が御麻をとり朱雀門の祓所に向かう（神祇令大祓条

⑴ａに対応）。

③東西の文部が横刀を捧げ、天皇はこれに息をふきかけて返す。この時に祓詞が読まれる（神祇令大祓条⑴ｂに対応）。

④宮主が中臣を介して荒世・和世を捧げ、これで天皇の体を執量る。

⑤宮主が中臣を介して坩を捧げ、天皇はこれに息を放つ。

⑥以上が終って、皆退出し、荒世・和世などを河にて祓う。

東西文部が横刀を捧げる際に奏上された祓詞とは、次のようなものであった。

謹みて請ふ、皇天上帝、三極大君、日月星辰、八方諸神、司命司籍、左は東王父、右は西王母、五方の五帝、四時の四気、x捧ぐるに禄人《ろくにん》をもちてし、禍災を除かむことを請ふ。y捧ぐるに金刀《こんたう》をもちてし、帝祚《たいそ》を延べむことを請ふ。呪に曰はく、東は扶桑に至り、西は虞淵に至り、南は炎光に至り、北は弱水に至る、千城百国、精治万歳、万歳万歳〔祝文四二七頁〕。

要するに、諸神に「禄人」（異本に「銀人」）が捧げられ、諸神がこれによって禍災を除去すること（x）、諸神に金刀が捧げられ、諸神がこれを用いて天皇の地位を持続させること（y）、これらのことを東西文部が諸神（「皇天上帝」以下）に対して祈願するのである。これらのうち、yが神祇令大祓条⑴ｂないし式次第③に対応することは明らかである。「金刀」（『貞観儀式』では「金粧の横刀二口」、『延喜式』でも同じ）は神々が禍災と戦うための武具として、神々に献上された祓具《はらへつもの》（祓柱、祓物）であろう。「禄人」に関することは、神祇令大祓条にも右の式次第にも見えないが、『貞観儀式』が御贖の料物の最初に記している「鉄の偶人三十六枚、木の偶人二四枚（鉄製・木製の人形）」（『延喜式』では「鉄の人像二枚」）のことで、天皇にふりかかった禍災がそこに遷され、廃棄されるところの祓具であろう〔祝新三三二頁〕。東西文部の祓詞には見えないが、「御祓麻」（⑴ａないし②）、「荒世・和世」（①④）、「坩」（⑤）なども、人形と同様に、天皇にふりかかる禍災がそこへと遷されるところの祓具であるように思われる。

百官男女の祓については、神祇令大祓条は、人々の式場への集合と中臣の祓詞と卜部の解除《はらへ》の三つの事柄に抽象的に触れるにすぎない。式次第はここでも『貞観儀式』や『延喜式』によって知るほかはないが、これらによれば、それは次のようであった（式次第は『貞観儀式』、祓物は『延喜式』による）。

①神祇官が式場の朱雀門に祓物を陳列する。

〔祓物〕

i 武具………金《こがね》装《つくり》横刀二口、烏《くろ》装《つくり》横刀六口、弓六張、箆《や》二百株、鹿角三頭、鹿皮六張

ii 麻…………麻二十斤十両

iii 人形………金塗人像二枚、銀塗人像二枚

iv 布・糸類……五色薄絁各二尺、緋帛一丈五尺、絹二疋、庸布三段、木綿五斤二両、枲《からむし》十二両

v 農具………鍬六口

vi 食物………米二斗、酒六斗、稲四束、鰒《あわび》二斤、堅魚《かつお》七斤、腊《またび》（乾魚・乾肉）一石五斗、海藻四十斤、塩六斗

vii 容器など……水盆（底の浅い容器）六口、匏《ひさご》（水を汲む道具）六柄、槲《かしは》（食物を包む葉）二十把

viii その他……馬六疋、祝詞料庸布五段、短帖一枚

②百官が朱雀門に集合する。

③参集者の名簿を造る。

④卜部が内裏から御麻をもって朱雀門の祓所に到着する。また、神祇官が切麻を百官に班つ。

⑤中臣が大祓詞を奏上する。

⑥大麻をひき、切麻を撤去する。

また、⑤の大祓詞は次のようなものであった。少々長いものであるが、全体として重要な意義を有するので、煩をいとわず引用することとしたい。

A　集侍《うごな》はれる親王《みこたち》・諸王《おほきみたち》・諸臣《まへつぎみたち》・百《もも》の官人《つかさびと》等、諸聞《もろもろきこ》しめせ、と宣《の》る。

B　天皇《すめら》が朝廷《みかど》に仕へまつる、領巾《ひれ》挂《か》くる伴《とも》の男《を》・手襁《たすき》挂《か》くる伴の男・靫《ゆき》負《お》ふ伴の男・剣《たち》佩《は》く伴の男、伴の男の八《や》十《そ》伴の男を始めて、官々《つかさづかさ》に仕へまつる人等の過ち犯しけむ雑々《くさぐさ》の罪を、今年の六月《みなづき》の晦の大祓《おほはらへ》に、祓へたまひ清めたまふ事を、諸聞しめせ、と宣る。

C　①高天原に神留《かむづま》ります、皇《すめら》が親神漏伎《むつかむろき》・神漏彌《かむろみ》の命《みこと》もちて、八百万の神等を神集《かむつど》へ集へたまひ、神議り議りたまひて、「我が皇御孫《すめみま》命は、豊葦原の水穂の国を、安国《やすくに》と平らけく知ろしめせ」と事依《ことよ》さしまつりき。かく依さしまつりし国中に、荒ぶる神等をば神問はしに問はしたまひ、神掃《はら》ひに掃《はら》ひたまひて、語問《ことと》ひし磐根《いはね》・樹立《こだち》・草の片葉《かきは》をも語止《ことや》めて、天の磐座《いはくら》放れ、天の八重雲をいつの千別《ちわ》きに千別きて、天降し依さしまつりき。②かく依さしまつりし四方《よも》の国中に、大倭日高見の国を安国と定めまつりて、下つ磐根に宮柱太敷き立て、高天原に千木《ちぎ》高知りて、皇御孫命の瑞《みづ》の御舎《みあらか》仕へまつりて、天の御蔭・日の御蔭と隠《かく》りまして、安国と平らけく知ろしめさむ国中に、成り出でむ天の益人《ますひと》等が過ち犯しけむ雑々の罪事は、天つ罪と、畔放《あはな》ち・溝埋み・樋放《ひはな》ち・頻蒔《しきま》き・串《くし》刺《ざ》し・生《い》け剝《は》ぎ・逆剝《さかは》ぎ・屎戸《くそと》、許多《ここだく》の罪を天つ罪と法《の》り別けて、国つ罪と、生膚断《いきはだた》ち・死膚断《しにはだた》ち・白人《しろびと》・こくみ・おのが母犯せる罪・おのが子犯せる罪・母と子と犯せる罪・子と母と犯せる罪・畜《けもの》犯せる罪・昆虫の災・高つ神の災・高つ鳥の災・畜仆《けものたふ》し蠱物《まじもの》する罪、許多《ここだく》の罪出でむ。③かく出では、天つ宮事もちて、a大中臣《おほなかとみ》、天つ金木を本うち切り末うち断ちて、千座置座《ちくらおきのくら》に置き足はして、b天つ菅曾《すがそ》を本刈り断ち末刈り切りて、八針に取りさきて、c天つ祝詞の太祝詞事《ふとのりとごと》を宣れ。④かく宣らば、天つ神は天の磐門を押し披きて天の八重雲をいつの千別きに千別きて聞しめさむ。国つ神は高山の末・短山の末に上りまして、高山のいゑり・短山のいゑりを撥ひ別《わ》けて聞しめさむ。かく聞しめしては皇御孫命の朝廷を始めて、天の下四方の国には、罪といふ罪はあらじと、科《しな》戸《ど》の風の天の八重雲を吹き放つ事の如く、朝の御霧・夕べの御霧を朝風・夕風の吹き掃ふ事の如く、大津辺に居る大船を、舳解き放ち・艫《とも》解き放ちて、大海原に押し放つ事の如く、彼方の繁木がもとを、焼鎌の敏鎌《とがま》もちて、うち掃ふ事の如く、遺《のこ》る罪はあらじと祓《はら》へたまひ清めたまふ事を、⑤高山・短山の末より、さくなだりに落ちたぎつ速川の瀬に坐す瀬織《せおり》つひめといふ神、大海原に持ち出でなむ。かく持ち出で往なば、荒塩《あらしほ》の塩の八百道《やほぢ》の、八塩道の塩の八百会《やほあひ》に坐す速開《はやあき》つひめといふ神、持ちかか呑《の》みてむ。かくかか呑みては、気吹戸《いぶきど》に坐す気吹戸《いぶきど》主《ぬし》といふ神、根《ね》の国・底《そこ》の国に気吹《いぶ》き放ちてむ。かく気吹き放ちては、根の国・底の国に坐す速《はや》さすらひめといふ神、持ちさすらひ失ひてむ。⑥かく失ひては、天皇が朝廷に仕へまつる官々の人等を始めて、天の下四方には、今日より始めて罪といふ罪はあらじと、高天原に耳振り立てて聞く物と馬牽き立てて、今年の六月の晦日の、夕日の降《くだ》ちの大祓に、祓へたまひ清めたまふ事を、諸聞しめせ、と宣る。

四国《よくに》の卜部《うらべ》等《ども》、大川道《ぢ》に持ち退《まか》り出でて、祓《はら》へ却《しりぞ》け、と宣る〔祝文四二三頁以下〕

D

大祓詞《おほはらへことば》の核心は、「人々の過ち犯しけむ雑々の罪」について語るC②と、その「雑々の罪」を除去するための祓の儀式の内容を語るC③にあるが、「雑々の罪」のうちの「天つ罪」は須佐之男命が犯した罪に一致すること、「雑々の罪」を除去するための儀式は「天つ宮事」すなわち「高天原」の儀式にならって行なうものであることなどから、大祓詞が須佐之男命の祓の物語りの意味を語るものであることは明らかである。ただし、その鍵をなすC③部分の意味は難解で、古来、様々の議論が重ねられてきた。

C③は、ａｂｃの三つの部分に区分することができるが、それぞれについて、様々の議論が行なわれてきた。まずｃの「天つ祝詞の太祝詞事」であるが、これには、この大祓詞それ自体を指すという説と、これ以外の、太古から伝えられてきた何らかの祝詞を指すとする二つの学説が対立している〔祝新三〇九頁〕。私は前者の説に従いたいと思う

〔後釈一四二頁〕。ｂについては、「菅曾《すがそ》」をどのように解するかが問題であるが、古くは祓の儀式に実際に用いられた菅のことを意味したけれども、令制以降、祓に麻が用いられるようになってからは、「清麻《すがそ》」を意味するようになったとする見解に従っておきたい〔祝新三〇六頁〕。

最も問題なのは、ａの解釈である。賀茂真淵はこれについて、次のようにのべた。

・その若木の本末を切捨て、中らのよきほどを、物の置座《おきくら》とするを、文にかくいへり。其の置座は、木工寮式の八《や》座置《くらおき》、四座置《よくらおき》の条に、以レ木為レ之、長者二尺四寸、短者一尺二寸、各以二八枚一為レ束、名称二八座置一、長短各以二四枚一為レ束、名称二四座置一、と有は、其比は、割木を用るか、上つ代は椦木を用ゐし故に、かな木といへり。されど、此式によりて、上つ代の置座の形を知べき也〔祝考二七二頁〕

・置座は、右の加奈岐なり。置足《おきたらはし》は、其贖物《あがもの》をいと多く置よし也〔同右〕

真淵の主張を整理すれば、次のようになろう。

(1)「置座《おきくら》」とは、金木の本末を切り捨てた残りの真中の部分の意である。

(2)「置座」は、延喜木工寮式の規定する「八座置」「四座置」の「座置《くらおき》」のことで、「座置」ないし「置座」の形状は割木である〔延喜式七八三頁〕。

(3)「置座」（ないし「座置」）には、「贖物《あがもの》」を置く。

宣長は、基本的に真淵の見解を踏襲した。ただし、「置座」ないし「座置」の形状（細長い木片）がその使途（「贖物」を置く）にふさわしくない点を不審とした。

置座は、人々の出したる祓物を、取り集めて居え置く台なり。其形は、木工寮式に依れば、考にいはれたるごとく、細き木の本末を切り去りたるを、束ねて結たる物と聞ゆれど、さてはさる物をいくつもつらねならべずは、物を置く台にはなしがたかるべし。故思ふに、木工式に記されたるは、後のことにて、ただそのかたばかりを残せる物なるべし。上代の置座は、別に造りざま有けむ。そは思ふに、細き木をならべ編て、机などの如く造りたる物にや有けむ。くはしきことは知りがたし。千座とは、その置座の数の大きをいふ〔後釈一三七頁〕。

要するに、〈「置座《おきくら》」＝「座置《くらおき》」＝祓物を置く台＝細木の本末を切り捨てた部分〉という解釈であり、台が細長い木片であることを不審だとしつつも、かつては、それらを編んで台にしたのだろうと推測しているのである。ちなみに、祓物とは、宣長によれば、祓の儀式に用いる物で、罪穢を断つための太刀などの有用物と、廃棄さるべき穢《けがれ》の物それ自体の二つからなっていた〔記伝九巻三八四頁〕。

真淵・宣長説は、今日でも広く受け容れられているが、これに対して根本的な疑問を提起されたのは、森田悌氏であった。すでに宣長が、「座置」の形状が台にふさわしくないことを指摘しているわけであるが、氏によれば、「四座置」「八座置」のことが見える延喜四時祭式の幣帛に関する規定をみても、「座置」が台であった様子がない。なぜならば、幣帛の記載はその種類別に整然と列挙されているらしいのであるが、そうだとすれば、「座置」は祭具を置く台とは考えがたいからである。たとえば、祈年祭の幣帛規定における幣帛の記載順序は次のごとくであった〔延喜式一〇頁〕。

①絁五尺、五色薄絁各一尺、倭文一尺、木綿二両、麻五両、庸布一丈四尺、②倭文纏刀形（倭文三寸）・絁纏刀形（絁三寸）・布纏刀形（布三寸）各一口、③四座置・八座置各一束、④楯一枚、槍鋒一竿、弓一張、靫一口、鹿角一隻、⑤鍬一口、⑥酒四升、鰒・堅魚各五両、腊二升、海藻・滑海藻・雑海菜各六両、塩一升、⑦酒坩一口、褁葉薦五尺

問題の③を別として、①は布糸類、②④は武具、⑤は農具、⑥は飲食物、⑦は容器・敷物である。「四座置」「八座置」は、刀、楯、槍、弓などに準ずる武具であったとしか考えられないのである。氏は、こうした見地から「座置」祭具説をすて、さらに、延喜木工寮式の規定する「座置」の形状に近い物として、獄令の規定する犯罪人を拘束するための枷があることをつきとめられ、「座置」ないし「置座」は、一種の武具と解された枷のことではないか、と推

測されたのである〔77二四八頁〕。

細長い木片である「四座置」「八座置」を、台ではなくして枷であろうとされ、そこから大祓詞の「千座置座」をも枷だとされた森田説は、「四座置」などの形状や幣帛規定の記載順序をかなりの説得力をもって説明できるので、魅力的な学説である。しかし、なお疑問が残ることも否めない。(註6) 第一に、たしかに刑具と武具とは、幣帛を置く台に比べれば近い関係にあるけれども、しかし、完全に同一物とはいいがたいことである。「四座置」「八座置」も端的に武具だと理解する余地はないのであろうか。第二に、「四座置」「八座置」をかりに刑具の枷だとしても、大祓詞の「千座置座」も同様に枷だということにはならないように思われることである。問題の箇所を現代語に意訳すれば、〃天つ金木の本末を切り捨てた中の木を、千座置座に置き満たして〃ということになるが、細長の木片が置き満たされるところの「千座置座」は、やはり、台と考えるのが自然だからである。「高御座」や「天の磐座」などの例を考えても、「座」は人や物がのる台であるように思われる。

森田説も含めて、これまでの研究は、「座置《くらおき》」(四座置・八座置)と「置座《おきくら》」(千座置座)を同一視しているわけであるが、これがまず問題なのではなかろうか。「座置」は諸説の指摘される通り細長の木片であるが、「千座置座」は〈千座置+座〉で、「四座置」「八座置」ならぬ「千座置」(千本の細長の木片)が置き満たされているところの「座」(台)のことなのではなかろうか。真淵・宣長説は、大祓詞の問題の箇所を、〃天つ金木の本末を切り捨てた中の木を、千座置座にする〃というように解釈し、ここから、宣長は、〈細長の小木片＝台〉という不可思議な物を想定することになったのであるが、原文の意味は、そうではなくして、すでにのべたように、〃天つ金木の本末を切り捨てた中の木を、千座置座に置き満たす〃ということであり、細長の木片は、「千座置座」そのものではなくして、「千座置座」の上に置かれるものなのである〔祝新三〇五頁〕。また森田氏は、問題の箇所を、「沢山の枷梏に罪を十分に固定してしまい」という意味に解されたが〔77二六〇頁〕、これでは、「天つ金木を本うち切り末うち断ちて」作ったところの細長の木片そのものを「罪」と解することになってしまい、いかにも不合理であろう。細長の木片は「罪」でも「千座置座」そのものでもなくして、「千座置座」に置かれる武具ないしその象徴物なのではなかろうか。そして、その物こそ、細長の木片とされる「四座置」「八座置」から推して「千座置」なのではないか。延喜臨時祭式では、「四座置」「八座置」は「置座木《おきくらのき》」とも表現されるのであるが〔延喜式七〇頁〕、以上のように解することによって、そのような言い換えの可能であった理由も諒解されるのである。

要するに、私は、「天つ金木を本うち切り末うち断ちて」作られた細長形状の武具が千も集められた集合物が「千座置」（「置座木」）で、それらの置かれる場が「千座置《ちくらおき》の座《くら》」なのではないかと推測するのである。ちなみに、「千座置」は、〝千の座に置かれる物〟の意ではなかろうか。「四座置」は〝四つの座に置かれる物〟、「八座置」は〝八つの座に置かれる物〟で、結局それらは、〝千個の物〟、〝四個の物〟、〝八個の物〟の意となるのであり、「四座置」「八座置」については、四本の細長木片、八本の細長木片とする延喜木工寮式の記述に符合する。「千座置の座」とは、〝千個の座に置かれる物（千本の細長木片）の座〟という意味で、千の座（小座）の集合体としての一個の座（大座）のことではなかろうか。

延喜四時祭式の幣帛規定から、細長の木片は、神々への献上物（幣帛）を置く台でも刑具（枷）でもなく、端的に武具ではないかと推測したのであるが、果してそのような推論が妥当するのか、妥当するとして、それはいかなる武具なのか、今少し考証を重ねてみよう。

まず、「千座置」のことが大祓詞にいわれ、「四座置」「八座置」が延喜四時祭式に規定される以上、「座置」なる細長木片が実際に祭具として使用されたことは確実であろうから、近年の平城京発掘事業で出土した遺物の中に、これに相当するものが存在するのではないかと思われるのであるが、この点で注目されるのが、大祓の祭場跡と目される平城宮壬生門前二条大路北側溝から出土した遺物であろう。発掘報告書によれば、ここの遺物は木製模造品で、大づ

【図4】 平城宮出土の祓具――人形と座置(付　剣)
上段が人形，下段が座置，左端は当時の剣．座置の形状が剣を模したものであることがわかる．

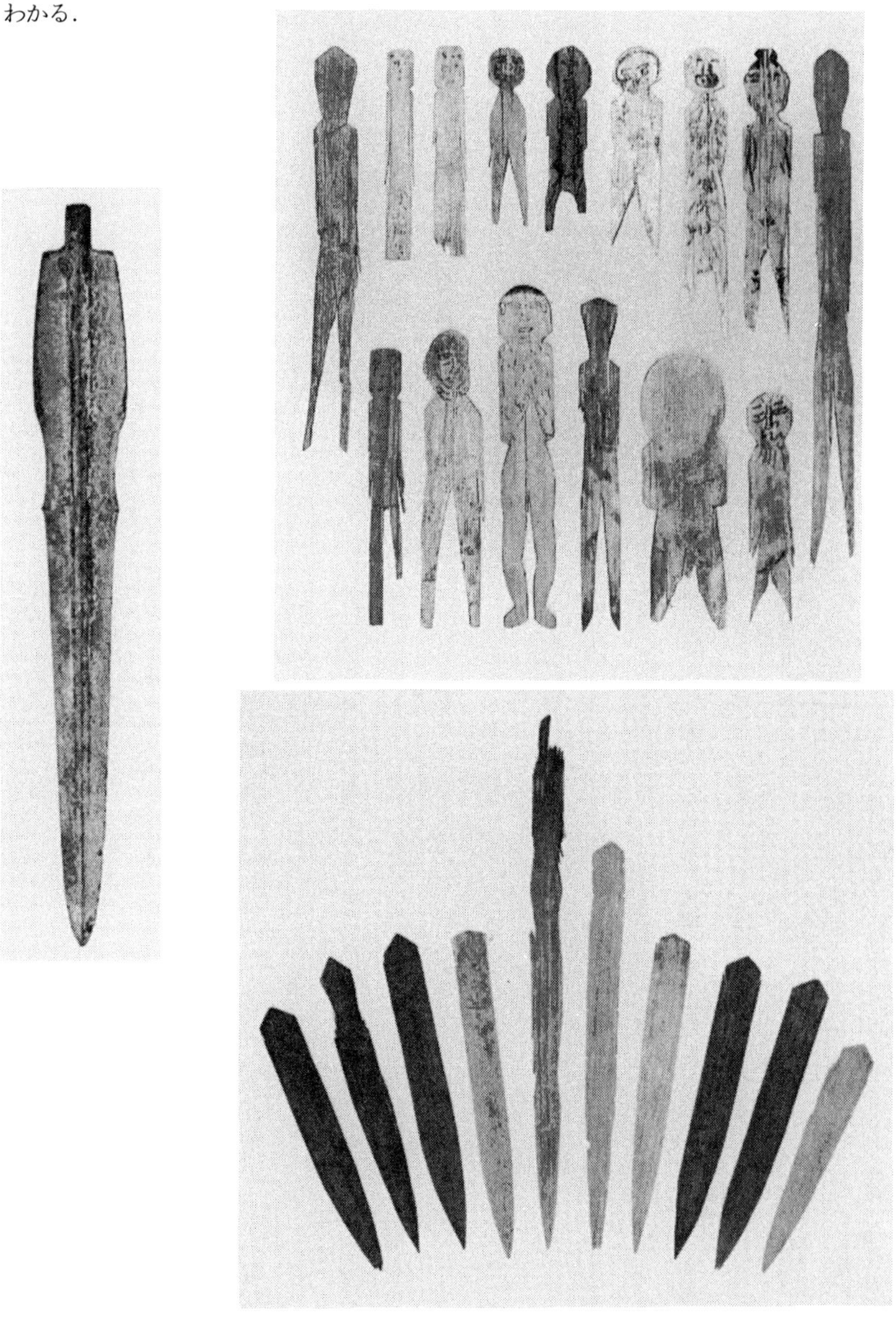

かみに、人形《ひとがた》・鳥形・船形（それぞれ、人・鳥・船を形どった物）と、一般に「斎串《ゆぐし》」とよびならわされている細長く先端の尖った串状の物との二つからなるのであるが（図４）〔金子85二四六頁〕、その形状から推測して、この「斎串」こそは「座置《くらおき》」ないし「置座木《おきくらのき》」だったのではなかろうか。「斎串」は「聖なる串で、この場合には結界を表わし、外部の悪気を遮断するとともに、人形が負った罪穢を外に漏らさぬ役割を果したのであろう」〔金子85二五九頁〕などと説明されているが、その形は古代の剣に酷似するのである。ちなみに、厳密には、剣は両刃であり、刀は片刃であるから〔辻本89、三木89〕、四時祭幣帛規定において、「刀形」と「四座置」「八座置」とが連続して登場するのは、ごく自然のことであった。

しかし、かりにそうだとしても、すでにのべたところの『延喜式』の規定する大祓の料物のなかには、細長い形状の木片は見えないのであるが（四六二頁）、それは何故なのであろうか。私は、剣の象徴物としての「置座木」が、『延喜式』の時代には、「金装横刀《こがねつくりたち》」「烏装横刀《くろつくりのたち》」に変化したからだと考える。こうした変化がありうることは、平城京の大祓祭場から出土したおびただしい数にのぼる木製人形と、人形については、わずかに「金銀塗人像各二枚」と記すにすぎない『延喜式』の大祓料物規定を比較すれば明らかであろう。〈無数の木製人形→二枚の金銀塗人像〉の変化と、〈無数の木製剣→二口の金装刀・六口の木製刀〉の変化は平行した現象として理解しうるように思われるのである。少なくとも、細長木片を〈斎串〉と理解するよりは〈剣〉の象徴物と解する方が、合理的であることは明らかであろう。何故ならば、『延喜式』の規定する大祓の料物の中に、「斎串」ないしこれに類する物が見られないからである。

大祓詞ののべる「天つ金木を本うち切り末うち断ちて、千座置座に置き足」わされたところの細長木片（「千座置」「置座木」）は、天つ神・国つ神が、百官男女のために、彼彼女らにかわって、彼彼女らにとり憑いたところの「罪」と戦い、これを殲滅するための武具（剣）なのであった。大祓詞には、人の悪行・病的状態などの、人々にとっての有害な現象ないし結果としての「罪」（「人等の過ち犯しけむ雑々の罪」）と、そのような有害現象を発生させる本質ないし原因としての「罪」(神々が「残る罪はあらじと祓」ふ「罪」)という、二種の「罪」概念があるように思われるが、[註7] 現象ないし結果としての「罪」が発生しおえても、なお残るところの本質ないし原因としての「罪」が、「千座置」によって切り殺され、「清麻」によって掃き出され(C③)、瀬織つひめ神、速開つひめ神、気吹戸主神、速さすらひめ神らによってリレー式に、川から海へ、海から「根の国・底の国」へと「祓へ却」かれ、消失していくのである(C⑤)。大祓詞は、末尾に「卜部等、大川道に持ち退《まか》り出でて、祓《はら》へ却《しりぞ》け」とのべるが、そこで「祓へ却」けられるのは、まさに、「千座置」によって切り殺され、「清麻」で掃きだされて、外へともちだされた雑々の「罪」であろう。

2　大祓の祭儀神話

(1)　須佐之男命の祓

『古事記』の須佐之男命の祓の物語りの意味は、以上のごとき大祓の儀式を基礎として考えられねばならない。それらの間には、次のような対応関係が存在したように思われる。

千座置《ちくらおき》――――千位置戸《ちくらのおきと》
千座置の座――須佐之男命
置き足はす――負す

「千座置」(「天つ金木を本うち切り末うち断ちて」作られた剣の象徴)と「千位置戸」の対応について問題となるのは、「千位置戸」の「戸」であろう。一見すると、これは「千座置座」の「座」に対応するようにも見えるからである。しかし、「戸」は台としての「座」には遠く、むしろ、細長形状の物に相通ずる意味を有している。諸辞書は「戸」について、「両側から迫っている狭い通路、出入口」〔古岩〕、「門、河口や海の両側が迫って門のようになっている地形」〔上代〕、「出入口、山と山とが迫って門のようになっている地形の所」〔古小〕というように、〈門、出入口〉の意味に引きつけて説明しているのであるが、「戸」を接尾語とする熟語の意味を検討するならば、

カハト(川門)――川の両岸からせまった所、狭い通過点
セト(瀬戸)――瀬(海や川の浅い所)で狭くなっている所
ミナト(港)――両側からせまった出入口
ノミト(喉)――物を飲みこむ入口で、狭くなっている所

というように、「戸」は必ずしも〈門、出入口〉とは限らず、そのような意味になる場合にも結果としてそうなるのであって、原義は〈狭い所、細長いもの〉などの意味にあるように思われるのである。「千位置戸」は〈千位+置戸〉で、〝千個の、置かれるべき細長の物〟の意であり、「千座置」に対応するのではなかろうか。

「千座置」と「千位置戸」とが対応するとするならば、必然的に、「千座置」が「置き足」わされるところの「千座置座」は、「千位置戸」が「負」せられるところの「須佐之男命」に対応することになろう。そして、そのように解して、須佐之男命の物語りは見事に意味が通るのである。須佐之男命には千にものぼる剣が負せられたのであった。しかし、それは、須佐之男を征伐しようとする剣なのではない。それは、須佐之男命に憑き、命をして、「あ放ち」「溝埋み」など、大祓詞が「天つ罪」とよんだところの犯罪を行なわしめた元凶としての無数の「罪」と戦い、これらを切り殺すためのものだったのではなかろうか。

須佐之男命に対する祓には、さらに「鬚と手足の爪を切る」ことが行なわれたのであるが、これは、天皇の祓の際に唱えられた東西文部の祓詞や、平城京大祓祭場から出土した遺物などから推測して、大祓における人形放棄の儀式に対応する処置であったように思われる。人形は、人々に憑いた罪がそこへと遷しやられるところの物で、いわば罪の化体したものであった。それと同様に、須佐之男命の鬚や爪は、命に憑いた罪が宿り、化体したところのものなのではなかろうか。

(2) 伊耶那岐命の禊と祓

大祓の祭儀神話は、しかし、須佐之男神話や仲哀神話にとどまらなかった。いま一つ、大祓詞の基礎となった神話として、伊耶那岐命の禊《みそき》と祓《はらへ》の物語りがあったように思われる。この物語りは、本稿の主題とする須佐之男命神話の埒外にあるものではあるが、大祓の意義を十全に知るためには欠かすことができないので、ここでしばし、これについて考えてみなければならない。それは、伊耶那岐命が「黄泉国」から「葦原中国」に逃げ帰ってきて、次のように独白したところから始まった。

「吾は、いなしこめしこめき穢《きたな》き国に到りてありけり。故、吾は御身の禊《みそき》せむ」とのらして、筑紫の日向の橘の小門の阿波岐原に到りまして、禊《みそき》・祓《はらへ》したまひき〔記四〇頁〕

この後、伊耶那岐命が、①その持物を次々と投棄すると、そこに付着していた「黄泉国」の穢《けがれ》の化体物としての神が化成し、②ついで身体を水で洗い滌ぐと、無数・巨大の禍の神が命の身体から剝離して誕生した物語りが展開するのであるが、このうち、②が「禊」、①が「祓」であろう。「禊」は〈身＋滌《すす》き〉で、「身」を水で「滌ぐ」ことであるから〔西宮90一四四頁以下〕、「禊」は②の物語りそのものと解され、そうだとすれば、①は単に穢の物の投棄であって「禊」とはいいがたく、これは「祓」に相当する行為と考えられるのである。右の『古事記』の文脈では、最終目標は「御身の禊」なのであるが、そのためには身に付けていた物を投棄して裸にならねばならず、その穢の諸物の投棄が「祓」とされているように思われる。

穢物の投棄(祓)からは、たとえば、時量師《ときはかし》神、和豆良比能宇斯《わづらひのうし》神、疎《さかる》神、那芸佐毗古《なぎさびこ》神、甲斐弁羅《かひべら》神などが、身体の洗い滌ぎ(禊)からは八十《やそ》禍津日《まがつひ》神、大禍津日《おほまがつひ》神が生まれた〔記四〇頁以下〕。時量師神は、命が「御嚢《みふくろ》」を投棄した際に化成した神で、「嚢の口紐を解き放ち、川口や道辻などに、ミソキの際に災厄や穢れを移してうち棄てられたもの」、和豆良比能宇斯神は、「御衣」を投棄した際に化成した神で、「災厄や穢れを付着させて遷却する大型の草人形や木像類」、疎神・那芸佐毗古神・甲斐弁羅神は、「御手の手纏」を投棄した時に化成した神で、「遷却鎮送される災厄や穢れ、またはそれを移した人形が川や海の沖辺・また岸辺を離れてゆき、その人形があちらの渚・こちらの渚に漂ってゆき、沖合の海界・岸辺の海岸線に漂ふ」神々、八十禍津日神は無数の災禍の神、大禍津日神は巨大な災禍の神の意である〔西宮90一五六頁、記潮神名釈義〕。

これらの神々のうち、伊耶那岐命の持物そのものが神に転化したところの穢の化体物神は、大祓の儀式における衣服や人形を想起させるものである。川や海の岸辺から離れてゆく人形の神は、大祓詞がのべたところの、川から海へ、海から「根の国・底の国」へと祓われていく「罪」の姿そのものではなかろうか。とすれば、ここでは「穢」とは「罪」そのものに外ならない。他方、伊耶那岐命の身体から剝離した無数の禍の神々とは、「葦原中国」に潜伏する活動的な災厄神、『古事記』の言葉でいえば、須佐之男命の涕泣や天照大御神の天の石屋戸こもりで水の秩序が損なわれたり、闇の世界が生じたときに蠢き始め、「万の物の妖」を惹起したとされる「悪神」のことではなかろうか。そして、その「悪神」も、大祓詞では「罪」とされたのではなかろうか。『古事記』では、須佐之男命の涕泣の際に「悪神」が蠢動したのであるが、その時に「悪神」が須佐之男の身体にとり憑き、その「悪神」が命の昇天とともに「高天原」にもちこまれ、それが須佐之男命の誓約勝利後の「勝さび」の原因としての「罪」となった物語りが表象されており、かかる祭儀神話が、大祓詞と照応しているのではなかろうか。以上の推論が正しいとするならば、「穢」「禍」「悪神」「罪」や「禊」「祓」などの諸範疇とこれらを物語りとして展開した伊耶那岐命の禊・祓神話や須佐之男命の祓神話の構造は、図5のごときものとして理解できよう。そして、これらが全体として大祓の祭儀神話をなしていたのである。

(3) 大祓の全体構造

要するに、祓とは、武具やその他の物を道具として(祓具)、穢・禍・悪神・罪の生命力をたち、その死せる残骸を社会の外に放逐していくことなのであった。特に、武具によって穢・禍・悪神・罪の生命力を絶つという点が、禊と

【図5】禊と祓の祭儀神話の構造

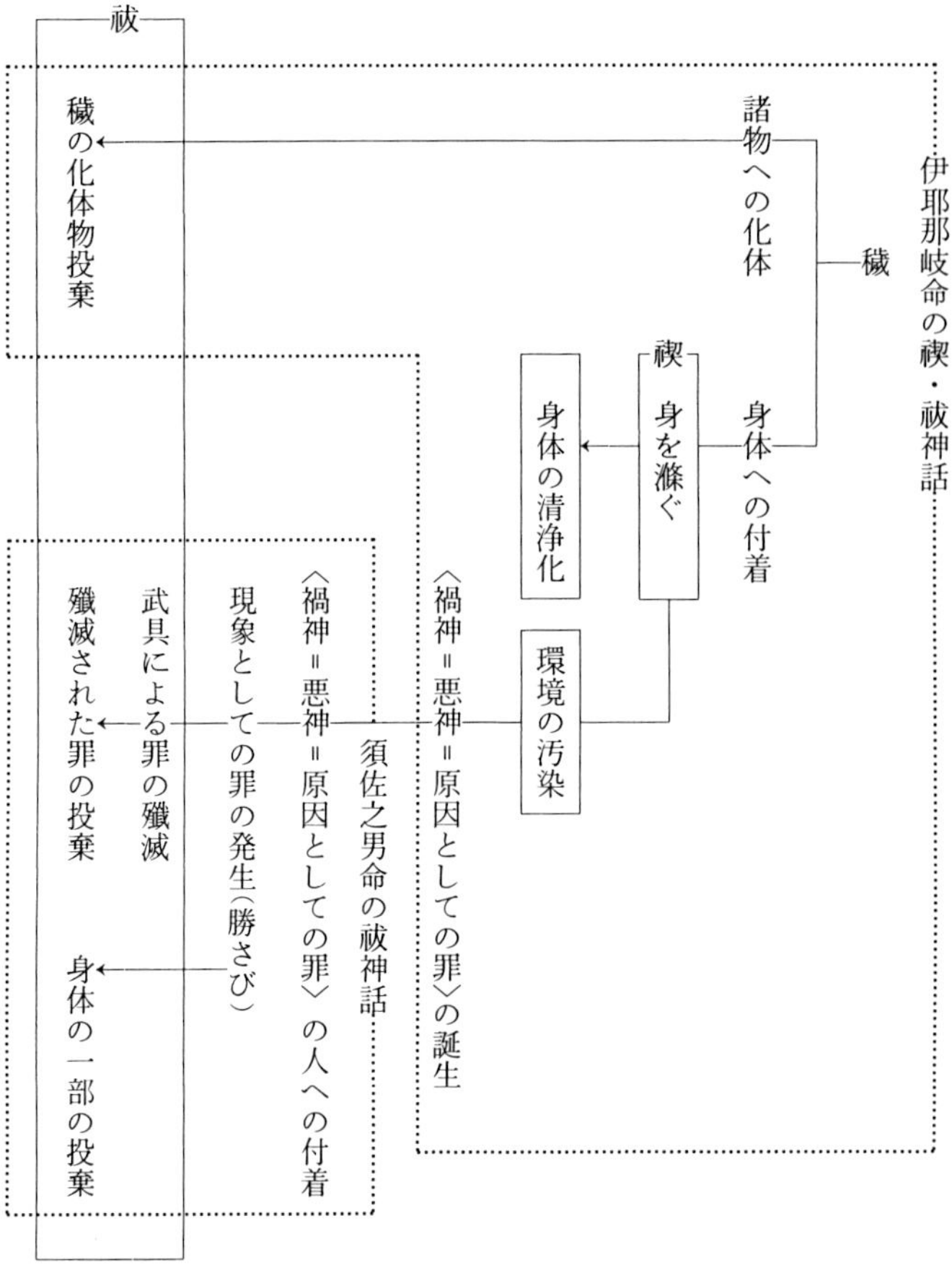

の対比で重要である。禊は水によって穢などを洗い流すだけであり、それは、かえって生命力ある禍・悪神・罪を活動せしむることすらあったからである。それ故に、人々の穢・禍・悪神・罪との闘争の基本は、禊ではなくして祓なのであり、律令国家が選択したところの害悪との闘いの国家的儀式が大祓であったことも、根本的にはそこに由来していたと思われる。

祓の本質は祓具にあるという右の観点から、大祓の全体構造（祭儀神話、大祓詞、東西文部祓詞、神祇令大祓条規定、天武詔、実際の儀式など）を祓具に即して整理してみるならば、表6のようになろう。祓具には、大づかみに四つのタイプが存在したのであった。すでに

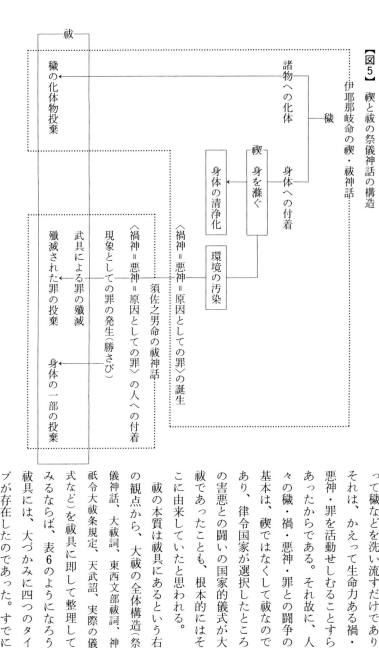

のべたように、aは神々が「罪」と闘うための武具、bは「罪」が化体したところの、投棄さるべき物である。dは、品物の属性からして、祓を祈願したところの神々への、通常の意味での幣帛であろう。cは、大祓詞に「罪といふ罪はあらじと、高天原に耳振り立てて聞く物と馬牽き立てて…」（C⑥）という形で登場するものであるが、宣長によれば、「神たちの、その祓を速に聞し召し受けよと云ふ意」〔記伝九巻三八四頁〕であった。馬を耳の鋭い動物だとする観念に由来するというのが、定説である〔祝新、祝講〕。そして、これら全ての料物を総称して、『日本書紀』天武五年八月条の詔は「祓柱」、『古事記』は「大ぬさ」とよんだのである。これらは、穢・禍・悪神・罪の祓を神々に祈願するために、総体として欠かすことのできない物なのであった。（註8）

【表6】 祓具の諸形態

		a罪と戦う武具	b罪（穢）の化体した物	c幣帛①	d幣帛②
神話	伊耶那岐命		身につけていた諸物		
	須佐之男命	千位置戸	身体の一部（鬚・爪）		
大祓詞		千座置	菅曾	馬	
文部祓詞		金刀	禄人		
神祇令・天武詔		刀・刀子・矢	麻・布	馬	稲・鎌・钁
儀式（延喜式）		横刀・弓・矢	人形・麻・布・服・坩	馬	食物・鍬

3　罪の観念

大祓詞は、「罪」の発生に対する措置として祓についてしか述べていない。「祓ふ」対象は「罪」である。「霧を掃ふ」がごとく「罪を祓ふ」のであり、「人をはらふ（逐ふ、撥ふ）」のではない。それは、人を「はらふ」には及ばないからであった。「罪」は、人の本性ないしその人格とは無関係に、たまさかに人に憑くものであり、祓によって除去されうるもの、そうすれば、その人はもとのごとく清く明き人にもどることができたからであった。かかる「罪」の観念は、先にのべた穢・禍・悪神・罪の発生の構造を想起すれば明らかであるが、さらに、大祓詞が列挙する「罪」の性質を検討することによっても知ることができる。

大祓詞の列挙する「罪」には、次の四つの性質の異なるものが包含されていた。すなわち、a特定の人々を害するある人の悪行（畔放ちなど）、b神々を怒らせ、そうすることで人々一般に害を及ぼすところの、タブー違反的行為（子を犯せる罪など）、c人々一般を害するある人の病的状態（白人、こくみ）、d人々一般を害する自然災害（高つ神の災など）である。「罪」という文字が末尾に付せられるのはbの類型についてだけであり、[註9]dなどは「災」とされるが、しかし、これらは「罪」として一括されていた。そして、かかる広義の「罪」は、すでにのべたように、そのような悪しき現象（悪行、病的状態、自然災害）であると同時に、それを生じさせる不可視のある実体なのであるが、右のように悪行を生じさせる「罪」（ab）も、病的状態や自然災害を生じさせる「罪」（cd）も、広義の「罪」という範疇のもとに捉えられるということは、悪行の責任を、それを犯した人の意思ないし本性には帰せしめないということを意味する。そうではなくして、悪行をば、それを犯した人にたまさかに付着した「罪」というものの責任に帰せしめるのである。[註10]

大祓の儀式には、すでにのべたように、大祓詞に語られる天皇の臣下の「罪」の祓の他に、天皇にふりかかる「禍災」の祓の儀式があったが、このことも、祓の儀式の背後に、「罪」は全ての人に、その人格に無関係に生ずるのだという観念が存在したことを物語る。そして、たまさかに人に生じた「罪」は、神々に祈願することによって「祓へ却」けられることができるのである。大祓詞のイデオロギーにおいては、「罪」の責任を人そのものに帰すこと、その最も苛酷な形態としての、人そのものに対する「はらひ」という刑罰（追放刑）は、原理的に問題になりえないといわなければならない。

要するに、犯罪を自然災害と同視し、これらの責めを「罪」なる人への憑き物に帰し、それは呪術的・宗教的儀式によって除去されるとする大祓のイデオロギーは、〈罪人〉たちを社会から追放するどころか、〈罪人〉たちを社会の側に積極的に回収しようとするものであり、犯罪を生みだす社会的諸矛盾を観念的に消去し、矛盾・対立関係を含む社会を幻想的祭祀共同体として編成しようとするものにほかならない。そして、そのイデオロギーを、『古事記』は、あの愛すべき須佐之男命を〈罪人〉とすることによって、物語りとして展開しようとしたのであった。善なる須佐之男命にも「罪」は憑くのである。母を思うて泣き、兄には礼をつくそうとし、後には、「葦原中国」の完成と天孫による「葦原中国」統治の実現のために働くところの、力と勇気、知と情を兼ね具えた善神須佐之男命、その神にも「罪」は憑きうるのである。『古事記』がそう語ることのイデオロギー的戦略を見抜かねばならないのではないか。大祓の儀式と呼応させつつ、須佐之男命の「罪」は、命に「千位置戸を負」すことと「鬚と手足の爪を切る」という二つの祓によって、外へ持ち出され、消失して、再び善なる須佐之男命が復活したのだと語ろうとする『古事記』の声を聞きとり、その意図する所を読みとらねばならないのではないか。

西郷信綱氏は、須佐之男命を「罪の化身」「悪霊の化身、その現人神」と規定し、「スサノヲが根の国に追放されるのは、スサノヲが外でもない根の国にはらいやらるべき罪そのものの化身であったのによる」のだと説明された〔西郷67 b 六五頁、六七頁〕。これは、西郷氏に限らず、多くの人々の共通理解であろう。「神やらひ」を追放と解すれば、そのような推論はごく自然であるが、この推論の前提にある「神やらひ」追放説は、まさしく異論なくうけいれられているからである。しかし、これは、須佐之男命像や「罪」観念、ひいては『古事記』と『大祓詞』の世界観を根本において誤解するものであり、その誤解を生産する「神やらひ」追放説も罪の深い誤謬だといわなければならない。「神やらひ」は「神遣らひ」であって、「神はらひ」ではなかった。はらわれたのは「罪」であり、罪の化体した須佐之男命の身体の一部であり、この神それ自身ではなかった。「罪の化身」というならば、それは、命の鬚であり、爪にすぎなかった。「高天原」の神たちは、須佐之男命の「罪」をすっかり「祓」ってあげた後に、伊耶那美命のもとに命を「遣」わしたのである。

二　神やらひ

1　所避追而降出雲国

もっとも、このように解釈するためには、もう一つの問題を解決しておく必要がある。「神やらひ」のしばらく先に、これまた異論なく須佐之男命の追放を示すと解釈されてきた一文があるからである。伝えられる原文は二種あり、次のようなものであった。

a　故、所避追而降出雲国之肥上河上在鳥髪地〔記伝九巻三九一頁〕

b　故、所避追而降出雲国之肥上河上名鳥髪地〔記桜四七頁〕

宣長は、aによりながら、次のように訓み下した。

故、所避追《やらは》而《えて》、出雲国の肥の河上なる鳥髪の地に降りましき〔記伝九巻三九一頁〕

「避追」という文字だけに着目すると「やらふ」の訓には無理が感ぜられるが、宣長があえてそう訓んだのは、「此の語は必上の神夜良比夜良比岐の下に続きて有るべきことなり」という理由からであった。宣長は「やらふ」を〈追放する〉の意とするから、ここでは〈追放されて〉の意となる。その後、多くの刊本はbによるが、「所避追」の箇所の訓みと解釈は宣長に倣ってきた〔記新、記文、記朝、記注〕。「降」以降の訓みに若干の異動があるが、これは問題ではない。たとえば日本古典文学大系『古事記』は次のように訓んでいる。

故、避追《やら》はえて、出雲国の肥上の河上、名は鳥髪という地に降りたまひき〔八五頁〕

最近では、しかし、文字に忠実に「避け追はえて」〔記全、記潮、記桜〕ないし「避り追はえて」〔記思〕と訓まれることも多くなってきている。『古事記全註釈』を例にとれば、次のごとくである。

故、避《さ》け追《お》はえて、出雲の国の肥上の河上、名は鳥髪といふ地に降りたまひき〔三巻一四四頁〕

右の二つの版の著者はともに倉野憲司氏であるので、氏は訓みを変えられたのであるが、その理由は次のように説明されている。「この『所避追而』は上の『神夜良比夜良比岐』を直接に承けた語であるから、ヤラハエテと義訓してもよいとは思ふが、下文に『故持其太刀・弓、追避其八十神之時、……』とあつて、ここと文字が上下してゐるけれども『追避』の用例があり、これは記伝のようにオヒサクルと訓むべきであらうから、ここも文字に即してサケオハエテと訓むことにした。退け（又は遠ざけ）追はれて、つまり追放されての意」〔記全三巻一四七頁〕。

以上のように、諸説は、原文の訓み方の点で若干の相違があるものの、〈追放されて〉という意味に解釈する点では共通している。原文に、

故、所二避追一而、降二出雲国之肥上河上、名鳥髪地一

というように返点を打ち、「所」を受動の表現と理解し、「避追」を〈追放する〉という意味にとっているのである。しかし、この説には疑問を感じざるをえない。第一に、これまでの『古事記』の文脈にそぐわないからである。もっとも、通説は、この箇所を〈追放されて〉というように解釈するので、それ以前の須佐之男命の物語りが、私見とは異なるニュアンスで理解されるということなのかもしれない。しかし、第二に、私は、語学的にも通説には疑問を感ずる。これまでの須佐之男命の物語りに対する私見と調和するように、この箇所を読むことができるし、また、それが自然のように思われるからである。結論をあらかじめ述べれば、私は原文に次のように返点を打ち、訓読したいと思う。

故、所二避追而降一出雲国之肥上河上名、鳥髪地

かれ、避り追ひて降りませる出雲国の肥の河上の名は鳥髪といふ地《ところ》

その意味は次のごとくである。

そこで、須佐之男命が（高天原を）避り、（伊耶那美命を）追って（根の堅す国へ行く途中に）降られたところの出雲

国の肥の河上の名は鳥髪といふ地であった。

通説と私見との相違の第一点は連体の「所」の解釈である。通説は「所」を受動を示すものとして解釈したのに対し、私は欧語にいう関係副詞的な語として訳出した。「所」の解釈として、論理的には、双方とも可能である。したがって、この相違は大きな問題ではない。念のために、明確に受動の意味で使用された「所」と、関係副詞的な「所」の例を一つずつあげてみよう。

・所㆑殺迦具土神之於㆑頭所㆑成神名、正鹿山㆖津見神（ころさえし……）〔記桜三四頁〕

・所㆑到㆓其穢繁国㆒之時（其の穢繁き国に到りまし時）〔記桜三八頁〕

相違の第二点は「避追」の解釈である。宣長は宣長の理解する文脈から〈追放〉の意と解釈し、倉野氏は、これに加えて、語順は逆であるが〈追放〉の意に用いられている「追避」という例をあげ、「避追」も同様に解釈すべきものとされた。〈追放〉の意の「追避」は、大穴牟《おほあなむ》遅《ち》神が八十神《やそのかみ》を打倒して「国を作」る次のような場面に登場する。

故《かれ》、しかして、黄泉つひら坂に追ひ至りて、はろはろに望《みさ》けて呼ばひて、大穴牟遅神に謂《の》らして曰ひしく、「その、汝が持てる生大刀・生弓矢もちて、汝が庶兄弟《ままあにおと》は、坂の御尾《みを》に追ひ伏せ、また河の瀬に追ひ撥ひて、おれ、大国主神となり、また宇都志《うつし》国玉《くにたま》神となりて、そのわが女、須世理毗売《すせりびめ》を適妻《むかひめ》として、宇迦の山の山本に、底つ石根《いはね》に宮柱ふとしり、高天原に氷椽《ひぎ》たかしりて居れ、この奴《やつこ》」。故《かれ》、その大刀・弓を持ち、その八十神を追ひ避る時に、坂の御尾ごとに追ひ伏せ、河の瀬ごとに追ひ撥ひて、始めて国を作りたまひき〔記六五頁〕

文脈から、「追ひ避る」が〈追放〉ないしそれに類似の意であることは明らかであるが、しかし、だからといって、語を反対に連ねた「避追」が〈追放〉の意味になるとは限らない。文脈によって「避追」がむしろ〈追放〉の意ではないことはすでに述べた通りである。また、言葉のレベルでいえば、語順の相違は相当に重大であって、「追避」は〈追放〉であっても、「避追」は〈追放〉とはならないのではなかろうか。「追」と「避」の意味を調べれば、〈追放〉は、「追ふ」と「避る」という二つの動詞が、この順序で結合した時にのみ生ずる特殊な意味であることが知られるように思われる。

「追」の文字は、『古事記』全編を通じて、当面問題の箇所一例のほかに、全部で四一例登場するが、その意味は、全て、〈追いかける〉の意味である。「追ふ」は、「距離をおいた相手を目指して、それにとどこうと後から急ぐ意が原義」〔古岩〕で、追放のニュアンスはその転義であったのであるが〔字訓〕、『古事記』においては、「追」は全て、原義通りに使用されていると考えられるのである。念のために、例をいくつかあげておこう。

・ここに、その妹伊耶那美命を相見むとおもほし、黄泉国《よもつくに》に追ひ往でましき〔記三六頁〕

・ここに、伊耶那岐命、見畏みて逃げ還ります時に、その妹伊耶那美命「吾に辱見せつ」と言ひて、すなはち予母《よも》都志許売《つしこめ》を遣りて追はしめき。しかして、伊耶那岐命、黒御縵《くろみかづら》を取りて投げ棄つるすなはち蒲《えびかづら》の子生りき。是を摭《ひり》ひ食《は》む間に、逃げ行《いま》す。なほ追ふ〔記三八頁〕

「避」は、『古事記』全編を通じて、問題の「避追」および「追避」の二例を除いて、全部で一一例登場する〔毛利69〕。これらは、大づかみに二つのタイプに分類することができる。すなわち、現代語では「去る」と表記される自動詞の「避る」と、現代語では「…を避ける」と表現される他動詞の「避る」である。もっとも、『古事記』には「避」の音仮名表記例がないために、その訓みが、自動詞、他動詞ともに「避《さ》る」であったのか否か、確証が得られず、他動詞の場合、「避《さ》く」と訓んでいる刊本も少なくないのであるが、一般には、他動詞サクに対応する自動詞はサカルとされ、文字もサカルには「離」「疎」、サクには「離」「放」があてられることが多いので〔上代、古岩、古小〕、一応、

自動詞　　他動詞

サル（避）――――サル（避）

サカル（離、疎）――サク（離、放）

という対応関係を想定し、以下では「避」をすべて、サルと訓むことにしたい。

まず、自動詞と他動詞が同時に登場する文章を引用しておこう。

（応神天皇は）かく歌ひて幸行《いでま》しし時に、御杖もちて大坂の道中の大石を打ちたまへば、その石、走り避りき。かれ、諺に「堅石も酔人《ゑひびと》を避る」といふ〔記一九三頁〕

前者の自動詞の用例文の意味は、〃石が（応神天皇の下を）去った〃であり、後者の他動詞の用例文の意味は、〃堅石も酔人を避ける〃である。

自動詞の「避る」は一一例中、右の「走り避る」も含めて七例存在すると考えられるが、そのうちの三例は「神避る」である。たとえば、

伊耶那美神は、火の神を生みたまへるによりて、つひに神避りましき〔記三四頁〕

〃神が（この世を）去る〃すなわち死去するのである（「神避る」の他の二例は、三四頁割注内と三五頁）。自動詞の残り三例は次の二箇所に登場する。

a国皆貧窮《まづし》。故、自レ今、至二三年一悉、除二人民之課役一。是以、大殿破壊《やれこほれて》、悉、雖二雨漏一、都《かつて》、勿二修理《つくろひたまはず》一、以レ械《はこ》受二其漏雨一、遷三避于二不レ漏処一《もらざるところにうつりさりたまひき》〔記桜一六六頁〕

b此大国主神之兄弟、八十神《やそのかみ》坐《いましき》。然、皆国者《みなくには》、避二於大国主神一《おほくにぬしのかみにさりまつりき》。所二以避一者《さりまつりしゆゑは》、……〔記桜五一頁〕

先の「走り避る」「神避る」は、どこを去ったのかはもちろん、いずこへ去っていったのかも明示的には表現しない例であったが、右の三つは、どこを去ったのかを表現しないことは前と同様であるが――しかるが故に、これらは自動詞である――、いずこへと去っていったのかは明示している例である。aは、〃人々の貧窮を慮って、宮殿の雨

漏りさえ修繕せず、(雨漏りの場所を)去って、雨漏りのしない処に遷った〟という程どの意味であり、問題はない。

しかし、bについては、先行研究にかなり重大な混乱があるように思われる。この文章について、ほとんどの研究は、〝大国主神には兄弟の八十神がいたのであるが、しかし、八十神は皆、国をば大国主神に譲ったのであった。譲ることになった理由は……〟というほどの意味に解している。たとえば宣長は、「皆は、八十神皆なり」、「避る」は「自ら退きて譲り避る」とのべ〔記伝九巻四二六頁〕、その後の研究はほぼこの見解を踏襲した。しかし、この解釈には、すでに宣長が、「(避るは)自ら退きて譲り避るをこそ云へるに、此は下文の事どもを見るに、さに非ず、競争ひつれども、及ばず負けて退き避れるなり」とのべているように、『古事記』の物語りと矛盾するという問題が存在する。八十神は自発的に国を大国主神に譲ったわけではなく、むしろ大国主神を殺害しようとしたのであり、大国主神が「国」の王となりえたのは、八十神を打倒し追放しえたからであった。右の通説に対して、毛利正守氏は、〈避る＝譲る〉説は他の「避」の用例に照らすと成立しえないことを論証し、「避る」をここでも単なる「去る、退く」の意にとって、「(八十神は)皆、国をば大国主神のために、去っていった」と解釈し直したが、こう解釈してみても、矛盾は解消しないのである〔69五一頁〕。

通説や毛利説は、等しく、「皆」を八十神の意にとり、この「皆」を「避」の主語と解しているのであるが、そこに問題があるのではなかろうか。「『皆』は体言『国』を修飾する」語で〔記思六〇頁脚註〕、第二文の主語は「皆国」(全ての国々)、引用箇所全体の意味は、

大国主神には兄弟の八十神がいたのであるが、しかし、国々は皆、(八十神の下を)去って、大国主神の下に行ったのであった。国々が(八十神の下を)去ることになった理由は……

ということになるのではなかろうか。「国」という無生物が主語となることに疑義が提出されるかもしれないが、神代の物語りにはふさわしいものである。何よりも、先に引用した「石、走り避りき」「堅石も酔人を避る」が、『古事

記』における無生物主語文の存在を実証する。私は、問題の文章において、「国」が主語とされていることに、特に重要な意味がこめられているのだと考える。物語りは、たしかに、大穴牟遅神が兄の八十神を打倒し、追放して、自らが「国」の「主」すなわち大国主神となるというように展開していくのであるが、それは、決して大穴牟遅神の私的陰謀として行なわれたのではなかった。大穴牟遅神には、稲羽の白兎の物語りに見られるような生来の心の優しさと、「根の堅す国」における須佐之男命の試練を克服した強さがあり、そうであるが故に、須佐之男命は大穴牟遅神をば「葦原中国」の王に選んだのであって、まさしく、「国」の世界が大穴牟遅神を「国」の「主」とすることを選択したといいうるのである。〝国々は八十神の下を去り、大国主神を慕って行った〟という意味での「皆国は、大国主神に避りまつりき」は、以上のような物語りの表現形式として、まことにふさわしいのではなかろうか。

他動詞の「避る」の例は、前引の「八十神を追ひ避る」および「堅石も酔人を避る」の二例を別とすれば、次の三例であった。

c若《もし》、汝《なれ》、有レ得二此嬢子《をとめ》一者、避二上下衣服一《かみしものきものをさり》、量二身高一而、醸二甕酒一亦山河之物、悉備設、為二宇礼豆玖《うれづく》一〔記桜一六一頁〕

d不レ入二坐宮一《みやにいりまさずて》而、引二避其御船一《そのみふねをひきさりて》……〔記桜一六九頁〕

e白《まをす》二此御歌一之時、大雨《いたくあめふりき》。尓《しかして》、不レ避二其雨一《そのあめをさらず》、参二伏前殿戸一……〔記桜一七一頁〕

前後の文章を引用しないと意味は判然としないが、煩を避けて省略したい。cは〝上下の衣服を脱ぐ〟、dは〝御船を引き、宮を避けて〟、eは〝雨を避けないで〟の意味である。dでは目的語が「御船」のように見えるが、内容的には「宮」が目的語である。とすると、この文章には「避」の目的語は欠けていることになるが、これは、その直前に目的語にあたる「宮」の字が存在するので、重複を避けて省略されたものであろう。

「避」の全用例は以上のごとくであるが、これら全ての「避」に共通する核心的意義は、〈離反する、AがBから離れる〉ということである。その場合、離反の対象となるBは、不動の物や自律的な運動をする物などであって、離反という場合、AがBから離れていくのである。AがBに働きかけ、Bを追い払う仕方で離反が起るのではない。〈追放〉という、最も強い意味の離反を表現する言葉は、『古事記』では、すでにのべたように「撥《はら》ふ」であったが、そこまでに至らない、通常の範囲内での、Aの側からの能動的離反でさえ「避」ではない。能動的離反の場合、『古事記』においては、「離」が用いられた(「放」は序文を除いて用例が一つもない)。「離」は全部で一〇例、建御雷之《たけみかづちの》男《を》神が建御《たけみ》名《な》方《かた》神を追撃する場面での、

　その建御名方神の手を取らむと、乞ひ帰して取らせれば、若葦を取るがごとつかみて、投げ離ちたまへば、逃げ去き〔記八六頁〕

という用法が典型である。これと前引の「避る」の諸例とを比較すれば、「避」が消極的・退避的離反で、「離」が積極的・能動的離反の意であることが諒解されよう。まさにそうであるが故に、他動詞の「避」にも攻撃性の感じられるサクではなく、自動詞と同じサルの訓をあてたいと思うのである。

「追」と「避」が、『古事記』において以上のような意味を有していたとするならば、「追避」が〈追放〉の意となる場合の論理と、「避追」は決して〈追放〉の意にはなりえないことが、理解されるように思われる。

まず「追避」についていえば、ある意味では反対の意義さえ有するところの、〈AがBを追いかける〉という意味の「追」と、〈AがBを避ける〉という意味の他動詞の「避」が、この順で結合して〈追放〉の意となるのではないか。〈追放〉とは、いうなれば、〈AのBに対する攻撃的離反〉にほかならないが、その攻撃性を「追」が、離反を「避」が担うわけである。〈わざわざ追いかけていって、捕捉し、その上で、離反する〉のである。「追ひ避る」が「追ひ伏す」、「追ひ撥ふ」という一連の言葉とともに登場していることにも、十分な留意が必要であろう。「伏す」や「撥ふ」には本来攻撃性が内在しており、「追ふ」は、それを単に倍加する機能を有するだけであるが、「追ひ避る」の場合には、

「避る」だけではかえって主体の側の消極的・退避的ニュアンスしか表現できず、その頭に「追ふ」という主体の攻撃的姿勢を示す言葉をそえることではじめて、〈追放〉という意味になるように思われる。

「避追」は、『古事記』の用語体系を前提とするならば、〈AがBを去り、そしてCを追ふ〉という意味にしかなりえようがないように思われる。「避追」の文章には、須佐之男がどこへ行くかは「鳥髪地」と明示されているものの、どこからかは明示されていないけれども、これは、すでにのべたように、自動詞の「避る」の常態であった。訓みは「避り追ふ」である。この言葉が〈追放〉の意味となるためには、「避」をば、『古事記』には他に一例も存在しないところの、〈攻撃的な意味でのサク（諸辞書は多く「放」「離」の字をあてる）〔上代、古岩、古小〕〉という意味に解し、さらに、「追」を、これまた『古事記』には他に一例も見えないところの転義としての〈追放する〉という意味に解さねばならない。しかし、これはまずありえぬことである。『古事記』の用語規則に即して考えるならば、「避追」は「避り追ふ」と訓み、〈AがBを去り、そしてCを追ふ〉という意味しか考えられないが、これを文脈の中で具体化すれば、〈須佐之男命が高天原を避り、伊耶那美命を追っていく〉ということにしかならないのではなかろうか。

問題の箇所を私見のように解釈するについては、なお、三つの問題を解決しておかねばならない。

(1)　まず、私見では、「而」で結ばれた「避追」と「降」の全体に連体の「所」がかかっていくと解釈したわけであるが、そうした用法が『古事記』全編を通じて、外には見あたらないという問題である。私見のように解するならば、原文が、「所二避追而降一」ではなくして、「避追而、所レ降……」というようになっている方が自然であるようにも思われるのであるが、そうではないという問題があるのである。私見は語法として唯一例を作ることになる。それ故、「所二避追而降一」説は、「避追」追放説と五十歩百歩のようにも見えるのである。これについては、三点を指摘したい。

第一に、二つの説は、唯一例をつくるという点で相似しているように見えるものの、決定的な違いが存在することである。それは、「避追」追放説には、これを否定する材料がかなり豊富にあるのに対して、「所二避追而降一」説には、これを支持する事例も見あたらないが、また、これを否定する事例も見あたらないように思われることである。「避追」追放説には、全て消極的・退避的な意味あいで使用されている「避」一一例、全て〈人を追いかける〉という意味で使用されている「追」の四一例が対立していた。これに対して、「所二避追而降一」説には、『古事記』の語法では「避追而、所レ降」であらねばならないはずだということを示す対立例が、管見の限りでは、存在しないのである。

第二に、通説の「所二避追一而、降……」という訓みがかりに正しいとしても、こうした語法も、『古事記』においてはきわめて珍しいということである。そもそも、動詞を二つ連ねて、そこに連体の「所」がかかっていくという例さえきわめて少ないのであった。その「所」が受動を示す場合は、当面問題の「所避追」を除けば、わずか一例しか存在しないように見うけられる。それは、大穴牟遅神が八十神に殺される、次のような場面である。

（八十神、……）以レ火焼二似レ猪大石一而転落《まろばしおとしき》。尓《しかして》、追下取時、即、於二其石一所二焼著《やきつかえて》一而死〔記桜五三頁〕

問題の箇所は、どのように解釈するにせよ、『古事記』においては、きわめて例外的な語法とならざるをえないように思われる。

第三に、三つの動詞の二番目と三番目の間に「而」を挿入し、その三つの動詞全体に「所」をかけていく用例は存在しないけれども、「而」を挿入しないで三つの動詞を並べ、その三つの動詞全体に「所」がかかっていく例ならば、一つ存在することである。神武東征神話で、天皇側近が兄宇迦斯の謀略を見ぬき、罠が仕掛けられた大殿へは兄宇迦斯自身がまず入られよ、とのべている場面である。

伊賀〈此二字以レ音〉、所二作仕奉一於二大殿内一者《つくりつかへまつれるおほとののうちには》、意礼《おれ》〈此二字以レ音〉先入、……〔記桜九四頁〕

「作仕而、所レ奉、於二大殿内一」という語順もありえたと思われるのであるが、実際にはそうはされず、原文のようになっているということは、問題の箇所の私見が成立しうる一つの証左になるのではなかろうか。

(2) 二つめの問題は、「所避追而降」の文章とその次におかれた文章の続き方の問題である。私見では、

故《かれ》、避り追ひて降りませる出雲国の肥の河上の名は、鳥髪といふ地。此の時に、箸、その河より流れ下りき。

となるのであるが、これでは、「鳥髪といふ地」という体言止めと「此の時に……」がうまく繋がらないのではないか、「此の時に……」に続くように、前の文章は「降りき」で終えなければならないのではないかという疑問が生ずるからである。現代文についてならば、こうした疑問は当然のように思われるが、『古事記』においては、このような文章の繋げ方もごく普通に存在するのであった。たとえば、次の件りがそれである。

左の御目を洗ひたまふ時に成りませる神の名は、天照大御神。次に、右の御目を洗ひたまふ時に成りませる神の名は、月読命。次に、御鼻を洗ひたまふ時に成りませる神の名は、建速須佐之男命。

（……中略……）

此の時に、伊耶那岐命いたく歓喜びて詔らししく、「吾は子生み生みて、生みの終に三はしらの貴き子得たり」

〔記四二―四三頁〕

中略箇所は、「右の件の八十禍津日神より下、速須佐之男命より前の十柱の神は、御身を滌きたまふによりて生れませるぞ」という原文註記で、本文の流れとしては、「建速須佐之男命」という体言止めで終る文章と、「此の時に……」の文章が続くのである。真福寺本も、それが註釈文であることを、形式上明示している〔影印本二五頁〕。そうだとするならば、右の例は、問題の箇所と同一の構造を有する文章群にほかならないことが諒解されよう。体言止めの文章は、

所	〈動詞〉	〈名詞〉	名、	〈固有名詞〉	〈固有名詞に付属する名詞〉
所	成	神	名、	天照	大御神
所	成	神	名、	月読	命
所	成	神	名、	建速須佐之男	命
所	避追而降	出雲国…	名、	鳥髪	地

という構造を有しており、これは、『古事記』において、あるものの名（その圧倒的多数は神の名）を表現する際に頻出する一つの定型である。そして、このような構造を有する体言止めの文章中の動詞をうける形で、「此の時に」で始まる文章が接続していくのである。

(3)　右の問題に関連して、私見では、須佐之男命の降った土地が鳥髪という地名の所であったことに叙述の中心が置かれることになるが、はたしてそれでよいのかという問題がある。換言すれば、叙述の中心は出雲国に降ったという事実におかれるはずで、降った地点が鳥髪であったことは、さほど重要とは思われないという疑問である。しかし私は、叙述の中心が降ることそれ自体でも、その地点が出雲国であることでもなく、降った地点が出雲国の鳥髪であったということに置かれて、少しもおかしくはないと考える。なぜならば、須佐之男命は「根の堅す国」に行く神であること、その「根の堅す国」は「出雲国の伊賦夜坂」を通って行く所にあること〔記四〇頁〕、したがって「根の堅す国」に行くためには必ず出雲国を経由しなければならぬことなどは既知の事実で、未知の事柄はといえば、命が出雲国のいずこに降ったのかだからである。しかし、これに対しても、仮にそうであるとして「所㆓避追而降㆒…」と訓むならば、文章表現は、「所成神名」とパラレルに、「所避追而降地名、出雲国之肥上河上之鳥髪」とある方が自然ではないかという疑問が出されるかもしれない。たしかに、そのような文章の作り方もありえよう。しかし、「所避追而降出雲国之肥上河上名、鳥髪地」という文章が不可能だということにはならないのではなかろうか。

『古事記』の語り、須佐之男命の行動は一貫している。命は、母のもとに行くことを希望して、叱られながらも父に許され、その前に天照大御神のもとに事情を報告しに参上し、今ようやく母のもとに行く旅に出たのである。天照大御神が須佐之男命の心を疑うということがなかったならば、ことは平穏に運び、もっと早くに「根の堅す国」へ旅立てるはずであった。混乱を生じさせたのは天照大御神であり、天照大御神の疑いに発して、須佐之男命に「罪」が生じてしまった。しかしその「罪」も千位置戸と鬚・爪の切断によってすっかり祓われたのである。

2　五穀起源説話

「神やらひ」と「避追」を以上のように解することによって、古くから疑問とされてきたところの、この二つの部分の間に挟まる五穀起源説話の意義が明瞭に把握できるように思われる。それは次のようなものであった（「神やらひ」の部分から引用し、段落の切り方はさしあたり引用底本による）。

　ここに、八百万の神、共に議りて、速須佐之男命に千位置戸を負せ、また、鬚と手足の爪とを切り、祓へしめて、神やらひやらひき。

　また、食物《をしもの》を大気《おほけ》都《つ》比《ひ》売《め》の神に乞ひき。しかして、大気都比売、鼻・口また尻より種々の味物《ためつもの》を取り出でて、種々《くさぐさ》作り具へて進《たてまつ》る時に、速須佐之男命その態《わざ》を立ち伺ひて、穢《けが》汙して奉進《たてまつ》ると、すなはちその大宜津比売の神を殺しき。故《かれ》、殺さえし神の身に生れる物は、頭に蚕生り、二つの目に稲種生り、二つの耳に粟生り、鼻に小豆生り、陰《ほと》に麦生り、尻に大豆生りき。故《かれ》、ここに、神産《かむ》巣《す》日《ひ》の御《み》祖《おや》の命《みこと》、これを取らしめて種と成したまひき

〔記五三頁、この後に「故、所避追而降出雲国……」と続く〕

かかる五穀起源説話の存在は、これまで、不審の目で見られ続けてきた。物語りが全く繫がらないというのである。宣長は「神やらひ」と「故、所避追」が直ちに続くべきものと考え、「所避追」をあえて「やらはへて」と訓んだことはすでに述べた。いうなれば、五穀起源説話竄入説である。この考え方は、管見の限り、ほとんど全ての註釈書・

研究書の容れるところとなっている〔記新一二二頁、記文八四頁、記朝二一六頁、記全三巻一三三頁、記注一巻三五七頁、記談九六頁〕。

しかし、こうした考え方は、「神やらひ」や「避追」を追放と解するところから出た誤解であるように思われる。「神やらひ」「避追」を私見のように解するならば、物語りの展開はごく自然なのである。右に引用した五穀起源説話は「又《また》」でときおこされるが、宣長以来、この接続詞はまことに不自然で、せめて「故《かれ》」とか「爾《ここに》」でなければならないとさえ主張されてきた〔記伝九巻三八七頁、記注一巻三五七頁〕。しかし、まさしく「又」がふさわしいのであり、そこで段落を区切ることがかえって不当なのである。『古事記』の諸刊本が多く底本とするところの、現存最古の写本である真福寺本は、およそ一般に段落なるものを設けず、この場合にも、「神夜良比」の文章と「又」で始まる文章との間に区切りを設けているわけではない〔影印本三五頁〕。それを、諸研究は、意味の通らないような仕方で段落を設け、それでいて、意味不通の責めをテクストに帰してきたのである。このような奇妙な事態を生ぜしめたのは、「神やらひ」「避追」の意義の誤解にほかならなかった。

段落を設けるとするならば、むしろ、「又」で始まる文章と、次の「尒《しかして》」で始まる文章との間でなければならない。「尒《しかして》」は、「故《かれ》」には及ばないけれども、多くの『古事記』の諸本において、段落の冒頭の語として頻出するのであり、これが自然なのである。そうすることによって、物語りの展開はきわめてすっきりしたものとなる。試みに、意を補いながら、現代語に直してみよう。

八百万の神々は相談して、須佐之男命に千位置戸を負わせて命の体内に巣食う罪をおいはらい、また、罪の化体した鬚と手足の爪を切って身を清めさせ、その上で、母の伊耶那美命のもとに遣わした。また、その際に、八百万の神々は、須佐之男命のために、母に会いに行くための長い道中で必要な食事を、国つ神の食物神である大気都比売神に所望してやった。

ところが、大気都比売は、鼻・口そして尻より様々の食物を取り出し、須佐之男命にさし出そうとした。そこで、須佐之男命はその行為を、食物をわざと穢して奉進するものだとし、大気都比売を殺してしまった。……

五穀起源説話竄入説は、このエピソードをコンテクストの中に位置づけて理解することを放棄しているのであるから、八百万神が何故に大気都比売に対して食事を所望したのかなどという問題をあえて問おうとはしない。追放処分を終えて空腹を覚えた八百万神が、自身のために食事を所望した、とする西宮氏などの見解が目をひく程度である〔記桜四七頁、記潮五三頁〕。しかし、これは、〈「神やらひ」=「避追」=追放〉という誤解がもたらした誤解の拡大であろう。八百万神は天の神である。その神々が自らのために、どうして国つ神の大気都比売〔記三四頁〕に食事を所望する必要があるのだろうか。仮に空腹を感じたのなら、いつもと同様に、「高天原」の世界の内部で調達すればよいのである。何故に、国つ神の大気都比売が登場するのか。須佐之男命は追放された罪人だという観念からはでてきようのない発想であろうが、それは、端的に、これから「葦原中国」に旅立とうとしている須佐之男命のためではないのか。

宣長は、須佐之男命が「祓」と「神やらひ」の直後に、今度は神を殺害してしまったことに注目し、「既に解除《はらひ》し給ひしかども、なほ悪御心の、清まりはてぬなるべし、されど此の神を殺し給へるから、種々の穀などの成出《なりいで》つるは、善は悪よりきざす理」〔記伝九巻三八九頁〕などとのべているが、これにも従えない。全体の文脈から考えれば、今度の須佐之男命の神殺害に、『古事記』は、悪なるものに対する正当防衛ないし自力救済とでもいうべき位置を与えているのではなかろうか。『古事記』に神ないし人の殺害の物語りは枚挙にいとまがない。その中には、正当と観念された殺害も少なからず存在するのであって〔たとえば天照大御神・高御産日神による天若日子の殺害〔記八〇頁〕〕、『古事記』にあっては、殺害必ずしも犯罪ではない。須佐之男命の大気都比売殺害もその一つであったのではなかろうか。殺害の後に、神産日神という、至高の神話的世界の神があらわれ〔第一部参照〕、これが特に須佐之男命を咎めることもなく、かえって、穀物の種子などをとらせて、「葦原中国」に降したという物語りは、そのことを明示しているように思われる。

　須佐之男命の大気都比売殺害の説話の重大な意味は、まさに、その点、すなわち、「葦原中国」にもたらされた五穀の種子と蚕とがここで誕生し、それが、ほかならぬ須佐之男命によって、「葦原中国」にもたらされたことにあった。須佐之男命は、ここで得た五穀の種子と蚕を携えて、出雲の国へ降った。そう明示されないが、当然にそうであったはずである。出雲に降ると、八俣のヲロチに苦しむ櫛名田比売とその両親の国つ神に出合い、著名なヲロチ退治の物語りが始まる。そのヲロチについて様々の見解があるが〔吉井82一〇〇頁〕、『古事記』という作品の中では、農地を荒廃させる洪水の象徴〔青木85二四頁〕、川を氾濫させる水の悪霊〔西郷67b七四頁〕の意味だとする理解に従いたい。それは、広く存在を確認される民間伝承であり、蛇行する川の氾濫がそのような観念をもたらしたのであろう。ヲロチは毎年国つ神の女を食べつづけ、今年は一人残った櫛名田比売を食べにくるであろうというまさにその時に、須佐之男命はこの地に至るのであるが、それは、毎年川が氾濫して田を荒廃させてきたことの隠喩であろう。須佐之男命は、このヲロチを討つのであるが、それは、まさしく、水の神須佐之男命の、水の悪霊に対する勝利を意味していたのではないか〔記談一〇四頁〕。そして、須佐之男命と櫛名田比売との結婚。ここで、〈水＋種子〉と〈田〉が結合する。残された課題は、〈水＋種子＋田〉と〈光〉の結合である。すなわち、天孫降臨。しかし、その前に、〈水＋種子＋田〉の世界が政治的に統一され、「葦原中国」が完成しなければならない。その偉大な事業を完遂したのは、須佐之男命と櫛名田比売との子孫の大穴牟遅神《おほあなむち》（大国主神）であった。

　それにしても、何故に、五穀の種子の誕生を語るに、須佐之男命による大気都比売の殺害という激しい物語りが創造されたのか。大気都比売の死は、現実の歴史過程における自然採取的な食物の獲得の段階から、農耕という労働を通じての食物の獲得段階への移行の隠喩ではないかとする考え方が提示されているが、核心をついているように思われる〔吉井82九九頁〕。そして、単なる比売の死ではなく、須佐之男命による殺害であるという所に、新しい段階への移行が、能動的・作為的性質のものであったことが感じられる。大気都比売は食物神で〔記潮神名釈義〕、人々にすぐに食用に供せられるものを恵む神であろう。須佐之男命に種子を取らしめたのは神産日神であったが、これは、文字通り「産日《むすひ》」の神（物を生成せしめていく神）であり、種子を発芽させ、若芽を育てて、豊かな実りへと結実させる人々の労働過程を背後から保障することを一つの重要な働きとしている神であった（四〇頁以下）。須佐之男命による大気都比売殺害と神産日神の活躍は、たしかに、生産様式の転換、しかも自然的転換ではなくして、作為的な転換、すなわち、当時の人々の自然との闘争・大地の開発の運動を感じさせるものである。

天孫降臨に際して、天照大御神は、「葦原中国」を「豊葦原《とよあしはら》の千《ち》秋《あき》の長五百《ながいほ》秋《あき》の水穂《みづほ》の国」（永遠の稲の豊穣の国）〔記七七頁〕とよんだ。しかし、「葦原中国」は初めから「水穂の国」だったのでなかった。その礎石は、ほかならぬ須佐之男命によって築かれたのである。この神は、後に、水の悪霊から取り出した草なぎの剣を天照大御神に自発的に献上しさえするのであって、ここ「葦原中国」では、単なる善神以上の存在、「葦原中国」の完成に参与し、天照大御神の「葦原中国」支配に奉仕するところの神として活躍することになる。五穀起源の説話は、こうした一連の物語りの始まりにほかならなかった。五穀起源説話は、見事に物語りの中に位置づけられている。『古事記』は一貫する。瞬時も乱れることがない。

母を思うて泣きじゃくっていた少年須佐之男命は、やがて青年となり、出雲では立派な成年となって、「葦原中国」に農耕社会を築いた。やがて出雲での生活を終え、「根の堅す国」に赴くが、そこでは、若き大穴牟遅神に対して、この神が真に国の主（大国主神）となるための数々の試練を課す存在として登場することになろう。それは、「葦原中国」をまさに生命力豊かな〈葦原〉とするところの、〈根源の国〉としての「根の堅す国」の主宰神、〈強く、速く、勢いのある男神〉としての建速須佐之男命の働きを示すものであった。そして、この偉大なる神は、大穴牟遅神に対して、〃おまえは、敵の兄弟たちを追い撥い、大国主神または宇都志国玉神となり、自分の女を妻として、葦原中国の出雲国の宇迦の地に宮殿を築いて、この国を統治するのだぞ〟という愛情深き言葉を発して『古事記』から姿を消す。須佐之男命の物語りは大国主神による国作りの物語りへと展開していくのである。

第二節　素戔嗚尊――逐

須佐之男命の「高天原」における乱暴に対する処置は、唯一つ、呪術的宗教的性質の「祓」であった。それは決して世俗的性質の刑罰ではなく、また、全ての研究が追放と解してきた「神やらひ」は追放ではなかった。それでは、素戔嗚尊の乱暴に対する処置はどのようなものであったのだろうか。『日本書紀』は次のように語っている。

……諸の神、罪過を素戔嗚尊に帰《よ》せて、①科《おほ》するに千座置戸《ちくらのおきと》を以てして、遂《つひ》に促《せ》め徴《はた》る。②髪を抜きて、其の罪を贖《あか》はしむるに至る。亦曰く、其の手足の爪を抜きて贖《あか》ふといふ。③已《すで》にして竟《つひ》に逐《はら》ひ降《くだ》しき。

是の時に、素戔嗚尊、天《あめ》より出雲国の簸《ひ》の川上に降到《いた》ります……〔紀上一一三頁、一二一頁〕

罪に対する処置として、①千座置戸によって促め徴ること、②髪・爪などを抜いて、罪を贖なわしめること、③天より逐うこと、の三つがあげられている。①と②は、一見すると、それぞれ、『古事記』の「負千位置戸」、「切鬚及手足爪、令祓」と同様であるように見えるが、③は、『古事記』の「神やらひ」とは明白に異なり、追放である。そして、当然のことながら、素戔嗚尊の追放のパラグラフと出雲への降下のパラグラフとの間には、『古事記』が設けていた五穀起源の説話などは存在しない。

「逐」が追放であることは動かないとしても、それがいかなる性質の追放なのかについて、議論が大きく二つにわかれている。一つは、俗的刑罰として理解する考え方〔三浦03五一五頁、井上64二七一頁以下〕、いま一つは、呪術的・宗教的な「祓」（罪の「はらへ」）の延長線上に位置するところの、その最も徹底的な形態（人そのものの「はらへ」としての

「はらひ」）と解する考え方（石井良助52二〇頁、利光81九五頁以下、石井進87四二頁以下）である。

俗的刑罰説の根拠は、「すべての犯罪が祓に依りて祓清せらるるものとせば、……更に放逐せらるべき理なし。素戔嗚尊の罪状重大にして、其財産を没し、鬚爪を抜きたるも、未だ神に対する贖罪の目的を達するに足らずとしてこれを放逐せりといはんか、其祓は殆んど無意義のものとなるべし。……諸神の尊を放逐せしは、寧ろ其将来の犯罪を防止せんことを目的とせるものにして、これ実に信仰上の観念に依らざる刑事上の制裁として観るべきものなり」（三浦03五一五頁）というものであった。①と②が『古事記』と同様に「祓」であるとするならば、まことに自然な推論である。

しかし、「逐」を「祓」に通ずる呪術的・宗教的性質の追放と解する説にも、むろん論拠はある。たとえば、利光三津夫氏は、律令制下の刑制の実態を検討され、律の継受以降であっても、流罪は、律の文言が本来予定していたところの、俗的性質の〈流刑〉とは異質で、大化前代の「はふり（散り、屠り）」（上代「はふる」「はぶる」）の刑に遡るところの、宗教的「はらへ」の一極限形態として観念された追放刑であったとされ、『日本書紀』の「逐」もそのような性質の追放刑に相違ないとされたのである（利光81七〇頁以下、九二頁以下）。

現実に妥当していた追放刑がそのような性質のものであったとすれば、『日本書紀』の「逐」にも、そのような意義がこめられていたとする推論はごく自然である。私も、利光氏の説に従って、「逐」にそのような性質を認める考え方に傾く。(註11) しかし、この考え方にたつと、素戔嗚尊に対して、そのような「逐」とともに、何故に、「千座置戸」などの、一見すると「祓」と目される措置が科せられたのかが問題となる。三浦周行が先の引用文で指摘しているように、そこには論理的に矛盾があるように思われるからである。実際の制度としても、利光氏自身が実証されているように、追放刑に処される場合には、「祓」が科せられることはないのであった（81七〇頁、九六頁以下）。この事実は、まさに、「祓」と「逐」が Entweder-oder の関係にある同一範疇のものであったことを示すのであるが、それだけに、

『日本書紀』の記述は不可解なものとなるのである。

結論として、私は、①の「以㆓千座置戸㆒、遂、促徴」と、②の「至㆑使㆔抜㆑髪、以、贖㆓其罪㆒。亦曰、抜㆓其手足之爪㆒贖㆑之」は、『古事記』の「負㆓千位置戸㆒、亦切㆓鬚及手足爪㆒令㆑祓」と外見上は相似しているが、内実は異なるもので、①は財産没収刑、②は一種の体刑として観念された刑罰ではなかったかと考える。そう考える根拠として、ここでは次の二点を指摘しておこう。

第一は、『日本書紀』本文の「千座置戸」には、「遂、促徴」という文章が付加されていることである。「促《せ》む」とは「狭いところへ追いつめていく」〔字訓〕、「相手を追いつめて身動きのとれないようにする意」〔上代〕、「はげしく迫及する、せめたてる」〔古岩〕の意、「徴《はた》る」は「物を出せと責める、無理に徴収する」〔上代〕、「租税や課役のことなどに関していう」ところの「租庸調時代に用いられた特殊な時代語」で、「厳しく責め立てて、ものを取り立てる」意であった〔字訓〕。このような意味の言葉が「千座置戸」に付加されているということは、「千座置戸」は、『古事記』の場合のような、人に憑いたところの「罪」なるものを討滅するための「祓」の武具ではなくして、罪人そのものに財産上納を強制するための武具として描かれているように思われるのである。

第二は、『日本書紀』本文の「抜㆑髪」と「抜㆓手足之爪㆒」には、『古事記』の「令㆑祓」ではなくして、「贖㆑罪」という言葉が付加されていることである。「あかふ」は、諸辞書では、「もと祓い清めることを原義とし、〝明る〟〝散る〟などとの関係が考えられる語」であったが、「次第に交換的・代償的な意味のもの」となったとか、「物を代償として提供し、罪科などを免れること」〔字訓〕であり、「金品を差し出して罪をつぐなう」〔古岩〕などと説明される。しかし、問題の『日本書紀』本文の文脈では、賠償の意とはなりにくいように思われる。罪人の髪や手足の爪を賠償品として受領しても、被害者は少しもありがたくはないだろうからである。ここの「贖」は、律令に定められた「贖」との関連で理解さるべきもののように思われる。律令の「贖」は、〈何らかの物を国家に上納する〉ことで、外国人の

「奴卑」が国家に「贖ふ」ことによって「良」となりうることを定めた戸令四四条や、笞杖徒流死という本来の刑罰の換刑としての「贖銅」（銅を国家に贖ふ）について定めた名例律などに登場する。かかる「贖」を念頭におきつつ、『日本書紀』本文の「贖」の意味を考えるならば、これは、素戔嗚尊の髪や爪を切断して国家に上納させることで、一種の体刑として描かれているのではなかろうか。

詳細は別稿に委ねなければならないが、私は、『日本書紀』本文は、『古事記』の存在を前提とし、それを真向から批判し、否定すべく構想された神代史であったと考えている。（註12）『古事記』が、非デスポティズム的等族制的国制像を提示したのに対して、『日本書紀』本文は、天皇制デスポティズムの論理を物語り化した作品だと考えるのである。そして、この論理は、スサノヲ神話にも、いな、スサノヲ神話にこそ厳しく貫かれていた。『古事記』は、須佐之男命の犯罪に対して、呪術的宗教的「祓」しか語らなかったが、『日本書紀』本文は、反対に、純粋な「祓」を語らず、おそらくは当時の律令および刑制の実態を念頭におきながら（追放刑として機能した「流」、体刑としての「笞」「杖」、財産没収刑としての「贖銅」など）、「祓」の極限形態にして俗的性質をもあわせ有する追放刑としての「逐」と、体刑としての「抜髪・抜爪」と、財産没収刑としての「促徴」を語ったように思われるのである。

いずれにしても、素戔嗚尊の犯罪に対する処置は、結局は追放であった。そして、それこそが、『日本書紀』における素戔嗚尊に対する処置の核心であった。私は、この追放は「祓」の極限形態、すなわち「人」そのものの「祓」としての「逐」であり、呪術的・宗教的意味がそこにこめられていたと考えるが、本稿の文脈で重要なことは、その性質がどうであれ、素戔嗚尊に科せられた処置は、まさに、追放刑であったということである。そして、それが、原理的に、単なる「罪」の「祓」しか問題になりえなかった須佐之男命の物語りと対立するのである。

結び

素戔鳴尊の物語りと、須佐之男命の物語りは、根本的に性質の異なるものであった。整理・要約して比較対照するならば、次のようになろう。

『日本書紀』	『古事記』
悪神として誕生	貴子として誕生
根の国への追放命令	海原の支配者に命じられる しかし、母に会いに根の堅す国に行くことを希望し、許される
根の国に行く前に姉に会いたいと称して父伊奘諾尊の許しを得、天を略奪するために天に昇る	海原の統治を命じられながら、根の堅す国に行くことになった事情を天照大御神に説明するために、高天原に昇る
天照大神は素戔鳴尊のやってきた意図が天の略奪にあるのではないかと考えたが、素戔鳴尊は否定するのでウケヒとなり、ここで素戔鳴尊の黒き心が証明される	天照大御神は須佐之男命が高天原にきた意図が高天原略奪にあるのではないかと邪推するが、ウケヒで命の清き明き心が証明される
天の略奪の意図が見ぬかれた素戔鳴尊は、ひるまず様々の悪事を働き、天を略奪しようとする	ウケヒに勝った須佐之男命は、無邪気に勝ちほこって、様々の悪さをする
天の神々は素戔鳴尊を捕まえ、体刑と財産没収刑を科し、さら	最初、天照大御神はその悪事を寛容に見守ったが、その程度が

に天から追放する	ひどいので、八百万の神々は、祓を行なって須佐之男命の身体に巣食う罪を追い払ってやる。そして、命の希望通りに、母のいる根の堅す国に遣わす

このように、正反対とさえ言うことのできる物語りが、これまで、区別されることなく混淆され、一つのスサノヲ像に強引に結実させられてきたのである。中をとる折衷など不可能であるから、スサノヲ像はどちらかに片寄ることになるが、それは、どの論者の場合にも、全体としては、素戔嗚尊像に近いものであった。その結果、素戔嗚尊像よりも須佐之男命像が、より重大な損傷を蒙ってきた。『日本書紀』の「うけひ」の段の誤解は重大ではあるけれども、全体としてみれば、素戔嗚尊像に若干の混乱をもたらした程度であるのに比べ、素戔嗚尊像の投影によってうけた須佐之男命像の損傷の度合は致命的であったといわねばならない。そして、そのような損傷をうけた「高天原」の須佐之男命像が、「葦原中国」における英雄としての須佐之男命像と結合され、スサノヲの性格は複雑で矛盾を含む、などとされてきたのである。真実は、素戔嗚尊も須佐之男命も単純明快である。いうなれば、素戔嗚尊は悪の化身、須佐之男命は善の化身にほかならない。対象が善悪あわせもつ複雑で矛盾をかかえたものなのではなく、研究者の側が、対象を複雑で矛盾を含んだものに仕立てあげてきたにすぎない。

『日本書紀』と『古事記』の混淆は、おそらくは、遠く古代にまでも遡るものであった。平安期に、鬼神を追却する「大儺」の儀式が「追儺」と書かれるようになり、「おにやらひ」と訓まれるようになったらしいこと、本来は「おふ」とよばれていた「擯」の字が「やらふ」と訓まれるようになったらしいことを本文においてのべたが、これは、『古事記』の「神やらひ」と『日本書紀』の「神逐」とが混同されはじめたことを意味するように思われるからである。

「神やらひ」と「神逐」の混同は、中世の文献については、実証される。『日本書紀』の「逐」の文字が、「波羅賦」という原文訓読指示の存在にもかかわらず、「やらふ」と読まれていたことが証明されるからである。弘安九（一二八六）年裏書の卜部兼方自筆本は、第一の「逐」の「逐之」を「ヤラヒキ」、第二の「逐」の「逐降焉」を「カムヤラヒニヤラヒキ」「ヤラヒヤリテキ」「カムヤラヒヤラヒヤリキ」などと訓み、嘉元四（一三〇六）年の神祇伯家本は第一の「逐」について「ヤラヒヤリキ」と訓み（第二の「逐」には訓注なし）〔紀国一一頁、三三頁〕、戦国末期に写されたとみられる『仮名日本紀』は、第一の「逐」の箇所を「やらひき」、第二の「逐」の箇所を「かんやらゐにやらひき」と訓んでいるのである〔紀仮一一頁、二六頁〕。このような訓みは、『古事記』の「神夜良比」の影響としか考えられない。そうだとすれば、そこには、「神夜良比」と「神逐」を同視する態度が現われており、「神夜良比」は「神逐」と同じ追放の意に解されていたことが知られるのである。

「逐」を「やらふ」と訓むことの背後には、当然に、須佐之男命神話の誤解が想定されるが、かの宣長でさえもが、その誤解を克服することができなかった。誤解の最大の原因は、ここでも『古事記』と『日本書紀』との混同であった。周知のごとく、宣長は『日本書紀』の「漢意」を忌み嫌い、日本古代の理解は『古事記』によらねばならぬとし、『日本書紀』は「いたく学問の害」とまでのべたのであるが〔記伝「書紀の論ひ」〕、その宣長にして、二書を混同する姿勢を免れえなかったのである。たとえば、宣長が「神夜良比」に註して、

此夜良比を、書紀に逐と書れたり、……分注に、逐之此云波羅賦とある波字は、夜の写誤なるべし、逐は今俗に云ふ追放なり、さて此地を逐《やら》はれたまふ故に、つひに根国には罷坐るなり〔記伝九巻三〇三―三〇四頁、傍点水林〕

という時、それは著しい。須佐之男命の「勝さび」の段では、

此の段に論べきことあり、須佐之男命既に御誓に依て、御心の清明《あかき》こと顕れ、我勝と詔ひ、天照大御神も許諾たまへれば【書紀に、於是、日神方《はじめて》、知三素戔嗚尊固無二悪意一と云ひ、又、故日神方知三素戔嗚尊元有二赤心一といへり】此の時既に御心の清明こと疑ひなし、然るに忽《たちまち》又かくの如く、天照大御神の御為に種々の悪事を為給ふは如何ぞや、

……書紀の中の一伝に、右の種々の悪事始めに有て、さて石屋の事より此の神に解除《はらへ》を科《おふ》せて逐《やらひ》し事ありて、後に天照大御神に相見給むとして、高天原に上り給て、かの御誓約の事あり、此の次第こそまことに然るべく思はるれ〔記伝九巻三四七頁以下、【　】内は原文の分註〕

などとのべられているが、ここでは、『日本書紀』の本文と諸異伝とが同列に論じられ（【　】内は「書紀に」とあるが、これは本文の内容ではなく、第一の一書と第三の一書である）、その上で、この場合には、『古事記』よりも『日本書紀』の叙述の方が正しいのではないか、とされる。もうこれ以上例はあげないけれども、宣長は、須佐之男命神話の重要ポイントの解釈にあたって、常に素戔嗚尊神話を参照し、そのために重大な混乱に陥ってしまう。宣長の記紀の区別の論は透徹してはいなかった。この二書の相違は、個々の言葉の相違として限定的にしか理解されなかった。個々の言葉の有機的総体としての作品のレベルで、すなわち、社会観・世界観を語ろうとするテクストのレベルで、宣長は記紀の相違を見抜くことができなかったのである。

宣長以降のスサノヲ神話研究は、むろん、様々の点で議論を発展させはしたのであるが、物語りの骨格についてのそれまでの誤解を根本的に訂正するような形では展開していかなかった。むしろテクスト、特に『古事記』に矛盾ありとする的はずれな攻撃的姿勢が生まれ、誤解はそのまま保存された上で、テクストの〈解釈〉（意味づけ）なるものが積み上げられることになった。

『古事記伝』と同様に、たしかに、画期的な意義を有するものではあったが、津田左右吉の神代史研究がまさにそれであった。津田には、記紀をないまぜにして、「神代史は、国土が皇室の下に完全に統一せられてゐる時代の状態に基づいて、その皇室の地位のはじめを説話上の国土のはじめにまで遡らせ」、「極めて遠い時代から、その全体を皇室が統治せられた」かのように主張する、事実にあらざる「思想」であるとする、確固とした神代史〈解釈〉がある〔津田48六四一頁〕。かかる〈解釈〉が、記紀神話を正しく政治的作品とみなしたという点で、研究史上、真に画期的なものであることはいうまでもない。宣長が、言葉のレベルで、すなわち古代日本語を訓むというレベルで『古事記』に肉薄することにより、日本神話研究史上の最初の大きな峰を築いたのに対し、津田は、記紀の神代史を、言葉の有機的組織体としての、特に高度に政治的性格を帯びたテクストとして読むことによって、第二の大きな峰を築いたということができる。それは、対象の本質を見事にえぐりだすものであった。その後の記紀神話研究が、ともすると、全体を部分に解体し、全体を問うことによってしか摑むことのできない、記紀神話の本質としての政治的性格を見失い、その結果として、記紀神話の本質から遠くはずれていく傾向を避けえなかったことを考えると、津田の研究の画期的意義はどれほど強調されても強調されすぎることはない。しかしながら、津田の〈解釈〉は、『日本書紀』神代についてしか妥当しないものであった。『古事記』についてはその一面をしか見ないものであった。『古事記』は、天皇王権の権威とともに、須佐之男命やその子孫の大国主神に託して、地方諸豪族（在地首長層）の権威をも語り、そうすることで王権と地方諸豪族との共同的世界（祭祀共同体）を語ろうとしたのだと私は考えるのである（第一部）。

かかる津田の誤った〈解釈〉の基礎には、テクストの誤った〈理解〉が存在したのであるが、さらに重大なことは、津田がその誤れる〈解釈〉を『古事記』のテクスト批判にまでおし進めていったことである。たとえば、スサノヲの誕生譚。津田は、『古事記』と『日本書紀』本文、諸一書におけるアマテラス、ツクヨミ、スサノヲの領土分治の説話を広く検討し、スサノヲに当てられた領土の異伝の甚だしさなどを指摘して、

要するに、三神の領土分治といふ話は、どの説によつて見ても、本来、無意味であつて、物語の精神は、日の神をタカマノハラに上げてそこから国土を統治させる、といふ点にあると見なければならぬ〔48三九三頁〕。

とする。それは、素戔嗚尊神話から見るからそうなるのであり、そうすることで、須佐之男命が「海原」の統治を命じられたことの意味は完全に見失われてしまうのであるが、それにとどまらず、

本来ここは領土の分治をいふべき場所ではないのである。更にいひかへると、スサノヲの命が日月二神と同列に

入つて来たのが、抑々まちがひなのである〔48三九二頁〕。

というように、あろうことか、テクストが攻撃されるのである。また、スサノヲの「高天原」における乱暴の物語りをふまえて、スサノヲは「高天原」に対する政治的敵対者であるところに本質があると判断した上で〔48四三二頁〕、ヲロチ退治の説話について、

神代史全体の精神から見てスサノヲの命の本質とすべき点は、此の物語り〔ヲロチ退治の説話のこと――水林註〕と全く交渉が無いから、此の物語りは神代史の大すぢには内的連絡の無い、遊離した、ものである〔48四五三頁〕。

などとするが、これも、誤った〈理解〉と〈解釈〉から、須佐之男命神話のテクストを、自己の〈解釈〉に適合しない部分ありとして攻撃する転倒した態度というほかはない。

戦後の記紀研究は、それまでの研究を様々の点で発展させはしたのであるが、しかし、ことスサノヲ神話論についていえば、どの研究も、古くからの誤解を克服するものではなかった。それ故、今日においても、スサノヲ神話については、次のような加藤周一氏の見解がほぼ共通の理解となっていると思われる。

『記』・『紀』の本文では、スサノヲはアマテラスの弟としてあらわれ、天上に上って乱暴する徹底した悪神であり〔暴《あら》ぶる神〕、そのために天上から追放される〔神やらひ〕。ところが、追放されて、地上に降ると、悪業を働かぬどころか、悪〔ヲロチ〕を征伐して、善〔クシナダヒメ〕を援ける。しかもその子孫、オホナムチ〔大国主〕は、善神である。この性格の急変には、説明がない〔加藤75四六―四七頁〕。

記紀が混淆され、物語りには矛盾があるとされるのである。加藤氏によれば、それは、スサノヲ神話だけでなく、記紀神話一般に妥当することであった。氏は津田の神代史解釈を踏襲しつつ、その「すじ書きには、それなりのまとまりがある。……はっきりした目的の意識に貫かれ、高い知的水準において、取捨し、按配し、構成したであろうことに疑いの余地はない」と評価しつつも、「そのまとまりは粗く、細工が足りずつじつまの合わぬところもみえる」

とし、加えて、「その目的に関係なく、部分的挿話をそれ自身の興味のために語って倦まず、いよいよ細部の叙述に入ってゆく」傾向を指摘して、それは「『紀』よりも『記』において殊に著しい」、「話が天下国家を離れて私事にわたればわたるほど、叙述の筆は冴えて来る」とのべた〔75五一頁以下〕。全体よりも部分を重んじ、天下国家よりも私事に関心を向けていくことは日本文学史を貫く根本的特徴とされ、記紀特に『古事記』は、それを初発において明示するものとされるのである。

しかし、かかる記紀の区別論は、記紀混淆の前提にある記紀の基本的同一論とともに、成立しがたいものであった。たしかに、『日本書紀』神代は、物語りの完成度の未熟さ、さらには内的不統一ないし矛盾をも感じさせるものである。たとえば、「天」から追放され、出雲に降って以降の素戔嗚尊は、須佐之男命と同様に、ヲロチを退治し、ヲロチの体内から得た草薙剣を天照大神に献上することになるが、こうした物語りは、明らかに、「天」における素戔嗚尊像と矛盾する。しかしながら、『古事記』を『日本書紀』神代と同日に談じてはならない。氏の評価とは反対に、諸部分を全体に位置づけ、様々の伏線をめぐらして諸部分を響かせあい、瞬時も乱れぬ一貫した物語りを構築し、私事を語るようでありながら天下国家を語る、その高度に体系的な政治思想的作品としての質の高さは、まことに見事というほかはないものだったのである。

註

（1）スサノヲ神話の研究史については、吉井巌〔82〕、西宮一民〔82〕、飯田勇〔88〕各氏の論文参照。

（2）以下、『古事記』と『日本書紀』の神々の表記を、原文によって書きわける。カタカナ表記の場合は、その神を抽象的に示すものとする。

	『日本書紀』	『古事記』
イザナキ・イザナミ	伊奘諾尊・伊奘冉尊	伊耶那岐命・伊耶那美命
アマテラス	天照大神	天照大御神
スサノヲ	素戔嗚尊	須佐之男命

（3）「根之堅州国」は、〈地底（根）の片隅（カタス）の国〉の意であるとか（宣長）、〈遠いはて（根）の堅い州の国〉の意などと解釈されているが（神野志氏）、私は、「州」は表音文字で、〈葦原中国を堅す（鍛える）根源の国〉の意だと考えている。それ故、以下本文では、原則として、「根の堅す国」と表記する。これについては、第一部六八頁以下を参照されたい。

（4）管見の限りでは、「逐ふ」が「やらふ」ではなく、「はらふ」と訓ぜられるべきことを指摘され、そのことの意味を考えようとされたのは、一人、利光三津夫氏である〔81九五頁以下〕。

（5）「逐」の訓が「はらふ」であったことは確実であるが、しかし、その活用形態は必ずしも明らかでない。〈追放〉の意味の「はらふ」は、一般に四段活用であったと解されているので、本文でも一応これに従ったが、『古事記』や『日本書紀』の成立した八世紀前半期において、〈追放〉の意味の「はらふ」が四段活用であった確証は得られないように思われる。平安時代には〈追放〉の意味の「はらひ」――以下、活用形態を動詞の連用形で示すことにする。四段活用「はらふ」は「はらひ」、下二段活用「はらふ」は「はらへ」である――が存在していたことは確実であるが、このことは、平城京時代においても同様であったことの証拠にはならない。上代特殊仮名遣い一つをとってみても、八世紀と九世紀以降では、日本語が大きく変化したことが明らかだからである。

もっとも、〈追放〉の意味に通じる「はらひ」という動詞が、八世紀に存在しなかったわけではない。たとえば次のごとくである。

・……鴨すらも　妻とたぐひて　わが尾には　霜な降りそと　白たへの　羽さし交へて　宇知波良比　さ寝とふものを
……〔万葉集三六二五〕

・……妻の命も　明けくれば　門によりたち　衣手を　折り反しつつ　夕されば　床宇知波良比　ぬばたまの　黒髪敷きて
何時しかと　嘆かすらむそ　……〔万葉集三九六二〕

前者は〈霜をはらふ〉、後者は〈床（の塵）をはらふ〉である。後者の「床うちはらひ」の表現は一個の成句であったらしく、『万葉集』には、ほかに四例みえている〔一六二九、二〇五〇、二六六七、三二八〇、ただしこれらは全て表意漢字「打拂」と表記される〕。また、「はらひ」に「うち」という接頭語を欠くが、意味は同じだと考えられる例として、次のものがあげられる。

梓弓　よらの山辺の繁かくに　妹ろを立てて　さ寝処波良布も〔万葉集三四八九〕

しかし、以上の例について、次の三点が留意されねばならない。第一に、「打拂」の四例と最後の「波良布」の例は、表意文字表記または終始形表記のために、「はらひ」か「はらへ」か、それ自身からは明らかではないということ、これらも「はらひ」であろうとしたのは、先の「波良比」からの類推であることである。第二に、音仮名表記によって「はらひ」であることが確実な二例は、いずれもが、「うち」という接頭語を冠していることである。「打ち」の原義は「相手・対象の表面に対して、何かを瞬間的に勢いこめてぶつける意」〔古岩〕で、かかる能動性の顕著な他動詞を接頭語とすることで、はじめて〈追放〉の意味に通じる「はらひ」が存在していたと考えられなくもない。第三に、右の「うちはらひ」は、〈追放〉の意味に通じうるものであるが、しかし、なお人そのものの〈追放〉を意味する例ではないことである。要するに、右の諸例からは、〈追放〉の意味の「はらひ」という単独の動詞が果して『万葉集』の時代に存在していたのか否か、はっきりしないのである。諸辞書は何の疑いもなしに、八世紀においても、〈追放〉の意味の「はらひ」という言葉が存在したとし、その例を『古事記』、『日本書紀』、『万葉集』などから引いてくるのであるが、その一々にあたってみると、音仮名によって「はらひ」であったことが確証される例は一つも存在しなかった。そもそも、「はらふ」という訓があてられるべき動詞であったか否かも明らかでないものが多い。〈追放〉を意味する表意漢字の訓みが「はらふ」であることを明示した例は、本文で引いた『日本書紀』一書の「逐」についての訓註であるが、ここも「はらひ」なのか「はらへ」なのか明らかでなく、その前後の文脈を見ると、「はらひ」よりもむしろ「はらへ」と解した方が自然のようにも思われる。

①科二罪於素戔嗚尊一而、責二其祓具一。……用レ此、解除竟、遂、以二神逐之理一逐之。②……祓具、此云二波羅閉都母能一。……逐之、此云二波羅賦一〔紀上一一七頁〕

①は物語りを語っている部分であり、②は物語りに登場した「祓」「逐」の訓を指示した部分である。「祓具」の訓が「はらへつもの」であることを指示した文章は、「祓ふ」という動詞の連用形ないし体言が「はらへ」であることを示し、「祓ふ」が下二段活用動詞であることを示している。とすれば、「祓」を受けた「解除」も「はらへ」であろう。こう解してくると、「逐」の「波羅賦」も「はらへ」と解することが、少なくともこの文脈では自然なのではなかろうか。もしも「逐」だけは「はらひ」であったならば、「祓」も「解除」もともに「はらへ」なのであるから、誤解を避けるために、「逐」だけは「はらひ」であることを明示する文章がおかれたはずではなかろうか。訓読指示は、そもそも、当時の人々にとってさえ、訓読が一義的に明瞭ではないが故に付されるのであろうから、当時の人々は、右の訓読指示に接して、「逐」も「はらへ」と受けとったのではなかろうか。そして、そうした理解を、書き手は当然のこととして、許容していたとも解しうるのである。

要するに、通説は〈追放〉の意味の「はらふ」が、記紀の時代にも「はらひ」であったとしているのであるが、そのような確証はなく、「はらへ」であった可能性も捨て切れないように思われるのである。「祓」の訓が古代においては「はらへ」であったことは確実であるが、中世以降「はらひ」の訓が発生し、今日では、神職者も一般に「はらひ」と訓んでいる。このように、「祓」も「はらへ」から「はらひ」へと変化したのであるから、「逐」にも「はらへ」から「はらひ」への変化があったことは十分に考えられるのではなかろうか。

ただし、「逐」も、「祓」同様に、「はらへ」であると言い切るまでの確証を得ることができなかった。それ故、本稿では、疑問を残しつつも、ひとまず通説にしたがって、記紀における〈追放〉の意味の「はらふ」は四段に活用させて記した。この問題の検討は、今後の課題としたいと思う。

（6）旧稿では、森田説を支持し、これを前提として議論を展開したが〔89c七三頁以下〕、本稿では本文のように見解を訂正したいと思う。

（7）大祓詞の「罪」のなかに、人の悪行だけでなく、「災」や病的状態などが包含されていることに注目し、祓え除かれる「罪」とは、悪行そのものではなく、その行為から生ずると考えられた災気であるとする考え方がある〔祝講一五五頁、井上64二六三頁〕。悪行や有害現象そのものはすでに生じたものであって、除去されようのないものであり、それ故、なお「遺る罪」、これから「祓へ却」けらるべき「罪」は、そのような悪行ないし有害現象それ自体の他に考えられねばならない。右の学説がこの問題をとりあげたことは重要である。しかし、祓詞のニュアンスから、私には、祓わるべき「罪」とは、悪行などの結果としての災気なのではなく、悪行の原因としての「罪」であるように思われる。

（8）旧稿において、祓の料物についてのべたことには〔89c註6註7〕、誤りがあり、理解のゆき届かぬ点があった。本文のごとくに考えたいと思う。

（9）bの類型だけが「……罪」とされ、cは「……災」とされ、aとdは単に行為ないし状態の名詞だけで表現されることから、「罪」の原初形態は、あるいはbの類型のものだったのではないかとも考えられる。

（10）大祓詞においては、「罪」と「病・災」の「二者は未だ一体に融合することなく、別々の要素のままである」とする見解がある〔青木85一二七頁〕。少なくとも、「災」と表記されるものと、「罪」と表記されるものとがあるのであるから、相対的に別個のものが含まれていることは自明である。しかし、より重要なことは、それらを広く「罪」として一括したことの基礎にある独特の「罪」観念を理解することであろうと思う。また、石母田氏は、「不法行為や罪」が「災と同一系列の罪として意識されていること」を「私犯が私犯として分化独立せず、共同体にたいする公犯として存在」する問題として捉え返し、日本古代の共同体の性格に説き及んでいくが〔62一二二頁〕、個人の個人に対する不法な行為（「私犯」）が、そのような形態での公共の秩序に対する侵犯（「公犯」）として意識され、国家の刑事罰の対象となるのは近代においても見られることであって、古代の共同体に固有の問題ではない。石母田氏の議論の出発点にある「罪」と「災」の問題は、本文に説いたような、人の悪行の〈責任〉の問題の次元での特殊なイデオロギーとして考えなければならないと思う。

(11) 旧稿では、「はらひ」を、「はらへ」の延長線上に位置するところの、人そのものの「はらへ」として考える一つの根拠として、「はらひ」「はらへ」を同語源の二つの言葉と解し、その言語上の関連を考えてみたのであるが〔89註10〕、そこに記したことに基本的な誤りがあったので、旧稿註10の全文を撤回する。

旧稿でのべたことの骨子は、①この二語の語源は〈晴れ＋経〉で、②ここから、まず、「祓へ(自動詞)」が形成され、③ついで、その他動詞への転化によって、「逐ひ(他動詞)」が形成されたということであった。その後、この推論は維持しがたいと考えるようになったのであるが、その最大のポイントは、「祓へ」は、本来的には、他動詞であったと思われるようになったことである。「祓へ」が他動詞であるということになれば、その語源を〈晴れ(自動詞)＋経(自動詞)〉とする考え方は自動的に崩壊せざるをえない。この合成語からは、自動詞しか生まれようがないからである。

旧稿において、「祓へ」を自動詞と解した根拠の一つは、「はらへ」を「おはらいをする」の意の自動詞、「はらひ」を「塵などを除き去る、敵対する者を払いのける、神に祈って災いや罪・けがれを除き清める」の意の他動詞として解する『時代別国語大辞典 上代編』の説であった。しかし、「祓へ」をもっぱら自動詞とするこの考え方は、次に掲げる大祓詞の「祓」の用例にてらして、維持しがたいように思われる。

官官に仕へまつる人等の過ち犯しけむ雑雑の罪を、今年の六月の晦の大祓に、祓へ給ひ、清め給ふ事を、諸聞しめせ〔祝文四二三頁〕

この文章の限りでは、「祓へ」が他動詞であることは明白である。もっとも、旧稿執筆の段階で、この文章の存在を知らなかったわけではなく、その時には、右に「祓へ給ひ」と訓んだ箇所は、石井紫郎氏の見解に従って〔86四三三頁〕、「祓ひ給ひ」というように四段に活用させうると考えていたのであった(原文は「祓給比」とあり、これだけからは、四段活用なのか下二段活用なのかわからない)。すなわち、〈祓へ(自動詞)―祓ひ(他動詞)〉という対が成立しうると、漠然と考えていたのである。しかし、〈罪などを呪術的・宗教的儀式によって除去する〉というほどの意味の、「祓」の系統の「はらふ」の原文音仮名表示は、平安末期まで、全て下二段活用で、四段活用であることが確認できる例が存在しないという次田潤氏の研究に接して、右の考え方が成立しがたいことを悟らされた〔祝新二七八頁〕。すなわち、問題の大祓詞の一文は、「雑雑の罪を…祓へ給ひ」と訓まねばならず、「祓へ」は他動詞なのである。『日本国語大辞典』や『古語大辞典』は、「はらひ」とともに「はらへ」も他動詞とするが、「はらへ」の本来の性質ということであれば、この考え方が正しいように思われる。

「祓へ」に他動詞形態が認められるといっても、必然的に、「祓へ」は他動詞でしかないということになるわけではない。むしろ、私には、「祓へ」という動詞には、目的語の省略が常態化して、それが動詞の内部に編入されてしまったところに成立するところの、〈おはらいする〉という意味の自動詞的「祓へ」も存在したように思われ、しかも、八世紀以降の用法としてはそれがすでに主流であるように思われるのであって、その点で、『時代別国語大辞典 上代編』や石井紫郎氏の説は、事柄の核心をつく見解であり、「はらへ」をもっぱら他動詞とする立場がむしろ疑問なのであるが、しかし、「祓へ」が、本来は、他動詞であったことは、動かしがたいように思われる。〈おはらいする、祓の儀式を行なう〉という意味の自動詞的な「祓へ」から、〈罪・穢れを祓う〉という意味の他動詞の「祓へ」が派生したとは考えがたく、順序は、〈他動詞の「祓へ」↓目的語の動詞への編入↓自動詞的「祓へ」〉であろうからである。「祓ふ」と類似の意義の「禊く」は、〈禊《みそき》をする〉という自動詞であるが、その語源は、〈身＋滌《すす》く〉で、「身を水で洗ひ清める」意とされる〔記伝九巻二六三頁、古岩、西宮90一四八頁〕。本来は他動詞であるが、「みそく」においては、目的語の編入が完成し、まさに〈禊をする〉という自動詞に転化してしまっているのである。〈身を滌く↓禊をする〉という他動詞から自動詞への運動と同様に、〈罪・穢をはらふ↓祓をする〉という他動詞から自動詞への運動が生じたと考えるのが、自然ではなかろうか。

要するに、「祓へ」の本来の性質は他動詞であり、語源を〈晴れ（自動詞）＋経（自動詞）〉に求める説は成立しえない。「はらへ」の語源は別に考えねばならないのである。そして、「はらへ」と「はらひ」の関係についていえば、註5でのべたように、そもそも、記紀において、〈追放〉の意味の「はらふ」がはたして本当に「はらひ」であったのかという問題がある。本書ではこの問題を論ずる十分な準備がないが、「はらふ」という動詞は記紀、広くは古代史全般を理解するための基本的概念の一つであるが故に、後日、あらためてこの問題に取り組んでみたいと思う。

（12）　旧稿において、先行研究の見解を踏襲して、『日本書紀』本文と『古事記』の成立時期に関し、次のことをのべた。すなわち、①『日本書紀』本文の骨格の成立は六世紀中葉ないし末に遡ること、②『古事記』的思想の成立は新しく、天武朝以降のことであること、③『日本書紀』本文は、最終的には、『古事記』の影響を部分的にうけて、七二〇年に完成したものであること、これである〔89 c 八六頁〕。しかし、現在では、この見通しは、特に『日本書紀』本文について、疑問であると考えている。私は、むしろ、『日本書紀』本文は、それに先行する『古事記』（七一二年）に対する強い対抗の意思をもって、『日本書紀』完成の七二〇年の直前に創作されたらしいことを強調したいと思う。この問題については、『古事記』的政治思想の成立の問題も含めて、第一部三〇一頁以下を参照されたい。

結びにかえて――『古事記』を読む営み

記紀神話研究、特に、『古事記』の研究史に思いをめぐらすとき、『古事記』というテクストに対する誤った理解、誤れる解釈が、何故に、これほどまでに長く、広汎に、執拗に、流布してきたのかという疑問に逢着する。古代における『古事記』の「誤読」は、第一部の補論にのべたような状況を考えるならば、最初は政治的意図からでた作為的なものであったろう。宣長の『古事記』研究の問題は、あるいは、言語学者としては傑出してはいたが、思想史学者としては凡庸であったという理由に帰すことができるかもしれない。津田の著作は、近代におけるほとんど最初の学問的な記紀研究といいうるものであるから、そこに誤読や誤解が発生することは、個人的次元の問題として、大いにありうることである。しかしながら、戦後数十年の分厚い『古事記』研究史において、誤読と誤解がほとんど疑われることもなく流布してきたことの理由は、諸個人の資質の問題に還元することはできない。一個の大量現象であり、法則的な問題であるらしく、それ故に、そのこと自身が、学問的考察の対象となるべき問題であるように思われるのである。問題は大きく、一書の結語の枠内では、到底扱いえないけれども、テクストの理解と解釈の学問的手続きという限られたレベルの問題についてだけは、第一部、第二部を貫く本書の結びとして、多少のことをのべておかねばならないように思われる。

私が、テクストの理解、解釈というとき、そこには、おおよそ次のような事柄が思いうかべられている。テクストの〈理解〉とは、一語一語、一文一文の意味を確定し、そして、作品全体の意味（作者がその作品において、語ろうとし、語りえたこと）を明らかにする営みのことである。たとえば、「千位置戸」の語義をたずね、「神夜良比」の文章の意味を確定し、そのことを通じて、須佐之男命に託して安萬侶が何を語ろうとしたのかを考えることが、そうした営みである。テクストの〈解釈〉とは、そのようにして〈理解〉されたテクストを、一個の社会的産物として、人々の歴史的な営みの総体の中に位置づけ、その歴史的意義を問うことである。『古事記』に即していえば、この物語りの全体が、八世紀初頭の日本という、特定の時代の特定の地域における人々の営みの所産として、どのような意味をもっていたのかを考えようとする試みである。たとえば、本書全体を通じて試みたような宮廷祭祀への目配りは、テクストに一番密着したところの、しかし、テクストそのものの〈理解〉の次元を一つ越えでたところにある作業ということになろう。神祇令祭祀に限らず、広く、律令国家の形成史とその構造的特質を表象しながら、そのような文脈のなかで『古事記』の意義を考えること、それが、私のいうテクストの〈解釈〉ということの意味にほかならない。〈解釈〉とは、このように、テクストをば、社会に囲繞されて存在するものとして観察する営みであるから、解釈者は、当然に、社会についてのある認識を前提とすることになる。その認識活動を、ここでは〈社会把握〉とよび、その結果として獲得されている社会についての観念を〈社会観〉とよんでおこう。それは、明確に理論化された形で存在することもあれば、漠然とした社会像という形で存在することもあろう。

以上のような〈テクスト理解―テクスト解釈―社会把握〉というテクスト認識の営みの三極構造について、第一に注意すべきだと思われるのは、これらは、全体として、相互に規定しあいつつ進行する、あるいは、進行すべき営為であるということである。語の研究は、語の研究の内部で自己完結するわけではない。また、テクストの〈理解〉の手続きにおいて、語から文へ、文から節へ、節から作品へという順序だけが支配しているわけではない。たとえば、「祓ふ」という言葉の理解は、大祓という律令国家の儀式の研究に媒介されて行なわれた。「根の堅す国」の語義確定などの場合には、この言葉についての研究史がかえって巨大な障害物をなしていたために、作品の正しい〈解釈〉が見えてきたその地点から、語義の確定への歩みが始まった。叙述以前の認識の歩みについて手のうちを明かせば、実は以上のごとくであり、三極構造における相互関係のあり方、ないしあるべき姿は実に複雑で、さしあたっては、複雑な相互規定関係としか表現しがたいものなのである。

第二に、認識の対象となるテクストも社会も、認識主体の主観からは独立して存在している客観的実在だということである。「葦原中国」の「葦原」が、はたして未開野蛮の地を表象させようとしたものなのか、それとも、生命力豊かな世界を表象させようとした名称なのか、それは、読み手の主観からは独立に、作者太安萬侶の意図として、我々には客観的なものとして与えられている。読み手の自由な解釈など許されるはずはなく、右のいずれかの理解が正しいか、あるいは、いずれもが誤っていて正解は他にあるのかの、どちらかなのである。須佐之男命の「勝さび」に安萬侶がこめた意味は、我々がそこに間違いなく到達しうるか否かは別として、我々の主観から独立した客観的なものとして存在しているものである。

おおよそ以上のような事を考えながら、私は『古事記』を読む営みを続けてきたのであるが、まさにそのこと故に、その過程で接した何人かの論者の次のような発言は、ほとんど仰天であった。

・テクストは解釈に対して開かれている。というより、解釈装置のとり方によって、テクストの再構成は、いかようにも媒介される。スサノヲ神話をデュメジル流の三機能説にあてはめて解釈することもできるし、トリックスター・ヒーロー説で読みとくこともできる〔上野84八一頁〕。

・音楽の分野では、解釈といえば演奏のことを意味する。音楽と同日に談ずるわけにはゆかぬが、ある曲とその演奏者との関係は、ある原典とその解釈者との関係に似ている点がなくはない。作品を説明的に外化したり、そのことばを辞書的に置きかえることを以て解釈と心得る向きが、いまなお強いが、それは作品をデータとして対象化しているのにもとづく。そしてそこに主観主義がつけこむわけだが、このさい解釈の概念を演奏の概念にもっと近づけ、解釈とは原典の旋律をひびかせることだと覚悟するならば、身構えがいかに変えられねばならぬかが、多少とも明確になってくるのではないかと思う〔西郷信綱『古事記注釈』第一巻、二三頁〕。

上野氏は、右の文章に続けて、「だがそれは、神話が持っている『語りの構造』を、……解釈枠組の方に合わせて、解体還元するやり方であろう。……重要なのは、……文化に固有の統辞法と範例法とを、テクストに即して見ていくことである」とのべられているので、「解釈装置のとり方によって、テクストの再構成は、いかようにも媒介される」とするのは、単なる筆のすべりかもしれない。西郷氏は、「これはむろん、作品を勝手放題に読んでもいいという意ではない。深読みと呼ばれるものがある。これは本文に書いてないことを主観的に読みこむやりかたをいう」〔同上一八頁〕ともいわれるから、それほど驚くには及ばぬかもしれない。

しかし、私ならば、両氏のような表現は決してしなかったであろう。スサノヲ神話は、記紀という作品がそのようには出来ていないが故に、デュメジル流三機能説やトリックスター・ヒーロー説では理解することができないし、「解釈装置のとり方によって、テクストの再構成は、いかようにも媒介される」などとは断じて言えないからである。音楽演奏家と我々の精神的営為の共通性論も、問題の根本を見誤ることになろう。同質のものとして比較をしようとするならば、音楽演奏家ではなくして、音楽史研究者を引き合いにだすべきだったのではなかろうか。演奏家は、たとえば一八世紀末のモーツァルトの書いた音楽的テクストを素材として、その解釈という名において、二〇世紀末の今日において、現代における音楽的美を創造しようとする人々である。これに対して、音楽史研究者は、モーツァルトが、いつ、いかなる曲を作し、その曲にどのような思いを託したのか、その技法はどのような点で画期的であったのか、一八世紀の西欧文化の総体の中で、それはどのような意味を有していたのか、等々の問題を研究する人々である。我々の記紀研究は、いうまでもなく後者に似る。前者に似る記紀研究があるとすれば、それは、神道家のそれであろう。八世紀の作品である記紀を教典としてうけとめ、それを解釈するという名のもとに、現代において神道的正義とは何かを説くところの、学問ないし科学とは無縁の営みである。それは、数十年前には、最も悲惨な形でこの国に横行し、津田の記紀研究を抹殺しようとしたところのものであった。

一般に、美とか正義などの価値にかかわる分野についての人々の営みには、はっきりと区別さるべき二つの形態があることを知らねばならない。芸術についていえば、芸術活動と芸術研究であり、宗教についていえば、神学と宗教学であり、法についていえば、法解釈学と法社会学である。前者は〈主観的価値志向的実践的営為〉、後者は〈客観的事実志向的認識的営為〉とでもいうべきものである。担い手に即していえば、芸術家と芸術研究者、宗教家と宗教学者、法律家（法曹や解釈学者）と法社会学者の対立である。これら二様の精神的営みは、対象を同じくしながら、性質の全く異なるものであって、方法的には決して重なるところがない。

たとえば、百年近くも以前の明治の時代に編纂された民法典を用いつつ、二〇世紀末の社会において現代的正義を妥当させようとする法律家にとって、民法典の個々の条文が、そもそもはどのような意味を担って登場したのかなどという問題は、本質的には関心の埒外である。しかし、法史学者は、まさにそこへと関心をむける。個々の条文の意味を〈理解〉し、民法典を生みだした当時の社会についての認識を深めつつ、民法典全体の意味づけを行なう。それは、私が先にのべた意味の〈解釈〉である。この〈解釈〉は、しかし、法律家の行なう「解釈」とは、根本的に性質を異にする。法史学者の営みを〈解釈〉というならば、法律家の「解釈」は、さしづめ、〈改釈〉であろう。法律家の営為は、法典の意味を明らかにするのだと称して、実は、百年も前の法典を現代にも妥当しうるように、本来の意義を、必要に応じて、改める作業だともいいうるからである。

異質な二つの形態の精神的営みを混同することは、時に、人間の生の営みに致命的な打撃をもたらす。〈客観的事実志向的認識的営為〉が、営為主体の「主体性」の名のもとに、恣意に委ねられることは、さしあたっては、損害を学問の領域で発生させるにとどまろうが、〈主観的価値志向的実践的営為〉のあるものについて、あたかも客観性を有するかのような錯覚が生じ、その妥当が国家の力を借りるようになると、国家が美や信仰についての最高権威者としてあらわれ、人々は、この暴力装置によって美や信仰を押しつけられるという悲劇が生じるからである。ほかでもない。数十年前のこの国がそうであった。そして記紀がその当事者であった。記紀に書かれてあることは事実とされ、国家の組織原理や教育の根本理念にすえられて、記紀を教典とする宗教が、あたかも宗教ではないかのような装いをまとって、「臣民」の間に注入されたのである。記紀を主題とする本書において、人間の精神的営みの二つの形態に思いをいたし、その峻別を執拗に論じたくなる所以である。

古典とは様々の解釈を許容しうる性質の偉大な作品のことだとは、よく聞く話であるが、それは、芸術家や宗教家や法律家とこの人たちにとっての古典(楽譜、教典、法典)との関係にのみ妥当することのできる命題である。古典は、それを生みだした具体的な場からよく抽象され、何がしかの程度において、普遍性へと到達しているが故に、よき〈改釈者〉を得ることができれば、時空を越えて、妥当しうる潜勢力を秘めているのである。これに対して、学者は、その古典をば、それを生みだした人、それが生まれた場所・時代へ返そうとする。作者が何を意図したか、それが、その時代において、どのような意味を有していたのか、等々を確定しようとする。そこに達しうるか否か、それは様々の条件によろうが、対象は、そのような問いかけを受容しうるような仕方で、すなわち、客観的実在として存在していることだけは確かなのである。こういう性質の営みを企てている人が、古典とは多様な解釈を許すものだなどというとすれば、それは、その人が、古典へと達することのできていないことを告白するに等しい。

実際に、記紀研究、特に『古事記』研究の中には、一つの傾向として、自在な改釈が目につくのである。記紀を教典としてうけとめ、その〈改釈〉を行なおうとしているのでは全くなく、主観的には、記紀の〈理解〉と〈解釈〉、すなわち記紀の〈教義学〉ではなくして、〈認識学〉を目指してはいるのだけれども、記紀に内在して、それ自身が有している論理を抽出することができず、自在な改釈をほどこして、テクストを変改する結果におちいった研究が存在するのである。特に、人類学や神話学などの、理論的分野からのアプローチにそれが著しいように思われる。例の〈テクスト理解―テクスト解釈―社会観〉という図式に即していえば、〈社会観〉の領域で確固とした〈理論〉なるものがあり、その〈理論〉なるものによって、テクストが自在に改釈されてしまうのである。そこでは、テクストの一言一句に内在しようとする態度が決定的に欠如し、テクストがほとんど暴力的に打ちのめされていることが少なくない。一種の創作物、読み物としては面白いけれども、記紀の学問的理解に役立つことはまことに少なく、本書では、ほとんど言及する機会もなかった。

しかし、そうした傾向は、決して、記紀研究の主流ではない。主流というのは、一見すると、右とは対蹠的な性質のものである。それがどのようなものであるのかは、西郷信綱氏の次の文章が余すところなく語ってくれる。

まず指摘せねばならぬのは、記伝の解釈は語彙や節あるいはせいぜい文という小単位で完結し、それらを平面的に加算するだけになっており、後続する文から文、話から話へと意味が組みこまれ送りこまれつつそのレヴェルを発展させてゆく過程にたいし、ほとんど関心が向けられていない点である。古事記のなかの、奇しく怪しい話をそっくり信じるだけで、どのような意味がそこにあるかを全く問おうとせぬ態度ともそれはかさなる。語彙の理解でしばしば異彩を放つ古事記伝が、全体としてのテキストの読みでは「直毘霊」に見るような途方もないものになってしまうのも、その解釈の射程が文以上のレヴェルにまで到達しないためである。つまり全体という空間では、本人の知らぬ間に「己が私のこころ」による独りよがりの読みこみがむしろ大手をふって歩いているわけだ。……「直毘霊」は、語彙や文という小単位内での、いうなれば要素主義的な思考が全体にたいしいかに無力で盲目であるかをさらけ出した一つの見本なのである。といって、これは決して昔話ではない。装いこそあれこれ違って来てはいるが今日の古事記研究も、小単位にしか通用しない思考法ですべてを律しうるかのように思いこんでいるため、複数のレヴェルを踏破できずにいるといって過言でないのではなかろうか〔『古事記注釈』第四巻四六九頁以下〕。

例の三極構造図に即していいかえれば、〈テクスト理解〉の中の最もプリミティブな段階――語と節と文の意味理解の段階――に終始している性質の研究が今日の『古事記』研究の主流をなす、と西郷氏はいうのである。それは宣長以来の伝統なのであった。

このようなタイプの研究は、一見すると、外在的〈理論〉から自由であるが故に、テクストに内在し、そこからテクストの〈理解〉と〈解釈〉に到達しうる可能性を秘めているようにもみえる。しかし、西郷氏によれば、真実は反対であった。「要素主義」の典型であり、その立場から『古事記』研究の金字塔といいうる研究をものした宣長の場合でさえ、〈理解〉は部分部分にとどまって、それが全体に及ぶことなく、かえって、テクストの全体的〈理解〉、テクストの〈解釈〉のレベルでは、ほとんど空疎な観念が支配していたのである。本書全体にわたって、常に『古事記伝』を参照し、それが何を語っていたかをつぶさに観察してきた我々は、西郷氏の指摘をしみじみと納得することができる。

そして、重大なことには、その宣長の欠陥は、おそらくは、多かれ少なかれ、今日の『古事記』研究にも妥当する事柄なのであった。広く流布している、木をみて森をみず式の部分主義に、いつのまにか、全く誤った全体像が忍びこんでいるように思われるのである。テクスト理解をテクスト全体の次元においてさえ怠る態度は、当然に、テクストを自覚的に社会内存在として位置づけようとする思考の欠如を伴うが、まさにその空白に、いつしか、宣長の虚妄や戦前の皇国史観そのものではないにしても、そこから流出してくる特定の〈社会観〉が忍びこんでいるのではなかろうかと思われるのである。少なくとも、そういう事情を想定することなしには、遍く妥当してきたところの、『古事記』の政治思想に対する根本的な誤解の存在根拠は、説明しがたいのではなかろうか。

「要素主義者」たちは、一見すると、人類学などの理論に依拠して『古事記』を読もうとする人々とは全く対蹠的であるように見える。たしかに、その対蹠性は、真実の一面をつくものであろう。しかし、『古事記』という作品を全体として〈理解〉し、〈解釈〉するにあたって、作品そのものには内在せず、〈解釈〉枠組を外からもちこんでくるという点では、共通の性質を有しているのである。その外部注入を、「理論家」たちは意識的に行なっているのに対して、「要素主義者」たちは無意識的に行なっているという相違があるにすぎない。無意識の外部注入は、文字通り無自覚的に行なわれるだけに、問題が見えにくく、その分だけ事態はより深刻だとさえいうことができる。

しかし、『古事記』研究史において、一層重大な事態が進行しつづけていた。「要素主義者」たちの間に外から注入された『古事記』の〈解釈〉枠組は、今日では主として天皇制デスポティズム論――天皇制をば、天皇王権のみを尊しとし、その支配下に編入された国の神々と人々をば、卑しき存在と観念するところの政治思想によって支えられた体制とみなす考え方――であるが、こうした観念は、「要素主義者」たちにとっては、受動的に、漠然とした形で与えられたものである。しかし、かかる観念は、少数ながらも存在したところの、『古事記』の全体的認識を獲得しようと意図した人々の間でも、支配的なのであった。神話学や人類学の理論なるものを安易に『古事記』にもちこむような人々とははっきりと質を異にするところの、一方では、『古事記』に内在して、一語一語、一文一文の意味にこだわり、他方では、『古事記』を囲繞する社会に視野を広げ、その二つの過程を緊密に結合して、『古事記』の全体へ迫ろうと意欲した人々の間でさえ、そうであったのである。当の西郷氏がその例外ではなく、第一部で常に参照を求めた神野志氏の仕事もそうであり、大国主神話の考察を通じて、『古事記』にはデスポティズムの思想をまぎらわしくする性質があることを見てとった石母田正氏においてさえも、結局は、天皇制デスポティズム論が、『古事記』の作品理解の中に注入されてしまったのである。ふと、天皇制の魔力とでもいいたい心境におそわれる。

しかし、当然のことながら、その魔力なるものは、天皇制が実体として備えているような力なのではない。人々の社会的諸関係が生みだし、そして人々の意識の中へとはね返ってきたところの、そうした性質の力である。天皇制という現象は、存在と意識という人間社会の普遍的関係が、日本社会という特定の場で発現したところの、個別的形態のはずである。それが、具体的には、どのようなものとして存在してきたのか、そして現に存在するのか。記紀研究者ばかりでなく、ほとんど全ての人々を射抜いてきたこの力の不断の生成の論理は何なのか――しかし、この重い問題について考察することは、本書の枠を越えるのである。*

* この問題については、近世天皇制に即して多少の考察を試みたことがある〔87 b、89 b〕。本書の基礎をなすところの、天皇制についての私の問題関心をのべたものとして参照いただければ幸である。

参考文献一覧

一　『古事記』および『日本書紀』の引用底本

A　西宮一民編『古事記』新訂版、桜楓社、一九八六年
B　西宮一民校注『古事記』（新潮日本古典集成）新潮社、一九七九年
C　『国宝　真福寺本　古事記』桜楓社、一九七八年
D　日本古典文学大系『日本書紀』上・下、岩波書店、一九六五・一九六七年

『古事記』の引用は、原文の場合はA、訓み下し文の場合にはBによった。ただし、訓み下し文作成にあたって、部分的に漢字を復活させた箇所、他の刊本などを参考として、訓みそのものを改めた箇所が少なからずある。

『日本書紀』の引用は、原文、訓み下し文ともに、Dによる。訓みに変更のある場合のあることは、『古事記』に同じである。

なお、引用に際しては、引用文末尾に略号と頁数を記した。略称は、Aは〔記桜〕、Bは〔記〕、Cは〔影印本〕、Dの上巻は〔紀上〕、下巻は〔紀下〕である。ただし、文脈上、Bの参照が明らかである場合には略称記載を省略し、〔　〕内に頁数だけを記した場合がある。また、Bを『古事記』諸刊本と並列的に引用する時には、〔記潮〕として引用した。

二　その他のテクストの引用底本（〔　〕内は引用の際の略称）

『古語拾遺』（岩波書店、一九八五年）

『続日本紀』（新古典文学大系『続日本紀』一、二、岩波書店、一九八九年、一九九〇年、〔続紀〕）

『養老令』（日本思想大系『律令』岩波書店、一九七六年、〔律令〕）
『令義解』（『新訂増補　国史大系』吉川弘文館、一九七七年）
『令集解』（『新訂増補　国史大系』吉川弘文館、一九七八年）
『類聚三代格』（『新訂増補　国史大系』吉川弘文館、一九七七年）
『延喜式』（『新訂増補　国史大系』吉川弘文館、一九七九年）
『延喜式　祝詞』（日本古典文学大系『古事記　祝詞』岩波書店、一九五八年、〔祝文〕）

『貞観儀式』（『新訂増補　故実叢書』明治図書、一九五五年）
『西宮記』（同右書、一九五二年）
『北山抄』（同右書、一九五五年）
『江記　天仁元年十一月廿一日大嘗会記』（『増補　史料大成』22、臨川書店、一九六五年）
『江家次第』（『新訂増補　故実叢書』明治図書、一九五五年）
『江次第鈔』（『続々群書類従』第六、続群書類従完成会、一九六九年）

『万葉集』（日本古典文学大系『万葉集』一－四、岩波書店、一九五七－六二年）
『風土記』（日本古典文学大系『風土記』岩波書店、一九五八年）
『日本霊異記』（日本古典文学大系『日本霊異記』岩波書店、一九六七年）

三　諸テクストの刊本および註釈書

(1) 文献の掲載順序は、各項目ごとに、出版年順である。
(2) 〔　〕内は、引用の際の略称である。
(3) 本文中での参照指示は、原則として、〔　〕内に、文献略称、巻数、頁数などを記す方法によった。『古事記伝』参照指示の際に〔　〕内に記した巻数は、原文のそれではなく、全集のそれである。

1　『古事記』

本居宣長『古事記伝』(『本居宣長全集』第九巻、十巻、筑摩書房、一九六八年)〔記伝〕
次田潤『古事記新講』第二十版、明治書院、一九三三年〔記新〕
倉野憲司『古事記　祝詞』(日本古典文学大系)岩波書店、一九五八年〔記文〕
神田秀夫・太田善麿『古事記』上下(日本古典全書)朝日新聞社、一九六二年〔記朝〕
倉野憲司『古事記』(文庫)岩波書店、一九六三年〔記岩〕
倉野憲司『古事記全註釈』第一巻～第七巻、三省堂、一九七三年～一九八〇年〔記全〕
西郷信綱『古事記注釈』第一巻～第四巻、平凡社、一九七五年～一九八九年〔記注〕
次田真幸『古事記』上下(学術文庫)講談社、一九七七年〔記談〕
青木和夫・石母田正・小林芳規・佐伯有清・岡田精司『古事記』(日本思想大系)岩波書店、一九八二年〔記思〕
荻原浅男『古事記』(日本の古典)小学館、一九八三年〔記小〕
中西進『古事記を読む』角川書店、一九八五年〔記角〕

2 『日本書紀』

鈴木重胤『日本書紀伝』(『鈴木重胤全集』鈴木重胤先生学徳顕揚会、一九三八年)〔紀伝〕
新訂増補国史大系『日本書紀』吉川弘文館、一九五五年〔紀国〕
川副武胤・佐伯有清訳『日本書紀』中央公論社、一九八七年〔紀公〕
中村啓信『仮名日本紀』(『神道大系　古典註釈編』所収、一九八八年)〔紀仮〕

3 『続日本紀　宣命』

本居宣長『続紀宣命問目』(『本居宣長全集』第七巻、筑摩書房、一九七一年、〔問目〕)
本居宣長『続紀歴朝詔詞解』(『本居宣長全集』第七巻、筑摩書房、一九七一年、〔詞解〕)
金子武雄『続日本紀宣命講』〔一九四一年初版〕、高科書店、一九八九年復刻、〔宣命講〕

4 『延喜式　祝詞』

賀茂真淵『祝詞考』(『賀茂真淵全集』第七巻、続群書類従完成会、一九八四年)〔祝考〕
本居宣長『大祓詞後釈』(『本居宣長全集』第七巻、筑摩書房、一九七一年)〔後釈〕
鈴木重胤『祝詞講義』〔一八四八年初版、日本図書センター、一九七九年復刻〔祝義〕
次田潤『祝詞新講』〔一九二七年初版〕、第一書房、一九八六年復刻〔祝新〕
金子武雄『延喜式祝詞講』〔一九五一年初版〕、名著普及会、一九八八年復刻〔祝講〕
武田祐吉校注　日本古典文学大系『古事記　祝詞』岩波書店、一九五八年〔祝文〕

四　辞事典、索引

『時代別国語大辞典　上代編』三省堂、一九六七年〔上代〕
『日本国語大辞典』小学館、一九七二～一九七六年〔大辞典〕
『岩波古語辞典』岩波書店、初版一九七四年、補訂版一九九〇年〔古岩〕
『例解古語辞典』三省堂、一九八〇年〔古三〕
『角川古語大辞典』角川書店、一九八二年～〔古角〕
『古語大辞典』小学館、一九八三年〔古小〕
『字訓』平凡社、一九八七年〔字訓〕
『字統』平凡社、一九八四年〔字統〕

『古事類苑』〔一八九六年初版〕吉川弘文館、縮刷普及版、一九七七年
『神道大辞典』〔一九三七年初版〕臨川書店、一九八六年
『古事記事典』桜楓社、一九八八年
『天皇家系譜総覧』改訂版、新人物往来社、一九九〇年

高木市之助・富山民蔵『古事記総索引』平凡社、一九七四年
北川和秀『続日本紀宣命　校本・総索引』吉川弘文館、一九八二年
正宗敦夫『万葉集総索引』平凡社、一九七四年

五　研究論文および著作

(1)「　」は論文、『　』は著作、論文ないし著作名の上にある二桁の数字は、原則としてその初出年を示す数字（西暦一九〇〇年代の下二桁）である。ただし、文献名の下に別の出版年（漢数字表記）の表示をともなう著作名が記されている場合は、本書では、この版を参照した。下二桁数字で刊行年を示した版と参照した版が異なる場合、前者の版についての情報は、煩を避けるために、特に記さなかった。

(2) 文献参照の指示は、本文中の〔　〕内に、原則として、①著者名、②論文・著作名の上に記した二桁数字、③参照した版の頁数、の三つの情報を記す方法によった。頁数は、参照した版のそれであって、必ずしも論文・著作名の上の二桁数字で刊行年を示した版（原則として初出の版）のそれではないことに注意されたい。また、文脈上著者名が明らかである場合には、その指示を省略した場合がある。

青木紀元

70『日本神話の基礎的研究』風間書房

85『祝詞古伝承の研究』国書刊行会

赤坂憲雄

88『王と天皇』筑摩書房

90『象徴天皇という物語』筑摩書房

阿部武彦

61「古代祭祀に於ける祭神料の問題」（同氏『日本古代の氏族と祭祀』吉川弘文館、一九八四年）

72「日祀部考」（同右書）

75「大神氏と三輪神」（同右書）
飯田勇
88「スサノヲ神話――〈神話〉研究と『古事記』――」（『古代文学』27）
石井進
87「罪と祓」（網野善彦ほか編『日本の社会史』5、岩波書店）
石井紫郎
66「中世の天皇制に関する覚書」（同氏『日本国制史研究Ⅰ』東京大学出版会）
86「「かむやらひ」と「はらへ」」（片岡輝夫ほか『古代ローマ法研究と歴史諸科学』創文社）
石井良助
50『天皇』山川出版社、一九八二年
52『刑罰の歴史』（同氏『日本刑事法史』創文社、一九八六年）
石尾芳久
59『日本古代法の研究』法律文化社
77『古代の法と大王と神話』木鐸社
石母田正
53「日本神話」（『石母田正著作集』第十巻、岩波書店、一九八九年）
57「国作りの物語についての覚書」（同右書）
59「日本神話と歴史」（同右書）
62「古代法」（『石母田正著作集』第八巻、一九八九年）
71『日本の古代国家』（『石母田正著作集』第三巻、岩波書店、一九八九年）
85「りつりょうほう　律令法」（『大百科事典』平凡社）

出雲路通次郎
42 『神祇と祭祀』臨川書店、一九八八年復刻
60 『大礼と朝儀』臨川書店、一九八八年復刻
磯貝正義
58 「采女制度の一研究」(『史学雑誌』六七編六号)
伊藤循
87 「大嘗祭の酒と村落祭祀」(歴史学研究会古代史部会研究会報告、一九八七年四月一二日)
井上光貞
64 「古典における罪と制裁」(『井上光貞著作集』第一巻、岩波書店、一九八五年)
65 『神話から歴史へ』(『日本の歴史』1)中央公論社
72 「日本古代史と津田左右吉」(『井上光貞著作集』第十巻、岩波書店、一九八五年)
74 『飛鳥の朝廷』(『日本の歴史』3)小学館
76 「日本律令の成立とその注釈書」(日本思想大系『律令』解説、岩波書店)
84 『日本古代の王権と祭祀』東京大学出版会
上田正昭
70 『日本神話』(新書)岩波書店
79 「いずもうじ　出雲氏」(『国史大辞典』吉川弘文館)
79 「いずものくにのみやっこ　出雲国造」(同右書)
上野千鶴子
84 「異人・まれびと・外来王」(『現代思想』一二―四)
85 「〈外部〉の分節――記紀の神話論理学」(桜井好朗編『大系　仏教と日本人』1、春秋社)

上山春平
72 『神々の体系』(新書)中央公論社
75 『続神々の体系』(新書)中央公論社
77 『埋もれた巨像』岩波書店
85 『天皇制の深層』(朝日選書)朝日新聞社
梅沢伊勢三
62 『記紀批判』創文社
76 『続記紀批判』創文社
88a 『古事記と日本書紀の成立』吉川弘文館
88b 『古事記と日本書紀の検証』吉川弘文館
梅原猛
80 「記紀覚書」上中下(『文学』四八巻五号、六号、七号)
榎村寛之
90 「律令国家の皇位継承儀礼」(『天皇制——歴史・王権・大嘗祭』河出書房新社)
大津透
85 「律令国家と畿内」(『日本書紀研究』第十三冊、塙書房)
大野晋
68 「『古事記伝』補註」(『本居宣長全集』第九巻、十巻所収、筑摩書房)
80 『日本語の成立』(『日本語の世界』1)中央公論社
大林太良
84 『東アジアの王権神話』弘文堂

大林組
89『古代出雲大社の復元』学生社
岡田荘司
90『大嘗の祭り』学生社
岡田精司
57「即位儀礼としての八十嶋祭」(同氏『古代王権の祭祀と神話』塙書房、一九七〇年)
60「伊勢神宮の起源」(同右書)
62「大化前代の服属儀礼と新嘗」(同右書)
70a「律令的祭祀形態の成立」(同右書)
70b「古代王権と太陽神」(同右書)
75「記紀神話の成立」(岩波講座『日本歴史』2、岩波書店)
83「大王就任儀礼の原形とその展開」(同氏ほか編『天皇代替り儀式の歴史的展開』柏書房、一九八九年)
85『神社の古代史』大阪書籍
87a「だいじょうきゅう　大嘗宮」(『国史大辞典』吉川弘文館)
87b「だいじょうさい　大嘗祭」(同右書)
87c「天皇祭祀と即位儀礼について」(座談会)(『日本史研究』三〇〇号)
90a「即位儀礼と大嘗祭の成立」(歴史学研究会ほか編『「即位の礼」と大嘗祭』青木書店)
90b「即位儀と大嘗祭」(日本史研究会ほか編『天皇制を問う』)
折口信夫
28「大嘗祭の本義」(『折口信夫全集』第三巻、中央公論社、一九五五年)
32「剣と玉と」(『折口信夫全集』第二〇巻、中央公論社、一九五六年)

34「上代葬儀の精神」(同右書)
加藤周一
75『日本文学史序説』上、筑摩書房
加藤優
78「律令制祭祀と天神地祇の惣祭」(奈良国立文化財研究所『研究論集』Ⅳ)
加藤義成
77「天之御舎と出雲大社の創建」(神道学会編『出雲学論攷』出雲大社)
門脇禎二
84「いずものくにのみやっこ　出雲国造」(『大百科辞典』平凡社)
金井清一
88「神世七代」(『国文学』三三巻八号)
金子裕之
85「平城京と祭場」(『国立歴史民俗博物館研究報告』第7集)
87「平城宮」(坪井清足編『古代を考える　宮都発掘』吉川弘文館)
上川通夫
87「中世の即位儀礼と仏教」(『日本史研究』三〇〇号)
加茂正典
83「大嘗祭〝辰日前段行事〟考」(岡田精司ほか編『天皇代替り儀式の歴史的展開』柏書房、一九八九年)
87「持統五年十一月戊辰条について」(『日本書紀研究』第十六冊、塙書房)
川上順子
73「豊玉毘売神話の一考察」(『日本文学』二二巻八号)

川口勝康
77「記紀研究の問題点」(座談会)(『国学院雑誌』七八巻一号)
78「瑞刃刀と大王号の成立」(井上光貞博士還暦記念会『古代史論叢』上巻、吉川弘文館)
87「大王の出現」(吉田孝ほか編『日本の社会史』3、岩波書店)
88「天孫降臨」(『国文学』三三巻八号)
川出清彦
78『祭祀概説』学生社
90『大嘗祭と宮中のまつり』名著出版
神田典城
87「記紀神話」(『古代史研究の最前線』第三巻、雄山閣出版)
神田秀夫
76「スサノヲノミコト追放神話の構造」(『講座　日本の神話5　出雲神話』有精堂)
工藤隆
90『大嘗祭の始原』三一書房
倉野憲司
42「古代人の異郷観」(同氏『古典と上代精神』至文堂)
黒崎輝人
79「大嘗祭試論」(東北大学『日本思想史研究』11号)
皇学館大学神道研究所編
78『大嘗祭の研究』皇学館大学出版部
89『続　大嘗祭の研究』皇学館大学出版部

河内祥輔
80「王位継承法試論」（佐伯有清編『日本古代史論考』吉川弘文館）
86『古代政治史における天皇制の論理』吉川弘文館
神野志隆光
83『古事記の達成』東京大学出版会
86『古事記の世界観』吉川弘文館
87「古事記の世界像――「天地初発」をめぐって」（『日本文学講座』3、大修館書店）
88「瑞珠盟約　宝鏡開始」（『国文学』三三巻八号）
89「『古事記』「国作り」の文脈――「修理」「生」「作」――」（『国語国文』五八巻三号）
小林芳規
79「古事記音訓表（上）」（『文学』四七巻八号）
82「古事記訓読について」（日本思想大系『古事記』解説、岩波書店）
西郷信綱
59「古代王権の神話と祭式」（同氏『詩の発生』未来社、一九六四年）
66a「古事記研究史の反省」（同氏『古事記研究』未来社、一九七三年）
66b「大嘗祭の構造」（同右書）
67a「神武天皇」（同右書）
67b『古事記の世界』（新書）岩波書店
75「スメラミコト考」（『文学』四三巻一号）
佐伯梅友
33「万葉集品詞概説2　形容詞・動詞・助動詞」（『万葉集講座』第三巻、春陽堂）

阪下圭八
85a 「すさのをのみこと　素戔嗚尊」(『大百科事典』平凡社)
85b 「だいじょうさい　大嘗祭」(同右書)
85c 「オホキミとスメラミコト」(「天皇」項目の子見出し、同右書)
87 「日本神話の想像力」(『日本文学講座』3、大修館書店)
滋賀秀三
76 「中国上代の刑罰についての一考察」(『石井良助先生還暦祝賀　法制史論集』創文社)
柴田実
84 「いせじんぐう　伊勢神宮」(『大百科事典』平凡社)
白石光邦
41 『祝詞の研究』名著普及会、一九八七年復刻
白藤礼幸
87 『奈良時代の国語』東京堂出版
砂川和義
81 「大宝令復原研究の現段階　神祇令」(法制史学会『法制史研究』30)
関　晃
52 「律令支配層の成立とその構造」(新日本史大系2『古代社会』朝倉書店)
54 「畿内制の成立」(『山梨大学学芸学部研究報告』5)
76 「律令貴族論」(岩波講座『日本歴史』3、岩波書店)
高嶋弘志
89 「日本古代国家と共食儀礼」(『釧路公立大学紀要』創刊号)

高埜利彦
89『近世日本の国家権力と宗教』東京大学出版会
高森明勅
86ａ「大祀と大嘗祭について」(『神道宗教』一二五号)
86ｂ「式における「大嘗」の表記について」(『国学院雑誌』八七巻一一号)
88ａ「大嘗祭の成立についての管見」(『国学院雑誌』八九巻九号)
88ｂ「大嘗祭の成立をめぐる諸問題」(『国学院大学　大学院紀要(文学研究科)』20)
89ａ「延喜四時祭式大中小祀条の成立」(『神道宗教』一三二号)
89ｂ「中臣天神之寿詞奏上と忌部氏の神璽之鏡剣奉上について」(『神道学』一四二号)
89ｃ「神祇令践祚条の成立」(『神道宗教』一三六号)
90ａ『天皇と民の大嘗祭』展転社
90ｂ「再び大祀と大嘗祭について」(『国学院雑誌』九一巻七号)
武部敏夫
54「貞享度大嘗会の再興について」(『書陵部紀要』第四号)
田中卓
89「神嘗・相嘗・新嘗・大嘗の関係について」(『続　大嘗祭の研究』皇学館大学出版部)
田中初夫
75『践祚大嘗祭』研究篇、木耳社
谷川健一
90『大嘗祭の成立』小学館
次田真幸

75「海幸山幸神話の形成と阿曇連」(伊藤清司・大林太良編『日本神話研究』3、学生社、一九七七年)
津田左右吉
13『神代史の新しい研究』(『津田左右吉全集』別巻第一、岩波書店、一九六六年)
19『古事記及び日本書紀の新研究』(同右書)
33『上代日本人の道徳生活』(『津田左右吉全集』第三巻、岩波書店、一九六三年)
48『日本古典の研究』上(『津田左右吉全集』第一巻、岩波書店、一九六三年)
辻本直男
89「とうけん　刀剣」(『国史大辞典』吉川弘文館)
角田文衛
84「おくりな　諡」(『大百科事典』平凡社)
帝国学士院
45『帝室制度史』全六巻、吉川弘文館、一九七九年
遠山一郎
82「アメノシタの成立」(『国語国文』五一巻七号)
所　功
85「さいぐう　斎宮」(『国史大辞典』吉川弘文館)
鳥越憲三郎
90『大嘗祭——新史料で語る秘儀の全容』角川書店
直木孝次郎
64『日本古代の氏族と天皇』塙書房
85「天皇号の成立」(「天皇」項目の子見出し、『大百科事典』平凡社)

86「壬申の乱」(『国史大辞典』吉川弘文館)
長山泰孝
81「古代貴族の終焉」(『続日本紀研究』二一四号)
85「律令国家と王権」(『続日本紀研究』二三七号)
並木和子
90「神事に占める女性の役割」(『歴史読本』一九九〇年九月号)
奈良国立文化財研究所編
89『平城京展 再現された奈良の都』朝日新聞大阪本社企画部
91『平城京 長屋王邸宅と木簡』吉川弘文館
西田長男
83a「くまのきりびのまつり 熊野鑽火祭」(『国史大辞典』吉川弘文館)
83b「くまののおおかみ 熊野大神」(同右書)
西宮一民
75「新嘗・大嘗・神嘗・相嘗の訓義」(岡田精司編『大嘗祭と新嘗』学生社、一九七九年)
82「日本書紀の神話」(稲岡耕二編『日本神話必携』学燈社)
90『上代祭祀と言語』桜楓社
西宮秀紀
78「神祇官成立の一側面」(『続日本紀研究』一九七号)
橋本義彦
78「崩御・大葬」(児玉幸多編『天皇』近藤出版社)
早川庄八

74『律令国家』(『日本の歴史』4)小学館
78「太政官処分について」(『日本古代の社会と経済』上巻、吉川弘文館)
84「古代天皇制と太政官政治」(歴史学研究会ほか編『講座日本歴史』2、東京大学出版会)
86a『日本古代官僚制の研究』岩波書店
86b「天皇と太政官の権能」(日本歴史学会編『日本史研究の新視点』吉川弘文館)
87「律令国家・王朝国家における天皇」(吉田孝ほか編『日本の社会史』3、岩波書店)
平野孝國
86『大嘗祭の構造』ぺりかん社
福島好和
72「大宝神祇令の復元と二、三の問題」(『ヒストリア』五九号)
福山敏男
83「くまのたいしゃ　熊野大社」(『国史大辞典』吉川弘文館)
洞富雄
84『天皇不親政の伝統』新樹社
益田勝美
84『古典を読む　古事記』岩波書店
松前健
70『日本神話の形成』塙書房
74『古代伝承と宮廷祭祀』塙書房
90「大嘗・新嘗祭と真床追衾」(『国学院雑誌』九一巻七号)
松村武雄

58『日本神話の研究』第一巻~第四巻、培風館、一九五四~五八年
黛弘道
78「日本書紀と藤原不比等」上下(『歴史手帖』一九七七年十二月号、一九七八年一月号)
真弓常忠
78『日本古代祭祀の研究』学生社
88『大嘗祭』国書刊行会
丸山真男
72「歴史意識の『古層』」(日本の思想6『歴史思想集』筑摩書房)
三宅和朗
90a「古代大祓の基礎的考察」(『史学』五九巻一号)
90b「諸国大祓考」(黛弘道編『古代王権と祭儀』吉川弘文館)
三浦周行
03「信仰と法律」(同氏『続法制史の研究』岩波書店、一九二四年)
14『即位礼と大嘗祭』神社新報社、一九八八年復刻
三木文雄
89「どうけん　銅剣」(『国史大辞典』吉川弘文館)
水野正好
85「招福・除災——その考古学——」(『国立歴史民俗博物館研究報告』第7集)
水林彪
87a『封建制の再編と日本的社会の確立』山川出版社
87b「幕藩体制における公儀と朝廷」(『日本の社会史』3、岩波書店)

89a 「律令天皇制についての一考察」(1)(都立大学『法学会雑誌』三〇巻一号)
89b 「近世天皇制研究についての一考察」上下(『歴史学研究』五九六号、五九七号)
89c 「神夜良比と神逐——スサノヲ神話の記紀比較研究」(『思想』七八三号)
91 「大嘗祭の本義——八世紀のVerfassungまたは原天皇制についての一考察」(『法律時報』六三巻七号)
溝口睦子
89 「古代王権と大嘗祭」(大野晋先生古希記念論文集『日本研究——言語と伝承』角川書店)
90 「神祇令と即位儀礼」(黛弘道編『古代王権と祭儀』吉川弘文館)
ミッタイス(世良晃志郎訳)
71 『ドイツ法制史概説』改訂版、創文社
宮田登
83 「近世思想の聖と俗」(対談)(『日本学』3、名著出版会)
村上重良
77 『天皇の祭祀』(新書)岩波書店
村田正志
87 「せんげし　千家氏」(『国史大辞典』吉川弘文館)
毛利正守
68 「古事記天孫降臨の条に於ける一問題」(『皇学館論叢』一巻二号)
69 「古事記に於ける用字法をめぐって——「避」と「坐」を中心に——」(『勢陽論叢』二巻二号)
森田悌
77 「祈年・月次・新嘗祭の考察」(同氏『解体期律令政治社会史の研究』国書刊行会、一九八二年)
78 「古典にみる置戸と制裁」(同右書)

90「古典にみる制裁」(『古代文化』四二巻六号)
91「大嘗祭・神今食の本義」(山中裕・森田悌編『論争　日本古代史』河出書房新社)
矢嶋泉
84「記紀〈ウケヒ〉神話の読み――『古事記』を中心として」(『聖心女子大論叢』六四集)
86「悪神之音如狭蠅皆満　万物之妖悉発――『古事記』神話の論理」(『聖心女子大論叢』六七集)
88「『古事記』〈国譲り神話〉の一問題」(『日本文学』三七巻三号)
安井良三
64「天武天皇葬礼考」(『日本書紀研究』第一冊、塙書房)
柳田国男
53「稲の産屋」(『定本　柳田国男集』第一巻、筑摩書房、一九六八年)
矢野建一
86「律令国家の祭祀と天皇」(『歴史学研究』五六〇号)
87「日本律令国家祭祀の等級について」(『史苑』四六巻一・二号)
89「律令制下の村落祭祀とその構造」(菊池康明編『日本古代の律令制神祇祭祀の成立過程と構造の研究』)
山折哲雄
90『死の民俗学』岩波書店
山口昌男
76「天皇制の深層構造」(『知の遠近法』岩波書店、一九七八年)
山田英雄
75「しごう　謚号」(『国史大辞典』吉川弘文館)
山田孝雄

12『奈良朝文法史』宝文館出版、一九五四年

吉井巌

77「海幸山幸の神話と系譜」(『講座日本文学　神話上』、『解釈と鑑賞』別冊号)

78「古事記の作品的性格」(『石井庄司博士喜寿記念論集　上代文学考究』塙書房)

82「古事記の神話」(稲岡耕二編『日本神話必携』学燈社)

90「古事記神話の構造――古事記の作品的性格(二)」(帝塚山学院大学『日本文学研究』21号)

義江彰夫

72「律令制下の村落祭祀と公出挙制」(『歴史学研究』三八〇号)

78「儀制令春時祭田条の一考察」(井上光貞博士還暦記念会編『古代史論叢』中巻、吉川弘文館)

吉川真司

88「律令太政官制と合議制」(『日本史研究』三〇九号)

吉田敦彦

89「天皇制の神話学」(座談会)(『日本学』13、名著刊行会)

吉田金彦

63『上代語助動詞の史的研究』明治書院

吉田孝

88『古代国家の歩み』(『大系　日本の歴史』3)小学館

吉野裕子

87『大嘗祭――天皇即位式の構造』弘文堂

吉村武彦

85「古代王権における男女関係史論」(『歴史学研究』五四二号)

89 「古代の王位継承と群臣」(『日本歴史』四九六号)
米田雄介
84 「こうごう　皇后」(『大百科事典』平凡社)
85a 「こうごう　皇后」(『国史大辞典』吉川弘文館)
85b 「たいそう　大葬」(『大百科事典』平凡社)
利光三津夫
73 『続律令制とその周辺』慶応義塾大学法学研究会
81 『律令制の研究』慶応義塾大学法学研究会
和田萃
69 「殯の基礎的考察」(『史林』五二巻五号)
85 「三輪山祭祀の再検討」(『国立歴史民俗博物館研究報告』第7集)
和田行弘
79 「大嘗祭に関する一試論」(『日本書紀研究』第十一冊、塙書房)

本書初版以降に発表した関連論文一覧

（1）「律令天皇制における「天」と「日」の観念——天之御中主神・高御産日神と天照大御神——」（『思想』八一六号、一九九二年）
（2）「『古事記』——その虚像と実像」（『奈良歴史通信』三六・三七合併号、一九九二年）
（3）「西條勉氏のご批判に応える——拙著『記紀神話と王権の祭り』書評への反論——」（『日本文学』四八一号、一九九三年）
（4）「神野志隆光氏のご批判に応える——拙著『記紀神話と王権の祭り』書評への反論——」（『史学雑誌』一〇二編一二号、一九九三年）
（5）「即位儀礼からみた近代天皇制の特質」（利谷信義・吉井蒼生夫・水林彪編『法における近代と現代』日本評論社、一九九三年）
（6）「『古事記』天地生成神話論——「天」の「日」と「地」の「葦」の物語の始発——」（『思想』八三五号、一九九四年）
（7）「『古事記』における神々の誕生表現に関する一考察——「次」「又」「亦」——」（『日本歴史』五五〇号、一九九四年）
（8）「『古事記』——成立期律令天皇制の正統思想——」（『国文学』三九巻六号、一九九四年）
（9）「男神天照大御神」（『岩波講座日本通史』月報8、一九九四年）

（10）「律令天皇制における国制概念体系――「天皇」および「天下公民」を中心として――」（『思想』八五五号、一九九五年）
（11）「『日本書紀』における「公民」と「王民」」（『日本史研究』三九三号、一九九五年）
（12）「律令国家変容期における「公民」概念――日本的「公私」観念の成立――」（西川洋一・新田一郎・水林彪編『罪と罰の法文化史』東京大学出版会、一九九五年）
（13）「黄泉国」（『歴史学事典3　かたちとしるし』弘文堂、一九九五年）
（14）「『古事記』への道――律令国家論のための序説――」（『法制史研究』四七号、一九九七年）
（15）「律令天皇制の神話的コスモロジー――初期宣命および『古事記』の天皇像――」（水林彪・金子修一・渡辺節夫編『比較歴史学大系1　王権のコスモロジー』弘文堂、一九九八年）
（16）「「現御神」考」（『思想』八八五号、一九九八年）
（17）「祭祀と神話」（木下正史ほか編『古代史研究の最前線』別冊歴史読本、新人物往来社、一九九八年）
（18）対論「『古事記』の本質をどうとらえるか―神話・祭祀・律令国家」（神野志隆光編『古事記の現在』笠間書院、一九九九年）
（19）「丸山古代思想史をめぐって」（日本思想史学会『日本思想史学』三二号、二〇〇〇年）
（20）「古事記」（『政治学事典』弘文堂、二〇〇〇年）
（21）「原型（古層）論と古代政治思想史論」（大隅和雄・平石直昭編『丸山眞男思想史学の地平』ぺりかん社、近刊予定）

図表一覧

第一部

第二部

あとがき

須佐之男は、わが家の腕白坊主のような神だったのではないか――ふと、そう思ったのは、玩具の散乱と喧騒の中で、眼をとじ耳をふさいでビールを飲んでいた時のことであった。その一瞬の静寂の中で、フランス人が、二歳になったわがいたずら息子のことを、親しみをこめて、よくcoquin（わんぱく坊主）とよんでいたことが、留学生活の折々の情景とともに思いおこされたのである。うちの子はとびきりのcoquinだから御迷惑ではなかろうかと、夕食への招待をなかば辞退申しあげたのに対して、子供がcoquinなのはinternational、子供がcoquinでなくてどうしますか、と言って下さったのは、実子・養子を含めて十一人もの子供を育てていらしたXavier Martin先生であった。

須佐之男を、世の人々は罪の化身・悪の権化のように言うのであるが、そうではなく、単にcoquinにすぎないのではないか。そう思うようになってから、どの解説書を読んでも腑に落ちることのなかった須佐之男命神話、ひいては『古事記』の物語り全体が、にわかに、諒解可能になっていった。まもなく、『古事記』の全体像がおぼろげながら見えてくるようになり、まずは、スサノヲ論の原稿を仕上げ（「神夜良比と神逐――スサノヲ神話の記紀比較研究」『思想』一九八九年九月号、補正を施して本書第二部に収載）、その年の秋には、本書第一部の草稿を書き上げた。その後、昨年の大嘗祭が近づくにつれて、記紀神話や神祇令祭祀に関連するおびただしい数の著作・論文が発表されるにいたり、そのうちの幾つかに学びつつ少なからぬ補正を施して成ったのが本書である。

「神夜良比と神逐」の掲載された『思想』を店頭で手にしたある友人は、最初、私とは別の同姓同名の人の論文だと思ったらしい。それもそのはずで、私は、それまで近世ないし近代を対象とする研究しか発表したことがなかったのである。たしかに、近世史から記紀神話論へは、飛躍に見えよう。けれども、私の頭の中では、太い一本の線で繋がっていた。それは天皇制論である。『封建制の再編と日本的社会の確立』（山川出版社、一九八七年）や「幕藩体制における公儀と朝廷」（『日本の社会史』3、岩波書店、一九八七年）を準備する過程で、権力としては無となりながらも、何がしかの権威として、近世的国制に内在していた天皇制の性質や、天皇制がそのような権威として存在していたことの根拠という問題に私も直面することになったのであるが、こうした問に対しては、以前から近世天皇制＝祭祀王権論――近世の人々にとっての生産の活動の場たる自然は、神仏や悪霊の棲処と観念されていたので、人々は、これらを呪術的・宗教的儀礼によって宥め鎮めることによって生産活動を遂行しようとしたのであるが、その宗教・呪術は古来、究極的には最高祭司としての天皇によって担われていたので、俗的権力を全て掌握した武家権力も、祭祀王権として天皇制を存続させ、これを権威として仰がねばならなかった、とする議論――とでもいうべき学説が唱えられており、右の問題を考えてみるためには、祭祀王権としての天皇王権の起源をなすとされている古代天皇制について、自分なりに考えてみることが必要となった。古代に誕生しながら、中世、近世、近代を生きぬき生きのびて今日にいたっているこの日本的リヴァイアサンの生の秘密を探っていくと、人はおのずと、記紀の時代のこの怪物の前に立たされることになるのである。

一九八七年夏から一年余り留学の機会が与えられ、しばし日本研究から離れることになったが、翌年九月に帰国してから、天皇制の勉強を再開することになった。まず、やりかけのままだった近世天皇制の研究史を批判的に検討する論文を仕上げ（「近世天皇制研究についての一考察」『歴史学研究』五九六、五九七号、青木書店、一九八九年）、他方で神祇令祭祀の勉強にとりかかり、祈年祭を素材として古代天皇制の祭祀王権としての一側面を考える論文をまとめた（「律令天皇制についての一考察――祈年祭を素材として」一、『東京都立大学法学会雑誌』三十巻一号、一九八九年）。時あたかも、昭和天皇の病気と死去、新天皇即位を契機に、様々の形で天皇制に対する関心が盛り上っていた。

「律令天皇制についての一考察」論文の目次には、「第一章　祈年祭の諸要素、第二章　祈年祭の構造、第三章　祈年祭の世界観、第四章　祈年祭と春時祭田」とあるが、右の論文で発表したのは第二章までで、第三章以下は、次号以下に順次発表する心づもりであった。しかし、祈年祭の世界観、ひいては神祇令祭祀全体の世界観を求めて『古事記』を読み進めるうちに、それまでの『古事記』研究に根本的な疑問を感ずるようになっていった。そして、天の啓示のごとき、〈須佐之男＝coquin〉の閃き。こうして、祈年祭の世界観は、右の論文の枠内では扱いきれぬほど大きなものとなり、祈年祭論文の続編は、前記の「神夜良比と神逐」論文、そして本書に姿を変えることになった。

生来の出無精と怠惰のために、古代史や上代文学などの、本書の主題に直接に関係する学会・研究会とはほとんど没交渉のまま、耳学問の機会を広く求める努力を怠ってきたのであるが、しかし、それだけに、何人かの方々から賜った様々の形での御指導・御教示は、まことに有難く、かけがえのないものであった。

近世国制史への眼を開かせて下さり、そこで何とか仕事ができるまでに御指導を賜わったのは石井紫郎先生であるが、この度、古代史に手を染める一つのキッカケとなったのも、先生の卓論「「かむやらひ」と「はらへ」」（片岡輝夫編『古代ローマ法研究と歴史諸科学』創文社、一九八六年）である。神祇令祭祀の祭式を調べることや、『古事記』を読むことから始めた本書のための勉強も、結局は古代の国制史 Verfassungsgeschichte におちついたが（第一部結論　祭祀演劇国家）、その国制史の観点は、先生が、歴史を読み解く方法として、終始我々後学の者に示されているものである。

森田悌先生は、旧稿「神夜良比と神逐」に関して、再三にわたる御手紙や御論文（「古典にみる制裁」『古代文化』四二巻六号、一九九〇年）の形で懇切な御高批を賜わった。本文にのべたように、御高論には従いがたい点が少なからず存在するのであるが、御教示を契機に、問題を以前よりも多少とも広く深く考えられるようになったのではないかと思う。

飯田勇さんを始めとする都立大国文学研究室の皆さんからも、多大の御教示を得ることができた。移転前の狭い都立大キャンパスでは、国文学研究室は私の研究室からわずか二十メートルほどのところにあり、何かわからないことが生ずると、すぐにそこにかけこんだのである。そこで私は、記紀神話研究文献、物語分析、日本語文法など様々のことを学ぶことができた。蒸し暑い夏の日のある昼下りに、アイスキャンディーを御馳走になりながら、文学と語学をめぐって談笑したことが思いおこされる。

高橋良彰君は、本書の執筆と平行して行なった一九八九年度の日本法制史演習(本書草稿による講義)に、ほとんど唯一人の参加者として出席し、しばしば鋭い質問を発して、様々の事柄を考えるキッカケを与えてくれた。同君は民法の専門家でありながら、歴史や社会科学について広い問題関心を有する今時稀なタイプの学究で、彼の示唆がなければ展開することのなかったかもしれぬテーマも一、二にとどまらない。

一々お名前をあげることができないけれども、前記の「律令天皇制についての一考察」や「神夜良比と神逐」の抜刷りを献呈させていただいた折に、有益な御批判や暖かい励ましの言葉を下さった多くの方々にも、この場をかりて、厚く御礼申しあげたい。

最後に、妻朋子。彼女は、二人の coquins の母、主婦、家族法の研究・教育者と一人三役をこなす働き者であるが、常に、私の研究上の思いつきの最初の聞き手であり、批評家である。彼女が得心している顔をすれば、これは何とかいけそうだと勇気づけられ、色々疑問を投げつけてくれば、猛然と説得にかかり、その中で、自分の考えが少しずつまとまっていった。

このようにして出来上がった本書は、はからずも、本居宣長や津田左右吉以来の記紀神話と神祇令祭祀に関する諸研究への全面的な批判の書となった。この批判は、個別的な諸論点について、様々の異論を提出するという性格のものにとどまらず、宣長以来今日に至るまでの諸研究が、個別的論点に関しては様々の対立を含みつつも、等しく前提としてきたところの、当該問題についての全体的な認識枠組そのものを問う性質のものである。大袈裟にいえば、本書は all or nothing の書にほかならない。事の重大さの故に、草稿を書き終えてからも幾度か心を空しくして反省の機会をもつように務めたのであるが、思考の大筋はかわることがなかった。このような危うい書物を公にすることには、少なからぬ躊躇が感じられたのであるが、学を志すものとしては、思うがままを記し、あるがままを世に問うしかなかった。

『古事記』や神祇令祭祀体系を大木に見たてるならば、本書の目的は、ひとまず大木の根や幹を描いてみることであり、大枝・小枝、無数の美しき葉や花までを描ききるための博引旁捜は始めから意図するところではなかったけれども、根幹の描写に欠かすことのできない基礎的文献の見落しが少なくないであろうことも、頗る気懸りである。ひとえに、この方面に不案内な新参者の至らなさの故にほかならない。必要な補正は今後の課題とし、是非とも、そのための御教示・御批判を得たいと思う。

このように、少なからぬ不安を抱えたままの出版ではあるが、難解でとても近づけそうにないように思われた記紀神話や古代史の分野で、まがりなりにも一書をものすことができたこと、私の研究史にささやかながら一つの飛躍を経験できたこと、そして、その飛躍が本書によって終わるのではなく、反対に、本書に注ぎこんだ情熱をそのまま持続させずにはおかない新たに挑戦すべき魅力的な問題群が早くも姿を現わして、ホップが次のステップへと継起してゆくエネルギーを感じとることができること、これらのことに、今は満たされた思いがしている。

いつからか、須佐之男論の啓示を与えてくれた息子に、日本昔話の一つとして、『古事記』の絵本を買い与え、物語りを読み聞かせるようになった。私の脚色もあって、彼は勇猛果敢なスサノヲが大好きになり、自らをスサちゃんなどと呼ぶ。「そうするとお母さんはイザナミかな」などといいつつ、美しい女神に描かれたアマテラスも捨て難いらしく、母はアマテラスでもあるらしい。「アマテラスは本当は男なのだよ」などというと、「お父さんは『古事記』のお話を知らないの」などというまでに成長した、ますますもって coquin の五歳児である。本書の出版の日には、この自称スサノヲの coquin と、母アマテラスと、そして、『古事記』の勉強を始めた頃に生を享け、私の『古事記』論と競いあうように大きくなり、兄からは「君はオオクニヌシ」などといわれるようになった二番目の coquin と、私の研究生活をいつも静かに見守ってくれている父母との五人とともに、祝杯をあげたいと思う。今は、その日を迎える喜びで一杯である。

最後に、本書の出版のために尽力された岩波書店の関係者の方々に、御詫と御礼を申しあげなければならない。昨年の大嘗祭が近づくにつれて、関連論文が次々と公にされ、そのために補正を余儀なくされて、初校に少なからず手を入れる次第となったこと、先にのべたような本書の性格も手伝って、学術出版の環境が悪化の一途を辿る折にもかかわらず、かくも大部の書物となってしまったことは、まことに申し訳のないことであった。特に、スサノヲ論の『思想』掲載から本書の出版にいたるまで、一貫して御助力を惜しまれなかった合庭惇氏、骨の折れる校正を仕上げて下さった今川和典氏には、記して深く謝意を表したいと思う。

一九九一年五月五日

水林　彪

新訂版へのあとがき

十年前の旧著が、このたび、復刊の幸運に恵まれることとなった。学術書刊行の多難の時代にあって、二刷が出ることさえ幸せなことであるが、書店のご好意によって、誤記・誤植の類いの補正のみならず、読者から要望の強かった索引および図表一覧の追加掲載も実現することができ、新訂版として世に出ることになったことは、本当に有り難いことであった。この場をお借りして、関係者の方々に厚く御礼申し上げたいと思う。

本書は、これまでの『古事記』および『日本書紀』神話研究に対して根本的な疑問を呈するものであり、また、律令国家に関する通念に対しても批判的であったことによって、何人かの方々の本格的な検討の対象となり、多くのご批判もいただくことになった。ほとんどが承服しかねるものであったけれども、学問は真摯な論争によって発展していくものであるから、ご批評をいただいたこと自体は、大変に有意義であったと思う。私は私でご批判に対する反論を試み、このことを通じて、自分なりに考えを深めていくこともできたのである。それはまた、『古事記』論や律令天皇制論の分野において、私自身、新しい問題を発見し、やがて、「本書初版以降に発表した関連論文一覧」(五四八頁)に示した諸論考をまとめる契機ともなった。本書に対するご論評の労をとられた全ての方々に対しても、この場をお借りして厚く御礼申し上げる。

初版刊行後の研究の過程において、本書の叙述には、反省し訂正すべき箇所が少なからず存在することを自覚するようになった。執筆当時は、先行学説から自由に成りきれたように感じていたのであるが、真実はさにあらず、研究史批判がなお不徹底であったことが判明してきたのである。そこで、一年半ほど前に復刊のお話をいただいたとき、索引作成に加えて、本書刊行後約十年間の研究の成果を、本文を補正する補注の形で記しておきたい旨の希望も申し出たのであった。書店はこの点についても理解を示して下さり、早速その作業に入ったのであるが、しだいに補注原稿は、一つの書物の中に収めることが不適当なほど大部のものとなり、この仕事を公にするためには、別の形を考えねばならないこととなった。出来うるかぎり早く、新しい一書を江湖に提供できるよう努力したいと思う。

以上の理由によって、この新訂版においては、本書をめぐる論争史および本書初版以後の新研究を踏まえての増補は断念することとしたが、本書の内容の根幹部分に密接に関係する最近の二つの「事件」についてだけは、この機会に触れさせていただきたいと思う。

第一は、昨年の出雲大社境内発掘調査（四月および九月）において、鎌倉前期のものと推定される神殿柱遺構三箇所（宇豆御柱、心御柱、南東側柱）が相継いで発見されたことである。それぞれの柱は、いずれも、直径約一・三メートルの木が三本束ねられたもので、一本の柱としては直径が約三メートルにも及ぶ巨大なものであった。この遺構発見およびその後の遺構研究に関して、次の諸点に留意すべきであるように思われる。

(1)代々、出雲大社宮司を務めてきた千家家に伝わる『金輪御造営差図』（江戸時代に作成された、古代出雲大社の建築平面図と伝えられる図面）の信憑性がほぼ確実になったことである。右図面によれば、神殿は九本の巨大柱（「柱口一丈」＝直径約三メートル）によって支えられ（各柱は三本の木を金輪で束ねて造られる）、地上から神殿に上るための「引橋」（階段）の「長」さは「一町」（約一〇九メートル）ということになるのであるが、このような大社の姿はあまりに異様なスケールであるために、これまで、図面の信憑性に疑問が呈されることが少なくなかった。しかるに、今回発見された三本の柱の形状は図面に描かれた柱の設計と酷似するものであり、『金輪御造営差図』は、ある時点における出雲大社の実際の平面図である可能性が極めて高くなったのである。

(2)『金輪御造営差図』や他の文献史料を用いて作成された福山敏男氏および大林組研究チームが試みたような古代出雲大社復元案(本書二九七頁参照)が、細部は別として、いよいよ真実味を増してきたことである。今回発見された柱は、炭素検出法による年代推定によれば、一二二八±一三年、すなわち、一二一五年から一二四一年の間に立てられたものであるとのことである(「NHKスペシャル　巨大神殿は実在したのか——古代出雲大社のナゾ——」二〇〇一年六月二三日放映。ちなみに、この年代推定に接して、私は、一二三二年に鎌倉幕府が制定した「御成敗式目」の第一条「神社を修理し、祭祀を専らにすべき事。……有封の社に至っては、代々の符に任せて、小破の時は且修理を加へ、もし大破に及ばば子細を言上し、その左右に随ひてその沙汰あるべし」を想起する)。したがって、今回の発見は、古代の出雲大社の神殿を支える柱そのものの大きさを実証するものではないけれども、巨大柱とその上にたつ巨大神殿の存在可能性は、以下の理由によって、古代に遡ると思われる。

①九七〇(天禄元)年の『口遊』に、出雲大社神殿は、大和国東大寺大仏殿(当時の高さは四五〜四六メートルといわれる)を上回る日本一巨大な建築物であるという趣旨の記述があることである。福山敏男・大林組研究チームは、推定高さを一六丈(約四八メートル、今日の一三階建ビルに相当)と割り出しているが、この規模の大神殿の存在は、九七〇年にまでは遡ると考えられるわけである。

②その可能性は、さらに八世紀初頭の律令国家成立時代にまで遡りうる。というのも、『古事記』(七一二年)の中に、大国主神の「住所」(すなわち出雲大社)は、天皇の宮殿の如くに、太い宮柱が大地の岩石の根元にしっかりと据えられ、神殿は高天原に向かって高く聳え立つ体のものであったことが記されているからである(本書二九七頁)。私見によれば、『古事記』は、律令国家体制における人々の関係のあるべき姿を太古の神々の秩序として描き出し、このことを通じて、律令国家の諸施策を理念的に正当化しようとしたものにほかならない。『古事記』における出雲大社の叙述は、律令国家体制のもとでの出雲大社のあるべき姿を示したものと考えられる。

③出雲大社の巨大神殿の存在時期の遡及は、八世紀初頭を限度とする。それ以前については、そもそも、神社の存在そのものを示す史料に恵まれない。斉明紀五（六五九）年の是歳条（「是歳、出雲國造に命せて、神の宮を修嚴はしむ。狐、於友郡の役丁の執れる葛の末を噛ひ斷ちて去ぬ。又、狗、死人の手臂を言屋社に噛ひ置けり」）に見える「神の宮」は出雲大社をさすとする論者が多いけれども、そのように断定できる証拠は存在しない。右記事には「於友郡」や同郡に所在する「言屋社」（延喜神名帳では「揖夜神社」、現在は「揖屋神社」）への言及があるので、井上光貞「国造制の成立」論文や『日本古典文学大系　日本書紀』頭注（青木和夫氏執筆）などが述べるように、「神の宮」はむしろ於友郡所在の熊野神社と推論する方が自然である。『令集解』の神祇令冒頭条文の注釈に、「天神者、伊勢、山城鴨、住吉、出雲国造斎神等類是也。地祇者、大神、大倭、葛木鴨、出雲大汝神等是也」（古記亦无別）とあり、「天神」とされた「出雲国造斎神」が熊野神社祭神（「地祇」とされた「出雲大汝神」が出雲大社祭神）をさすこともあわせ考えるならば、斉明天皇が出雲国造に命じて修厳せしめた「神の宮」とは熊野神社である可能性が高いように思われる。少なくとも、この「神の宮」を出雲大社と判断する証拠は存在しないのである。

出雲大社境内から古墳時代前期（四世紀）ころの祭祀遺物が出土するとの報告があるが（神道宗教学会『シンポジウム・出雲大社と古代日本　資料集』二〇〇〇年一二月、一四頁、三四頁）、これと今回発見された鎌倉期巨大柱との間に挟まれた数百年におよぶ時代の遺物の発見には、現在のところ恵まれていないようである（右シンポジウムにおける発掘担当者の発言）。記紀の神話および『続日本紀』の記述から、八世紀初頭の時点での出雲大社の存在は確実として、五世紀から七世紀末にいたる約三〇〇年間については、遺物および文献の両面において、大社立地地区の歴史は空白なのである。四世紀の祭祀遺跡と八世紀初頭の出雲大社とをダイレクトに繋げて理解することは、現状では、単なる想像の域を出ないように思われる。

(3)巨大柱遺構の発見は、それだけで巨大建築の存在を確証するものではない。巨大柱は実在していたとしても、その上に、先に述べたような巨大な神殿建築が古代において技術的に可能であったのかという問題が残るからである。発見された巨大柱は掘立柱で、大化前代以来の建築様式を踏襲するものであるが、この方式で果して高さ四八メートルにも及ぶ大建築物を支えきれるのか、巨大な柱をどのようにして立てたのか、三本の木を束ねて一本の柱にする金輪の技術とはどのようなものであったのか……、建築技術に関する疑問が次々とわいてくる。

右のような問題を解決すべく、前記NHK番組によれば、発掘の後に、宮本長二郎氏(東北芸術工科大学教授)を中心とする、建築史研究者、現代建築技術者、宮大工、鍛冶師などからなる研究グループが、実験と検討を重ねたのであった。そして、その結果、想定されるような巨大神殿を建築する技術はたしかに存在し、それが古代においても可能であったという結論を得たとのことである。

以上(1)(2)(3)要するに、今回の神殿柱遺構発掘およびその後の研究によって、八世紀初頭律令国家成立期の出雲大社の神殿は、直径約三メートルもの太さの九本の柱によって支えられる高さ四八メートル程の巨大なものであった可能性の極めて高いことが、以前にも増して明らかになったのであるが、しかし、問題はさらにその先に存在する。研究チームによって巨大神殿が技術的に可能であったことの論証がなされたことを主題とする前記NHK番組は、「しかし、何故、巨大神殿は建てられたのか。建てたのはどんな人達だったのか。出雲神社は今も謎に包まれている」というナレーションをもって結びの言葉としたが、まさしくこの問いこそ、歴史学が提起し解明に努力しなければならない問題にほかならない。そして、このような問いに対して答を出しうるとすれば、それは、律令国家の正統思想たる『古事記』の読解という方法を通じてであろうというのが、本書の立場である。八世紀初頭に生きた人々をしてとてつもないスケールの神殿を建設せしめた究極の動因は、技術それ自体ではない。多くの困難に見舞われながらも難事業完遂へと人々を駆り立てたものは、巨大神殿が担っていた象徴的「意味」とそれを妥当せしめようとする律令国家権力の「意志」にほかならず、それらは、天武天皇によって「邦家之經緯、王化之鴻基」(『古事記』序文)とまで評された「帝紀及本辭」(後の『古事記』)において語られたと私は考えるのである。

『古事記』神話を正しく読み解くならば、律令国家において、出雲大社本殿が巨大な神殿であったことの意味は、明らかであるように思われる。巨大神殿は、端的に、律令天皇王権の統治の対象となった全国の在地首長たちを、律令国家体制を担う偉大な存在として積極的に位置づけようとする天皇王権側の政治的意図によって生みだされた世界観の一帰結であった。律令国家時代の全国の在地首長層は、『古事記』的世界においては、「国つ神々」の末裔ということになるが、律令国家(「日本」)の前身たる神話的世界「葦原中国」においてこれら「国つ神々」を統治していた王こそは、後に出雲大社に鎮座することになる大国主神なのであった。『古事記』は、「葦原中国」における「国つ神々」の王であった大国主神と律令国家(「日本」)の天皇の祖先神たる天照大御神とを、イザナキ神・イザナミ神を祖とする同族としてさえ描いた(図参照)。したがって、大国主神と天照大御神を祖とする限りでの天皇との関係も同族の関係にあり、かかる意味においては、両者(出雲大社に「隠り侍る」大国主神と現御神としての天皇)は原理的に対等の関係である。天皇が大国主神との関係において原理的対等性の枠を超え、律令国家の王として君臨しうるのは、天照大御神の血を引くものとしてではなくして、別天神たる高御産す日神の血統に連なる存在(「天神之御子」「日神之御子」)としてであり、「葦原中国」の王たる大国主神が、そのような「天神之御子」・「日神之御子」(高御産す日神・天照大御神の子孫)に対して、「天神之御子」(「日神之御子」)のいものと同様に立派な宮殿が己のために造営されることを条件として、「国譲り」を承諾したからにほかならない(本書一六九頁以下)。そして、このような『古事記』神話における神々とそれらの末裔たちとの関係は、律令国家時代の列島においては、平城宮に祭られるウナタリ社(祭神高御産す日神)を中心として、〈伊勢—平城宮—出雲〉の東西ラインに位置する〈伊勢神宮—ウナタリ社—出雲大社〉の祭祀空間として造形されたのであった(本書二九四頁以下、三五一頁以下)。『古事記』神話を正統思想とする律令国家体制において、出雲大社は、以上のような位置づけを有している。今回の遺跡発掘によってほとんど確実となった律令国

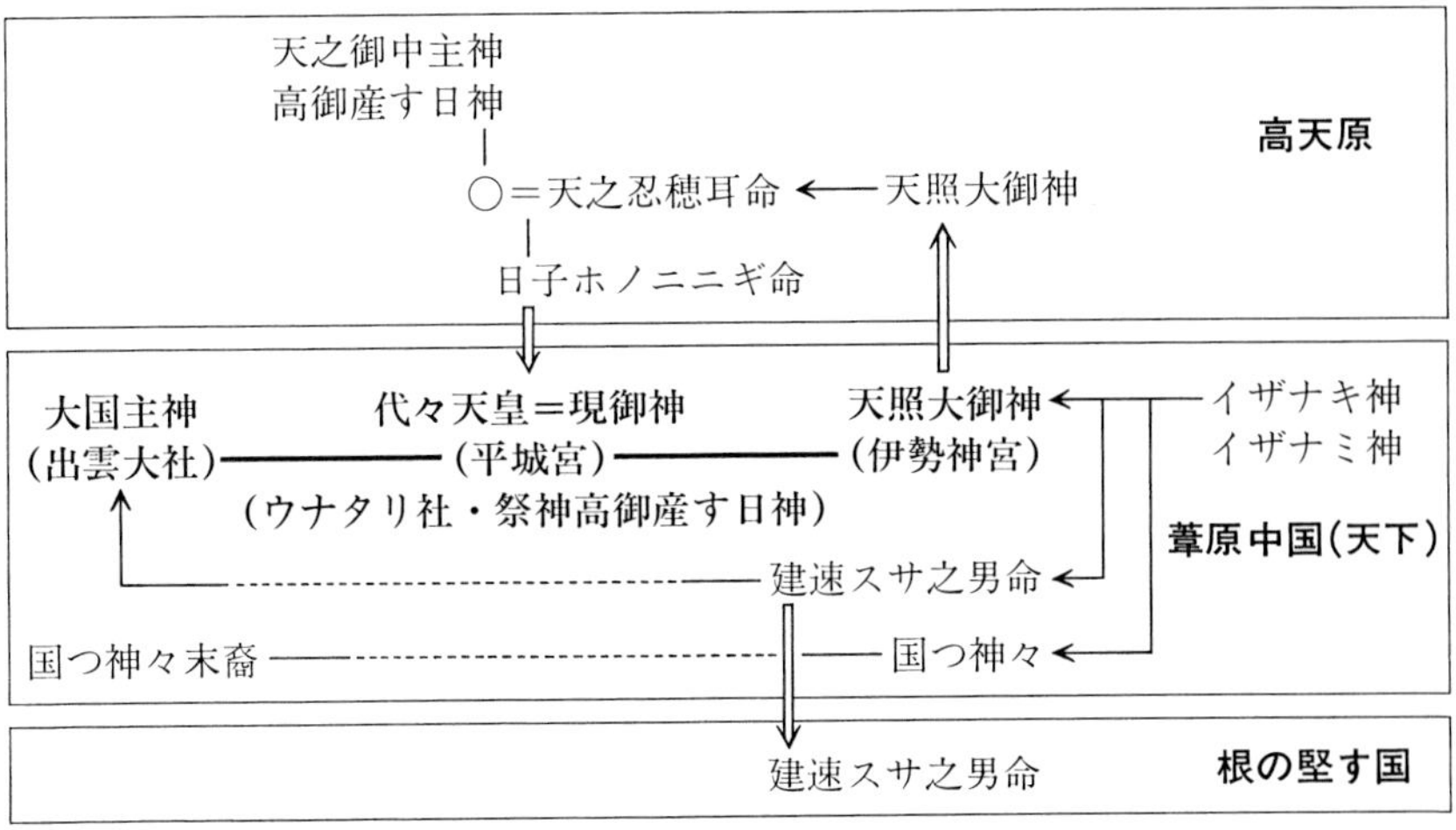

家時代の出雲大社の異様・巨大な姿は、出雲大社が有していた右のごとき極めて重要な政治的位置づけおよび神話的意味づけの反映であり帰結であったと考えられる。

以上のような祭祀空間構造およびそれを支える『古事記』神話の核心にあるものは、「国つ神」の力を讃え賛美しようとする思想にほかならない。もとより、『古事記』神話は、①「高天原」の権威を語り、〈天之御中主神・高御産す日神→天神御子・天つ日高日子→天皇(倭日子)〉を天皇系譜の基本線として描くのであるが、それとともに、②天皇祖神天照大御神を建速スサ之男命と同様に国つ神イザナキ命の禊の際に「地」において誕生した神として描き、さらに、日子・天皇の聖婚物語を通じて、〈イザナキ命・イザナミ命→建速スサ之男命(「根の堅す国」の王)→大国主神(「葦原中国」の王)→倭根子天皇〉もいま一つの基本線として描き出したのである(本書二四六頁以下)。本書初版は、先行学説によって正しく理解されることのなかった②のラインを強調し、大国主神論はこの議論の中核的部分の一つであったが、この度の出雲大社巨大柱遺構発見は、以上の私見を強力に支えるものとなったのである。

第二の「事件」は、ドイツ研究者である西尾幹二氏が『国民の歴史』(編/新しい歴史教科書をつくる会、扶桑社、一九九九年)を著わし、さらに西尾氏が会長を務める「新しい歴史教科書をつくる会」メンバー一四名が『中学社会　新しい歴史教科書』(代表執筆西尾幹二氏、扶桑社、二〇〇一年)を監修・執筆し、この教科書が文部科学省の検定に合格したことである。研究書とは言いがたい右の二冊の書物をこの場であえて取り上げるのは、以下に述べる理由によって、この問題に一言申し述べねばならない義務と責任を感じたからである。その理由とは、『国民の歴史』における『古事記』神話論および律令天皇制論が、『記紀神話と王権の祭り』を基礎としその後の研究にもとづいて執筆する機会を得た拙論「律令天皇制の神話的コスモロジー——初期宣命および『古事記』の天皇像——」(五四九頁所掲論文一覧(15)論文)にそって展開されたこと(同書一八四〜一八九頁)、にもかかわらず、氏の『古事記』理解と私のそれとの間には根本的な相違があること、この相違は『古事記』および律令天皇制の本質理解にかかわる重大なものであること、などの事情があることである。

右拙論は、文武天皇の即位宣命(六九七年)および『古事記』(七一二年)の語る天皇像の検討を通じて、成立期律令国家の天皇制イデオロギーの一端を明らかにすることを目的とするものであった。『古事記』においては、「人」を含む万物が「神」であり、「人」と「神」とは別物ではなく「天皇」は「現御神」であったという考察も、成立期律令国家の天皇制イデオロギーとして提出されたものである。このような内容の拙論を、『国民の歴史』は第8章「王権の根拠——日本の天皇と中国の皇帝」における「律令天皇制」の項において取り上げているが、そこでの私の論文の紹介は、その部分だけを孤立的に取りだすならば、おおむね正確である。加えて、「ポイントだけの紹介」になったことについての丁寧な断り書きや過分の評価の言葉もあり、これらの点については、氏に対して御礼申し上げねばならない。しかし、拙論紹介部分を『国民の歴史』の論述全体の中に位置づけ、氏の『古事記』論全体を問題とするならば、残念ながら、私見との隔たりには非常に大きなものがある。

西尾氏の『古事記』理解は、「『古事記』は……明らかに歴史の書である。神話でもなければ宗教でも哲学の書でもない。まぎれもない歴史叙述がめざされていたのである」(『国民の歴史』四六頁)という文章に端的に示されている。『古事記』は史実を記した書という理解なのである。この見解は右著作において、次のように繰り返し表明され、しだいにそのトーンが高まっていく。「『漢書』や『魏志倭人伝』は同時代者の反対証言を欠く。……とうてい一級史料ではない。われわれはこれらに絶対的証言価値を置くことはできない。これらに比べれば記紀神話のほうがはるかに内容的史料価値は高い」(同右書一二〇頁)、「文字にはっきり記録されていない記憶があり、文字の記録利用に先立つ見えない体験があるはずなのだ。後に神話とか伝承とか呼ばれ、まとめられたものがそれであるが、そこをやり過ごしてしまっては一民族の歴史は見えてこない」(同右書一四七頁)、「人と神とが一体であり、その体験を記す文字を持たない薄明の時代があったことはたしかなのだ」、「儒仏到来以前の民族の原体験を象徴している記紀神話を、重要な歴史解釈の手段としようともしない戦後の知的惰性は、現代の空疎な傲慢のもうひとつの実例である」(同右書一四八頁)。「神武天皇以下八代」を架空の存在とする歴史学の議論は成り立たない、それらは実在の天皇である(同右書一六四頁)。そして最後には、「神話を知ることは対象認識ではない。どこまでも科学とは逆の認識の仕方であらねばならぬ。認識とは、この場合、自分が神の世界と一体になる絶え間ない研鑽にほぼ近い」(同右書一四九頁)というような議論にまで行き着くのである。

『新しい歴史教科書』も以上のような神話論を基礎として執筆されていると思われる。神話に関する記述は、第1章「原始と古代の日本」において、かなりの頁数をさいて登場する。すなわち、この章は「1日本のあけぼの」、「2古代国家の形成」、「3律令国家の成立」、「4律令国家の展開」の4部分に分れ、神話関係の叙述として、「1日本のあけぼの」では「日本語の起源と神話の発生」、「2古代国家の形成」では「神武天皇の東征伝承」および「日本武尊と弟橘媛」、「3律令国家の成立」では「日本の神話」や「奈良時代の歴史書と文学」の各項目が立てられている。まず量的に神話がきわめて重視されている様子が窺えるが、問題はその扱い方である。「日本語の起源と神話の発生」では、「文字のない社会では、人間は記憶力に頼った。祖先のむかし語りや村落の先例をよく記憶している人がいて、掟のかわりをなした。神々や英雄の物語も、口から口へと伝えられた。……日本神話もそうした口承の遺産である」(三一頁)などとして、『古事記』に結実する神話が無文字社会のむかし語りとして説明される。「神武天皇の東征伝承」では、「大和朝廷がいつ、どこで始まったかを記す同時代の記録は、日本にも中国にもない。しかし『古事記』や『日本書紀』には、次のような伝承が残っている」(三六頁)として、記紀の物語が説明され、前記の引用と相俟って、神武東征は、無文字社会において口承によって伝えられた事実であるかのように扱われる。「日本武尊と弟橘媛」では、記紀のヤマトタケル物語が「国内統一に献身した勇者」の話として解説される(四二～四三頁)。「日本の神話」項目は、「世界の民族には、さまざまな神話や伝説があり、古代の人々の考え方や暮らしぶりを知る上での重要な文化遺産となっている」という書きだしで始まり、『古事記』神話の粗筋を四頁にわたって紹介する(六〇～六三頁)。「奈良時代の歴史書と文学」では、「古代国家の確立期に、民族の神話と歴史をさぐる試み」(六五頁)として『古事記』が位置づけられている。

以上のような『国民の歴史』および『新しい歴史教科書』における神話論は、私自身もその成果に学び、それを発展させようと祈念しているところの、津田左右吉以降の記紀神話に関する学問的研究の諸成果を真っ向から否定する内容のものである。津田はまず、次のように、記紀には事実でない事柄が多く記されているということ、歴史を論ずるための史料とするには、厳密な史料批判が必須であることに注意を促していた。

古事記と日本書紀とは、種々の方面に向つて種々の研究の材料を我々に供給する。我が国の上代の政治史は勿論、社会制度や、風俗習慣や、宗教及び道徳に関する思想や、一口にいふと内外両面に於ける我が上代の民族生活と、其の発達の有様とを考へるには、是非とも此の二書を綿密にしらべなければならぬ。しかし、さういふ研究に入らない前に、先づ吟味して置くべきことは、記紀の記載(書紀に於いては、主として古事記と相照応する時代の部分)は一体どういふ性質のものか、それは歴史であるかどうか、もし歴史だとすれば、それはどこまで事実として信用すべきものか、もし又た歴史で無いとすれば、それは何であるか、或いは又たそれに現はれてゐる風俗や思想は何の時代のこととして見るべきものか、といふ問題である。此の点を明かにしてかからなければ、記紀の記載を基礎にしての考察は甚だ空疎なものになつてしまふ。何故にこんな問題が起るかといふに、記紀、特に其の神代の部は、其の記載が普通の意味でいふ歴史としては取り扱ひ難いもの、実在の人間の行為または事跡を記録したものとしては信用し難いものだからである。我々の日常経験から観れば、人間の行為や事跡として不合理な物語が多いからである。なほ神代ならぬ上代の部分にも、……甚だ不合理な、事実らしからぬ、記載が少なくない。これは一々例証などを挙げるまでも無く、周知のことである。ところが、さういふものが何時の間にか歴史的事実と認むべき記事に移つてゆき、或はまた事実らしいことと絡みあつてゐる。だから記紀の記載については、どこまでが事実で、どこまでが事実で無いか、其の限界を明かにし、また事実と認むべき部分と然らざる部分とを、ふるひわけて見なければならぬ。一口にいへば、記紀の記載は批判を要する。(「古事記および日本書紀の新研究」一九一九年、『津田左右吉全集』別巻第一所収、一九一〜一九二頁)

現在の時点から見ればごく常識的な事柄が記されているにすぎないが、この文章をこれが発表された一九一九(大正八)年という時点に置き返すならば、画期的な内容のものであった。津田が、右の文章に続けて、「ところが我が学界では、まだそれ(記紀の史料批判——水林注)が十分に行はれてゐない」と述べたように、本格的な記紀の史料批判は津田古代史学の出現まで存在しなかったからである。

津田は、学問的な記紀批判に基づいて、神々の物語はもとより、初代神武天皇から一四代仲哀天皇までの物語も事実の記載とは見なかったのであるが(そしてこのことの故に、津田の著作は皇室の尊厳の冒瀆の廉で一九四〇年に発禁処分となり、一九四二年には津田および発行人の岩波茂雄が有罪・禁固の判決を受けたのであった)、しかし、架空の話を語った記紀の記載部分を無価値であると考えたのではなかった。

記紀の記載には事実らしからぬ物語が多いが、それがためにそれらの物語が無価値であるのでは、決して無い。事実で無くとも、寧ろ事実で無いがために却って、それに特殊の価値がある。それは実際上の事実では無いが、思想上の事実、もしくは心理上の事実である。記紀の物語をかう観察して、初めて真の研究の門に入ることが出来るのである。(同右書、二〇一頁)

右に「思想上の事実」「心理上の事実」というのは、端的に、何らかの政治的意図の結果としての国家観ないし政治観にほかならない。

多くのさういふやうな物語(事実を伝えたとは思われない非合理な説話のこと——水林註)が、一つのまとまつたものに組織せられてゐる場合には、そこに何等かの精神があり何等かの意図がはたらいてゐることを、看取しなければならぬ。それが無くては、さういふ組立てはできないはずだからである。……上代人の国家観なり政治観なりがそこに反映してゐないとも限らず、従つてそれがために、事実らしくない非合理なことが現はれてゐないともいはれなからう。……さういふ場合には、我々は其の語るところに如何なる事実があるかと尋ねるよりは、寧ろそこに如何なる思想が現はれてゐるかを研究すべきである。(「日本古典の研究」一九四八年、『津田左右吉全集』第一巻、九頁)

以上の限りにおいて、私は、津田の議論を全く正当なものと考えるものである。津田の記紀神話論と私のそれとの間には、記紀の神話の成立期や記紀二書の関係などの認識において、重要な相違があるのであるが(記紀神話の成立について、津田はこれを六世紀に求めるのに対して、私は記紀が著わされた八世紀初頭の時点に求め、記紀の関係については、津田は記紀を基本的に同一のものと見るのに対して、私は根本的に異なる内容のものと判断する。この点につき、五四八頁所掲(2)論文参照)、しかし、この相違は、右に引用した津田の記紀神話論を共有した上での相違にすぎない。そして、かかる津田と私の共通基盤は何ら特殊なものではなく、歴史研究者が共有することができ、現に広く共有する正しい記紀神話論であると考えるものである。西尾氏は前記拙論を数頁にわたって要約紹介され、これを基礎として『古事記』神話と律令天皇制に関する氏の議論をまとめられたのであるが、以上の議論によって、氏の記紀神話論および古代天皇制論と私のそれとは根本的に相容れないものであることが了解されることと思う。

私は、記紀神話に記されたことが史実であるかのように語る書物が、教科書検定に合格し、中学校において実際に教科書として使用される可能性が出てきたという事実に愕然とせざるをえない。事実でないことを事実であるかのように、そして、事実であることを事実でないかのように教えることほど、人を欺く行為はない。『新しい歴史教科書』が教科書として使用されることは、まことに不適切であり、あってはならないことだと考えるものである。

私は神話を教科書で取り上げることそれ自体に反対するものではない。神話を取り上げるならば、それはあくまでも、学問的にみて正当な仕方においてでなければならない。このような条件が満たされるならば、私は、むしろ、次代を担う青少年に対して神話を教えることに積極的である。神話の発生は人類史のある段階に普遍的な現象であり、記紀神話はその特殊日本的な形態にほかならないが、そのような事実がある以上、神話論・記紀神話論は、青少年にも、学齢に応じて適切な形で提供されるべきだと考えるのである。

このように考える場合、『国民の歴史』や『新しい歴史教科書』とは別の意味において、今日の古代史研究のあり方も問題となってくるように思われる。教育すべき内容を不断に創造する仕事にあたる古代史学の側にも、反省すべき点があるのではないか。それは、記紀神話論を正当に含みこんだ古代国家論ないし古代天皇制論が、今日の古代史学界にはほとんど存在しなくなってしまったことである。再び津田の言葉を引用するならば、記紀神話は、「実際上の事実では無いが、思想上の事実、もしくは心理上の事実」であって、「そこに何等かの精神があり何等かの意図がはたらいてゐる」、「上代人の国家観なり政治観なりがそこに反映」している性質のものである。私見を加えるならば、特に『古事記』神話こそは、七世紀末から八世紀初頭の時期に成立する律令国家ないし律令天皇制を指導する理念を語るために創作された政治的作品にほかならない。とするならば、日本史のハイライトの一つをなす律令国家の成立とその意義に関する議論は、右のような見地からの『古事記』神話論なしには完結しえないはずなのであるが、現実はといえば、今日の古代史学界には、こうした観点が極めて希薄なのである。たとえば、先に問題として取り上げた出雲大社をめぐる論議も、そのように展開していく気配がほとんど認められない。「技術」の問題はまたたくまに明らかにされていくが、「意味」の問題については、肝腎の『古事記』神話論を度外視した、単なる想像の域を出ない議論や牽強付会の説明が少なくないように思われる。今日の古代史学の礎を築いた津田左右吉や、その基礎の上に学問を発展させた石母田正、井上光貞といった先人たちは、理解の当否はともかくとして、皆それぞれに記紀神話に通じ、それぞれの古代史論の不可欠の一部として神話論を展開したものであった。しかし、この伝統が、今日の古代史学研究の中に正しく継承されておらず、学界の一部には、『古事記』などは文学や神話学を専攻するものが読むべきもので、歴史学者が取り組むべき文献ではないという考えさえ、存在するように見受けられる。このような歴史学のあり方が、津田以前に逆戻りするような水準の神話論を基調とする教科書や、津田以降の記紀神話研究の基本的見地を「現代の空疎な傲慢」とまで非難する書物の出現を許す一つの背景になっているのではないか。『国民の歴史』や『新しい歴史教科書』における神話論は、はからずも、歴史学界に対して、あらためて、「歴史学は記紀の神話をどのように扱うべきか」という問題を突きつけたように思われる。

この文章を終えるにあたり、新訂版刊行全般の仕事を担当して下さった岩波書店の沢株正始さんおよび丹念な索引作成作業をして下さった原八千代さんに、厚く御礼申し上げたい。私事にわたるが、日々の研究生活を支えてくれる母、妻、子供たちにも礼の言葉を述べることをお許しいただきたいと思う。

初版出版時には元気であった父も、一九九四年に永遠の眠りについた。戦前の非合理な神話教育などに悩まされた反動から、安んじて合理的思考を貫くことのできる理工系の道に進んだ父は、私の『古事記』神話研究を終始訝しげな目で見ていたように思う。父にとって記紀の神話は封印してしまいたい対象であり、人々は十分に懲りたのだからもはや戦前のように神がかった言説が幅をきかすこともないだろうと信じていたようである。しかし、いま父が、「神話を知ることは対象認識ではない。……科学とは逆の認識」であり、「自分が神の世界と一体になる絶え間ない研鑽にほぼ近い」とまで言いきる人の作る書物が教科書検定に合格するという重苦しい社会状況に立ちあっていたならば、何と言ったであろうか。「記紀神話の真実の姿を一人でも多くの人に知ってもらうために、自分の世代が蒙った苦しみを若い世代が二度と経験しないですむように、歴史を学び神話を研究する者の責任を全うするように」とでも励ましてくれたのではないか。

天国にあってなお息子を激励する父に、心からの感謝の気持ちをこめて、この拙き『記紀神話と王権の祭り』新訂版を捧げる。

二〇〇一年七月一日

水林　彪

■岩波オンデマンドブックス■

記紀神話と王権の祭り 新訂版

2001年10月10日 第1刷発行
2017年12月12日 オンデマンド版発行

著 者 水林《みずばやし》 彪《たけし》

発行者 岡本 厚

発行所 株式会社 岩波書店
〒101-8002 東京都千代田区一ツ橋2-5-5
電話案内 03-5210-4000
http://www.iwanami.co.jp/

印刷/製本・法令印刷

ISBN 978-4-00-730699-0 Printed in Japan

事 項 索 引

項目および参照指示頁の挙示は，本書の基本的内容の理解に資するという観点から厳選した．

か 行

さ 行

た行

な 行

は 行

ま行

や行

ら行

わ行

人名索引

あ行

か行

さ行

た行

な行

は行

ま行

や 行

ら 行

わ 行